2021年重庆经济展望

2021 CHONGQING ECONOMIC OUTLOOK

重庆市综合经济研究院
重庆市经济信息中心　编著
重庆统筹城乡发展研究中心

·北京·

图书在版编目（CIP）数据

2021年重庆经济展望/重庆市综合经济研究院，重庆市经济信息中心，重庆统筹城乡发展研究中心编著. -- 北京：中国经济出版社，2020.12

ISBN 978-7-5136-6121-8

Ⅰ. ①2… Ⅱ. ①重… ②重… ③重 Ⅲ. ①区域经济-经济预测-重庆-2021 Ⅳ. ①F127.719

中国版本图书馆CIP数据核字（2020）第264999号

审图号：渝S（2019）045号

责任编辑	姜　静
责任印制	马小宾
封面设计	任燕飞工作室

出版发行	中国经济出版社
印 刷 者	北京富泰印刷有限责任公司
经 销 者	各地新华书店
开　　本	889mm×1194mm　1/16
印　　张	33.25
字　　数	954千字
版　　次	2020年12月第1版
印　　次	2020年12月第1次
定　　价	120.00元

广告经营许可证　京西工商广字第8179号

中国经济出版社 网址 www.economyph.com 社址 北京市东城区安定门外大街58号 邮编 100011
本版图书如存在印装质量问题，请与本社销售中心联系调换（联系电话：010-57512564）

版权所有　盗版必究（举报电话：010-57512600）
国家版权局反盗版举报中心（举报电话：12390）　　服务热线：010-57512564

编 辑 委 员 会

主办单位： 重庆市综合经济研究院　重庆市经济信息中心　重庆统筹城乡发展研究中心

总　　编： 易小光

编　　委： 何靖波　丁　瑶　鲁英杰　熊　艳　郭汉林　佘贵玲　邓兰燕
　　　　　　苟文峰　翁志刚　熊　姝　蔡红波　杜　婷　罗丛生　李　权
　　　　　　赵炜科　李雪梅　裴　多　幸雅妮

主　　编： 丁　瑶

副 主 编： 佘贵玲　罗丛生

主　　研： 易小光　丁　瑶　鲁英杰　佘贵玲　邓兰燕　苟文峰　熊　姝
　　　　　　蔡红波　李　权　赵炜科　罗丛生　裴　多　陈　可　蒋安玲
　　　　　　李　林　罗宇航　赵　伦　曲　燕　苏　凡　王　利　张　超
　　　　　　张　佳　张　锐　邹於娟　陈　殊　崔　苗　邓吉敏　贺诗倪
　　　　　　贾静涛　黎　慧　李　霞　简华球　施小兰　孙茂曦　汪　婧
　　　　　　夏　月　赵　飞　杨　梅　杨琇涵　郑淑媛　成秋明　邱　婧
　　　　　　王志军　夏梁颖　郑秋霞　黄建洪

特约撰稿单位及撰稿人：
　　　　　　国家信息中心　张宇贤　王远鸿　牛　犁　程伟力　闫　敏
　　　　　　　　　　　　　胡祖铨　陈　彬　邹蕴涵　邬　琼
　　　　　　重庆市经济和信息化委员会　赵　刚　平嵩蕊　范志飞　佘　菲
　　　　　　　　　　　　　　　　　　柏　萧　刘喜梅　赵俊远　王　刚
　　　　　　　　　　　　　　　　　　田　望　胡　睿　马改妮　文　玉
　　　　　　重庆市市场监督管理局　周龙伟　汪　平　刘　婧
　　　　　　重庆市规划和自然资源局　任治淑
　　　　　　国家统计局重庆调查总队　王　帅
　　　　　　重庆市科学技术局　杨　燕　沈　着　陈艳丽
　　　　　　重庆市知识产权局　方学伟　杨　骏
　　　　　　重庆两江新区管委会　欧阳建明
　　　　　　重庆市各区县（自治县）发展和改革委员会、万盛经济技术开发区发展改革局
　　　　　　西部各省（自治区）、各直辖市信息中心

序

当今，世界正经历百年未有之大变局，全球经济增长低迷；我国经济由高速增长阶段转向高质量发展阶段，正处在转变发展方式、优化经济结构、转换增长动力的攻关期，经济潜力足、韧性强、回旋空间大、政策工具多的基本特点没有变。2020年以来，新冠肺炎疫情全球大流行，国际经济、科技、文化、安全、政治等格局都在发生深刻调整。我国深入贯彻落实新发展理念，紧扣推动高质量发展、构建新发展格局，疫情防控取得重大战略成果，经济运行稳步恢复，向好势头不断延续，但经济下行压力依然较大。在此宏观背景下，重庆紧紧围绕习近平总书记对重庆提出的营造良好政治生态，坚持"两点"定位、"两地""两高"目标，发挥"三个作用"和推动成渝地区双城经济圈建设等重要指示要求，主动融入"一带一路"建设、长江经济带发展、新时代西部大开发以及西部陆海新通道等国家重大战略，全面贯彻新发展理念，扎实做好"六稳"工作、落实"六保"任务，积极推动"一区两群"协调发展，着力促进投资和消费增长，努力在构建新发展格局中实现新作为，全市经济总体呈现恢复性增长态势。

2021年，是中国共产党成立100周年，也是"十四五"规划开局之年，全市经济将迎来诸多发展机遇，但外部环境依然复杂严峻。从国际上看，新冠肺炎疫情反复、国际交往受限，经济全球化遭遇逆流、保护主义和单边主义盛行，全球地缘政治风险上升、地理经济格局调整加剧，世界经济面临深度衰退。从国内看，我国将继续加快构建"双循环"新发展格局，重点围绕"一带一路"建设，大力推进新时代西部大开发战略，统筹推进长江经济带、黄河流域生态保护和高质量发展，以及京津冀协同发展、长三角区域一体化发展、粤港澳大湾区建设及成渝地区双城经济圈建设等，坚定实施扩大内需战略，继续推进做好"六稳"工作、落实"六保"任务，维护经济发展和社会稳定大局，推动经济高质量发展。面对国内外发展环境的变化，重庆要坚决贯彻习近平总书记重要讲话精神和党中央决策部署，大力推动成渝地区双城经济圈建设，促进"一区两群"协调发展，努力在西部形成高质量发展的重要增长极；着力扩大有效投资、激发消费活力，积极推动"两新一重"建设和国际消费中心城市创建；高标准推动重庆高新区和中国西部（重庆）科学城建设，进一步优化创新生态，促进全市经济高质量发展。

年度"重庆经济展望"是重庆市综合经济研究院（重庆市经济信息中心）围绕建设一流智库目标，秉承"把脉经济形势，服务政府决策"宗旨，与合作机构历经多年打造的拳头产品，是社会各界了解国内外政治经济环境，把握全市宏观经济运行趋势、行业发展动态的重要载体和窗口，对服务全市经济社会发展起到了较好的智力支撑作用，得到社会各界的好评和肯定，是一部了解重庆、宣传重庆的重要典藏。

《重庆经济展望》课题组

2020年12月

目　　录

序

综合卷·宏观篇

之一：2020年世界经济形势分析及2021年展望 ·· 2
之二：2021年中国经济展望和宏观调控政策建议 ······································· 7
之三：2020年西部地区经济运行分析及2021年展望 ··································· 15
之四：2020年成渝地区双城经济圈建设情况及2021年展望 ························· 21
之五：2020年重庆市经济形势分析及2021年展望 ······································ 26

综合卷·比较篇

之一：2020年北京市经济运行分析及2021年展望 ······································ 38
之二：2020年天津市经济运行分析及2021年展望 ······································ 42
之三：2020年上海市经济运行分析及2021年展望 ······································ 47
之四：2020年四川省经济运行分析及2021年展望 ······································ 55
之五：2020年贵州省经济运行分析及2021年展望 ······································ 62
之六：2020年云南省经济运行分析及2021年展望 ······································ 67
之七：2020年陕西省经济运行分析及2021年展望 ······································ 73
之八：2020年甘肃省经济运行分析及2021年展望 ······································ 81
之九：2020年青海省经济运行分析及2021年展望 ······································ 88
之十：2020年宁夏回族自治区经济运行分析及2021年展望 ························· 94
之十一：2020年新疆维吾尔自治区经济运行分析及2021年展望 ··················· 99
之十二：2020年内蒙古自治区经济运行分析及2021年展望 ························· 105
之十三：2020年广西壮族自治区经济运行分析及2021年展望 ······················ 109

综合卷·专题篇

之一：2020年重庆市农村经济运行分析及2021年展望 …… 118
之二：2020年重庆市工业经济运行分析及2021年展望 …… 124
之三：2020年重庆市投资形势分析及2021年展望 …… 129
之四：2020年重庆市消费商贸形势分析及2021年展望 …… 136
之五：2020年重庆市对外开放与区域合作情况及2021年展望 …… 142
之六：2020年重庆市财政金融形势分析及2021年展望 …… 148
之七：2020年重庆市社会事业发展情况及2021年展望 …… 154
之八：2020年重庆市就业创业发展情况及2021年展望 …… 159
之九：2020年重庆市信息化发展情况及2021年展望 …… 163
之十：2020年重庆市生态绿色发展情况及2021年展望 …… 169
之十一：2020年重庆市社会信用体系建设情况及2021年展望 …… 174
之十二：2020年重庆市物价形势分析及2021年展望 …… 180
之十三：2020年重庆市民营经济发展情况及2021年展望 …… 184
之十四：2020年重庆市市场监管环境形势分析及2021年展望 …… 190
之十五：2020年重庆市国土资源开发利用分析及2021年展望 …… 197
之十六：2020年重庆市城乡居民收入状况分析及2021年展望 …… 201
之十七：2020年重庆市创新发展情况及2021年展望 …… 206
之十八：2020年重庆市知识产权发展情况及2021年展望 …… 212
之十九：2020年重庆两江新区开发建设情况及2021年展望 …… 216
之二十：2020年中新（重庆）战略性互联互通示范项目建设情况及2021年展望 …… 220
之二十一：2020年中国（重庆）自由贸易试验区建设情况及2021年展望 …… 224

产业卷·第一产业篇

之一：2020年重庆市农业发展及2021年展望 …… 230

产业卷·第二产业篇

之一：2020年重庆市第二产业发展及2021年展望 …… 238
之二：2020年重庆市高技术、战略性新兴产业发展及2021年展望 …… 244
之三：2020年重庆市汽车摩托车产业发展及2021年展望 …… 250
之四：2020年重庆市电子信息产业发展及2021年展望 …… 255

之五：2020年重庆市装备制造业发展及2021年展望 ………………………………… 261
之六：2020年重庆市生物医药产业发展及2021年展望 ……………………………… 265
之七：2020年重庆市材料产业发展及2021年展望 …………………………………… 269
之八：2020年重庆市消费品工业发展及2021年展望 ………………………………… 273
之九：2020年重庆市能源工业发展及2021年展望 …………………………………… 277
之十：2020年重庆市化工产业发展及2021年展望 …………………………………… 281
之十一：2020年重庆市建筑业发展及2021年展望 …………………………………… 284

产业卷·第三产业篇

之一：2020年重庆市第三产业发展及2021年展望 …………………………………… 290
之二：2020年重庆市金融业发展及2021年展望 ……………………………………… 296
之三：2020年重庆市物流业发展及2021年展望 ……………………………………… 302
之四：2020年重庆市房地产业发展及2021年展望 …………………………………… 307
之五：2020年重庆市文化旅游产业发展及2021年展望 ……………………………… 312
之六：2020年重庆市住宿和餐饮业发展及2021年展望 ……………………………… 317
之七：2020年重庆市健康服务产业发展及2021年展望 ……………………………… 322

区域卷·主城都市区篇

之一：2020年主城都市区经济运行分析及2021年展望 ……………………………… 328
之二：2020年渝中区经济运行分析及2021年展望 …………………………………… 334
之三：2020年江北区经济运行分析及2021年展望 …………………………………… 338
之四：2020年沙坪坝区经济运行分析及2021年展望 ………………………………… 342
之五：2020年南岸区经济运行分析及2021年展望 …………………………………… 346
之六：2020年九龙坡区经济运行分析及2021年展望 ………………………………… 351
之七：2020年大渡口区经济运行分析及2021年展望 ………………………………… 355
之八：2020年北碚区经济运行分析及2021年展望 …………………………………… 359
之九：2020年渝北区经济运行分析及2021年展望 …………………………………… 364
之十：2020年巴南区经济运行分析及2021年展望 …………………………………… 369
之十一：2020年涪陵区经济运行分析及2021年展望 ………………………………… 374
之十二：2020年长寿区经济运行分析及2021年展望 ………………………………… 379
之十三：2020年江津区经济运行分析及2021年展望 ………………………………… 383
之十四：2020年合川区经济运行分析及2021年展望 ………………………………… 389
之十五：2020年永川区经济运行分析及2021年展望 ………………………………… 393

之十六：2020 年南川区经济运行分析及 2021 年展望 …… 397

之十七：2020 年綦江区经济运行分析及 2021 年展望 …… 400

之十八：2020 年大足区经济运行分析及 2021 年展望 …… 404

之十九：2020 年璧山区经济运行分析及 2021 年展望 …… 408

之二十：2020 年铜梁区经济运行分析及 2021 年展望 …… 412

之二十一：2020 年潼南区经济运行分析及 2021 年展望 …… 417

之二十二：2020 年荣昌区经济运行分析及 2021 年展望 …… 421

之二十三：2020 年万盛经济技术开发区经济运行分析及 2021 年展望 …… 425

区域卷·渝东北三峡库区城镇群篇

之一：2020 年渝东北三峡库区城镇群经济运行分析及 2021 年展望 …… 430

之二：2020 年万州区经济运行分析及 2021 年展望 …… 435

之三：2020 年开州区经济运行分析及 2021 年展望 …… 440

之四：2020 年梁平区经济运行分析及 2021 年展望 …… 444

之五：2020 年城口县经济运行分析及 2021 年展望 …… 447

之六：2020 年丰都县经济运行分析及 2021 年展望 …… 451

之七：2020 年垫江县经济运行分析及 2021 年展望 …… 456

之八：2020 年忠县经济运行分析及 2021 年展望 …… 462

之九：2020 年云阳县经济运行分析及 2021 年展望 …… 468

之十：2020 年奉节县经济运行分析及 2021 年展望 …… 472

之十一：2020 年巫山县经济运行分析及 2021 年展望 …… 476

之十二：2020 年巫溪县经济运行分析及 2021 年展望 …… 480

区域卷·渝东南武陵山区城镇群篇

之一：2020 年渝东南武陵山区城镇群经济运行分析及 2021 年展望 …… 488

之二：2020 年黔江区经济运行分析及 2021 年展望 …… 493

之三：2020 年武隆区经济运行分析及 2021 年展望 …… 498

之四：2020 年石柱土家族自治县经济运行分析及 2021 年展望 …… 502

之五：2020 年秀山土家族苗族自治县经济运行分析及 2021 年展望 …… 507

之六：2020 年酉阳土家族苗族自治县经济运行分析及 2021 年展望 …… 512

之七：2020 年彭水苗族土家族自治县经济运行分析及 2021 年展望 …… 516

综合卷
宏观篇

之一：2020年世界经济形势分析及2021年展望

2020年世界经济增长延续过去十年下滑趋势，新冠肺炎疫情为之雪上加霜，全球贸易和投资大幅衰退，经济区域化趋势初见端倪，失业率大幅攀升，全球减贫成果受到巨大冲击，但超常规的经济刺激政策维护了金融市场的稳定。展望2021年，全球经济将从衰退中走出，但发达国家仍然不能恢复2019年的水平，同时仍然面临诸多不利和不确定因素，潜在风险不可低估。在此形势下，我国应警惕经济全球化向区域化转变的趋势，做好应对工作；积极参与全球治理，倡导国际合作新模式；加快国内产业转移，提高中西部地区融入"双循环"格局的能力。

一、2020年世界经济形势分析

从图1可以看出，2010年之后，全球经济增速除了2017年出现微弱反弹之外，总体上处于下滑状态，2019年全球经济增长2.9%，创十年最低水平。《2019年世界经济形势分析与2020年展望》中预测2020年全球经济将继续延续下滑趋势，新型冠状病毒这只"黑天鹅"则将全球经济拖入"二战"以来最为严重的衰退。

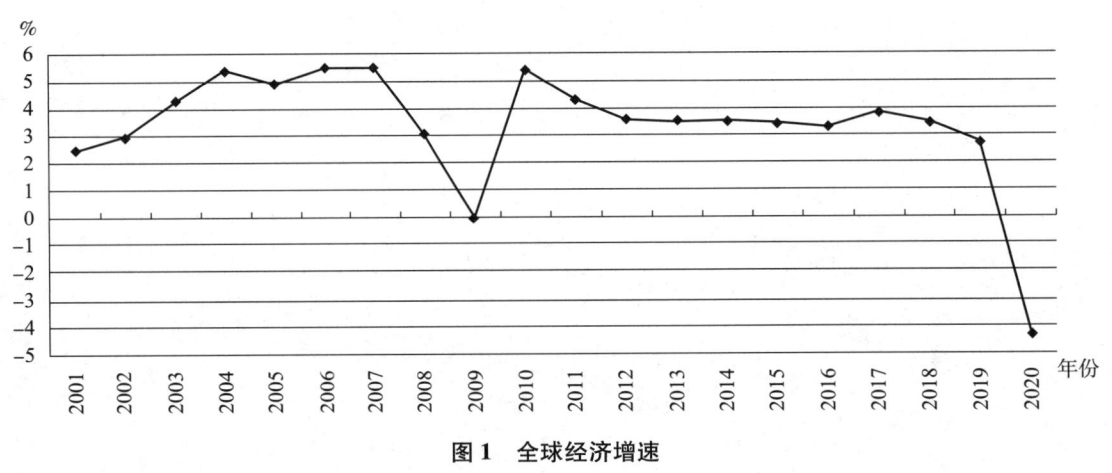

图1　全球经济增速

数据来源：国际货币基金组织（IMF）。

（一）上半年全球经济衰退超过次贷危机，下半年逐步复苏

2020年上半年，受新冠肺炎疫情影响，全球生产链出现中断，供给和需求均遭到重大冲击，全球经济衰退幅度超过2008年次贷危机。

从发达国家情况来看，经济全部陷入严重衰退。2020年上半年，美国第一季度GDP同比小幅增长0.3%，但第二季度GDP同比下降9.5%，第二季度GDP环比折年率更是大幅下降32.9%，创下"二战"后最大降幅。欧元区经济同样遭遇重创，2020年前两个季度欧元区GDP同比分别下降3.1%和15%，这是近七年来的首次负增长，也是1996年有记录以来的最大降幅。2020年前两季度，日本GDP环比折年率分别下滑3.4%和27.8%，连续三个季度环比负增长，同样创"二战"后最差纪录。

从新兴经济体的情况来看，则出现明显分化现象。2020年上半年，越南经济在全球"一枝独秀"，前两个季度GDP分别同比增长3.8%和1.8%，增速虽有所放缓，但仍保持小幅增长。2020年第一季度，印度经济仍保持了3.1%的较高增长，GDP约为7362亿美元，超过英法两国，在全球排名第五，备受世界瞩目，但是第二季度同比下降24%。俄罗斯情况与印度类似，第一季度同比增长1.6%，似乎未受疫情影响，但第二季度同比下降8.5%。巴西前两季度GDP环比分别下降1.5%和9.7%。

由于大多数国家在五六月放松了封锁措施，第三季度经济开始出现逐步复苏现象，2020年9月全球制造业PMI为52.9%，连续3个月保持在50%以上。作为疫情最严重的国家，美国10月的PMI上升到了56%，持续4个月保持在50%以上，其他国家也出现了不同程度的复苏。

（二）全球贸易和投资大幅衰退，经济区域化趋势初见端倪

贸易摩擦已经导致2018年和2019年全球贸易和投资增速持续下滑，疫情的暴发导致全球生产和供应链中断，全球贸易急剧下滑，根据国际货币基金组织的测算，2020年全球货物和服务贸易将下降10.4%（见图2），下降幅度略高于次贷危机最严重的时期，也就是2009年。与此同时，全球外国直接投资（FDI）则以更大的幅度下滑。疫情暴发以来，联合国贸发会议多次大幅下调全球FDI增速，最新发布的《2020年世界投资报告》预计，2020年全球FDI流量将急剧下降40%，这是自2005年以来FDI流量首次低于1万亿美元。

受全球贸易摩擦影响，疫情之前经济全球化向地区化变化的趋势已见端倪。美国与中国、加拿大、墨西哥的商品贸易额2017年分别为6360亿美元、5824亿美元、5570亿美元，中国是美国的第一大贸易伙伴；2019年分别为5589亿美元、6121亿美元、6145亿美元，墨西哥和加拿大超越中国成为美国第一和第二大贸易伙伴。2020年前八个月继续保持这一趋势，美国与中国、加拿大、墨西哥的贸易额分别为3322亿美元、3353亿美元、3375亿美元，中国仍然是美国第三大贸易伙伴。由此可见，世界经济发展模式存在由全球化向区域化转变的趋势。

图2 全球货物和服务贸易增速

（三）超常规经济刺激政策并未加大全球通货膨胀压力，国际金融市场稳定促进了经济复苏

为对冲疫情的影响，各国都推出了超常规的财政金融刺激政策，从理论上全球将面临巨大通货膨胀压力，但从实际情况来看并非如此。根据IMF的测算，2020年发达经济体CPI上涨0.8%，比2019年下降0.6个百分点；新兴和发展中经济体CPI上涨5%，比2019年回落0.1个百分点。出现这一现象的主要

原因如下：一是防控疫情导致的活动受限压制了消费需求，尤其是餐饮、旅游、文化娱乐等服务消费；二是突发的疫情改变了消费和储蓄行为，疫情期间乃至疫情之后，人们的储蓄倾向将会提高，提前和透支消费行为将会弱化；三是疫情导致的收入下降制约了消费能力。

与次贷危机时期不同，2020年全球经济虽然出现严重衰退，但金融市场尤其是发达国家的金融市场保持了稳定。由于金融市场信息化程度较高，金融业未出现大规模的停工停产，在宽松的货币政策的支持下，金融服务实体经济的功能进一步增强，对全球经济的复苏作出了重要贡献。

（四）疫情导致全球失业人口剧增，减贫进程严重受阻

疫情导致全球失业率急剧攀升，作为发达国家的代表，2020年4月美国失业率升至14.7%，创20世纪30年代经济大萧条以来新高；作为新兴市场国家代表，印度同期失业率飙升至27.1%，超过1亿人在4月失去工作。复工复产后失业率有所下降，但仍居于较高水平，9月美国失业率仍然高达7.9%。失业率的上升也抑制了工资水平的上升，从而导致中国之外所有国家提高平均生活水平的进程出现倒退，全球减贫成果受到严重冲击。

对于非正式就业且不在社保范围之内的劳动者而言，各国限制人员流动措施将使其失去收入来源，跨国移民工人难以从传统的援助网络中获益。根据IMF的测算，2020年近9000万人的收入可能降至每天1.90美元的极度贫困水平以下。世界银行《贫困与共享繁荣》报告指出，假如疫情没有发生，预计贫困率在2020年会降至7.9%，但疫情导致贫困率或将达到9.1%~9.4%，这意味着过去3年的扶贫成果全部清零。另外，疫情期间的学校停课带来了新的严峻挑战，也将对全球人力资本积累造成严重的负面影响。

二、2021年世界经济增长影响因素分析及趋势判断

展望2021年，全球经济有望从衰退中走出，实现恢复性增长，但只有中国和东盟五国等少数经济体达到或超过2019年水平，其他国家都需要更长的时间，同时仍然面临诸多不利和不确定因素，潜在风险仍然不可低估。

（一）有利因素

同2020年相比，2021年全球经济发展将受到一系列有利因素的支撑。一是疫情对全球经济影响的减弱。如果疫情得到有效控制，全球经济有望出现快速反弹；即使出现新一轮疫情，对各国经济冲击的边际效应也会相对减弱。二是全球贸易将会反弹。根据世界贸易组织发布的《贸易统计与展望》报告，2021年全球商品贸易量将增长7.2%，尽管这一增长无法使全球贸易恢复到疫情前的水平，但仍是拉动全球经济增长的重要力量。三是政治经济周期将促进2021年经济增长。研究表明全球存在政治经济周期，受此影响，美国、日本等有关国家经济增速有望提高。四是疫情将加速全球数字经济、医疗卫生、机器人等相关产业的发展，从而为全球经济增长提供新动力。五是通货膨胀仍将保持较低水平，在此背景下宽松的货币政策暂时不会退出，全球金融市场有望保持稳中有进的态势。

（二）不利因素

毋庸置疑，2021年世界经济发展还将面临诸多不利以及不确定因素。一是各国经济刺激政策的力度和边际效应将大大减弱。当前发达国家的利率已无下调空间，财政赤字率已经很高，财政金融政策支持经济增长的空间和手段已经非常有限，即使进一步出台刺激政策，其边际效应也远低于2020年。二是全球FDI继续下降，根据联合国贸发会议发布的《2020年世界投资报告》，2021年FDI还将减少5%~10%，FDI是全球价值链的重要载体，受此影响，全球价值链对经济增长的贡献将延续2020年的负增长态势。

三是全球贸易政策存在较大不确定性。如果贸易摩擦缓和，全球贸易复苏将好于预期；如果没有明显改善甚至进一步加剧，将会拖累全球经济复苏。但是，无论出现哪一种情形，都难以恢复到之前的状态。四是导致全球经济增速下滑的中长期因素继续存在，这些因素包括贫富差距扩大、技术进步对经济增长的边际贡献降低、缺乏支撑全球经济持续快速增长的主导产业、全球价值链增长停滞、逆全球化等。五是中东与东亚的地缘政治冲突等"黑天鹅"事件将会给经济发展带来负面冲击。另外，虽然全球爆发金融危机的概率很小，但国际金融资本市场仍存在大幅动荡的可能。

（三）2021年世界经济增长趋势判断

根据IMF的预测，2020年全球经济将出现4.4%的衰退，2021年全球经济将增长5.2%，在2020年衰退和2021年复苏之后，2021年全球GDP水平比2019年略高出0.6%，这意味着发达和新兴市场经济体2020年和2021年将出现巨大的负产出缺口和高失业率，但不同经济体之间存在较大差异。

从发达经济体的情况来看，2020年GDP将下降5.8%，预计2021年增长3.9%，GDP比2019年还低约2个百分点，无法恢复到疫情前水平。预计2020年美国、欧元区、日本三大经济体GDP分别收缩4.3%、8.3%和5.3%，2021年分别增长3.9%、3.1%和2.3%。由于欧元区和日本2020年经济衰退程度过深，复苏道路将更为艰难，存在加强国际经济合作的意愿和动力。

新兴和发展中经济体仍然是全球经济稳定和增长的重要动力，预计2020年经济衰退3.3%，比发达经济体低1个百分点；2021年增长6%，GDP比2019年高约2.7个百分点，主要贡献来自中国和东盟五国，和发达经济体形成鲜明对比。预计2020年中国和东盟五国经济分别增长1.9%和-3.4%，2021年分别增长8.2%和6.2%，其他新兴和发展中经济体虽出现不同程度的增长，但都无法恢复到2019年的水平。

三、政策建议

（一）警惕经济全球化向地区化转变的趋势，积极做好应对工作

上文指出，疫情之前，受全球贸易摩擦影响，经济全球化向地区化转变的趋势已见端倪；疫情之后，欧美国家舆论呼吁医疗用品产业回流国内的声音很高，经济社会发展不能只考虑降低成本、增加利润，在此背景下，地区经济一体化发展趋势进一步增强。对我们需要高度重视这一现象。一是继续加强"一带一路"国际合作，"缩短"地理距离，推动经济全球化发展。二是广泛采取数字技术，"拉近"空间距离。三是顺应潮流，进一步加强亚洲国家之间的经济合作。从上文分析也可以看出，当前和未来亚洲经济增长态势都好于其他地区，也是世界经济增长和稳定的重要动力。

（二）积极参与全球治理，倡导国际合作新模式

当前世界经济发展正处于变局之中，政治经济周期决定了2021年是变局中的节点，全球经济合作模式将在博弈中重新选择方向，在这一关键时期我国应积极参与全球治理，倡导国际合作新模式。根据当前形势，我国应维护国际组织的权威，充分发挥国际组织调解国际争端的功能。同时，加强国际沟通和磋商，积极推动国际组织的改革，完善全球治理。2021年，我国应在国际抗疫合作、通过多边合作化解贸易和科技领域的争端、全球产业链合作、发展中国家减贫、应对气候变化、防范国际金融风险等方面提出新的倡议和合作模式。

（三）加快国内产业转移，提高中西部地区融入"双循环"格局的能力

疫情之前，东部发达地区外部面临贸易摩擦、内部面临生活成本上升等诸多问题，产业向海外转移的迹象明显，一旦这一趋势形成将难以逆转，从而导致国内产业空心化。因此，我国应加快国内产业向

中西部地区转移,以"十四五"规划为契机,优化产业布局,健全国内产业链,促进区域经济协调发展,提高中西部地区融入"双循环"的能力。重大疫情往往会诱发经济社会某些领域发生重大变革,从当前形势来看,以信息技术为支撑的数字经济、机器人技术、生物保健、传统中医中药等产业将会遇到新的发展机遇,这也是中西部地区可以发挥后发优势、实现跨越式发展的产业,需要引导外资和东部地区中资企业投资中西部地区,加快相关产业发展。

[国家信息中心　程伟力]

之二：2021年中国经济展望和宏观调控政策建议

2020年，面对新冠肺炎疫情严重冲击和复杂严峻的国内外环境，在以习近平同志为核心的党中央坚强领导下，我国统筹推进疫情防控和经济社会发展，有效推动生产生活秩序恢复，国民经济延续稳定恢复态势，预计全年GDP增长2.2%左右，成为世界唯一正增长的主要经济体。展望2021年，我国将开启全面建设社会主义现代化国家新征程，发展环境面临深刻复杂变化，在超大规模市场新优势、全面深化改革、扩大对外开放、宏观调控政策有空间等支撑因素，以及低基数因素作用下，我国经济增速将前高后低，初步预计GDP增长7.0%左右，明显高于过去五年的水平，将为"十四五"规划开好局、起好步。

一、2020年中国成为全球唯一实现正增长的主要经济体

2020年以来，新冠肺炎疫情冲击、世界经济衰退给我国经济带来前所未有的影响，第一季度经济出现负增长。我国统筹疫情防控和经济社会发展，有效控制疫情，推动复工复产，及时出台助企纾困和激发市场活力的宏观调控政策，第二季度经济增长实现由负转正，第三季度经济加快回暖，充分展现出我国经济的强大韧性和巨大回旋余地。在大流行、大动荡、大衰退、大博弈的国际政治经济环境中，我国成绩的取得来之不易。

（一）生产端恢复性增长特征明显，第二产业引领作用增强

2020年1—9月，我国GDP同比增长0.7%，较上年同期回落5.5个百分点。其中，第一季度下降6.8%、第二季度增长3.2%、第三季度增长4.9%。我国是世界范围内第一个经济恢复正增长的主要经济体。从结构看，第二产业恢复相对较快，对经济增长的贡献超过第三产业。

农业发展稳定向好。1—9月，农业生产同比增长2.3%，较上年同期回落0.6个百分点。粮食生产再获丰收。在加强田间管理、保障农资调运、调增秋粮面积等因素的带动下，全年粮食产量有望连续6年稳定在1.3万亿斤水平。生猪生产恢复好于预期。截至9月底，全国生猪存栏、能繁母猪存栏分别恢复至2017年末的84%和86%，能繁母猪存栏已经连续12个月环比增长。农副产品生产结构进一步优化，粮食储备库存充足，农业农村投资快速回升，基础设施补短板加快推进。

工业生产逐步恢复常态。1—9月，第二产业生产同比增长0.9%，较上年同期回落4.7个百分点。国家全力推进制造业产业链协同复工复产，打通产业链"堵点""断点"，推动固链、强链、补链，工业运行状况逐月改善。规模以上工业增加值逐季分别增长-8.4%、4.4%和5.8%，第三季度工业增势已经恢复到上年平均水平。在应对疫情中传统产业数字化、智能化转型明显加快，人工智能、物联网、车联网等技术创新和产业应用步伐进一步提速。

服务业复苏势头良好。1—9月，服务业生产同比增长0.4%，较上年同期回落6.6个百分点。生产性服务业复苏相对较快，信息传输、软件和信息技术服务业增长15.9%，金融业增长7.0%，房地产业增长1.6%，分别拉动服务业增长1.04个、0.99个、0.21个百分点。但是，封闭性、聚集性、接触性提供服务内容的生活性服务业受疫情的冲击较大，复苏相对缓慢。批发零售业下降4.2%，住宿餐饮业下降

19.1%，租赁和商务服务业下降8.1%，上述三个行业合计下拉服务业1.86个百分点。随着国内疫情得到有力有效控制，住宿、餐饮、文化体育娱乐等行业有序恢复经营，市场活跃度有所提高。9月，服务业生产指数同比增长5.4%，比8月提升1.4个百分点。

（二）需求端积极因素增多，投资支撑力度加大

1—9月，稳投资政策落地显效，支出法国民经济核算下，投资拉动经济增长3.1个百分点，成为需求侧的主要动力。

投资关键性作用凸显。1—9月，固定资产投资同比增长0.8%，较上年同期回落4.6个百分点。分季度看，第一季度投资下降16.1%，第二季度强劲反弹至3.8%，第三季度进一步加快至8.8%。在资金利率较低和流动性充裕的背景下，房地产投资和销售明显改善。特别国债发行、专项债增发等改善了基建融资状况，"两新一重"建设加快，基建投资稳步增长。1—9月新增发行政府债务6.83万亿元，较上年同期增加2.8万亿元，同比增长69.4%。受市场需求低迷、工业品价格下降、企业利润下滑等因素影响，制造业投资尤其是消费品制造业投资大幅下降。

消费需求缓慢回暖。1—9月，社会消费品零售总额同比下降7.2%，较上年同期回落15.4个百分点。分限额标准看，限额以下批发零售额受疫情冲击更为明显，同比下降8.1%，限额以上批发零售额下降5.5%。分线上线下看，线下消费同比下降12.7%，线上消费同比增长15.3%。受聚集性、接触性消费活动受限影响，线下消费、住宿和餐饮市场仍有待恢复。但同时，疫情催生新型消费逆势增长，远程办公、在线教育、互联网诊疗、直播带货等新业态新模式加快发展，全国快递业务量日均2亿多件已成常态。在限购城市增加指标号牌、汽车下乡等政策带动下，汽车销量自5月起已经连续五个月保持两位数增长。农村消费潜力加快释放，国家级贫困县网络零售额同比增长24.1%，智能电视、冰箱、洗衣机等升级类电器在农村销售火热。消费边际改善趋势不断巩固，第三季度社会消费品零售总额同比增长0.9%，季度增速年内首次转正。

外贸出口好于预期。1—9月，外贸出口额同比下降0.8%，上年同期增速为0。防疫物资供应、外贸供应链快速恢复、中美达成第一阶段经贸协议等因素支撑出口增长。口罩、防护服、医疗器械等防疫物资出口强劲，纺织类、医疗器械类出口额分别同比增长33.7%、44.3%，合计拉动出口额增长1.9个百分点。受疫情防控影响，海外"宅经济"消费提升带动笔记本电脑、集成电路出口额分别增长14.6%、12.1%。我国对美出口下降0.8%，降幅较上年收窄9.9个百分点。我国与东盟经贸合作逆势增长，进出口贸易总值达到4818.1亿美元，同比增长5.0%，东盟历史性地成为我国第一大贸易伙伴。10月，新出口订单指数和进口指数较上月继续提升，进出口形势进一步改善。

（三）"六稳""六保"落地见效，发展韧性持续增强

1. 经济基本盘总体稳定

就业形势企稳。1—9月，城镇新增就业898万人，接近完成900万人的预期目标任务。9月，城镇调查失业率为5.4%，低于6%左右的预期调控目标。农民工和大学生等重点群体就业形势趋于稳定。截至第三季度末，外出务工农民工达到1.8亿人，已经恢复到上年同期的97.9%。9月，20~24岁大专及以上人员（主要为新毕业大学生）的调查失业率较8月下降了2.4个百分点。基本民生得到有效保障。1—9月，全国居民人均转移净收入同比增长8.9%，较上年同期加快1.7个百分点。其中，人均养老金和离退休金增长8.7%，人均社会救济和补助增长12.9%，人均政策性生活补贴增长11.1%。市场主体减负落到实处。1—9月，全国新增减税降费累计达20924亿元，其中2020年出台的税费优惠政策新增减税降费13659亿元。全年预计金融部门以降低利率、延期还本付息、银行减免服务收费等方式让利1.5万亿元。

能源供应安全稳定。1—9月，原油、天然气、钢材、十种有色金属、电力产量同比分别增长1.7%、8.7%、5.6%、3.5%、0.9%。产业链、供应链的稳定性和竞争力稳步提高。着力补短板、锻长板，提升重要原材料、关键零部件、核心元器件和关键软件的稳定供应水平。

2. 三大攻坚战取得显著成效

防范化解重大风险稳步推进。我国积极应对地方财政收支矛盾，建立资金直达基层、直达民生的转移支付机制，着力防范化解地方政府债务风险。稳妥实施房地产长效机制，创新性提出"三条红线"，对房地产企业实施差异化债务规模管理。脱贫攻坚将顺利收官。挂牌督战地区（52个贫困县、1113个贫困村）"两不愁三保障"和饮水安全问题已经基本解决，防止返贫监测机制基本建立。污染防治持续加强。1—9月，全国337个地级及以上城市平均优良天数比例为87.2%，同比上升5.7个百分点。

3. 经济新动能加快培育

产业高端化、数字化、智能化趋势更加明显。1—9月，高技术制造业增加值同比增长5.9%，高于规模以上工业4.7个百分点。其中工业机器人产量同比增长18.2%，较上年同期提升27.3个百分点。高技术服务业投资快速增长，其中电子商务服务业、信息服务业投资分别增长20.4%和16.9%。消费数字化转型全面提速。以网络购物、移动支付、线上线下融合等新业态新模式为特征的新型消费快速发展，推动消费数字化转型从吃、穿、用等实物消费领域加快向医疗、教育、文娱等更多服务领域扩张渗透。生鲜电商、门店到家、无接触配送等新业态迅猛发展，"云逛街""云购物""云展览""云旅游"等新模式不断涌现。

（四）物价水平温和上涨，CPI-PPI剪刀差逐步收窄

1—9月，受市场供求关系总体稳定、CPI翘尾因素持续减弱等影响，CPI月度同比涨幅逐月回落；受经济持续恢复、工业增速稳定回升等影响，PPI月度同比降势有所趋缓，CPI-PPI剪刀差由4月的年内高点6.4个百分点收窄至9月的3.8个百分点。

1. 居民消费价格逐月回落

1—9月，CPI同比上涨3.3%，较上年同期提高0.8个百分点。从单月看，9月同比上涨1.7%，呈现前高后低的回落态势。其中，翘尾因素影响2.9个百分点，占CPI总涨幅的近九成。非洲猪瘟等供给冲击的翘尾影响在2020年集中释放，猪肉价格是推高CPI的最重要因素，猪肉价格同比上涨82.4%，拉动CPI上涨约2.24个百分点，占CPI总涨幅的近七成。居民消费需求复苏相对较慢，非食品价格同比上涨0.5%，较上年同期回落1个百分点。受国际原油价格变动影响，交通燃料价格下降13%。居住价格同比下降，教育、医疗服务价格涨幅回落。扣除食品和能源价格的核心CPI上涨0.9%，回落0.8个百分点。

2. 工业生产价格降幅扩大

1—9月，PPI同比下降2.0%，上年同期涨幅为0，降幅较上年全年扩大1.7个百分点。其中，翘尾影响约为-0.1个百分点，新涨价影响约为-1.9个百分点。从两大部类看，生产资料、生活资料价格"一降一升"，同比增速分别为-3.0%和0.8%。石油、煤炭价格下降是导致PPI回落的重要因素。1—9月，国际原油价格同比下降30%以上，中国煤炭价格综合指数（CCPI）平均值为149.79，较上年同期下降6.9%。

（五）努力实现全年经济社会发展目标任务

展望第四季度，"六稳""六保"任务落实成效日益显现，市场主体的预期与信心稳步改善，新产业新业态蓬勃发展，生产回升、消费回暖对经济持续复苏形成有力支撑。但是，海外疫情反弹、世界经济衰退、

美国总统选举结果等外部环境不确定性仍在增加，国内经济稳定复苏基础尚不牢固，内需不足、工业品价格低迷、小微企业生产经营困难，以及产业链、供应链安全风险等制约经济稳定恢复。预计第四季度GDP增长6.0%左右，全年GDP增长2.2%左右，国内生产总值突破100万亿元；居民消费价格指数全年上涨2.6%左右；城镇新增就业超额完成调控目标；进出口增速好于预期，国际收支基本平衡（见表1）。

表1 2020年第四季度及全年中国主要宏观经济指标预测

时间 单 位	2020年1—9月实际		2020年第四季度预测		2020年全年预测	
	绝对量/亿元	增长率/%	绝对量/亿元	增长率/%	绝对量/亿元	增长率/%
GDP	722786	0.7	297999	6.0	1020786	2.2
第一产业	48123	2.3	30618	4.2	78741	3.0
第二产业	274267	0.9	114153	6.4	388419	2.5
第三产业	400397	0.4	153229	6.0	553626	1.9
规模以上工业增加值	—	1.2	—	6.6	—	2.0
固定资产投资（不含农户）	436530	0.8	87294	8.1	523824	2.0
房地产开发投资	103484	5.6	36828	8.0	140313	6.2
社会消费品零售总额	273324	-7.2	121416	5.6	425530	-3.3
出口/亿美元	18114	-0.8	7255	7.8	25369	1.5
进口/亿美元	14853	-3.1	5559	1.7	20412	-1.8
居民消费者价格指数	103.3	3.3	100.4	0.4	102.6	2.6
工业生产者出厂价格指数	98.0	-2.0	98.0	-2.0	98.0	-2.0

二、2021年国内外环境面临深刻复杂变化

展望2021年，我国经济发展环境面临深刻复杂变化，新冠肺炎疫情前景未卜，世界经贸环境不稳定性和不确定性增大，国内经济循环面临多重堵点，重大风险隐患不容忽视。但我国发展仍处于重要战略机遇期，我国有显著的中国特色社会主义制度优势，有完整的产业体系和雄厚的物质技术基础，有超大规模的市场优势和内需潜力，有庞大的人力资本和人才资源，有持续释放的改革开放红利，有丰富的宏观调控经验和工具，经济稳中向好、长期向好的发展趋势没有也不会改变。

（一）国际环境错综复杂

1. 新冠肺炎疫情出现第二波反弹

新冠肺炎疫情仍在全球扩散蔓延，结束时间无法准确预测。随着秋季来临，欧美地区新冠肺炎疫情反弹加剧，多国确诊病例连创新高。为防控疫情蔓延，各国不得不再次收紧防控措施。2020年10月底，法国、意大利、英国等宣布开始实施第二次全面"封锁"，给经济复苏带来不利影响。此外，疫苗研发并投入应用前景仍不明朗，即便疫苗有效，完成大规模接种工作也需要6个月甚至更长时间。

2. 世界经济复苏前景不确定

经过一年的防疫实践探索，各国在统筹经济增长和疫情防控方面积累了一定经验，有效阻止了经济从衰退滑向萧条。总的来看，2021年世界经济有望开启复苏进程，但复苏十分脆弱，世界经济最终表现将取决于疫情持续时间以及宏观对冲政策的有效性。经济合作与发展组织（OECD）9月报告预测，考虑

疫情尚未得到有效控制以及经济复苏步伐放缓，2021年全球经济将增长5%，低于6月预测的5.2%。国际货币基金组织（IMF）10月报告预测，2021年全球经济将增长5.2%，略低于6月预测的5.4%，并强调全球经济活动恢复到疫情前水平存在难度，而且很有可能出现倒退。

3. 中美多领域博弈加剧

美国经济社会发展面临疫情失控、大选洗牌、贸易摩擦等因素影响，中美两国在众多领域博弈进一步加剧。一是美国大选的最终结果不影响当前美国在政治以及其他领域对中美关系的总体判断，中美博弈呈现长期化的趋势。二是在经历多领域角力、中美两国贸易谈判达成第一阶段协议后，后续谈判是否进行、如何进行等问题的不确定性较大。三是美国对中国的制裁手段向多领域延伸，除"实体清单"外，近期美国商务部宣布正式对中国、俄罗斯、委内瑞拉三国实施新的出口限制政策，并推动实施资产管制和投融资禁令。四是美国增加对"一带一路"倡议的干扰，持续以技术封锁、金融制裁为由，阻挠一些中小国家与中国合作，并利用一些国家政权交替之际否定与中国"一带一路"相关的各项合作协议。

4. 国际金融市场波动性增大

疫情引发的经济衰退将导致市场避险情绪升温，暴露并加剧金融脆弱性，加大金融市场波动风险。一是股票市场波动增大。当前十年期美国国债收益率已降至历史低位，美国股市整体估值持续跃升，而企业盈利预计深度下滑，股市表现和企业基本面已大幅背离，市场脆弱性明显加大。一旦美股大幅调整波动，可能拖累全球股市出现较大震荡。二是全球高债务风险日益凸显。当前G20的债务总额已经达到146万亿美元，是2008年水平的1.8倍。一旦利率市场出现大幅调整或者出现大规模企业倒闭，企业债务违约将可能成为引发金融风险的导火索。世界主权债务风险也在持续累积，叠加财政状况恶化，部分发展中国家或将出现实质性债务违约。

（二）国内风险挑战交织叠加

1. 内需不足导致供需两端温差

当前，我国消费需求恢复缓慢、投资需求内生动力不足，需求势能减弱可能进一步向生产端传导，制约经济反弹高度，成为经济领域面临的重要挑战。2020年9月末，规模以上工业企业产成品存货同比增长8.2%，较上年同期提高7.2个百分点，一定程度上反映出终端需求不振、产品销售不旺的问题。供需不匹配背景下的供给恢复难以长期持续，企业前期订单耗尽后停产减产的可能性较大，需谨防供给需求"双萎缩"风险。

2. 基层财政收支平衡难度加大

受疫情冲击、经济减速、企业效益不佳以及大规模减税降费等因素影响，地方财政收入增长明显放缓。但疫情防控、民生保障等刚性支出仍在增长，部分基层市县"保基本民生、保工资、保运转"已经出现压力。此外，为应对疫情冲击，2020年地方政府新增债务4.68万亿元，较2019年增长51.9%。地方政府债务规模快速攀升，化债支出和利息支出压力加大，地方财政收支平衡难度进一步增加。

3. 潜在金融风险不容忽视

2020年1—9月，广义货币增速高出GDP名义增速9.5个百分点，总体杠杆率和分部门杠杆率出现反弹，金融机构坏账风险需高度重视。中小银行风险加速积聚，城商行、农商行的信贷资产质量承压更大，较大型商业银行的信用风险和流动性风险更集中。疫情之下企业主营业务下滑、收入回款变差，财务费用上升，导致现金净流入缩减，偿债资金来源减少，企业债违约风险将有所上升。

4. 就业稳中提质难度增强

一是疫情冲击下，中小微企业岗位特别是服务业岗位需求降幅大，呈现"规模越小降幅越大"的特征，吸纳就业能力下降。二是线上消费加快取代实体消费，新的消费结构流通链条短，就业带动能力差，带来新的消极影响。三是灵活就业对缓解就业压力贡献巨大，但这些领域社保覆盖、劳动合同以及法律保障等就业正规化程度仍不清晰，就业质量不高。四是预计2021年普通高等院校大学毕业生在870万以上，高校毕业生就业难度将进一步增大。

（三）经济发展长期向好基础扎实巩固

1. 超大规模市场加速释放新优势

随着相对有利的外部发展环境正在发生深刻改变，我国超大规模市场新优势正在对全球市场产生重大影响，逐步形成对国内大循环与国内国际双循环的有力支撑。我国的超大规模市场新优势不仅包含劳动力、消费、产业、创新、金融、物流、房地产等各领域，而且包括商品市场、服务市场以及要素市场等各方面。新一代青壮年人口数量优势、消费市场优势、科技创新与技术产业化应用规模优势等将加速我国经济复苏进程，为疫情后高质量发展打下坚实基础。

2. 全面深化改革扩大对外开放激发新活力

随着全面深化改革、持续推进扩大开放，我国加快打造市场化、法治化、国际化营商环境，更大力度为各类市场主体投资兴业破堵点、解难题。"放管服"改革深入开展，政府服务效能明显提高，创新创业蓬勃发展。我国营商环境国际排名显著提升，连续多年成为世界最具投资价值国家之一。全面深化改革将在更广范围、更大深度、更宽领域解放和发展生产力、激发市场活力、增强经济发展动力。与此同时，尽管经济全球化遭遇"逆风"和"回头浪"，我国仍坚定不移扩大对外开放，推动由商品和要素流动型开放向规则等制度型开放转变。全面实施准入前国民待遇加负面清单管理制度，大幅缩短外资准入负面清单，扩大服务业、制造业等领域开放，积极搭建自贸试验区、自由贸易港、跨境电商综合试验区、进博会等更高水平的对外开放平台。改革开放红利充分释放将创造经济发展强劲动能。

3. 宏观调控有力有效仍存新空间

自疫情发生以来，我国宏观调控从财政政策、货币政策、就业政策、产业政策等多角度为防控疫情、恢复经济做出科学判断、精准调度，统筹好"立足当前"与"跨周期调节"的关系，为后续经济复苏发挥重要作用。不同于其他主要发达经济体实施超规模量化宽松政策，我国央行资产负债表扩张相对温和，仍有进一步降准、减息政策空间，赤字率等财政主要指标明显低于同期世界主要经济体，国债余额占GDP比重处于合理区间。未来，积极的财政政策和稳健的货币政策在总量与结构上对稳定经济基本盘仍然具有较大调控操作余地。我国宏观经济政策的综合协调性将进一步加强，在抵抗疫情冲击、稳定经济发展、促进结构转型、增强发展动力的过程中，实现宏观调控多重目标、多种政策、多项改革平衡协调联动。

三、2021年经济增长前景展望

（一）GDP增长预测

2021年我国经济恢复性回升特征明显。新冠肺炎疫情对经济的负面冲击主要集中在2020年上半年，随着国内疫情防控取得重大战略成果，疫情对经济社会活动影响趋弱，社会生产经营活动加快恢复。从

GDP核算角度看，受上年同期基数较低的影响，2021年上半年我国经济将实现高速增长，对全年经济增速影响较大。

预测情景一：假定2020—2021年经济仅恢复到正常水平的70%左右。国外疫情出现多次反复、世界经济复苏不及预期，国内疫情点状暴发时有发生、聚集性接触式消费仍被抑制、供需温差持续制约工业生产。预计2021年经济增速将达到6.3%，基数效应为2.1%，贡献率为32.6%。

预测情景二：假定2020—2021年经济总体恢复到正常水平的80%左右。国外疫情基本控制、世界经济稳步复苏，国内疫情有效控制、消费加快复苏、需求回暖带动生产加快。预计2021年经济增速将达到7.6%，基数效应为2.7%，贡献率为35.5%。

预测情景三：假定2020—2021年经济基本恢复到正常水平的90%左右。国内外疫情均得到有效控制，疫情影响快速消退，世界经济、我国经济均恢复常态。海外需求明显改善，国内消费强劲复苏带动内需扩张，企业利润明显改善，市场主体信心进一步增强。预计2021年经济增速将达到8.8%，基数效应为3.3%，贡献率为37.5%。

国内外机构近期预测显示，2021年我国经济增速将超过7%。中国社会科学院工业经济研究所（10月）预计2021年我国GDP增长8%左右，招商证券（9月）预计2021年我国GDP增长9.0%左右。同时，根据以往经验判断，国际机构对我国GDP增速的预测通常会高出世界经济增速2~3个百分点。经济合作与发展组织（OECD）（9月）预计2021年我国GDP增速为8%、世界经济增速为5%，国际货币基金组织（IMF）（10月）预计我国GDP增速为8.2%、世界经济增速为5.2%。

综上考虑，预计2021年我国GDP将增长7.0%左右。

（二）其他主要指标预测

固定资产投资增长7.0%左右。市场流动性保持合理充裕，企业融资环境有所改善。我国持续深化"放管服"改革，加快优化营商环境，提升企业投资便利性。随着企业效益持续回暖、投资信心稳步恢复，制造业投资有望加快。在政府投资保持力度、信贷资金大力支持以及新型基建需求加快释放等因素的带动下，基础设施投资增速有望加快。房地产市场将面临周期性下行和融资政策效果逐渐显现的双重压力，房地产投资增速将有所承压。

社会消费品零售总额增长8.0%左右。扩内需是构建新发展格局的战略基点，促消费将成为扩内需战略的主要发力点。各级政府出台的一揽子促消费政策措施将为居民营造良好的消费环境，有利于提振消费者信心，释放居民消费潜力；稳就业政策持续落地实施，有利于稳定就业基本盘，为消费增长提供收入源泉；国家引导汽车消费从购买管理向使用管理转变，有利于促进汽车消费加快增长。

进出口增速双转正，出口增长5.0%，进口增长5.5%。全球经济复苏、外部需求改善、稳外贸政策力度加强等因素有利于出口延续增长势头。我国持续扩大对外开放，国内需求改善将助力进口回升。此外，贸易数字化转型快速推进，跨境电商等新业态、新模式层出不穷，将拓宽传统外贸企业的发展空间，为我国外贸增长增添新活力。但也应注意到，我国外贸面临的不确定、不稳定因素依然较多，人民币较快升值不利于外贸出口保持价格竞争力，国外生产能力恢复也将导致我国出口"替代效应"逐渐消退，中美经贸摩擦风险、地缘政治风险等仍不容忽视。

CPI上涨1.5%左右。CPI翘尾因素将大幅减弱，从2020年的平均2.2个百分点降低至2021年的平均0.1个百分点左右。一是食品价格对CPI上涨的拉动作用明显减弱。我国高度重视粮食供应安全，主要粮食生产国逐步放松出口管制也将对粮价产生平抑作用，粮食价格将保持温和增长态势。猪肉产能加快恢复，供需矛盾缓解，猪肉价格将逐步下行。二是非食品价格对CPI上涨的推动作用将有所增强。随着住宿、餐饮、旅游、教育等消费活动逐渐恢复正常，非食品类的商品和服务价格将企稳回升，对CPI上涨的支撑作用明显加强。

PPI上涨0.5%左右（见表2）。一是随着世界经济逐步复苏，全球对国际大宗商品的需求将不断回升，从而推动国际大宗商品价格上涨，我国面临的输入型价格上涨动因有所增强。二是我国实施扩内需战略，带动消费反弹、投资加快，对工业品的需求将有所增加，支撑工业品价格上涨。

表2 2021年中国主要宏观经济指标预测

时间 单位	2020年预测		2021年预测	
	绝对量/亿元	增长率/%	绝对量/亿元	增长率/%
GDP	1020786	2.2	1111712	7.0
第一产业	78741	3.0	85164	3.5
第二产业	388419	2.5	417803	6.5
第三产业	553626	1.9	608745	7.8
规模以上工业增加值	—	2.0	—	6.6
固定资产投资（不含农户）	534460	2.0	571873	7.0
房地产开发投资	140313	6.2	149433	6.5
社会消费品零售总额	425530	-3.3	426319	8.0
出口/亿美元	25369	1.5	26637	5.0
进口/亿美元	20412	-1.8	21535	5.5
居民消费者价格指数	102.6	2.6	101.5	1.5
工业生产者出厂价格指数	98.0	-2.0	100.5	0.5

[国家信息中心 张宇贤 王远鸿 牛犁 闫敏 胡祖铨 陈彬 邹蕴涵 邬琼]

之三：2020 年西部地区经济运行分析及 2021 年展望

2020 年，新冠肺炎疫情全球大流行，世界经济陷入深度衰退。面对国内外严峻形势，我国统筹推进疫情防控和经济社会发展，扎实做好"六稳"工作、全面落实"六保"任务，经济运行稳步回升。西部地区各省份努力克服疫情冲击，积极推动复工复产、复商复市，经济复苏增长的态势明显，经济增速整体保持全国领先，全国区域经济继续呈现"西快东慢"的增长格局。预计 2020 年西部地区 GDP 增长 3% 左右。

一、2020 年西部地区经济运行分析

（一）总体情况

西部地区受疫情影响相对较小，经济增长态势好于全国，西部地区经济保持稳步恢复增长良好态势。2020 年 1—9 月，西部各省份 GDP 总和约 152340 亿元，同比增长 1.9%，约占全国 GDP 总量的 21.2%，占比较上年同期提高了 1 个百分点。西藏、贵州、甘肃、云南、重庆、宁夏以 6.3%、3.2%、2.8%、2.7%、2.6%、2.6% 的增速保持全国领先（见表 1）。

表 1　2020 年 1—9 月全国及西部各省份 GDP 构成及增速

全国及西部省份	地区生产总值		第一产业增加值		第二产业增加值		第三产业增加值	
	绝对量/亿元	增速/%	绝对量/亿元	增速/%	绝对量/亿元	增速/%	绝对量/亿元	增速/%
全国	722786	0.7	48123	2.3	274267	0.9	400397	0.4
内蒙古	12320	-1.9	740	0.2	5153	-0.9	6427	-3
广西	15999	2	2089	3.7	5191	-0.5	8719	3.1
重庆	17707	2.6	1217	3.9	7009	3.9	9481	1.2
四川	34905	2.4	4302	3.3	12446	2.3	18157	2.2
贵州	12650	3.2	1845	6.1	4348	2.4	6457	2.9
云南	17540	2.7	1941	4.1	5914	2.3	9685	2.6
西藏	1308	6.3	91	1.5	499	12.9	718	3.1
陕西	18681	1.2	1176	2.3	8381	0.8	9124	1.4
甘肃	6444	2.8	889	5.1	2008	4.6	3547	1.2
青海	2170	1.2	173	4.5	844	2.9	1153	-0.5
宁夏	2796	2.6	219	2	1134	2	1443	3.1
新疆	9820	2.2	1313	3.8	3409	6.7	5097	-1.3

注：本表格绝对量数值采用取整处理。

数据来源：国家统计局及各省份统计信息网或各省份人民政府网。

（二）主要特点

产业发展保持稳定。努力克服疫情冲击，推动三次产业稳步增长。一是工业增长加快恢复。2020年1—9月，8个省份的工业增加值增速超过全国平均水平（1.2%），其中西藏（7.1%）、甘肃（6.3%）、新疆（6.1%）、重庆（4.4%）增速跻身全国前五位。汽车产业增长形势较好，微型计算机、集成电路等产品保持全国竞争优势，手机、仪器仪表等智能产品继续增长，水泥、糖、化学肥料等资源型工业产品全国地位稳固。二是服务业逐步好转。1—9月，广西、宁夏、西藏、贵州的第三产业增加值增速跻身全国前五位。服务业受疫情冲击较大，尤其是文化旅游、住宿餐饮、商务会展等产业发展大幅下滑，防疫物品贸易、线上生活用品交易、在线教育等成为服务业发展中的亮点。金融市场、房地产市场等基本稳定。三是农业经济保持稳定。克服疫情影响，努力完成了建成全面小康社会和打赢脱贫攻坚战的目标任务，持续推动农村第一、第二、第三产业融合发展，粮食生产、特色农业稳步发展，农民收入稳定增长，多数省份农业增加值增速快于全国。

三大需求整体放缓。积极落实国家"六稳"举措和"六保"任务，全力保障三大需求稳定，但投资、消费、进出口均受全球新冠肺炎疫情影响较大。一是投资增速继续放缓。2020年1—9月西部地区的固定投资同比增长3.3%，较上年同期回落2.2个百分点，其中有10个省份的投资增速高于全国平均水平，西部地区投资增速同比加快，其中新疆达到17.3%，居全国第一位（见表2）。二是消费增速大幅放缓。受新冠肺炎疫情影响，消费增速大幅放缓。1—9月西部地区仅有6个省份的消费增速高于全国平均水平。从主要领域来看，网上零售、通信器材等消费保持较快增长，汽车消费有所恢复，但旅游、电影娱乐、餐饮等消费则大幅下滑。三是对外贸易形势较好。与全球贸易大幅下降不同，西部地区的对外贸易恢复良好，对欧盟和东盟地区贸易成为亮点，继续保持较快增长，整体增速明显高于全国平均增速，四川、贵州、重庆仍保持在10%以上，新疆霍尔果斯口岸铁路进出境货运量同比增长61.21%。

表2　2020年1—9月全国及西部各省份投资、消费、进出口增长变化情况

全国及西部省份	固定资产投资（不含农户）增速/%	社会消费品零售总额		货物进出口总额	
		绝对量/亿元	增速/%	绝对量/亿元	增速/%
全国	0.8	273324	-7.2	231151	0.7
内蒙古	-7.7	—	-9.9	769.5	-6.6
广西	2.1	—	-6.1	3450.83	-0.56
重庆	2.5	8329.58	-2.2	4613.9	11.4
四川	2.2	14916.3	-4.8	5916.65	22.7
贵州	1.0	—	-1.0	385.12	22
云南	6.5	6981.35	-5.5	1628.84	—
西藏	6.6	—	-7.4	11.67	—
陕西	3.9	6621.84	-9.3	2790.74	7.2
甘肃	6.5	2563.6	-4.3	271.81	-2
青海	-1.3	629.85	-8.7	15.74	-46.3
宁夏	2.6	925.5	-8.8	88.64	-50.6
新疆	17.3	—	-19.6	1078.1	-2.5

注：部分省份数据暂未公布。
数据来源：国家统计局及各省份统计信息网或各省份人民政府网。

城乡建设扎实推进。立足城镇化、工业化的发展规律,加快推动新型城镇化和乡村振兴,补足脱贫攻坚、全面小康等短板,促进区域城乡融合发展,城乡居民收入稳步提高(见表3)。一是提速城镇化发展步伐。城市群是我国区域经济发展的重大战略抓手。关中城市群、兰西格城市群等加快发展,成渝地区双城经济圈建设提速,以"一体化""高质量"为导向引领西部地区新型城镇化加速发展。二是乡村振兴、脱贫攻坚、全面小康等战略任务扎实推进。各省份结合实际推进实施乡村产业振兴等具体举措,取得明显成效。围绕全面小康社会建设和脱贫攻坚的任务,各省份以深度贫困地区为重点聚力攻克贫困,以补齐短板为重点攻关全面小康社会建设的薄弱领域,优化财政资金支出结构,优先用于支持教育、就业、扶贫等民生领域,改善居民生产生活条件,取得了较大进步。

表3　2020年1—9月全国及西部各省份城乡居民收入及增速

全国及西部省份	城镇常住居民人均可支配收入		农村常住居民人均可支配收入	
	绝对值/元	增速/%	绝对值/元	增速/%
全国	32821	2.8	12297	5.8
内蒙古	31061	0.8	10799	6.4
广西	26679	3.0	10661	7.9
重庆	30834	5.4	12265	7.9
四川	28475	5.9	11775	8.6
贵州	26959	4.8	7826	8.1
云南	27663	—	8342	—
西藏	31100	—	9039	—
陕西	28618	—	9881	—
甘肃	25064	4.2	6877	6.7
青海	25414	4.7	8300	6.1
宁夏	25185	2.5	8759	7.6
新疆	25482	—	4362	—

注:部分省份未公布增速。
数据来源:国家统计局及各省份统计信息网或各省份人民政府网。

绿色发展成效明显。围绕生态产业化、产业生态化,坚持在保护中发展、发展中保护,积极探索绿色发展新模式。一是大胆探索"生态+"经济新业态。围绕长江、祁连山等重点生态区域,积极探索流域性、山脉性跨区域生态补偿机制。同时,大胆开展以市场化为核心的生态产业化实践,如贵州铜仁市利用水生态资源优势引入农夫山泉等公司发展水产业,重庆石柱县等地利用竹林生态建设森林康养基地、生态休闲基地,内蒙古、甘肃、青海、宁夏等地利用沙地资源大力发展沙漠旅游、沙地农业等新业态。二是产业生态化扎实推进。以产业绿色化发展为导向,加快推动产业结构调整升级,一方面,加快建设低碳循环经济园区、绿色工厂,推动绿色智能制造产业发展;另一方面,大力发展生态农业、文化旅游产业,如新疆、西藏、青海等培育壮大葡萄、牦牛、藏羊、青稞等绿色有机农业,云贵川的森林康养旅游、内蒙古草原旅游、新疆边境游成为西部旅游新亮点。

(三)存在的问题

一是自然灾害多发,洪涝灾害偏重。2020年1—9月西部地区气候年景总体偏差,洪涝灾害等对经济社会发展造成较大的不利影响。四川盆地、长江流域连续而集中的短时强降雨、雷暴等强对流天气,长江上游发生特大洪水，造成农业渔业、居民住房、城乡工商户基础设施等毁损，西南地区的地质灾害发生次数、因灾死亡失踪人数、直接经济损失均最多，占全国总数的五成以上。云南省旱情最重，受旱时间长达半年之久，峰值时约159万人因旱需生活救助、786千公顷农作物受灾；西北旱情则相对较重，辽宁、内蒙古、山西、陕西、新疆5省（区）农作物受旱灾面积和直接经济损失分别占全国旱灾总损失的62%和66%。二是投资明显萎缩，消费隐忧最大。投资增长压力大，政府引导的基础设施投资面临土地、资金等多种制约，同时市场内生动力驱动的产业投资，尤其是对新技术改造不温不火，房地产投资、民间投资增速也低于中东部地区。截至2020年9月，全国固定资产投资负增长的4个省份中有2个在西部地区，分别是内蒙古、青海。消费下滑影响大，也需要较长的恢复期。西部地区城乡居民收入水平明显低于全国平均水平，加之疫情冲击，消费对支撑经济增长的脆弱性更加显现，西部扩内需潜力仍不能充分释放。截至2020年9月，社会消费品零售额增速低于全国平均水平的14个省份中有6个在西部地区。三是新兴产业培育不足，新旧动能转换缓慢。受交通、市场资源要素集聚能力等制约，目前西部物流、资金、行政等成本仍然较高，中小企业融资成本、物流运输成本普遍高于全国平均水平，抑制传统产业升级，也不利于培育壮大新兴产业规模。同时，目前西部地区存在研发经费投入强度低、创新资源匮乏、科研水平不高、高端人才缺乏等问题，科技创新能力及研发投入与东部地区差距巨大，直接制约新动能培育壮大，导致新兴产业发展缓慢。

二、2021年西部地区经济运行环境及展望

（一）全球经济增长复苏仍存在较大不确定性

2021年全球经济或将整体呈现复苏增长态势，但受新冠肺炎大流行的持续时间、自愿的社交距离限制等因素影响，全球经济复苏的前景具有高度不确定性。发达经济体和中国复苏或有所加强，但是一些新兴市场和发展中经济体的增长脆弱性或将被疫情放大。同时，疫情下贸易和投资限制措施增加，地缘政治不确定性上升，国际金融市场动荡或将加剧，这些因素都将对全球经济增长复苏产生不利影响。为减轻疫情对经济复苏的破坏，各国仍会加大财政政策和货币政策支持来降低经济增长的下行风险。近期，IMF下调2021年全球经济增长预期至5.2%。全球贸易增长和FDI增长放缓虽会对我国及西部地区吸引投资、对外贸易等带来负面影响，但疫情还将会进一步加快全球产业链、供应链的深度调整，区域化、本地化趋势日益明显，国内产业转移将孕育新机，西部地区电子、汽车、装备制造等核心技术自主研发和关键零部件的国产替代将提速，消费品、生物医药、材料等内需驱动型产业也将加快培育。

（二）国内经济或将保持恢复性增长好态势

我国仍处于工业化、城镇化加快发展进程中，经济长期向好的基本面没有改变。2021年，我国仍会直面疫情对全球经济的冲击和不确定的世界局势带来的挑战，依托超大规模市场优势以及巨大的内需潜力，进一步增强经济增长的动力和韧性，加快释放国内消费对全国经济增长的拉动作用，推动经济加快恢复到正常增长轨道，也将助力世界经济恢复。2021年也是"十四五"规划开局之年，我国将开启全面建设社会主义现代化国家新征程，仍坚持稳中求进工作总基调，扎实做好"六稳"工作、落实"六保"任务，推动形成以国内大循环为主体、国内国际双循环相互促进的新发展格局，更好实现高质量发展。近期IMF预期2021年中国经济增长将达到8.2%。中国经济稳步恢复增长是全球经济增长的稳定支撑，西部地区也将抓住国家扩内需战略机遇，加快推进经济结构转型升级，加快释放巨大的潜在市场空间。

（三）西部地区经济增长速度仍会整体领先全国

以"大保护""大开放""高质量"为主要特征的新时代西部大开发加快推进，西部地区将会进一步

释放后发增长潜力。长江经济带绿色发展的步伐将加快，黄河流域生态环境保护将被强化，建立推动生态产业化、产业生态化路径，积极探索流域性生态环境保护市场化补偿机制，绿色经济发展空间将加快拓展。在共建"一带一路"的引领带动下，中欧班列将进一步优化，西部陆海新通道加快完善物流枢纽作用，提高西部地区对欧盟和东盟的对外开放和外向型经济发展水平。实施以成渝地区双城经济圈建设为引领的都市圈战略、推动黄河全流域高质量发展等，必将促进西部重要经济区、城市群加快探索高质量发展路径，提速西部地区的工业化、城镇化发展进程，加快推动产业发展升级、城市功能升级，进一步释放内需增长潜力。

综合以上分析，预计2021年西部地区经济增长速度仍将快于全国平均水平，全年经济增速将保持6.5%左右。

三、对策建议

（一）聚焦生态安全，夯实绿色发展底线

一是强化生态屏障建设。严守西部生态保护红线，推进三江源、长江上游、祁连山等重点区域和重要生态系统保护与修复，实施重大生态工程建设，扩大生态产品供给。严控重点生态功能区、生态敏感区的开发强度与规模，引导生态脆弱地区的人口、企业有序迁移，降低生态环境压力。二是强化生态环境保护。加强长江干流、乌江、嘉陵江及其支流和黄河上游水环境保护，严格饮用水源保护，大力推进水源地环境整治。加强西北荒漠化、西南石漠化整治，重点加大黄土高原、秦巴山区、武陵山区、三峡库区等水土流失治理。开展土壤治理与修复、水污染治理试点，加大大气污染防治力度。三是提高自然灾害应急处置能力。加大自然灾害监测预警、信息管理与服务，完善灾害风险管理、工程防御、应急处置、区域联防联治等机制，加强部门间应急联动，提高综合防范能力。加大基层救灾设施建设和装备配备支持力度，加强各类专业救援队伍建设。推进西部地区救灾物资储备库建设，完善救灾物资储备网络体系。加快科技成果在防灾、减灾、救灾领域的集成转化和推广应用。

（二）立足扩内需战略，释放投资和消费潜能

一是积极融入国内国际双循环新发展格局。推动新时代西部大开发与"一带一路"建设、长江经济带发展互促共进、相互支撑，以开放引领西部内陆加快释放巨大的内需潜力；加快推进成渝地区双城经济圈建设，发展壮大成渝、北部湾、关中平原等重点城市群，强化产业支撑能力，优化城镇布局和人口分布，在国家实施扩内需战略、形成"双循环"新发展格局中勇担当、敢作为。二是增加短板领域有效投资。加大基础设施建设投入，加快川藏铁路等重大铁路工程和已开工高速铁路建设进程，重点围绕中欧班列和西部陆海新通道建设，规划一批重大物流设施项目，完善各类物流枢纽、航道港口功能。加大城市有机更新建设投入，升级老城区、老街区、老社区等重点区域的公共服务设施，加大5G网络在城乡社区管理中的智能化应用。加大乡村振兴建设投入，建设一批乡村振兴示范县（区）、示范点，进一步丰富乡村产业业态，鼓励返乡人员、社会人才到乡村就业创业。三是共建便利、舒适、满意的消费市场。实施消费环境优化工程，提高消费便利度、舒适度、满意度。要推动重点城市、毗邻地区交通一体化，形成消费便捷化交通网络体系。提高城市商圈商业设施与市政设施互联互通水平，完善公共停车场、公共厕所等配套服务设施。推进高速、泛在、互联、智能的新一代信息基础设施建设，为线上消费营造顺畅网络环境，提高支付与结算的便利性。利用大数据等技术，健全消费诚信监管体系，完善消费维权机制，优化放心消费软环境。

（三）加快产业升级，培育壮大发展新动能

一是大力发展新兴产业。要依托国家级新区、国家自主创新示范区、国家级高新技术开发区等重要载体，建设形成若干高水平、有特色的优势新兴产业集聚区，壮大新一代信息技术、高端装备、新材料、新能源、生物医药等新兴产业规模。推动军民两用技术产业化发展，培育新的经济增长点。二是加快推动优势产业智能化升级。构建绿色制造业体系，实施"互联网+"协同制造行动，加快传统产业数字化、网络化、智能化技术改造。在有条件的老工业基地设立产业转型升级示范区和示范园区，推动汽车摩托车等传统优势产业智能化升级。优化煤炭、油气、水电等能源资源开发，开展新能源综合示范区建设。三是加大科技创新和研发投入力度。增加财政支出，紧盯新一代信息技术、生物技术、节能环保、智能制造等领域，重点支持事关发展全局的基础研究和关键共性技术、工艺、材料及重大装备、基础软件研究攻关。鼓励企业加大研发投入，引导大型骨干企业加快新技术、新产品开发应用，培育一批创新型领军企业，支持科技型中小企业健康发展。

[重庆市综合经济研究院（重庆市经济信息中心）宏观经济研究课题组
主研：易小光　丁　瑶　苟文峰　赵炜科
执笔：赵炜科]

之四：2020年成渝地区双城经济圈建设情况及2021年展望

2020年1月中央财经委员会第六次会议提出"推动成渝地区双城经济圈建设"，成渝地区双城经济圈建设上升为国家战略。围绕"加快建设具有全国影响力的重要经济中心、科技创新中心、改革开放新高地、高品质生活宜居地，打造带动全国高质量发展的重要增长极和新的动力源"的目标定位，成渝地区强化"一盘棋"思想，加快一体化发展，深化协同合作，共同克服全球疫情等困难挑战，统筹推动经济社会发展，经济增长稳中有升，成渝地区双城经济圈建设实现良好开局。预计2020年成渝地区双城经济圈GDP约增长4.5%。①

一、2020年成渝地区双城经济圈经济运行和建设情况

（一）总体情况

2020年以来，在重庆主城都市区和成都都市圈"双核"驱动下，成渝地区相向发展步伐明显加快，区域经济复苏显著，主要经济指标均好于全国平均水平。1—9月，成渝地区经济增长逐季回升，川渝两省市GDP总规模为5.26万亿元，同比名义增长5.3%，占全国GDP总量的7.3%，占西部地区GDP总量的34.5%，重庆、四川分别同比增长2.6%、2.4%，均高于全国平均增速。其中，成渝地区双城经济圈GDP约为4.72万亿元，约占川渝两省市经济总量的90%。

（二）运行特点

三次产业整体实现恢复性增长。2020年以来，成渝地区双城经济圈积极推进疫情防控和复工复产复商复市，三次产业发展经历第一季度短期停摆后，均实现恢复性增长。一是工业经济回暖。疫情以来，工业企业率先复工复产，成为经济稳定增长的"压舱石"。在电子信息、汽车摩托车、医疗产业等具有全国重要影响力的支柱产业集群强劲复苏支撑下，1—9月，重庆、四川规模以上工业增加值分别同比增长4.4%、3.2%，带动第二产业实现增加值1.94万亿元，占全国比重为7.1%，较上年同期提升0.3个百分点。二是服务业恢复态势良好。随着实体经济逐渐回温和系列复商复市政策的推进实施，成渝地区服务业发展逐月向好，但行业分化特征明显。1—9月，川渝两省市累计实现服务业增加值2.76万亿元，占全国比重为6.9%，同比上升0.2个百分点。其中，疫情期间数字经济、宅经济快速兴起，重庆和四川信息传输、软件和信息技术服务业增加值分别同比增长30.6%、24.7%，餐饮、交通运输依然是受疫情影响最为严重的两大服务业。三是农业稳步发展。有效抗击了洪涝灾害和疫情影响，在涉农扶持政策及农产品价格上涨带动下，川渝农业实现较好增长，重庆、四川农业增加值分别同比增长3.6%、3.3%。

三大需求稳步回升。随着疫情稳控和"六稳""六保"诸多利好政策的持续发力和积累释放，三大需求动力总体稳定。一是消费降幅持续收窄。在网络消费、地摊经济、夜市经济以及各类消费政策促进下，1—9月，重庆和四川社会消费品零售消费逐渐回升，降幅逐季收窄，增速分别为-2.2%和-4.8%，均好

---

① 受数据可获得性限制，暂用川渝两省市数据分析成渝地区双城经济圈经济运行情况。

于全国平均水平，川渝合计实现社会消费品零售总额2.32万亿元，在全国占比从上年同期的6.3%上升至8.5%。从消费模式上看，直播带货、网络游戏等线上消费在疫情时期欣欣向荣，重庆、四川限额以上单位网上零售额分别同比增长44.6%、21.3%，旅游、餐饮、交通运输、娱乐场所等线下服务型消费有所改善，但受到的负面冲击依然较大。二是固定资产投资逐渐回正。随着"稳投资"系列政策实施和重大项目的加速推进，1—9月，重庆、四川两省市固定资产投资止跌回正、稳定复苏，分别同比增长2.5%、7.8%。从投资板块上看，重庆投资恢复主要依靠基建投资，工业投资受市场需求不足影响依然疲弱；四川投资恢复主要依靠房地产投资和工业投资。三是外贸形势逐渐好转。在海外疫情蔓延下，成渝地区双城经济圈积极融入国内国际双循环，依托良好的产业基础加快企稳生产，抢抓疫情引发的全球供应链重塑机遇，积极承接国际订单，外贸进出口不断回温。1—9月，重庆和四川货物贸易进出口总额分别同比增长11.4%和22.7%。两省市外贸总值达1.05万亿元，其中与东盟贸易额为0.20万亿元，是成渝地区最大的贸易伙伴。

都市区（圈）和中心城市高质量发展进程加快。围绕川渝两省市"一干多支、五区协同"和"一区两群"协调发展战略，加快推动重庆主城都市区、成都都市圈和中心城市建设，成渝地区双城经济圈建设的动力源持续增强。一是重庆主城都市区核心引领功能加快提升。中心城区围绕"强核提能级"要求，加快集聚高端要素和功能，主城新区统筹推进同城化发展先行区、重要战略支点城市和桥头堡城市发展，持续扩容提品质。主城都市区在全市"一区两群"协调发展和成渝地区双城经济圈建设中的核心引领功能、带动作用快速增强。二是成都都市圈建设取得新成效。围绕成渝地区双城经济圈建设要求，成都加快"东进"步伐，5月挂牌成立成都东部新区，中心城区扩容至"11+3"新格局①。成都都市圈（成德眉资同城化）建设加速推进，在交通互联互通、医疗服务和住房市场一体化等领域取得重要新进展。三是区域中心城市提速建设。万州、黔江、泸州、宜宾等川渝区域性中心城市加快完善城市功能，资源要素集聚能力和对周边地区服务的辐射能力稳步增强。

（三）合作共建情况

川渝相向发展的体制机制不断建立完善。成渝地区双城经济圈战略实施以来，川渝两地政府间联系更加密切，相向发展、一体化发展的体制机制加快建立完善。一是初步建立省级统筹决策、市（区）级推进落实的两级联动组织保障体系。为更好地统筹协调推进成渝地区双城经济圈建设，川渝两省市分别于4月和7月成立了由重庆市委书记、四川省委书记为小组长的推动成渝地区双城经济圈建设领导小组，依托川渝两省市发展改革委，设立推动成渝地区双城经济圈建设联合办公室。合川、长寿、荣昌、垫江、达州、广元等市（区）也相继成立地方领导小组，初步形成了"省—市（区）"纵向贯通的成渝地区双城经济圈建设组织保障体系。二是全领域协同的川渝工作协商机制加快建立完善。已建立党政联席会议、常务副省（市）长协调会议、联合办公室、专项工作组四级合作机制。推动成渝地区双城经济圈建设联合办公室进入实体运行，两地互派工作人员正式到岗到位。围绕交通互联互通、产业协同发展、市场一体化、协同创新、国土空间布局优化、生态环境保护、公共服务共建共享、社会治理协同等领域，密集召开了一批协商会议，签订各级政府合作协议200余份。

重点领域合作共建成效突出。川渝两地围绕成渝地区双城经济圈建设，积极搭平台、强合作，协作成效明显。一是产业协同、科研创新协同取得新进展。两地文化旅游部门成功协同举办"巴蜀文化旅游走廊自由行"活动，互赠百万张门票、互推十条精品线路，实现百万市民互游。两地科技部门聚焦人工

---

① 11个行政区加高新区、天府新区、东部新区3个功能区。

智能、大健康两大领域共性关键核心技术，分别出资1000万元，首次联合实施重点研发项目。两地20所高校成立成渝地区双城经济圈高校联盟，探索教师互聘互用，学生跨校培养、学分互认。二是交通、公共服务和生态领域共建共享取得重大突破。潼南城区—遂宁磨溪、永川朱沱镇—泸州高铁东站等跨省城际公交线路相继开通，毗邻区域交通互联互通能力进一步增强。两地人社部门积极推动社保、人才管理等近92项人社公共服务、"重庆英才卡"与"天府英才卡"对等互认。川渝河长制联合推进办公室正式组建，聚焦跨界河流，深化联防联控。三是毗邻地区的区域发展功能平台加快探索建设。川渝两地以毗邻地区为重点，加快探索经济区与行政区适度分离，围绕川东北、渝东北地区一体化发展，成渝中部地区协同发展，川南渝西地区融合发展，推动建设9大区域发展功能平台。

二、2020年成渝地区双城经济圈经济运行存在的主要问题

与高质量发展要求相比，成渝地区双城经济圈产业、创新和交通物流领域短板明显，导致自身循环不足和参与国内国际双循环水平不高。

产业协同发展不足，竞争力偏弱。一是内部城际产业分工协作不足，产业同构化程度较高。成渝地区无论是电子信息、汽车制造等传统主导产业，还是机器人、节能环保、新能源汽车等战略性新兴产业，产业相似度均高于90%，导致城际产业专业化分工水平和彼此依赖度不高，错位协同、一体发展格局尚未形成。二是优势产业部门相对较少，产业竞争力不强。成渝地区双城经济圈虽然初步形成了汽车、电子信息、食品等在全国具有相对竞争优势的三大产业集群，但主要集中在中低技术产业领域和中低端加工组装环节，优势产业部门相对较少，产业综合竞争优势不突出，无法充分有效参与国内国际双循环。

创新引领能力较弱。一是科研重器、创新基础设施布局相对不足。虽然成渝地区科教资源相对丰富，在西部地区整体领先，但与东部沿海城市群相比，成渝地区双城经济圈尤其是重庆，还缺乏国家大型科研重器，国家科研院所、国家重点实验室、国家工程技术研究中心等国家级科研平台数量相对较少，新型研发机构发展滞后，基础研究水平不高，缺乏前沿性一流研究成果。二是缺少标杆型创新企业，科技产业化能力较弱。成渝地区创新型企业总体不足，尤其是严重缺乏具有全球影响力的标杆型科技大企业，独角兽企业不足10家，而京津冀、长三角独角兽企业多达数百家。

交通物流制约短板明显。一是内部交通循环和外部大通道建设滞后。内部交通上，成渝地区的铁路密度低于全国平均水平，重庆中心城区和成都"双核"间仅开通运营1条高速铁路，直连直通水平较低。成渝中部、东北部等地区与"双核"间高速通道不足，内部高效交通网路尚未建立。外部交通上，东向通道的三峡船闸常态化拥堵现象突出，重庆北向通道建设滞后，南向西部陆海新通道设施条件薄弱，通道等级低、"卡脖子"路段多，导致成渝地区双城经济圈的国内国际运输成本较高。二是物流设施和主体建设滞后。成渝两地物流口岸及平台联动不足，智能化水平不高，港口、机场、火车站、物流园区、工业园区等物流节点衔接不足。物流企业总体规模不大，服务能力较低，缺乏国际化的龙头物流企业，供应链建设总体滞后。

三、2021年成渝地区双城经济圈经济运行环境分析及展望

（一）世界格局继续深度调整，成渝地区双城经济圈建设机遇与挑战并存

世界正经历百年未有之大变局，进入动荡变革期。全球经济持续低迷，区域化趋势强化，成渝地区双城经济圈承接国际产业转移、吸引外资外贸的空间收缩，发展的外部环境不确定性依然较大。与此同时，国际经济社会版图加速重构，东亚、东南亚与我国的产业链、供应链关联度持续提高，中国逐步成

为全球最大内需市场和新技术新业态创新中心,在全球治理中作用愈加重要,为成渝地区借助中新(重庆)战略性互联互通示范项目、西部陆海新通道,深度联结东亚东南亚,加速承接国际"市场指向型"产业转移,推动高质量开放发展、创新发展提供了新机遇。此外,以数字技术和绿色技术创新为核心的全球新一轮技术革命方兴未艾,为成渝地区加快发展大旅游、大健康产业和数字经济创造了良机。

(二)国家推动形成双循环新发展格局,为成渝地区双城经济圈建设提供良好政策机遇

国家加快构建"以国内大循环为主体、国内国际双循环相互促进的新发展格局",西部地区战略腹地作用将更加凸显。成渝地区双城经济圈位于长江经济带和"一带一路"的联接区域,是新时代西部大开发的重要战略支点,区位优势和战略地位突出。双循环新发展格局的构建为成渝地区双城经济圈全面发挥区位、产业、生态、科教、要素、腹地等综合相对优势,优化区域经济布局,更好地承接国内国外发达地区产业链、供应链、创新链、资金链、市场链转移延伸,强化在国内国际双循环中的链式分工,增强在全国全球区域网络体系中的竞争力,打造双循环重要枢纽提供了重大机遇。

(三)成渝地区双城经济圈建设上升为国家战略,成渝地区高质量一体化发展政策和基础支撑更加夯实

成渝地区双城经济圈建设上升为国家战略,叠加长江经济带、西部大开发等国家战略的持续聚焦和深入实施,国家级政策、项目、资金等资源倾斜布局将进一步加强,为成渝地区增强资源要素集聚配置能力,培育、发挥后发优势和再造动态比较优势,推动经济发展质量变革、效率变革、动力变革,实现从跟跑到并跑、领跑,提供了历史机遇。西部陆海新通道、渝西高铁、渝万高铁、成渝中线高铁、江北机场第四跑道、天府国际机场等重大骨干交通项目的规划建设,有助于增强成渝地区内部交通互联互通和国内外大联通能力。西部科学城、毗邻地区九大区域发展功能平台的加速共建,有助于推动成渝地区协同创新和区域协调发展。

综合来看,2021年成渝地区双城经济圈总体上面临的重大机遇和政策利好更多,经济发展韧性强劲,长期向好趋势明显,预计经济增速仍将高于全国平均水平,全年经济增速将在7.5%左右。

四、对策建议

在双循环新发展格局背景下,川渝两省市应统筹"集中精力办好自己的事情,同心合力办好合作的事情",唱好"双城记"、建好"经济圈",推动成渝地区双城经济圈更加深入地融入国家战略,抢抓发展机遇,聚焦产业链、创新链、供应链"三链协同",加快补短板、强内功,逐步提升双循环重要枢纽功能,努力在危机中育新机、于变局中开新局,为全国发展大局作出新贡献。

(一)协同增强产业竞争力

立足成渝地区优势产业集群,抢抓新一轮科技革命和产业变革机遇,优化产业链分工,协力提升区域产业竞争力。一是推动支柱制造业分工协作和迭代升级。瞄准共育世界级产业集群的目标,推动汽车、电子信息、医药健康等优势产业智能化、高端化升级。加快运用新兴数字技术,新建一批数字化车间和智能工厂,协同打造成渝地区制造业互联网。加快建成重庆中关村信息谷协同创新中心、西门子工业软件全球研发(成都)中心等重大项目,谋划共建汽车研发生产中心,聚焦消费升级方向,强化关键技术攻关与高端产品研发。聚焦补链、强链,突出差异布局,推动重庆主城都市区、成都都市圈的制造配套环节向川渝其他地区有序延伸,统筹承接国际及沿海发达地区产业转移,构建大中小城市优势互补、协同发展的产业体系。二是协同打造服务业高地。充分利用重庆主城都市区和成都获批国家全面深化服务

贸易创新发展试点的机遇，推动成渝地区双城经济圈服务业开放升级发展。重点围绕共建西部金融中心和国际消费目的地，以重庆中心城区和成都为核心载体，加快引进金融机构总部和国际消费品牌、国际零售商，加快培育物流金融、贸易金融、供应链金融，联合创新消费模式，共同打造现代服务业"升级版"。三是协同发展现代高效特色农业。推动成渝中轴沿线城市，加快共建国家优质高产高效粮油保障基地、国家优质商品猪战略保障基地，打造成渝地区现代高效特色农业带。推动川东北、渝东北、渝东南地区，协同发展道地中药材、柑橘等特色效益农业。

（二）加快提升协同创新能力

以高标准共建西部科学城为核心抓手，深化创新协作，推动成渝地区科教资源优势切实转化为科技创新策源势能。一是大力集聚"科研重器"、科研领军人物和创新人才。充分利用"新基建"契机，加快集聚高能级研发平台和高层次研发主体。打造一批立足成渝、辐射全国的重大创新平台，高水平建设超瞬态物质科学实验装置、中国自然人群资源库（重庆中心）、西南天然药物与临床转化综合研究平台、山地灾害链综合实验模拟平台等大科学装置。围绕共建汽车、电子信息等世界级产业集群，瞄准高端产业和产业链高端环节，联合引育培育一批"牛羚"、"瞪羚"、独角兽等创新型企业和诺贝尔奖获得者、国内外院士、海外创新创业人才等高层次创新人才，加快建立川渝两地专家互通共享平台和机制。二是按照西部科学城"一城多区"模式深化川渝高新区协同。加快联合编制出台西部科学城建设规划，着力深化重庆高新区和成都高新区联动，推动两大龙头高新区的优质创新资源梯度延伸到川渝地区其他国家级、省市级高新区。加快推动成渝地区双城经济圈高新区公共技术服务平台以及技术、人才、资金等创新资源的无障碍共享共用，构建"极核研发+周边成果转化"协同创新模式。

（三）协同补齐交通物流短板

围绕共建国际交通物流枢纽，结合"两新一重"、西部陆海新通道建设，共同推进交通强国建设试点，强化资金保障，加快构建成渝地区双城经济圈内畅外联的交通网络体系，提升物流功能。一是畅通以轨道交通为核心的内部交通循环。以干线铁路、城际铁路、市域铁路、城市轨道"四铁融合"为引领，加快推动重庆主城都市区、成都都市圈，打造1小时通勤的"轨道上的都市圈"，提速建成重庆轨道5号线、璧铜线、成都都市圈环线铁路等重点项目，织密两大都市圈轨道交通网络。推动成渝客专提速、成南达万高铁、成渝中线高铁、川南城际铁路等项目加快建设，提速建设铜梁—安岳、内江—大足、永川—泸州等高速公路，进一步打通毗邻地区断头路，开通毗邻地区跨省公交，提升成渝地区高效联通水平和微循环能力。二是加快建设联结国内外的立体高效大通道。加快推进重庆第二国际机场建设前期工作，加快向国家共同争取航权、时刻、空域等航运资源配置，联合开辟新航线，织密航线网络。加快推进郑万高铁、渝西（安）高铁、渝昆高铁、成西（宁）铁路等重大对外交通工程，切实增强成渝地区双城经济圈与国内重点城市群的连通水平。三是联合提升多式联运水平。推动川渝两地海关以及重庆各大港口与泸州港、宜宾港的深度合作，加速推进川渝两地陆空、陆水联运，联合引进国际物流企业在成渝设立总部基地，完善多式联运物流服务体系。

[重庆市综合经济研究院（重庆市经济信息中心）
　重庆市推动成渝地区双城经济圈建设研究中心课题组
　主研：易小光　丁　瑶　邓兰燕　苟文峰　李　林　汪　婧
　执笔：汪　婧]

之五：2020年重庆市经济形势分析及2021年展望

2020年全球经济形势更加复杂严峻，国内经济稳步恢复向好，但仍面临较大的增长压力。重庆加快融入国家"一带一路"和长江经济带建设、新时代西部大开发、成渝地区双城经济圈建设以及西部陆海新通道等国家重大战略，积极推动"一区两群"协调发展，着力促进投资和消费增长，加快构建以国内大循环为主体、国内国际双循环相互促进的新发展格局，全市经济继续呈现恢复性增长态势。景气指数①因年初疫情影响短暂下探至趋冷区间和偏冷区间后，已于7月回升至适度区间（见图1）。预计2020年全市GDP增长4.0%左右。

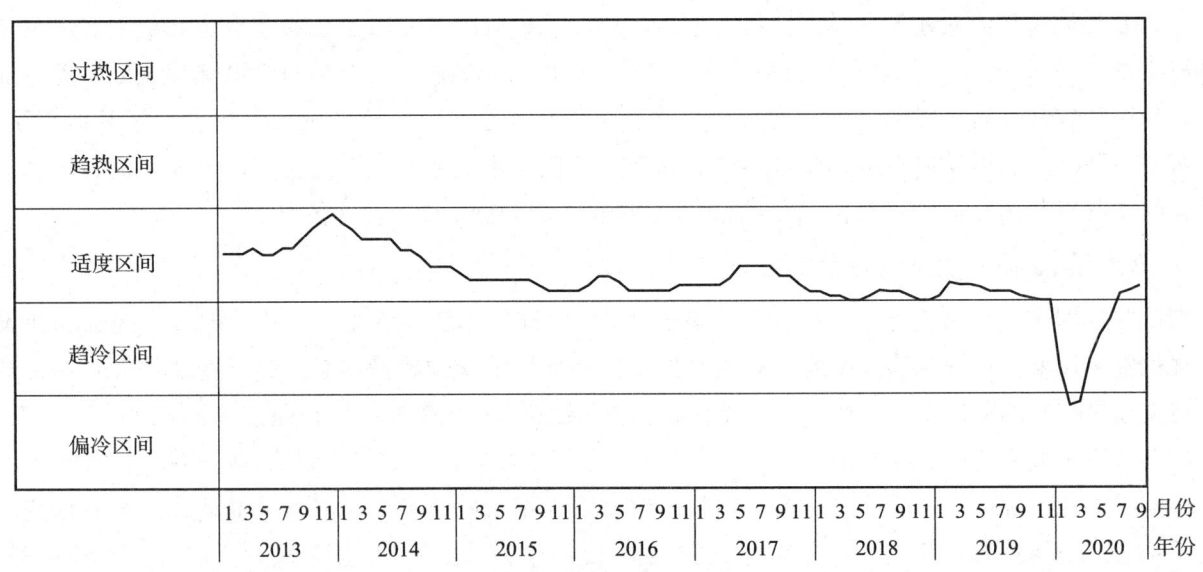

图1 重庆市宏观经济景气动向监测趋势

一、2020年重庆市经济运行特征

（一）产业保持稳步回升态势

2020年，在各项产业发展政策促进下，全市三次产业运行稳中向好，农业生产总体稳定，工业持续回升，现代服务业加快发展。1—9月第一、第二、第三产业对全市经济增长贡献率分别为9.6%、61.6%、28.8%。

工业经济逐步回升，新动能加快发展。在汽车与电子产业加速回升带动下，1—9月，全市规模以上工业增加值同比增长4.4%，较上半年提高3.4个百分点，高于全国平均水平3.2个百分点，具体情况见图2。工

---

① 由重庆市综合经济研究院宏观经济研究课题组研制，选取工业、投资、消费、外贸、信贷、财政收支、消费价格等宏观月度指标合成，主要反映全市宏观经济基本走势。

业新动能加快成长。1—9月，集成电路、平板电脑、液晶显示屏等新产品产量分别同比增长36.9%、15.7%和29.6%，带动高技术产业同比增长11.3%，较上半年提升3.3个百分点。支柱产业全面回升。汽车产业在"长安UNI-T""林肯冒险家"等中高端新车型热销带动下，1—9月增加值同比增长8.2%，分别高于上半年和同期全国水平10.4个和3.8个百分点。电子产业在订单增加带动下保持较快增长势头，1—9月增加值同比增长12.2%，较上半年提高3.6个百分点。摩托车、装备、医药、材料、消费品、能源产业增加值增速较年初均有所回升。工业利润增速转正。1—9月，规模以上工业企业利润同比增长16.7%，高于上半年和全国同期21个和19.1个百分点，工业利润增速居全国各省份首位。其中，汽车和电子信息贡献突出，对全市工业利润增长贡献率合计达到115%，拉动全市工业利润增长19.2个百分点。

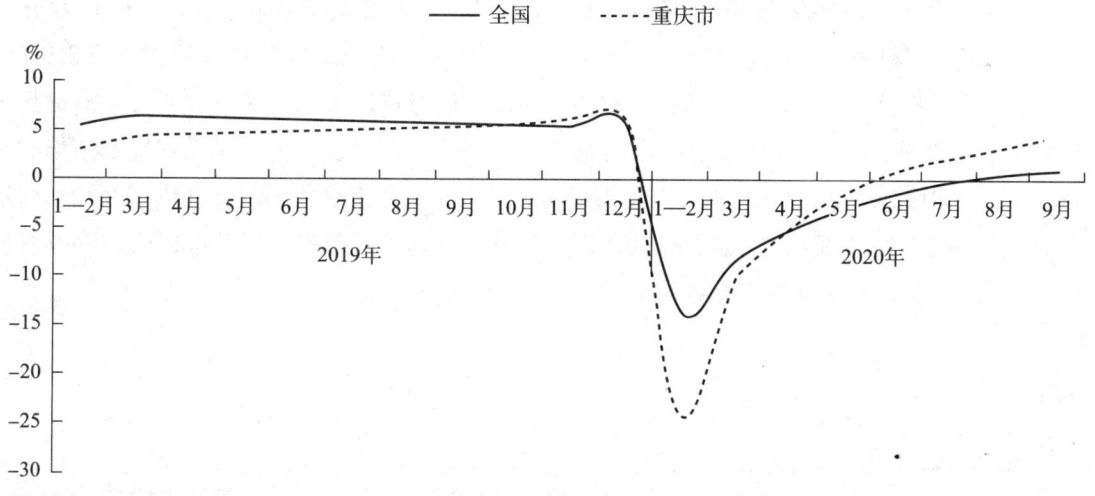

图2　2019年以来全国及重庆市规模以上工业增加值累计增长情况

现代服务业加快发展，数字经济引擎作用凸显。1—9月，全市第三产业增加值同比增长1.2%，较上半年提高0.7个百分点。新业态新模式加速兴起。新型金融、新零售等快速发展，小米消金、蚂蚁消金等消费金融企业相继落户重庆，马上金融、谊品生鲜、特斯联入选2020年新经济独角兽企业150强。数字经济发展势头良好。依托5G、人工智能等新型数字基础设施，智能医疗、智能教育、智能制造、智能农业和智能交通等数字经济应用场景加快打造，数字化与实体经济融合不断深入。1—9月，信息传输、软件和信息技术服务业营业收入同比增长30.6%，较年初提高17.1个百分点。物流业发展较好。在实体经济回暖、进出口快速增长等带动下，1—9月全市货运量同比增长5.3%，分别高于上半年和同期全国水平3.4个和8.8个百分点，中欧班列（渝新欧）累计开行班列数1708班，实现快速增长。跨境电商发展势头较强。保税港区跨境电商B2B出口班列首发成功，在西部陆海新通道、中欧班列（渝新欧）等开放通道带动下，水果、海鲜、化妆品、高档生活用品等跨境电商进口快速增长，其中两江新区跨境电商进出口增幅超过20%。受疫情影响，文化旅游、会展、住餐等服务业增长较乏力。

农业生产保持稳定，融合发展持续推进。农业绿色化、优质化、特色化、品牌化加快推动，农业生产呈现量稳、质高的发展态势。小春粮油生产平稳，夏粮产量119.6万吨，同比下降0.5%；有效抗击了洪涝灾害等影响，玉米、水稻等秋粮获得丰收。1—9月，全市蔬菜总产量1621.8万吨，同比增长4.0%，但部分区县蔬菜生产受汛情影响有所减产。前期非洲猪瘟影响仍未完全消除，加之汛情持续对生猪繁育产生影响，生猪存栏量尚未恢复至疫情前水平，生猪价格持续保持高位，猪粮比始终在13∶1的高位线上，养殖户补栏积极性较高。农产品品牌打造实现新突破，目前"三品一标"达到6512个，获证全国名特优新农产品35个，"巴味渝珍"授权农产品达459个。农村电商、乡村旅游发展势头较好，农村电商网络体系进一步完善，农旅文商深度融合发展，对全市乡村振兴和脱贫攻坚发挥了重要作用。

（二）三大需求动力总体稳定

1—9月，全市投资增速持续回升，进出口逆势增长，消费恢复相对较慢。1—9月投资、消费和区域净流出对全市经济增长的贡献率分别为50.0%、49.5%和0.5%。

投资增速持续回升，基建投资带动明显。在基建投资较快增长带动下，1—9月，全市固定资产投资同比增长2.5%，高于上半年和全国水平2.3个和1.7个百分点，具体情况见图3。其中，民间投资有所好转，1—9月同比下降0.3%，降幅较上半年收窄2.9个百分点。基建投资稳步提速。在5G基站、郑万高铁、轨道交通4号线等"两新一重"项目建设带动下，1—9月，基础设施投资同比增长8.1%，较上半年和上年同期提升4个和9.3个百分点，是支撑全市投资回升的主要力量。工业投资增速转正。在SK海力士（二期）、OPPO（重庆）智能生态科技园等百亿级项目带动下，1—9月工业投资增速转正，同比增长2.9%，高于全国水平6.2个百分点。分产业看，电子、医药、材料、能源工业投资均实现了两位数增长，消费品工业投资由负转正，汽车、摩托车、装备工业投资降幅持续收窄。房地产投资增长乏力。推动房地产市场健康发展的政策调控逐步强化，而重庆当前发展阶段对产业集聚和人口的吸引力不足，客观上在供需两端对房地产发展的支撑不强，表现为土地购置面积少、商品房市场销售不活跃、房地产投资增长低位运行。1—9月房地产投资同比下降1.1%，分别低于上半年和同期全国水平1.8个和6.7个百分点。

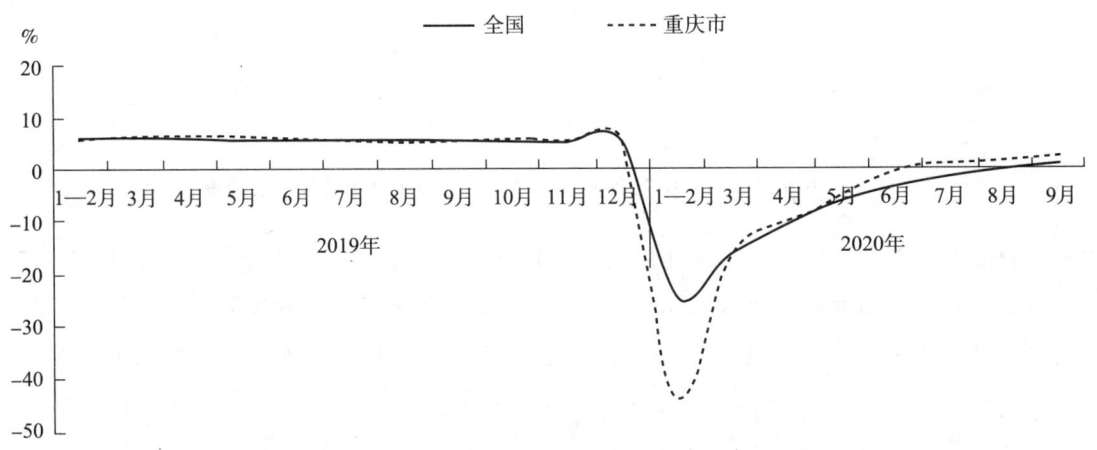

图3　2019年以来全国及重庆市固定资产投资累计增长情况

消费恢复相对较慢，网上消费较为活跃。1—9月，全市社会消费品零售额同比下降2.2%，较上半年收窄5个百分点，降幅小于全国平均水平5个百分点，单月增速连续6个月正增长。汽车消费释放仍是拉动全市消费回稳的主要动力。在新车型上市及促销活动等带动下，1—9月全市汽车消费同比增长2.2%，较上半年提升10.9个百分点，年内首次实现由负转正。生活类消费对全市消费回稳发挥了基础性作用。1—9月，粮油食品类、日用品类消费分别同比增长10%和7.5%，较第一季度高出0.1个和6.6个百分点。部分改善型消费走势分化。随着文化娱乐、大健康等服务需求释放，带动文化办公用品、中西药品、体育娱乐用品消费分别同比增长7.8%、6.5%、5%；受商品房销售下滑影响，家电、家具、建材等住房类消费低迷。网上消费较为旺盛。在直播带货、区县双晒等带动下，1—9月全市限额以上单位网上零售额同比增长44.6%，较上年同期提升34.8个百分点。住餐消费持续恢复。1—9月，住宿业、餐饮业营业额分别同比下降14.2%和1.2%，降幅较上半年收窄7.7个和7.1个百分点。

外贸进出口逆势增长，电子产品出口支撑显著。1—9月，全市实现外贸进出口4613.9亿元，同比增长11.4%（见图4），较上半年、同期全国水平高7.9个、10.7个百分点。其中，出口、进口分别同比增长10.3%、13.3%，高于上半年11个、2.3个百分点。电子产品出口支撑作用凸显。受疫情下电子产品需求增加、重庆争取订单成效较好等带动，1—9月，笔记本电脑和手机出口分别实现1244.1亿元和95.2亿元，同比增长15.9%和2倍。主要市场进出口稳步增长。1—9月，对东盟、欧盟、美国进出口分别同比增长6%、11.2%、3.7%，较上半年高出4.7个、13.2个、10.9个百分点。同时，对"一带一路"沿线国家合计进出口1296.4亿元，同比增长12%，较上半年提升7.5个百分点。利用外资较为低迷。受疫情及经贸摩擦影响，1—9月实际利用外资66.3亿美元，增长1.3%。

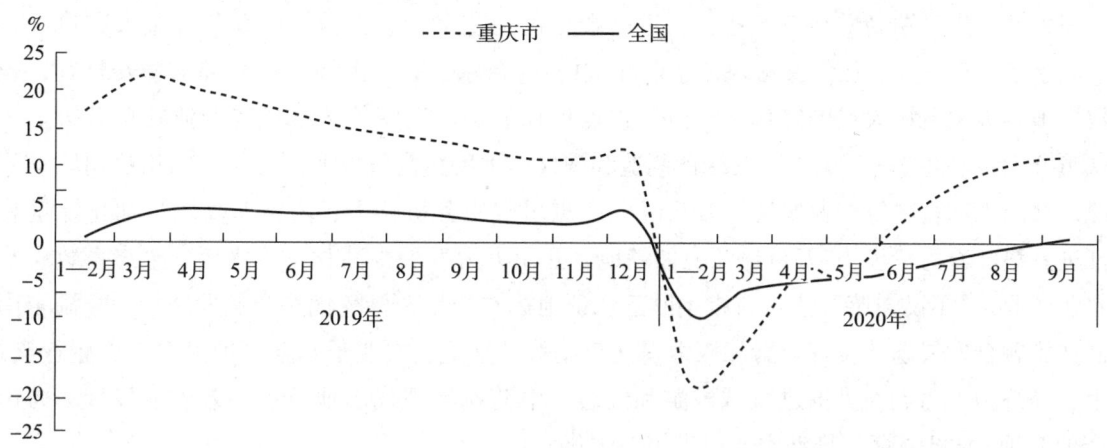

图4 2019年以来全国及重庆市进出口额（人民币）累计增长情况

（三）财政金融运行基本平稳

财政收支降幅持续收窄，重点领域支出保障有力。1—9月，全市完成一般公共预算收入1510.8亿元，同比下降6.8%，降幅较上半年收窄4.4个百分点。税收收入由上半年的-16.6%逐月收窄至-11.5%，其中增值税、企业所得税和城市维护建设税在企业效益改善和基建项目加速推进带动下，1—9月降幅分别较上半年收窄8.3个、3.2个和6.9个百分点；非税收入在国有资本经营性收益带动下同比增长5.1%，增速较上半年提高2.2个百分点。财政支出方面，1—9月全市一般公共预算支出完成3277.2亿元，同比下降7.5%，降幅较上半年收窄3.3个百分点，财政收支压力进一步增大，社保就业、卫生健康、农林水等领域仍得到重点保障。

存贷款小幅提速，企业及居民存款增长较快。9月末金融机构人民币存、贷款余额分别为4.15万亿元和4.00万亿元，同比增长7.8%和13.3%，较上半年分别高出0.8个和0.1个百分点。贷款方面，在基建项目等加快推进带动下，中长期贷款同比增长13.8%，较上半年高出1个百分点。短期贷款同比增长11.1%，较上半年放缓1.9个百分点。存款方面，企业发债、贷款等融资未得到有效利用，带来短期内资金沉淀现象，非金融企业存款同比增长12.9%，较上半年提高2.4个百分点；住户存款受居民储蓄倾向加大、避险资金回流等影响，逆势同比增长13.3%，较上年同期高出0.7个百分点；政府存款开年以来呈持续负增长态势。

（四）就业"双创"形势逐步改善

随着稳企业保就业政策深化落实，下半年以来全市就业形势有所改善。1—9月，全市城镇新增就业人员49.22万人，同比下降18.9%，降幅较上半年收窄9.3个百分点。高校毕业生、农民工等重点群体就业压力仍较大，其中高校毕业生就业难问题较为突出，就业率低于上年同期水平。"双创"发展形势较好，全市累计达到6个。涪陵工业园区、荣昌高新区入选国家级"双创"特色载体。同时，随着融资担保、费用减免等政策支持力度加大,全市"双创"环境不断优化。1—8月,全市新设立市场主体31.1万户,同比增长13.7%,高于上年同期9.2个百分点。

(五)区域发展特色更加鲜明

随着成渝地区双城经济圈建设加快,重庆"一区两群"发展格局加快构建,区域特色化发展更加鲜明。主城都市区重点围绕数字经济加快新兴产业布局和产业转型升级。两江新区联合四川天府新区共同打造国家数字经济创新发展试验区和国家新一代人工智能创新发展试验区,推进数字经济与实体经济融合发展;高新区聚焦高端高质高新产业,引进高端特色工艺平台、大数据研究院等重大项目;渝中区依托区块链数字经济产业园,已入驻区块链企业和机构40余家;綦江围绕打造西部信息安全谷,积极引入浪潮大数据中心等项目;大足围绕数字经济,重点推动五金、汽摩等传统优势产业转型升级。渝东北三峡库区城镇群围绕"生态+"突出发展绿色制造和现代山地特色高效农业。万州与四川达州联动开发生态旅游资源,共同推动畜禽等产业发展。万州经开区杰思谷服务机器人、塔雷斯高端自动化计量装备等项目有序推进。垫江着力建设10万亩垫江晚柚基地,开州大力发展中药材、冷水鱼、生态畜牧、茶叶等现代绿色农业产业,"巫溪洋芋"入选首批中欧互认证地标农产品,特色优势产业发展加快。渝东南武陵山区城镇群文旅融合发展态势良好。黔江探索设立产业引导基金、农业子基金等加大对农旅企业支持力度,彭水以生态经济为着力点大力推进全域旅游和红薯、中药材等现代山地特色高效农业发展,秀山、酉阳通过"产业基地+农村电商"推动农业产供销一体化。

(六)物价指数延续回调态势

居民消费价格呈现高位逐月回调走势,工业品价格延续低位运行态势。1—9月,全市CPI、PPI、PPIRM三大指数分别累计同比增长3.2%、-1.0%、-0.2%。其中CPI涨幅较上半年回落0.5个百分点。居民消费价格方面,八大类商品及服务价格"四升一平三降",食品、教育文化和娱乐、医疗保健、其他用品和服务价格不同程度上涨,衣着、居住、交通和通信负增长。随着生猪存栏量提升,猪肉市场供应有所改善,猪肉价格由年初的同比上涨131.7%收窄至同比上涨85.7%,带动食品价格以及居民消费价格指数CPI涨幅有所回稳。工业品价格方面,受市场需求恢复缓慢、大宗商品价格下降等因素影响,PPI和PPIRM指数维持低位运行,工业企业面临的严峻市场形势仍未改观。

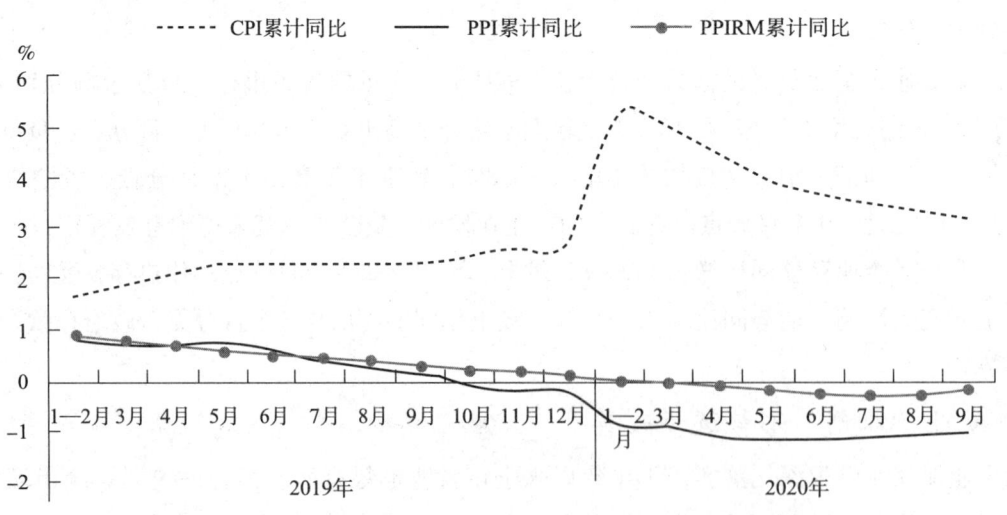

图5 2019年以来重庆市CPI、PPI、PPIRM累计同比增速比较情况

二、存在的问题

（一）总需求不足矛盾仍较突出

当前全市经济回升基础还不稳固，需求侧复苏相对较慢，投资、消费等内需增长动力依然较弱。一是投资增长面临较大压力。受减税降费及实体经济发展困难等因素影响，区县财政收支压力增大、投资能力受到削弱，基础设施投资增长仍面临较大不确定性；全市工业投资受市场需求低迷、大项目少等影响增长后劲不足，其中工业技改投资1—9月同比大幅下降22.3%；房地产投资受市场销售低迷、前期供地减少等因素影响增长仍较乏力。二是消费需求较为乏力。随着疫情减轻，生产秩序逐步恢复，但需求恢复慢于生产恢复，总消费由于收入减少和预期下降受到较显著影响。特别是随着消费加快从线下向线上转移，重庆从事电子商务的市场主体少，网销商品数量、知名品牌不多，消费外流更加突出。此外，受疫情影响，全市举办的展会活动及接待市外游客人数大幅减少，外来消费大幅萎缩。

（二）产业高质量发展短板显著

当前重庆产业发展短板仍较突出，产业经济发展质量效益不高。一是产业创新发展能力相对不足。全市传统制造业占比较大，企业创新意愿不强、创新活动不活跃，全市规模以上工业企业有研发机构及研发活动的企业低于东部发达省市水平。同时，产学研协同创新能力相对较弱，科技成果产业转化应用水平较低，没有形成科技创新与产业生成互促共荣的良性发展格局。2019年有效期内的高新技术企业3141家，不到全国总数的1.5%，全市既缺乏创新引领能力强的龙头企业，又缺乏"独角兽"企业、"隐形冠军"企业。二是产业新业态新模式发展不充分。全市产业结构仍以传统产业为主，数字经济、竞技体育、文化娱乐等服务业新业态、新模式发展滞后。同时，内陆开放优势产业转化带动弱，与成都、西安等城市相比，全市总部经济、口岸经济、枢纽经济等经济业态发展不充分，没有形成通道带物流、物流带经贸、经贸带产业的良性发展格局。三是产业政策创新滞后。市内产业政策更新较慢，难以满足产业新业态新模式快速发展需求。如市内企业研发政策主要针对工业企业，数字金融、商贸等服务业企业不在政策支持范围之内，导致相关行业企业研发投入不能抵扣，影响企业创新发展积极性。

（三）人才吸引集聚力有待提升

重庆对各类人才政策吸引力不强，人才供给不足对产业及经济发展影响日益凸显。一是人才政策效果不理想。与沿海及周边城市相比，重庆"鸿雁计划""英才计划"政策力度弱，政策条款不够精准化、具体化，企业执行操作较为困难。同时，重庆尚无城市落户积分购房、子女入学，以及医保卡亲属共用等城市人才政策，城市对人才吸引力不强。二是人才供给不足与人才外流较突出。全市高校的软件信息、大数据等相关专业少，大数据、人工智能、软件信息等专业人才供应不足，制约数字经济、人工智能等产业发展。此外，理工类毕业生多选择外地就业，人才外流现象日渐突出。三是企业招人难与招人贵现象并存。区县及园区生活、娱乐、教育等配套较少，企业中高端技能人才引进难、留住难。同时，由于市内缺少公益性品牌招聘平台，而社会招聘平台为营利性质、收费较高，中小企业招聘渠道不畅、成本高，导致企业"招不到人"、求职者"找不到工作"，"保就业""稳就业"推进受到影响。

（四）高品质营商环境营造不够

虽然全市"放管服"改革不断深入，但营商环境优化仍有较大空间。一是政务服务效能仍需提升。区县承接的审批权限还较有限，部分项目审批周期仍较长，审批便利化、时效性还需提升，存在签约项目长时间等审批现象。同时"重招商、轻服务"情况较为突出，导致签约项目落地困难、推进较慢。二是国际化、市场化程度还不高。全市服务业标准等与国际规范存在较大差异，签证制度、商事制度等制度没有与国际接轨，内陆进出境购物免税等制度探索不足，人流、资金流、信息流等汇聚流通不畅，教育、医疗、信息、文化等行业领域外资市场准入难度依然较大，融入全球经济发展仍面临较多束缚。三是城市综合功能配套不完善。与周边城市相比，企业用电等成本较高，铁路、高速等内联外畅、网络化水平不高，多式联运、智慧物流等发展滞后，物流综合成本相对较高，承接产业转移吸引力不足。

三、经济运行环境分析及预测

（一）世界经济形势仍较错综复杂

疫情大流行将持续加速全球格局演变，全球化遭遇逆流，世界经济延续低迷态势，世界将进入动荡变革期。IMF预测2021年世界经济增长5.2%，虽较2020年有所反弹，但复苏动力依然较弱。疫情将持续推动全球政经格局、贸易格局、投资格局、社会治理等深刻调整，为应对疫情影响，各国将普遍采取财政扩张和货币宽松政策来促进经济复苏，流动性增大、债务压力激增将进一步加剧金融市场波动。为降低产业发展风险，全球产业链、供应链将进一步向区域化、本土化收缩。伴随全球经济复苏乏力，国际地缘政治冲突将明显加剧，领土争端、资源能源等争夺更趋频繁，保护主义、单边主义上升。从主要经济体看，美国经济面临财政赤字高企、非金融企业债务攀升、社会动荡等问题，经济复苏较为乏力；欧元区、日本受消费疲软、外需不足等制约突出，经济复苏动力明显不足；新兴经济体中，除东亚地区部分国家经济将继续稳步恢复外，新兴市场经济脆弱性普遍上升，并面临较大社会矛盾。

（二）国内经济总体保持稳步复苏

2021年，我国经济将延续稳步复苏态势，但仍面临疫情不确定性、全球政经格局变化以及企业经营压力增大、风险隐患集聚增加等内部挑战，将贯彻新发展理念，紧扣推动高质量发展，着力构建以国内大循环为主体、国内国际双循环相互促进的新发展格局，继续强化落实"六稳""六保"任务，为"十四五"良好开局打下坚实基础。财政政策更加积极有为，将在稳就业、改善民生、落实落细减税降费政策，以及保产业链、稳定供应链等方面加大力度，进一步强化对"两新一重"重大项目的投资支持力度，通过规范PPP模式、推行基础设施REITs试点等方式吸引民间资本参与投资。货币政策更加灵活适度，将促进流动性合理充裕，精准引导新增融资重点流向制造业、中小微企业，引导社会融资成本明显下降。产业政策注重提升产业链、供应链稳定性和竞争力，促进传统产业供应链向高端化升级发展，更加注重补短板和锻长板，构建自主可控现代产业体系。开放政策聚焦促进更高水平对外开放，将进一步完善吸引外资政策，优化营商环境，在拓宽开放领域、提升贸易便利化水平等方面继续深化改革。区域政策将着力构建以城市群、都市圈带动的区域协调发展新格局，重点围绕"一带一路"建设，做优做强"三区两江（河）一圈"①，提升区域间基础设施密度、网络化水平和市场一体化深度，推动产业区域有序转移，挖掘内需潜力。

（三）重庆经济发展活力依然较强

重庆处于"一带一路"和长江经济带联结点，拥有新时代西部大开发、成渝地区双城经济圈、西部陆海新通道、中新（重庆）战略性互联互通示范项目等国家战略机遇，特别是随着成渝地区双城经济圈规划逐步落地实施，将显著提升重庆城市发展能级，增强重庆在区域发展中的引领力、集聚力、辐射力。

---

① 创新发展动力源：京津冀地区、长三角地区和粤港澳大湾区；绿色发展引领区：长江经济带和黄河流域；西部地区重要增长极：成渝地区双城经济圈。

随着全市各类支持政策实施显效，全市经济发展活力将进一步增强。投资领域，在专项债等资金快速落地的支持下，基建投资将围绕"两新一重"持续发力，投资托底经济作用将进一步增强。产业领域，将着力打造半导体、智能终端、新能源与智能网联汽车、健康食品、生物医药、节能环保等千亿级产业集群，推动多层次、广领域的生产性服务业加快发展，提升产业竞争力水平。创新领域，将高标准高起点建设西部（重庆）科学城，突出综合性科学研究和技术创新，以产业生成为关键，打通产学研创新链、产业链、价值链。开放领域，继续深度融入"一带一路"建设，发挥中新（重庆）战略性互联互通示范项目、自贸试验区开放引领功能，加快完善口岸体系，释放口岸经济发展活力，将在构建"双循环"新发展格局下，全方位优化营商环境。区域层面，将深入推进成渝地区双城经济圈建设，着力提升重庆主城与成都发展能级和综合竞争力，形成一体化都市圈发展新格局。

（四）2021年重庆市经济预测

根据《重庆市宏观经济预警系统》和《重庆市宏观经济短期预测系统》，结合国内外经济环境和宏观政策背景，预计2021年全市GDP同比增长6.5%左右，工业增加值、固定资产投资、社会消费品零售总额、外贸进出口总值分别同比增长6.8%、6.0%、6.0%、7.0%左右，居民消费价格指数同比增长2.5%左右。

四、对策建议

（一）抢抓国家重大战略机遇，着力推进重大项目建设

加强重大项目运行调度，发挥投资稳增长关键性作用。一是全力推进重大项目建设。积极抢抓国家"双循环"战略、成渝地区双城经济圈建设等机遇，加强"两新一重"和公共服务补短板等项目设计、储备，努力争取更多国家重大项目落地，加快启动一批交通、市政等"十四五"重大项目，为投资增长提供有力支撑。二是强化投资资金保障。围绕仓储物流、特色产业园区、高速公路、污水处理、水电气热等领域，加快推进基础设施信托投资基金试点，拓展双创孵化债、土地储备专项债等债券以及中新金融项目融资渠道，破解基础设施投资资金瓶颈制约。引导商业银行增加中小微企业应急转贷、商业价值信用贷款投放，适当延长延期还本付息、担保费减免等政策时限，增强企业投资意愿和能力。三是围绕"产业链"实施精准招商。围绕加快构建现代产业体系、产业链、供应链薄弱和缺失环节，引进一批国内外相关领域龙头企业和重大项目，全面开展产业链招商、以商招商，以"龙头效应"带动产业项目集聚。

（二）多措并举扩大消费需求，释放内循环发展潜力

以国际消费中心城市建设为契机，增强居民消费信心和能力。一是加大消费政策刺激力度。积极落实汽车、家电和美食促销等政策措施，开展好消费促进月和"巴渝新消费"行动等系列活动，针对文旅、餐饮等领域加大消费券发放力度，加快释放居民多样化消费需求。二是积极培育消费新热点。适应消费升级需求，积极推动个性化、绿色化、体验式消费发展，不断壮大教育、文旅、大健康、信息等服务性消费规模，进一步发挥无接触消费、直播电商等对消费的带动作用。同时，创新发展夜间经济，打造一批夜间经济集聚区、示范区，塑造"重庆味""国际范"的"不夜城"。三是不断提升居民消费能力。将收入分配改革纳入改革议程，提升居民收入在国民收入分配格局中的比例；多渠道增加居民财产性收入，加大农民工等群体就业创业帮扶力度，提升居民经营性、工资性收入；加大低收入和困难群体转移支付力度，探索将住房公积金用于购车等大额消费，提升居民消费能力。

（三）确保产业链和供应链稳定，促进产业高质量发展

保持产业链、供应链稳定，加强产业有效供给，推动产业转型升级。一是保障供应链稳定和产业链

完善。聚焦补链、强链薄弱环节和目标企业，打造一批行业供应链配套特色园区，加快实现较为缺乏、主要集中在市外生产的配套产品本地生产，促进上下游产业链逐步完善。二是加快提升产业发展能级。围绕千亿级产业集群打造，大力推动智能产业、数字经济等新兴产业发展，积极培育电子制造、生物医药等领域"隐形冠军"企业，抢占全球新一轮产业发展制高点。聚焦大数据、人工智能，加快摩托车、机械制造等传统产业转型升级，加强口岸经济、总部经济等发展财税政策支持，持续推动产业转型升级。三是加大对民营经济的支持力度。加强民营经济发展对接，及时帮助民营企业解决发展中难题。鼓励成立政策性银行向民营、中小微企业发放贷款，及时拨付民贸、民品贷款贴息等专项资金，多举措降低企业用电等生产经营成本，营造良好的民营经济发展环境。

（四）深化内陆开放高地建设，激发外经贸发展活力

加大对外开放力度，推动开放经济高质量发展。一是努力推动外贸平稳增长。疫情下重庆对欧洲、东南亚等出口仍保持较快增长，要继续加强东盟等"一带一路"新兴市场开拓，扩大出口信用保险覆盖面，加大外贸企业的税费支持力度，支持企业积极利用跨境电商平台拓展国际市场，挖掘出口增长潜力。同时，简化通关通检、外汇结算、出口退税等环节流程，为出口营造良好环境。二是加强开放平台和开放通道建设。进一步加强西部陆海新通道、中欧班列（渝新欧）等国际大通道建设，积极推动跨境电商、保税加工等开放经济新业态、新模式发展，加快形成通道带物流、物流带经贸、经贸带产业的发展新格局，推动中新（重庆）战略性互联互通示范项目、自贸试验区、两江新区等开放平台提档升级、协同发力，提升产业、资金、人才等要素集聚力。三是多渠道提升外资利用水平。依托智博会、市长顾问团年会等展会平台，积极争取一批外资新项目签约落地，鼓励外资企业增资扩股，积极引进外资大项目、总部机构和国际产业合作园区等，拓展外资利用渠道，提升外资吸引力。

（五）全面深化改革推动创新，培育经济发展新动能

加快实现以改革促发展，增强经济发展活力。一是着力增强创新发展能力。高标准推动重庆高新区和西部（重庆）科学城建设，引进国内外知名高校院所来渝设立分院、分所和实验室，加快高精尖创新人才、创新团队引进，建立以企业为中心的政产学研联合体，围绕市场需求加大科技创新，加快突破"卡脖子"技术，促进科研成果高水平转化，提升创新发展水平。二是加强重点领域改革力度。围绕落实国家新型城镇化、产业发展、投融资等改革试点任务，深入推进全市投融资、国有企业、户籍制度、要素市场等重点领域改革，加快破除经济发展的体制机制阻碍，提升市场化发展水平，进一步激发经济发展活力。三是打造市场化、法治化、国际化营商环境。持续深化"放管服"改革，进一步压缩项目审批时限，落实外商"服务管家"制度和投资便利化措施，积极开展法律咨询、国际商务敦促履约等法律服务，保障各类市场主体平等准入和有序竞争。

（六）多措并举扩大社会就业，强化人才引进和培育

加快落实"稳就业"和"保就业"举措，完善人才引进和培育体系。一是增强重点人群就业保障。拓宽高校毕业生就业渠道，扩大"三支一扶"计划等基层服务项目招募规模，在政府投资开发的创业孵化基地、小微企业园等平台安排一定比例场地，免费向高校毕业生、失业人员、退役军人、农民工等群体提供，支持灵活就业，加大困难人群就业保障，鼓励企业吸纳社会就业困难人员。二是加大就业、创业培训力度。大力开展职业技能培训，对农民工等重点群体实施专项培训，扩大培训规模、延长培训时间，落实培训补贴，提升职工就业技能、缓解就业压力。三是加快高端及技能型人才引进和培育。立足全市产业发展需求，制定相关领域专项人才引进政策，完善人才在住房、就医、子女入学等方面的优惠政策，提升对高端人才和技能人才的吸引力。

附表 2020年及2021年重庆市经济发展主要指标预测

指标	2019年（实际值）		2020年（预测值）		2021年（预测值）	
	绝对值	增速/%	绝对值	增速/%	绝对值	增速/%
1. 生产总值/亿元	23605.77	6.3	25430	4.0	27900	6.5
#第一产业/亿元	1551.42	3.6	1750	4.2	1880	4.0
第二产业/亿元	9496.84	6.4	10280	5.8	11250	7.2
##工业增加值/亿元	6656.72	6.4	7100	5.4	7680	6.8
第三产业/亿元	12557.51	6.4	13400	2.6	14770	6.2
2. 固定资产投资/亿元	—	5.7	11810	4.2	12520	6.0
3. 社会消费品零售总额/亿元	11631.67	8.7	11700	0.6	12400	6.0
4. 外贸进出口总值/亿元	5792.78	11.0	6240	7.8	6680	7.0
#出口/亿元	3712.92	9.4	3940	6.0	4140	5.0
5. 一般公共预算收入/亿元	2134.88	-5.8	2050	-3.6	2170	5.5
6. 金融机构人民币存款余额/亿元	37953.11	6.5	40650	7.1	43700	7.5
金融机构人民币贷款余额/亿元	36233.20	15.3	41120	13.5	46470	13.0
7. 城镇常住居民人均可支配收入/元	37938.59	8.7	40290	6.2	43110	7.0
农村常住居民人均可支配收入/元	15133.27	9.8	16370	8.3	17760	8.5
8. 城市居民消费价格指数（CPI）	—	2.7	—	3.0	—	2.5
工业生产者出厂价格指数（PPI）	—	-0.2	—	-0.8	—	1.0

注：地区生产总值（GDP）及增加值的绝对值为现价，增速为可比价。

[重庆市综合经济研究院（重庆市经济信息中心）宏观经济研究课题组
主研：易小光 丁 瑶 余贵玲 罗丛生 张 超 张 佳 施小兰
郑淑媛 杨 梅 陈 可 贺诗倪 赵 飞 成秋明]

综合卷
比较篇

之一：2020年北京市经济运行分析及2021年展望

2020年，新冠肺炎疫情对北京市经济产生严重冲击，供给端和需求端均出现超预期下滑，北京市快速反应、迅速隔离、有效防控，出台一系列"六稳""六保"政策，持续统筹疫情防控和经济社会发展工作，生产生活有序恢复，消费信息逐步提升，企业生产经营状况不断改善，增长动力有所加强，预计2020年全市经济增长1.5%左右。2021年，在全球疫情缓解，世界经济逐步恢复，中国推进形成以国内大循环为主体、国内国际双循环相互促进的新发展格局下，被抑制的累积性需求将集中释放，"五新"政策加快推进落实，北京自贸区和服务业扩大开放，持续释放改革红利，京津冀协同发展水平不断提高，北京市发展的比较优势将进一步凸显，叠加高基数因素，预计2021年全年GDP增长7.5%左右。

一、2020年北京市全年经济呈现前低后高、稳步恢复态势

2020年，疫情冲击成为经济运行的最大变量，北京市加大逆周期调节力度，新产业新业态新模式较快成长，新兴动能积蓄力量。从恢复速度看，全年经济呈现前低后高、稳步恢复的态势，主要表现为"上半年深度回落，下半年恢复常态化水平"的特征，1—9月GDP增长0.1%，比第一季度、上半年分别提高6.7个、3.3个百分点，预计全年增长1.5%左右。从结构看，受我国与海外在疫情和复工节奏上错位、疫情对各行业冲击各异、政策刺激方向等因素影响，各经济指标修复进程出现分化，整体来看供给端修复快于需求端，工业修复快于服务业，投资修复快于消费。从效益看，呈现一定分化态势，工业生产需求逐步恢复，产业循环持续改善，工业企业利润稳步回升，1—9月工业企业利润增长6%；在财产净收入和人均转移净收入带动下，全市居民人均工资性收入增长2.5%；受企业经营收入和涉企收费下降影响，一般公共预算收入同比下降10.3%。

（一）需求端受疫情冲击大幅减速

北京市需求端受疫情冲击较深，年末仍难以达到疫情前的增速水平。在加快前期手续办理、加快新开项目调度、加大资金支持力度等措施保障下，北京市固定资产投资实现5477亿元，同比增长1.8%，高于全国1个百分点。其中，房地产开发投资同比增长6.5%，房地产新开工面积增长36.8%；基础设施投资项目受疫情影响明显，进度较慢，同比下降19.4%；工业投资保持高速增长，制造业增长99.9%。预计全年固定资产投资增长2%左右。

消费需求的下降幅度更加显著，且恢复速度较慢。1—9月全市市场总消费额下降10.3%，其中社会消费品零售总额下降13.1%，分别低于全国和上海5.9个、8.5个百分点。北京市相比其他城市防控周期更长、防控强度更大，消费活动受此影响恢复较慢。其中，活动停办、场地人数限制等使文化、娱乐和体育消费受到显著冲击；行业转型与需求疲软下汽车消费下降显著；消费习惯转变和产业链整体下行对百货、餐饮等传统行业造成明显冲击，行业复苏仍需一定周期。预计全年总消费、社会消费品零售总额降幅收窄至8%、6%左右。

（二）产业端受疫情冲击相对较小

在北京市复工复产政策推动下，龙头企业带动作用明显，北京市产业端受疫情冲击相对较小。工业多点支撑结构更加稳健，1—9月规模以上工业增加值同比下降0.1%，其中第三季度增长6.7%，增速高于疫情前水平。分行业看，电子行业增加值增长16.9%，京东方营收同比增长18.63%，小米手机业务在多个国家和地区实现逆势增长。汽车制造业增加值增长2.5%，北汽福田受益于新基建等投资带动，增速超过20%，北汽奔驰高端车品牌受疫情影响较小，仍然保持正增长。装备制造业增加值增长0.6%，建筑工程用机械、载货汽车、风力发电机组产量均快速增长。预计2020年全年规模以上工业增加值增长2%左右。

北京市生活性服务业受疫情影响较大，但生产性服务业恢复较快，带动服务业整体增速转正。1—9月服务业增加值增长0.1%，比上半年回升3.1个百分点。分行业看，疫情下为保市场主体稳就业营造了适宜的货币金融环境，存贷款增速较快，金融业增加值保持稳步增长态势；信息服务业在美团、快手、今日头条等龙头企业带动下延续高速增长态势，同时VIPKID、猿辅导、好未来等在线教育企业收入实现较大幅度增长；但交通运输业、住宿餐饮业、商务服务业等降幅依然较大。预计2020年北京市服务业增加值增长1.5%左右。

二、2021年北京市经济社会发展环境总体稳中向好

（一）国际与国内经济环境

从国际看，各国政府和居民防控新冠肺炎疫情的经验逐渐增多，疫苗可能大规模投入使用，可以大大缓解新冠肺炎疫情对经济的负面影响，疫情对世界经济的冲击逐步弱化，IMF预计2021年全球经济将增长5.2%，高于2019年0.9个百分点左右。从国内看，2021年是社会主义现代化新征程的开局之年，是"十四五"规划起航之年，我国发展仍然处于重要战略机遇期。在2020年低基数的基础上，多数研究机构看好我国经济增速，世界银行、IMF分别预测2021年我国经济将增长7.9%、8.2%。

（二）北京市经济社会发展将持续提质增效

2021年，北京市将更加重视提质增效，形成以内循环促双循环的经济发展格局。一是扩大内需战略将进一步实施，国民经济内循环将更加畅通，消费市场空间更大，全市产业链布局将更加优化升级。二是将形成更高水平的对外开放，加速形成双循环发展新格局。助力构建自贸区与服务业扩大开放综合示范区有机互动的对外开放体系，做强双枢纽机场开放平台。三是"五新"政策将加速落实推进，加快推进新型基础设施建设，持续拓展前沿科技应用场景，不断优化新兴消费供给，高水平推进对外开放，全面改革创新政府服务，培育壮大疫情防控中催生的新业态新模式，为北京市经济高质量发展持续注入新动能新活力。

三、2021年北京市经济形势展望

（一）总需求将较快增长

1. 固定资产投资将保持稳步增长态势

2021年，全市固定资产投资将继续呈现稳步增长态势，预计全年增长3%左右。一是房地产开发投资增长5%左右。近年来北京市经营性用地供应呈现整体下降的态势，2017—2019年分别供应662.2公顷、

405.1公顷、360.9公顷，供地面积下降，房地产开发商拿地更谨慎。在"三条红线"新政的限制等因素作用下，房地产开发投资增速将趋缓。二是基础设施投资降幅将收窄至下降5%左右。北京市基础设施投资"缺大少新"问题短期内难以扭转，基础设施投资下降的问题将延续。三是工业投资有望保持双位数增长。2020年工业领域快速增长主要得益于重大制造业项目支撑，2021年重大项目将有所减少，占比较大的电力、热力、燃气及水生产和供应业等城市管理运行领域投资项目面临接续不足的问题。

2. 消费将实现较快增长

2021年，随着就业形势好转、抑制性延迟消费释放、新消费的激励，叠加低基数的影响，北京市消费市场将迎来快速增长，预计全年社会消费品零售总额增长8%左右。一是通信器材消费将保持增长势头。国内外研究机构普遍预计2021—2022年是通信业逐渐走向成熟、5G终端大规模普及商用之年，Digitimes Research预计5G智能手机的出货量将会占到5G终端设备出货量总量的97%，以及全球智能手机出货量的18%，北京市手机将迎来换机高峰。二是文化、娱乐和体育消费加速回暖。影院复工后市民的观影需求快速恢复，影视制作公司不断加大优质影片的2021年排片力度，截至目前已有《封神三部曲》等7部影片确定在2021年上映。三是服务性消费增长新动能将进一步释放。疫情期间春雨医生、好大夫、猿辅导等一批线上服务消费新模式新业态快速发展，并改变了人们的消费习惯，预计2021年将继续保持快速增长态势。

（二）产业端增长加快

1. 工业增速稳中向好

2021年，北京市工业生产将在持续复苏中企稳向好，形成对于经济发展较为稳定的正向促进，预计全年规模以上工业增长4%左右。一是从库存周期看，随着企业恢复生产经营，企业供给意愿持续加强，主动补库趋势将延续至2021年。二是从需求看，部分行业及产品的外贸出口逐渐恢复，工业品出口交货值从第二季度开始已逐渐上涨，手机、纺织服装、集成电路出口额增长显著，外贸环境的逐渐恢复以及北京自由贸易试验区的发展将会对工业品出口贸易形成有效促进。三是从先行指标看，制造业PMI在第二、第三季度连续保持在扩张区间，全国工业发展基本面也呈现向好趋势，内部市场与行业发展环境有利于工业产出提升。四是北京市"高精尖"产业占比不断提高，高技术产业快速成长，战略性新兴产业发展势头良好，电子信息制造业、医药制造业、高端装备制造业等处于全国领先地位，工业发展的新动能不断累积，共同支撑北京市工业积极向好。五是分产业看，电子信息制造将延续双位数增长，汽车制造业增速将微增长，医药制造业有望扭转下降态势。

2. 服务业加快恢复

2021年，北京市服务业将在后疫情时代加速恢复，总量提升与结构升级并举，将对市域经济增长起到重要作用，预计全年增速可达8%左右。金融业将稳中向好。北京市金融服务业格局已较为成熟，并经受住了新冠肺炎疫情的考验，2020年增长态势良好。2021年，市场信心正在逐步回暖、信贷需求逐步恢复，北京市持续推动银企对接系统与小微金服平台、金融大数据平台对接合作，与首贷、续贷中心等线下平台加强对接合作，企业融资需求满足率将会进一步提升。信息服务业将延续快速增长态势。其中，软件业将保持双位数增长，随着线上线下融合发展、企业数字化转型需求上升，以云计算、大数据为基础的平台类运营技术服务将继续强势增长；互联网相关服务业增速将有所回落，网络游戏、音视频服务增长逐步常态化，头部企业抖音、快手、美团等过渡到平稳期，拉动力减弱，以在线教育、在线办公、游戏等为代表的"宅经济"规模体量较小，对产业整体拉动作用有限。商务服务业将显著回升。其中，传统广告业务收入有望回暖，同时互联网媒介、短视频及直播等自媒体将成为新的增长点；宏观经济改善、企业招聘需求上升等因素带动人力资源服务业营收恢复；旅行社及相关服务行业将恢复性增长，尽管占全市旅行社营业收入2/3的出入境游业务仍将陷入停滞，但市内游、跨省游业务逐步恢复。房地产业增速将回升，但回升幅度有限，从市场需求看，常态化疫情防控对需求释放仍将产生一定程度影响；从企业资金看，重点房企资金监管和融资管理新规将倒逼企业在2020年第四季度加快释放库存、回笼资金，降低负债水平，客观上导致2021年拿地节奏放缓。

[北京市经济信息中心　奚　春]

之二：2020年天津市经济运行分析及2021年展望

2020年以来，天津市经济发展面对新冠肺炎疫情带来的严峻考验和复杂多变的国内外环境，全市坚持贯彻落实新发展理念，科学统筹疫情常态化防控和经济社会发展，复工复产复商复市加快推进，经济运行稳步复苏，创新动力不断累积，全市经济运行呈现企稳回升态势。

一、经济发展平稳复苏，动能转换稳步推进

（一）经济运行主要特征

1. 地区生产总值恢复性增长，新动能发展释放活力

1—9月全市地区生产总值10095.43亿元，同比增长0%，比上半年增加3.9个百分点，经济运行持续稳定加快恢复，经济增长动力不断积蓄。

一是工业生产加快恢复。1—9月，全市规模以上工业增加值由降转增，同比增长0.1%，比上半年增加5.8个百分点。39个工业行业大类中，14个行业增加值增长，其中石油和天然气开采业增长8.7%，拉动规模以上工业增长1.9个百分点；电气机械和器材制造业增长20.1%，拉动0.8个百分点；汽车制造业增长6.2%，拉动0.7个百分点。疫情防控产品和部分电子产品产量较快增长，医用口罩增长21.0倍，医疗仪器设备及器械增长1.5倍，光电子器件增长1.9倍，电子计算机增长1.2倍，电子元件增长39.7%。第三季度，规模以上工业产能利用率为76.8%，比第二季度提高2.1个百分点。

二是服务业指标稳步回升。1—9月，服务业增加值同比增长0.1%，比上半年加快5.0个百分点，占全市生产总值的比重为65.5%，同比提高1.3个百分点。金融业增加值增长5.3%，比上半年加快0.6个百分点，9月末中外金融机构本外币存款余额增长7.7%，比6月末加快1.1个百分点，贷款余额增长6.6%。规模以上服务业15个重点行业营业收入自4月起降幅逐月收窄，1—8月同比持平，其中互联网和相关服务、软件和信息技术服务业营业收入分别增长17.0%和11.5%。

三是新经济发展提质增速。1—9月，战略性新兴产业增加值增长2.8%，快于全市2.7个百分点，占比为26.0%，同比提高5.1个百分点；高技术产业（制造业）增加值增长1.3%，快于全市1.2个百分点，占比为15.4%，同比提高1.3个百分点。服务机器人、光纤、新能源汽车、集成电路等新产品产量分别增长1.9倍、50.9%、36.2%和27.8%。1—8月，规模以上服务业中，战略性新兴服务业、高技术服务业营业收入分别增长2.4%和5.4%。第四届世界智能大会成功举办，内资项目131个，总投资约809亿元人民币，外资项目17个，总投资约16亿美元。

2. 固定资产投资持续回升，基础设施领域投资增速加快

1—9月，全市固定资产投资（不含农户）增长1.3%，其中9月增长3.9%。从产业看，第一产业投资增长97.4%，第二产业投资增长2.9%，第三产业投资下降0.1%。聚焦"六稳""六保"，围绕基本民生、市场供应、投资预期，持续优化投资结构。从领域看，工业投资增长2.8%，其中制造业投资下降4.2%，降幅比上半年大幅收窄12.6个百分点；基础设施投资增长19.2%，比上半年加快10.9个百分点，

其中交通运输和邮政投资增长32.5%，信息传输和信息技术服务投资增长30.2%；房地产开发投资下降6.1%，比上半年收窄0.2个百分点。全市新建商品房销售面积下降16.4%，收窄6.2个百分点，其中9月新增销售面积130.20万平方米，基本恢复到疫情前成交水平。

3. 居民消费持续回暖，网上零售增幅明显

1—9月，受防疫物资出口、外需恢复和订单转移影响，全市社会消费品零售总额下降16.8%，比上半年收窄4.9个百分点，其中限额以上社会消费品零售总额下降14.6%，收窄6.7个百分点。限额以上单位汽车零售额同比下降16.7%，降幅较1—8月收窄3.3个百分点，其中，9月限额以上汽车零售额同比增长10.4%。电子产品消费和网上零售增势较好，限额以上商品中，智能家用电器和音像器材零售额增长5.8倍，新能源汽车增长37.7%，智能手机增长27.2%，体育娱乐用品类、文化办公用品类零售额分别增长1.1倍和39.6%。限额以上商品网上零售额增长5.4%。

4. 外贸进出口逆势增长，实际利用外资稳步提高

1—9月，全市外贸进出口总额5453.78亿元，增长1.3%（上半年为下降3.4%）。1—9月，进口3197.85亿元，下降0.4%，比上半年收窄3.0个百分点；出口2255.93亿元，增长3.8%，连续三个月增长且增速加快。全市新设外商直接投资企业423家，合同外资额261.34亿美元，同比增长35.2%，实际直接利用外资额37.12亿美元，增长0.5%，比1—8月加快0.4个百分点。

（二）存在的问题

1. 投资结构有待优化

固定资产投资中，第一产业投资增速较大，第二产业投资趋缓，第三产业投资下降，投资结构不平衡的问题凸显。同时，基础设施建设投资增速明显，民间投资意愿趋弱，投资增长接续动力有待增强。

2. 消费增长动力不足

在多角度激活消费市场、线上线下联动、发放消费券等政策刺激下，居民外出购物活动陆续恢复，但仍需看到全市社会消费品零售总额同比下降明显，基本生活品消费增长较大，升级类商品消费趋缓，消费结构有待优化，消费增长动力较弱。

3. 财政收支平衡压力加大

受新冠肺炎疫情影响，企业生产经营不佳拖累财政增收步伐，减税降费政策持续推进，尽管主要税源陆续复苏，全市一般公共财政收入降幅较前8个月收窄0.3个百分点，但仍比上年同期下降15.3%，仅完成年初预算的57.5%，财政收入负增长短期内难以明显改变。同时，社会保障和就业、教育科技、公共安全等方面支出力度较大，财政收支缺口进一步扩大，收支平衡问题需重点关注。

（三）全年经济预测

从1—9月经济运行情况来看，随着各项促投资、扩消费、稳运行政策的落地实施，生产企业产能快速恢复，消费、投资、外贸预期向好，经济企稳回升。预计2020年全市经济将保持平稳健康发展，全年地区生产总值保持正增长。随着基础设施投资的加快增长，预计全社会固定资产投资增长2%左右；市场消费将加快回暖，预计社会消费品零售额降幅将持续收窄，下降10%左右；税收收入保持恢复性增长，预计一般公共预算收入降幅持续收窄，下降15%左右；稳外贸各项政策效果逐步显现，口岸贸易便利化水平持续提升，外贸出口回暖向好，预计增长5%左右。

二、世界经济增速下滑，经济下行压力加大

2020年以来，受新冠肺炎疫情影响，国际环境日趋严峻复杂，各国经济从疫情冲击中艰难恢复。

从国际环境看，世界经济增长前高后低，不确定性增加。主要经济体均出现了负增长，世界经济增速大幅下滑，成为近一个世纪以来最严重的一次经济衰退。第三季度大多数主要经济体经济复苏力度强于预期，世界银行、国际货币基金组织、经合组织纷纷上调2020年全球GDP预期。但世界疫情尚未得到有效控制，局部区域已经出现了疫情反复、病例激增的现象，不得不再度实施严格的封锁措施遏制疫情的蔓延，经济复苏势头受到打压。各大机构下调了2021年多国GDP增速预期，全球经济将在艰难中复苏。

从国内环境看，1—9月经济增速由降转升，经济运行持续稳定恢复。生产端恢复最为明显，第一、第二、第三产业同步增长，第三季度工业增加值继续保持较快回升态势，制造业PMI连续数月保持在荣枯线之上，产业转型发展的动力明显加快，以互联网经济为代表的新动能逆势成长。需求逐步回暖，第三季度社会消费品零售总额增速年内首次转正；1—9月固定资产投资、货物进出口总额、全国居民人均实际可支配收入等主要指标的同比增速均实现了由负转正，彰显了国内经济的强大韧性和旺盛的活力。但也要看到，国内疫情外防输入、内防反弹的压力不小，有效需求仍然不足，经济仍处在恢复进程中，持续复苏向好基础仍需巩固。

三、经济运行企稳向好，质量效益持续提高

2021年是"十四五"规划的开局之年，天津市经济既面临疫情防控常态化和世界经济的疲软压力，又具备新动能不断成长、结构趋于优化等优势，预计2021年天津市经济总体表现将好于2020年。

（一）工业生产稳中略升，预计增长2%左右

随着新动能引育五大工程的深入实施，生物医药、新能源、新材料等工业战略性新兴产业增加值、高技术产业（制造业）增加值占规模以上工业增加值的比重将不断提升，产业结构进一步优化。以中科曙光、飞腾CPU、麒麟为代表的信创产业集聚天津，成为激发高质量发展的内生动力。但"两个大循环"的经济格局构建还需要时间，世界经济的持续疲软影响外部需求，企业生产将受到明显影响。综合判断，2021年工业生产将呈稳中略升态势。

（二）服务业稳定复苏，预计增长6%左右

随着经济的逐步复苏，社会消费的降幅逐步缩窄，但复苏力度有限；交通运输业复苏较为明显，铁路货物周转量、港口货物吞吐量增长明显；以信息传输、软件和信息技术服务业为代表的新兴产业基本未受影响，保持了较快增长。受益于"一制三化"改革不断深化，批发和零售业、住宿和餐饮业等服务业将恢复增长；天津港口岸加快打造世界一流智慧港口、绿色港口，交通运输业将持续增长；加快建设创新型城市和新动能的进一步培育，将会促进战略性新兴服务业的加快增长；平台经济提供了新的服务模式，提高了服务业发展效率。但同时疫情防控常态化也可能影响服务业的增长。综合判断，2021年服务业有望呈现稳定复苏态势。

（三）投资增长保持平稳，预计增长5%左右

随着智能科技等领域龙头企业的加速聚集，长城新平台、腾讯IDC数据中心等重大项目加快建设；随着基础设施补短板，基础设施建设投资将保持快速增长。但同时占固定资产投资比例较大的房地产开

发投资持续负增长，市场需求不旺、外部经济环境的恶化影响企业投资意愿，部分企业融资难问题还亟待解决。综合判断，2021年投资增长将基本保持平稳。

（四）消费持续缓慢复苏，预计增长3%左右

天津市就业形势基本稳定，全市居民人均可支配收入保持在全国前列，社会消费品零售额降幅逐步缩窄，呈现复苏态势。疫情带来线上消费的新发展，推动形成新的消费增长点。大力发展夜间经济、积极打造"夜津城"有力促进了消费的增长。此外，随着经济社会的进一步复苏，旅游、教育等方面的消费将进一步恢复。但受就业形势严峻、人均可支配收入增速逐渐放缓等因素影响，消费进一步增长的空间有限。综合判断，2021年消费将保持缓慢复苏。

（五）出口有望平稳增长，预计增长8%左右

在全球疫情无法在短期内结束的情况下，世界主要经济增速均为负增长，但对天津市产品的需求仍然旺盛，出口增速恢复较快。同时实际利用外资增长也实现由负转正，说明外资对天津市的良好预期。随着"一带一路"建设的不断深化，天津市自贸试验区的不断发展，加之外部市场对医疗仪器设备及器械等疫情防控产品需求保持旺盛，综合判断，2021年外贸出口将延续2020年的态势，保持平稳增长。

（六）财政收入维持平稳，预计增长5%左右

近两年财政收入随着经济结构的调整有了较明显的增长。2020年受疫情影响，加之2019年同期基数较高，财政收入下滑较大，特别是非税收入。此外，继续执行减税降费政策的翘尾效应、"六稳""六保"政策的实施都对财政收入造成较大压力。综合判断，2021年财政收入将维持2020年态势，略有增长。

四、畅通国内国际双循环，切实推动高质量发展

下一步，应当扎实做好"六稳"工作，全面落实"六保"任务，按照构建国内循环为主体、国内国际互促双循环新格局的要求，深化"放管服"改革，激发市场活力，释放消费潜力，增强经济内生动力，全力推动经济高质量发展。

（一）着力扩大内需，激发消费潜力

一是增强居民消费能力和消费意愿。多渠道提升居民可支配收入，结合企业复工复产促进就业，提升居民工资收入；丰富规范投资理财产品，增加居民财产性收入。分类分行业制定具有针对性的促消费政策措施，鼓励各区发放餐饮、家电建材等领域消费券，综合应用优化机动车限购管理、推动配套设施建设、加大金融服务等方式提升居民对汽车的消费意愿。二是拓展新型消费模式。加快消费新业态、新模式、新场景的普及应用，推动"智慧"商圈建设，完善"智慧+"消费生态体系，持续推动城市消费商圈建设和提档升级，打造若干区域消费中心，促进消费扩容增质。

（二）强化项目引领，扩大有效投资

一是加强项目谋划建设。聚焦推进京津冀协同发展重大国家战略、编制"十四五"规划、更好发挥城市中心引领作用等重点领域，谋划和推进高水平项目建设。加快推进5G基站、新能源汽车充电桩、数据中心等新型基础设施建设。二是加大项目金融支持。激发社会资本活力，优先支持社会资本投资于学校、医院等政府投资项目，扩大政府与社会资本合作（PPP）项目储备，吸引优质社会资本参与。强化财政资金引导，积极争取中央预算内投资、地方政府专项债券支持，统筹用好财政性建设资金，合理安排政府投资规模。

（三）深化创新合作，提升发展动力

一是深化京津冀协同创新，共同打造我国自主创新重要源头和原始创新主要策源地。推动建设高等院校学科创新引智基地，落地建设一批创新平台和产业技术创新联盟，推动三地科技成果转移转化服务体系互联互通；深化部市、院市、校市合作，积极参与国家重大科技战略布局，推进京津冀综合类国家技术创新中心建设。二是深化服务贸易创新，发挥服务贸易对稳外资、稳外贸的支撑作用。依托自贸试验区和国家自主创新示范区先行先试的优势，完善服务贸易管理体制和促进机制，优化以贸易便利、投资便利为重点的扩大开放政策体系，推动服务外包转型升级，推动数字贸易加速发展。

（四）推进动能引育，加快产业升级

一是深化落实新动能引育行动计划，构建新型产业体系。做优做强智能科技产业，发展壮大生物医药、新能源、新材料战略性新兴产业，优化升级航空航天、装备制造、石油化工、汽车工业等优势产业，形成天津市主导产业体系。二是发展壮大数字经济，推动大数据技术与重点产业融合发展，加快建设京津冀大数据综合试验区；实施"互联网+智能制造"、大数据应用示范等工程，推动传统产业智能化改造；发挥世界智能大会平台效应，持续推动重大项目落地。三是加快推动信创产业发展。将大力发展信创产业作为抢抓新机遇、融入大循环、打造新格局的重大战略举措，充分发挥天津市产业优势，整合创新资源，壮大信创产业集群，推动产业链向高端跃升。

[天津市大数据管理中心　张冬冬　肖　哲　刘天慧　张娟娟]

之三：2020年上海市经济运行分析及2021年展望

2020年以来，面对新冠肺炎疫情和复杂严峻的国内外形势，在以习近平同志为核心的党中央坚强领导下，上海市深入贯彻落实习近平总书记考察上海重要讲话精神，坚定不移做好"六稳"工作、落实"六保"任务，统筹推进常态化疫情防控和各项工作，全市上下共同努力，疫情得到有效控制，经济逐步恢复。展望2021年，国内外经济运行中的不确定因素还在延续，全市经济发展依然面临艰巨挑战，需要继续采取有力措施，深入推进结构优化和动能转换，拓展有效投资，强化消费拉力，积极化解风险挑战，增强经济内生动力和核心竞争力，确保全市经济在高质量发展轨道上平稳持续运行。

一、2020年上海市经济运行分析

面对突如其来的新冠肺炎疫情冲击影响，上海市积极采取政策措施有效应对，制定实施抗疫惠企"28条"政策，精准帮扶企业共渡难关，经济逐步企稳回升，总体看，上海市经济经受住了前所未有的严峻考验，主要经济指标边际改善、逐月回升，经济增长在疫情冲击中体现韧性，城市能级在疫情防控中逆势凸显，高质量发展在逆周期中克难奋进。具体表现为以下特征：

（一）经济总体企稳回升

2020年1—9月上海市生产总值比上年同期下降0.3%，降幅分别比第一季度、上半年收窄6.4个和2.3个百分点。其中第一、第二、第三产业增加值分别下降18%、下降2.9%、增长0.7%，三产比重比上年同期提高1.9个百分点。工业生产持续回升。规模以上工业实现了连续6个月正增长，1—9月全市规模以上工业增加值同比下降2.8%，降幅比第一季度、上半年分别收窄15.1个和5.4个百分点。六个重点工业行业总产值同比增长1.1%（第一季度、上半年分别为下降16.6%和下降3.9%）。汽车制造、石油化工、成套设备、生物医药等重点行业逐步回暖，特别是2020年以来大幅下降的车市产销从4月开始快速回升，1—9月汽车行业产值增长0.8%（第一季度、上半年分别为下降30.9%和下降12.3%）。金融市场交易明显活跃。1—9月上海市金融业增加值同比增长7.9%，占GDP比重达19.6%，比上年同期提升1.2个百分点，主要金融市场成交额同比增长18.6%，其中上海市证券交易所股票成交额大幅增长46.9%、有价证券成交额增长12.1%。房地产市场交易逐步回暖。1—9月全市商品房销售面积下降8.8%（第一季度、上半年分别为下降27.4%、下降12.6%），第二季度以来楼市成交明显回暖，5—6月全市市场化新建商品住房成交面积分别增长16.9%和18.8%，二手存量住房成交面积分别增长14.8%和37.2%，月度成交量为近三年新高。投资加快回升。1—9月上海市全社会固定资产投资总额增长10.3%（第一季度下降9.3%，上半年增长6.7%），9月当月增长13.2%。三大领域投资全面发力，工业投资领先增长，1—9月增长15.4%，房地产开发投资、基础设施投资分别增长10%和5.4%。消费明显回升。上海市制定实施促消费"12条"，策划推出"五五购物节""六六夜生活节"等重大活动，电商平台和实体商家积极采取发放消费券等方式线上线下联动促消费，有力促进消费回补和潜力释放，1—9月社会消费品零售总额下降4.6%，降幅分别比第一季度、上半年收窄6.6个、15.8个百分点。外贸进出口稳步回升。上海市出台实施稳外贸"11条",支持企业保市场、保份额、保订单,外贸形势好于全国,1—9月进出口同比增长1.7%(比全国高1个百分点),其中出口增长1%,进口增长2.1%。

(二)新兴动能加快培育

在疫情冲击和外部变局下,全市上下努力在危机中育新机、于变局中开新局,危中寻机、抢抓先机,经济运行呈现新机遇、新亮点、新动能。重大战略任务加快实施。全力推进"三大任务、一大平台",着力把重大战略机遇转化为发展动力,把制度创新红利转化为现实效益。自贸试验区临港新片区建设跑出加速度;科创板进一步深化改革;长三角一体化发展战略加快落实,虹桥国际开放枢纽建设稳步推进;进口博览会溢出带动效应持续显现。利用外资逆势而上。据联合国贸发组织预计,2020年全球外国直接投资将大幅萎缩40%,自2005年以来首次跌破1万亿美元。面对严峻复杂的外部形势,上海市制定出台利用外资"24条",实施优化营商环境3.0版方案,制定发布《上海市优化营商环境条例》,全力服务重大外资项目落户,1—9月全市实到外资同比增长6.1%,增速比第一季度、上半年进一步提升。战略性新兴产业领先增长。工业高质量发展取得一定成效,新兴产业支撑作用明显,1—9月工业战略性新兴产业实现总产值同比增长7.9%,比规模以上工业总产值增速高出9个百分点。受苹果手机畅销带动,新一代信息技术产值较快增长;新材料较快增长,主要是巴斯夫、庄信万丰等企业带动;新能源汽车产值大幅增长,主要是特斯拉旺销;集成电路制造产值较快增长,主要是下游消费电子需求旺盛叠加新产线产能释放;受地平线、喜马拉雅等企业带动,人工智能产业增势喜人。在线新经济加速成长。疫情在对传统行业造成较大冲击的同时,新兴产业加速发展打开新空间、新机遇,上海市及时出台在线新经济发展"23条",助推新兴产业抢抓先机、逆势飞扬。流量经济、在线经济、宅家经济、无人经济等加快增长,互联网教育、在线办公等新业态渗透率大幅提高,手游、网络播映等线上娱乐行业加快发展。1—9月信息传输、软件和信息技术服务业增加值同比增长15.1%,拉动全市经济增速1.1个百分点。新基建、新消费加快发展。上海市在全国率先制定实施新基建"35条",聚焦新网络、新设施、新平台、新终端四大领域,梳理出未来3年实施的重大项目和工程包,总投资超过3000亿元,一批新基建项目正在加快推进。智能配送、网络零售、网络生鲜等在线新零售快速增长,以盒马、叮咚、饿了么等为代表的商品类网络购物快速增长,"直播带货"等新业态加速涌现。

(三)社会民生持续改善

越是形势严峻复杂,越要聚焦保障和改善民生。2020年以来,上海市切实把保居民就业、保基本民生作为"六保"重中之重,制定实施降成本、减负担、稳就业、强保障、保供应、补短板等一系列政策措施,着力兜牢民生底线。援企稳岗取得实效。上海市全力保市场主体稳就业,持续加大减税降费政策力度,预计全年新增减税降费超过2200亿元;完善特殊时期就业政策服务体系,确保就业形势总体稳定。物价涨幅持续回落。1—9月上海市居民消费价格指数同比上涨2.3%,涨幅比第一季度和上半年分别回落1.1个和0.4个百分点。及时向低收入群体发放价格临时补贴,从3月起提高补贴标准。补短板、守底线工作切实加强。始终把人民群众生命安全和身体健康放在第一位,全力做好疫情外防输入、内防反弹工作,严密落实常态化防控措施;"老小旧远"等民生工作扎实推进,旧区改造加力提速,养老、托幼等市政府实事项目有序推进;政府服务"一网通办"功能加快提升;城市运行"一网统管"全面推进;生态环境持续改善,全市259条主要河流劣Ⅴ类水质断面全面消除,生活垃圾分类取得明显实效。

二、2021年上海市经济运行的环境分析

(一)国际环境:延续恢复性复苏,不均衡和不确定性进一步增强

2020年第三季度,在主要国家复工复产及前期纾困政策的推动下,全球经济遭受上半年重创之后呈现触底反弹的复苏态势,主要经济体均出现不同程度的经济回弹:2020年9月,摩根大通全球综合PMI指数自2月最低点回升至52.1%,全球制造业PMI指数回升至52.3%,均处于扩张区间。经合组织数据显示,相较于5月低点,主要经济体9月商业信心指数和消费者信心指数均出现显著回升(见表1)。IMF预计2020年全球经济增长-4.4%,较6月预测上调0.5个百分点,其主要原因为北半球第三季度主要经济体的经济恢复情况好于预期,但仍为大萧条以来最严重衰退。

表1 全球主要先行指标变化情况(2020年10月15日更新)

指标名称		指标值	较上月	较前12个月平均
采购经理指数 (摩根大通)	全球综合PMI	52.10	-0.30	5.80
	全球服务业PMI	51.60	-0.40	5.60
	全球制造业PMI	52.30	0.50	4.00
经济景气指数 (ZEW)	欧元区	52.30	-11.70	27.30
	美国	53.20	-0.5	39.70
	日本	46.80	-12.2	26.40
商业信心指数 (OECD)	欧元区	99.11	0.60	0.68
	美国	100.71	0.24	1.64
	日本	98.13	0.04	-1.91
消费者信心指数 (OECD)	欧元区	99.04	0.21	-0.56
	美国	98.86	0.32	-1.17
	日本	97.17	0.59	-0.09

数据来源:Wind资讯。

预计2021年经济恢复将延续,但复苏进程仍充满不确定性。一是复苏动能进一步减弱。IMF预测2021年全球经济增长5.2%,这一增长水平,仅能够使2021年全球经济总量恢复到相当于2019年的水平,2020—2025年平均速度将为2.6%,低于全球经济危机后十年(2010—2019年)平均增速的2.9%。从贸易增长来看,2020年第三季度以来全球贸易数据有所回升,贸易回暖主要原因是主要经济体重启经济、前期积压需求释放,但2021年能否保持复苏势头仍未可知,一旦企业需求出尽,或者疫情卷土重来,2021年全球贸易复苏或将远低于预期,即使疫情能被良好控制,在全球增长动能减弱的大趋势下,2021年全球贸易增长也难以突破10%。从投资增长来看,2020年全球FDI预期将大幅缩量40%至1万亿美元以下,除了疫情之外,受地缘政治、金融风险以及经贸摩擦等因素的影响,2021年国际投资环境将持续恶化,跨国投资将会重新评估盈利的可能性,从而引起全球FDI的进一步下滑。

表2　国际权威机构对2020年和2021年全球经济增长的预测（%）

预测机构	预测时间	预测结果	
		2020年	2021年
IMF	2020年6月	-4.9↓	5.4↓
	2020年10月	-4.4↑	5.2↓
OECD	2020年3月	2.4↓	3.3↑
	2020年6月	-6/-7.6	—
世界银行	2020年6月	-5.2	4.2

数据来源：IMF、经合组织（OECD）、世界银行发布的相关报告。

二是经济分化日益严重。美国自2020年第二季度以来，在四轮财政刺激政策下，第三季度经济出现显著反弹，未来财政政策或将迎来更大宽松，不过随着政策空间收窄、长期负面效应逐步显现，经济复苏将会进一步放缓；欧元区及日本的经济复苏态势在疫情期间积压需求出尽之后，也将难以维持，2021年，主要发达经济体的经济发展将普遍难以恢复至疫情前水平。新兴市场及发展中经济体中，中国得益于疫情早期的迅速反应和控制，有望继续保持领先的经济修复水平；而以印度为代表的部分国家，受疫情扩散、社会保障缺失、政策空间有限、内外需求不振等多因素制约，2021年经济修复前景并不乐观。由此，在经贸规则重构和疫情催化的背景下，主要经济体的贫富差距将会进一步扩大，20世纪90年代以来全球减贫成果付之东流，不平等现象加剧。

三是经济风险日益增加。主要关注来自三方面的风险。风险一：疫情仍是全球经济影响的重大变量。目前印度、巴西等地区疫情仍未得到有效控制，同时随着北半球入冬，欧洲多国出现疫情复发迹象，部分国家再度实施了封锁措施以控制疫情二次暴发，经济复苏进程被迫放缓。在疫情高度不确定的前提下，若疫苗研发至普及使用所需的时间长于预期，社交隔离措施将会持续更久，经济恢复进程或会进一步放缓。风险二：国际经贸规则及对全球产业链布局调整风险。近年世界经贸格局发生结构性转变，亚洲新兴经济体GDP份额显著上升，世界经贸摩擦激增。在国际投资环境加剧恶化背景下，全球产业链调整面临"全球性收缩"和"区域内强化"新特征。风险三：主权债务和金融风险进一步提升。为应对疫情冲击，各国刺激政策层出不穷，全球财政政策空前扩张，平均政府支出创历史最高水平，同时政府收入大幅萎缩，多国财政赤字率远超3%的国际警戒线，欧洲多国债务率已经超过欧债危机水平，欧洲部分新兴市场经济体的金融体系已接近崩溃边缘，叠加政局动荡、社会矛盾激化等负面因素，平衡财政将变得异常艰难，金融体系脆弱性也将进一步上升。

表3　IMF对2020年和2021年主要经济体增长态势预测（GDP增速，%）

经济体	2020年	2021年	经济体	2020年	2021年
发达经济体	-5.8	3.9	新兴市场和发展中经济体	-3.3	6.0
美国	-4.3	3.1	印度	-10.3	8.8
欧元区	-8.3	5.2	俄罗斯	-4.1	2.8
英国	-9.8	5.9	拉美地区	-8.1	3.6
日本	-5.3	2.3	亚撒哈拉地区	-3.0	3.1

数据来源：IMF. 世界经济展望［Z］. 2020.

（二）国内环境：经济延续回升态势，但修复动能趋缓，须加快构建新发展格局

我国经济在巨大困难挑战中稳住基本盘、呈现稳定恢复增长态势。1—9月，我国GDP比上年同期增长0.7%（上半年为下降1.6%），累计增速年内首次实现由负转正。其中第三季度GDP比上年同期增长

4.9%，比第二季度提高1.7个百分点，增速明显加快，经济呈稳步回升态势。从供给端看，各行业发展总体好转，工业生产加快，高技术制造业和装备制造业较快增长；服务业稳步复苏，现代服务业增势较好。从需求端看，第三季度三大需求对经济的拉动作用较前两个季度均有明显改善，共同拉动经济增长；稳投资政策落实显效，固定资产投资增速由负转正，高技术产业和社会领域投资持续回升，投资成为经济增长的主要动力。

总体来看，1—9月经济运行持续稳定恢复，统筹防疫和发展成效显著。随着我国在常态化疫情防控中扎实做好"六稳"工作，全面落实"六保"任务，大力深化改革开放，助力企业纾困解难，着力畅通经济循环，筑牢民生保障基础，第四季度和2021年经济增长企稳的因素有望增多。但也要看到，国际环境仍然复杂严峻，不稳定性和不确定性较大；国内疫情外防输入、内防反弹的压力不小，经济仍处在恢复进程中，持续复苏向好基础仍需巩固，国内经济增长压力仍然较大。综合考虑复杂严峻的内外部形势和我国积极实施对冲政策等因素，结合多家权威机构的预测，2020年我国GDP增长为2.5%左右，2021年为7.5%左右。

表4 主要机构对2020年和2021年我国经济增长的预测（%）

	机构名称	2020年	2021年	预测时间
国际机构	IMF	1.9	8.2	2020年10月
	OECD	1.8	—	2020年9月
	世界银行	2	7.9	2020年9月
	联合国	1.3	—	2020年9月
	惠誉	2.7	7.7	2020年9月
国内机构	中金公司	2.8	8.8	2020年10月
	招商证券	2.2	9.1	2020年10月
	银河证券	1.6	—	2020年9月
	民生银行研究院	2.2	—	2020年10月
	兴业证券	2.0	—	2020年10月
	中国银行	3.0	—	2020年9月

三、2021年趋势展望及主要指标预测

考察历史危机（特别是各类疫情影响）对经济影响的冲击和恢复情况，都将出现一个冲击下的低谷和反弹期的恢复，冲击多为一次性，对经济增长的长期走势影响较小，但预计本次既有短期的冲击，也会有长期的影响（长期潜在增长率）。由于上海市服务经济占比高、涉及经济比重高等因素，疫情对上海市经济的影响要大于全国，总体呈"前低后高"走势，从第一季度的-6.7%（全国为-6.8%）到上半年的-2.6%（全国为1.6%），预计2020年全年上海市经济增长1.3%左右（增长区间为1.1%~2.0%，基准值为1.3%，全国预计2%左右），增速低于全国。在经历了2020年的低谷之后，预计2021年（可能还有2022年）经济增速将出现反弹，2023—2025年增速恢复至接近（但难以达到）没有疫情影响的潜在增长率。

总体把握，2021年上海市经济增长取决于双循环中动力格局的转化情况，增速将创多年新高，但更多是低基数原因，预计2020—2021年平均增速为4.9%左右（低于全国的5%），大幅低于没有疫情时的潜在增长率（5.8%）。但出于基数原因（2020年上海市经济增速低，且低于全国），2021年上海市经济

预计增长8.6%（增长区间为8.2%~9.0%，基准值为8.6%，略快于全国。IMF预测2021年中国增长8.2%）。主要支撑因素有：

（一）工业增速有望提升

2021年，预计在制造业投资（既包括新增重大项目的投资，也包括占工业投资主体的技术改造投资）连续30个月保持两位数增长的支撑下，产出效应将逐步释放，增量效应开始体现。同时，2020年较低的基数也将为2021年的增长迎来空间，预计2021年工业运行将呈现前高后平走势，总体运行情况好于2020年，工业增加值增速提升至3%~4%。主要影响因素有：汽车行业有望实现正增长。在进口车关税下调、豪华品牌降价促销等多重因素影响下，汽车行业进入深度调整转型阶段，特别是上汽集团优势有所缩小，虽然短期扭转颓势难度较大，但在全国车市回暖带动下，降幅有望逐步收窄，展望2021年，上海市汽车产业增速预计为0~2%。理由如下：一是中长期支撑因素仍在。调研中企业反映，城市化程度日益加深、家庭收入不断提高、汽车普及率仍然较低、基础设施继续完善等因素仍然存在，将对汽车中长期增长提供支撑。二是新增产能投产。特斯拉、上汽大众MEB项目加快购置设备，新能源汽车项目投资增长，国能新能源汽车项目竣工验收，产能投产将带来新的增量。三是新兴动能成长。新能源汽车、智能网联汽车发展形势良好，随着特斯拉产品旺销和产能扩张，2021年将进一步推动汽车产销增长。四是基数效应。2020年汽车生产基数较低，同时当前汽车消费低迷也给未来汽车销量预留了增长空间。电子信息有望保持稳定增长。支撑因素主要有：一是新增产能投产。如中芯国际SNI项目、积塔特色工艺生产线、华力12英寸生产线等集成电路大项目将产生拉动效应。二是数字经济机遇。受疫情影响，在线新经济蓬勃发展，将催生对电子产品的添置和更新需求。三是国产化机遇。受中兴、华为事件冲击，业内对产业链本地化要求更为迫切，将带动集成电路、操作系统、网络安全及相关硬件等领域加快成长。但同时也存在负面因素，受成本攀升和中美经贸摩擦等因素影响，信息制造产业转移调整仍在继续。此外，医药行业在云南白药、威高医疗等大项目推动下有望继续较高速增长；机械行业受数字新基建投资拉动有望保持较快增长；石化行业随着国际油价企稳，国内需求回升，化工品市场将逐步好转。

（二）服务业进一步提速

服务业是上海市经济增长的主要支撑，金融服务业等体量支撑性的服务业继续保持较快增长，信息服务业等高成长性服务业继续加速，随着上海市大力推进新兴服务业、高端服务业、精细服务业、特色服务业高质量发展，着力培育服务经济新增长点，服务业竞争力将进一步提升，预计2021年服务业增加值增长10.7%左右。体量支撑性服务业较快发展。金融服务、商贸服务、房地产业三大行业是支撑服务业规模增长的主要力量，2021年，随着实体经济逐步复苏，以及金融服务长三角、服务全国功能的进一步强化，金融服务业全年增速预计进一步提升至9.5%的水平。房地产市场迅速复苏，随着疫情更趋稳定，抑制的购房需求集中释放，受2020年低基数影响，2021年房地产业仍将继续保持较高增速，预计将提升至8%左右。高成长性服务业发展提速。近年来，上海市新兴服务业领域，如信息服务业、社会服务业、科技服务业等都保持着良好的增长态势，已成为服务业的主要支撑。未来随着人工智能、大数据等技术的深度融入，以及上海市科技创新能力的提升，相关新兴服务业领域仍有广阔的成长空间。上海市可重点关注两类服务业领域：一类是数字赋能型企业服务，独角兽中美企业较量，企业服务市场我国明显落后，上海市在这些新兴领域存在短板和巨大空间，应抓住数字产业发展风口，在网络安全、金融科技、数据管理等企业服务领域形成增长点。另一类是长板释放型社会服务，发挥上海市在医疗、教育、文化、体育等方面的长板优势，通过制度改革和扩大开放，释放产业发展成长空间。综上所述，预计包括信息服务、社会服务、科技服务、商务服务在内的其他服务业2021年全年将增长15%左右。消费类服务业加快发展。随着国内疫情防控总体基本稳定，促消费"12条"与刺激汽车消费等政策扎实落地，全市消费市场加速恢复，预计未来一段时期市场需求将持续回暖。2021年，批发零售业将实现前高后平的较高速增长，全年增长6%左右；交通运输业预计增长6%；住宿餐饮业预计增长9.0%。

（三）"三驾马车"继续发力

在经济下行压力下，需求端刺激是熨平经济波动的有效手段，"三驾马车"将继续为经济增长提供动力支撑。消费持续复苏。自"五五购物节"举办以来，提振消费已取得阶段性成效，对扩大内需、促进消费回补和潜力释放发挥了重要作用。随着疫情防控成果进一步巩固，物流运输进一步恢复，各项政策措施深入落实，预计全年社会消费品零售有望实现正增长。2021年消费需求将继续加速恢复，预计将实现8%左右的增速。投资仍有增量空间。相对消费与净流出，投资需求是更好的着力点。三大投资存在一定增量空间。基础设施投资领域，5G基站等数字新基建快速推进，民生补短板投资、长三角一体化、自贸区新片区建设等存在空间。房地产开发投资领域，保障房、租赁房、旧住房改造等领域存在增量。制造业投资领域，技改投资和先进智能制造等领域存在增量。因此判断，预计2021年投资将进一步提速，如延续当前发展趋势，投资增速将保持在10%左右。进出口进一步复苏。虽然境外部分国家或地区疫情风险依然存在，外贸进出口形势依然不容乐观。但稳外贸政策红利逐步显现，稳外贸"11条"、支持出口转内销措施相继出台，"出海优品 云购申城"等活动推动企业通过线上平台开拓国内市场，有力地稳定了全市外贸规模。随着全球生产的进一步恢复、政策红利的进一步释放、进博会的溢出带动效应进一步放大，预计2021年将保持4%的增长。

四、政策措施建议

2021年是"十四五"的开局之年，上海市要在常态化疫情防控前提下全力巩固经济回升势头，在新发展格局中更好地发挥上海市经济风向标作用，努力成为国内大循环的中心节点、国内国际双循环的战略链接，奋力实现经济社会发展目标。一是稳企业、强韧性。聚焦实体经济面临的现实困难，通过延期申报纳税、定期定额减免税款、减免行政事业性收费、减少用电成本等手段，减轻企业负担；推动各类金融机构强化服务对接，加大向资金周转困难企业提供短期融资支持，适度调整贷款利率、降低担保费率；在社保减负、失业保险返还、房租减免、展会补贴、复工条件营造等方面采取更加灵活有效的方式；多管齐下确保供应链和资金链联通，增强经济运行"免疫力"。二是强产业、育创新。把握危中之机，加快推动新能源汽车、智能网联汽车关键技术突破及产业化；加快在线医疗、在线教育、在线办公等领域和无人驾驶、无人零售、无人餐饮、无人机配送等新兴业态发展；鼓励大企业建设企业级工业互联网平台，推动智能化技改和产业数字化转型；增强汽车、服务业等产业抗压能力和发展动能，培育数字经济、智能制造、健康产业等领域的新兴增长点，为上海市经济稳定增长提供强大动能支撑。三是拉投资、稳预期。推动预备项目快转正、新建项目快开工、在建项目快施工、建成项目快投产，全力推动"新基建"重大项目和工程包加快建设；借助上海市科创板优势，吸引更多社会资金；强化政府投资，增加医疗、健康、教育等公共领域的设施投资强度；通过短期加快推进已有投资项目、长期加大招商引资力度两阶段政策施效，注重市场投资"稳信心"和政府投资"保基础"双向发力，为疫后提振经济提供有力支撑。四是促消费、助升级。进一步推动在线消费、服务消费、健康消费等消费升级，提振消费信心与增长动力，大力促进消费回补和潜力释放；对新品首发活动和首店旗舰店落户给予支持，加快培育首发经济、夜间经济、品牌经济和免税经济；顺应商品消费升级趋势，进一步扩大离境退税试点范围，调整扩大跨境电商零售进口商品清单。五是拓出口、强优势。深化落实稳外贸"30条"和"11条"，通过保订单、优服务、塑优势等手段稳定外贸企业经营状态,在进一步扩大开放中提升服务贸易优势地位;挖掘和培育数字贸易新增长点,加快虹桥数字贸易跨境服务集聚区建设,打造新兴数字服务出口优势;利用好进口博览会带来的广阔机遇,加强商会平台交流,在新经济、新技术等领域达成更多贸易合作;进一步扩大自贸试验区以及新片区的制度优势,提高离岸转手买卖结算融资便利水平,积极对接 CPTTP 等新兴区域贸易规则,在服务贸易特别是医疗服务等方面培育新增长点。

[上海市发展改革研究院　马海倩　杨　波　汪曾涛　邹　俊]

之四：2020年四川省经济运行分析及2021年展望

2020年以来，面对新冠肺炎疫情冲击和复杂严峻的国内外形势，四川省上下坚决贯彻落实党中央、国务院重大决策部署，统筹推进疫情防控和经济社会发展，全面落实"六稳""六保"任务，聚焦"农业多贡献、工业挑大梁、投资唱主角、消费促升级"，深入实施"一干多支"发展战略，强力推动成渝地区双城经济圈建设开局起势，全省经济运行态势好于全国，1—9月实现地区生产总值34905亿元，同比增长2.4%，增速高于全国平均水平1.7个百分点，地区生产总值、规模以上工业增加值、固定资产投资（不含农户）、社会消费品零售总额、外贸进出口等主要经济指标增速在全国前十位经济大省中分别位居第四、第四、第七、第六、第一，五大片区经济回升势头进一步巩固，21个市州全部实现正增长，全省区域呈现协同联动、竞相发展态势。

一、全省经济运行分析

（一）全省区域经济发展特征

1. "主干"加速回升

1—9月，成都市实现地区生产总值12876.5亿元，同比增长2.6%，高于全省平均水平0.2个百分点，高于全国1.9个百分点，较上半年回升2个百分点，经济增速实现"加速跑"。规模以上工业增加值、全社会固定资产投资、社会消费品零售总额同比分别增长3.5%、7.8%、-4.7%，较上半年分别回升1.1个、3.7个、3个百分点，其中，全社会固定资产投资单月增速连续4个月超过10%，规模以上工业增加值连续7个月保持回升态势，行业增长面较上半年扩大13.5个百分点，服务业增加值同比增长2.6%，年内首次实现正增长。外贸进出口持续保持逆势增长，实现进出口值5231.5亿元，同比增长25.3%，占全省进出口总值的88.4%，成都高新综保区进出口连续30个月居全国第一，外贸运行继续保持"领头羊"地位（见图1）。

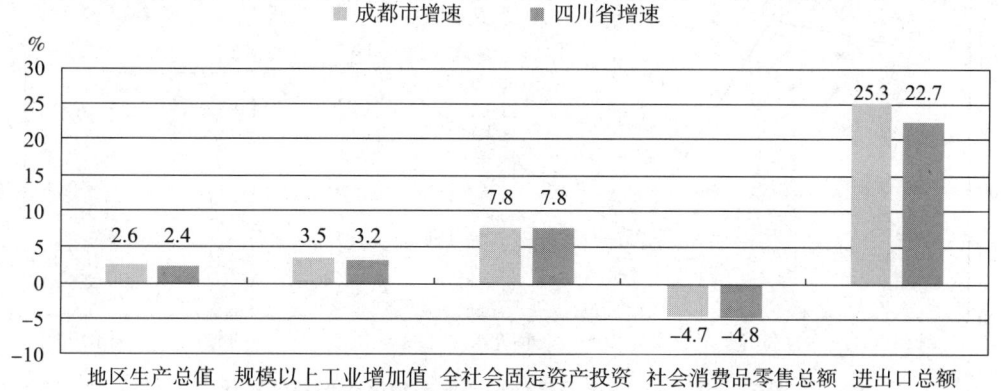

图1　2020年1—9月成都市与四川省主要经济指标增速对比

2. "多支"竞相发展

1—9月,成都平原经济区、川南经济区、川东北经济区、攀西经济区四大经济区经济大幅回升,地区生产总值增速较上半年分别回升1.9个、1.4个、1.4个、2.1个百分点。成都平原经济区实现地区生产总值21318.7亿元,同比增长2.5%,比全省高0.1个百分点;其中环成都经济圈实现地区生产总值8442.2亿元,同比增长2.4%。川南经济区、川东北经济区、攀西经济区分别实现地区生产总值5558.4亿元、5360.3亿元、2118.6亿元,同比增长2.8%、1.9%、2.2%。川西北生态示范区实现地区生产总值549亿元,同比增长1.6%,较上半年回升1.7个百分点(见图2)。

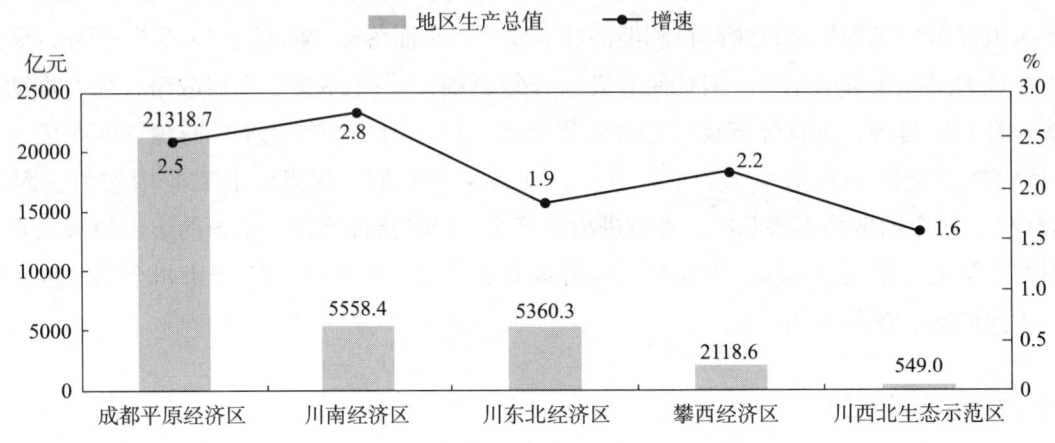

图2　2020年1—9月五大片区地区生产总值对比

3. "多点"支撑强化

1—9月,绵阳、德阳、乐山、宜宾、泸州、南充、达州7个区域中心城市经济总量合计达11894.4亿元,占全省经济比重为34.1%,较上年同期提高0.9个百分点,较上半年提高0.3个百分点,平均增速达到2.6%,高于全省0.2个百分点。其中绵阳市经济总量超过2000亿元,增速高于全省0.6个百分点。宜宾市白酒产业营业收入实现千亿元目标,经济增速3.3%,位列全省第一。德阳市工业生产呈现复苏态势,经济增速转正,达到0.9%。南充市、泸州市加快发展白酒、能源化工、汽车汽配等优势特色产业,经济总量均超过1600亿元。达州市、乐山市经济增速均达到2.7%,高于全省0.3个百分点(见图3)。

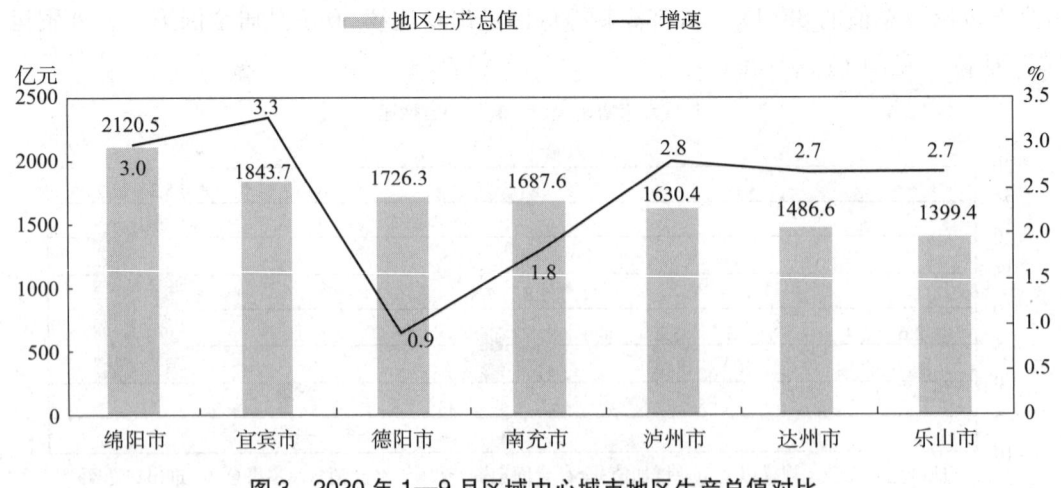

图3　2020年1—9月区域中心城市地区生产总值对比

4. "干""支"协同联动

成都高质量建设践行新发展理念的公园城市示范区，加快推进"两区一城"建设，推动成德眉资同城化，以国家中心城市功能体系为支撑，与其他市（州）建立更加紧密的协作机制，加速构建产业协同、市场共兴、功能共享、交通互联的发展共同体，引领带动作用进一步加强。各片区、各市（州）抢抓成渝地区双城经济圈战略机遇，强化合作布局，围绕基础设施、产业发展、公共服务、生态环保、商贸物流等领域开展务实合作，推进重大协作平台建设，有序有效推动宜宾三江新区、南充临江新区发展，加快构建横向错位发展、纵向分工协作的发展格局。

（二）五大片区发展主要特点

1. 成都平原经济区"压舱石"作用明显

1—9月，成都平原经济区地区生产总值达21318.7亿元，占全省经济的比重为61.1%，对全省经济增长的贡献率达86.4%，增速同比增长2.5个百分点，高于全省0.1个百分点，较上年同期回落5.5个百分点，较上半年回升1.9个百分点。三次产业结构为8.6∶34.3∶57.2，第二产业增加值增速较上半年提高1.1个百分点。地区生产总值、规模以上工业增加值、社会消费品零售总额等均占全省总量一半以上，继续发挥经济"压舱石"作用。规模以上工业增加值、全社会固定资产投资、社会消费品零售总额增速较上半年分别提高1.1个、3.2个、2.8个百分点。外贸进出口同比增长23.3%，增速高于全省0.6个百分点（见图4）。

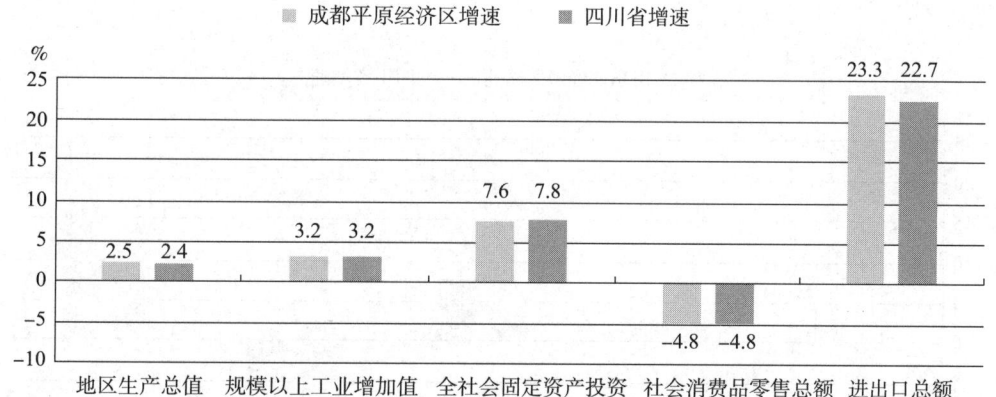

图4　2020年1—9月成都平原经济区主要经济指标增速

2. 川南经济区持续领跑五大片区

1—9月，川南经济区地区生产总值达5558.4亿元，占全省经济的比重为15.9%，较上半年提高0.3个百分点，增速同比增长2.8%，居五大片区首位，高于全省0.4个百分点，较上年同期回落5.6个百分点，较上半年回升1.4个百分点，其中宜宾市同比增长3.3%，持续位居全省各市（州）第一。三次产业结构为15.1∶42.6∶42.3，第二产业增加值增速较上半年提高0.4个百分点。规模以上工业增加值增长4.1%，高于全省0.9个百分点。全社会固定资产投资、社会消费品零售总额同比分别增长9.7%、-4.3%，较上半年回升2.2个、2.5个百分点，位列五大片区第二、第一（见图5）。

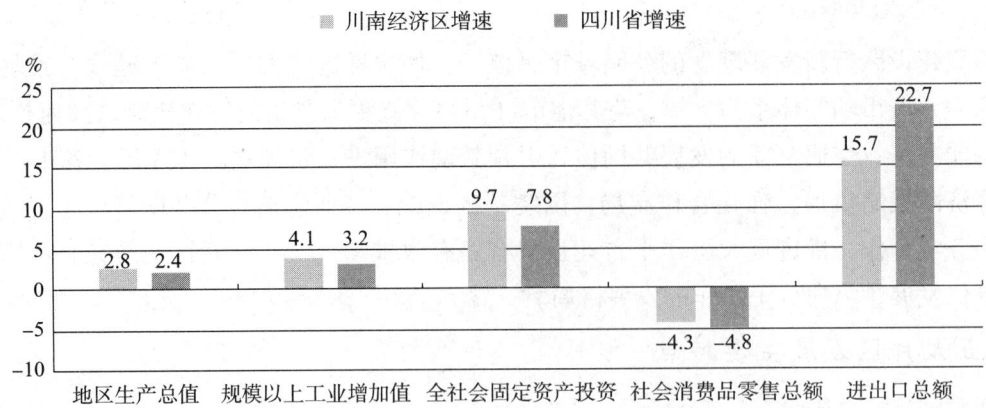

图5 2020年1—9月川南经济区主要经济指标增速

3. 川东北经济区在全省占比有所提升

1—9月,川东北经济区地区生产总值达5360.3亿元,占全省经济的比重约为15.4%,较上半年提高0.2个百分点,增速同比增长1.9%,低于全省0.5个百分点,较上年同期回落5.9个百分点,较上半年回升1.4个百分点。三次产业结构为21.2∶34.2∶44.6,第二产业增加值增速与上半年持平。规模以上工业增加值、全社会固定资产投资、社会消费品零售总额同比分别增长2.6%、6.9%、-5%,较上半年回升0.2个、0.2个、2.4个百分点。外贸进出口总额同比增长14.2%,较上半年回落12.7个百分点（见图6）。

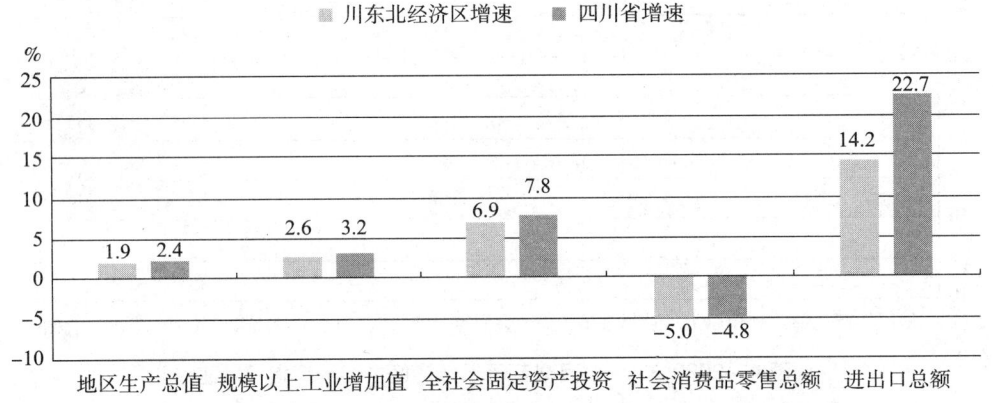

图6 2020年1—9月川东北经济区与四川省主要经济指标增速

4. 攀西经济区回升幅度保持第一

1—9月,攀西经济区地区生产总值达2118.6亿元,占全省经济的比重为6.1%,增速同比增长2.2%,低于全省0.2个百分点,较上年同期回落3.7个百分点,较上半年回升2.1个百分点,在五大经济区中回升幅度最大。三次产业结构为18.9∶38.2∶42.9,第二产业增加值增速较上半年提高1.3个百分点。规模以上工业增加值、社会消费品零售总额同比分别增长3.7%、-5.5%,较上半年回升1.1个、2.8个百分点,其中规模以上工业增加值增速高于上年同期0.9个百分点。全社会固定资产投资同比增长10.6%,较上半年提高6.9个百分点,居五大片区之首（见图7）。

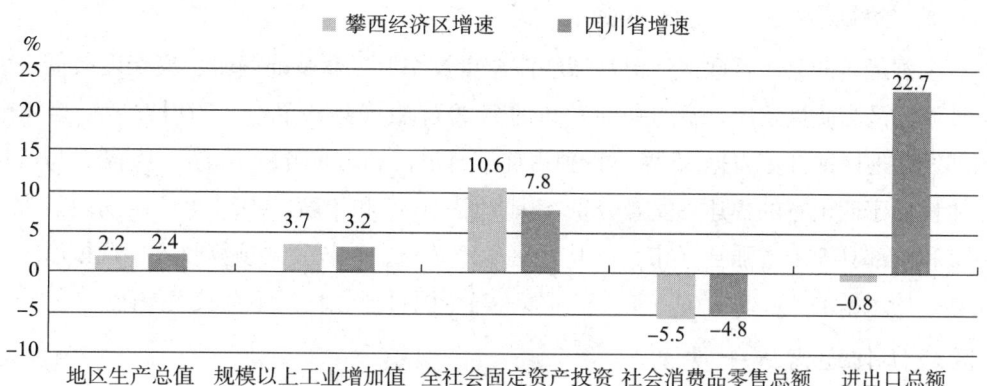

图7 2020年1—9月攀西经济区与四川省主要经济指标增速

5. 川西北生态示范区经济增速扭负为正

1—9月，川西北生态示范区地区生产总值达549.0亿元，占全省经济的比重为1.6%，增速同比增长1.6%，低于全省0.8个百分点，较上年同期回落6.3个百分点，较上半年回升1.7个百分点。三次产业结构为18.2∶24.9∶56.9，第二产业增加值增速较上半年提高1.1个百分点。规模以上工业增加值、全社会固定资产投资、社会消费品零售总额同比分别增长4.5%、4.7%、-6.6%，比上半年提高3.6个、5.7个、3.6个百分点，规模以上工业增加值、社会消费品零售总额回升幅度居五大片区之首（见图8）。

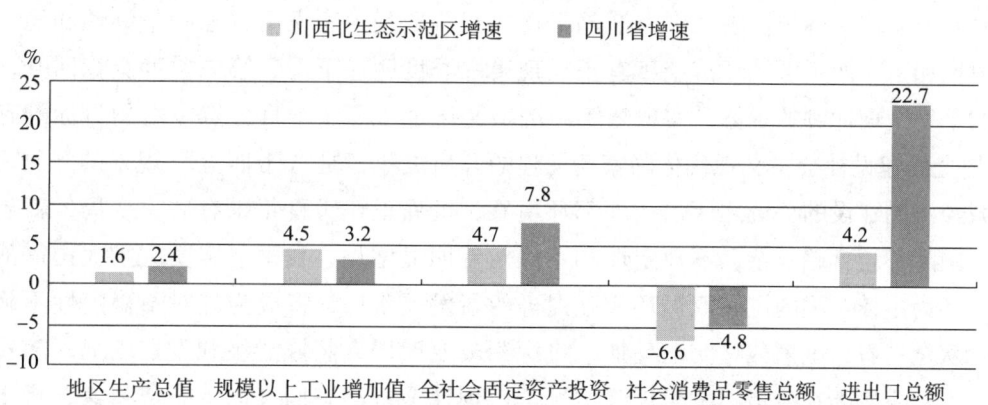

图8 2020年1—9月川西北生态示范区与四川省主要经济指标增速

二、当前经济发展存在的主要问题

（一）区域中心城市辐射带动力不足

当前，四川省除了成都市以外没有一个经济总量达到3000亿元的城市，远未形成长三角、粤港澳等区域"众星拱月"的发展态势。1—9月，全省大力培育的7个区域中心城市GDP总量仅占全省的34.2%，低于极核成都36.9%的占比，其中德阳市、南充市经济增速低于全省平均水平。对标全国其他省域副中心，宜昌市、襄阳市经济总量分别占湖北省总量的10.5%、10.7%，遵义市占贵州省总量的21.2%，洛阳市占河南省总量的9.2%，而四川省区域中心城市中经济总量排名第一的绵阳市仅为全省的6.2%，存在明显差距。城市经济功能、科技创新功能、信息枢纽功能、开放功能和公共服务功能优势尚未充分显现，对区域辐射带动的影响力有限。

（二）区域协调发展底部支撑不强

四川省拥有全国最多的县级行政区，但县域经济总量较小、工业基础偏弱、集聚度较低、发展活力不足等问题制约着县域经济高质量发展。赛迪顾问发布的 2020 年百强县榜单中，四川省无一县（市）入选全国百强县，而东部发达地区的江苏占据 25 席，且独占前三，浙江和山东各占 18 席、15 席，与四川省经济体量相当的河南和体量低于四川省的福建、安徽分别入围 7 席、6 席和 3 席。2020 年评定的西昌市、彭州市、简阳市、峨眉山市和南部县 5 个省强县（市）平均地区生产总值、一般公共预算收入、规模以上工业增加值分别为全国百强县平均水平的 48.2%、69.7%、37.7%，与全国百强县相比还有较大差距。

（三）区域协作还需进一步深入

区域间产业协作配套不足，尚未形成功能互补的产业链。川南经济区基本形成以酒业、化工、能源、机械为主导的产业架构，但产业集中度不高，尚未形成合理分工和梯度互补的产业体系。川东北经济区内各城市之间经济联系较弱，交通、能源、水利等基础设施难以共享。由于跨区域合作成本共担、利益分享激励、关键共性技术跨区域联合攻关、生态产品市场交易与生态保护补偿等机制尚未完全建立，影响区域协作加快推进。

三、2021 年经济运行趋势展望

2020 年以来，面对突如其来的新冠肺炎疫情和复杂多变的国内外环境，四川省走过了从经济遭受重创到实现恢复生产、需求逐步回暖、供需渐趋平衡的艰难历程，表现出较强的坚韧性和稳定性。在国家宏观政策有力推动下，四川区域经济全年有望呈现第一季度明显下滑、第二季度企稳回升、第三季度提速加快、第四季度全面冲刺的走势，实现全年经济增速比全国高 2 个百分点左右的目标既有难度也有希望。2021 年是全面建设社会主义现代化国家新征程的开启之年，是"十四五"规划的开局之年，是推动成渝地区双城经济圈建设的关键之年。从外部环境看，世界正经历百年未有之大变局，新冠肺炎疫情影响广泛深远，国际环境日趋复杂，不稳定性和不确定性明显增加。我国坚定实施扩大内需战略，加快形成以国内大循环为主体、国内国际双循环相互促进的新发展格局，将成为应对不稳定性不确定性因素的最强稳压器。从全省看，国家战略交汇叠加，将深刻改变四川省区域能级和发展格局，随着国内稳增长政策持续发力，初步判断在疫情不发生反弹情况下，预计全省经济回升向上态势持续，将步入常态化增长阶段，有望恢复到疫情前的增长水平。

四、对策建议

面对当前复杂严峻的形势和艰巨繁重的任务，需要努力在逆势中应变取胜，扎实做好"六稳""六保"工作，深入贯彻落实省委十一届七次全会精神，围绕融入"双循环"、唱好"双城记"，以"一干多支"发展战略为重要支撑，加快把成渝地区双城经济圈建设国家战略势能转化为发展动能，构建更加有效的区域协调发展新机制，不断激发区域经济发展新活力，为步入新发展阶段、提升新发展势能、融入新发展格局奠定坚实基础。

（一）立足能级提升，做强成都极核和主干功能

充分发挥"主干"成都的引领作用，高质量建设践行新发展理念的公园城市示范区，加快"两区一城"建设，构建以先进营城理念、独特生态本底、创新生态环境、开放产业体系、鲜明生活特质为核心的比较竞争优势，形成高位集成、聚势赋能、服务全局的都市功能体系，健全作为成渝地区双城经济圈

双核的重要功能。大力推进成德眉资同城化发展，围绕规划协调、政策协同、功能共享、市场一体化探索区域协作新方式，打造轨道上的都市圈，共建跨区域产业生态圈，不断拓展发展空间，提升主干能级。

（二）促进干支联动，系统推进五区协同发展

强化7个区域中心城市带动作用，充分发挥产业、通道、资源等优势，优先承接功能疏解和产业外溢，深化与成渝双核的协作配套，形成较高能级的次级城市群，进一步优化全省空间布局和经济地理。深入推进五大经济区基础设施互联互通、产业分工协作，促进各经济板块之间开展多层次多形式合作。高标准高质量建设省级新区，加快编制发展规划和国土空间规划，深化与国家级发展平台协同联动，积极与省内外其他地区建立战略联盟、发展飞地经济、合作共建园区，在突破改革难点和重点上先行先试，把新区建设成为承担区域发展战略任务的综合功能平台。

（三）夯实底部基础，推动县域经济高质量发展

抓紧制定县城新型城镇化补短板强弱项落实方案，促进公共服务设施提标扩面、环境卫生设施提级扩能、市政公用设施提档升级、产业培育设施提质增效，重点推进老旧小区改造、环保设施、社区公共服务、智慧化改造、公共停车场和公路客运站等薄弱环节建设，提高对产业和人口集聚的支撑能力，吸引要素向县城流动集聚。把握人口转移和产业聚集趋势，打造一批农业强镇、工业强镇、商贸强镇、文旅强镇，强化重点镇优势产业集聚发展，加大公共服务供给，充分发挥降低人口转移成本、优化生产力布局的作用。

[四川省县域经济研究中心　曾洪萍　吴　敏　曹　洋　程　娟　黄　馨]

之五：2020年贵州省经济运行分析及2021年展望

2020年，面对新冠肺炎疫情的特殊影响，贵州省委、省政府果断决策、精准施策，全省上下坚决贯彻落实中央关于统筹推进疫情防控和经济社会发展各项决策部署，努力将疫情的影响降到最低。在全国率先开展集中隔离救治，率先实现"五类人员"核酸检测全覆盖，率先全面恢复全省交通流通和复工复产，为全省加快恢复正常生产生活秩序创造了良好的基础。全省经济呈现加快恢复的势头，特别是进入3月，全省经济运行呈现强势回升态势，有力稳住了经济发展基本盘，增速持续保持在全国前列。

一、2020年贵州省经济运行主要形势分析

（一）2020年经济运行主要特征

1. 经济增长由降转升

2020年受疫情的影响贵州省经济增速出现一定幅度的下滑，但经济回升的势头较快，全省生产总值增速从第一季度下降1.9%，快速提升到上半年的增长1.5%。1—9月，全省经济逐步恢复，全省生产总值进一步提速到增长3.2%，各个季度增速均高于全国平均水平。自2011年以来，全省地区生产总值增速已经连续39个季度位居全国前三（见图1）。

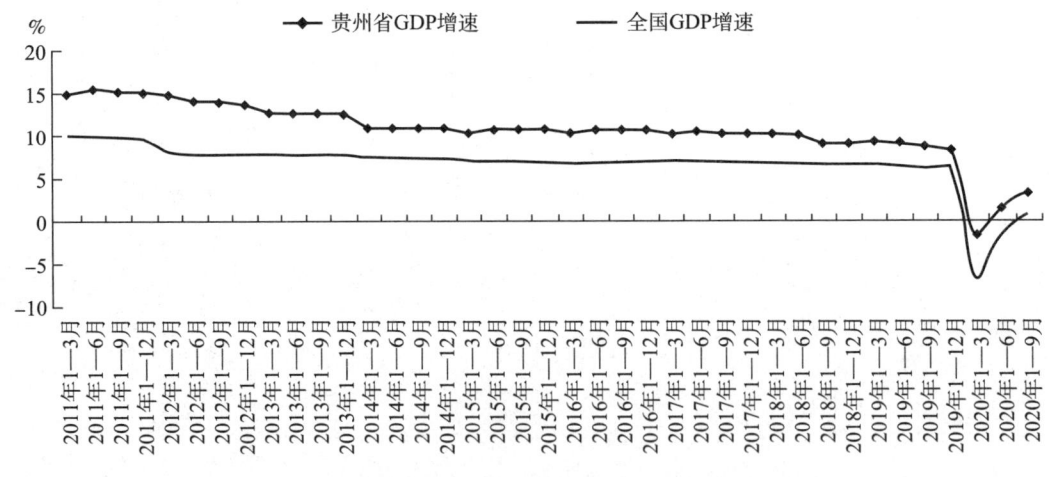

图1　2011年—2020年9月贵州省与全国GDP增速

2. 三次产业发展总体回升

工业生产恢复较快。2020年以来全省大力推动企业复工复产，通过系列政策、措施、意见指导帮助企业渡过难关，工业企业生产经营稳步恢复。1—9月，全省规模以上工业增加值比上年同期增长2.7%，高于全国1.5个百分点。19个重点监测的工业行业中，12个行业实现正增长。新兴产业保持较快增长，1—9月省生产智能电视124.97万台，比上年同期增长50.6%；集成电路3908.29万块，比上年同期增

长 22.5%。

特色农业加快培育。全省深入推进农村产业革命，以 12 个特色产业为抓手，大力推进农业产业结构调整。中药材、食用菌、茶叶等经济作物实现较快增长；畜牧业生产稳定恢复，全省肉类产量增速由负转正。1—9 月，第一产业比上年同期增长 6.1%，增速比上半年加快 0.6 个百分点。

现代服务业增势良好。全省着力推进服务业创新发展十大重点工程，促进服务业与互联网、大数据等现代信息技术融合，推动服务业恢复发展。互联网等规模以上服务业快速增长，1—8 月全省规模以上互联网和相关服务业营业收入比上年同期增长 97.7%。旅游业呈现恢复性增长，全省接待旅游总人数达到上年同期水平的 47.4%，比上半年提升 17.2 个百分点；实现旅游总收入达到上年同期水平的 38.7%，比上半年提升 13.9 个百分点。1—9 月服务业增加值比上年同期增长 2.9%，增速高于上半年 1.1 个百分点。

3. 三大需求恢复增长

资产投资增速回落。1—9 月，全省固定资产投资比上年同期增长 1%。基础设施投资降幅收窄，比上年同期下降 5.5%，降幅比上半年收窄 4.7 个百分点。民生领域投资增势较好。1—9 月，全省脱贫攻坚相关产业投资中，种植业、畜牧业、渔业投资分别比上年同期增长 25.8%、66.4% 和 108.2%。高技术等新兴产业投资较快增长，全省高技术产业投资比上年同期增长 14.1%。

消费市场持续回暖。1—9 月，全省社会消费品零售总额比上年同期增长下降 1%，降幅比上半年收窄 4.5 个百分点，增速比上半年加快 5.6 个百分点。线上消费保持快速增长。1—9 月，全省限额以上企业单位通过公共网络实现的商品零售额比上年同期增长 84.6%，增速比上半年加快 18.1 个百分点。

外贸降幅收窄。贵州省出口受疫情影响较小，出口总额不降反升。1—9 月，全省外贸进出口总额比上年同期增长 22.0%，其中进口总额比上年同期下降 24%，出口总额比上年同期增长 39.9%。

4. 财政收支增速下滑

1—9 月，一般公共预算收入 1262.88 亿元，比上年同期下降 5.2%。减税效应持续显现，其中，税收收入 779.80 亿元，下降 12.9%。一般公共预算支出 3859.48 亿元，比上年同期下降 17.0%。民生领域支出增速较快，其中，住房保障支出 121.42 亿元，增长 9.9%；农林水支出 654.54 亿元，增长 4.2%；灾害防治及应急管理支出 26.80 亿元，增长 15.6%。

5. 城乡居民收入稳步增长

居民收入增速总体保持增长。1—9 月，全省居民人均可支配收入 15652 元，比上年同期名义增长 6.8%，增速比上半年加快 0.9 个百分点。按常住地分，城镇常住居民人均可支配收入 26959 元，名义增长 4.8%，增速比上半年加快 0.8 个百分点；农村常住居民人均可支配收入 7826 元，名义增长 8.1%，增速比上半年加快 1.0 个百分点。全省城镇新增就业人数 51.09 万人，比上半年增加 15.92 万人。

（二）当前经济运行中存在的主要困难和问题

总的来看，进入第三季度，全省经济运行出现较多积极变化，持续回升态势明显，但一些行业和领域恢复增长还未达到预期水平，经济运行还有不少困难和问题，主要体现在以下几个方面：

1. 基础设施投资增速下滑

1—9 月，全省基础设施投资比上年同期下降 5.5%，较全省投资增速低 6.5 个百分点。基础设施投资占全部投资比重为 34%，占比较大。基础设施投资低位运行对全省稳投资工作产生较大不利影响。

2. 制造业投资仍处于低位运行

1—9月,全省制造业投资比上年同期下降0.9%,较全省工业投资增速低14个百分点;制造业占全省工业投资比重为51.6%,占比较上年同期下降7.3个百分点。其中,装备制造业、消费品制造业和高技术制造业投资较2019年同期分别下降6.6%、4.5%和13.5%。

3. 新兴产业增速下滑

1—9月,全省高技术制造业增加值占全省规模以上工业比重为5.8%,比重较2019年下降1.1个百分点;增加值增速同比下降2个百分点。全省电子信息制造业受疫情和中美经贸摩擦双重影响,订单减少,库存积压,生产量持续下滑,1—9月全省规模以上电子信息制造业增加值增速同比下降17.0%,在全省19个重点行业中下滑最为严重。

4. 民营企业资金紧张

受市场的影响,民营企业回款难且回收周期长,流动资金压力大。1—8月,全省规模以上民营工业企业产成品存货217.23亿元,同比增长22.7%;产成品存货周转天数27.3天,比全省平均周转天数长9.6天,应收账款同比增长47.1%;应收账款平均回收期78.8天,比全省平均回收期长26.6天。同时部分民营企业由于存在管理不规范、规模小、利润低等问题,银行与企业之间的信息不对称,而第三方融资渠道不畅通,融资市场不完善造成企业融资仍存在困难。

(三)2020年主要经济指标预测

总的来看,受疫情及外部环境不确定因素增加影响,要完成年初制定的8%的目标任务可能性已经非常小,在第四季度进一步强化基础支撑和要素保障的前提下,初步预计全年全省生产总值增长5%左右。

二、2021年贵州省经济运行的环境及因素分析

(一)全球经济增速下滑

2020年,受疫情不断扩散影响,许多国家放慢了经济重启进程,一些国家重启封锁措施以保护易感人群,全球经济增速大幅下滑。国际货币基金组织发布的最新一期《世界经济展望》中,预计2020年全球经济增长率为-4.4%。2021年,如果全球疫情防控措施得到加强、新冠肺炎疫苗能够大规模使用以及美国的单边贸易政策得到调整等促进全球经济发展的有利条件能够顺利实现,将会促进各国经济缓慢而持续复苏,但仍面临逆全球化加深、政府债务攀升、地缘政治风险等对全球经济的冲击。

(二)国内经济持续复苏

国内经济发展仍面临诸多困难和挑战,新冠肺炎疫情带来的影响广泛而深远,外部环境短期内很难得到根本性改变,外需持续疲弱、消费复苏缓慢,经济下行的压力有增无减。但同时2021年是"十四五"开局之年,是实现第一个百年奋斗目标之后,向第二个百年奋斗目标进军的第一个五年,国内经济发展将更加注重改革、开放、创新,同时国内经济"双循环"格局加快形成,将会带动我国经济加快复苏。另外受2020年基数较低的影响,2021年经济逐步恢复正常后,经济增长增速将有可能向高增长回归。

(三)贵州省经济发展的有利因素较多

自"十一五"以来,贵州省经济增速一直位居全国前三,2020年地区生产总值1—9月为12650亿元,经济总量已经连续3年在1—9月达到万亿元以上,全省经济发展规模明显扩大。随着农村产业革命

继续推进,十大千亿级产业振兴计划深入实施、服务业创新发展十大重点工程积极推进,全省三次产业发展累积了较好的基础。同时,全省围绕"两新一重"努力稳定和扩大投资规模,特别是抓紧布局"新基建",为经济社会发展奠定了良好基础。党的十九届五中全会的召开,为全省经济社会今后一段时期发展指明了方向、提供了遵循,为全省经济平稳发展创造了良好的条件。

三、2021年贵州省经济发展趋势展望

2021年是我国"十四五"规划实施的开局之年,党的十九届五中全会明确了未来5年将畅通国内大循环、促进国内国际双循环、全面促进消费、拓展投资空间等发展重点,对国内经济发展提出明确的方向和路径,国内经济发展的韧性不断增强。同时经济发展的困难和挑战依然存在,基于2020年全省经济运行情况,对全省经济发展趋势分析如下:

(一)经济持续回升

面对疫情的影响,2020年1—9月全省经济恢复较快,各项主要指标增速仍然位居全国前列。通过以"农业主抓12个特色优势产业、工业主抓十大产业、服务业主抓十大创新发展工程"为引领的现代化产业体系加快完善,三次产业结构不断优化,全省经济高质量发展的有利因素增多。总体看,2021年经济将继续保持平稳增长,同时由于2020年全省经济增速较低,初步预计2021年全省地区生产总值增速将达到6%左右。

(二)工业经济恢复增长

通过深入推进十大千亿级产业振兴工程和"双千工程",加快工业产业集群发展,聚焦工业企业高质量发展,进一步稳住传统产业,培育壮大新兴产业,全省工业经济发展的质量和效益有了更进一步的提高。虽然2021年外部环境不确定性加大,对贵州省高技术产业、大数据相关产业发展有一定影响,但总体判断工业将保持稳定增长态势。预计2021年全省规模以上工业增加值增长7%左右。

(三)固定资产投资持续回升

将继续实施"六网会战""两新一重"等重点项目。在如期打赢脱贫攻坚战的基础上,将继续补齐贫困地区基础设施和产业发展短板,促进农村产业发展更好和乡村全面振兴。而因受疫情影响延期开工项目将在2021年加快投资,全省固定资产投资规模将比2020年进一步扩大,初步预计2021年全省固定资产投资增长10%左右。

(四)服务业加快发展

全省服务业围绕"服务业创新发展十大工程"行动方案,加快构建以绿色化、标准化、规模化、品牌化、智能化、大众化为特色的现代服务业体系。通过大力实施大旅游、大数据融合、大健康、现代物流、现代金融、现代商贸、科技研发、文化产业、养老服务、会展服务十大工程重点任务,全省服务业将加快发展步伐,初步预计2021年全省服务业增长8%左右。

四、政策措施建议

(一)增强基础设施投资,促进固定资产投资快速增长

加强基础设施建设。持续推进基础设施领域补短板,聚焦"六网会战"、公共卫生体系建设等重大项目,持续补齐民生领域短板。围绕5G、数据中心、人工智能、工业互联网、物联网等领域,加快推进新

型基础设施建设。进一步加大制造业投资力度,加快推进制造业供给侧结构性改革,促进制造业提质增效,增强全省经济发展后劲。加快推动项目落地开工和项目储备,聚焦项目开工难点、堵点精准施策,做好精细化服务,尽快推动各类重大项目开工落地,切实将"规划图"变为"实物量",为全年投资稳增长提供保障。

(二)大力扶持新兴产业,促进经济发展提质增效

大力推动十大千亿级工业振兴行动,深入实施千企改造,促进企业改造与大数据技术深度融合,支持企业加大研发投入,提高核心竞争力。加快培育壮大新动能,立足大数据产业发展优势,大力促进新兴产业快速发展;不断优化营商环境,精准招商完善产业链,推动全省工业互联网加快发展。继续加大高技术产业投资力度,扎实推进制造业"品质革命",促进产业实现量的合理增长和质的稳步提升;以十大工业产业为抓手,带动第一、第二、第三产业融合发展,促进产业转型升级。

(三)推动消费升级,培育新型消费

依托农村产业革命成果和稀缺工业产品,培育一批销售中高端贵州省农产品、特色工业产品的零售品牌企业。积极引导传统商贸企业转型升级,调整产业结构和方式,实现精准化、特色化营销;充分发挥"互联网+"优势,支持商贸流通企业创新经营服务模式,提升危机应对能力。鼓励开辟新兴销售渠道,推动传统商贸企业线上线下融合发展,使线上客源拓展与线下优良体验形成有效互补。同时,聚力培育骨干企业,提高贵州省本地品牌知名度、美誉度,帮助企业拓展消费市场,培育一批本地消费品牌市场主体,全面促进服务消费提质扩容。优化完善综合运输通道布局,培育和引进一批现代流通企业,加快形成现代化物流网络,推动全省现代流通体系建设。

(四)培育市场主体,壮大规模

积极培育市场主体,壮大市场主体规模。加强规划引领,扩大招商引资,加强政策引导,优化服务,促进全省企业主体规模不断扩大,市场竞争力不断增强。促进民营经济发展,进一步畅通企业沟通渠道,帮助民营企业用足用好惠企政策,督促惠企政策落到实处。

[贵州省信息中心　沈　丽]

之六：2020年云南省经济运行分析及2021年展望

2020年，面对新冠肺炎疫情带来的严峻考验和复杂多变的国内外环境，云南省坚持统筹疫情防控和经济社会发展各项工作，全省地区生产总值增速逐季提升，主要经济指标平稳较快回升。生产稳步复苏，消费潜力逐步释放，投资需求持续旺盛，经济高质量发展态势初步形成，长期向好趋势正在确立。2021年扩内需促增长政策效果进一步显现，经济增长的质量和效益将明显提升，经济增速将回归到正常发展水平。

一、2020年云南省经济运行呈逐季回升态势

（一）2020年经济运行情况

1. 经济增速逐季较快回升

1—9月全省经济运行呈现总体回稳、恢复加快、势头向好的态势。第一季度地区生产总值5107.77亿元，同比下降4.3%；上半年地区生产总值11129.77亿元，同比增长0.5%；1—9月地区生产总值17539.76亿元，同比增长2.7%。1—9月，第一产业实现增加值1940.59亿元，同比增长4.1%；第二产业实现增加值5914.27亿元，增长2.3%；第三产业实现增加值9684.90亿元，增长2.6%。

2. 农业生产恢复性增长

1—9月，农林牧渔业总产值3379.49亿元，同比增长4.2%。全省秋粮播种面积6333.20万亩，同比增加84.20万亩，秋粮作物总体长势良好，秋粮生产有望实现丰收。畜牧业产能恢复明显，全省猪牛羊禽肉产量268.03万吨，同比增长0.4%，实现扭负为正。

3. 工业主要产业快速恢复

1—9月，全省规模以上工业增加值同比增长0.9%。烟草制品业增长6.2%，制造业增加值增长2.5%。新兴产业增长较快。高技术制造业继续保持较快增长，支撑作用进一步增强，其中，计算机、通信和其他电子设备制造业增长45.7%。

4. 能源生产助力工业经济回暖

1—9月，全省规模以上工业发电量2452.49亿千瓦时，同比下降0.4%。其中：火力发电量完成308.88亿千瓦时，增长49.5%；水力发电量完成1931.62亿千瓦时，下降5.5%。清洁电力比重下降，发电量中清洁电力（水力发电、风力发电、光伏发电）比重为87.4%，较上年同期下降4.3个百分点。全社会用电量1427.52亿千瓦时，同比增长9.3%，其中，工业用电量999.60亿千瓦时，增长11.5%。

5. 投资延续回稳向好态势

1—9月，全省固定资产投资（不含农户）同比增长6.5%，新开工项目个数同比增长36.3%。工业投资增长2.8%，民间投资增长12.4%，基础设施投资增长7.5%，房地产开发投资增长11.1%。内资企

业投资同比增长6.5%；港澳台商企业投资同比增长-5.1%；外商企业投资同比增长-4.1%。

6. 消费市场新型消费持续增长

1—9月，全省实现社会消费品零售额6981.35亿元，同比下降5.5%。其中，商品零售额6090.88亿元，同比下降4.1%；餐饮收入890.47亿元，同比下降14.2%。限额以上单位通过公共网络实现的商品销售额同比增长109.7%，外卖送餐服务收入是2019年同期的4倍。基于网络数字技术的新业态新模式，支撑了新型消费逆势快速发展，新产品消费持续旺盛。智能家电、智能手机、新能源汽车等智能类商品分别增长13.6%、27.4%和18.2%。

7. 财政收支实现双增长

1—9月，全省地方一般公共预算收入完成1555.18亿元，同比增长1.6%；地方一般公共预算支出完成5490.54亿元，同比增长0.3%。重点支出持续较快增长，重大基础设施建设、基本民生和公共卫生补短板等重点支出得到有效保障，其中：扶贫支出增长12.9%；农业农村支出增长24.2%；交通运输支出增长14.5%；社会保障和就业支出增长10.5%。

8. 居民收入消费持续回升

2020年1—9月居民人均可支配收入16407元，同比增长5.1%，其中，城镇常住居民人均可支配收入27663元，同比增长3.2%；农村常住居民人均可支配收入8342元，同比增长7.3%。居民人均消费支出11764元，同比增长6.6%，其中，城镇居民人均生活消费支出17686元，同比增长3.3%；农村居民人均生活消费支出7520元，同比增长11.1%。

（二）经济运行特点和存在的问题

供给持续加速，特别是工业增加值累计增速同比转正，农业生产恢复性增长，服务业企业效益提升，营业收入及营业利润降幅持续收窄，从工业的产能利用率和工业增加值同比增速来看，产业链、供应链的恢复已经逐步接近正常水平。制约经济平稳较快增长的主要因素仍然是需求不足和盈利下降。一是市场需求回升缓慢，部分消费品行业受到较大冲击，降幅依然较大，如1—9月餐饮收入同比下降14.2%。二是企业生产经营困难依然较多，企业盈利能力明显下降，企业普遍面临流动资金紧张、国外原材料采购困难和成本高、物流成本高等困难和问题。三是疫情的进展和外贸形势的变化仍具有较大的不确定性，全球需求严重萎缩，出口继续下滑，部分重点企业海外出口订单被迫取消或大幅减少。

云南省经济增长长期是"投资拉动型"，投资率不断攀升，消费能力较弱，消费对经济的贡献力不足仍然是云南省需求结构中的主要矛盾，最终消费与资本形成总额之比仅有2/3左右，与全国平均水平相比仍有较大的差距。1—9月固定资产投资和消费品零售额增速差距已达到12个百分点，内需结构的矛盾在经济下行的趋势中逐步显现。同时，云南省经济发展存在明显的地区差异，地区间的竞争也在逐渐加剧，各个地区都在大力发展城市基础设施建设，投资增长速度较快的惯性仍会持续，但消费的短板很难在短期内补齐，内需不平衡的矛盾有进一步扩大的趋势。

云南省服务业生产经营持续恢复，营业收入降幅继续收窄，但疫情给服务业带来的影响仍未消除，部分行业仍处于较深的下降区间，全面恢复仍需较长的时间。随着疫情防控形势持续好转，各项刺激消费政策成效显现，全省居民文化娱乐消费得到释放，文化娱乐消费市场逐步恢复。但文化体育娱乐业降幅依旧较深，航空运输业、铁路运输业、互联网和相关服务业收入继续下滑。商务服务业特别是旅行社及相关服务业，对全省服务业负拉动作用较大。1—9月服务业在GDP中占比达到55.2%，已接近全国平均水平（55.4%），社会消费品零售的低迷迅速反馈到餐饮、批发零售等行业，导致服务业增速相对疲弱，是1—9月服务业增速低于预期的主要因素。

（三）第四季度及全年经济发展预测

中国宏观经济数据显示，我国经济信心和预期处于偏好状态，9月，中国制造业采购经理指数、非制造业商务活动指数和综合PMI产出指数分别为51.5%、55.9%和55.1%，PMI稳住50点之上显示出经济信心与预期明朗；进出口方面，1—9月，全国货物进出口总额231151亿元，同比增长0.7%，增速年内首次由负转正，经济恢复向好的态势进一步巩固。第四季度整体资金链、金融环境较为稳定，汇率升值的迹象明显，股价也位于上升区间，这些方面说明经济运行已经摆脱深度下滑的区域，支撑经济发展的基础更加稳固，经济已开始步入常态化的过程。但也要看到国内外环境中存在的不确定性，经济仍然是在恢复进程中，多数指标还没有恢复到正常的增长水平。疫情可能反弹、美国大选后局势的变化、贸易摩擦持续、金融市场和大宗商品市场动荡等因素加剧了世界经济运行的潜在风险，我国经济发展面临的外部不确定性因素依然较多。总体来看，经济整体向好的基本面没有发生变化，内需整体回暖将支撑中国经济增速在第四季度继续回升。初步预计第四季度中国经济增速将达到全年各季度最高水平，全年经济有望达到2.5%左右的增速。

从云南省来看，新冠肺炎疫情对投资造成巨大冲击，固定资产投资增速一度大幅下滑。随着各项政策措施持续显效发力，重大项目建设加快恢复，投资增速逐月回升向好。1—9月，全省固定资产投资同比增长6.5%，新开工项目个数同比增长36.3%。随着中央预算内投资、专项债券、抗疫特别国债等资金陆续下达，项目开工和资金到位情况持续好转，投资有望延续回稳向好的总体态势。消费因疫情影响受到较大冲击，成为经济恢复的薄弱环节之一，1—9月数据显示，全省社会消费品零售总额同比仍下降5.5%。与此同时，网上购物、在线教育等新型消费业态却实现了逆势增长，不仅有效保障了居民日常生活需要，也成为新的消费热点。网上消费的新型消费不但能拉动需求，刺激经济，而且能提供庞大的就业机会。第四季度消费增速将进一步回升，但全年增速回升为正的可能性还不大，消费回稳仍然需要政策进一步发力和需求进一步释放。进出口方面，借着"一带一路"的东风，云南省不断建立完善国际多双边合作机制，成为澜湄合作、大湄公河次区域合作、孟中印缅地区合作的重要参与方和推动者，2019年全省与"一带一路"沿线国家贸易已占全省进出口外贸总值的70%以上。1—9月，受疫情影响，出口总额呈负增长趋势，全年出口增速转正仍然面临较大的困难，进口受一些国家疫情反弹影响和贸易保护措施限制，全年增速总体仍位于下降区间。

预计第四季度云南省GDP当季增速继续回升，但复苏步伐相对第二、第三季度边际上有所放缓，初步预计全年将达到4.2%左右的经济增长速度。

二、2021年云南省经济运行的环境及因素分析

2021年是"十四五"规划开局之年，中国将开启高质量发展新征程，在加快构建以国内大循环为主体、国内国际双循环相互促进的新发展格局战略引领下，经济发展迎来了新的机遇。中国经济整体向好的基本面没有发生变化，经济增长空间依然广阔，特别是技术创新、产业升级的空间很大，在智能制造、5G、人工智能等方面，有很大的国内市场。另外也要看到，2021年疫情消除的可能性仍然不大，国内疫情外防输入、内防反弹的压力不小，防范风险依然面临严重挑战与考验，同时经济仍处在恢复进程中，持续复苏向好基础仍需巩固。外部环境的不确定性依然存在，新冠肺炎疫情在全球范围内持续暴发以及反复，也给外贸的恢复带来负面影响。此外，美国等国家的贸易政策以及对中国相关产业的持续打压，也会给经济发展带来不确定性。

逆周期调节政策下多个领域都为基建投资创造有利环境，特别是资金支持相对于疫情前有所增强，财政货币政策对制造业等薄弱环节支持力度加大。虽然"房住不炒"仍是楼市调控的主基调，但房地产因城施策、精细化调控与国内需求持续释放，房地产投资增速有望进一步保持稳定。随着专项债等发行完毕投入使用，基建投资增速也会继续回升。加大战略性新兴产业企业债券发行力度，扩大战略性新兴产业投资、培育壮大新增长点增长极，加大5G建设投资，加快推动创新疫苗、体外诊断与检测试剂、抗体药物等产业重大工程和项目落实落地，政策举措有利于保持投资较快增长。云南省提出实施基础设施"双十"重大工程、启动"四个一百"重点建设项目等措施是投资增长的有力保障。同时新时代西部大开发、"一带一路"、自贸区建设等相关政策措施叠加形成对云南省的支持动能，将有力推动云南省经济发展。

消费是拉动中国经济增长"三驾马车"的第一动力。中国坚定实施扩大内需战略，以新业态新模式为引领，加快推动新型消费扩容提质，努力实现新型消费加快发展。随着我国疫情得到有效控制，为经济恢复正常提供了有力支撑，国家层面也及时出台多项举措，促进消费扩容提质，我国消费市场回暖态势强劲。基于网络数字技术的新业态、新模式，支撑了新型消费逆势快速发展，且潜力巨大。2021年，随着疫情防控取得实质性胜利，叠加宏观经济快速恢复，消费增速有望逐步回升到正常状态，继续发挥宏观经济"稳定器"的作用。消费一直是云南省经济发展的短板，2021年在扩大内需和促进消费政策措施的作用下，消费有望持续回升到正常的发展水平。

三、2021年云南省经济运行趋势及主要经济指标预测

云南省宏观经济景气指数系统基于经济周期理论，以工业增加值为基准指标，利用时间序列分析方法分析不同经济指标与基准指标的先行、一致、滞后时差相关关系，建立先行、一致、滞后景气指数。景气分析就是利用景气指数间的时差相关性来对宏观经济运行趋势进行分析预测的数量分析方法。2020年以来，云南先行指数、一致合成指数趋势在触底后快速回升，综合景气指数位于偏冷区间运行，构成综合景气指数的主要预警指标趋势明显回升，但部分预警指标仍运行在偏冷区间。根据先行、一致、滞后景气指数的运行趋势分析，宏观经济景气已进入一轮景气回升趋势的运行周期。综合分析预测2021年宏观经济景气运行趋势将回升至适度景气区间，基本恢复到正常的景气趋势运行水平。

通过对宏观经济形势的综合分析，结合云南宏观经济景气指数和模型分析判断，2021年云南省经济有望实现平稳较快增长，经济运行逐步回升到正常发展水平。预计2021年GDP增速达到9.0%左右，预计固定资产投资增速达到8.5%左右，社会消费品零售总额增速回升到12%左右，进出口总额增速达到12.6%左右。预计2021年居民消费价格上涨趋势将有所减缓，食品价格特别是猪肉价格的上涨因素有可能消退，工业品价格受到基数效应的影响增速将会有所回升，消费价格和工业品价格的涨幅差距进一步缩小，价格水平基本保持在合理区间。

四、政策措施建议

（一）充分挖掘固定资产投资增长潜力

建设高水平基础设施、公共服务和生态环保设施是固定资产投资增长的重要保障。要把提振政府投资与补短板、强基础的任务紧密结合起来，通过长远综合规划大量增加重大工程项目储备，尽快启动补短板、强基础的重大工程，巩固经济的持续增长势头。加快5G、数据中心等新型基础设施建设，由数据中心带动全局网络一体化发展。推进以县城城镇化补短板、强弱项为重点的新型城镇化建设，加快交通、

水利等重大工程以及物流基础设施建设。引导各地方加强重大项目储备，加强重大建设项目用地保障，推动重大项目尽快落地实施。充分调动民间投资积极性，进一步落实好激发民间投资活力的各项政策措施，进一步完善向民间资本推介项目的长效机制。

（二）构建更加完善的消费发展格局

要打通制约经济增长的消费堵点，鼓励市场主体加快创新，更大释放内需，增强经济恢复性增长动力。加快新型消费基础设施建设。推动5G网络、物联网等优先覆盖核心商圈、产业园区、交通枢纽，加快农村商贸流通数字化升级，推进智能快件箱等终端建设共享。丰富有效供给，构建高质量服务消费产业体系，优化服务消费供给质量。释放消费潜力，满足多样化消费需求。提升社会保障水平，加强失业保障、就业援助等支持力度，完善困难人群的兜底保障制度，解除居民消费后顾之忧。支持实体商业发展线上业务，推动互联网平台企业向线下拓展，鼓励企业通过网络促销扩大影响，带动企业创新消费平台建设。

（三）不断提升经济发展的质量和效益

推动经济发展质量变革、效率变革、动力变革，不断提高发展的质量和效益，全面消除发展不平衡、不充分的矛盾和问题。把供给和需求两个方面的潜力充分动员起来，形成供给与需求相互适应、相互推动的运转格局，促进国内大循环全面畅通并有力带动国内国际经济双循环良性互动。培育激发国内市场潜力，促进国内大循环，需要进一步挖掘农村消费的增长潜力。通过推动城乡基础设施和公共服务设施统一规划、统一建设、统一管护，着力破除城乡要素流动壁垒；通过提升电商、快递进农村综合水平，着力畅通工业品下乡、农产品进城双向流通渠道；通过补齐农产品冷链物流设施短板，开展农商互联农产品供应链建设，着力提升农产品流通现代化水平。

（四）推动重要领域改革取得突破性进展

推动形成"双循环"的发展新格局，坚持问题导向、目标导向、结果导向，围绕统筹疫情防控和经济社会发展，按照既定施工图、时间表稳步推进全面深化改革任务，推动重要领域改革取得突破性进展。推进改革各领域走深走实，打造市场化、法治化、国际化一流营商环境政策体系不断完善，促进清欠民营企业中小企业账款、减税降费工作取得重要进展。加快推进中缅、中越、中老、中老泰等国际物流大通道建设。持续推进九大高原湖泊、水源地保护，完善市场化、多元化生态保护补偿、流域截污治污治理等机制。统筹推进疫情防控和文化旅游市场复苏，加快旅游产业转型升级，深入推动"整治乱象、智慧旅游、提升品质"旅游革命三部曲。

附表　2020年、2021年云南主要宏观经济指标预测

指　　标	2020年1—9月		2020年预测		2021年预测	
	绝对数	增长率/%	绝对数	增长率/%	绝对数	增长率/%
GDP/亿元	17539.76	2.7	24514.5	4.2	26755.0	9.0
第一产业/亿元	1940.59	4.1	3150.0	4.5	3425.0	6.0
第二产业/亿元	5914.27	2.3	8358.3	4.1	8980.0	8.5
第三产业/亿元	9684.90	2.6	13006.2	4.3	14350.0	9.5
规模以上工业增加值/亿元	—	0.9	—	2.8	—	8.0
固定资产投资/亿元	—	6.5	—	8.5	—	8.5
房地产开发投资/亿元	—	11.1	—	13.9	—	13.6

续表

指　标	2020年1—9月		2020年预测		2021年预测	
	绝对数	增长率/%	绝对数	增长率/%	绝对数	增长率/%
社会消费品零售额/亿元	6981.35	-5.5	—	-2.0	—	12.0
进出口总额/亿美元	—	—	323.5	-3.9	364.4	12.6
出口额/亿美元	—	—	153.2	2.0	172.5	12.6
进口额/亿美元	—	—	170.3	-8.8	191.9	12.7
城镇居民可支配收入/元	27663.00	3.2	38086.0	5.1	41320	8.5
农村居民可支配收入/元	8342.00	7.3	13008.0	9.3	14374	10.5
居民消费价格指数/%	104.50	4.5	104.2	4.2	103.0	3.0
工业品出厂价格指数/%	98.10	-1.9	98.3	-1.7	101.0	1.0

注：GDP、工业增加值增速为可比增速，其余指标增长速度为名义增速。

[云南省经济信息中心　孔　莉　陈　晶]

之七：2020年陕西省经济运行分析及2021年展望

2020年，面对新冠肺炎疫情的严重冲击以及纷繁复杂的国际国内环境，陕西省坚持统筹推进常态化疫情防控和经济社会发展，扎实推进"六稳""六保"工作，经济运行逐渐稳步恢复。

一、陕西省经济运行稳中有进、进中存忧、忧中孕机

（一）后疫情期经济增长速度重新回归至高于全国均值的正增长轨道

"十三五"前三年，陕西省经济按照预期，保持多年来高于国家平均水平的较快增长。2019年各季度累计生产总值增速呈现罕见的低于全国平均线情形，2020年初的几个月，由于受到疫情冲击，陕西省经济增速更是出现多年未遇的负增长，但是增速降幅小于全国均值，且第三季度已经止跌回正，增长1.2%（见图1）。

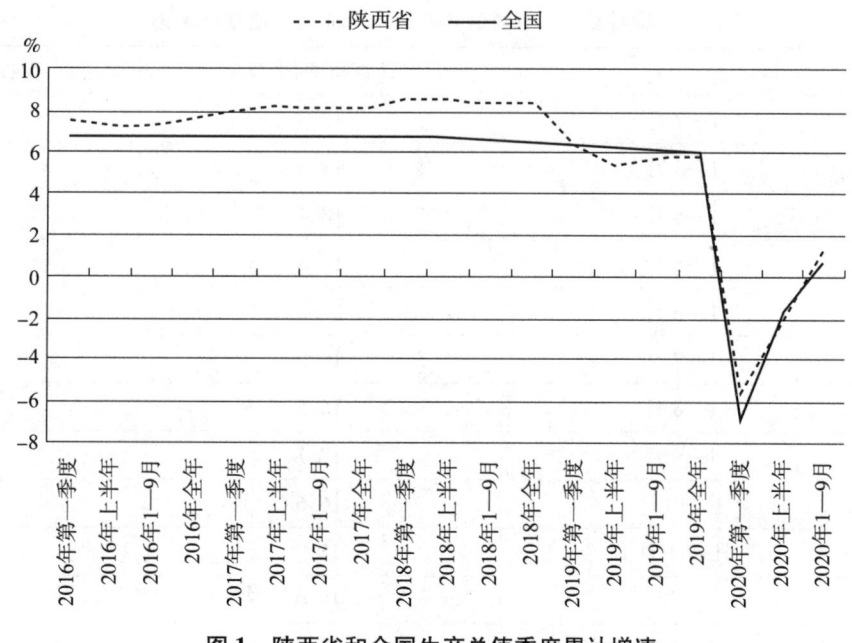

图1 陕西省和全国生产总值季度累计增速

1. 实体经济运行企稳回升，市场主体对未来预期总体向好

2020年初，陕西省大多数企业受到疫情冲击生产停滞，随着全省各项复工复产政策措施的推进落实，规模以上工业增加值负增长仅持续了3个月便得到有效扭转，第三季度增速回升至1.2%，与全国均值持平。陕西省和全国规模以上工业增加值累计增速见图2。

在三星12英寸闪存芯片二期、西安奕斯伟硅产业基地、隆基5吉瓦单晶组件厂房建设等半导体产业项目，三星环新（西安）动力电池工厂、红马科技韩城年产1万吨锂离子动力电池多元正极材

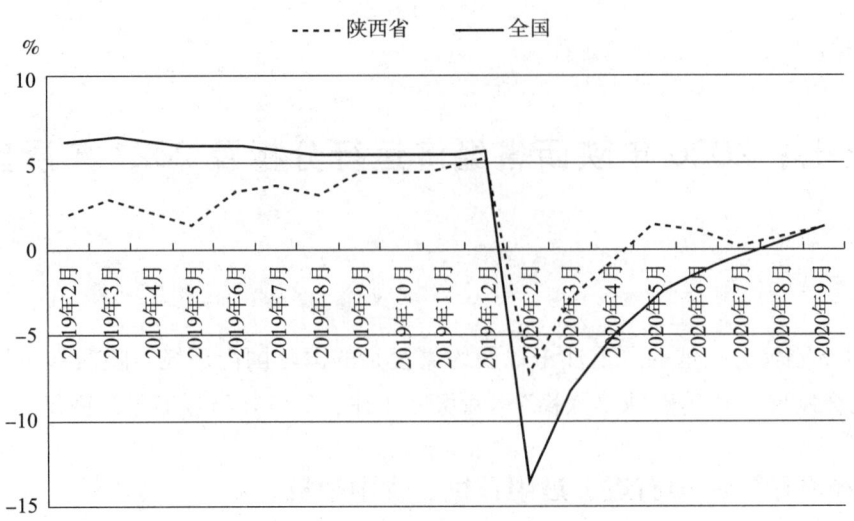

图2 陕西省和全国规模以上工业增加值累计增速

料项目等新能源动力电池产业项目,以及比亚迪高端智能终端产业园、中兴通讯智能终端研发生产基地等智能终端项目的带动下,计算机通信设备制造和高技术产业增加值保持较快增长的坚实基础,引领产业升级新方向的行业增长势头强劲。同时,工业技改投资增长势头强劲,增速不断提升,表明陕西省在工业转型升级方面取得了良好成效。

表1 陕西省计算机通信和高技术产业增加值累计增速

时　间		计算机通信/%	高技术产业/%
2019年	1—2月	18.3	13.0
	1—3月	19.4	16.0
	1—4月	18.4	13.8
	1—5月	19.8	12.6
	1—6月	21.2	13.1
	1—7月	18.9	11.6
	1—8月	16.5	10.4
	1—9月	17.1	10.8
	1—10月	16.6	10.4
	1—11月	15.9	9.9
	全年	18.0	11.1
2020年	1—2月	41.5	11.4
	1—3月	26.3	6.5
	1—4月	29.6	10.3
	1—5月	38.8	14.4
	1—6月	37.1	12.0
	1—7月	40.2	15.0
	1—8月	42.4	17.1

表2 陕西省工业和技改投资累计增速

时间		工业投资/%	工业技改投资/%
2019年	1—2月	17.2	25.2
	1—3月	7.3	28.0
	1—4月	11.5	20.9
	1—5月	5.2	12.6
	1—6月	5.6	5.8
	1—7月	5.0	5.2
	1—8月	3.8	4.5
	1—9月	5.9	2.8
	1—10月	7.5	3.7
	1—11月	8.4	8.3
	全年	11.5	19.6
2020年	1—2月	-9.8	-46.7
	1—3月	-3.7	-25.0
	1—4月	8.9	36.6
	1—5月	9.9	45.7
	1—6月	6.1	43.4
	1—7月	4.8	40.4
	1—8月	5.2	33.9

2020年第一季度和上半年,陕西省工业企业景气指数分别为105.3%和127.4%,由第一季度的"微景气"上升到"较为景气"区间;企业家信心指数分别为103.1%和127.2%。企业家信心指数和工业企业景气指数大幅回升,企业经营者对未来市场预期总体向好,各行业景气指数也普遍上升。大中型企业信心指数和景气指数回升快,但微型企业信心指数和景气度则普遍较低,表明大中型企业自身具备较强的抵御风险能力,但由于实体经济的产业链韧性不足,大中型企业尚不能带动上下游小微企业一同在后疫情时期较快恢复产能。

表3 陕西省工业企业景气指数与企业家信心指数

时间		工业企业景气指数/%	企业家信心指数/%
2019年	第一季度	138.4	139.3
	上半年	138.5	138.7
	1—9月	137.5	137.3
	全年	136.3	136.5
2020年	第一季度	105.3	103.1
	上半年	127.4	127.2

2. 代表产业转型升级提质增效的投资领域增速呈回升势头

1—9月,陕西省稳扎稳打稳投资,固定资产投资增速由负增长逐月回升、6月转正,1—9月增至3.9%。在高技术制造业领域重点项目的带动下,高技术制造业投资增势强劲,其中电子及通信设备制造业逆势上涨,各月累计增速基本超50%,计算机及办公设备制造业、医疗仪器设备及仪器仪表制造业、高技术服务业等行业投资增速6月先行实现由负转正。工业技改投资近几个月保持34%~45%的高增长，表明实体经济正在加紧修炼"内功"，有利于增强未来应对市场风险的能力。民间投资增速由年初的-37.3%迅速回升到1—9月的5.3%，并于8月开始反超固定资产投资增速，表明市场需求正在逐渐扩大，投资意愿正在上升。

3. 消费需求负增长收窄，外贸在进口带动下逆势较快增长

1—9月，陕西省社会消费品零售总额增长-9.3%，低于全国平均水平2.1个百分点，消费品市场回暖偏慢（见图3）。限额以上消费品零售额中商品零售的23个大类只有饮料类、金银珠宝类、电子出版物及音像制品类、文化办公用品类、通信器材类等少数商品零售回归正增长区间。疫情期间电商无接触购物的优势充分凸显，线上消费品市场逆势上扬，表现亮眼，年内通过公共网络实现的商品销售一直保持20%以上的快速增长，远高于全国10%左右的平均增速（见图4）。

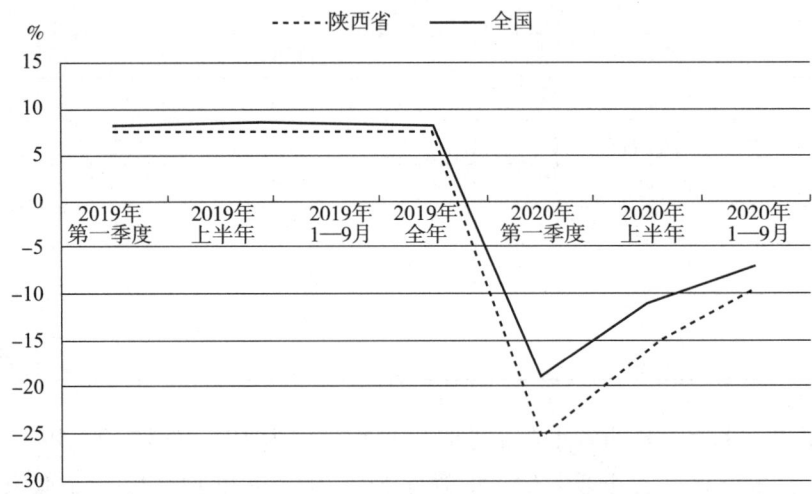

图3 陕西省和全国社会消费品零售总额累计增速

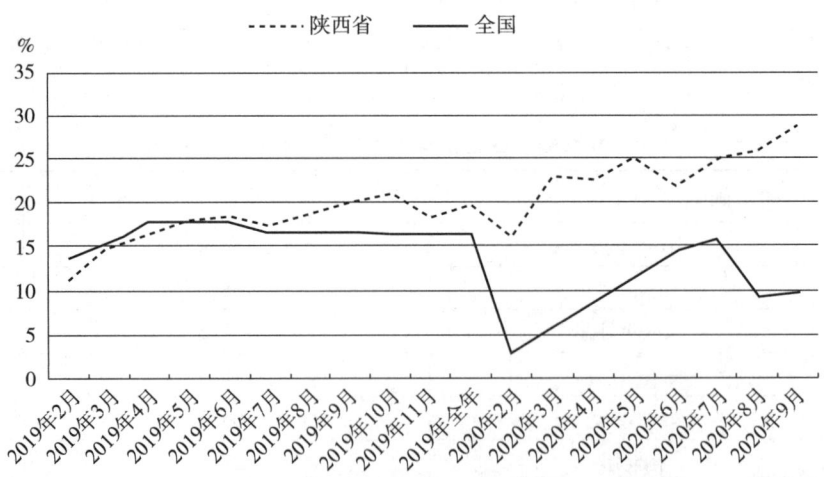

图4 陕西省和全国公共网络实现的商品销售额累计增速

陕西省进出口累计增速除2月负增长外，外贸总体保持个位数增长，并呈现逐月回升态势（见图5），一方面是出口负增长在收窄，另一方面是进口一直保持与2019年增速相近甚至略高的正增长。9月，西安—仁川全货运航线采用跨境电商B2B出口业务的"9710"和"9810"模式申报通关出口了两批货物，

其中"9810"模式属于陕西省首单，标志着陕西省跨境电商B2B出口试点业务正式启动；中欧班列（维也纳—西安）顺利开行，标志着中奥国际产能合作特别是在绿色环保纺织领域的合作开启新篇章。

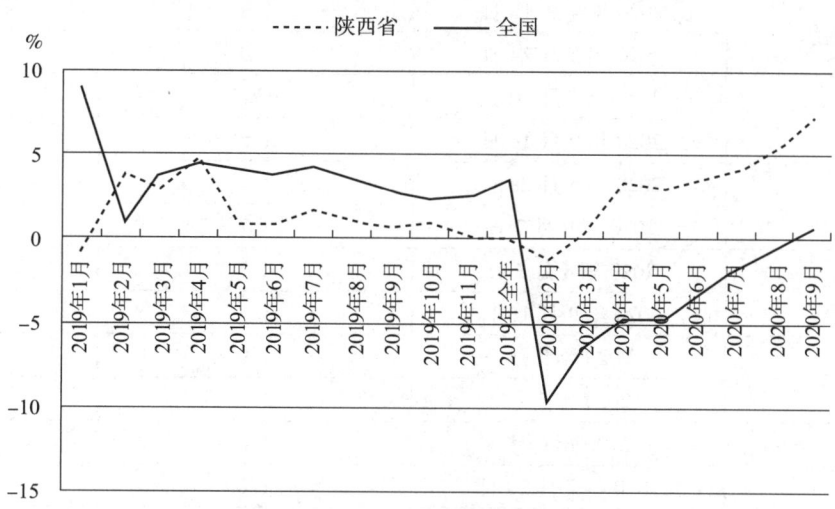

图5　陕西省和全国进出口累计增速

（二）经济运行存在的问题

1. 实体经济效益增速回升相对滞缓

2020年各月亏损企业个数增速均超20%，上半年亏损面持续扩大，第三季度略有好转，但与全国企业亏损额不断减少、亏损面逐月缩小的形势相比，陕西省企业经营恢复常态增长的速度明显较为缓慢。产成品存货增速远高于2019年同期水平，尚未出现明显回落迹象。营业收入和利润总额累计增速仍未转正，增速回升速度缓慢，企业盈利持续稳定增长仍面临较大压力。与此同时，工业生产者出厂价格与工业生产者购进价格年内持续呈"倒挂"趋势，进一步压缩了中下游加工工业的利润空间。

2. 项目建设等不乐观制约投资回升

从固定资产投资项目实施情况来看，本年施工项目个数、全部投产项目个数、本年实际到位资金合计等增速均为负增长，但年内纵向来看已呈收窄之势。同时，第一产业和基础设施投资增速自2019年5月以来基本均为负增长，占投资比重最大的第三产业投资增速7月刚刚转为正增长，增速仍处于低位。

3. 消费复苏仍存在较多不稳定因素

限额以上社会消费品零售总额累计增速仍未转正，餐饮收入以及家用电器和音响器材类、家具类、石油及制品类、汽车类等占商品零售较大比重的消费品零售额增速还处于-15%甚至更低的水平，成为消费进一步复苏和畅通国内大循环的重要阻碍。可见，陕西省消费需求恢复的进程中还存在较多不确定因素。

总的来看，新冠肺炎疫情"灰犀牛"事件，使得国际经济"普跌"，而中国在疫情防控和实现2020年经济社会发展目标过程中取得了显著成效，彰显了中国经济的强大韧性。国际社会一致认为，在全球主要经济体中，中国或将是2020年唯一能保持正增长的国家。各大机构对中国经济增速的预测普遍集中在1%~2%（见表4）。预计陕西省生产总值增速有望与全国保持同等水平或略高。投资增速可望接近甚至达到两位数增长，社会消费品零售总额增速回归正增长，规模以上工业增加值增速为2%左右。

表 4 不同机构对中国经济增速的预测

机　构	时　间	2020 年预计增速/%	2021 年预计增速/%
国际货币基金组织	2020 年 4 月 15 日	1.2	9.2
	2020 年 6 月 24 日	1.0	8.2
经合组织	2020 年 6 月 10 日	-3.7	4.5
	2020 年 9 月 16 日	1.8	8.0
惠誉评级	2020 年 5 月 28 日	1.2	—
	2020 年 9 月 7 日	2.7	7.7
亚洲开发银行	2020 年 4 月 3 日	2.3	7.3
	2020 年 9 月 15 日	1.8	7.7
穆迪	2020 年 9 月	1.9	7.0
联合国	2020 年 5 月	1.7	7.6
世界银行	2020 年 6 月	1.0	6.9
	2020 年 7 月 29 日	1.6	7.9
	2020 年 9 月 28 日	2.0	7.9

二、经济发展内外环境分析

（一）世界主要经济体复苏缓慢，不确定性风险依然很大

2020年以来，由于新冠肺炎疫情的暴发，除中国以外的全球经济经历了"大萧条"以来的最严重危机。全球央行通过集体放"水来"对冲负面经济冲击，各国政府积极执行各类防疫措施。美国官方推出多项刺激经济、消费的措施，大量增发美债，使得美国能不断扩大财政支出挽救经济，第三季度美国经济已出现明显复苏势头；7月以来，欧元区服务业增长速度有所下降，制造业持续反弹。受制于医疗设施落后、疫情防控力度不够、国内创新能力薄弱等因素，新兴国家经济恢复相对较慢。总的来看，世界经济已于第三季度开始显现复苏苗头，但在新冠疫苗大规模上市之前，全球疫情防控仍不可掉以轻心。受到美国大选、贸易摩擦、债务风险、地缘政治等因素相互叠加的影响，全球经济复苏走势尚不明朗。

（二）中国经济稳步恢复，确立"双循环"的新发展格局

第二季度以来，从国内宏观经济形势来看，随着复工复产力度加大，经济运行逐步改善，1—9月GDP累计增速分别为-6.8%、-1.6%和0.7%。面对百年未有之大变局，中国正加快形成以国内大循环为主体、国内国际双循环相互促进的新发展格局，经济运行出现了不少积极变化。国内经济增长新动能增强，高技术制造业增速明显快于规模以上工业增长，高技术含量的新产品产量增速超过30%甚至更高，市场主体活力增强，规模以上工业增加值累计增速、货物出口累计增速均已转正，从后期走势看，需求回升、投资加快、消费恢复对整个经济的带动作用在逐步增强。"六稳"工作及"六保"任务的落实、灵活积极的财政和货币政策的强力实施、供给侧结构性改革的持续推进、大规模减税降费等政策效果将进一步显效。

三、2021年主要指标预测及展望

2020年以来，陕西省经济指标触底回升的范围不断扩大，经济运行向好的领域不断扩面，但仍要严

加防范严峻复杂的外部发展环境对陕西省经济的不利影响，重点围绕战略性新兴产业扩能、激发传统产业新活力、策划推动重大项目落地实施和建设提速、项目资金保障有力等关键环节，下大力气夯实经济反弹的基础。

作为"十四五"开局之年，2021年陕西省经济增速将重新步入正轨，各项经济指标有望实现反弹式增长，预计生产总值增长6%左右，规模以上工业增加值增长9%左右，固定资产投资增速超过8%，社会消费品零售总额增长8%左右，居民人均可支配收入增长8%左右。

四、确保经济稳健发展的政策建议

（一）持续延链强链补链，打造疫后经济新优势

一是推动能源工业释放潜能。积极策划一批有助于延长煤炭、石油等能源化工产业链的重大项目，重点推进能源化工产业向高端化、精深化方向发展，促进优质产能释放。二是加速先进制造业升级。强化助企政策落实，做好企业跟踪监测和协调服务，促进新能源汽车、电子信息、生物医药、新材料等引领非能源工业优化升级的产业发展，有针对性地招商，补足先进制造业产业链缺失的环节，围绕省内重大工程和技术改造项目提升本地研发能力和配套水平。三是做好陕西省新增产能项目动态管理，督促在建项目尽快投产达效，跟踪服务好重大工业投资和技改项目。四是认真落实中省关于减轻商贸流通企业负担的各项政策措施，通过加大资金支持力度、减税降费、活动补贴等举措，切实降低企业生产经营成本、缓解经营困难、提高盈利能力，重点是帮扶中小企业渡难关。

（二）靶向施策"两新一重"，精准扩大有效投资

一是把握发展大势、立足陕西省实际、抢抓政策机遇，放眼长远、科学谋划，着力统筹推进5G、大数据中心等新型基础设施建设，公共卫生、养老托育等新型城镇化建设，以及交通、水利等一批具有战略性、前瞻性、支撑性、带动性的重大工程和重点项目建设，撬动新势能，为"十四五"规划开好局、起好步奠定坚实基础。二是保障投资建设资金。在充分运用BOT、BT、TOT、TBT和PPP等投融资模式的基础上，选择高速公路、城市轨道交通、国家级高新区等领域，尝试推进基础设施领域不动产投资信托基金试点，拓宽投资建设资金渠道。

（三）借内循环政策东风，促消费扩容提质发力

一是加快落实促进汽车消费政策，推动老旧高排放汽车报废淘汰，推动城市公共领域车辆更新升级；完善报废车辆回收处理体系，支持开展形式多样的汽车促消费活动，大力推广使用新能源和清洁能源汽车，加快充电基础设施综合体建设；规范并简化二手车交易，加大汽车消费市场监管力度，实现机动车登记服务"一站式"办理，全面提升汽车消费服务效能，持续释放汽车消费潜力。二是规划建设新的中央商务区、步行街的同时，加强传统商圈的改造升级和全面复兴，吸引国际国内知名品牌落户陕西省，融入网上销售、直播带货、场景体验等新模式促进线上线下融合发展，为消费者提供高质量的商品、服务和体验，促进境外省外消费回流。三是大力发展夜游经济、乡村旅游，营造全域、全天候旅游氛围，探索创新文旅消费经营模式，合理利用"抖音"、知名旅游网等新媒体，加大对陕西省各地市旅游景区和旅游产品的线上促销、宣传力度，持续扩大陕西省旅游影响力，拓展全国旅游市场份额。

（四）精益求精优化营商环境，激发市场新活力

一是持续大力度推进简政放权，全面实施市场准入负面清单制度，保护和激发市场主体活力，支持

企业更好参与国内外市场合作与竞争。二是持续提升政府服务意识,通过强化协同联动、再造政务服务业务流程,打造"场景式"并联审批新模式,确保企业和群众"一件事一次办"。三是持续改善营商发展硬环境,以西安咸阳国际机场三期扩建工程、中欧班列(西安)集结中心等项目为重点,加快5G、工业互联网等新基建以及物联网和高速铁路、高速公路等建设,完善现代物流体系。

[陕西省信息中心　田静莉　刘　东　江　果]

之八：2020 年甘肃省经济运行分析及 2021 年展望

2020 年，面对新冠肺炎疫情冲击和复杂严峻的外部环境，甘肃省科学统筹疫情防控和经济社会发展，坚持稳中求进工作总基调和新发展理念，以供给侧结构性改革为主线，以推动高质量发展为主题，坚决打好三大攻坚战，全面落实"六保"任务，扎实做好"六稳"工作，全力拓展存量创造增量，通过一系列有力举措，有效对冲疫情带来的不利影响，全省经济结构进一步优化，经济运行稳中向好态势进一步巩固。

一、2020 年甘肃省经济运行分析

1—9 月，在国内外发展环境发生重大变化，新冠肺炎疫情冲击等影响下，甘肃省经济呈现逆势而上、稳中向好的发展态势，特别是投资、工业、农业、就业、消费发挥了显著的支撑作用。

（一）主要经济指标稳中向好

1. 从纵向比较看，甘肃省经济呈现逆势上扬且稳中向好态势

1—9 月，全省地区生产总值 6444.3 亿元，同比增长 2.8%，增速比上半年提高 1.3 个百分点（见图 1）。其中，第一产业增加值 889.3 亿元，同比增长 5.1%；第二产业增加值 2007.9 亿元，同比增长 4.6%；第三产业增加值 3547.1 亿元，同比增长 1.2%。规模以上工业增加值同比增长 6.3%，增速比上半年提高 1.7 个百分点。固定资产投资总额同比增长 6.5%，增速比上半年提高 2.5 个百分点。社会消费品零售总额 2563.6 亿元，降幅比上半年收窄 3.6 个百分点。一般公共预算收入 614.1 亿元，降幅比上半年收窄 7.4 个百分点。十大生态产业增加值 1335.7 亿元，同比增长 3.0%，增速比上半年提高 1.3 个百分点。城镇居民人均可支配收入 25064 元，同比增长 4.2%，增速比上半年提高 0.9 个百分点；农村居民人均可支配收入 6877 元，增长 6.7%，增速比上半年提高 0.8 个百分点。

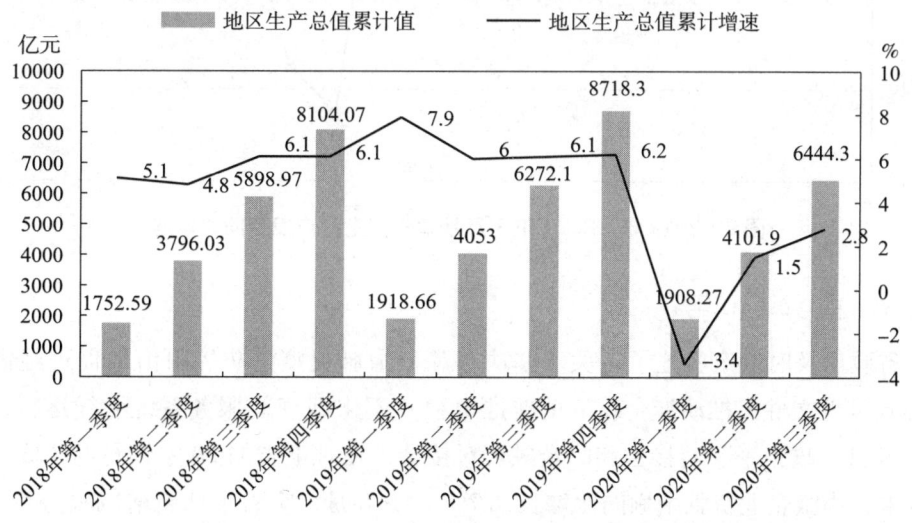

图 1　2018 年—2020 年第三季度甘肃省地区生产总值累计值和累计增速

2. 从横向比较看，甘肃省主要指标增速高于全国且排位靠前

全省地区生产总值增速比全国（0.7%）高2.1个百分点，居全国第3位；规模以上工业增加值增速比全国（1.2%）高5.1个百分点，居全国第2位；固定资产投资增速比全国（0.8%）高5.7个百分点，居全国第8位；社会消费品零售总额增速比全国（-7.2%）高2.9个百分点，居全国第10位；城镇居民人均可支配收入25064元，比全国（32821元）低7757元，居全国第29位，增速比全国（2.8%）高1.4个百分点，居全国第10位；农村居民人均可支配收入6877元，比全国（12297元）低5420元，居全国第30位，增速比全国（5.8%）高0.9个百分点，居全国第12位；居民消费价格指数（CPI）同比上涨2.7%，比全国（2.4%）高0.3个百分点。

（二）经济运行主要特点

1. 投资发挥了"顶梁柱"作用

甘肃省始终把抓项目促投资作为"六稳""六保"的重要抓手，一方面，抢抓国家政策机遇，加大汇报衔接力度，争取国家下达甘肃省2020年中央预算内投资179.2亿元，较2019年增加20亿元；新增专项债券额度614亿元，抗疫特别国债123亿元，有力促进了重大公益性项目和基础设施补短板项目实施。另一方面，加快重大项目建设进度，实行省列重大项目日调度、重点投资项目周调度、清单实施情况月调度，发挥"要素跟着项目走"保障机制作用，引导资金、土地、能耗等生产要素向重点领域和重大项目倾斜，强力推动重大项目复工开工。1—9月，全省基础设施投资同比增长11.4%，占全省投资的30.1%，其中，道路运输业投资同比增长23.6%，拉动基础设施投资增长14.3个百分点。在消费下滑、外贸受限的情况下，投资快速增长，发挥了关键性作用，有力带动了经济稳步复苏。

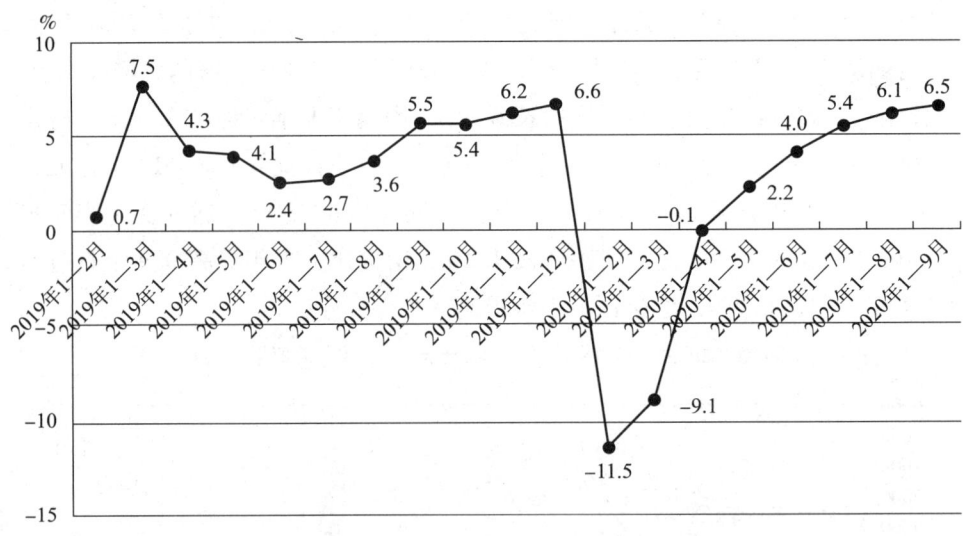

图2　2019年—2020年9月甘肃省固定资产投资同比增速

2. 工业发挥了"主力军"作用

甘肃省委、省政府及时制定实施了《关于坚决打赢新冠肺炎疫情防控阻击战促进经济持续健康发展的若干意见》等政策性文件，推动涉企政策精准推送和"不来即享"服务系统上线运行，积极支持推动企业复工复产。组织"政银企"对接会和民企融资对接会，在甘肃省的20家银行与123户企业完成签约1643亿元；9月末，小微企业贷款余额同比增长9.7%。1—8月，全省累计新增减税降费127.7亿元，其中2020年新出台的税费优惠政策新增减税降费76.5亿元。累计为82.57万户企业降低用电成本7.36亿元,释放非居民用气降价红利1.9亿元。1—8月,全省规模以上工业企业实现利润同比增长19.8%;市场主体活力持续增强,1—9月新设立市场主体21.12万户,同比增长8.45%。

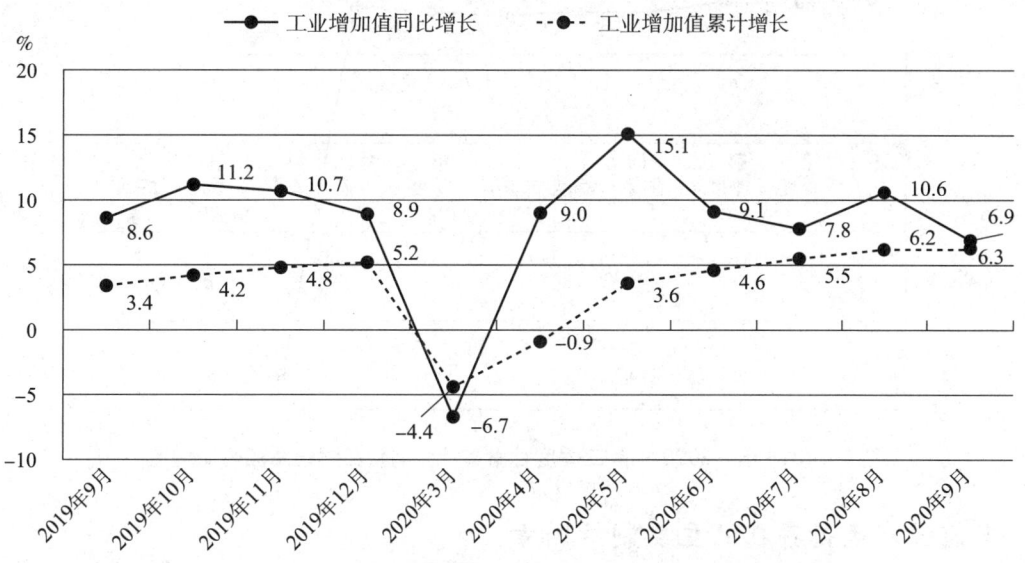

图3 2019年9月—2020年9月甘肃省工业增加值同比增速

3. 农业发挥了"压舱石"作用

甘肃省始终坚持把农业作为稳经济、稳全局的重中之重,加大力度落实种粮面积,全力以赴保春耕春播、抓粮食生产,粮油生产稳中有升,全年粮食丰收已成定局。主要经济作物较快增长,1—9月,甘肃省蔬菜、水果产量分别增长5.5%和5.9%,中药材产量增长7.6%。畜牧业加快发展,畜牧业投资同比增长1.6倍;猪存栏增长19.2%,出栏增长1.9%;牛存栏增长2.1%,出栏增长6.2%;羊存栏增长8.2%,出栏增长11.3%。农业保持较快增长,为全省经济平稳运行打下了坚实基础。

4. 就业发挥了"稳定器"作用

甘肃省先后出台了做好稳就业工作"33条"、保居民就业"24条"等政策文件,提出了一系列含金量高、针对性强的"硬核"措施,确保了全省就业形势持续稳定。截至9月底,全省新增城镇就业29万人,完成年度目标任务的85.4%;输转富余劳动力525.4万人,完成年计划任务500万人的105%,创劳务收入1028.3亿元;建成各类扶贫车间2392个,总规模位居全国第五,吸纳就业9.7万人,带贫人数居全国第四位。

5. 消费发挥了"助推剂"作用

甘肃省制定出台了促消费扩内需的实施意见和行动计划以及8个专项实施方案,组织开展"商务—石油石化联手行"促销活动,启动"陇货精品网上行、直播电商助扶贫"行动,举办"2020年津甘协作消费扶贫陇货精品线上对接会",开展特色农产品线上线下产销对接活动,多措并举促进消费回升。9月,全省社会消费品零售总额同比增长8.7%,增速比8月提高8.6个百分点;限额以上批发、零售、住宿、餐饮业销售额(营业额)同比分别增长24.6%、7.2%、10.2%和8.3%,住宿业、餐饮业在年内实现正增长。

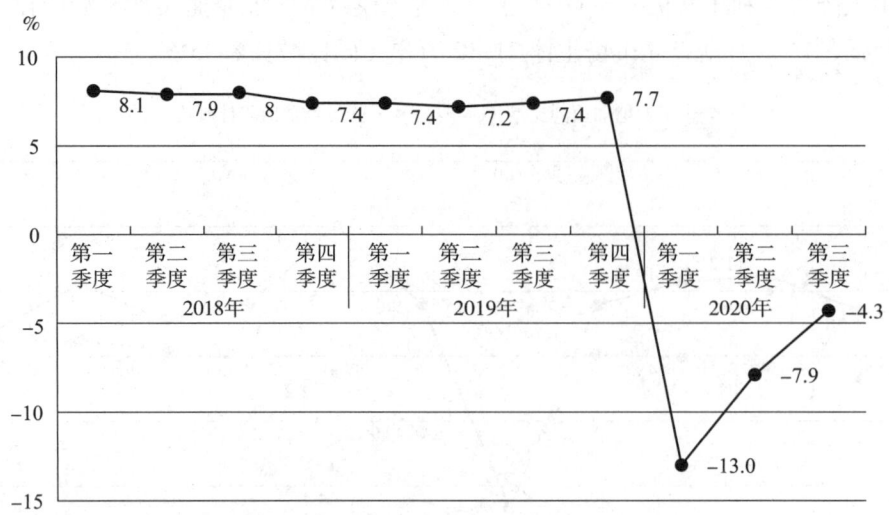

图 4 2018 年—2020 年第三季度甘肃省社会消费品零售总额同比增速

（三）当前经济运行存在的主要制约因素

虽然 1—9 月全省经济稳定恢复、持续向好，但当前外部环境依然复杂严峻，不稳定性和不确定性依然较大，全省经济稳定增长仍面临困难和挑战。一是工业经济平稳增长压力较大。部分主导产业低位运行，全省工业经济的主导地位不断下降，十大生态产业增加值占全省地区生产总值的比重为 20.7%，同比提高 0.4 个百分点，特别是工业投资下降 2.1%，煤炭行业增加值下降 0.3%。二是部分重大项目进展不理想。省内部分企业达产达标仍未实现常态化，基本完成行政性复产，市场性复产达产还没有完成，部分重大项目专业性强、申报程序繁杂，客观上造成前期工作周期相对较长，建设进度较慢。三是部分三产指标增速持续回落。受居民预期未来收入减少，消费意愿下降等因素影响，全省消费市场恢复不及预期，1—9 月全省社会消费品零售总额同比下降 4.3%，其中城镇消费品零售额下降 4.6%，乡村消费品零售额下降 3.2%，商品零售额下降 3.3%，餐饮收入下降 12.6%；全省铁路客运量同比下降 35.6%，公路客运量同比下降 44.5%。四是财政收入明显下降。由于国家陆续推行"营改增"试点以及实施更大规模减税降费政策措施等，全省各级财政增收难度增大，加之国家出台新的阶段性减税降费政策，各级财政收入明显减收。1—9 月，全省一般公共预算收入 614.1 亿元，同比下降 1.6%，其中税收收入下降 5.0%。

（四）全年主要指标预测

1—9 月，基建投资增速快速增长，专项债在第三季度发放完毕，将对投资特别是基建投资起到积极作用，投资托底经济稳增长的作用将进一步显现。初步预计全年固定资产投资同比增长 7% 左右；随着省内疫情得到有效控制，消费回升的趋势较为明显，但由于消费具有不可修复性，上半年失去的消费需求也不可能再生，将导致全年整体消费规模萎缩，初步预计全年消费将呈现负增长；工业增加值在经历年初的剧烈下降后，从 3 月开始降幅逐月收窄，随着十大生态产业等快速发展，规模以上工业增加值全年有望达到 5.5% 左右。综上所述，初步预计全年地区生产总值增速有望达到 4% 左右。

二、2021 年甘肃省经济运行环境分析及主要指标预测

（一）全球经济增长恢复进程将更加曲折起伏

全球政治经济格局变幻莫测，疫情对全球贸易格局、投资格局、社会治理等方面的影响仍将持续，

大国战略博弈、地缘政治冲突等风险因素不确定性增加。基于全球疫情及当前的经济发展趋势，预计2020年世界经济将萎缩3%左右，美国经济全年将萎缩5%左右；欧洲经济受第二波疫情影响，预计全年萎缩在8%左右；日本经济将萎缩5%左右。2020年第四季度美国经济复苏步伐或将加快，但要恢复到疫情之前的水平比较困难。从就业数据看，美国8月永久失业人数增加53.4万人，达到340万人，永久失业上升为后续经济复苏留下隐患，且第四季度美国疫情有可能再次反弹，对经济产生冲击。欧洲经济复苏稳定，但国家之间复苏进度不同。2020年7月以来，尽管欧元区制造业继续改善，但服务业增长势头有所放缓，加之疫情因素，经济复苏动力仍存在较大不确定性。日本未来经济复苏前路坎坷。

（二）国内经济发展形势总体保持稳定

国内经济延续稳步复苏态势，但仍面临全球经济不确定加剧和中美关系不确定性。2021年是"十四五"规划开局之年，做好"六稳"工作、落实"六保"任务，逐步形成以国内大循环为主体、国内国际双循环相互促进的新发展格局，转变发展方式、优化经济结构、转换增长动力成为主要特征。货币政策方面，主要聚焦于定向和结构性政策，促进普惠型小微企业贷款和制造业中长期贷款合理增长，以再贷款再贴现额、定向降准等政策形式促进资金直达实体经济特别是小微企业、民营企业、受灾企业。财政政策方面，以聚焦提高财政资金使用效率为着眼点，突出目标导向，加强财政资金在相关领域分配的针对性，一定程度上向终端消费和制造业进行倾斜，以补强经济复苏过程中的短板弱项。2021年国内经济整体走势主要取决于国内外疫情防控成效以及"双循环"发展战略的实施。加之叠加前期宽松政策以及生产和消费活动潜力的进一步释放，未来大概率存在"报复式"增长，初步预测2020年我国GDP增速将在2.1%左右，2021年为7.5%左右。

（三）甘肃省经济发展面临的形势及主要指标预测

虽然当前内外部环境依然复杂严峻，不确定性因素明显增加，全省经济稳定增长面临诸多困难和挑战，传统优势产业改造升级还没有完成，新兴产业培育还处在加速起步阶段，但是甘肃省经济发展仍具有较强的韧性和比较优势，同时处于重大政策机遇叠加的窗口期。一是甘肃省处在"双循环"新发展格局的构塑期。畅通国内大循环，从产业基础再造和产业链升级、现代流通体系建设，到挖掘劳动力资源潜力、扩大国内市场，甘肃省都有巨大的空间。二是甘肃省处在重大政策机遇叠加的窗口期，面临"一带一路"建设、推进形成新时代西部大开发新格局、黄河流域生态保护和高质量发展、乡村振兴战略，以及陆海贸易新通道建设、"两新一重"建设，兰州—西宁城市群和关中平原城市群建设等重大政策机遇。三是新的增长点、增长极、增长带引领带动作用逐步凸显。甘肃省正在着力培育特色农产品产业、智能终端产业、生物医药产业、文旅康养产业、新能源、新材料产业等千亿级产业增长点；加快打造兰州新区、榆中生态创新城、大敦煌文化旅游经济圈，天水先进制造和陇东能源基地等引领区域发展的新增长极，这些增长点、增长极有望成为带动全省经济发展新的重要支撑力量。

综上所述，考虑疫情控制情况和经济发展形势，初步预测甘肃省2021年经济发展将明显快于2020年，初步预计全省生产总值同比增长7.5%左右，规模以上工业增加值增速接近7.5%；固定资产投资同比增长8%左右；社会消费品总额同比增长6%左右；一般公共预算收入同比增长5%左右，居民消费价格指数上涨幅度保持在2.5%以内。

三、主要对策建议

2021年，甘肃省将继续坚持稳中求进工作总基调，统筹推进常态化疫情防控和经济社会发展，抢抓重大政策机遇，以改革创新为动力，围绕促投资、扩消费、强产业、畅循环，深化供给侧结构性改革，推动高质量发展，为"十四五"开好局、起好步。

（一）不断巩固提升产业增长动能

坚持把发展产业作为支撑经济高质量发展的核心和基础，加快推动产业转型升级，有效激活产业发展新动能。一是强化传统产业转型升级。围绕强龙头、补链条、聚集群，加快石化、有色、煤炭、建材等传统产业绿色化、信息化、智能化"三化"改造，推动产业链重构，加快新旧动能转换，做好产业基础高级化、产业链现代化建设。二是继续支持十大生态产业做大做强。立足甘肃省能源资源优势和产业基础，着力培育壮大生态产业，打造千亿级产业链和百亿级产业园。依托平凉智能终端光电产业、张掖智能制造产业、天水电子产业，加快推动数字产业化、产业数字化；深度挖掘中医药、藏药等潜力，做好佛慈、奇正等现有品牌，做强从种植、加工到制药乃至康养和传播中医药文化的完整产业链；依托全国重要的核产业基地，做足核产业链建设和配套服务；做大新能源产业和新材料产业，加快推进碳离子治疗系统研发制造、凹凸棒产品开发，尽快布局优势特色鲜明的未来千亿级产业链。三是加快新增长"点极带"培育。发展带动作用强的产业，加快培育新的增长点，加快陇东至山东特高压直流外送工程、国家核产业重大项目建设；做好兰州新区、榆中生态创新城、大敦煌文化旅游经济圈，天水先进制造和陇东能源基地等引领区域发展的增长极培育，把榆中生态创新城打造成高质量发展的样板型增长极；努力做好兰州都市圈核心轴线、西部陆海新通道北段枢纽、现代丝路寒旱农业经济带建设。四是积极发展"三新经济"。创造条件，尽最大努力发展总部经济；立足文化和特色发展街区经济，学习借鉴著名的外地特色街区发展经验，努力建设一批聚集效应显著、文化内涵丰富、建筑风格鲜明、拉动消费明显的商业和文旅特色街区；加快5G新一代信息基础设施建设，推动5G技术在工业互联网、车联网、自动驾驶、远程医疗、智能政务、智慧旅游、智慧广电等领域的应用。

（二）精准施策扩大有效投资

围绕"两新一重"狠抓投资项目建设，夯实发展基础。一是着力推进白龙江饮水、引哈济党、中川机场三期、黄河甘肃段重要生态系统维护和修复等重点工程、持续抓好投资项目建设。二是积极争取中央预算内资金，运用PPP、企业债、政府债、资产证券化、金融工具等融资手段，有效拓宽投资项目融资渠道。三是落实领导包抓负责制，突出目标导向和问题导向，对于续建、新开工和开展前期工作储备项目，要分类施策、细化措施，发挥督促协调作用。加强要素保障，针对项目建设中土地、能耗、环保、资金等方面制约问题，主动靠前服务，积极协调解决，合力推进重大项目加快实施。四是聚焦十大生态产业发展，加快培育文旅康养、现代农业、生物医药、数字智能、新能源、新材料等千亿级产业链、百亿级产业园区增长点，实施一批重大带动性工程项目建设，提升产业链、供应链水平，形成高水平产业集群，构建产业生态体系，助推产业绿色发展。五是紧紧围绕甘肃省特色优势，不断加大招商引资力度，以产业链招商为核心，多渠道、多形式"走出去、请进来"，开展"点对点""一对一"精准招商活动。

（三）进一步挖掘消费市场潜力

一是紧盯重要节点扩消费。盯住春节、"五一"、"十一"、"双11"等重点时段，依托重点行业和兰州、天水等重点市场，继续组织重点商贸企业开展消费券促销、农产品产销对接等活动，通过线上线下深度融合、商旅文游购娱一体推动，努力满足消费者的多元化消费需求，全力扩大消费规模。二是聚焦重点领域扩消费。积极促进汽车和成品油消费，推进主要公共建筑配建停车场、路侧停车位设施升级改造等建设，完善废旧家电回收处理体系，支持开展家电以旧换新活动，稳住消费的大块头。三是放大旅游效应扩消费。深入挖掘甘肃省文化旅游资源市场潜力，丰富旅游产品品类，为旅游市场注入新的活力，不断放大文化旅游综合效应。四是加快推动第三产业发展。采取更有针对性的措施，加强重点行业企业调度，巩固批零住餐业回升势头。充分发挥全省其他营利性服务业各牵头部门作用，加大对邮政和电信业、文化体育和娱乐业、租赁和商务服务业、居民服务修理和其他服务业等企业发展的支持力度。进一步优化铁路公路机场运行方案，调整运力组织，最大限度满足客运货运需求。五是加快培育"中央厨房"、线上消费等新模式新业态，打造数字消费新服务，激发居民消费市场活力，稳住消费新增长点。

（四）不断激发市场主体活力

加快国资国企改革，健全支持民营经济发展的市场环境，落实促进民营经济持续健康发展的政策措施。一是积极深化国企市场化改革，以创新力的提升带动竞争力、控制力、影响力和抗风险能力的增强，做强做优做大国有资本，推动国有资本布局优化调整。加快梳理省属国企混改项目，并在全国范围内进行推介。二是持续优化营商环境。持续推进"放管服"改革，深入落实"不来即享"服务机制，严格落实好支持民企发展的政策，进一步细化涉企政策的精准"组合定制"，用心用情用力为企业做好服务，继续做好涉企历史遗留问题"清零"等工作，着力打造"信易贷"平台，重点解决中小企业融资难、慢、贵等问题。三是切实做好园区基础设施配套、产业引进和培育以及综合管理服务工作，进一步加强项目审批改革、清单细化透明以及法治保障等工作，积极为企业创造良好发展环境。

（五）加快完善要素市场化配置体制机制

大力实施创新驱动发展战略，不断激发放手干事的活力和创新发展的动力。一是用活用好土地资源。抓紧研究"探索建立全国性的建设用地、补充耕地指标跨区域交易机制"的相关政策，积极向国家有关部委汇报，争取制定实施全省23万亩戈壁农业耕地指标跨省交易方案。二是用好数据要素。积极在兰州、金昌、酒泉、庆阳以及兰州新区等有条件的地区布局建设云计算、大数据中心、数据备份中心，加快培育数据要素市场，在工业、物流、旅游、农业以及城市建设等领域实现数据赋能。三是灵活用好人才。加大人才政策支持力度，健全形成人才能够脱颖而出的制度环境，努力培养一批本土化、专业化的高端人才。加大人才引进引智工作力度，严格落实人才引进政策，积极引进科技、文化旅游、金融、工业、生态产业等领域的紧缺专业人才，依托重点领域、重要产业、重大项目和重点学科等平台基地，加强与行业领军人才交流合作。鼓励支持专业技术人才创新创业，激活人才资源。四是用好用活资本要素。加快推动股票、债券、信托等多层次资本市场发展，特别是对全省具备或接近上市条件的企业进行大摸排，集中扶持培育，推动一批企业加快上市融资，扩大企业直接、间接融资渠道，增强资本市场服务实体经济能力。

［甘肃省经济研究院（甘肃省信息中心）　陈世星　张　帆　杨　永］

之九：2020年青海省经济运行分析及2021年展望

2020年以来，青海省贯彻落实党中央、国务院各项决策部署，统筹推进疫情防控和经济社会发展，全面落实"六稳""六保"工作任务，积极融入"双循环"新格局，奋力推进"一优两高"战略部署，1—9月全省经济运行呈现恢复性发展态势。未来一段时期，在宏观政策环境向好、转型发展动能不断增强、重点领域改革成效逐步显现的背景下，全省经济将继续稳定复苏。但同时，国内外宏观环境更趋复杂，疫情外防输入、内防反弹任务艰巨，消费需求和有效供给未全面恢复，经济持续回升基础仍需进一步巩固。综合考虑，初步预计2021年青海省经济将延续回暖态势。

一、2020年青海省经济运行分析及全年预测

（一）主要特征

1. 经济增长持续恢复

1—9月青海省地区生产总值同比增长1.2%，延续了上半年以来的正增长态势，增速较上半年提高0.2个百分点，高于全国同期水平0.5个百分点，经济运行总体呈现恢复性发展态势。分产业看，第一、第二产业增加值同比分别增长4.5%和2.9%，第三产业下降0.5%，农牧业平稳增长，第二产业保持稳定，服务业稳步恢复。

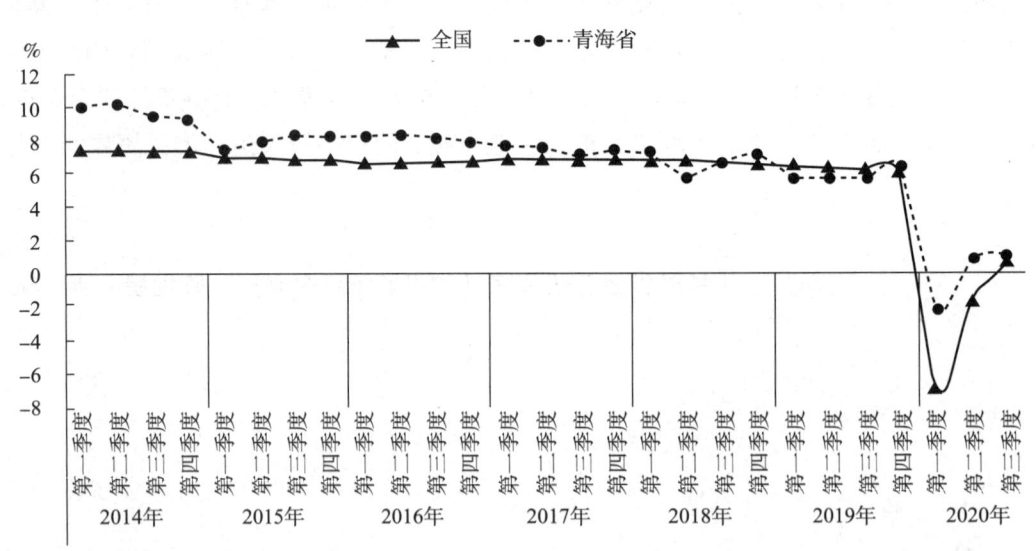

图1　2014年—2020年第三季度全国和青海省GDP季度累计同比增速变化情况

2. 需求修复动能趋缓

投资回升势头减弱。1—9月，全省固定资产投资同比下降1.3%，增速较第一季度和上半年分别回落3.9个、4.2个百分点。分项来看，基础设施建设投资延续第一季度以来的较高增长水平，同比增长

20.8%。房地产开发投资较快增长,同比增速为 13.5%,较上半年提高 5.7 个百分点。工业投资较上年同期增长 2.7%,其中,电力行业投资同比增长 52.6%,拉动整体投资增长 9.2 个百分点。

消费市场进一步回暖。1—9 月,全省社会消费品零售总额较上年同期下降 8.7%,降幅较第一季度和上半年分别收窄 14.3 个和 3.8 个百分点,消费需求恢复边际趋缓。限额以上批发业销售额同比增长 19.4%,住宿和餐饮业降幅持续收窄,汽车销量连续 6 个月保持增长,"惠民暖企"健康消费活动带动全省消费市场持续回升。1—9 月全省接待国内外游客和实现旅游总收入同比分别下降 39.2%、54.0%,旅游消费降幅进一步收窄。

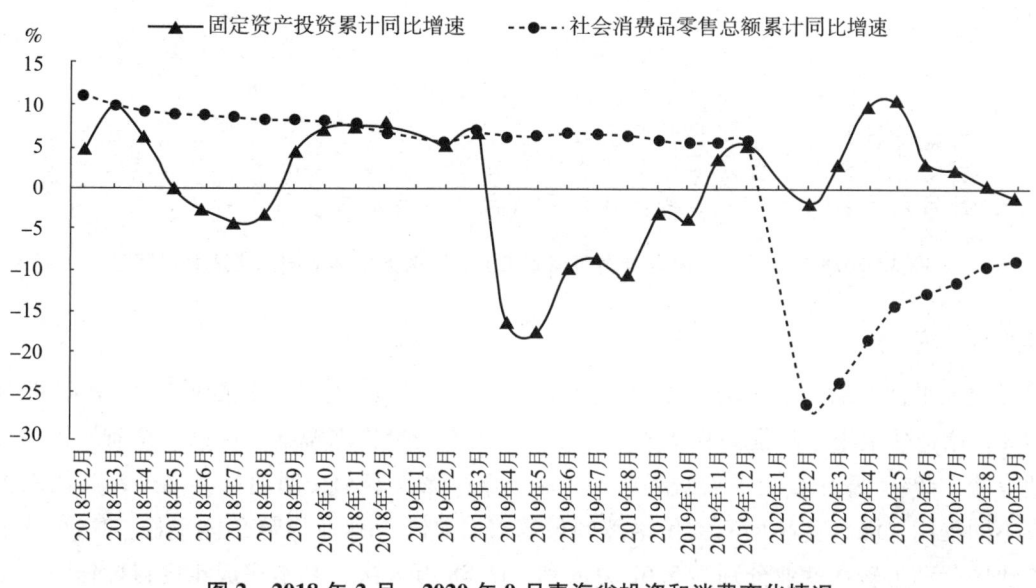

图 2 2018 年 2 月—2020 年 9 月青海省投资和消费变化情况

3. 有效供给总体平稳

工业生产平稳增长。1—9 月,全省规模以上工业增加值较上年同期增长 1.3%,增速与上半年持平。从主要行业来看,占比 45.8% 的电力、有色和煤炭行业同比分别增长 11.1%、13.6% 和 39.4%,拉动全省规模以上工业增长 5.2 个百分点。从工业生产要素保障来看,1—9 月全省工业用电量同比增长 2.0%,增速较上半年提高 1.7 个百分点;工业生产者出厂和购进价格同比分别下降 3.9% 和 4.4%,两者降幅均较上半年收窄;货物运输量较上年同期下降 4.5%,降幅较上半年收窄 3.2 个百分点。

服务业生产稳步恢复。1—9 月,全省服务业增加值同比下降 0.5%,降幅较上半年收窄 0.3 个百分点。零售、餐饮和住宿业营业额同比增速较上半年分别收窄 6.4 个、7.8 个和 10.9 个百分点,商贸企业经营逐步回暖。9 月末全省金融机构人民币存贷款余额同比分别增长 1.4% 和 0.2%,金融业运行总体平稳。邮政和快递业务量较上年同期分别增长 17.9% 和 16.4%,增速分别较上半年提升 2.5 个和 3.5 个百分点,线上消费带动电商物流产业较快发展。2018 年 2 月—2020 年 9 月青海省工业、服务业增加值同比增速变化情况见图 3。

4. 财政收支持续向好

1—9 月,全省一般公共预算收入同比增长 1.2%,增速较上半年提升 0.2 个百分点。其中,地方一般公共预算收入和税收收入同比分别增长 5.3% 和 8.4%,非税收入下降 2.5%。全省一般公共预算支出较上年同期增长 3.3%,增速较上半年提高 0.9 个百分点。用于灾害防治和应急管理、住房保障、社会保障和就业、卫生健康等民生领域支出同比分别增长 17.3%、17.1%、17.1%、6.8%。

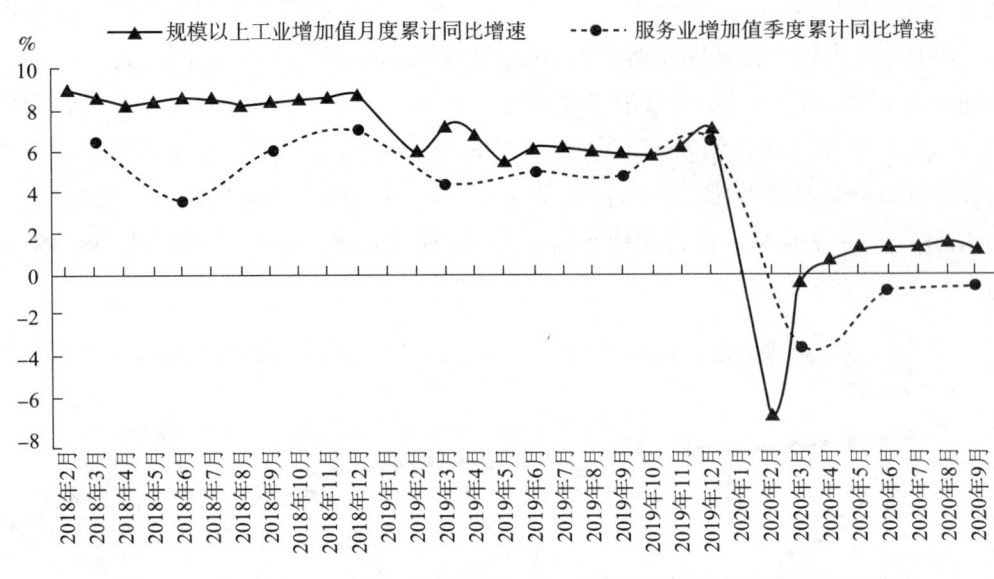

图3 2018年2月—2020年9月青海省工业、服务业增加值同比增速变化情况

5. 民生指标小幅改善

城乡居民收入平稳增长。1—9月，全省城镇和农村常住居民人均可支配收入较上年同期分别增长4.7%和6.1%，增速较上半年均提高0.9个百分点。居民消费价格涨幅继续回落。全省居民消费价格水平较上年同期上涨3.2%，涨幅较上半年回落0.3个百分点；除衣着和交通通信类之外，其他六类商品及服务价格均有不同程度上涨，食品烟酒类价格涨幅最高（8.1%）。就业形势总体平稳。1—9月全省城镇新增就业和农牧区劳动力转移就业分别为5.62万人和107.88万人次，基本完成年度目标任务；城镇登记失业率2.2%，较上年同期有所下降。

（二）主要问题

1. 工业回升基础尚不稳固

一是工业优势产业发力不足。1—9月，新能源、盐湖化工、生物、装备制造和新材料产业增加值同比分别下降2.4%、5.8%、15.1%、16.9%和19.1%。二是制造业增加值持续降低。制造业增加值同比下降7.3%，降幅较上半年扩大，占规模以上工业增加值的比重降低5.9个百分点。三是企业效益下滑。全省规模以上工业企业亏损额75.4亿元，亏损面达41.6%，企业总体盈利能力趋弱导致资金周转压力进一步加大。四是工业增长后劲不足。1—9月全省规模以上工业新建入库企业仅4户，且省内工业企业产出创新附加值低，工业增长仍偏粗放型。

2. 投资接续增长动力不足

一是重点领域投资增长乏力。1—9月，全省投资主要分项制造业和建筑业投资同比分别下降50.7%、93.1%，卫生和社会保障、文化体育和娱乐、居民服务等领域投资均为负增长，投资稳增长压力较大。二是民间投资活力不足。受疫情及宏观经济趋弱影响，投资回报率走低，投资主体信心不足，全省民间投资下降9.3%，降幅高于全省整体投资水平。三是大项目支撑能力减弱。全省亿元及以上投资项目同比减少71个，亿元及以上新开工项目同比减少19个，投资接续增长动力不足。

3. 消费回补力度边际趋弱

一是消费修复趋缓。2—9月全省社会消费品零售总额累计同比增速持续为负，降幅环比分别收缩2.9个、4.9个、4.0个、1.6个、1.3个、1.7个和0.8个百分点，消费回补力度总体边际趋弱。二是非必需

品消费回落。受疫情避险情绪、收入增长预期不足等因素影响，居民储蓄意愿增强，消费更加理性和谨慎，非必需品消费持续下降。三是服务类消费回暖不及预期。1—9月，全省旅游人次和旅游收入较往年两位数的增速水平大幅下跌，旅游消费对餐饮和住宿等服务行业的辐射带动能力减弱。

4. 微观主体困难较大

一是居民收入增速放缓。1—9月，全省城乡居民人均可支配收入同比增速较上年同期分别回落2.4个和4.0个百分点，居民收入稳增长面临较大压力。二是收入水平偏低。长期以来青海省城乡居民收入在全国的排名均靠后，择业面较窄、低技能劳动从业基数较大、收入来源单一等因素导致居民就业增收难度较大。三是市场主体经营困难。在疫情影响下，中小微企业普遍面临生产成本上升、市场需求疲弱、订单减少、收益下降等诸多困难，微观主体经营信心受到明显冲击。

（三）全年主要指标预测

根据青海省近年来经济运行趋势，结合疫情冲击对当前经济的持续影响，预计2020年全省生产总值将突破3000亿元，同比增长2.2%左右。第一、第二、第三产业分别增长4.6%、3.3%、1.0%左右；规模以上工业增加值增长1.6%左右；固定资产投资增长2.0%左右；社会消费品零售总额下降6.9%左右；城镇和农村常住居民人均可支配收入分别增长5.0%和6.5%左右；居民消费价格指数（CPI）预计在103.0%左右。

二、2021年青海省经济运行宏观环境分析

（一）国际环境复杂严峻，世界经济缓慢修复

当前，全球经济生产活动逐渐恢复，但同时带动疫情明显反弹，生产要素流动持续受限，国际贸易恢复滞后，世界经济复苏进程仍较为缓慢。根据国际货币基金组织10月预测，2020年全球经济萎缩4.4%，2021年全球经济增长5.2%。展望2021年，基于新冠肺炎疫情得到有效控制、全球经济趋于修复的假设，预计全球主要经济体增速缓慢回升。但从目前来看，2021年全球经济依然面临较多变数：一是新冠肺炎疫情走势不确定，二是美国大选之后的国际经贸政策不明朗，三是中东与东亚地区地缘政治风险高企。若上述三方面发生不利变化，那么2021年全球经济复苏程度较大概率低于预期。

（二）积极因素有效托底，国内经济稳定复苏

随着我国疫情防控形势持续向好，第二季度以来全国经济由低谷反弹，供需两端加速回暖带动第三季度经济持续复苏，1—9月累计增速实现正增长。未来一段时期，全球疫情形势依然严峻，冬季反弹可能性较高，加之外部环境日趋复杂，国际供应链、产业链恢复前景暗淡，国内经济全面、快速复苏面临一定压力。但我国经济延续稳步复苏态势仍有较好支撑，一是更好统筹疫情防控和经济社会发展、千方百计保市场主体已成为中央的重大战略和全国的一致行动。二是以"六稳""六保"为重心的经济政策效应进一步显现，减税降费、减租降息等政策将加力提效。财政政策积极有为，货币政策灵活适度，着力补短板、惠民生、保主体，有效托底疫后经济复苏。三是新动能逆势崛起，远程办公、在线医疗、在线教育、智能化设备制造、新能源智能汽车等新产业新业态拉动经济快速复苏。四是国内国际双循环相互促进发展新格局重塑我国国际合作和竞争新优势，国内市场潜力将被进一步挖掘。

三、2021年青海省经济形势展望及主要指标预测

（一）经济形势展望

第四季度是确保完成年度任务、决胜全面小康以及"十三五"收官的关键节点，全省将持续抓"六

保"、促"六稳",深入落实国家一系列防疫复产稳增长政策和省委省政府确定的13个方面108项目标任务,全省经济稳步复苏的政策保障基础较为稳固。展望2021年,省内更多发展诉求与重点项目将积极融入国家规划,"一带一路"、新时代西部大开发、黄河青海流域生态保护和高质量发展、西部陆海新通道、兰西城市群、支持藏区发展等国家战略机遇将提升全省经济发展动能。青海省紧盯目标任务抓落实,追进度、补短板、挖潜力、促增量,力保工业运行稳增长,狠抓项目投资增动力,深化国企改革添活力,优化营商环境促发展,全省经济发展前景向好。但同时,新冠肺炎疫情及其衍生影响仍是经济运行中的核心风险变量,青海省经济增长仍面临生产改善趋缓、有效需求不足、内生动力趋弱以及微观主体困难较大等约束,经济企稳回升态势将受到一定干扰。初步预计,2021年青海省经济同比增长5.0%左右。

(二)主要指标预测

从工业指标来看,全省持续推动工业产业链提质增效,大力发展生产性服务业,促进工业制造业配套产业深度融合发展,全力培育产业链龙头企业,优化企业营商环境,激发市场活力,进一步落实减税降费政策,支持民营经济和中小微企业发展,工业稳定增长具备较好的政策条件。但考虑到内外需求持续疲软,工业生产者出厂价格指数走低,企业经营和融资难度较大,重点企业仍存债务风险,全省工业企稳回升基础尚不稳固,初步预计2021年全省规模以上工业增加值增速企稳回升,同比增长5.8%左右。

从投资指标来看,全省狠抓重点项目提速攻坚,加快推动西成铁路、西宁机场三期、玉树机场改扩建、引大济湟等重大工程项目进度,着力扩大有效投资,围绕传统关键项目、紧扣"新基建"领域谋划筹备投资项目,投资稳增长具备较好基础。但考虑到宏观环境趋紧,招商引资进程受疫情影响较大,大项目支撑仍显不足,隐性债务限度约束信贷资金投放,固定资产投资稳增长仍面临一定困难,初步预计2021年全省固定资产投资增速回升,同比增长6.1%左右。

从消费指标来看,全省"惠民暖企"健康消费活动继续拓展实施,消费领域政策举措持续加力,各类促消费金融产品与消费券丰富居民消费方式,消费场所升级优化吸引客流,旅游消费品类进一步完善,多措并举促进居民就业和收入增长,稳定消费预期,多方面有利条件将支撑全省消费市场持续复苏。但同时物价涨幅相对往年偏高、居民短期消费习惯趋于保守、大宗商品消费支撑不足等不利因素影响消费增长,初步预计2021年全省社会消费品零售总额同比实现正增长,同比增长4.0%左右。

从物价指数来看,宏观经济稳定复苏,供给和需求缺口逐渐展露,逆全球化趋势造成的制造业回流导致商品和服务价格偏高,将抬升通胀水平。而短期内疫情影响难以完全消退,市场需求恢复缓慢,大宗商品价格缺乏上涨动力,省内通胀压力不明显。同时,青海省将继续加大保供稳价力度,生猪产能持续恢复,物资储备任务加快落实,商品价格监管调控力度不断加强,初步预计2021年全省居民消费价格同比上涨2.8%左右。

四、促进青海省经济平稳健康增长的措施建议

(一)助力转型发展,提升经济发展质量

一是推动产业转型发展。改造提升盐湖化工、有色冶金、能源化工、特色轻工等传统产业,培育壮大新能源、新材料、生物医药等新兴产业,推动工业优势产业提质增效。二是着力提升产业创新能力。加大关键技术研发支持,强化产业发展的技术支撑,做好产业建链、补链、延链、强链工作,提升创新发展驱动力。三是因地制宜积极培育优势产业。依托青海省资源优势,推动生态与产业深度融合,做好生态旅游、生态畜牧、中藏医药等产业;充分利用气候优势,组建数字经济发展集团,释放其对经济的倍增效应;着力在锂高新材料、装备制造、生物医药等领域承接引进一批带动性强的重点项目。四是促进经济绿色发展。加快重点地区和园区循环化改造,构建低消耗、低排放、高效率、高产出的循环产业

集群，力促生态、循环、数字、飞地四种经济形态协同发展。

（二）聚焦重点领域，着力扩大有效投资

一是加强项目储备。围绕"两新一重"领域，结合青海省实际，着力挖掘交通水利、生态环保、民生保障、新型基础设施、医疗卫生、应急管理等领域的投资增长点，抓紧谋划申报项目，积极合理扩大有效投资。二是做深做实项目前期工作。提升西茶铁路、西格段开行城际列车等重大项目工作深度，尽早开工，形成实物工作量。三是加速重大项目建设。持续推进重大项目融资贷款专列运行，常态化开展项目集中审批和融资贷款集中签约活动，建立重大项目审批和信贷融资协同联动机制。四是持续优化营商环境。改善投资环境，鼓励和引导社会资本参与，提高民间投资份额。继续深化"放管服"改革，利用好投资项目在线审批监管平台，解决企业堵点、难点，不断提高审批效率。

（三）支持微观主体，提振市场消费需求

一是强化市场主体帮扶。聚焦"六稳""六保"政策举措，做好帮扶政策研究和管理，根据形势变化及需要，及时制定新的支持政策或延长现有政策期限，适时推出部分阶段性政策。二是强化惠企政策兑现。加力助企纾困政策的推进实施，梳理政策落地中的难点、堵点，强化部门间的沟通衔接，切实提高政策效力。同时加大金融支持小微企业资金使用的政策监管，开展政策落实情况跟踪，着力解决融资难问题。三是切实保障居民就业。深入实施就业优先战略，做好就业服务工作，提高重点群体人员就业质量，提升居民收入水平。四是加力提振市场消费需求。落实系列促消费政策举措，提振居民消费信心，全面恢复服务消费，提升汽车、家电等大宗商品消费，推进线上线下深度融合，促进新型消费加快发展，带动消费市场稳步回暖。

附表　2020年及2021年青海省主要经济指标预测表

指　　标	2019年1—9月 绝对值	2019年1—9月 同比增速/%	2019年 绝对值	2019年 同比增速/%	2020年1—9月 绝对值	2020年1—9月 同比增速/%	2020年预测 同比增速/%	2021年预测 同比增速/%
生产总值/亿元	2046.45	5.7	2965.95	6.3	2170.13	1.2	2.2	5.0
第一产业增加值/亿元	156.18	3.5	301.90	4.6	172.94	4.5	4.6	4.2
第二产业增加值/亿元	950.39	6.6	1159.75	6.3	844.03	2.9	3.3	5.4
第三产业增加值/亿元	939.88	4.8	1504.30	6.5	1153.16	-0.5	1.0	5.0
规模以上工业增加值增速/%	—	5.8	—	7.0	—	1.3	1.6	5.1
固定资产投资增速/%	—	-3.0	—	5.0	—	-1.3	2.0	5.3
社会消费品零售额/亿元	640.49	5.7	880.75	5.4	629.85	-8.7	-6.9	4.0
城镇常住居民人均可支配收入/元	24264.00	7.1	33830.00	7.3	25414.00	4.7	5.0	6.9
农村常住居民人均可支配收入/元	7825.00	10.1	11499.00	10.6	8300.00	6.1	6.5	8.2
居民消费价格指数/%	—	2.3	—	2.5	—	3.2	3.0	2.8

注：生产总值、三次产业和工业增加值增速均为可比价格，绝对值为现价；其余指标绝对值和同比增速均按现价计算。

[青海省信息中心　李秀阳　韩　锐]

之十：2020年宁夏回族自治区经济运行分析及2021年展望

2020年以来，宁夏回族自治区（以下称"宁夏"）党委和政府深入贯彻习近平总书记来宁夏视察重要讲话精神，坚决落实中央各项决策部署，紧扣决战脱贫攻坚、决胜全面小康目标任务，统筹疫情防控和经济社会发展，扎实做好"六稳"工作，全面落实"六保"任务，全区疫情得到有效控制、复工复产加快推进，经济运行稳步回升，基本民生有效保障。1—9月，全区经济运行呈现"稳步回升、持续向好"的发展态势。

一、2020年宁夏经济运行分析

（一）经济运行主要特征

1. 全区经济稳步回升，经济运行态势持续向好

全区上下紧扣全面建成小康社会目标任务，在抓好常态化疫情防控中，扎实做好"六稳"工作，全面落实"六保"任务，多措并举扩大内需，努力克服新冠肺炎疫情带来的不利影响，全区经济持续回升向好。2020年1—9月，全区实现生产总值2796.02亿元，同比增长2.6%，增速分别比第一季度和上半年加快5.4个和1.3个百分点（见图1）。

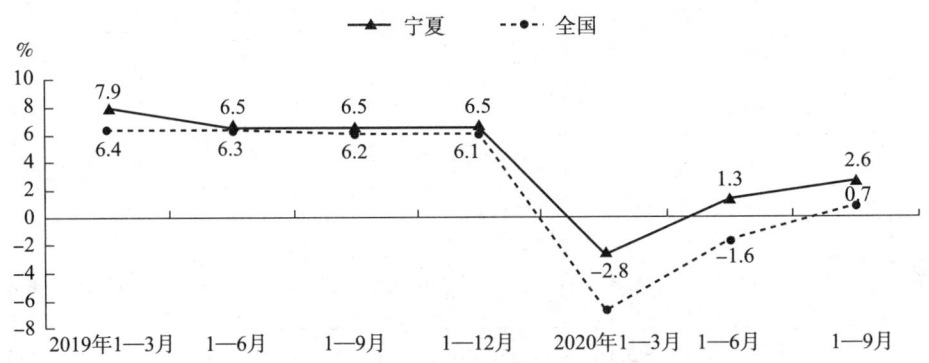

图1　2019年1月—2020年9月宁夏季度累计GDP增速与全国对比

2. 工业生产稳中向好，民生保障有力有效

全区持续加大稳企业、稳市场、稳运行力度，确保产业链、供应链稳定。1—9月，规模以上工业增加值同比增长2.5%，增速较1—8月加快0.7个百分点，比全国平均水平高1.3个百分点（见图2）；固定资产投资同比增长2.6%，增速比1—8月加快0.8个百分点，比全国平均水平高1.8个百分点。一是非公有工业快速增长。全区非公有工业增加值增长8.4%，比1—8月加快0.2个百分点，增速分别高于全区和国有控股企业5.9个和11.5个百分点。二是重点行业增速加快。1—9月，全区十大行业呈现"5增5降"，工业经济整体向好态势明显。

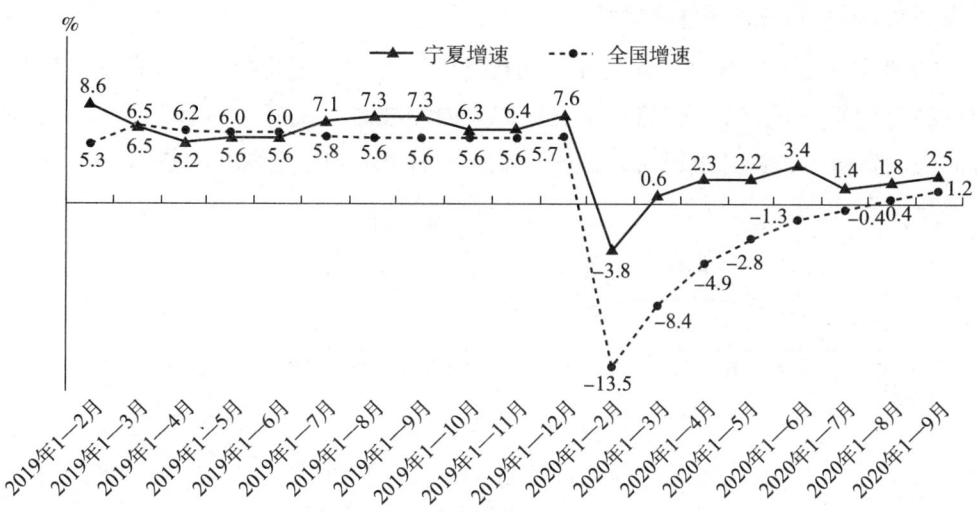

图 2　2019 年 1 月—2020 年 9 月宁夏规模以上工业月度累计增加值增速与全国对比

新设外商投资企业 11 家，实际利用外资 2.4 亿美元。1—8 月城镇新增就业 5.96 万人，城镇登记失业率 4.12%，环比下降 0.03 个百分点；农村劳动力转移就业 79.9 万人，同比增长 6.8%，实现工资收入 98.4 亿元，同比增长 5.2%。

3. 有效投资不断扩大，投资增速逐月加快

全区上下积极发挥有效投资的关键作用，1—9 月，全区固定资产投资同比增长 2.6%，增速分别比上半年和 1—8 月加快 3.4 个、0.8 个百分点。一是工业投资增速加快。1—9 月，全区工业投资增长 18%，增速比 1—8 月加快 10 个百分点。二是房地产开发投资稳步增长。1—9 月，全区房地产开发投资增长 5.6%，占投资的比重由上年同期的 23.8% 提高到 24.7%。商品房销售面积增长 14.5%，商品房销售额增长 32.8%。

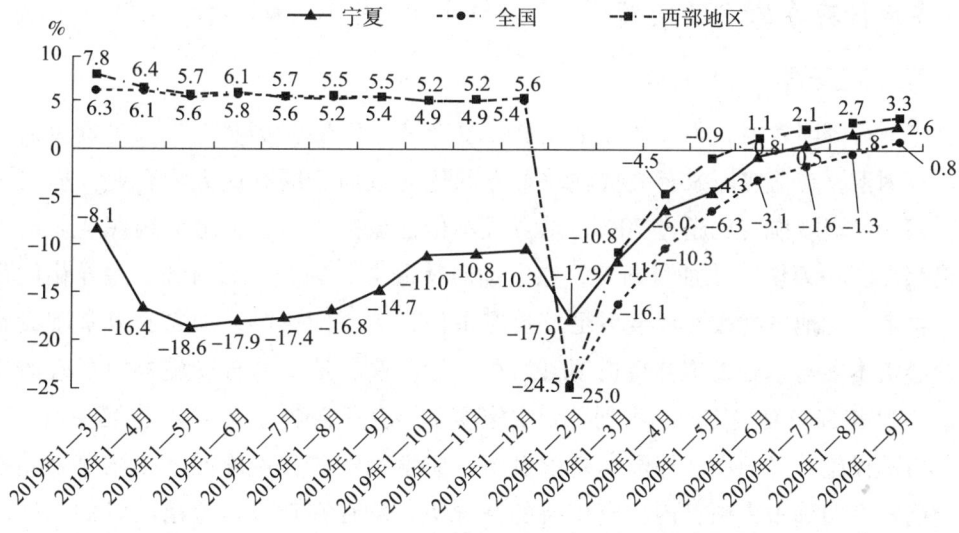

图 3　2019 年 1 月—2020 年 9 月宁夏固定资产投资增速与西部地区、全国对比

截至 9 月底，自治区 80 个重点建设项目中 77 个开工建设，开工率为 96%；累计完成投资 402.9 亿元，完成年度投资计划的 78.36%。27 个重点预备开工项目 15 个开工建设，开工率为 55%，完成投资 25.1 亿元。37 个重点前期工作项目按计划加快推进。77 个已开工项目中 42 个项目推进较快，投资完成率达到 80% 以上，其中 22 个项目已超额完成年度计划投资目标。

4. 市场消费不断回暖，民生消费保持增长

1—9月，社会消费品零售总额925.5亿元，同比下降8.8%（见图4），降幅较1—8月收窄0.2个百分点。消费市场稳定复苏。下阶段，仍然坚定实施扩大内需战略，做好"六稳"工作，落实"六保"任务，不断释放居民消费潜力，提升市场活力，进一步夯实消费市场稳定恢复的基础。

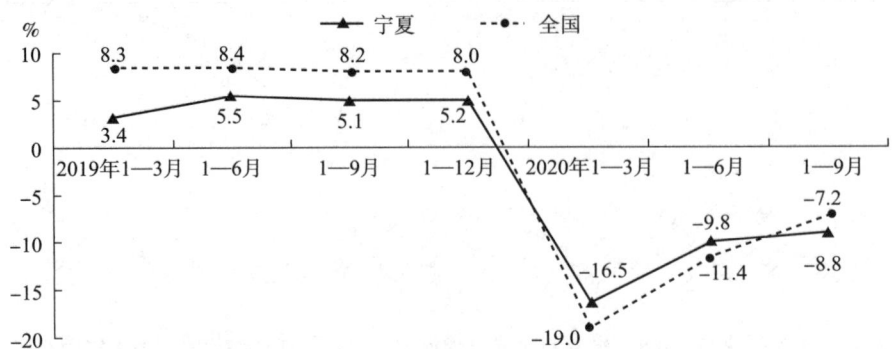

图4　2019年—2020年9月宁夏社会消费品零售总额增速与全国对比

5. 企业生产经营成本不断降低，"放管服"改革持续深化

一是全区认真落实国家各项减税降费政策，截至8月末，减税38.3亿元，减免社保费和非税收入48.8亿元。预计全年新增减负逾140亿元。二是适当扩大政府投资基金规模，增加纾困基金额度，发放企业纾困基金39.3亿元。三是加大社会资本吸引力度，提高资金使用效益。鼓励政府性融资担保机构对疫情防控重点保障企业提供的融资担保业务免收担保费，自治区财政采取1∶1奖励方式，引导市县充实政府性融资担保机构资本金。四是大力清理拖欠民营企业中小企业账款，已清偿40亿元以上，清偿进度近60%，全区有清欠任务的地区减少到11个。

（二）经济运行存在的主要问题

1. 部分政策落地存在困难

受疫情和经济下行等因素的影响，部分企业复工复产和生产经营仍然面临大量资金需求，但银行机构考虑风险防范等因素，在落实国家有关贷款政策方面优先倾向于国有或大型企业。加之宁夏企业融资方式比较单一，间接融资规模占比超过70%，融资成本依然偏高。一些金融机构在企业出现暂时性生产经营困难时，仍存在"一刀切"式抽贷断贷，在主动对接服务、创新产品服务、差异化优化政策等方面还有提升空间。再者，受地方财政性资金不足及政府举债已无空间影响，加之宁夏基础设施项目普遍经济效益较低，社会资本参与基础设施补短板项目的积极性不高，地方基础设施补短板政府投资项目资金筹措难度加大。2020年，宁夏仅交通、水利计划实施项目年度资金缺口就在40亿元左右。另外，前期在公共卫生设施、市政设施、老旧小区外配套基础设施、应急物资储备设施四个领域谋划储备中央预算内投资项目，在当前没有明确中央预算内投资支持的情况下，均存在建设资金落实难的问题。现阶段谋划储备的一些项目均有"项目等资金、资金难落实"的情况。

2. 服务业领域、消费品市场持续复苏，但服务业部分行业恢复仍然缓慢

1—8月，全区限额以上批发业和零售业商品销售额分别同比下降26.8%（上年同期下降4.5%）和9.3%（上年同期增长1.2%），限额以上住宿业和餐饮业营业额分别下降36.7%（上年同期增长0.7%）和26.5%（上年同期下降3.6%）；国家铁路客货运输周转量下降11.5%（上年同期下降4.8%），航空客

货运输周转量下降45.5%（上年同期增长11.0%）。依据1—8月数据初步测算，仅上述因素同比下拉全区第三产业增加值增速1.5个百分点以上，全区经济持续稳定增长的难度仍然很大。另外，外贸企业订单不足、物流不畅、融资困难，以及产业链、供应链不稳等问题，需引起高度重视。

3. 民间投资增长存在制约因素，多元化投融资体系尚不健全

1—8月，民间投资虽实现由负转正，但融资难、融资贵特别是中小企业融资困难没有根本缓解，一定程度上制约民间投资的增长。民间投资较为集中的制造业领域，受需求不足和利润下降影响，削弱了制造业投资意愿，2020年以来，宁夏制造业投资持续负增长，1—8月同比下降2.1%，多重因素叠加导致民间投资增长后续乏力。受资金、人才等因素制约，宁夏多元投融资体系尚不健全，投资主要依靠政府投资拉动，社会资本投资的积极性和参与度不高。

（三）2020年全年经济预测

总体来看，在全球新冠肺炎疫情持续暴发的情况下，预计第四季度经济会进一步复苏。由于2020年疫情的影响导致大宗商品市场需求急剧萎缩，各类大宗商品价格普遍大幅下跌，预计2020年第四季度经济下行压力依然较大。宁夏仍将延续稳中有进、稳中向好的态势，现代煤化工、全域旅游、信息产业发展成效初显，新业态新模式新经济加快成长，新旧动能加快转换，对经济增长的支撑作用越来越强。只要外部环境变化不大，把国家和自治区各项稳增长政策落到实处，第四季度全区经济运行总体平稳、稳中向好的基本面不会改变。预计全年经济增长4%左右；规模以上工业增长3.5%左右；固定资产投资增速4%，进出口增速-45%。

二、2020年经济运行环境及因素分析

受疫情影响，全球经济遭受重挫，供应链中断、需求被抑制。联合国发布的《2020年世界经济形势与展望年中报告》显示：受新冠肺炎疫情影响，2020年全球经济预计萎缩3.2%。

国内方面，根据日前公布的1—9月宏观经济数据，国内生产总值（GDP）按可比价格计算同比增长0.7%，实现累计增速年内首次由负转正，为实现全年经济正增长打下了基础。由于相对辩证处理好了新冠肺炎疫情防控与经济复工复产的关系，中国也成为全球主要经济体中首个经济增速由负转正的经济体，但面对错综复杂的国内外环境，中国经济所面临的风险与挑战仍不容小觑。

从内部看，尽管第三季度消费增速由负转正，但0.9%的增速仅是低水平恢复，1—9月累计增速仍然为负，且家庭部门存在储备现金"过冬"的不利消费倾向；制造业投资不振，增速跌幅较大；民间投资虽然持续回升，但同比仍然负增长；地方政府债务到期高峰隐现。从外部看，新冠肺炎疫情在全球的大流行及冬季第二波疫情的潜在冲击，使得全球经济增长陷入困境，中国的外贸增速下滑风险持续。

三、2021年趋势展望及主要指标预测

2020年，世界经济进入增长放缓周期，中国经济正在从以工业和投资为主导向以服务业和消费为主导的时代转变，产业结构持续优化、消费结构不断升级、新动能不断形成，这些利好因素都为经济发展提供稳定保障，但同时，中美贸易摩擦不断升级、国内投资增速放缓和创新驱动活力不足等问题也给经济发展带来一定的挑战。预计国家在政策制定和资金扶持方面会向西部地区尤其是发展相对落后的宁夏有一定的倾斜。预计2021年地区生产总值增长6.5%左右，固定资产投资增速5.0%左右，进出口投资增速-40%左右。

四、政策建议

（一）抓好工业稳定运行

进一步加大助企纾困力度，充分运用好新型工业化发展专项资金、纾困基金、贷款贴息等资金，发挥技改专项资金等政策性工具，落实已经出台的财税、金融、社保、用工等各项政策。加强生产要素保障，促进上下游、产加销、大中小企业全面复工达产。积极争取与中央企业在更大范围、更深层次、更高水平上合作，持续推进补链、延链、强链、壮链，协同打造优势产业集群。引导帮扶企业顺应形势发展变化，积极与数字经济、智能制造等技术创新结合，通过技改、重组等方式实现升级转型。加强重点企业、龙头企业动态监测，及时推动协调解决相关问题。

（二）优化项目建设环境，加快项目建设进度

贯彻落实习近平总书记在企业家座谈会和中央政治局会议上的重要讲话精神，进一步提升服务效能和办事效率。继续落实减税降费、减租降息等纾困惠企政策，优化政策组合，形成叠加效应。放宽市场准入，破除隐性障碍，依法保护企业家合法权益，坚定市场主体投资信心，有效激发民间投资活力。持续深化"放管服"改革，推动"互联网+政务服务"提质增效，推行"区域评""承诺制"，推进项目审批一网通办、容缺先办，最大限度优化项目审批流程，压减项目落实时限，降低投资交易成本。督促各地各部门紧盯有投资潜力和投资时序进度慢的建设项目，精准抓管、靶向施策，着力做大投资增量、补齐投资缺口。在依法、安全、保证质量的前提下，全力推动项目建设提速，对计划开工的项目加快办理手续，落实建设条件，加快推动全面开工；对已经开工的项目，紧盯时间节点，倒排工期，"挂图作战"，优化施工，形成更多实物工作量；对已经竣工的项目，抓紧投产投运，确保尽快达产达效，发挥更大效益。加强招商引资，争取签约、引进、落地一批优质企业和优质项目。

（三）统筹考虑区域资源禀赋和产业基础，合理设定"十四五"节能减排指标

宁夏产业结构倚重倚能特征明显，短期内难以根本改变。随着近几年东部产业转移加快以及新一轮产能过剩行业布局调整优化，受区域节能减排的刚性约束，宁夏承接的一些产业转移项目无法落地。建议考虑各地产业调整和升级进程的实际情况，合理增加西部地区能源消耗指标，为承接转移项目提供能耗指标空间。考虑对承接产业转移和布局优化的项目，将产能指标和能耗指标一并转移至西部地区，引导制造业项目向西部转移，避免制造业大量外迁，推动区域协调发展。

（四）着力激活消费潜力

积极有序活跃消费市场，开展好"缤纷塞上·惠民乐购"消费季活动，提振消费信心，激活市场人气。积极培育定制消费、体验消费、智能消费等消费新热点，大力推进互联网和各类消费业态深度融合，促进消费新业态加快发展，吸引外溢消费回流。着力提升公共场所卫生安全水平，促进文旅和餐饮消费全面恢复和加快发展。健全农村消费的政策措施，推进电商进农村，鼓励商贸流通企业下沉供应链，引导优质商品和服务向农村延伸。加强市场运行监测，确保产销衔接紧密、市场货源充足、供应丰富、价格稳定。

[宁夏发展和改革委员会信息中心　靳　婧　徐　力]

之十一：2020 年新疆维吾尔自治区经济运行分析及 2021 年展望

2020 年，面对百年不遇的全球突发新冠肺炎疫情，在新疆维吾尔自治区（以下称"新疆"）党委的正确领导下，全区上下坚持以习近平新时代中国特色社会主义思想为指导，全面贯彻落实党的十九大，十九届四中、五中全会以及第三次中央新疆工作座谈会精神，贯彻落实以习近平同志为核心的党中央关于统筹常态化疫情防控和经济社会发展的决策部署，聚焦社会稳定和长治久安总目标，坚持稳中求进工作总基调，紧扣全面建成小康社会目标任务，扎实做好"六稳"工作，全面落实"六保"任务，深入推进"1+3"重点工作部署。1—9 月，全区绝大多数经济指标降幅收窄，生产生活秩序加快恢复，经济运行呈现整体回升的良好态势。

一、2020 年新疆经济运行分析

（一）宏观经济运行特征

1. 经济运行企稳回升

1—9 月，新疆实现生产总值 9819.94 亿元，按可比价格计算，同比增长 2.2%，增速较第一季度提高 2.4 个百分点。分三次产业看，第一产业实现增加值 1313.47 亿元，增长 3.8%；第二产业实现增加值 3408.84 亿元，增长 6.7%；第三产业实现增加值 5097.63 亿元，下降 1.3%。

2. 农业生产保持稳定

1—9 月，新疆实现农林牧渔业总产值 2851.53 亿元，按可比价格计算，同比增长 4.1%，增速与 2019 年同期相比回落 1.2 个百分点。其中，农业产值增长 5.4%，林业产值增长 7.9%，牧业产值增速与 2019 年持平，渔业产值下降 14.1%，农林牧渔专业及辅助性活动产值增长 7.1%。

粮食面积、总产和单产实现"三增长"。2020 年粮食播种面积 3345.24 万亩，同比增长 1.2%；粮食总产量 1559.34 万吨，同比增长 2.1%，超过年初制定的 1527.5 万吨的目标。其中，夏粮增长 0.7%，秋粮预计增长 3%；粮食单产达到 466.13 公斤/亩，增长 0.9%。

棉花生产提质增效。2020 年，全区棉花种植面积为 3761.38 万亩，比上年下降 1.3%；预计产量达到 502.57 万吨，增长 0.5%；单产达到 133.61 公斤/亩，增长 1.8%。

畜牧业存栏增长。1—9 月，全区猪牛羊存栏 5168.14 万头（只），同比增长 4.9%，增速比上年同期提高 1.7 个百分点。其中，生猪增长 23.6%、牛增长 5.9%、羊增长 3.1%。

1—9 月，全区猪牛羊肉产量 103 万吨，同比下降 5.3%；禽肉产量 13.2 万吨，同比增长 3.7%；禽蛋产量 29.76 万吨，增速与上年持平；生牛奶产量 140.5 万吨，同比下降 7.5%。

3. 工业生产稳步回升

1—9 月，新疆规模以上工业企业增加值同比增长 6.1%，较第一季度提高 3.9 个百分点，较上半年提高 0.1 个百分点，增速比上年同期提高 1.1 个百分点，为 2018 年 4 月以来最高点。其中，轻工业增加值增长 3.8%，增速比上年同期回落 0.7 个百分点；重工业增加值同比增长 6.4%，增速比上年同期提高 1.3 个百分点。

工业三大门类全面增长。1—9月，全区采矿业增加值比上年同期增长 4.3%；制造业增加值增长 3.6%，比上年同期提高 1.8 个百分点；电力、热力及水的生产和供应业增加值同比增长 19.4%，比上年同期提高 8.8 个百分点。

非公有制经济生产快于公有制经济。1—9月，全区公有制经济增加值同比增长 5.2%，比上年同期提高 1.1 个百分点；非公有制经济增加值同比增长 8.2%，比上年同期提高 0.9 个百分点，快于公有制经济 3 个百分点。

非石油工业生产快速增长。1—9月，全区石油工业增加值同比增长 1.3%，比上年同期回落 4 个百分点。其中，石油和天然气开采业增加值增长 6.3%；精炼石油产品制造业增加值下降 2.8%；石油和天然气开采专业及辅助性活动增加值下降 11.8%。非石油工业增加值同比增长 9%，比上年同期提高 4.3 个百分点。

4. 固定资产投资保持较快增长

1—9月，新疆全社会固定资产投资（不含农户）同比增长 17.3%，增速较上年同期提高 11.2 个百分点，比第一季度提高 12.1 个百分点，比第二季度回落 11.3 个百分点。

脱贫攻坚助力第一产业投资成倍增长。1—9月，全区第一产业投资同比增长 1.3 倍，增速比 2019 年同期提高 107.7 个百分点。其中，农业、畜牧业、农林牧渔业及辅助性活动投资分别增长 1.6 倍、1.3 倍和 1.4 倍，远高于全部投资平均增长水平。

工业投资稳步增长。1—9月，全区工业投资比上年同期增长 1.4%。其中，高技术制造业增长 40.7%，装备制造业增长 60.9%，消费品制造业增长 11.1%。

基础设施投资大幅增长。1—9月，全区基础设施行业投资同比增长 31.3%，增速比上年同期提高 33.2 个百分点。其中，水利、环境和公共设施管理业投资增长 39%，比上年同期提高 25.7 个百分点；电力、热力、燃气及水的生产和供应业增长 27.7%，比上年同期提高 36.1 个百分点；交通运输、仓储和邮政业投资增长 34.6%，比上年同期提高 44.6 个百分点。

民间投资较快增长。1—9月，全区民间投资同比增长 11.3%，比上年同期提高 2.6 个百分点，占全区固定资产投资的比重为 33.4%。其中，电力、热力、燃气及水的生产和供应业民间投资增长 42.5%，房地产民间投资增长 13.9%，采矿业民间投资增长 11.7%。

房地产开发投资态势良好。1—9月，全区完成房地产开发投资 843.48 亿元，同比增长 20.1%，增速较上年同期提高 12.1 个百分点。房屋新开工面积增长 54.8%，比上年同期提高 9.9 个百分点。商品房销售面积 1089.89 万平方米，同比增长 5.8%。其中，住宅销售面积 985.19 万平方米，增长 7.6%。商品房销售额 632.85 亿元，同比增长 5%。其中，住宅销售额 551.71 亿元，同比增长 7.6%。

5. 消费品市场降幅收窄

1—9月，新疆实现社会消费品零售总额 2055.06 亿元，同比下降 19.6%，较第一季度降幅收窄 17.4 个百分点。其中，限额以上批发和零售业零售额 828.16 亿元，同比下降 13.4%；限额以上住宿餐饮业实现营业额 39.93 亿元，同比下降 22.5%，其中住宿业下降 22.2%，餐饮业下降 22.5%。

乡村市场回升快于城镇市场。1—9月，全区城镇实现消费品零售额 1765.81 亿元，下降 20.1%；乡村实现消费品零售额 289.25 亿元，下降 16.6%。

九大消费行业四增五降。1—9月，全区仅粮油、食品类增长 13.6%，烟酒类增长 8.8%，日用品类增长7.8%，中西药品类增长6%，而服装、鞋帽、针纺织品类下降31.8%，金银珠宝类下降35.6%，家用电器和音像器材类下降20.5%，石油及制品类下降20.9%，汽车类下降20.1%。

新型消费快速回升。1—9月，全区限额以上批发零售企业通过公共网络实现商品销售同比增长9.4%。其中，9月增长40.1%。

6. 金融信贷运行平稳，企业贷款增长较快

1—9月，金融机构人民币各项存款余额25140.5亿元，比年初增加1847.48亿元。其中，住户存款11297.25亿元，比年初增加954.56亿元；非金融企业存款6744.97亿元，比年初增加841.2亿元。

1—9月，金融机构人民币各项贷款余额21928.67亿元，比年初增加1968.56亿元。其中，住户贷款余额5103.82亿元，比年初增加611.78亿元；企（事）业单位贷款余额16800.18亿元，比年初增加1354.43亿元，同比增长12.5%，比上年同期提高4个百分点。

7. 非税收入增长较快，民生支出力度加大

1—9月，新疆地方财政收入完成1291.03亿元，同比下降1.8%，低于上年同期0.7个百分点。其中，一般公共预算收入945.63亿元，下降5.7%。税收收入614.23亿元，下降12.2%。非税收入为331.4亿元，同比增长9%。

1—9月，新疆地方财政支出5002.27亿元，同比增长4.8%，低于2019年同期12.2个百分点。其中，一般公共预算支出3931.09亿元，同比下降1.5%。卫生健康支出增长37.7%，社会保障和就业支出增长13%，教育支出增长5.8%。

8. 城乡居民收入稳步增长

1—9月，新疆城镇居民人均可支配收入25482元，同比增长0.4%，扣除价格因素，实际下降1.2%。其中，工资性收入16546元，同比增长0.8%。农村居民人均可支配收入4362元，同比增长5.8%，扣除价格因素，实际增长3.3%。其中，工资性收入2427元，同比增长11.5%。农村居民生活消费支出6403元，同比下降5.9%。

9. 居民消费价格指数温和上涨

1—9月，新疆居民消费价格总指数为101.9，较上年同期提高1.9个百分点，涨幅比上年同期提高0.2个百分点，低于全国（3.3%）1.4个百分点。其中，城市上涨1.6%，农村上涨2.4%。

居民消费的八大类商品及服务价格"五涨三降"。其中，食品烟酒类增长5.5%，居住类增长2.3%，教育文化和娱乐类增长0.8%，医疗保健类同比增长0.4%，其他用品和服务类增长2.9%，而衣着类下降0.7%，生活用品及服务类下降0.6%，交通和通信类下降3.2%。

1—9月，新疆工业生产者出厂价格指数（PPI）91.5，同比下降8.5%；工业生产者购进价格指数（PMI）93.3，同比下降6.7%。

10. 外贸进口总额保持增长

1—9月，新疆外贸进出口总值实现1078.1亿元，同比下降2.5%。其中，出口总值763.9亿元，同比下降7.3%；进口总值314.2亿元，同比增长11.5%。

（二）2020年新疆主要经济指标预测

2020年是全面建成小康社会和"十三五"规划收官之年，是打赢脱贫攻坚战、实现第一个百年奋斗目标的决胜之年。站在"两个一百年"奋斗目标的历史交汇点上，面对"战疫情、战脱贫、战复工"的大战大考，全区上下统筹推进疫情防控和经济社会发展，始终坚持高质量发展不动摇，1—9月新疆主要

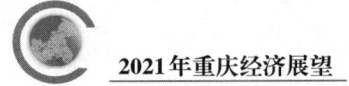

经济指标企稳回升，触底反弹，供给需求持续改善，农业生产保持稳定、工业生产稳步回升、固定资产投资较快增长、消费品市场降幅收窄、金融信贷运行平稳、城乡居民收入稳步增长、居民消费价格指数温和上涨、外贸进口总额保持增长，经济运行呈现整体回升的良好态势。但也要看到，距离年末仅剩一个季度的时间，加之当前外部环境严峻复杂，不稳定性和不确定性较大；疫情防控压力不小，经济仍处在恢复进程中，内部结构性矛盾依然存在，经济稳定回升的基础需要下大力气巩固，完成全年预期目标任务需付出更加艰苦的努力。

第四季度，我国经济社会运行在常态化疫情防控中逐步趋于正常，生产生活秩序加快恢复，经济发展韧性显现，经济社会大局保持稳定。目前，新疆经济整体向好的基本面没有发生变化，经济仍然处于恢复进程中。我们要进一步按照党中央决策部署，扎实做好"六稳"工作，全面落实"六保"任务，努力完成全年经济社会发展目标。初步预计，2020年全区生产总值增长3.5%左右，规模以上工业增加值增长5.6%左右，固定资产投资完成额增长18%左右，社会消费品零售总额增速下降9%左右，居民消费价格上涨控制在2.3%以内。

二、2021年新疆经济运行环境分析

当今世界政治经济形势波谲云诡，尤其是在新冠肺炎疫情冲击影响下，国内国际经济形势更是呈现前所未有的复杂格局。

从国际看，新冠肺炎疫情大流行影响深远，经济全球化遭遇逆流，世界经济低迷。疫情的持续可能使以中美经贸摩擦为代表的全球经济冲突延续不断。受疫情冲击，全球经济深度衰退，国际贸易和投资大幅萎缩，国际金融市场动荡，地缘政治风险不断上升。"十四五"时期，全球经济大概率将进入深度衰退期和更加不确定的发展低谷。从国内看，面对疫情冲击，我国及时调整预期目标，加大逆周期政策力度，推动"两新一重"基础设施建设，聚焦拉动有效投资和消费，坚守经济基本盘，在较短的时间内有效控制疫情，经济已呈现快速修复态势。

三、2021年趋势展望及主要指标预测

2021年是我国全面建设社会主义现代化国家新征程的开启之年，是"十四五"规划开局之年，我国即将开始迈向第二个百年目标。一方面，经济社会发展进入了相对成熟的阶段，经济增长速度保持稳定或有所下降，包括基础设施等在内的现实经济社会条件变化的速度与节奏都较前段时期有所放缓；另一方面，经济形势仍面临很多长期性、复杂性问题的挑战，不稳定性和不确定性较大，长期积累的结构性矛盾还比较突出，经济恢复过程中不平衡态势比较明显，一些行业和企业还是比较困难，存在复苏不平衡的情况，保就业、稳企业的压力依然比较大。初步预计，2021年全区生产总值增长6%左右，规模以上工业增加值增长6%左右，固定资产投资完成额增长16%左右，社会消费品零售总额增长4%左右，居民消费价格上涨控制在2.5%以内。

四、政策措施建议

（一）大力发展实体经济

依照中央关于疫情防控工作的重要指示精神，有序做好企业复工复产工作。推动工业转型升级，大力降低实体经济成本。全面落实减税降费政策，进一步降低经营性成本，降低能源、通信、物流等基础

成本。充分把握和利用"十四五"规划编制年加大项目储备，加快构建大数据产业链、价值链和生态系统，促进新疆工业企业迈向价值链中高端。

做大做优服务业。一是大力发展旅游业。丰富壮大旅游产业及产品体系，大力实施"旅游+"融合发展战略，加快构建旅游品牌引导体系。二是有效增加服务业投资。发挥好各级财政性资金的引导和示范作用，加大对服务业的财政补助补贴力度。三是加快发展商贸物流业，加强流通基础设施建设，利用"互联网+"相关服务方式，打造工业品下乡和农产品进城双向流通渠道，扩大农产品网上销售规模。四是加快发展养老产业，全面放开养老服务市场，鼓励社会资本进入养老服务业，不断提升养老服务体系建设水平。

推动乡村振兴战略。加快农业结构调整，推动农业提质增效。坚持质量兴农、绿色兴农；加快农业结构调整，稳定粮食生产，优化棉花区域布局和品种结构，加快改造传统畜牧业，提升现代畜牧业。稳定林果面积，稳步推进设施农业发展，新增设施农业重点向南疆倾斜；把推进农业产业化经营、发展农副产品精深加工作为主攻方向，打造全产业链；继续深化农产品市场开拓；挖掘农业康养休闲旅游新功能；扎实推进农村安居工程与改善农村人居环境，切实改善农村生产生活条件。

（二）着力提升经济增长内生动力

全面激发居民消费潜力，促进消费恢复升级。进一步放宽服务消费领域市场准入，着力培育消费新热点。加快流通领域网络化、数字化、智能化建设。发挥区位优势，加快发展跨境电子商务。加快推进老旧小区改造。大力扶持企业技术改造并予以补助。

积极采取各种有力措施扩大投资。严格项目审批，努力激发民间投资活力，多渠道筹措项目资金，加强项目管理，加快推进脱贫攻坚项目实施进度。结合疫情防治补齐公共医疗卫生基础设施短板。

积极推进丝绸之路经济带核心区建设。健全完善核心区建设体制机制；促进基础设施互联互通；加快推进核心区建设重大项目；强化交通骨干通道建设，加大基建投资和项目储备力度；加快对外开放平台建设；深化对外贸易合作，推进外贸综合服务企业试点工作取得实质性进展。

（三）继续打好三大攻坚战

全力打好防范化解重大风险攻坚战。按照自治区党委"四个一律""三个界限"要求，加强对政府债务风险和金融风险的防控，坚决守住不发生系统性风险的底线。牢牢盯住风险多发、高发的重点领域和关键环节，积极防范企业经营风险转化为金融风险。强化财税金融支撑作用，突出以收定支，通过节支改善财政收支平衡状况。加强政府与金融机构的战略合作、引导各类金融机构参与地方经济社会发展，着力增强金融服务实体经济能力，积极发展绿色金融。

全力打好精准脱贫攻坚战。坚持精准施策，以解决突出制约问题为重点，加强政策倾斜和涉农资金整合，加大基础设施建设力度、改善生产生活条件。严格落实脱贫攻坚主体责任，加快"两不愁三保障"短板问题清查和整改，推进扶贫资金监管和绩效考核，推动精准扶贫、精准脱贫各项措施落实到村到户到人，切实提高脱贫质量。深入推进产业扶贫，开展优良品种高产示范和推广，实现稳定利益联结。积极推动在乡农民工就业创业，加大就业服务和技能培训力度，鼓励引导贫困劳动力外出打工就业。

努力打好污染防治攻坚战。严格执行能源、矿产资源开发自治区政府"一支笔"审批制度、环境保护"一票否决"制度，严禁三高项目进新疆。坚决打赢蓝天保卫战，持续推进大气、水、土壤污染防治。着力打好碧水保卫战，深入实施"水十条"，扎实推进净土保卫战，有效管控农用地和城市建设用地土壤环境风险。进一步推进节能降耗，加大电力体制改革，深化工业供给侧结构性改革。

（四）多渠道扩大就业

坚持促进产业拉动就业效应最大化，以新增就业增幅明显的中小微企业和劳动密集型企业为主渠道，以农村富余劳动力、高校毕业生、就业困难群体为重点群体，着力提高稳定就业的比例。聚焦深度贫困家庭劳动力，统筹推进转移就业。做好高校毕业生就业工作，加强毕业生就业政策宣传和职场适应性培训、创业培训。加强职业培训，提升劳动者就业能力，组织开展多层次、分类型、专业化的技能培训，提高培训针对性和有效性。

[新疆维吾尔自治区信息中心　杨喻淋　马天平]

之十二：2020年内蒙古自治区经济运行分析及2021年展望

2020年以来，内蒙古自治区（以下称"内蒙古"）经济延续复苏态势，但疫情冲击的影响与长期存在的结构性、体制性、周期性问题交织叠加，主导产业、主要领域复苏乏力，全年全区经济转正仍显艰难。2021年，疫情对经济的影响仍将持续，在国家及自治区系列政策带动下，全区经济将持续恢复。需抓牢"战略机遇期"，用好"政策窗口期"，推进重大项目、重大举措落地显效，助推经济回归正常轨道。

一、2020年内蒙古经济运行特征：缓中有稳、稳中有进

2020年以来，全区经济运行中的积极因素逐步增多，既有"稳"的一面，更有"进"的积极表现，总体呈"缓中有稳、稳中有进"态势。

"缓"是经济复苏步伐偏缓。1—9月，全区地区生产总值增速低于全国平均水平2.6个百分点。1—8月，从工业看，除广西（-2%）和内蒙古外，其他西部省区工业增速均已恢复正增长；从投资看，西部其他省区增速均实现正增长，内蒙古投资同比下降12%；此外，内蒙古社会消费品零售总额增速低于全国平均水平2.6个百分点，一般公共预算收入总量仅完成年初预算的63%。

"稳"是产业支撑力逐步恢复，就业民生基本稳定。1—9月，工业六大优势产业"四增一平一降"，装备制造、冶金建材、高新技术业增加值分别增长40.8%、9.8%和8.9%。1—8月，规模以上服务业企业营业收入降幅环比收窄1.8个百分点。截至8月底，城镇新增就业完成年度任务74.3%、国家年度计划82.6%，城镇登记失业率低于年度目标。收入增长远快于经济增速，1—9月，全体居民人均可支配收入增速较上年同期提高1.6个百分点，城乡居民人均收入比较上年同期缩小0.16。

"进"是经济活跃度持续改善，新动能不断积聚。1—9月，工业用电量连续6个月上升，货运量、货物周转量降幅较上半年分别收窄4.3个和2.7个百分点。新产业增长加快，1—9月，战略性新兴产业、现代煤化工和非煤产业增加值增速分别高于规模以上工业6.9个、5.2个和7个百分点。新产品增长良好，单晶硅、光缆、智能电视、稀土磁性材料产量同比分别增长79.7%、28%、6.8%、2.3%。"新基建"全面铺开，截至8月，累计建成5G基站8412个，呼和浩特成为全区首个5G网络覆盖城市。

但也应看到，疫情冲击的影响与长期存在的结构性、体制性、周期性问题交织叠加，主导产业、主要领域复苏乏力对经济回稳形成拖累。1—9月，煤炭开采和洗选业同比下降12%，大幅削弱工业回稳动力；服务业恢复动力尚显不足，1—8月，44.3%的规模以上服务业企业仍处于亏损状态；工业、基础设施投资下滑明显，对投资支撑力恢复形成较强制约；居民消费能力大幅削弱，消费回稳动能不足。此外，企业经营仍显艰难，就业民生保障压力不减。总体看，预计全年全区经济转正仍较艰难。

二、2021年内蒙古经济形势展望

（一）发展环境分析

全球经济有望逐步恢复。新冠肺炎疫情冲击下，全球经济陷入自大萧条以来最严重的经济危机。进入第三季度后，随着各国"带疫"重启经济，全球经济出现恢复性增长。目前，各国际机构开始上调增长预测。9月OECD将2020年全球经济增长的预测值从-6.0%上调到了-4.5%；10月IMF将2020年世界经济增长预期从-5.2%上调至-4.4%，全球经济复苏进程快于预期。2021年，世界经济的恢复速度最终将取决于可以广泛使用的疫苗时间表，随着各国经济的逐步恢复，预计2021年全球经济增速将快速恢复，IMF预计增长5.2%。全球经济的回稳对改善内蒙古市场需求，提升对外贸易规模，稳定产业链、供应链将形成重要的外部支撑。

全国经济加速回升。面对疫情冲击，我国加大政策对冲力度，着力稳定经济基本面，主要经济指标全面回升，2020年1—9月，经济增速由降转升，工业增加值、固定资产投资累计增速和消费当季增速均实现由负转正，总体延续加快复苏态势。2021年，疫情对经济的负面冲击将持续缓解，以国内大循环为主体、国内国际双循环相互促进的新发展格局将加快构建，全国经济将加速恢复，对内蒙古经济回稳将形成较强的需求拉动。

（二）经济走势研判

2021年，国家扩大内需，保障粮食能源安全，提升产业链、供应链水平等战略加快实施，对内蒙古依托自身优势，深度融入国内大循环、加快构建现代产业体系将提供重大机遇。同时，随着国内外经济基本面的持续改善，以及国家及自治区"促稳""求进"等一系列政策的落地显效，经济复苏动能有望逐步增强，预计2021年全区经济回稳速度将明显快于2020年。

从供给面看，市场需求改善，产业链、供应链趋于稳定，对主要工业行业回稳形成支撑。

随着下游市场需求回稳，内蒙古主要产业链景气度有望逐步改善，为工业经济回稳提供支撑。煤炭产业链方面，全区煤坑口价格、电煤购进价格自2020年下半年以来持续小幅上涨，2021年下游市场需求恢复将带动煤炭产能逐步释放，全区煤炭行业有望量价齐升、逐步改善。钢铁产业方面，房地产上下游行业、基建投资相关行业的修复速度进一步加快，对内蒙古钢铁行业将形成较强的需求拉动。高技术产业方面，海外疫情蔓延对医药需求持续增加，相关企业盈利能力有望继续改善。且高技术制造业将迎来"进口替代"机遇，对内蒙古相关行业形成利好。数字经济产业方面，疫情对数字经济形成较强的加速和催化作用，"云产业""云经济"等新业态新模式加快扩容，数字经济活力加快释放。

从需求面看，投资、消费回稳态势有望加快，全年将回归正常水平。

投资支撑力将逐步恢复。疫情冲击下，全区工业、基础设施投资支撑不足，重大项目续建多、新建少，投资强度出现明显下降。2021年，在国家政策的带动下，"两新一重"投资有望继续发力，成为支撑投资增长的重要力量。聚焦国内大市场，全区将加快推动现代煤化工、循环经济、智能制造等项目落地，有效对接市场需求，制造业投资有望逐步改善。疫情冲击下，受房地产开发商集中度上升、投资实力增强、土地投放力度加大等因素影响，房地产投资有反弹基础。消费进入温和"回补期"。随着促消费政策逐步落地、消费环境渐趋改善，居民消费将延续自发性修复，但由于疫情对就业、收入的冲击仍在持续，将影响半年乃至一年的消费能力，消费回补速度将逐步放缓。其中，必需品消费将保持平稳增长态势，汽车消费有望呈现阶段性回暖，文旅休闲消费有望逐步回补。

从企业面看，市场需求改善、政策红利释放将带动企业经营逐步恢复。

疫情发生以来，市场需求萎缩是导致企业"复产不达产""达产不增收"的主要因素，加之上游原材料供不上、下游配套跟不上、企业生产成本上升等因素制约，企业经营陷入窘境。问卷调查显示，2020年上半年，规模以上服务业企业达成正常生产能力80%的仅有五成，服务业小微企业中亏损的占一半以上。包钢钢材出口同比下降27.89%，科迈化工出口订单同比减少80%以上。2021年，随着国内外市场的逐步恢复，供需循环将进一步畅通，对内蒙古企业恢复生产、释放产能形成需求拉动。同时，聚焦"保市场主体"，国家出台了减税降费、加大金融支持力度、优化营商环境等方面的系列政策举措，部分政策红利有望延续到2021年，对内蒙古企业降本增效将形成重要利好。

从区域面看，区域合作向纵向、横向拓展，协调发展促进新动能逐步释放。

随着设施联通、产业协作、机制构建等多方面举措落地，区域经济新动能逐步释放。一是呼包鄂乌协同发展迈出实质性步伐。呼凉高速公路、伊利现代智慧健康谷等重大项目的加快推进，成为经济回稳的重要增长点。蒙西产业转型升级示范区建设加快推进，装备制造、稀土等领域新动能不断积聚释放。二是黄河流域生态保护和高质量发展加快贯彻落实。生态环境综合治理，黄河"几"字弯都市圈协同协作等领域集聚发力，随着生态补水、沙漠治理、文化旅游等重点项目的加快实施，增长点将进一步激发。

三、对策建议

（一）聚焦提升产业链水平，全面融入国内市场

一是建立完善产业链提升机制。实施产业"链长制"，按照"一位自治区级领导、一个牵头部门、一位厅级负责同志、一个工作方案、一套支持政策"工作模式，研究制定产业链图、技术路线图、区域分布图、招商地图，统筹推进产业链招商引资、项目建设、技术创新。二是大力实施强链、扩链。围绕先进产业、优势领域，以企业为主导构建创新中心、新型研发机构，整合创新资源，对制约产业链升级的"卡脖子"的核心关键技术列出清单、集中攻关，提高产业链能级和竞争力。围绕5G、大数据、人工智能、工业互联网等新基建，拓展新领域、培育新动能。融合运用新一代信息技术，提高产业链数字化水平，带动产业链整体升级。三是着力稳定产业链、供应链。建立重点产业链、供应链供需对接机制，引导企业开展线下双向对接和线上平台撮合，保障在国际国内产业链有重要影响力的龙头企业稳定。加强政银企合作，引导资金链有效布局产业链，融通骨干企业资金需求。

（二）全力扩大有效投资，着力增强经济发展后劲

一是加大重点领域有效投入。聚焦新基建，加大技术基建、消费基建、云上基建投入。实施补短板工程，推进医疗物资储备基地、传染病专门隔离治疗场所建设。大力推动城镇老旧小区改造、城乡冷链物流设施建设、健康扶贫工程、农村牧区饮水安全提升工程。加大综合立体交通、油气管道、双电源保障体系等产业配套短板投入。扩大新型污染治理、节能环保、清洁能源等技术研究投入。二是推动重大项目建设。在煤炭清洁高效利用、智能输变电与储能装置、生命科学与基因工程等领域设计高质量项目，谋划绿色产业链创新工程项目。建立"要素跟着项目走"长效机制，破解能耗、土地、环境容量等要素制约。三是创新招商引资。聚焦产业链上下游发展，围绕数字经济、人工智能等未来产业，招引龙头企业，引进配套企业。针对全区产业链薄弱环节，积极开展补充式、填空式招引，推动新材料、新能源汽车、生物医药等产业上下游延伸。

（三）千方百计稳就业促增收，加快推动消费回稳提质

一是着力稳就业。落实好国家和自治区降低工伤生育保险费率、困难行业企业降费等惠企政策，降

低企业用工成本。发展绿色经济、文化创意等新兴产业，推动培育数字化管理师、收纳整理师等新职业，拓展就业渠道。二是多措并举促增收。优化政策帮扶，对从事餐饮、零售等行业的个体工商户，做好营业执照登记与许可审批的衔接，帮助个体经营者尽快开展经营活动。借助现有各大电商网络平台、推广"互联网+"销售新模式，整合线上线下平台，积极抓好产销对接，拓宽农畜产品销售渠道，助力农牧民增收。落实好各项惠民惠农政策，保障各项惠民补贴合理增长，逐步增加居民转移收入。三是着力激发消费潜力。通过消费补贴、调整消费税税率，扩大中低收入群体消费。深入实施消费升级行动计划，打造"一刻钟便民圈"，精准扩大育幼养老、文化娱乐、体育健身等消费新空间。不断开发夜间经济、网红营销、语音购物、体验消费等新兴消费模式，充分释放消费潜力。

（四）积极消除疫情冲击影响，全力稳外贸、稳外资

一是全力稳外贸拓市场。落实出口退税资金池、纾困资金池、贷款贴息等支持外经贸企业发展的政策措施，用好外经贸发展专项资金，支持企业纾困发展。提升贸易便利化水平，支持通过电话、微信群等方式，及时完成通关"零延时"验放，支持企业通过电子税务局、手机 APP 等网络渠道办理出口退税。引导企业通过跨境电商、网上参展等方式拓展出口渠道。整合政策资源优势，推动跨境电商综合试验区建设，鼓励企业建设"海外仓""边境仓"，发展跨境电子商务。二是全力稳外资。继续实施《内蒙古自治区贯彻落实积极有效利用外资推动经济高质量发展若干措施实施意见》，进一步提升投资自由化、便利化水平，提升引资质量和水平。继续做好大项目签约、落地、运行的跟踪服务工作，争取外经贸资金向国家级经开区、边合区等倾斜。

[内蒙古自治区发展研究中心　田晓明　徐　盼]

之十三：2020年广西壮族自治区经济运行分析及2021年展望

一、经济乘风破浪，增速在逆势中实现平稳增长

新冠肺炎疫情对全球、全国经济社会发展造成巨大冲击，广西壮族自治区（以下称"广西"）也不例外。面对错综复杂的国内外环境，广西统筹推进疫情防控和经济社会发展，做好落实"六稳""六保"工作任务，集中力量打好"六大会战"，生产生活秩序有序恢复，各项经济指标在逆势中取得持续向好发展态势。

（一）从经济走势看，增速在疫情后快速回升并趋稳

面对突如其来的疫情冲击，广西经济开局不可避免地遭受重挫，运行总体呈现"第一季度大幅下跌、上半年由负转正、1—9月稳步加快"的态势，第一季度、上半年、1—9月分别累计增长-3.3%、0.8%、2.0%（见图1），其中1—9月增速高于全国1.4个百分点，居全国第14位，基本实现了从应急状态向正常状态过渡。反映经济运行的先行指标持续向好，1—9月，工业用电量同比增长4.6%，增速比第一季度提高5.7个百分点，比上半年提高0.6个百分点；铁路货运量同比增长8.8%，比第一季度提高2.0个百分点，比上半年提高0.7个百分点；公路货运量降幅收窄，同比下降3.1%，降幅比第一季度收窄17.6个百分点，比上半年收窄7.2个百分点。

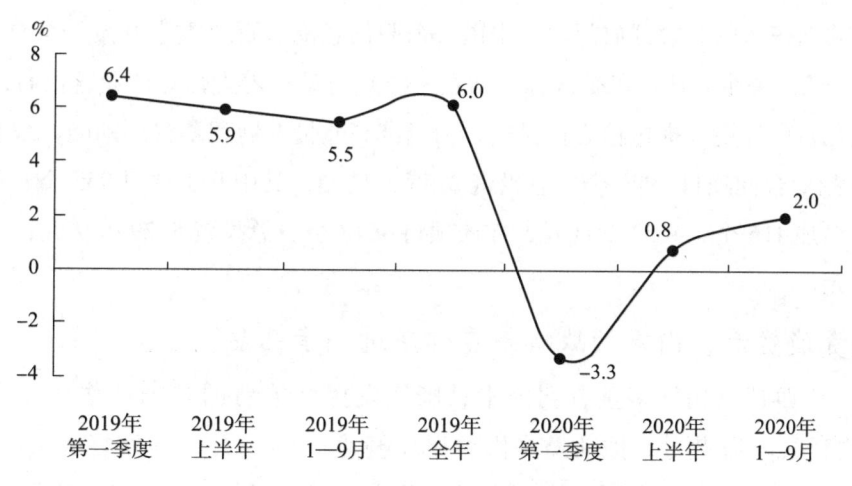

图1 2019年以来广西GDP增速趋势

（二）从产业运行看，三次产业在平稳恢复中实现结构优化

随着疫情防控措施落地实施，复商复市、复工复产有序展开，产业运行平稳并加速恢复，三次产业总体呈现"同步恢复、两正一负、活力增强"态势，农业保稳定基础坚实，工业恢复速度极快，服务业支撑强劲，产业结构顺势优化升级，发展韧性强、潜力大特征明显。其中，第一产业始

终保持较快增长，1—9月同比增长3.7%，增速比第一季度提高2个百分点，比上半年提高0.8个百分点。规模以上工业增速加快恢复，1—9月同比下降1.1%，降幅比第一季度收窄7.7个百分点，比上半年收窄2个百分点，其中9月规模以上工业增加值同比增长4.5%，连续6个月保持正增长趋势。服务业增速支撑强劲，第一季度、上半年、1—9月分别增长-0.1%、2.8%、3.1%。新兴服务业较快增长，信息传输、软件和信息技术服务业营业收入增长12.6%，租赁和商务服务业增长7.7%。

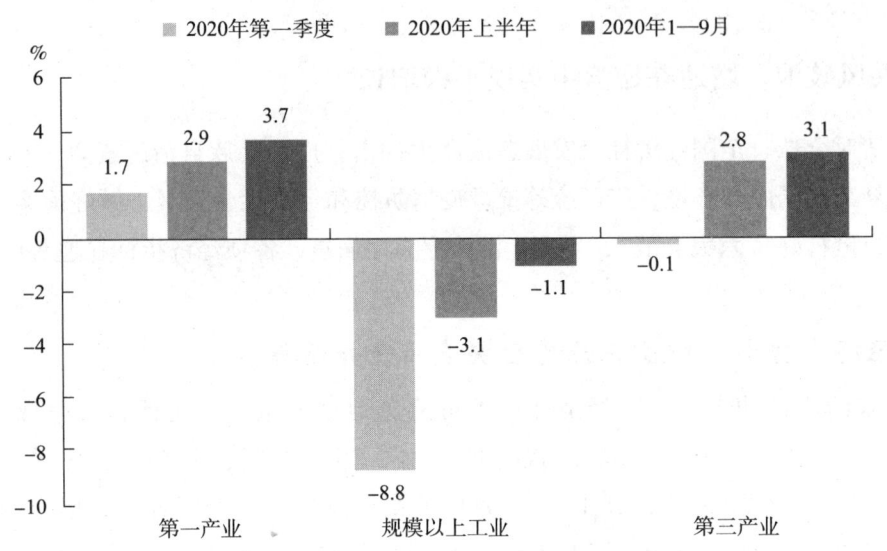

图2　2020年以来广西三次产业增加值增长情况

（三）从企业发展看，"三企入桂"成为重要新增长点

2020年以来，广西全面对接粤港澳大湾区、加快建设西部陆海新通道，抓住获批建设中国（广西）自由贸易试验区、面向东盟的金融开放门户、中国—东盟信息港、百色重点开发开放试验区等重大机遇，深入实施"三企入桂"（央企入桂、民企入桂、湾企入桂）行动，着力强化产业链招商，确保产业链、供应链稳定，持续优化营商环境，提振信心稳投资，为经济高质量发展积蓄澎湃动能。截至9月底，广西共签订"三企入桂"招商合同项目1920个、总投资2.55万亿元，其中开工项目953个、总投资7513.72亿元，分别比上半年增加416个、4632.9亿元；在谈项目4618个、总投资5.29万亿元，分别比上半年增加945个、0.36万亿元。

（四）从投资消费看，内需的战略基点作用进一步凸显

2020年以来，广西持续用好多重有利因素，围绕发挥好消费的基础性作用和投资的关键作用，采取多种有效方式释放内需潜力，推动经济供需循环畅通，1—9月内需恢复势头十分明显，对经济增长的带动作用持续上升。投资快速回升势头基本确立。第一季度、上半年、1—9月固定资产投资同比分别累计增长-7.9%、1.1%、2.1%（见图3），增速连续7个月逐月回升，由负转正后增长势头强劲，其中9月当月增速达到6.6%。其原因主要是重大项目建设支撑较强，2020年广西共推进"双百双新"产业项目278项，年度计划投资750亿元，1—9月基础设施补短板"五网"建设三年大会战项目完成投资1843.3亿元。消费缺口加快弥补。市场销售季度降幅不断收窄，1—9月社会消费品零售总额同比下降6.1%，降幅比上半年收窄2.7个百分点（见图4）。实物商品网上零售额

同比增长34.6%,电子出版物及音像制品类增长75.1%,通信器材类增长10.8%。

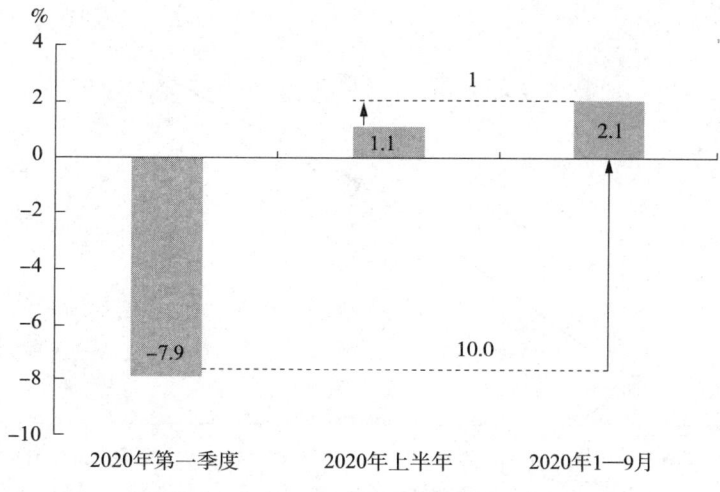

图3　2020年以来固定资产投资季度增长情况

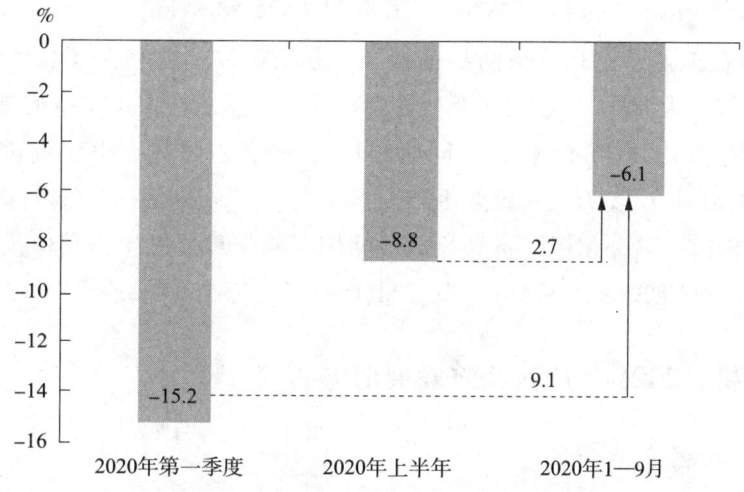

图4　2020年以来社会消费品零售总额季度增长情况

(五)从对外贸易看,北部湾港口吞吐量增速引领全国

1—9月,广西外贸进出口总额同比下降0.6%,降幅比上半年收窄3.5个百分点,比第一季度收窄8.1个百分点(见图5)。随着西部陆海新通道建设持续加快,北海铁山港进港铁路专用线建成通车,钦州港东航道扩建二期工程如期竣工,1—9月北部湾港海铁联运班列累计开行3174列,同比增长109%;集装箱和货物吞吐量分别达303.4万标准箱、1.95亿吨,同比增长34.6%、19.6%,2020年以来北部湾港口集装箱与货物吞吐量保持逆势上扬态势,三个季度增速均排全国沿海主要港口第一位,为外贸进出口发展奠定重要的支撑作用。

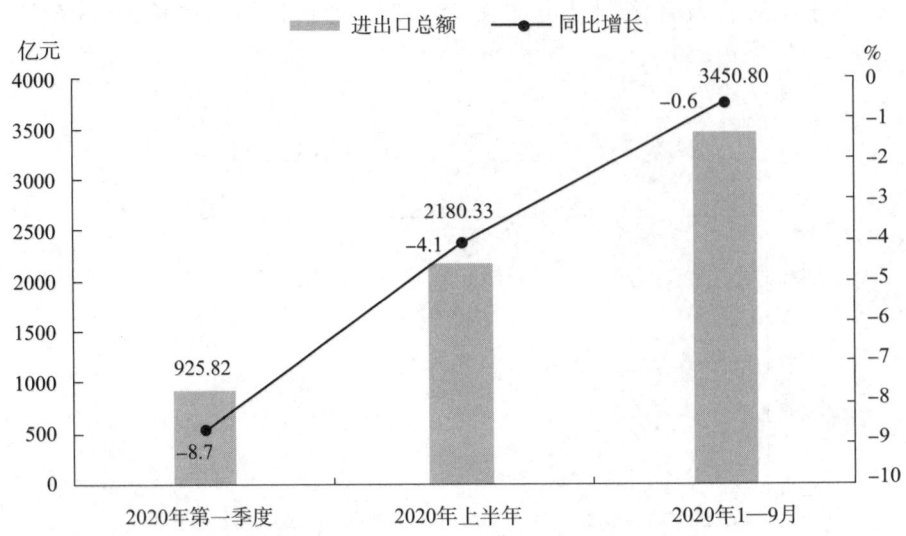

图5　2020年以来广西外贸进出口总额及增长情况

（六）从社会民生看，"六稳""六保"兜底作用充分发挥

2020年以来，广西在抓好常态化疫情防控前提下，扎实做好"六稳"工作，全面落实"六保"任务，集中力量开展"打好六大会战、奋战70天"冲刺行动，精准出台多项支持措施，推动经济运行稳步恢复。1—9月，财政民生支出3636.86亿元，同比增长3.6%，占财政支出比重达80%；城镇新增就业27.35万人，失业人员再就业7.11万人，就业困难人员实现就业3.04万人，城镇登记失业率处于2.52%的较低水平，均排在全国前十名；积极储备和投放冻猪肉，确保重要民生商品保供稳价，1—9月CPI同比上涨3.8%，涨幅比上半年回落1个百分点左右，其中9月上涨1.3%。

二、危机中育新机，2021年广西经济发展形势研判

（一）外部环境依然复杂严峻

全球疫情蔓延势头仍在延续，多国新增确诊病例再创新高，欧洲和北美新冠病例数加速上升，新兴市场国家新增确诊人数激增，造成国际贸易和投资大幅萎缩，主要经济体经济增长态势不容乐观，IMF预计2020年美国经济同比下降4.3%，欧盟经济同比下降8.3%，日本经济同比下降5.3%，俄罗斯经济同比下降4.1%，印度经济同比下降10.3%，全球经济下降4.4%。尤其是中美两大经济体的博弈局势持续紧张，美国将中企列入制裁实体清单，对中国公民实施签证限制，逐步从经贸层面蔓延到科技、教育、文化等领域，将对经济稳增长造成较为深远的影响。同时从广西经济运行特征看，随着外部环境持续偏冷，大量企业订单减少、资金周转不畅等风险增加，产业发展面临的困难仍然较多，新业态新模式等新增长点培育不足，消费回补提振速度面临"硬"瓶颈，房地产投资和民间投资增速保持低位，也为经济持续向好带来了较大压力。

（二）积极增长动能不断积蓄

危机中蕴含机遇，全国经济延续稳步恢复良好态势，发展内生动能不断增强，为广西积蓄增长动能打下了坚实基础。一是国家稳增长政策力度持续加大，把稳增长、保持经济运行在合理区间放在更加突出的位置，前期政策红利充分释放，政策协调不断加强，并更加注重稳定性、兜底性，将有力支持经济筑底回升。二是新一轮科技革命和产业结构加速变革，新产业新业态新模式蓬勃兴起，有利于广西抓住

机遇引进培育增长新动能。三是以畅通国民经济循环为主构建新发展格局，产业空间布局更加区域化和本土化，将加快形成东中西地区产业链、供应链大循环，中国—东盟跨境产业链、供应链区域性循环的模式，广西更好发挥区位优势承接产业转移迎来新的突破口。四是国家重点加强新型基础设施，新型城镇化和交通、水利等重大工程"两新一重"建设，广西加快推进新基建和"五网"建设，将加速信息基础设施、智慧城市建设步伐，激发新消费需求，助力产业升级。五是广西加大与大企业、大集团战略合作力度，相继与浙江大学、中广核集团、华润集团签署战略合作框架协议，与中国旅游集团、阿里巴巴集团、蚂蚁集团、紫光集团、交通银行等签署战略合作框架协议，将为经济增长带来新的增长动能。

综合判断，尽管2021年外部环境错综复杂的严峻态势没有改变，逆风逆水的挑战和各种潜在风险更加突出，但全国宏观经济发展稳健向好的态势已经确立，广西发展的内在动力和外在条件在不断积蓄，经济自我调整能力和韧性良好，机遇远大于挑战，为2021年经济持续有力恢复提供了坚实基础。初步预计，2021年广西地区生产总值增长6%左右，第一产业增加值增长4.5%左右，规模以上工业增加值增长5%左右，第三产业增加值增长7%左右，固定资产投资增长8.5%左右，社会消费品零售总额增长4%左右，外贸进出口总额增长7%左右，财政收入增长5%左右。

三、变局中开新局，在新发展格局中实现经济大发展

2021年是"十四五"开局之年，广西经济发展必须顺应宏观大势、服务国家战略、抓住发展机遇，全力做好"六保"和"六稳"工作，畅通供需循环，激发市场活力，促进经济开好局、起好步。

（一）抓住内需这一战略基点，畅通国内经济大循环

认真贯彻落实中央实施扩大内需战略的决策部署，落细落实促进消费稳增长各项措施，深度挖掘消费增长潜力，着力扩大有效需求，提升区内消费能力、供需适配，助力畅通国内经济大循环。一是充分挖掘消费增长点。结合节庆活动大力开展主题促销活动，持续开展汽车促销、家电以旧换新等活动，刺激居民消费。积极培育新兴消费业态，大力培育电商平台、直播销售等新消费模式，加快建立线上线下联动促销，优化规范市场监督管理，助推"夜间经济""地摊经济""小店经济"健康有序发展。二是积极扩大有效投资。围绕"双百双新""5个50产业项目""千企技改"以及"两新一重"等建设投资，进一步加强项目生产要素保障，全力推进工业互联网、5G、新能源汽车、大数据等新兴重点产业项目建设。深入推进"五网"建设大会战，建立完善项目数据库，对项目科学规划、实时监测，明确建设时间表与路线图，提高项目建设投资效率。三是积极提升供给质量。深化供给侧结构性改革，更加注重生态环保、标准引领、品牌建设、科技创新，推动"制造"向"智造""创造"转变。运用人工智能、大数据、云计算等先进技术，提升教育、医疗、养老、金融等服务供给，大力发展新业态新模式。发挥北部湾、东盟等优势，构建国际合作开放平台，带动区域和产业链协同发展。

（二）突出抓好"三企入桂"，持续增强产业链基础能力

以"三企入桂"为重点，创新招商引资方式，狠抓产业精准招商，聚焦产业链因企施策、精准对接，推动关键产业链补链、强链，不断增强产业链基础能力。一是加强精准招商。持续深化"央企入桂"对口招商活动，主动对接央企发展战略规划，抓好签约项目落地，扎实做好后续跟踪服务工作。持续推进"民企入桂"活动，主动对接中国民营企业500强、各省区市民营企业100强，加大对强优龙头实体制造业的招商力度。加快建立"湾企入桂"项目落地工作机制，制定支持"湾企入桂"若干政策，解决"湾企入桂"难点。二是创新招商方式。瞄准目标行业、"3个500强"、龙头企业、总部经济、独角兽和"瞪羚"企业等重点企业，加快引进重点企业和重大项目等"四新四高"产业落户各大园区。突出抓好能

耗、土地、资金等要素保障，着力优化营商环境，保障意向签约项目尽快签约，已签约项目尽快落地实施。三是加强产业链强链、补链。聚焦南宁和北海电子信息产业链、玉林机械产业链、防城港高端金属新材料产业链、钦州绿色高端石化产业链、崇左高端家居产业链等一批重点支柱产业链，采取"一链一策""一企一策"的方式，通过流程优化等方式帮助企业解决跨省、跨境产业链供应链协同问题，全力疏通堵点、连接断点。

（三）加快发展"三新经济"，培育新动能，打造新优势

抓住和用好战略机遇，发挥比较优势，通过积极转变思想、加快高端要素培育、提升企业创新主体地位、加快融合发展等举措培育新产业、发展新业态、拓展新模式，促进"三新"经济持续快速发展。一是加快高端要素培育。运用新技术改造提升传统产业，运用信息技术及互联网技术催生新产业、新业态、新模式，以技术的进步和革新来推动全要素生产力的提高。加快引进高端人才，建立面对全国和全球的高端人才网络信息系统，实现海内外高端人才资源与广西全面对接。二是强化科技创新支撑。发挥财政资金的杠杆作用，完善平台建设，加大税收优惠力度，拓宽融资渠道，积极破解制约企业创新的体制机制，激发企业创新的积极性。加强科技金融支撑，围绕创新链部署资金链，积极引导金融资本和民间投资向创新领域集聚，增强"三新经济"的融资能力和可持续发展能力，实现创新创业资源的有效集聚。三是加快融合协同发展。积极推动高新技术和新产业、新业态的融合发展，实现各种创新要素集聚，实现跨界融合。引导企业加大科研投入，促进新科技成果转化，鼓励传统产业依托信息技术改造升级。加强数字经济与实体经济深度融合，加快从现有产业和领域衍生叠加出新业态。顺应消费升级和供给升级大势，运用大数据、物联网等技术对传统企业的生产模式进行整合和重组，形成更加有效率、更加便捷、更有竞争力的商业模式。

（四）释放多重开放平台活力，挖掘培育外贸新增长点

加强开放合作意识，充分运用自身独特区位，聚焦自身定位、对标国际先进，加快推动自贸试验区建设，助推中国—东盟开放合作，切实推动外贸提质增效和转型升级。一是用好用足自贸试验区支持政策。加快重点领域产业发展，确立每个片区的"硬核"产业和重点产业集群，打造优势互补、紧密协作、联动发展的产业集聚区。加大跨境电商综合试验区、综合保税区和自由贸易试验区"三区"叠加政策平台研究力度，启动跨境电商"企业对企业"（B2B）出口试点业务，大力扶持自贸试验区跨境电商等新业态新模式健康快速发展。二是加强政策协调联动。加强贸易政策与产业政策、税收政策、投资政策的协调联动。加大税费减免力度，推动中小微企业的融资产品和融资模式创新，切实解决外贸企业税负重、融资难、融资贵等问题。发展外贸综合服务企业，促进其综合化、平台化、网络化运营，提高供应链管理能力和综合服务水平。三是营造更加宽松开放的营商环境。健全完善开放合作、联动互惠机制，引导广西自贸试验区、西部陆海新通道沿线地区以及中西部地区之间联合组团招商引资，搭建多区域开放合作平台，引导跨区域全要素联动发展。在市场准入、知识产权保护、环境保护、用工制度等方面加快改革，创造公平竞争的市场环境。积极推广"通关一体化""一站式办公""单一窗口"等高效管理模式，提高政府服务效率、政策透明度和贸易便利化水平。

（五）优先稳就业，全力保民生，坚决守住"保民生"底线

一是切实做好稳就业工作。落实失业保险稳岗返还政策，按时足额发放稳岗返还补贴。扩大国有企业、事业单位、基层服务项目等招聘招募范围，拓宽高校毕业生就业渠道。组织开展"金秋招聘月""就业扶贫行动日"等专项服务活动，扶持创业带动就业。将符合条件的生活困难的失业人员及家庭及时纳入最低生活保障范围，及时给予临时救助，实现"应保尽保""应救尽救"。二是着力强化社会保障。积

极筹集困难群众基本生活救助资金，提高城乡低保补助水平。对生活困难且失业保险政策无法覆盖的农民工及未参保失业人员，纳入临时救助范围。三是狠抓重点民生商品保供稳价。加大阶段性价格临时补贴工作的督促指导力度，做好常态化的价格临时补贴发放工作。提高价格临时补贴发放审批效率，严格按照国家和自治区的要求及时足额发放价格临时补贴。进一步落实地方储备粮油规模，明确自治区本级和各市冻猪肉和生猪活体储备任务。

［广西壮族自治区宏观经济研究院　杨豫萍　蓝荣侯　张卫华　尚毛毛　李　强　李美莲　周泽奇］

综合卷
专题篇

之一：2020年重庆市农村经济运行分析及2021年展望

2020年以来，面对新冠肺炎疫情影响，重庆市认真贯彻落实习近平总书记重要指示和中央一号文件精神，坚持疫情和灾害防控与经济社会发展两手抓，统筹推进"六稳""六保"工作任务，制定出台多项支持农业农村纾困发展的配套措施，着力克服疫情和极端天气对农业生产和农民生活的影响，农业农村经济实现恢复性发展，有效发挥了三农"压舱石"的作用。预计2020年农业增加值同比增长4.2%左右，农民人均可支配收入同比增长8.3%左右。

一、2020年重庆市农村经济运行分析

（一）总体情况

随着全市乡村振兴战略行动计划的深入实施，农业农村改革纵深推进，生态宜居美丽乡村加快建设，现代山地特色高效农业稳步发展，农业农村经济运行总体平稳。1—9月，全市第一产业增加值1216.91亿元，同比增长3.9%，与全国平均水平持平；农村常住居民人均可支配收入同比增长7.9%，比全国平均水平高2.1个百分点，城乡收入比值较上年同期缩小0.06。

（二）主要特点

1. 农业生产总体良好

2020年以来，尽管不利天气对农业影响明显，但在全市各级政府共同努力下，农业生产形势总体良好，小春粮油生产平稳，蔬菜产量稳步提升，畜牧业保持稳定。一是粮食生产基本稳定。坚持稳政策、稳面积、稳产量，及时兑现耕地地力保护补贴和种粮大户补贴，推动粮食生产功能区全部种粮，在充分利用撂荒地、提高复种指数和单位产量上深挖潜力。截至9月末，全市玉米、水稻基本收获完成，收获进度同比加快1.1个百分点。预计全年粮食种植面积3025.7万亩，产量1085.1万吨，比上年分别增加26.7万亩和9.9万吨。二是生猪生产加快恢复。相继出台18个专项文件大力恢复生猪生产，助推全市生猪存栏同比增长15.3%，能繁母猪数量增至96.4万头。三是蔬菜供给充足。全市加大蔬菜供应基地建设力度，加快速生类蔬菜生产，全市蔬菜播种面积稳中有增，产量累计达到1621.8万吨，同比增长4%。

2. 农民收入持续增长

"三农"领域"补短板"政策全面落地，农民增收"22条"措施加快实施，农民增收态势良好。1—9月全市农村常住居民人均可支配收入12265元，同比增长7.9%，较上半年提高1.8个百分点。农民收入增速始终保持"两个高于"，即高于全国平均水平和全市城镇居民收入增速（4.8%）。农民收入较快增长主要得益于：一是农产品销售顺畅。重庆市积极克服疫情影响，通过线上举办三峡柑橘国际交易会及大力发展直播带货、拼购等新业态，及时售出122万吨晚熟柑橘和100万吨青菜头，促进压栏家禽、压塘水产品等应销尽销。二是农民工就业恢复稳定。坚持创业扶持与稳岗就业相结合，推

动全市 3340 家区县级以上农业龙头企业全部复工复产，回引 2.9 万农民工返乡就业创业，春节前返乡的 605 万农民工实现应返尽返外出务工。三是财产性收入较快增长。全市累计量化集体资产 269 亿元，80% 的村级集体经济组织实现经营性收入，村均收入达 3.5 万元，累计有 63.7 万农民通过"三变"改革成为股东。四是转移性收入持续增加。31 项重点支农惠农政策全面落实，21.7 亿元耕地地力保护补贴已于 6 月底全部兑现到户。

3. 农村消费市场稳步回升

受疫情影响农村消费市场遭遇较大冲击，4 月后随着疫情防控形势持续向好，生产生活秩序加快恢复，"六稳""六保"及促消费各项政策叠加效应持续释放，农村消费市场稳步回升，持续高于城镇消费增速（见图 1）。1—9 月，全市乡村消费品零售额 1136.97 亿元，同比增长 -0.2%，较年初收窄 24.3 个百分点，高于全国平均水平，居西部第 2 位。一是农产品电商强劲发展。在疫情催生带动下，全市农村电商强势发展，助推农产品网络零售额同比增长 30.5%。石柱县与阿里巴巴集团盒马鲜生开展战略合作，打造全国首个"水上盒马村"。二是乡村旅游持续复苏。特色民宿、乡村露营地、康养基地等新业态加快发展，自驾旅游消费扶贫专项行动加快实施，助力全市乡村休闲旅游业恢复至正常年份的 70%。

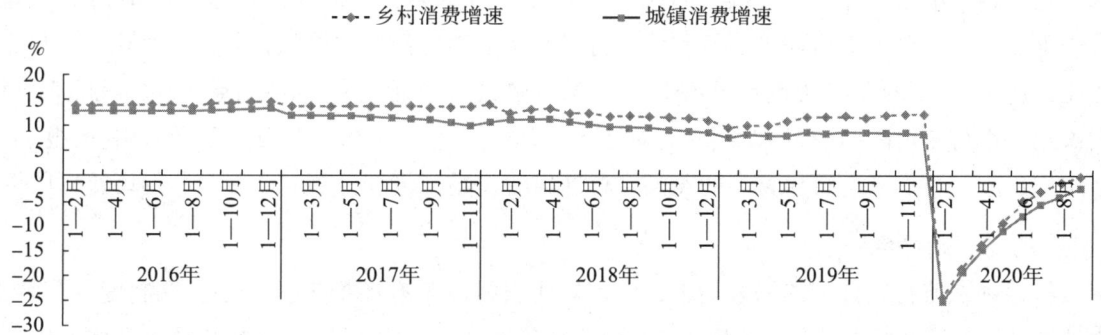

图 1　近几年重庆市城乡消费增长变化情况

4. 农业农村投资较快增长

乡村振兴战略深入实施带动全市农业农村有效投资积极扩大，乡村发展潜力逐步释放。1—9 月全市第一产业固定资产投资同比增长 18.1%，比第二产业领先 14.9 个百分点，高于全国平均水平（见图 2）。主要得益于：一是财政支农投入稳步增长。全市涉农资金统筹整合长效机制基本建立，农村人居环境整治、高标准农田建设等市级以上专项资金下达总额同比增加 13.4%。同时全市农业农村财政支持体制不断完善，地方政府债券高效发行，为全市 23 项农业农村领域争取到投资资金。二是金融服务"三农"力度加大。发挥银行保险机构基层网点信息资源优势，创新优化"三农"金融产品和服务模式，推动各级金融机构为 2600 户农户、涉农企业发放涉农贷款 40.1 亿元。三是社会资本投资农业农村重点项目加速落地，农业招商引资成效显著，乡村振兴项目投资加快，累计新签约乡村振兴招商引资项目 140 个，规划投资 444.5 亿元。

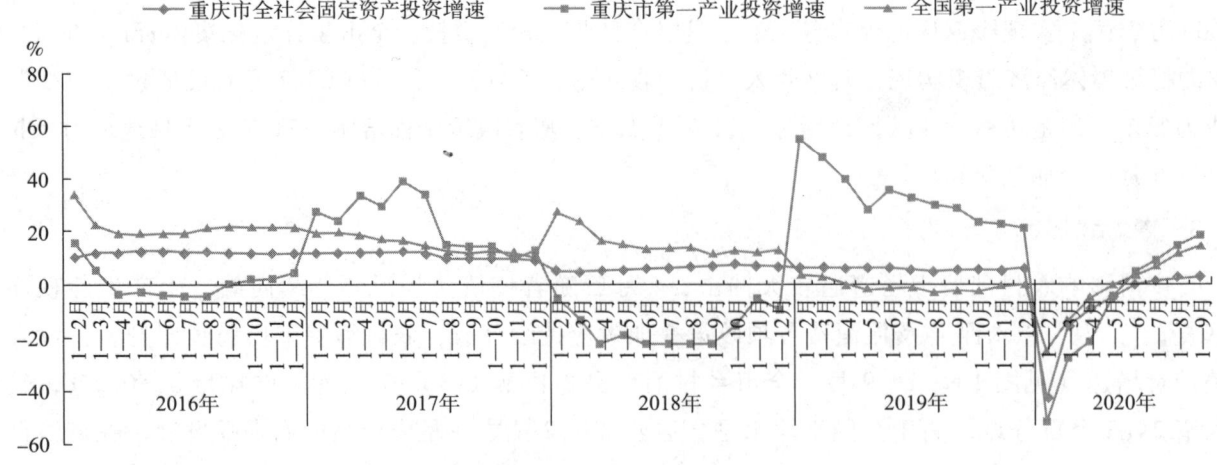

图 2　近几年重庆市农业投资增长变化情况

5. 农村人居环境整治显著改善

2020年是实施农村人居环境整治三年行动的收官之年。近年来重庆聚焦"6+3"任务框架①，着力补齐农村水、电、路、电信、环保等短板，加快推进农村厕所革命、生活垃圾治理、生活污水治理、村容村貌提升等重点任务，全市人居环境明显改善，村民环境卫生意识普遍增强，截至8月全市农村生活垃圾有效治理比例从2018年的90%提高到95%以上，累计创建绿色示范村1449个、市级美丽宜居乡村458个，分别占到全市行政村的16.6%和5.2%。如铜梁以建立"一户一档"积分台账形式引导村民养成卫生习惯；南川构建起一村一景、百村百态的美丽乡村新风貌；黔江创新开展"五治"② 行动让村庄更亮丽。

6. 农业农村改革纵深推进

随着乡村振兴战略行动计划的深入实施，全市农业农村改革有序推进。一是土地制度改革持续深化。第二轮土地承包到期后再延长30年试点扎实开展，承包地"三权分置"改革持续推进，宅基地改革稳步推进。二是"三变"改革试点扩面深化。完成整市推进农村集体产权制度改革试点，各经营主体与农户间构建起更加稳定的利益联结机制。1—9月新增农村"三变"改革试点村454个（累计达591个），带动11.4万贫困人口成为股东。三是"三社"融合发展全面推进。"三社"在组织形态、生产经营、利益联结、体制机制方面初步实现融合。目前全市供销系统已累计建立农业专业化服务组织376个，基层供销社已累计与1253家农民专业合作社实现股份融合，与1402家农民专业合作社实现生产融合。

7. 脱贫攻坚成果持续巩固

重庆积极细化、实化产业扶贫政策举措，加快实施产业、就业、消费、"志智双扶"等十大精准帮扶专项行动，探索建立完善防止返贫监测和帮扶机制，推动脱贫成果持续提升巩固，全市18个贫困区县已全部实现脱贫摘帽，贫困发生率降至0.12%。一是扶贫产业提质增效。目前全市通过柑橘等特色产业发展，基本实现有发展意愿和有劳动能力的贫困户产业全覆盖；18个贫困区县实现贫困村农民合作社全覆盖，有产业、有意愿的贫困户100%加入专业合作社。二是贫困劳动力就业形势向好。用足用好国家和市级支持稳岗就业政策，"扶贫车间"、鲁渝劳务协作、技能培训等有序推进，全市72.56万贫困劳动力实

---

① "6+3"任务框架，即六项重点任务和三项保障措施，其中，六项重点任务为分类推进农村"厕所革命"、全面推进农村生活垃圾治理、梯次推进农村生活污水治理、逐步推进村容村貌提升、加快推进农业生产废弃物资源化利用、加强农村规划编制引领。三项保障措施为引导村民养成良好卫生习惯、完善建设和管护机制、健全保障措施。

② "五治"，即治污水、治垃圾、治乱搭乱建、治乱挖乱采、治乱砍滥伐。

现务工就业，较上年底增加2.59万人。三是消费扶贫模式不断创新。构建起"1+N"消费扶贫政策体系①，畅通农产品上行渠道，通过"三专一平台"②累计销售扶贫产品35.1亿元，认定扶贫产品6300多个、供应商2400多家，带动贫困人口59.4万人。

（三）存在的主要问题

1. 农民工就业形势严峻

受疫情影响，市场需求萎缩，农民工就业形势仍然不容乐观。特别是农民工群体，由于文化程度不高、专业技能不足，就业选择面相对较窄，主要集中在制造业、建筑业及餐住、文化娱乐等服务业领域，2月、3月这些农民工集聚的行业企业（个体工商户）几乎全部停业歇业，农民工"返岗潮"延期，严重影响务工收入。4月后国内疫情形势好转，加之国家着力扩大内需，加快推进复工复产复商复市，农民工就业情况虽有一定好转，但由于全球疫情仍在加快蔓延，国内疫情也有所反复，住宿、餐饮、文化娱乐、旅游等服务型企业经营恢复较慢，外向型企业对劳动力的吸纳能力仍呈现弱势，全社会就业形势从疫情中恢复还需要一段时间，农民工就业压力仍然较大。

2. 乡村旅游品质亟待提升

疫情对全市乡村旅游业的短期冲击明显，也让制约全市乡村旅游业发展的长期问题加快暴露。疫情发生后，人们的自我防疫意识增强，对住宿、餐饮及卫生环境等的要求提高，与当前旅游基础设施、公共服务配套供给不足及部分经营主体卫生管理层次和意识低的矛盾进一步凸显。同时，部分旅游设施项目受用地指标约束，难以落地或建设缓慢，严重制约和影响乡村旅游业的长远发展。一是乡村旅游业发展速度远快于农村基础设施配套建设进度，特别是热门线路和景点，在旺季时人口流动量会突然大幅增加，容易导致交通堵塞、停车困难，供电供水、污水垃圾处理等公共服务设施配套不足，超负荷承载，既影响了乡村旅游消费的满意度，又加重了农村环境负担。二是乡村旅游业人才缺乏，乡村旅游从业人员以当地居民为主，文化水平普遍偏低且未接受专业培训，缺乏旅游方面的专业知识和管理经验，服务质量和卫生管理意识有待提高。

3. 影响农业生产的不确定性因素仍然较多

2020年疫情、汛情、灾情纷至沓来，全市农业生产的不确定性增大，农产品市场不稳定性增加，生猪产能快速恢复和养殖成本持续增加，扩大生产的风险加大。一是新冠肺炎疫情波及农业生产端、流通端及市场端。疫情发生后交通、人流、物流受阻，导致播种移栽收获进程推迟和生产成本上升，农副产品"隐形滞销"现象普遍发生，蔬菜、大米、瓜果等农产品因供需渠道不畅而价格飙升，部分农产品市场需求因餐饮、旅游业暂时关停而锐减。目前全市餐饮、旅游等服务业仍在恢复中，农产品大宗需求仍有待增加。二是暴雨洪涝灾害对农业生产的直接影响明显。7—8月全市各区县又遭遇暴雨"车轮战"，江河湖泊洪水和山洪等地质灾害频发，直接导致农田、棚舍、池塘损毁严重，水稻、农产品、蔬菜、柑橘、中药材、红薯等在土作物生长进程减缓，成熟瓜果、蔬菜等采摘收获进程受阻、成本上升。同时，土壤肥力因雨水冲刷降低，长期持续阴雨寡照，也会造成秋冬蔬菜、水果及春小麦、春油菜等作物生长滞缓，畜禽幼崽、鱼虾等幼苗成活率下降，进而影响农产品市场供给和农产品价格的稳定性。三是生猪养殖成本和养殖风险增加不利于生猪产业健康发展。仔猪价格持续走高及玉米等饲料价格涨势明显，养猪成本明显攀升。9月全市仔猪零售价93.94元/公斤，同比增长141.48%。同时，由于当前生猪养殖的高盈利

---

① "1+N"，即1个方案：《重庆市脱贫攻坚总攻消费扶贫（含电商扶贫）专项行动方案》，N个配套文件。
② "三专一平台"，即专区、专馆、专柜及消费扶贫线上平台。

吸引以及全国、地方生猪扶持政策持续加码，各类企业相继进入养猪行业，各大生猪龙头企业也持续扩大生产，随着生猪产能快速恢复和扩张，市场供给增加，将影响未来猪肉价格走势及生猪产业稳定发展。

二、2021年重庆市农村经济发展趋势展望

（一）全球农业一体化进程受疫情影响明显

2021年，受疫情、地缘政治、逆全球化思潮等影响，全球经济总体仍将处于艰难复苏阶段，农业一体化进程也可能放慢。据世卫组织预测，新冠肺炎疫情可能需要4~5年才能在全球范围内完全得到控制，因此疫情对全球贸易格局、投资格局等的影响仍将持续，特别是短期内贸易保护主义和单边主义将进一步强化，严重影响双边、多边的农产品自由贸易安排与全球农业一体化格局的形成。同时，全球疫情反复以及严峻的防控形势，叠加全球农业不稳定预期，造成部分国家恐慌性限制粮食和其他重要农产品出口，对粮食安全的担忧加重。中国是全球农产品最大进口国，一直通过国际国内"两种资源、两个市场"确保农产品供给，虽然国内粮食库存充足、生产稳定，但疫情对农产品市场的冲击明显，加之当前复杂的国际形势，进口农产品风险以及粮食、油料等大宗农产品进口预期不稳定性增加，蔬菜、茶叶、水产品等优势农产品出口受阻，不利于国际农产品供需平衡和国家粮食安全。

（二）以国内大循环为主体、国内国际双循环相互促进的新发展格局有利于进一步释放乡村消费需求潜力

2021年是"十四五"开局之年，随着新型城镇化和乡村振兴的协调推进、巩固脱贫攻坚成果同乡村振兴有效衔接的接续推进，以及促消费扩内需若干政策举措的贯彻落实，必将促进以国内大循环为主体、国内国际双循环相互促进的新发展格局加快形成，带来城乡区域之间生产、分配、流通、消费各环节整体循环加速，让各类要素更加自由地流动，进而实现乡村振兴、促进城乡融合。同时，随着乡村振兴战略的深入实施和城乡规划、体制、产业、人才、市场融合的大力推进，城乡壁垒加快破除，新型城乡关系加快重塑，蕴藏着巨大的消费需求潜力的现代农业建设、农村住房建设、农业农村基础设施建设、农村生态环境建设、农产品流通体系建设等领域必将迎来前所未有的发展机遇，农村和农民消费需求潜力也将得到进一步释放。

（三）全市乡村振兴战略行动计划深入实施将助力农村经济加快发展

2021年重庆仍将以落实"五个振兴"要求、深入实施乡村振兴战略行动计划为重点，持续推进乡村振兴，乡村发展活力将进一步增强，农业农村发展将再上新台阶。一是农业提质增效将进一步加快。高标准农田建设和农田宜机化改造及标准化、规模化畜禽养殖加快推进，现代农业产业园建设和"巴味渝珍"品牌创建不断深化，农业"接二连三"步伐加快，将有利于推进农业结构持续优化，提升现代山地特色高效农业综合效益和竞争力。二是农村面貌将不断改善。"五沿带动、全域整治"行动及"四好农村路"，农村饮水安全巩固提升，农村"厕所革命"，"智慧农业·数字乡村"建设工程和垫江、大足、渝北等国家数字乡村试点地区建设的持续推进，将有利于加快完善农村基础设施，不断改善农村生活环境，推进生态宜居美丽乡村建设，农村农业经济发展市内环境依然向好。

（四）2021年趋势预测

综合考虑以上因素，2021年全市农业农村经济运行将继续保持稳中向好态势。乡村振兴全面推进，脱贫成果持续巩固，农业总产值稳步增加，农产品有效供给显著提高，农民收入持续增长，农村人居环

境持续改善。预计全年第一产业增加值同比增长4.0%左右,农村常住居民人均可支配收入增速稳定在8.5%左右,乡村旅游接待人数和综合收入增速恢复至正常年份水平。

三、促进重庆市农村经济发展的对策建议

(一)稳定农业生产

一是加强农业生产信息服务。加强农资市场监测,准确把握农资市场走势,保障农资供应,稳定农资价格。及时提供农产品市场供求及价格情况,合理引导预期,有效规避市场风险。二是加大培训力度。加大对农民农业专业知识、技术水平的培训力度,免费向农民提供技术支持,稳定农户从事农业生产的积极性。三是加大动植物疫病监测防控力度,严格落实防控举措,确保产业安全。四是强化灾害预报预警。密切关注天气和作物长势,加强田间管理,加强灾害性天气预报分析,及时发布暴雨、大风等灾害预报预警,做好灾后灾情统计上报,及时指导农民开展灾后补救,降低损失。

(二)稳定农民工就业

一是通过定向定岗培训提升农民工就业能力。结合本地产业发展和企业用工需求以及农民工就业意愿,有针对性地开展定向、定岗培训和专项技能培训,提升转岗和失业农民工技能。同时围绕市场急需紧缺职业,大力开展建筑、机械、维修、家政、养老、餐饮、保安、物流等适合农民工就业的技能培训和快递员、网约配送员、直播销售员、汽车代驾员等新职业新业态培训。二是通过"以工代训"实现"以训稳岗"。以职业培训补贴的形式,鼓励支持企业、农民专业合作社和"扶贫车间"等各类生产经营主体吸纳农民工就业,并面向在岗和待岗农民工积极开展"以工代训"。三是通过就业创业培训实现农民工就近就业创业。重点围绕制造业、建筑业、服务业、乡土产业、休闲旅游业、餐饮业等开展技能培训,提高返乡农民工职业转换和再就业能力。同时鼓励农民工参加大数据、人工智能、电子商务等新技术新领域创业培训和创办企业、创业实训、经营管理等方面培训,提升创业质量和层次。

(三)推进乡村旅游提档升级

一是完善乡村旅游配套设施建设。推进乡村旅游线路优化和景区道路、停车设施新建和改扩建,推进垃圾和污水治理等农村人居环境整治,补齐乡村旅游基础公共服务设施建设短板。同时引导鼓励连锁药店、连锁超市等布局网点,构建完善的农村社区商业体系。二是加强乡村旅游品质建设。加大农村餐住业、商贸零售业等行业人员培训力度,积极引进培育住宿、饮食、卫生、安全等设施建设及专业服务人才,提高从业人员综合素质,增强品质和服务意识。三是加大乡村旅游配套设施用地支持。支持农村集体经济组织依法使用自有建设用地,通过自办或以土地使用权入股、联营等方式参与乡村旅游基础设施建设。支持乡(镇)土地利用总体规划预留一定比例的规划建设用地指标,用于零星分散的单独选址乡村旅游设施等建设。

[重庆市综合经济研究院(重庆市经济信息中心)宏观经济研究课题组
主研:易小光 丁 瑶 苟文峰 赵炜科 张 超 邓吉敏
执笔:邓吉敏]

之二：2020年重庆市工业经济运行分析及2021年展望

2020年以来，新冠肺炎疫情在全球范围内持续蔓延，全球经济陷入深度衰退；国内经济总体呈现稳步复苏态势，但面临的外部风险和挑战明显增多。在此宏观背景下，重庆积极克服疫情对工业经济影响，强化产业链、供应链稳定，全力推进工业企业复产达产，加强核心产业支撑带动作用，加快培育新兴产业发展新动能，全市工业经济在短期内实现触底回升，快速恢复稳定增长态势。预计2020年重庆工业增加值同比增长5.4%左右。

一、当前重庆市工业经济基本情况和主要特点

（一）总体情况

在工业企业复工复产、支柱产业市场订单增加等带动下，重庆工业经济呈现恢复性增长态势。3月以来，全市工业增加值单月增速逐月回升，上半年累计增速转为正增长，1—9月，工业增加值同比增长4.4%，高于全国平均水平3.2个百分点（见图1），工业增加值增速在全国排位由第一季度的第25位上升至第5位。企业产销稳步向好，调查显示①，在市场需求改善带动下，全市企业设备综合利用率为76.4%，规模以上工业产销率稳定在97.5%以上的相对较高水平。

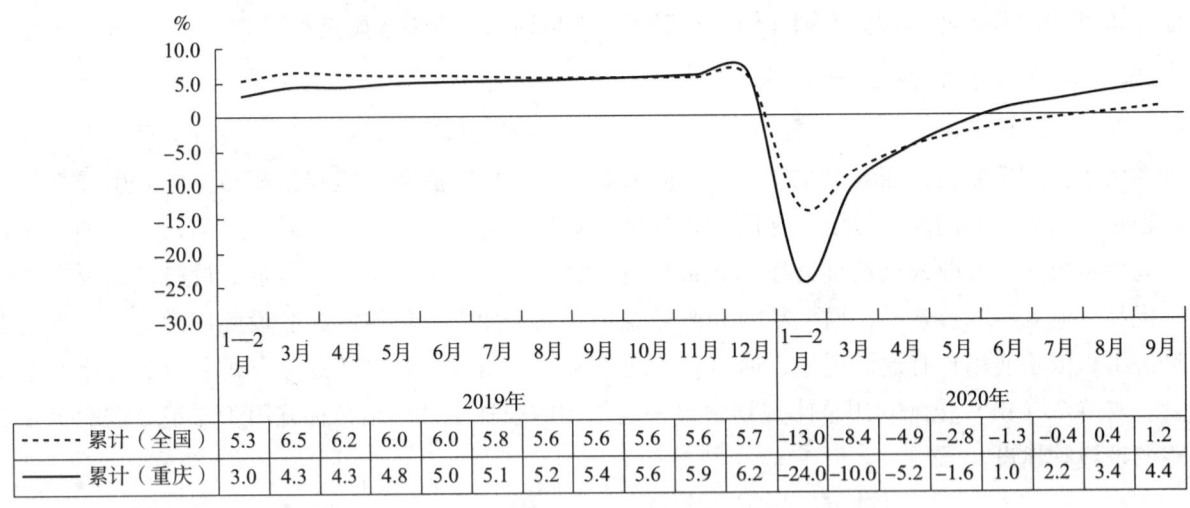

图1　全国和重庆市规模以上工业增加值累计增速对比

（二）主要特点

1. 核心产业支撑作用增强

支柱产业总体均呈现逐步恢复态势，其中电子、汽车、材料产业增长最快，是全市工业经济回升主

---

① 重庆市经济和信息化委员会针对2020年1—9月全市513户重点企业的问卷调查。

要支撑。具体来看，电子产业在企业复工复产、订单增加等带动下，累计增速于4月实现了转负为正，并呈现持续加快走势，1—9月同比增速持续回升至12.2%；汽车产业在"林肯冒险家SUV""长城炮越野版皮卡""长安UNI-T"等高端新车型带动下，从4月开始持续实现当月两位数增长，结束了长达30个月的累计运行下行态势，1—9月同比增长达8.2%；材料产业在基建投资拉动下同比增长4.9%；装备制造、医药、消费品、能源工业均恢复正增长态势，1—9月分别同比增长1.2%、2.7%、0.5%、0.7%；摩托车产业降幅持续收窄至-3.4%（见表1）。

表1 2020年全市工业支柱产业增加值增长情况（%）

产业名称	1—2月	1—3月	1—4月	1—5月	1—6月	1—7月	1—8月	1—9月
汽车	-39.6	-24.8	-17.4	-8.7	-2.2	0.5	3.5	8.2
摩托车	-38.5	-18.8	-14.0	-9.7	-8.1	-6.2	-3.9	-3.4
电子	-22.9	-3.3	5.6	7.3	8.6	9.6	11.4	12.2
装备制造	-28.1	-13.7	-8.0	-4.3	-1.3	-0.1	0.8	1.2
医药	-14.7	-0.9	1.1	2.1	2.1	2.1	2.1	2.7
材料	-22.6	-10.4	-5.8	-1.0	1.3	3.0	4.5	4.9
消费品	-20.9	-7.7	-3.1	-0.7	0.9	1.7	1.0	0.5
能源	-5.5	-2.2	-1.0	-2.2	-1.1	-1.8	-0.1	0.7

2. 工业经济新动能快速成长

高技术产业、战略性新兴产业较快增长，成为全市工业经济回升主动力。1—9月，全市高技术产业、战略性新兴产业增加值分别同比增长11.3%、11.0%，高于全市规模以上工业增加值增速6.9个、6.6个百分点，占规模以上工业增加值的比重分别提高到18.8%和27.3%，对全市工业经济增长贡献突出。产业补链成群成效明显，工业新产品快速放量，1—9月，全市集成电路、液晶显示屏等上游高技术产品分别增长36.9%和29.6%，智能手表、3D打印设备等电子产品产量同比增长1.3倍和28.4%。投达产项目拉动作用显著。在工业新建项目加快推进带动下，1—9月，全市工业投达产项目86个，合计完成产值680.1亿元，其中新投产项目净增产值274.4亿元，占投达产项目产值的40.3%。

3. 工业企业运营信心逐步恢复

随着汽车、电子等产业产销形势好转，全市规模以上工业利润逐步向好，工业企业发展信心有所恢复。1—9月，全市规模以上工业利润同比增长7%，高于全国平均水平15.1个百分点，在全国的排位由1—2月的第25位大幅跃升至第2位。汽车、电子两大产业是全市工业利润回升主要支柱，其中汽车产业累计利润连续两个月扭亏为盈，1—7月利润总额50.7亿元，对全市工业利润增长贡献率达141%；电子产业利润同比增长18.7%，对全市工业利润增长贡献率为42.5%。工业投资逐步回升。在工业效益改善带动下，1—9月全市规模以上工业投资同比增长2.9%，其中能源工业、材料产业和医药产业投资增速分别达到26.5%、23.8%、22.1%，工业技改投资累计降幅较第一季度收窄了23.2个百分点。

4. 工业经济智能化发展成效显著

聚焦大数据、智能化，企业数字化、智能化发展步伐加快。工业智能化改造成绩突出。1—9月，重庆已经累计推动2200个智能化改造项目，建成67个智能工厂和359个数字化车间。其中重庆川仪自动化股份有限公司等10家企业入选2020年度重庆市智能制造标杆企业。企业"上云"加速推进。国家工业互联网标识解析顶级节点（重庆）上线运行，接入二级节点5个、企业节点248个，标识注册量3800万个，累计解析量2461万次。引进培育了197家工业互联网服务企业，累计推动了5.5万余家企业"上云上平台"，企业生产效率不断提升。

（三）主要问题

1. 工业经济市场需求仍然偏弱

受到全球疫情的影响，国内外市场需求仍然偏弱，在一定程度上制约全市工业经济可持续增长。从国际需求看，受国外疫情影响，国外工业商业活动受限，市场需求总体疲软，重庆一般贸易出口增长乏力，加上受中美经贸摩擦影响，市内高新技术产品、机电产品等出口受限，摩托车、通机、材料等产业发展受到影响。从国内需求看，工业经济市场需求恢复弱于生产，工业企业产销循环不畅，将影响工业经济的稳定增长。受市场需求不足影响，1—9月全市工业生产者出厂和购进价格指数累计同比分别为-1.0%和-0.2%，工业供需矛盾有所凸显。

2. 工业企业生产经营困难较多

在全球经济衰退、国内经济下行压力加大的宏观环境下，全市工业企业生产经营更加困难。工业企业尤其是小微企业资金压力增大。受到疫情影响，企业经营收入减少、资金回笼较慢，但职工工资、贷款利息、房租等刚性支出仍然存在，部分工业企业资金周转更加困难。同时，1—7月，全市工业领域贷款余额占全社会贷款余额的比重同比降低0.7个百分点，工业企业应收账款平均回收期同比增加8天，进一步加剧了企业资金紧张局面。工业企业人才短板仍较突出。由于市内人才政策吸引力不强，区县及园区生活、娱乐、教育等配套不完善等，企业中高端技能人才尤其是大数据、人工智能、软件信息等专业人才引进难、留住难。此外，市内工业企业还面临生产成本上升、创新能力总体偏弱、存在物流瓶颈等问题。

3. 产业链和供应链受到影响

重庆电子、汽车等关键产业本地配套体系不健全，在全球疫情和经贸摩擦背景下，工业经济产业链、供应链面临较大断供风险。汽车和电子产业发动机、芯片等关键部件需要从市外采购或者进口，以汽车为例，涡轮增压器、电子驻车系统、滤芯器等汽车零部件需从湖北、江苏、上海等国内省市外资与合资企业采购，占重庆全部汽车零部件配套的25%；自动变速器、电喷系统、汽车芯片等高技术含量、高附加值部件需从日本、德国、美国等国家采购，占重庆全部汽车零部件配套的5%。这些零部件虽然占比不大，但在关键时候可能成为"卡脖子"的关键因素，导致整个产业链的断裂。同时，美国掀起"中美产业链局部脱钩"的新一轮高潮，国内产业链、供应链面临的市场风险更加突出。

二、2021年重庆市工业经济运行环境分析及趋势展望

（一）国际环境更加复杂严峻，全球制造业发展形势不容乐观

世界面临百年未有之大变局，在疫情冲击下，全球化进程和世界经济复苏进一步放缓，制造业面临的国际环境更加复杂严峻。一是国际需求增长仍然乏力。受新冠肺炎疫情、国际经贸摩擦等影响，全球经济仍将处于低迷状态，国际需求复苏较为缓慢，国际贸易增长动力依然不足，工业品需求恢复到疫情前的水平较困难，全球制造业发展形势不容乐观。特别是新冠肺炎疫情导致全球部分产业链、供应链循环受阻，制造业全球化资源配置及生产活动将受到一定影响。二是制造业跨境投资动力不足。受新冠肺炎疫情、国际需求不足影响，跨国公司全球投资动力依然不足。经济逆全球化加剧，各国投资保护主义强化，美国、日本等发达国家实施产业回迁政策，加之新冠肺炎疫情使各国更加关注产业安全，产业本

土化、区域化布局趋势更加明显，中国吸引全球产业投资难度将有所增大。但也应看到，全球新一轮科技革命及产业转化加速推进，全球新能源汽车、智能产业等投资依然活跃，有助于中国加快布局新产业，抢占新一轮全球制造业发展制高点。

（二）国内经济持续稳定复苏，工业经济发展新空间不断拓展

中国将加快建设现代产业体系，着力推动关键产业、关键技术，确保产业链、供应链稳定，持续优化企业发展环境，促进产业高质量发展。一是国家"内循环"扩大工业市场空间。以国内大循环为主、国内国际双循环相互促进的新格局加快打造，将进一步激活国内需求动力，扩大工业品市场需求，也有助于外向型产业加快出口转内销，为工业发展注入新动力。二是产业创新发展动能不断增强。国家将强化创新发展政策，加快推进数字经济、智能制造、生命健康、新材料等前沿领域科技创新和产业发展，确保产业链、供应链自主可控，培育壮大新增长点增长极。同时，工业互联网、5G等加快应用，将进一步提升工业经济智能化水平，催生更多工业新业态新模式，为工业发展注入新活力。三是区域协调发展战略引领工业特色化发展。京津冀、长三角、粤港澳大湾区、成渝地区双城经济圈等区域增长极加快打造，主体功能区的加快实施，将优化国内生产力布局，推动各地区工业差异化、特色化发展、集聚集群发展，有利于各地做大做强优势支柱产业，提升产业市场竞争力。但国内工业经济发展面临工业企业经营困难、产业链供应链风险突出、出口订单不确定性大等问题，短期内工业经济运行仍面临一定压力。

（三）市内工业运行环境持续向好，工业经济新动能加快成长

随着市内各平台功能不断完善和各项扶持政策效应的逐步发挥，工业经济运行环境将进一步优化。一是工业发展环境持续优化。随着全市营商环境建设力度加大，"放管服"改革持续深化，工业经济发展政务环境、市场环境加快优化，将提振工业经济发展信心。同时，国家减税降费政策深入实施，市内融资、降本增效等助企政策落地，企业智能化升级、上云平台等政策力度加大，将激发工业企业发展活力。二是工业发展新动能支撑充足。2020年以来全市累计签约工业项目759个，总投资4348亿元，工业经济发展项目储备较为充足，三一、吉利、康佳等一批工业大项目加快推进，将对工业经济增长发挥重要支撑作用，全市工业经济发展后劲较为充足。同时，聚焦大数据、智能化，将为工业经济发展注入新动力。三是工业发展平台加快完善。成渝地区双城经济圈建设加快推进，将推动合作共建工业园区探索，提升两地产业分工协作水平；"一区两群"协调发展新格局加速构建，将进一步优化全市制造业区域布局，带动区县园区平台建设，促进工业集聚集群提升发展能级。同时，中国西部（重庆）科学城、重庆高新区等加快打造，提升重庆工业创新发展能力。但全市工业经济发展仍面临市场需求不畅、企业经营成本上升、产业发展质量不高等问题。

（四）2021年重庆工业经济运行趋势展望

综合看来，2021年重庆工业经济发展的国际、国内环境将有所优化，全市将聚焦大数据、智能化，推动企业智能化升级，引导企业上云平台，大力培育工业经济新动能，强化企业发展政策支持，全市工业经济动力依然较强。预计2021年全市工业增加值同比增长6.8%左右；其中规模以上工业企业增加值同比增速约为5.4%，工业投资同比增长6.0%左右。

三、对策建议

（一）持续推进工业转型升级，积极拓展市场销售渠道

在工业经济市场需求恢复缓慢、市场竞争加剧的环境下，需帮助工业企业提高智能化、信息化、数

字化水平，增强市场竞争力，多渠道拓宽产品市场，促进供需平衡。一是推动工业企业智能化转型。搭建工业企业智能化改造服务平台，定期开展智能制造培训，加大对智能化改造的资金政策支持力度，推动工业企业向智能化生产、网络化协同、个性化定制与服务化延伸等"新四化"模式转型发展，不断增强工业企业核心竞争力。二是多渠道拓展新市场。引导和鼓励工业企业结合市场需求变化加快新产品研发、生产和投放。强化与品牌采购企业的沟通合作，争取品牌企业新订单。充分利用线上线下展会和促销活动，紧盯构建国内国际双循环带来的新机遇，大力开拓国内国际新市场。三是强化市场供需对接。打造全市重点行业产业链供需对接平台，提供重点行业供需信息采集、发布和管理服务，强化重点行业产业链供需情况的监测、分析和预警，打通市场需求和工业企业生产能力的对接环节，力争实现工业企业供需精准对接。

（二）着力提升要素保障能力，优化工业企业发展环境

针对当前工业企业生产经营存在的困难和问题，需进一步提升资金、人才等要素保障能力，不断优化工业企业运营环境，推动工业企业健康发展。一是加大稳企资金保障力度。探索设立更多助企纾困、促进工业产业发展的专项资金，拓宽工业和信息化专项资金覆盖范围。鼓励金融机构推出更多针对困难工业企业尤其是小微企业的首贷、信用贷、无还本续贷产品，引导企业融资利率继续降低。二是加强工业人才队伍建设。采取政企校联合培养人才模式，共建二级学院，围绕企业人才需求，开展新型学徒培养。搭建引才平台，不断优化高层次技能型人才引进政策，大力支持工业企业引进海内外专业人才。三是继续优化工业企业运营环境。深入落实各项减负降本政策措施，强化对工业企业运营情况的形势研判、专项调度和定向帮扶，完善对企政策咨询服务，对重点企业实行专人驻企联络服务，专人专班协调解决企业生产经营过程中的困难和问题。

（三）重点推进补链强链延链，确保产业链和供应链稳定

在产业链、供应链稳定受到影响的环境下，需进一步完善产业链条，构建多点支撑的产业体系，不断增强科技创新能力，确保产业链、供应链稳定。一是着力完善产业链条。针对汽车、电子等核心支柱产业的薄弱环节和缺失配套产品，大力引进国内外相关产业环节企业和重大带动项目。鼓励和支持有能力的本地企业研发生产本市缺乏或薄弱环节产品。二是提升产业链、价值链竞争力。基于全球产业链智能化数字化的新趋势，加快推进5G、人工智能、工业互联网等新型基础设施建设，大力发展智能产业、数字经济等新兴产业，抢占数字经济产业链、价值链中高端地位，打造工业经济发展新优势。三是增强科技创新能力。高标准严要求推进中国西部（重庆）科学城建设，扶持和孵化一批研发能力强、掌握核心技术、有发展潜力的科技创新型企业群，加大对"卡脖子"问题研发的资金支持，围绕关键技术产品开通专利、发明、标准等绿色通道。

[重庆市综合经济研究院（重庆市经济信息中心）产业经济研究课题组
　　主研：易小光　丁　瑶　余贵玲　苟文峰　张　超　贺诗倪
　　执笔：贺诗倪]

之三：2020年重庆市投资形势分析及2021年展望

2020年以来，重庆市统筹推进疫情防控和经济社会发展，着力加大稳投资政策支持力度，强化"两新一重"基础设施和产业投资项目建设精准施策、加密调度，全市重大项目建设取得积极进展，投资总体保持恢复性增长态势。预计2020年全市固定资产投资11810亿元，同比增速在4.2%左右。

一、2020年重庆市投资运行情况

（一）总体概况

年初受疫情冲击影响，全市投资承压下行，随着后期各项稳投资政策落地实施，重大项目建设加快，投资呈现恢复性增长态势。1—9月，全市固定资产投资同比增长2.5%，增速年内逐月回升，并高于全国平均水平1.7个百分点（见图1）。分领域看，基建投资加码提速是投资回稳的主要支撑；工业投资加快放量，同比增速自8月起由负转正；房地产开发投资总体保持低位运行（见图2）。

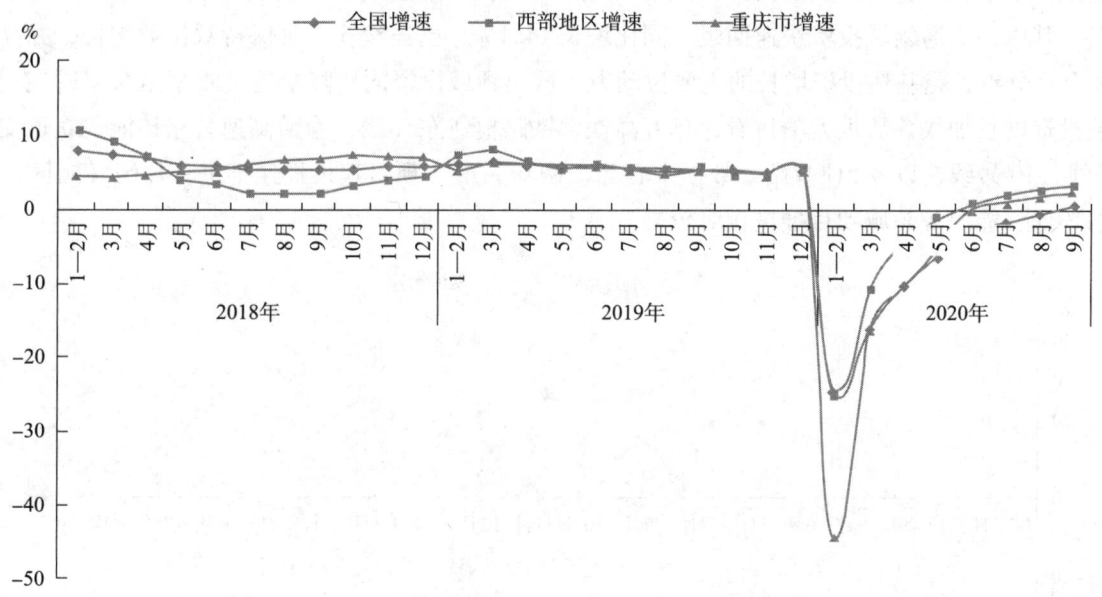

图1 2018年以来全国、西部地区和重庆市固定资产投资累计增速比较情况

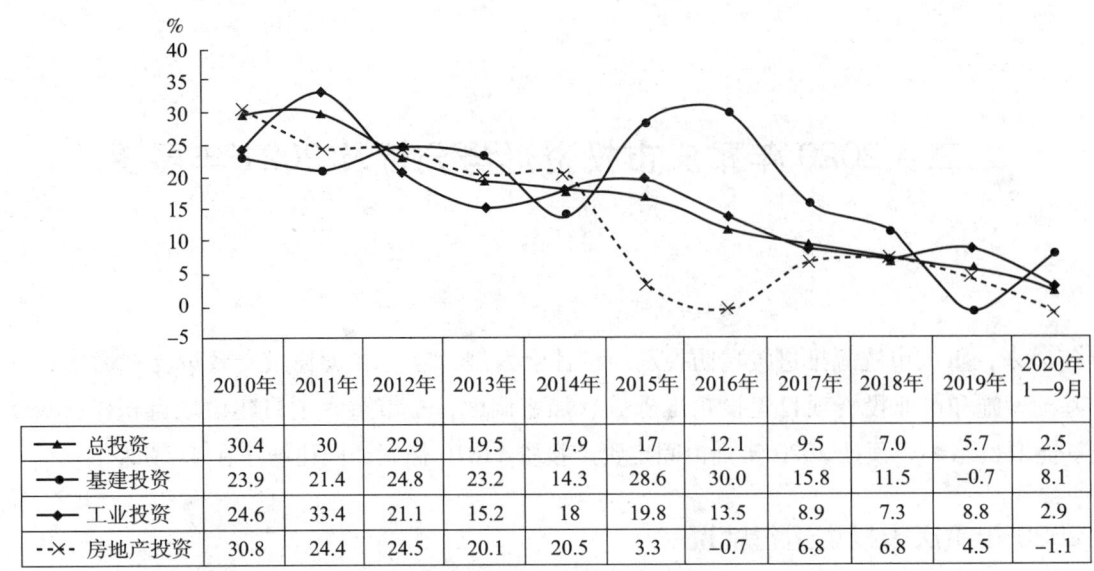

图2 2010年以来重庆市固定资产投资及基建、工业、房地产投资增速变化情况

（二）主要特点

1. 基础设施投资稳步回升

2020年以来，重庆积极争取地方政府专项债等支持，强化重大项目协调调度，全面提速"两新一重"建设，基础设施投资增速逐月加快回升（见图3）。1—9月，基建投资同比增长8.1%，高出上年同期9.3个百分点。其中，交通领域投资快速回暖，同比增长14.1%，已连续6个月保持双位数增长，并高于上年同期5.8个百分点，是基建投资增长的主要拉动力；城建领域投资同比降幅逐月收窄至6.6%；农林水利、邮电领域投资增长加快。从重大项目看，郑万高铁，铁路枢纽东环线，渝黔高速公路扩能，轨道交通5号线、9号线、10号线，以及5G基站、数据中心等"两新一重"项目建设提速推进；片区（园区）基础设施、生态环保、能源等领域项目推进相对较慢。

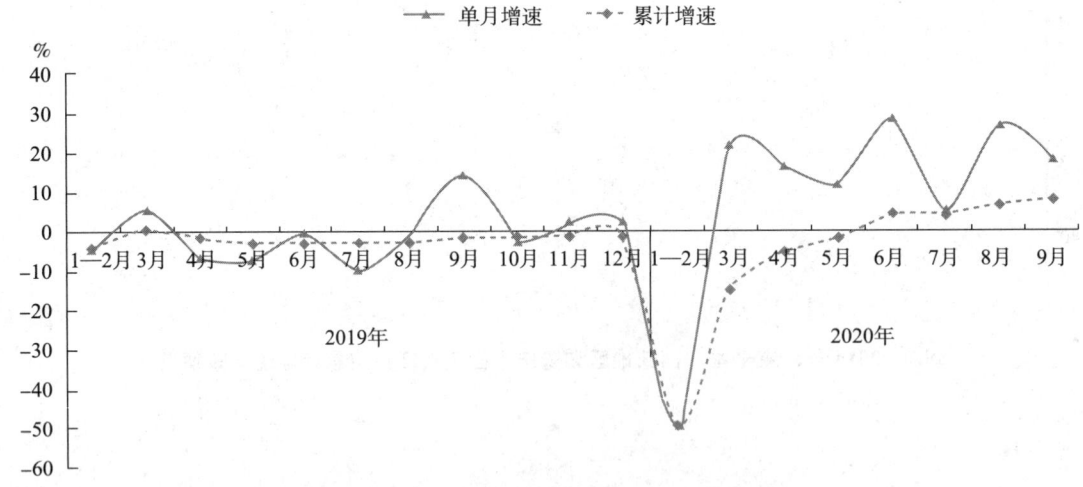

图3 2019年以来重庆市基础设施投资运行情况

2. 工业投资保持稳定增长

随着全市强化工业运行调度和招商引资，重大项目持续发挥带动牵引作用，工业投资实现恢复性增

长。1—9月，工业投资同比增长2.9%，增速自年初逐月回升，并高于全国同期水平6.2个百分点（见图4）。工业重大项目推进有力是工业投资逐步恢复的主要因素，1—9月工业新开工项目计划总投资、工业项目平均规模分别同比增长13%、10.6%，较上年同期高出22个和21个百分点。分产业领域投资看，电子、医药、材料、能源等产业投资均实现两位数增长，是工业投资的重要支撑。其中，SK海力士（二期）、OPPO（重庆）智能生态科技园等百亿级项目加快放量，带动电子产业投资同比增长14.1%，高于上年同期11.3个百分点；防疫物资需求激增带动医药产业投资自年初以来持续保持20%以上增长。汽车产业投资在中交科创STS电动车生产项目、比亚迪20吉瓦时/年锂离子电池生产项目等重大项目带动下，降幅逐步收窄至29.5%；摩托车、装备、消费品产业投资低速运行。

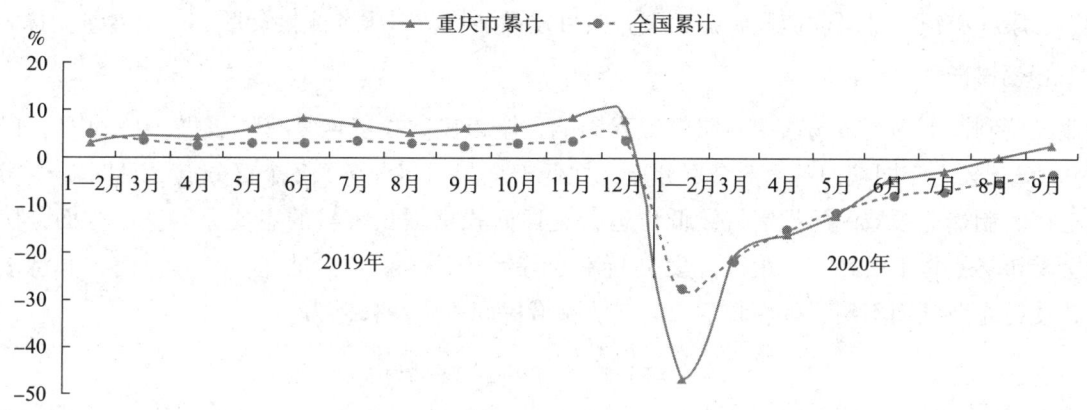

图4　2019年以来全国及重庆市工业投资增速变化情况

3. 房地产投资低位运行

随着房地产调控力度逐步强化，在市场调整、融资收紧等影响下，全市房地产开发投资保持低速增长。1—9月房地产开发投资同比下降1.1%，分别低于上半年和全国同期水平1.8个、6.7个百分点（见图5）。重庆在当前发展阶段对产业集聚和人口的吸引力不足，客观上对房地产市场的支撑较弱；土地购置增长慢、商品房市场销售不活跃，也使得房地产投资低位运行，其中，1—9月全市土地购置费同比增长0.9%，自6月转正后逐步回落，商品房施工、新开工面积以及销售面积、销售额均呈现负增长。分区域投资看，主城都市区仍是房地产开发投资重点区域，渝东南武陵山区城镇群房地产开发投资增速总体快于渝东北三峡库区城镇群。

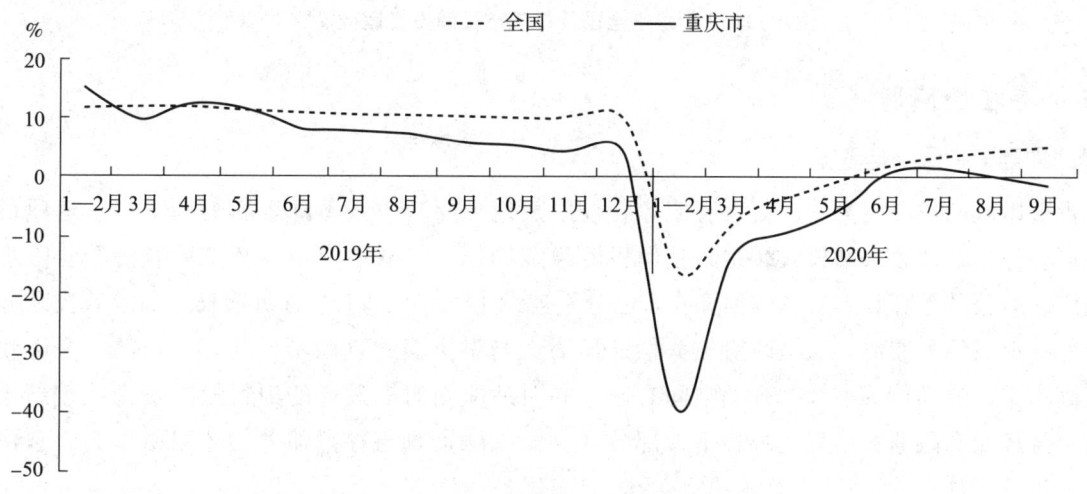

图5　2019年以来全国及重庆市房地产投资增速变化情况

4. 服务业投资缓慢回升

在交通运输、信息技术等领域投资快速增长带动下，服务业投资增速有所回升。1—9月，全市服务业投资同比增长1.9%，较上半年高出0.2个百分点。分领域看，信息技术、交通运输业投资提速是服务业投资回升的主要动力。其中，以5G网络、数据中心、人工智能等新型基础设施建设为主的信息传输与信息技术服务业投资增长141.2%；在普洛斯重庆跨境贸易物流基地、中集股份多式联运（重庆）智能应用基地等物流项目提速投建带动下，交通运输业投资同比增长12.2%。但疫情对线下服务业投资持续产生影响，住宿餐饮、租赁和商务、文体娱乐业投资仍较低迷，分别同比下降23.6%、3.5%、25.6%。同时，服务业转型升级投资稳步推进，十八梯传统风貌区、"巴渝乡愁"农旅项目、恒大长寿湖特色小镇、三峡云端生态康养小镇等升级改造和旅游、康养项目建设加快，对服务业投资形成一定增量支撑。

5. 民间投资增长乏力

受企业经营利润下降、市场预期不明等因素影响，全市民间投资恢复总体较慢。1—9月，民间投资同比下降0.3%，较上年同期回落4.5个百分点，并低于全国同期水平1.2个百分点（见图6）。分投资领域看，房地产、制造业领域民间投资持续低位运行是民间投资增长疲软的主要原因。一方面，房地产领域民间投资受市场销售不活跃、房地产开发创新不足等制约，增长较为低迷。另一方面，经济下行叠加疫情影响，使得企业预期不明、盈利收窄，制造业领域民间投资增长乏力。

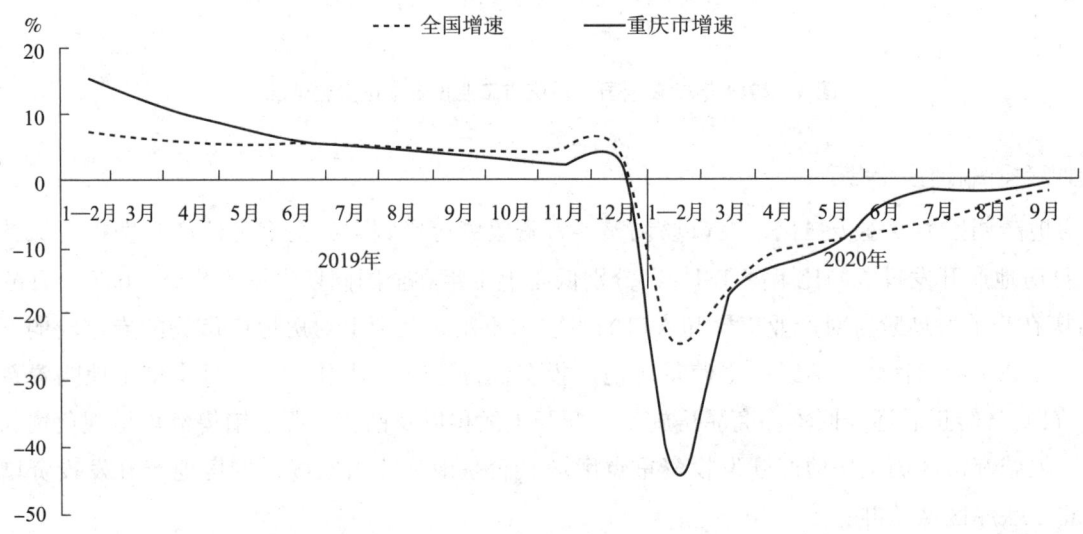

图6　2019年以来全国及重庆市民间投资运行情况

（三）存在的问题

1. 基建项目资金保障难度加大

基建投资以政府类投资为主，受政府债务管控以及地方财政收入下降等影响，全市基建项目资金保障压力凸显。一是财政收入增长放缓制约基建投资稳定增长。受减税降费以及实体经济经营困难等因素影响，全市一般公共预算收入、基金预算收入已分别连续17个月、21个月负增长，财政收支矛盾突出对投资资金保障形成明显制约。二是政府债务偿还压力大与融资模式创新不足并存。目前，全市政府债务率已处偏高水平，专项债等继续扩容的空间有限，同时适应新时期发展的项目投融资模式创新不足，在政府投融资管控及金融监管加强的环境下，部分区县面临融资难与存量债务偿还双重压力，基建投资资金保障难度进一步加大。

2. 产业投资意愿和信心仍不足

在经济下行及疫情冲击影响下，市场环境较为低迷，产业投资受到多重制约。一是制造业投资信心偏弱。受经济下行及疫情影响，国内外需求总体疲软，制造业企业生产经营困难较多，1—9月全市规模以上工业企业亏损面达14.6%，亏损额占全部工业利润的15.9%，市场需求不足、企业盈利空间压缩等对市场主体投资信心形成明显制约。二是服务业投资增长压力持续存在。疫情对接触式、聚集性消费冲击明显，且短期内难以恢复常态，在一定程度上制约了旅游、住宿餐饮等相关服务业投资信心。同时，受政策预期不明和多头监管等影响，服务业民间投资在医疗健康服务、文化教育等领域准入仍面临重重制约。

3. 房地产投资后续增长较乏力

重庆产业发展和人口流入对商品房的消化支撑偏弱，部分房企开发运营模式缺乏创新使得商品房尤其是非住宅商品房库存持续积压，房地产投资增长后劲不足。一是人口、资金等多因素制约房地产开发投资。与沿海地区相比，全市产业结构总体偏中低端，对人口的吸引能力较弱，从而难以对房地产需求形成有力支撑。同时，随着房企融资监管等调控政策逐步强化，企业增量融资收紧也在一定程度上制约房地产开发投资增长。二是部分房企开发运营模式创新不足造成库存累积。受电商冲击影响，传统商业模式对消费者吸引力明显减弱，叠加当前经济下行压力，缺乏创新的新建商业中心更加难以吸引实体店入驻，伴随商品房销售的持续放缓，潜在的库存仍在增加，进一步抑制房地产开发投资信心。

二、2021年重庆市投资运行环境分析及预测

（一）国际投资形势不容乐观

疫情对全球政经形势、经贸投资格局将持续产生影响，世界经济复苏乏力，"逆全球化"思潮升温，国际投资形势面临较多不确定性。从国际权威机构预测看，IMF预测2021年全球经济增长5.2%，较6月预测下调0.2个百分点；日内瓦—联合国贸发会议《2020年世界投资报告》预计，2020年全球FDI流量下降近40%，2021年将进一步减少5%~10%。从国际投资形势看，单边主义、保护主义抬头，贸易摩擦继续筑高国际投资壁垒，全球经贸版图区域化、割裂化加深，产业链、供应链布局将呈现明显的区域化、本土化趋势，跨国企业对外投资步伐将进一步放缓。同时，全球地缘政治格局深度调整，地区冲突、资源能源争夺等加剧，也将影响国际资本流动。新兴市场经济脆弱性上升，普遍面临资本外流压力，我国得益于相对较好的疫情防控形势，将对国际资本引入形成一定支撑。

（二）国内投资运行稳中承压

我国疫情防控取得积极成效，经济将延续恢复性增长态势，围绕构建以国内大循环为主体、国内国际双循环相互促进的新发展格局，投资关键支撑作用将进一步发挥，但国际贸易规则重构，产业链、供应链布局调整等不确定因素增多，国内结构性矛盾和周期性问题亟待解决，投资实现稳定增长仍面临一定压力。政策导向方面，我国将加大5G网络、数据中心、智慧城市、综合交通等"两新一重"建设以及数字经济、生物医药等新兴产业投资政策支持力度，逐步强化逆周期调控，进一步提振市场主体投资信心。跨区域投资方面，对内区域发展战略将侧重构建以城市群、都市圈为核心的区域协调发展格局，对外将围绕"一带一路"建设强化基础设施布局和产业投资，大力推进现代流通体系建设，畅通国内国际双循环，提升互联互通水平和外资吸引能力。但全球贸易投资规则重构、产业链供应链调整、地缘政治风险等不确定因素增多，国内外需求修复尚待时日，将在一定程度上制约投资增长空间。

（三）市内投资潜力逐步释放

重庆经济运行呈现恢复态势，将抢抓共建"一带一路"、长江经济带、新时代西部大开发等国家战略机遇，积极落实成渝地区双城经济圈建设的重大战略部署，以扩大内需对冲经济下行和疫情影响，投资对高质量发展的支撑作用将进一步增强。基建投资方面，随着稳投资政策加力提效，在专项债等资金快速落地的支持下，"两新一重"建设将持续加快，基建投资托底经济稳增长的作用将逐步强化。产业投资方面，重庆将加强招商引资和产业培育，着力打造半导体、新能源与智能网联汽车、生物医药等千亿级产业集群，大力发展生产性服务业，支撑产业投资稳步放量。吸引外资方面，重庆将推动构建"双循环"新发展格局，全面优化完善营商环境，全力推进成渝地区双城经济圈建设，强化中新（重庆）战略性互联互通示范项目、自贸试验区等开放引领作用，释放跨区域投资活力、增强外资吸引能力。但经济波动、新冠肺炎疫情以及贸易摩擦等不稳定不确定因素增多，区域招商引资竞争加剧，投资持续稳定增长仍存在较大的内外部阻力。

（四）2021年重庆投资预测

综合分析2021年全市投资运行的发展环境和发展趋势，预计基建投资将在"两新一重"建设加快推进下稳步增长，产业投资在电子、汽车等支柱产业回暖以及数字经济等新兴产业发展带动下逐步回稳，房地产投资保持低位稳定运行，全市固定资产投资同比增长6.0%左右。

三、对策建议

（一）强化基础设施项目资金保障

以拓宽融资渠道为主要方向，强化基础设施建设投融资模式探索，确保全市基础设施投资持续增长。一是多措并举增强基建项目资金保障。争取扩大地方债发行规模，拓展双创孵化债、土地储备专项债等债券以及中新金融项目融资渠道，做好专项债发行和项目配套融资工作，满足基建项目资金需求。积极向金融机构推介全市重点项目，支持优质项目向金融机构进行市场化融资，降低基建投资对政府资金的依赖。二是深入推动包括PPP、REITs在内的投融资模式创新。进一步降低重点领域和行业民间投资准入门槛，规范创新推广PPP模式，构建政府与社会资本长效合作机制。聚焦国家发展改革委明确的试点范围，结合重庆投资建设重点区域和领域，筛选推荐一批权属清晰、有持续稳定收益和现金流的基础设施优质资产，探索运用REITs产品拓宽基建项目融资渠道，盘活基础设施存量资产。

（二）充分挖掘产业投资增长潜力

着力稳定汽车、电子等支柱产业投资，强化招商引资推动新兴产业投资放量，引导支持产业智能化升级改造投资。一是稳定汽车、电子等支柱产业投资。聚焦汽车、电子等支柱产业强链、补链、延链薄弱环节和关键零部件配套企业，大力引进一批带动力强、影响力大的龙头企业和重大项目。引导和支持本地企业加大研发投入力度，切实解决核心技术和关键领域"卡脖子"问题。二是加大战略性新兴产业集群化招商引资力度。力推生物医药、新材料、机器人及智能装备等产业集群化招商，并带动关联产业发展，加快提升新兴产业投资规模增量。三是引导支持产业升级改造投资。针对行业类型、企业规模等分类精准制定补助政策，加大对企业使用本地机器人、智能装备进行智能化改造政策倾斜力度和资金补助，引导金融机构加大企业智能化技改的信贷投入。

（三）着力促进房地产投资稳增长

推动房地产市场供需平衡，发挥房地产开发投资对固定资产投资的"压舱石"作用。一是着力增加市场有效供给。加大土地出让合同履约监管力度，督促企业按时开竣工建设。引导开发和建设企业加强多元产品创新，提高商品房供给质量，促进市场供求平衡。二是持续激发房地产市场需求。引导房地产企业开展线上线下展销促销活动，刺激消费者购房积极性，活跃房地产市场交易。推动落实《主城中心城区存量商业商务用房盘活利用实施方案》，引导金融机构在合法合规前提下，加大对商业商务用房和停车位购置的金融信贷支持，鼓励执行国家有关购置首付款比例下限规定。三是防范化解房地产领域金融风险。积极做好房地产市场存量统计和增量控制，深化房地产市场分析研判，建立房地产市场监管信息平台，及时掌握市场动态，防范各类金融风险。

（四）优化投资环境，提振市场信心

深化"放管服"改革和优化营商环境，帮助企业减负纾困，提振市场投资信心。一是全面深化"放管服"改革。加大简政放权力度，推动《重庆市深化工程建设项目审批制度改革实施方案》等措施落地显效，在行政审批、涉企收费等环节推进流程优化再造，进一步压缩项目审批时间，降低制度成本，切实为企业"松绑减负"。二是积极落实惠企纾困政策。推动《进一步助力市场主体健康发展政策措施》落实落细，继续加大减税降费力度，切实降低水电气、房租等生产经营成本，强化延期还本付息、贷款贴息等稳企金融支持，多措并举促进稳岗就业创业，进一步提振市场主体投资信心。三是推进投资贸易便利化。着力加大重大平台开放体制建设，创新利用自贸试验区和中新（重庆）战略性互联互通示范项目，依托国家级开放口岸优势，建设高效便捷的投资贸易便利化体系。

[重庆市综合经济研究院（重庆市经济信息中心）宏观经济研究课题组
主研：易小光　丁　瑶　苟文峰　张　佳　施小兰
执笔：施小兰]

之四：2020年重庆市消费商贸形势分析及2021年展望

2020年以来，重庆市消费品市场面临全球疫情蔓延、世界经济下行、中美经贸摩擦等不利因素叠加影响，外部环境更加严峻复杂。全市在做好疫情防控措施前提下，有序有力推进复工复产复商复市，出台多项提振消费政策，最大限度对冲疫情对经济发展影响。在此形势下，全市消费品市场表现出了较强的韧性，社会消费品零售额增速逐季回升，虽较上年同期显著放缓，但高于全国平均水平。预计2020年全市社会消费品零售总额约11700亿元，同比增长0.6%左右。

一、2020年重庆市消费商贸运行分析

（一）总体情况

2020年以来，在新冠肺炎疫情影响下，重庆市消费品市场受到明显冲击。1—9月，全市批发零售业和住宿餐饮业销售额（营业额）同比增速分别为5.8%、-3.4%，远低于上年同期水平（见图1）。随着疫情影响逐渐减弱，全市消费品市场也逐渐恢复，批发零售业和住宿餐饮业同比增速逐季改善。其中，批发零售业累计增速在第二季度回正，住宿餐饮业跌幅收窄但继续呈负增长态势，改善相对有限。

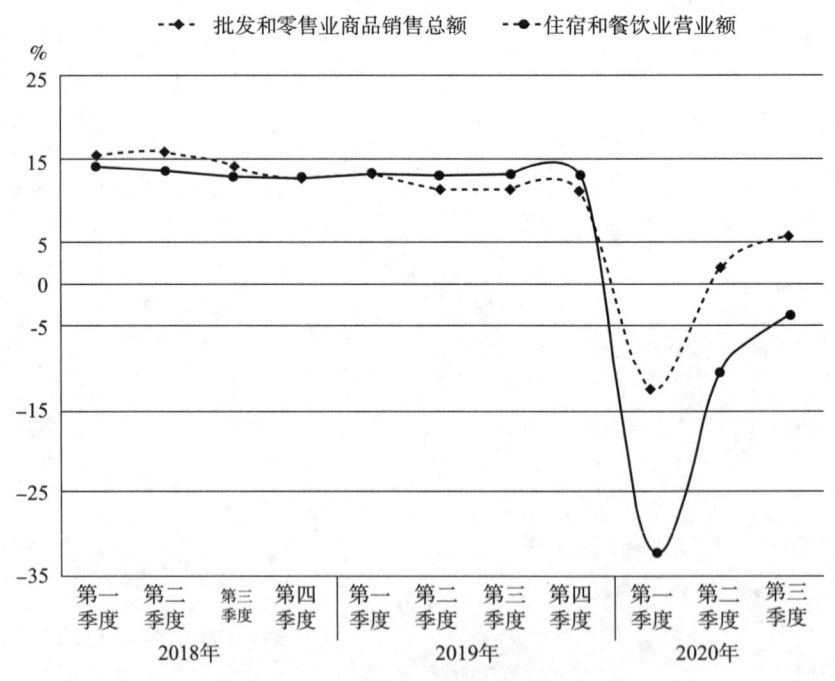

图1　2018年以来重庆市批发零售业和住宿餐饮业季度增长情况（累计）

（二）主要特征

1. 社会消费品零售总额增速止跌回正，消费品市场稳步复苏

2020年初，疫情对消费品市场形成极大冲击，随着疫情防控形势不断向好，全市消费品市场呈现持续回暖的良好态势。在年初严峻的抗疫形势下，全市多项消费活动陷入停滞状态，旅游、住宿餐饮、娱乐、汽车、住房等消费活动锐减，前2个月全市社会消费品零售总额同比回落24.7%。3月以来，国内疫情防控形势好转，全国及全市实现有序复工复产，经济稳健复苏。重庆稳步推进国际消费中心城市建设，实施"政策+活动"双轮驱动，陆续出台提振消费稳定经济增长、支持洪灾受损商户恢复发展等政策措施，启动"百城万企促消费"全国消费促进月、"爱尚重庆·约惠夏天"惠民消费季、"爱尚重庆"金秋消费节等活动刺激消费，深化"十个一"主题消费，开展成渝双城联动促销，有力促进市场回暖和消费回补。随着各类稳经济促消费活动效应逐渐显现，全市消费品市场持续稳步回升，社会消费品零售总额增速逐季改善，1—9月累计下滑2.2%，位居全国第四，比上半年提升4位，扣除价格因素，实际下降4.8%，名义增速、实际增速分别高于全国平均水平5个、4.3个百分点。尽管社会消费品零售总额回升势头向好，但仍处负增长区间，疫情对消费的影响依然严峻（见图2）。

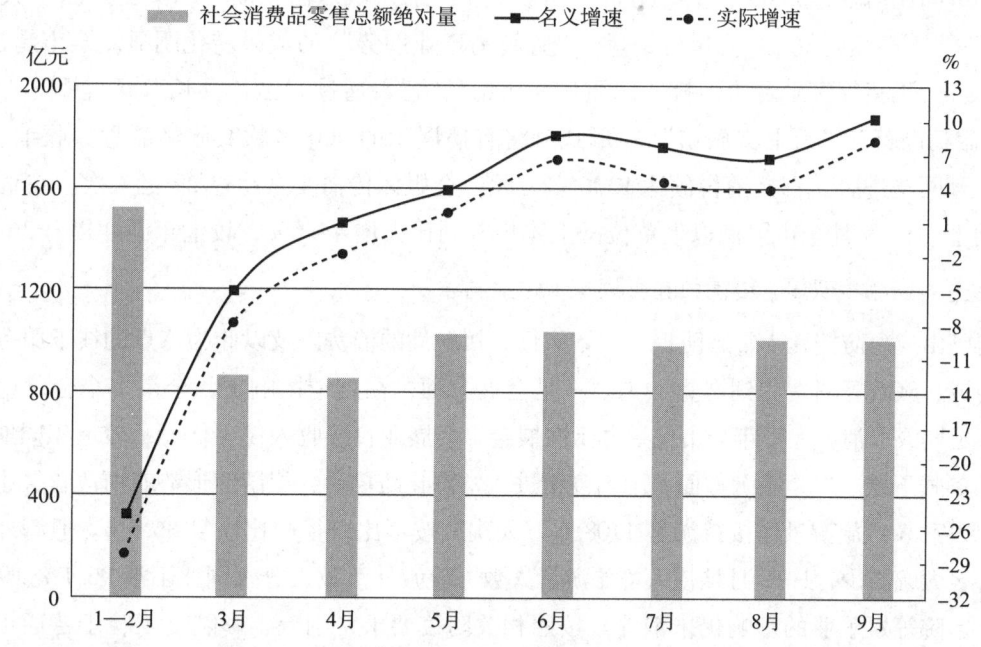

图2　2020年以来重庆市各月社会消费品零售总额绝对量及名义增速、实际增速（当月）

2. 大类消费品表现分化，改善型消费加快回升

分商品类别看，1—9月16个主要零售大类商品累计同比增速呈现"七升一平八降"格局，其中粮油食品类、饮料类、日用品类、体育娱乐用品类、中西药品类、文化办公用品类等消费品同比正增长，反映疫情对消费的负面影响尚未完全消除，消费品市场回暖态势有待进一步巩固。汽车消费成为拉动全市消费回稳的主要动力之一。在"长安欧尚X5""林肯飞行家"等新车型上市及一系列汽车惠民消费促进活动的带动下，汽车消费逐渐止跌回升，7月、8月单月均实现了20%以上的高速增长，1—9月累计增长2.2%，降幅较第一季度、上半年分别收窄29.8个、7.7个百分点，较上年同期增长2.9个百分点。生活类消费对全市消费回稳发挥了基础性作用。粮油食品类、日用品类消费分别同比增长10%和7.5%，2020年以来一直保持正增长态势。改善型消费走势分化。随着

文化娱乐、大健康等服务需求释放，文化办公用品、中西药品、体育娱乐用品消费分别同比增长7.8%、6.5%、5%；受居民收入增长放缓和商品房销售下滑影响，化妆品、金银珠宝等享受类和家电、家具、建材等住房类消费相对低迷。

3. 消费新模式新业态不断涌现，线上线下消费融合发展态势向好

消费的线上、线下融合发展更加深入，新兴消费带动作用进一步增强。2020年以来，受疫情影响，线下消费受到严重抑制，购物中心开业步伐有所放缓，但山姆会员店（龙湖礼嘉天街店）、龙湖重庆金沙天街等知名商业体开业在即，未来线下消费仍有支撑。同时，以直播电商、在线教育和远程医疗为主的新业态新模式引领新型消费加快扩容，对消费形成显著支撑。一方面，全市各大商业购物中心和商家纷纷搭建智慧平台系统，通过精准导购、线上线下一体化消费、网上结算等综合服务功能，实现智能高效的商业服务和管理，引领消费体验升级。其中，观音桥苏宁易购广场同步上线云店，打造线上线下融合的24小时购物场景；来福士购物中心实现了线上购买、线下提货，并可随时在线上预订餐饮服务、购买电影票；重庆百货旗下各零售业态通过线上购物、直播带货、社群分享等方式积极探索购物消费新模式；永辉利用无人自助收银、智能物流等新技术实现线上线下有机融合、多轨联动，疫情期间线上消费逆势增长，线上订单同比增幅近200%。另一方面，由政府主导的"晒旅游精品·晒文创产品"大型文旅推介活动成效显著，"人气变财气""流量变销量""宣传为产业助势"的成果转化明显。全市超过30个区县利用淘宝、抖音、飞猪等多平台协同打造"重庆文旅精品馆"，通过"区长县长双晒直播""文旅精品90秒""区县文旅精品荟""云上文旅馆"等形式，将直播展示的500多款文旅精品悉数收纳、长期运维，已吸引近400万网友进店，直接销售额达1300多万元，全媒体传播受众超过29亿人次。在直播带货、区县双晒等带动下，1—9月全市限额以上单位网上零售额同比大增44.6%，较上年同期提升36个百分点。

4. 线下服务消费稳步恢复，疫情负面影响尚未完全消除

尽管疫情已由应急防控变为常态防控，但聚集性、接触性的消费以及以此为特点的线下服务仍受到一定限制，线下会展、旅游等消费受到严重冲击。一是会展方面，在疫情影响下，全市多个会议论坛、节庆活动、重大赛事延期或取消，上半年全市仅举办1次展会，会展业直接收入仅1亿元，较上年同期水平（63.1亿元）出现断崖式下跌。二是旅游方面，国内疫情进入常态化防控后，旅游业形势有所改善，中秋、国庆双节期间全市253家A级旅游景区接待游客1108.6万人次，按可比口径同比恢复86.3%。但海外疫情持续发酵导致跨境游客大幅减少，1—9月接待入境旅游者人数、旅游外汇收入分别同比下滑96.1%、95.2%。三是疫情对剧院、影院等娱乐业的影响仍未消除。按照相关防疫要求，剧院、影院复工晚于普通工商业，文化宫、国泰艺术中心6月复工，重庆大剧院9月复工，且上座率需控制在50%以内；各影院7月启动复工，同时需要遵循排片场次减半、上座率最高不超过30%的规定，导致票房销售有限。截至10月初，全市影院复工率仅86.5%，国庆、中秋双节期间票房1.01亿元，低于上年同期17.2个百分点。

（三）主要问题

1. 需求对消费的制约依然显著

尽管全市消费增速有所回升，但需求尚未完全恢复，导致消费品市场活跃度仍低于疫情前水平。一是就业压力大且收入增长放缓，对消费能力及消费信心形成较大负面压力。疫情叠加中美贸易冲突影响，2020年多家企业裁员或停产，农民工、高校毕业生等重点群体就业压力有所增大，城乡居民收入增长增速显著放缓，对消费能力和消费需求形成直接负面影响。前8个月全市城镇新增就业人员比上年同期下降21.6%；1—9月城乡居民人均可支配收入增长6.5%，比上年同期收窄3个百分点。二是疫情对消费市场信心的影响

依然存在。尽管疫情已进入常态化防控阶段，但零星散发病例和局部暴发疫情风险偶有发生，群众对观影、乘坐飞机等密闭空间消费行为的安全性仍心存芥蒂。同时疫情增加了消费者的"预防性储蓄"心态，在收入减少的情况下全市居民储蓄涨幅高于上年同期，对消费能力形成进一步挤压。三是海外疫情多发，外来消费将在一定时期内呈低迷态势。由于国外疫情的持续扩散，日韩、东南亚国家、欧洲国家、美国、澳大利亚等主要客源国的出入境均受到严重限制，对全市的旅游、国际会展、国际赛事等均形成严重影响。

2. 数字经济发展滞后导致相关消费外流明显

在疫情期间"宅"家需求下，数字经济新业态不断发展壮大，对全市以传统销售和服务为主的商贸模式形成较大转型压力。一方面，疫情促使大量的消费行为从线下转到线上，除网络购物外，新媒体、数字影音、数字阅读、动漫游戏、数字展览、虚拟旅游等数字消费需求明显提振，对数字经济供给能力提出了更高的要求。另一方面，全市电商企业总体处于起步阶段，从事电子商务的市场主体少，网销商品和服务的数量、种类、知名品牌不多，在全国统一的线上大市场中份额不高。面对疫情期间提倡"线上消费""无接触服务"的防控要求，多数企业临时铺设线上渠道，数字产品和服务的供给能力、水平远低于沿海发达地区，在线教育、分享经济等新兴服务消费大量外流，利润被市外服务平台赚取。从目前的防疫形势来看，疫情在短期内不会消除，而疫情对消费模式的影响将是长期性的，长此以往，对全市的电商业和商贸服务业将形成巨大打击。

二、2021年重庆市消费商贸行业的环境分析及展望

（一）国内消费环境分析

我国经济将延续2020年以来的稳定复苏态势，稳健的经济基本面和一系列扩内需、促消费政策有利于支撑消费品市场继续改善。一是国内政策将侧重于扩大内需和优化内循环，消费对经济增长的拉动作用将不断增强。面临疫情和中美关系这两大不确定因素，下一阶段，我国将加快形成以国内大循环为主体、国内国际双循环相互促进的新发展格局，通过激发内需潜能，促进消费扩容提质，引导消费成为促进经济增长的持久动力。二是"新消费"将进一步发力。近年来，我国以网络购物、移动支付、线上线下融合等新业态新模式为特征的新型消费快速发展，对满足居民生产生活需求、释放国内消费潜力、促进经济平稳健康发展发挥了重要作用。后疫情时期，"新消费"在转方式、调结构、扩内需、促消费、增就业等方面的重要作用将进一步发挥，继续对冲疫情及复杂的国际局势对我国经济的不利影响。但消费增长也面临很多制约因素，包括城乡居民就业和收入增长压力仍然较大制约消费意愿和能力、人员密集型线下服务消费将继续受到影响、收入增长趋缓影响消费升级步伐等。

（二）市内消费环境分析

2021年，重庆将继续紧紧围绕习近平总书记对重庆提出的营造良好政治生态，坚持"两点"定位、"两地""两高"目标，发挥"三个作用"和推动成渝地区双城经济圈建设等重要指示要求，全面落实"六稳""六保"要求，在常态化疫情防控中促进消费品市场稳定增长。一是国际消费中心城市建设将继续发力。重庆将继续统筹实施"15510"消费升级战略①，着力构建优质高效、开放融合、特色突出的

---

① "15510"消费升级战略——一大目标：建成具有全球影响力的国际消费中心城市；五大品牌：打响"时尚重庆、不夜重庆、山水重庆、味道重庆、康养重庆"品牌；五大定位：打造"国际购物名城""国际旅游名城""国际会展名城""国际美食名城""国际文化名城"五大国际名城；十大工程：重点实施"国际消费集聚区打造、国际消费品牌集聚、'渝货精品'培育、特色服务消费提升、国际消费融合创新、国际会展扩容提质、国际消费服务质量提升、国际消费环境优化、国际交流合作深化、国际消费营销推广"十大工程。

"重庆消费"服务体系，有效对冲疫情影响，促进消费回补，持续增强消费对经济发展的基础性作用，培育经济发展新动能。二是重庆将继续加快建设内陆开放高地，主动适应消费升级新形势，加快集聚国际消费资源，提升国际消费服务，打造国际消费环境，激发国际消费需求，不断增强消费对经济增长的基础性作用。三是全市服务业趋于回暖，农民工等低收入者收入恢复加快，而其消费倾向大于高收入者，有助于整体消费提升。但疫情对消费的负面影响短期内不会完全消退，外来消费减少、线上消费分流等负面效应短期内也难以得到彻底改善。

（三）2021年全市消费商贸运行趋势展望及预测

综合分析疫情演变及全市消费品市场的发展环境和发展趋势，考虑到疫情虽时有复发，但对消费意愿的影响将边际递减。疫苗普及之前，居民消费倾向完全恢复固然还需时日，但逐步恢复已是大势所趋。叠加经济回升过程中居民收入的逐步改善，未来消费恢复的趋势还将延续。预计随着经济恢复和疫情影响的减弱，2021年全市消费品市场将继续回升，全年实现社会消费品零售总额约12400亿元，同比增长6%左右，居民消费价格指数在3.0%左右。

三、对策建议

（一）强化重点人群就业扶持，提升居民消费能力和信心

加快落实"稳就业"和"保就业"举措，确保重点人群和困难人员就业，增强居民消费能力和信心。一是着力稳就业。加大实施阶段性减免、缓缴社会保险费等援企稳岗政策，减轻企业用人负担。积极拓宽高校毕业生就业渠道，开发临时性公益岗位帮助农民工就近就业。二是加大就业培训。大力开展职业技能培训，对农民工等重点群体实施专项培训，扩大培训规模、延长培训时间，落实培训补贴，提升职工就业技能、缓解就业压力。三是加大困难人群就业保障。加强社会底层救济兜底保障，对受疫情影响较大的中低收入家庭或个人实施专项转移支付，将受疫情影响人员纳入就业援助范围，给予一次性临时生活补助，并鼓励企业吸纳社会就业困难人员，确保社会稳定。适度扩大国债、地方政府债券面向个人的发行额度，增加居民财产性收入。降低企业、个人税负，促进创业带就业。

（二）深入挖掘消费潜力，多措并举促进消费回补

坚定实施扩大内需战略，针对消费提振过程中遇到的堵点和难点问题，不断加强统筹协调和政策联动，加快补齐消费软硬短板。一是继续推进国际消费中心城市建设。围绕"十大工程"和"五大名城"建设，加快中央商务区、商圈、步行街提档升级，推动境外购物消费回流。创新发展夜间经济，打造一批夜间经济集聚区、示范区。大力发展连锁便利店，培育社区便利消费。二是推动汽车和家电消费转型升级。加大促进老旧汽车置换政策力度，推进主要公共建筑配建停车场、路侧停车位设施升级改造等建设，完善废旧家电回收处理体系，支持开展家电以旧换新活动，推动家电更新消费。三是积极拓展农村消费。大力提升电商、快递进农村综合水平和农产品流通现代化水平，加快健全区（县）、乡、村三级电子商务服务体系和快递物流配送体系，推动农村产品和服务品牌化、标准化、数字化、产业化改造，引导现代服务向农村延伸拓展。

（三）继续壮大消费新业态、新模式，培育消费新增长点

一是加快推动线上线下消费有机融合，使新消费成为发展新动能。针对在线医疗费用"报不了"、数据"流不动"、线上线下"打不通"等关键痛点，及时出台相关配套政策，实现线上医疗与线下联动。重点发挥在线教育促进落后地区教育发展的重要作用，加大对落后地区基础设施的投入，通过在线教育打

破落后地区教育资源匮乏的教育生态局限性。发展以虚拟现实技术为支撑的"云旅游",实现与线下游优势互补、深度融合,促进旅游服务向多元化、层次化、动态化发展。二是加快新型消费基础设施和服务保障能力建设。加强信息网络基础设施建设,加大5G网络、物联网等新型基础设施建设力度,优先覆盖核心商圈、重点产业园区、重要交通枢纽、主要应用场景等,完善商贸流通基础设施网络。大力推动智能化技术集成创新应用。安全有序推进数据商用,更好为企业提供算力资源支持和优惠服务。规划建设新型消费网络节点,着力建设辐射带动能力强、资源整合有优势的区域消费中心。三是加大新型消费政策支持力度。强化财政支持,研究对新型消费领域企业的税收优惠征管措施。优化金融服务,鼓励银行等各类型支付清算服务主体降低手续费用。完善劳动保障政策,促进新业态新模式从业人员参加社会保险。

[重庆市综合经济研究院(重庆市经济信息中心)宏观经济研究课题组
主研:易小光　丁　瑶　苟文峰　赵炜科　陈　可
执笔:陈　可]

之五：2020年重庆市对外开放与区域合作情况及2021年展望

2020年以来，重庆市积极应对疫情影响，有效发挥西部陆海新通道、中欧班列（渝新欧）等国际大通道作用，全力保障产业链、供应链稳定，稳住外贸外资基本盘，全市对外贸易实现逆势增长，利用外资总体稳定，区域合作持续深化，内陆开放高地引领力、集聚力、辐射力不断增强。预计2020年重庆市外贸进出口总值约6200亿元，实际利用外资约100亿美元。

一、2020年重庆市对外开放与区域合作发展情况

（一）主要特点

1. 外贸进出口逆势增长，电子产品带动明显

在笔记本电脑、手机、集成电路等电子产品进出口的带动下，1—9月全市外贸进出口总值4613.9亿元，同比增长11.4%，高于全国平均水平10.9个百分点（见图1）。出口方面，1—9月出口2910.1亿元，同比增长10.3%，其中机电产品、高技术产品出口占比分别达到91%、74.9%，较上年同期提高0.7个、4.0个百分点。从出口商品看，受益于全球笔记本电脑需求增加以及市内企业争取订单成效明显，全市笔记本电脑出口同比增长15.9%，对全市出口增长贡献率达62.8%；集成电路、手机出口分别同比增长34.6%、2倍；摩托车等传统产品出口增长较低迷。进口方面，在电子零部件、农副产品等进口带动下，1—9月全市进口1703.8亿元，同比增长13.3%，高于全国13.9个百分点。其中集成电路进口770.9亿元，同比增长25.8%，占全市进口比重提高到45.2%。

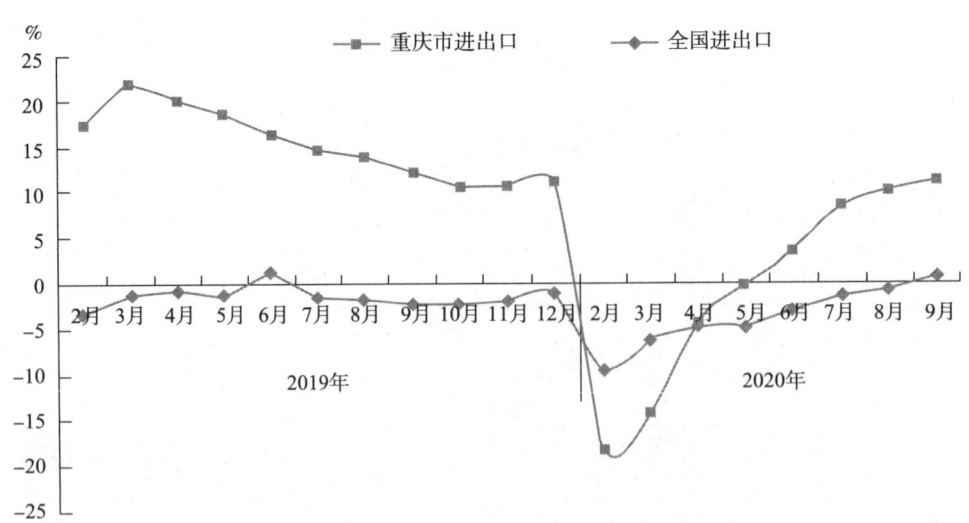

图1　2019年以来重庆市及全国外贸进出口累计增长趋势（人民币计价）

2. 出口市场更加多元化，贸易方式不断优化

随着"一带一路"建设深入推进，重庆外贸市场不断拓展，贸易方式持续优化升级。外贸市场方面，传统外贸市场稳定增长，1—9月美国、东盟、欧盟等重点市场进出口分别同比增长3.7%、6.0%和11.2%，其中东盟作为重庆最大的出口市场，占全市出口总额的18.1%；新兴市场加快发展，对中国台湾、中国香港、日本进出口分别同比增长42.3%、1.2倍、11.8%。贸易方式方面，随着加工贸易产业加快发展以及物流集聚辐射能力提升，1—9月全市加工贸易、保税物流分别同比增长8.3%和37.3%，合计占全市进出口总值的比重提高到70.5%；受国际需求低迷影响，一般贸易同比增长2.2%，占全市进出口总值的29%，占比较上年同期下降2.9个百分点；服务贸易1—9月同比下降7.5%，下半年以来降幅呈逐月收窄趋势（见图2）。

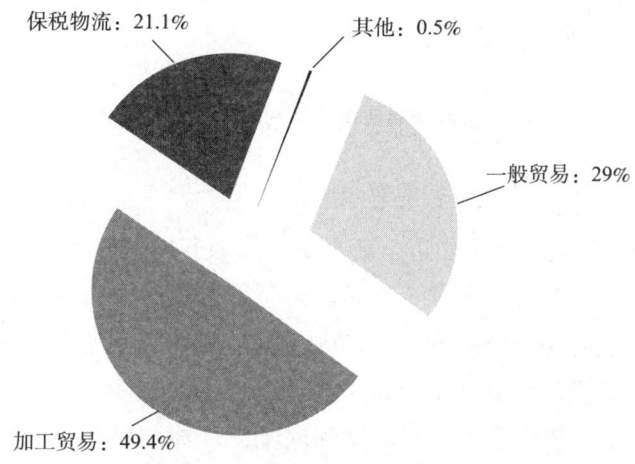

图2　2020年1—9月重庆市货物贸易方式情况图

3. 通道对经贸带动作用增强，保税平台进出口支撑显著

开放大通道、大平台对全市开放型经济发展的支撑作用更加明显。开放大通道对进出口带动作用增强。1—9月全市累计开行中欧班列（渝新欧）等国际铁路班列1708班，超过2019年全年水平，为国内抗疫物资保障发挥了重要作用。在西部陆海新通道、中欧班列（渝新欧）等带动下，对"一带一路"沿线国家合计进出口1296.4亿元，同比增长12.0%，高于全市进出口增速0.6个百分点。保税平台进出口引擎作用突出。随着西永综合保税区等开放平台功能完善，加工贸易、保税物流等开放型产业加快集聚，1—9月全市特殊监管区实现进出口3260.9亿元，同比增长19.4%，占全市外贸总值的70.7%，贡献率达122.1%。

4. 外资吸引力不断提升，对外投资平稳增长

随着内陆开放高地建设深入和营商环境持续改善，全市外资吸引力进一步增强。1—9月，全市实际利用外资66.3亿美元，同比增长1.3%（见图3），其中外商直接投资14.5亿美元，位列西部第一，企业海外借款、发债等成为利用外资新途径。两江新区、高新区、重庆经开区等开放平台成为外资主要集聚地，占全市外资利用量比重超过50%；中新（重庆）战略性互联互通示范项目、自由贸易试验（下称"自贸试验区"）区等投资吸引力不断增强，其中自由贸易试验区新引进项目564个，合同投资额1463.7亿元。企业"走出去"投资较活跃，1—9月重庆对外直接投资4.5亿美元，同比增长3.2%，高于全国平均水平3.8个百分点。但受全球疫情影响，对外承包工程营业额同比下降31.7%（见图3）。

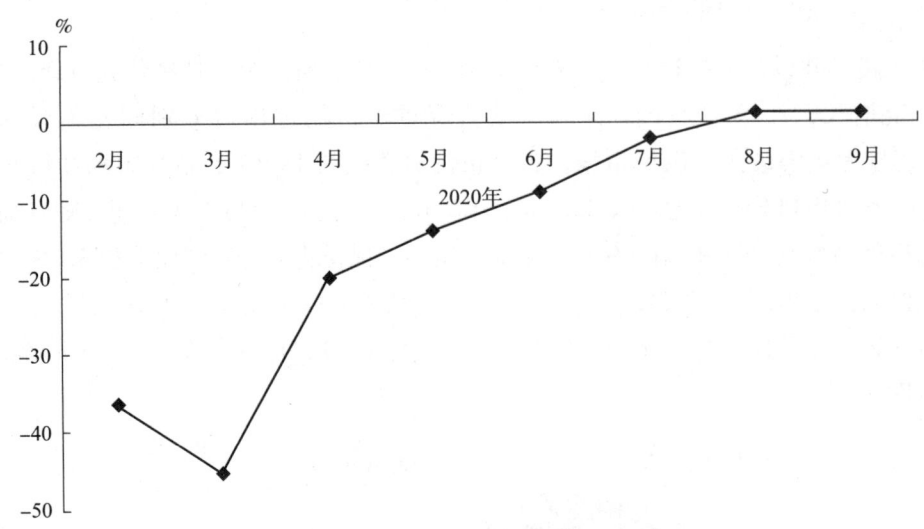

图3　2020年重庆市实际利用外资增长趋势

5. 区域合作不断深化，成渝地区协同发展提速

积极承接国内产业转移，国内区域合作迈上新台阶。深入开展友好省市、结对帮扶城市间经贸合作，其中渝鲁在科技、产业、扶贫等方面合作成效显著。展会平台成为全市开展区域合作的重要途径，2020年西洽会、智博会签约金额分别达到5500亿元、2700亿元。毗邻地区合作深入开展，与贵州、湖北、陕西、四川等在交通基础设施建设、公共服务互联互通等方面合作加强；围绕成渝地区双城经济圈建设，成渝两地在跨区域交通、信息、公共服务等领域加强联动，江津与泸州，铜梁、大足与遂宁、安岳，达州与万州等城市间合作进一步加强，川渝合作示范区建设稳步推进。

（二）存在的问题

1. 外贸增长不确定性增大

虽然当前重庆外贸增长形势较好，但稳外贸压力依然较大。一是外贸出口订单不足。受疫情、经贸摩擦等影响，全市摩托车、通机等部分传统行业出口订单有所减少；笔记本电脑等电子产业随着外贸订单集中释放，后期继续保持较快增长的难度增大，出口增长持续性不强。二是产业链、供应链存隐忧。重庆市电子、汽车产业关键零部件配套主要在国外，其中自动变速器、电喷系统、汽车芯片等高技术含量、高附加值部件需从日本、德国、美国等国家采购，占重庆市全部汽车零部件配套的5%，随着美国出口管制加强，将制约相关零部件进口及产业发展，进而影响对外贸易增长。三是外贸新动能培育滞后。当前重庆市外贸主要依靠电子产品支撑，传统汽车、摩托车等产品出口乏力，跨境电商、市场采购贸易等外贸新增长点培育滞后，多向发力、多元支撑外贸发展格局尚未形成，可持续发展能力不强。

2. 招商引资面临较多挑战

受全球经济低迷、跨国投资下滑等影响，重庆市招商引资更加困难。一是外资引进难度增大。随着全球投资保护主义强化，跨国公司对外投资活动减弱，重庆利用外资难度有所增加，1—9月全市新设立外资制造企业数量、制造业合同外资分别同比下降44.8%、38.9%。二是产业引进环境有待优化。国际化营商环境营造不够，"放管服"改革还不深入，部分产业项目审批时间长，影响投资落地；各类行业标准规范与国际规范不统一，公共服务、信息等外资市场准入门槛较高，园区、人才等产业生态不完善，产业及项目引进方面吸引力不足。三是区域招商引资竞争加剧。中西部地区城市产业发展主要依靠招商引资,产业自主培育不足,各地产业招商引资竞争日趋激烈,区县招商引资难度不断增大。

3. 开放经济发展质量不高

重庆开放经济转型升级相对较慢,发展质量效益仍待提升。一是开放通道引领作用仍需强化。重庆内陆开放优势尚未充分转化为产业发展优势,开放大通道对本地开放型产业发展带动不够,保税加工、保税贸易等口岸经济发展滞后,通过中欧班列(渝新欧)出口的市外货物占比超过50%,开放通道对全市经济发展带动作用仍不突出。二是开放产业升级较慢。重庆加工贸易产业仍以低附加值生产制造为主,研发、品牌、市场等高附加值环节均在国外,同时保税贸易、供应链物流等新业态新模式培育较慢,开放经济发展质量效益总体不高。三是外贸物流成本相对较高。与长三角、珠三角之间的铁路、高速公路互联互通水平仍较低,"铁公水空"多式联运发展尚不充分,物流智能化、智慧化发展滞后,大型物流龙头企业引进不足,进出口物流成本相对较高。

二、2021年重庆市对外开放与区域合作发展环境

(一)全球经济增长动力不足,国际投资贸易增长仍较乏力

新冠肺炎疫情对全球经济、贸易、投资等影响仍将持续深化,地缘政治冲突不确定性依然较大。一是全球经贸形势依然复杂多变。全球经济增长、国际贸易将有所反弹,但增长动能依然不足,IMF预测2021年世界经济、国际商品和服务贸易将分别增长5.2%、8.3%,分别较上次预测下调了0.2个百分点和上调了0.3个百分点,国际需求动力总体仍较乏力,我国面临的外部环境和形势依然不容乐观。但受海外疫情影响,国际订单有回流趋势,有利于促进全市出口增长。二是跨国投资增长总体较乏力。新冠肺炎疫情对全球经济影响仍难以消除,跨国公司对外投资活跃度依然不高,全球投资贸易保护加强使得资本跨境流动受限,特别是疫情下各国更加关注产业链、供应链安全,产业区域化本土化布局更加明显,将增大重庆外资引进难度。三是全球地缘政治格局深度调整。在新冠肺炎疫情及全球经济增长乏力背景下,地缘政治冲突更加激烈,全球经济金融震荡更加频繁,国际投资、贸易风险增大,将加剧重庆开展国际经贸合作风险。同时,区域全面伙伴关系(RCEP)落地,将增大中国战略回旋余地,有利于重庆发挥中新(重庆)战略性互联互通项目、西部陆海新通道等优势,拓展开放经济发展空间。

(二)国内全方位扩大开放,区域开放经济活力增强

我国将继续深化"一带一路"建设,全方位扩大对外开放,着力稳定外贸外资基本盘,推动国内国际"双循环"相互促进,稳定开放经济发展动力。一是"双循环"将提升外贸发展动力。我国将加快构建以国内大循环为主体、国内国际双循环相互促进的新发展格局,着力扩大全球大宗矿产品、粮食及其他优质消费品进口,更好满足国内高品质生活需求,进一步发挥进口对外贸增长拉动作用。同时,确保产业链供应链自主可控、稳出口等仍将是政策重要着力点,全市外贸潜力将进一步释放。二是利用外资水平不断提升。深入推进"放管服"改革,打造国际化、法治化、便利化的营商环境,进一步放宽金融、服务业等外资准入,不断拓展外资利用渠道,高端制造业、现代服务业等领域利用外资量不断提升。同时,国内企业海外投资步伐将加快,能够更好地利用两种资源、两个市场发展。三是区域开发开放深入推进。以大开放促进大开发,推动区域开发开放平台均衡布局及功能完善,发挥自贸区、自由港等平台的区域开放引领作用,强化西部陆海新通道、中欧班列等国际开放通道建设,提升开放枢纽门户的产业、物流、人口等资源要素集聚吸引力。

(三)市内深化内陆开放高地建设,推动开放经济高质量发展

重庆将深度融入"一带一路"建设,发挥开放大通道、大平台、大枢纽等引领作用,加快畅通"外

循环"，进一步激发开放经济发展潜力、动力和活力，推动开放经济高质量发展。一是稳外贸力度加大。深化东南亚、欧洲等重点市场建设，稳定笔记本电脑等重点产品出口订单，加快培育集成电路、液晶显示器、手机等出口新增长点，进一步扩大农副食品、高端生活用品等优质消费品进口，促进全市对外贸易稳定增长。二是开放大通道、大平台引领作用更加突出。西部陆海新通道、中欧班列（渝新欧）等国际大通道建设加快推进，"1279"开放平台功能不断完善，将促进枢纽经济、临空经济、口岸经济等发展，形成通道带物流、物流带经贸、经贸带产业的开放经济发展新格局。同时成渝地区双城经济圈建设深入推进，将促进成渝两地开放通道、开放平台等共建共享共用，提升全市产业、资金、人才等集聚能力，进一步激发开放经济发展潜力。三是开放型经济体制机制创新加快推进。深入推进"放管服"改革，营造国际化营商环境，将进一步增强外资吸引力。中新（重庆）战略性互联互通示范项目、自贸试验区等创新发展加快，多式联运、贸易、监管等陆上贸易规则探索不断深化，将促进跨境电商、供应链物流、金融期货等开放经济新业态新模式发展，增强开放经济发展活力。

同时也应看到，新冠肺炎疫情对全球经济和经贸投资的影响呈长期化趋势，重庆对外开放环境依然复杂多变，开放经济发展面临的风险挑战较大。同时外贸出口结构不优、开放型产业附加值低等问题仍然存在，开放经济质量仍待提升。

（四）2021年重庆对外贸易和区域合作预测

2021年，全球贸易和投资增长仍较乏力，国内将深入推进"双循环"，加大"稳外贸""稳外资"力度，重庆将围绕内陆开放高地建设，营造国际化营商环境，加快开放经济新模式培育，增强开放大通道、大平台对开放经济的引领带动作用，推动开放经济高质量发展。预计2021年全市外贸进出口6600亿元左右，实际利用外资约100亿美元。

三、对策建议

（一）着力推动对外贸易稳定增长

强化出口订单、市场保障，促进外贸稳定增长。一是积极稳定出口市场订单。着力稳定电子、汽车等产业链、供应链，加强重点外贸企业融资等支持，帮助企业争取全球订单，深化拓展东盟等"一带一路"新兴市场，充分利用展会等平台拓展国际市场，稳定外贸基本盘。二是积极培育外贸新增长点。促进加工贸易向中高端延伸，加大汽摩、通机、特色农产品等一般贸易产品出口力度，大力培育跨境电商、市场采购、保税贸易等新业态，积极扩大粮食、矿产、木材等大宗商品进口。深化服务贸易创新发展试点，推动服务贸易创新发展。三是提升通关便利化水平。深入推进检验、检疫创新，加强国际、国内通关协作，压缩通关时间，降低通关费用，为外贸发展营造良好环境。

（二）优化营商环境提高外资利用水平

营造良好营商环境，加大招商引资力度，提升外资吸引力。一是优化营商环境，提升投资吸引力。深入推进"放管服"改革，加大项目审批优化力度，放宽外商投资准入门槛，推动建立国际化投资环境。积极落实利用外资政策举措，帮助企业协调解决问题，坚定外商投资信心。二是加大精准招商引资力度。围绕产业链、供应链，深入谋划、创新方式、市区联动，加强产业链缺失和薄弱环节招商引资。依托两江新区、重庆高新区、自贸试验区及智博会、市长顾问团年会等各类开放平台、展会，加强客商项目对接、服务，争取一批新项目签约落地。三是扩大开放平台外资利用水平。强化两江新区、自贸试验区、中新（重庆）战略性互联互通示范项目、重庆高新区、经开区等重大开发开放平台对外宣传，增强开放平台现代服务业、先进制造业外资吸引力。

（三）加强开放通道、开放平台建设

发挥开放平台引擎作用，加快资源要素集聚，提高开放经济发展质量。一是深入推进开放通道建设。完善西部陆海新通道、中欧班列（渝新欧）等通道运营政策支持，推动通道沿线海外仓、集结中心建设，增强开放通道对保税加工、供应链物流等产业发展带动作用。二是积极推动开放平台产业集聚。发挥重庆两江新区、重庆高新区、自贸试验区等开放优势，大力推动大数据、云计算、人工智能等产业发展，积极培育开放新业态新模式，优化产业结构，推动开放经济高质量发展。三是深化开放体制机制创新。依托中新（重庆）战略性互联互通示范项目、自贸试验区等创新平台，加快推进投融资、物流贸易等体制机制创新，营造国际化营商环境，提升资金、人才、技术等开放要素集聚辐射能力。

（四）全面深化推进区域经贸合作

深化区域交流合作，提升区域经济发展活力。一是强化国际重点地区经贸合作。发挥西部陆海新通道、中欧班列（渝新欧）等通道作用，加强与欧洲、东盟等经济体和地区的物流、经贸等合作，提升区域经贸合作水平。二是深入开展国内区域合作。重点加强与长江沿线城市、沿海发达地区及贵州、陕西、湖北等毗邻省市的交通、产业、物流等方面合作，提升区域协作水平和一体化发展程度。三是深入推进成渝地区双城经济圈建设。加强成渝国际通道建设合作，推动成渝开放平台互联互通，加快两地开放型产业链整合，提升区域对外开放水平。深化成渝地区交通、信息、公共服务等领域合作，促进区域要素市场一体化发展，提升区域要素集聚能力。

[重庆市综合经济研究院（重庆市经济信息中心）宏观经济研究课题组
　主研：易小光　丁　瑶　余贵玲　张　超
　执笔：张　超]

之六：2020年重庆市财政金融形势分析及2021年展望

2020年以来，在新冠肺炎疫情的冲击影响下，重庆市聚焦"六稳""六保"工作，加大减税降费、融资支持等政策力度，财政支出有所加快，融资规模稳步扩大，对重点领域保障较好。预计2020年全市一般公共预算收、支分别同比下降3.6%、5.5%左右，金融机构人民币存、贷款余额分别同比增长7.1%、13.5%左右。

一、2020年重庆市财政金融运行分析

（一）财政运行特点和问题

2020年，全市财政运行总体呈现"收减支增"态势。1—9月，全市一般公共预算收入完成1510.8亿元，同比下降6.8%，降幅较上年同期收窄0.4个百分点，其中，税收收入同比下降11.5%，低于上年同期7.5个百分点；非税收入同比增长5.1%。一般公共预算支出、基金预算支出分别同比下降7.5%、增长37.8%，其中，基金预算支出增速大幅高于上年同期水平（见图1）。

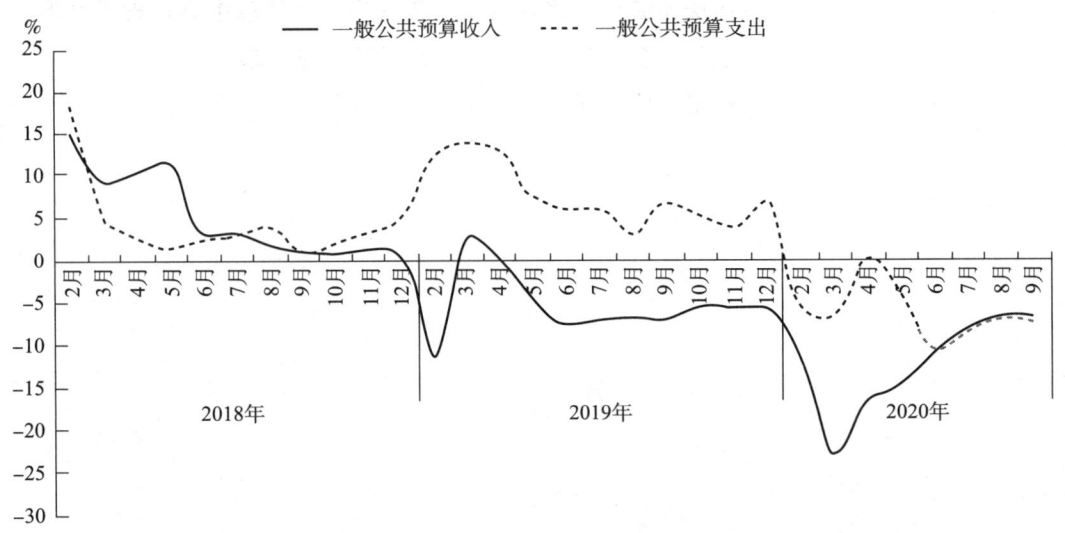

图1　2018年2月—2020年9月重庆市一般公共预算收支同比增速比较

1. 税收收入大幅下滑，主体税种减收明显

1—9月，全市税收收入完成1031.6亿元，同比下降11.5%，已连续16个月负增长，并低于全国同期水平5.1个百分点。主体税种全面减收。随着疫情冲击下企业经营压力增大以及一系列减征、免征、缓征税款等财税政策实施，增值税、企业所得税分别同比下降12.7%、4.7%，低于上年同期11.7个、4.3个百分点。由于2019年个税政策调整导致基数偏低，个人所得税同比下降4.5%，较上年同期收窄28.8个百分点。受商品房市场销售总体放缓的影响，契税收入同比下降8.8%，延续2019年2月

以来的负增长态势。

2. 土地市场总体稳定，基金预算收入降幅收窄

随着房地产市场进入调整阶段，以及针对房企的融资政策进一步收紧，房企进行土地购置更加谨慎，但随着全市土地市场加大供应规模特别是主城优质地块供应，土地市场成交保持总体稳定。1—9月，全市土地出让收入完成1284.1亿元，同比增长3.5%，自2020年5月以来持续正增长，并高于上年同期25.7个百分点；基金预算收入完成1388.5亿元，同比下降4.8%，降幅较上年同期收窄7.6个百分点。

3. 财政支出有所加快，重点领域保障较好

1—9月，全市一般公共预算支出完成3277.2亿元，同比下降7.5%，较上半年收窄3.3个百分点；基金预算支出完成2149.5亿元，同比增长37.8%，大幅高于上年同期34.3个百分点。其中，基金预算支出对重点项目投资建设起到重要保障作用；一般公共预算支出中，农林水支出同比增长12.4%，卫生健康、社保就业、文化旅游体育与传媒、教育等领域支出均高于全市平均水平。全年新增政府债券发行772亿元，其中，专项债券674亿元、一般债券98亿元，对重大基础设施项目和民生工程建设形成有力支持。

4. 需要关注的问题

财政收支平衡压力突出。疫情对企业生产经营活动造成的冲击影响以及各类减税政策密集出台实施，对全市财政形成较大规模减收效应。当前全市一般公共预算支出规模已超过一般公共预算收入的2倍，收支矛盾十分突出，特别是"两群"地区财政收支缺口较大，财政统筹调剂的回旋余地小，"三保"以及重点领域资金保障面临较大挑战。

财政资金使用效益待提升。当前全市财政在资金分配方面仍存在"多头管理，九龙治水"现象，项目交叉重叠、资金分散零碎等情况仍较普遍，导致资金下达区县后难以形成统筹合力。财政对项目实施成效的监管和评估尚不到位，需建立完善科学的绩效评价方法加强对财政资金的使用监督。财政与金融的协同性也有待进一步提升。

（二）金融运行特点和问题

2020年以来，全市加大对疫情防控、复工复产和实体经济发展的融资支持力度，金融市场运行保持总体稳健。截至9月末，全市人民币存、贷款余额分别为4.1万亿元和4.0万亿元，同比增长7.8%和13.3%。

1. 信贷增长总体稳定，短期贷款投放力度加大

截至9月末，全市人民币贷款余额同比增长13.3%，分别高于全国水平0.3个百分点，低于上年同期0.7个百分点。从期限结构看，在基础设施建设项目为主的固定资产贷款加快投放的带动下，中长期贷款余额同比增长13.8%，2020年以来总体保持13%以上的较快增长；随着全市加大对企业流动性需求的融资支持力度，短期贷款余额同比增长11.1%，高于上年同期2.2个百分点（见图2、图3）。

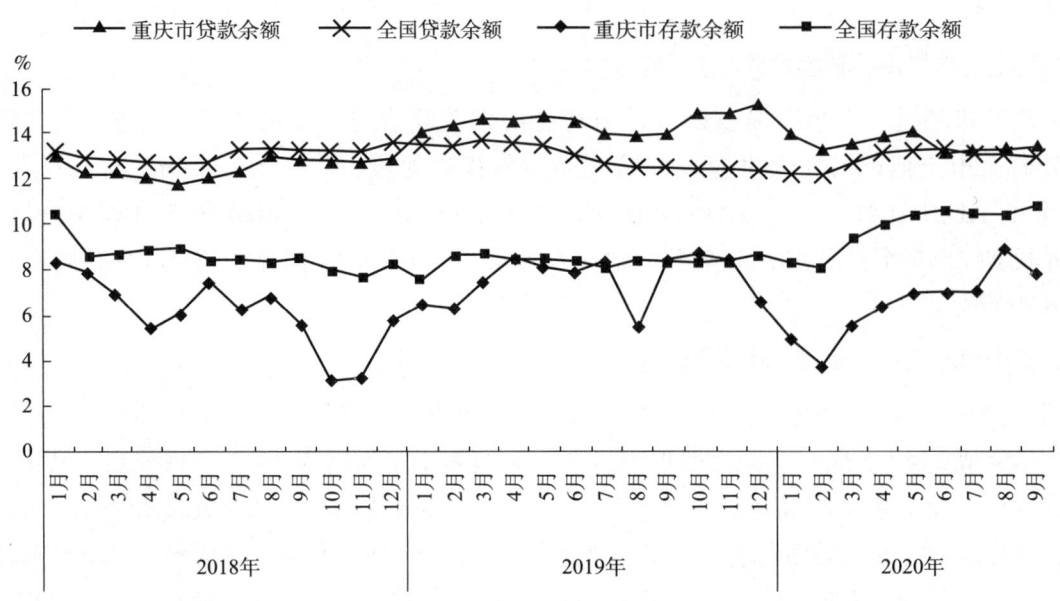

图 2 2018 年 1 月—2020 年 9 月重庆市和全国人民币存、贷款余额同比增速比较

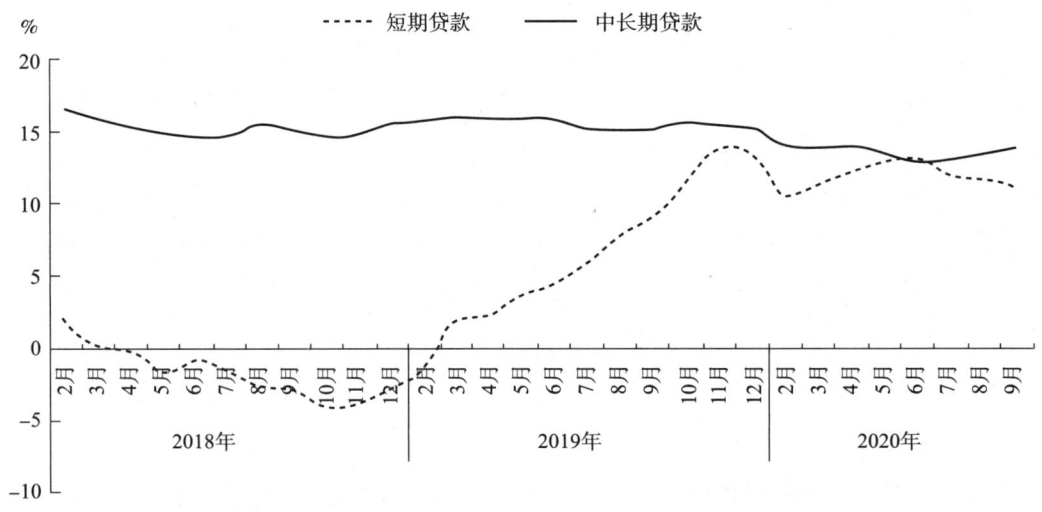

图 3 2018 年 2 月—2020 年 9 月重庆市人民币短期贷款和中长期贷款余额同比增速比较

2. 存款增速有所放缓，不同部门存款分化明显

截至 9 月末，全市人民币存款余额同比增长 7.8%，分别低于全国水平和上年同期 2.9 个和 0.5 个百分点。分不同主体看，在企业发债、贷款等资金沉淀的带动下，非金融企业存款同比增长 12.9%，高于上年同期 10.7 个百分点；住户存款受居民储蓄倾向加大、避险资金回流等影响，同比增长 13.3%，较上年同期高出 0.7 个百分点；随着财政收入减少以及金融同业监管加强，政府存款、非银行金融机构存款余额分别下降 7.6%、1.4%，均延续年初以来的负增长态势，是导致全市存款增速放缓的主要因素。

3. 金融开放创新稳步推进，金融生态不断优化

围绕建设内陆国际金融中心，全市金融开放创新持续推进并取得积极进展。在中西部率先获批贸易外汇收支便利化试点，企业外债登记管理改革、企业外债便利化额度、境内信贷资产对外转让等创新试

点政策加快落地实施。金融标准创新建设、金融科技应用、金融科技创新监管等金融科技试点稳步推进，国家金融科技认证中心正式成立，中新金融科技人民币投资基金设立，百度、蚂蚁科技、小米等金融科技总部型企业落户，金融科技聚集效应逐步显现。

4. 需要关注的问题

融资结构尚待优化。从债权融资看，全市信贷、债券融资均以国企、平台公司等为主体，制造业贷款占各项贷款的比重偏低，民营企业发债规模占企业债券总量的10%左右且以房地产企业为主。从股权融资看，全市股票融资占社会融资比重不到1%，上市企业主要集中在汽车、医药、房地产、公用事业等传统行业，新兴领域上市公司较少，目前尚无一家科创板上市企业。

金融风险隐患增多。伴随经济增速放缓，市内小微企业贷款违约率增加，制造业企业信贷质量劣化压力较大，目前实施的中小微企业阶段性延期还本付息政策一定程度掩盖了不良率水平和银行业真实资产质量。同时，随着财政收支矛盾加剧，地方政府债务还本付息压力加大，部分区县原定偿债资金来源不足，债务违约风险有所上升。

二、2021年重庆市财政金融运行环境及展望

（一）世界经济缓慢复苏，金融市场波动加剧

在疫情对全球政经、经贸、投资等格局持续产生深刻影响的背景下，全球经济复苏基础不牢叠加各类刺激政策将进一步加剧经济金融体系脆弱性。美国经济缓慢复苏，财政赤字、非金融企业债务、社会动荡等问题突出；欧元区、日本普遍面临内外需求不足的制约，经济增长将持续低迷；新兴经济体中除东亚地区部分国家形势较好外，非洲、拉丁美洲等地区经济将面临不同程度萎缩。为促进经济复苏，全球普遍推出财政刺激计划并实行货币宽松政策，财政赤字率的攀升将进一步增加全球政府债务负担，特别是部分高债务国家，如果经济不能得到有力提振将面临较大的公共债务风险；市场流动性充裕，叠加全球经济低迷、保护主义抬头、地缘政治冲突加剧等挑战，全球股市、债市、汇市等资本市场将面临较大波动风险，全球金融体系脆弱性将有所上升。

（二）国内经济稳步回升，宏观调控力度加大

我国经济延续稳步复苏态势，但仍面临全球疫情不确定性以及政经格局变化，特别是中美关系等外部挑战，企业经营压力增大、金融风险隐患增加等内部问题也逐步凸显，宏观政策将更加注重在稳增长与防风险之间建立平衡。财政政策积极有为，将继续全面落实"六稳""六保"任务，在稳就业、改善民生、落实落细减税降费政策等方面加大力度，将规范创新PPP模式，推进基础设施REITs试点，切实吸引民间资本参与重大项目投资。货币政策保持稳健，将平衡好逆周期调控力度和节奏，促进流动性合理充裕，避免杠杆率快速攀升，同时将更加强调资金投放的精准性，运用定向降准、定向再贷款等结构性货币政策工具，加强对中小金融机构和特定企业的资金供给，引导社会融资成本下降，严防资金脱实向虚。

（三）重庆市经济加快转型，资金需求持续上升

重庆市将紧紧围绕习近平总书记对重庆提出的营造良好政治生态，坚持"两点"定位、"两地""两高"目标，发挥"三个作用"和推动成渝地区双城经济圈建设等重要指示要求，着力促进高质量发展。从重点推进方向看，将大力推进以大数据智能化为引领的产业转型升级，加快数字经济发展，培育半导体、智能终端等若干千亿级产业集群；将围绕"两新一重"持续发力基建投资，并带动社会投资稳步增

长；将高标准高起点建设中国西部（重庆）科学城，强化中新（重庆）战略性互联互通示范项目、自贸试验区开放引领功能，全力推动成渝地区双城经济圈建设。从资金供给看，全市投资基金、消费金融等业态不断丰富，金融科技和金融开放各类创新试点加快争取和推行，将进一步增强金融要素吸引力，专项债等发行将有力促进投资项目落地建设。

（四）2021年重庆市财政金融运行趋势展望及主要指标预测

财政收入低位运行，财政支出有所提速。2021年，减税降费政策效应仍将持续显现，全市财政收入将继续保持低位运行态势，将通过争取中央专项资金支持、加大资产处置和土地出让力度等方式多渠道增加可用财力。财政支出方面，将继续压减一般性支出，优化调整支出结构，切实加强对重点民生、"三保"、社会保障、公共设施等领域支出，进一步强化财政资金使用监管和绩效管理。预计2021年全市一般公共预算收、支分别同比增长5.5%和8.5%左右。

金融运行总体稳定，融资规模稳步增长。2021年，在央行政策指引下金融对实体经济的支持力度将进一步加大，同时针对全市创新型企业发展需求，将继续加大市内优质企业上市培育力度，风投、私募等投资基金有望加快落户和投资，知识价值信用贷款等创新产品投放规模有望进一步扩大。围绕内陆国际金融中心建设，全市将继续大力引进各类新兴金融业态、金融牌照，推进金融科技创新发展，加大资本项目便利化的各项试点争取力度，营造良好的金融生态。预计2021年全市金融机构人民币存、贷款余额分别同比增长7.5%和13.0%左右。

三、对策建议

（一）多渠道保障财政可支配财力

一是争取中央进一步加大对重庆贫困地区、民族地区、革命老区和民生领域的转移支付力度。充分考虑市、区县两级财力和平衡情况，加大对各区县的财力性转移支付，强化困难地区财政帮扶。二是持续探索资源税、环境保护税等地方税制改革，统筹研究消费税等中央税种中部分税目收入划归地方，拓展地方税收增收渠道。三是研究优化全市土地出让收入分配比例，加大区级重点项目资金保障力度。

（二）切实提升财政资金使用效能

一是进一步清理整合专项转移支付资金，加大对投向类同、目标接近、管理方式相近的专项转移支付项目整合力度，避免资金结构固化、项目固化、部门固化。二是加强对财政资金使用的监控和适时微调，围绕保就业、保基本民生、保市场主体等重点领域及时下沉资金，防止资金空转、悬置。三是进一步发挥政府性融资担保机构作用，强化中小企业信贷投放中财政担保风险兜底功能，提升财政金融协同性。

（三）着力保障实体经济融资需求

一是发挥好信贷主渠道作用，引导银行进一步完善内部绩效考核激励机制，加大对制造业和中小民营企业的融资支持力度。二是针对数字经济等新经济形态，积极培育和吸引国内优秀风险投资基金、私募股权投资基金来渝设立分支机构和开展投资，扩大市内企业私募股权融资比例。三是大力推动创新型企业股改和申报科创板上市，加强对企业IPO和再融资的政策支持和辅导。支持企业利用外债便利化额度试点政策积极开展境外融资。

（四）防范化解各类金融风险隐患

一是持续关注延长还本付息政策对重庆资产质量真实暴露的影响，加强资产质量监管，加大不良资产处置力度。二是优化债委会运行机制，加大对市内高负债重点企业、涉及金融业务重点企业的债务风险盯防力度，提前预估和谋划风险化解方案。三是合理控制地方隐性债务规模，完善地方债风险预警机制，加强区县债务违约风险定期排查，针对债务负担偏高区县加强新增债务监督管理。

[重庆市综合经济研究院（重庆市经济信息中心）宏观经济研究课题组
　主研：易小光　丁　瑶　余贵玲　张　佳
　执笔：张　佳]

之七：2020年重庆市社会事业发展情况及2021年展望

2020年以来，重庆市有效统筹疫情防控和经济社会发展工作，深入实施以需求为导向的保障和改善民生战略行动计划，着力强化基本民生保障，社会事业发展和民生保障工作取得明显成效，民生领域公共支出保持较快增长，就业总体平稳，教育、卫生健康、文化体育、社会保障、民政事业等领域供给质量持续优化，社会事业发展水平不断提升。

一、2020年重庆市社会事业发展现状

（一）社会事业发展特点

1. 教育发展持续提质突破

1—9月，全市一般公共预算支出中教育支出完成539.5亿元，同比下降3.3%，教育领域投入保持总体平稳。一是学前教育普及普惠发展水平不断提升，持续推动新建住宅小区学前教育设施与商品房同步验收同步移交，"一园一策"有效引导民办普通幼儿园向普惠性方向转变，多措并举充分调动社会资本参与创办普惠性幼儿园的积极性。二是巩固提升义务教育均衡县（区）创建成果，两江新区、江北区、巴南区等积极部署创建全国义务教育优质均衡发展区，进一步促进义务教育均衡发展向更高水平推进。三是职业教育领域教产融合不断深化，重庆工业职业技术学院与渝北区共建的重庆仙桃谷软件学院正式揭牌，加快助力全市大数据智能化创新生态圈建设。成渝地区双城经济圈职业教育协同发展联盟、万达开川渝统筹发展示范区职业教育联盟相继成立，川渝两地职业教育融合发展态势良好。四是高等教育"双一流"建设不断取得新突破，截至9月，重庆大学、西南大学、重庆师范大学等9所高校的42个学科进入ESI学科排名前1%，较年初新增9个，其中，重庆大学的材料科学和工程学首次进入全球排名前1‰，学科影响力不断提升增强。重庆中医药学院项目开工建设，高等教育结构不断优化。五是校地合作持续深化，重庆市政府与四川大学签署战略合作协议，深化"双一流"建设、协同创新、高等教育等领域合作。西南政法大学与成都市金牛区人民政府签署战略合作框架协议，进一步推进政产学研用深度融合。校地合作有效整合了双方资源优势，将加快带动研究成果转化及产业化发展。

2. 卫生健康服务保障有力

1—9月，全市一般公共预算支出中卫生健康支出完成329.3亿元，同比增长1.9%，有效保障了疫情防控和民众医疗健康服务需求。一是抗击新冠肺炎疫情取得重大胜利。截至10月本地新冠肺炎确诊人数低于600人，疫情影响得到有效控制。同时，在国家相关部门调度下，发挥重庆医疗资源和抗疫经验优势，组建多支医疗队伍支援湖北疫区，选派组建中国政府赴巴勒斯坦与赴苏丹抗疫医疗专家组，圆满完成各项任务。二是智慧医院、美丽医院建设稳步推进。出台《重庆市智慧医疗工作方案（2020—2022年）》，大力推进信息技术在医疗服务领域的深入应用和创新发展，已建成25家"智慧医院"，带动智慧医疗事业和智慧医疗产业协同发展。按照《重庆市"美丽医院"建设评价标准》指引，首批15家"美丽

医院"建设示范单位取得积极成效,有效带动县级医院和基层医院"颜值"、内涵、文化、精神内核建设不断提升。三是"三通"医共体改革试点稳步推进。前期 25 个区县建设试点成效渐显,带动基层就诊量占比稳步回升。出台《重庆市区县域医共体"三通"建设工作方案》,推动试点工作有序铺开,"医通、人通、财通"政策体系更加健全。四是深化医疗领域多方合作。签署《推动成渝地区双城经济圈建设成渝卫生健康一体化发展合作协议(2020—2025 年)》,多层面推动川渝两地卫生健康资源共享、优势互补。重庆市中医院携手新加坡同济医药研究院,丰富中医药教学研究,助推中医药国际合作。

3. 文化体育事业加快发展

1—9 月,全市一般公共预算支出中文化旅游体育与传媒支出完成 36.4 亿元,同比增长 3.1%,较好地促进了文体事业有序发展。文化体育事业产业发展呈现良性互促态势,"文化+""体育+"融合发展深入推进,惠民力度不断增强。一是文化融合发展态势良好。重庆科技馆、重庆大剧院、中国(重庆)三峡博物馆等加快利用数字化、智慧化手段赋能,提升"文化+"融合发展水平,加快集文化展演、文艺创作、产业孵化为一体,特色文艺文创平台载体功能不断彰显。洪崖洞民俗风貌区 2.0 版本改造升级顺利完成,"母城记忆沉浸式体验区""巴渝十二景""未来重庆"等城市记忆、科技元素、潮流文化体验新业态充实丰富,文化旅游融合持续深化。抗疫主题文创艺术作品加快涌现,以川剧小品《出征记》、歌曲《逆行英雄》、情景剧《众志成城》、美术作品展览"春回巴渝 2020"等为代表的文艺创作佳品极大鼓舞了抗疫士气,全市文艺工作者充分发挥了文艺战线抗击疫情的积极作用。二是体育事业蓬勃发展。通过激活社会资本投资建设运营足球场地设施等多种方式,截至 2020 年 9 月,全市已建成社会足球场 472 块,提前超额完成"十三五"建设任务,有效扩大了足球场地设施供给。与四川签署《川渝地区体育公共服务融合发展框架协议》,北碚区、合川区、潼南区等主动对接绵阳市、广安市、遂宁市,深化区域性大型赛事举办、技术人才培养、体育产业培育等合作,推动体育公共服务融合发展。区县体育工作亮点纷呈,荣昌区入选全国首批体育消费试点城市,加快探索体育消费机制、政策、模式、产品联动创新;潼南区充分利用桥下空间打造健身场地 9500 平方米、利用湿地公园建设体育场 3.8 万平方米,全民健身运动场所建设取得积极成效,获得央视新闻频道全面报道;北碚区积极引进体育战略资本、专业运营机构、教育教学机构创新体育场馆运营模式,注重体育场馆文创文体品牌化与事业产业并轨化协同,大力培育体育新兴消费方式。

4. 就业创业社会保障稳步推进

1—9 月,全市一般公共预算支出中就业和社会保障支出完成 663.6 亿元,同比增长 0.4%,基本民生保障水平持续改善。一是受疫情冲击、经贸摩擦、经济调整等多重因素影响,"稳就业""保就业"压力总体较大,1—9 月全市城镇新增就业 49.22 万人,完成全年目标的 98%,但较上年同期有所减少。在就业优先各项政策出台推动下,下半年以来就业形势逐步回稳,调查失业率低于年度控制目标,总体上稳住了就业"基本盘"。二是为应对疫情影响,重庆及时出台了进一步稳定和促进就业的 23 条针对性强、含金量高的政策措施,不断完善"减免缓返补"等政策体系支持企业减负稳岗,强化农民工、高校毕业生、退役军人等重点群体就业帮扶,大力支持相关人员返乡入乡创业。职业技能培训覆盖面稳步扩大,已完成培训开班 50 余万人次。创新线上招聘服务,带动 3 万余家用人单位提供 25.7 万个岗位同步开展线上招聘。三是顺应产业升级与技术创新趋势,重庆及时出台《支持大数据智能化产业人才发展若干政策措施》《进一步加快博士后创新发展若干措施》等,不断提升积极、开放人才政策的精准实施水平。四是养老服务不断夯实完善。全市养老床位总数达到 22 万张,每千名老人拥有床位 30.5 张。街道社区养老服务功能区设置更加规范,智慧养老大数据平台有效助力提供线上线下居家养老服务。"社区嵌入式"模式更加普及，社区嵌入式养老机构达372家，占社会办养老机构总数的71.7%，社区医养融合服务能力不断提升。

5. 社会救助标准水平全面提升

1—9月全市城市居民、农村居民最低生活保障资金分别支出14.9亿元和23.8亿元，分别同比增长10.1%和23.4%，"保民生""惠民生"措施有力。一是城乡低保等社会救助保障标准进一步提高。全市城市居民、农村居民最低生活保障标准分别提高到每人每月496元和620元，均较上年提高100余元。特困人员、孤儿、艾滋病感染儿童、流浪乞讨人员等社会救助对象的基本生活保障标准也同步有所提高，救助保障水平进一步提升。二是保险等社会救助创新举措加快探索。瞄准困难群众需求，在全国首次推出省级层面的综合商业保险即"民政惠民济困保"，精准化地为全市低保、特困、孤儿、部分享受国家定期抚恤补助的优抚对象以及新增的事实无人抚养儿童等5类群体提供商业保险救助。截至2020年4月底，"民政惠民济困保"项目2018—2019保险年度参保总人数为111.78万人，已决理赔案件10.75万起，赔付金额1.44亿元，保障效果较好。

（二）存在的问题

1. 就业优先政策执行和创新有待加强

新冠肺炎疫情防控常态化与经贸摩擦政治化背景下，产业链优化布局对全市就业岗位与机会产生深刻影响，众多行业周期性、结构性、摩擦性失业现象叠加，就业优先政策执行和创新难度不断加大。一是传统行业稳就业与新兴行业增就业对完善就业政策体系提出了更多挑战。传统行业对就业的支撑作用依然突出，稳就业要多依靠减税激励、技能培训、引导升级等市场化利长远手段。新兴产业对专业人才需求持续旺盛，发展壮大对就业的带动作用不断显现，加快释放新兴产业对增加就业的巨大潜力，亟待就业政策体系创新。二是统筹疫情防控和经济社会发展对就业政策制定提出了更高要求。推动复工复产与返岗稳岗精准结合，需要持续推动疫情期间碎片化、局部化、短期化的稳就业政策加快向系统化、全局化、长效化方面转变，就业政策创新供给难度增大。

2. 教育与产业城市融合发展有待深化

教育资源布局不优与发展水平相对滞后对促进产业发展和提升城市综合竞争力形成了较大制约，教育领域补短板与锻长板的任务依然艰巨。一是基础教育资源布局结构不优、质量不高问题依然突出，影响了城市宜居宜业品质提升。中心城区普惠性幼儿园供给保障仍需加强，普通家庭就地就近入园的难度普遍较大，学前儿童入园的经济成本、时间成本、看护成本均较高。都市新区优质中小学资源普遍缺乏，对吸引中高端人才以及招商引资存在不利影响。二是职业教育、高等教育与产业融合发展水平有待提升，产教融合的体制机制仍需进一步创新完善，面向大数据智能化创新、数字经济与实体经济融合发展的职业教育培训导向和高等教育创新导向需要同步加强。职业教育对新兴产业工匠技能型人才的培养规模较小、师资力量薄弱。"双一流"建设提升空间较大，对高端人才和创新产业吸引集聚作用不足。

3. 医疗卫生文化体育供给水平仍需改善

近年来，全市医疗卫生文化体育的发展水平持续加快，总体提升明显，但与高品质生活宜居地建设和人民群众对美好生活向往的内在需求相比仍然存在一定差距。一是医疗卫生领域。区县三甲医院建设力度仍需加大，基层医疗卫生机构人才缺乏、能力不足问题较为突出，"小病不出乡、大病不出县"的分级诊疗保障体系不健全，巩固完善"三通"医共体建设的任务依然较重，医疗、防疫、康养相融合的大卫生大健康服务格局构建较为滞后。二是文化发展领域。文化事业管理运营方式创新不足，大型公共文化场所经营不力制约了效果发挥，基层社区公共文化设施配置滞后与利用水平不高问题并存。文化产业与文化事业协调融合发展机制有待创新，事业为产业铸魂不够，产业为事业助力不强。三是体育健身领域。全民健身引导力度有待加强，健身场所配置供给与民众日常健身需求不匹配，对广场舞、坝坝舞等群众喜闻乐见、便于参与的健身活动规范化引导不足。

二、2021年重庆市社会事业发展环境分析及前景展望

（一）社会事业发展环境稳健向好

2021年是开启社会主义现代化建设新征程和贯彻落实"十四五"规划的开局之年，社会事业领域将以共建共治共享为导向不断拓展发展新局面。在国际环境日趋复杂、不稳定性和不确定性明显增强的背景下，构建国内国际双循环发展新格局，统筹好疫情防控和经济社会发展，将更加注重保居民就业、保基本民生、保基层运转，加快释放社会领域改革惠民、兜底支撑的政策红利。深化落实新时代西部大开发战略，推动成渝地区双城经济圈建设特别是高品质生活宜居地建设，将不断加大教育、文化、体育、医疗、养老等领域基础设施建设投资，加快促进社会事业领域形成需求牵引供给、供给创造需求的更高水平的动态平衡。智能化数字化新业态新技术加快发展渗透，将持续为社会事业领域发展赋能，不断提高社会领域服务的便利化供给水平。总体来看，利好社会事业发展的战略机遇、政策红利、技术支撑因素加快叠加，将有力支撑社会事业持续稳健向好发展。

（二）2021年重庆市社会事业发展展望

2021年，全市将按照全面建设社会主义现代化国家的总体要求，顺应社会主要矛盾变化和社会结构变化带来的新特征新要求，以更加公平的发展为引领，全面结合"六稳"工作、"六保"任务，深入实施以需求为导向的保障和改善民生战略行动计划，加快补齐民生领域短板弱项，稳步拓展共建共治共享社会发展新局面，以社会事业高水平发展和社会服务高质量供给助力宜居地建设和促进实现高品质生活。分领域看：就业领域"稳"和"保"的力度持续加大，政策体系将更趋完善，有望实现更加充分、更高质量的就业；医疗领域"医"和"防"的协同性不断提升，公共卫生和疾控体系持续强化，疫情防控与医疗服务水平将同步提升；教育领域"基础"与"高等"同步优化，基础教育资源配置更优，高等教育"双一流"建设投入更大，教育、产业、城市的融合度将不断提高；文化体育领域"事业"与"产业"的良性互促机制更加健全，文化、体育、旅游业态互融消费互促的态势将更加良好；社会保障领域，全覆盖、可持续的社保体系不断健全完善，兜底保障能力将不断增强。

三、对策建议

（一）促进就业优先政策精细化落实

一是促进前期已经出台的"减免缓返补"等纾困惠企政策措施进一步深化落实，提升政策对中小企业的适用性，根据需要适时强化政策更新衔接，全面支持企业减负稳岗，帮助企业应对风险、渡过难关。二是因群施策，促进政策进一步细化落实，针对大学生、返乡农民工、退役军人、困难群体等，结合群体就业特征、市场需求潜力与技能培训提升，强化行业精准引领和点对点帮扶。三是因产施策促进就业政策与产业政策协同创新、导向兼容，传统产业稳就业要与促升级相结合，着力化解就业相对饱和的压力。新兴产业扩大就业要与集群化发展相结合，加快补齐新技能工人就业缺口。

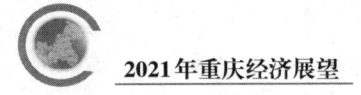

（二）推动教育产业城市融合化发展

一是全面推动新建城区普惠性学前教育、优质义务教育同步化配套，着力提升中心城区部分区域普惠性幼儿园供给，强化都市新区优质义务教育资源均衡配置，加快完善区县中心城区、中心乡镇优质教育联动机制。二是围绕产教融合继续推进职业教育转型提质，重点瞄准大数据、智能化、数字经济，强化师资培养配备和专业优化设置，校企合作推动课堂与实训、知识与技能融合，提高职业教育与产业发展的匹配性。三是聚焦高端创新大力推动"双一流"建设，紧密对接中国西部（重庆）科学城建设，强化资金支持、人才引进、项目建设、生态营造等政策一体化配套，加快推动重庆大学、西南大学等"双一流"建设迈上新台阶，取得新突破。

（三）提高医疗文化体育优质化供给

一是对标国家医学中心和区域医疗中心建设，推动医学教研与办医服务良性互促，提升综合性三甲医院的内在带动力和区域辐射力。促进优质医疗资源下沉与加强基层投入并重，增强基层医疗卫生机构"网底"保障能力。二是推动文化事业与文化产业融合发展，利用智能化数字化手段为科技馆、博物馆、图书馆、文化馆、艺术馆等公共文化平台赋能，提升事业服务与产业孵化协同承载功能。加大社区公共文化场所建设运营投入，提高文化服务亲民性便民性。三是加快推进体育健身场地设施建设，充分利用桥下空间、公园湿地、边角地等进行存量改造，强化健身场所打造，提高体育场馆运用效率。增量布局方面要结合新城区新社区建设，留足专业体育场馆和全民健身用地，引导民众热爱运动、文明健身。

（四）深化改革，加快释放政策性红利

一是继续深化"三通"医共体改革，推动医、防、养融合发展，加快构建大健康、大卫生新格局，进一步理顺完善"三通"医共体内部管理机制与外部政策配套，提高分级诊疗体系的运营效率。二是继续深化养老领域改革，加快推进适老型社会和适老型社区建设，完善养老政策体系，运用好大数据智能化整合居家养老、社区养老、机构养老资源，提高养老服务供给质量和效率。三是推进文化体育领域事业单位综合改革，创新购买服务、资源重组、管理运营体制机制，确保公益职能不减弱与服务水平再提升双赢。四是进一步推动社会领域"放管服"改革，着力破除隐性门槛，充分调动社会资源，引导行业自律，强化政府后端监管。

[重庆市综合经济研究院（重庆市经济信息中心）社会发展研究课题组
主研：易小光　丁　瑶　苟文峰　赵　伦　曲　燕　孙茂曦　杨琇涵
执笔：赵　伦　苟文峰]

之八：2020 年重庆市就业创业发展情况及 2021 年展望

2020 年以来，随着复工复产复市推进，重庆市经济呈现企稳回暖的发展态势，通过"六保""六稳"全力稳定经济运行，就业岗位供给得到有效保障，全市就业创业形势总体稳定。预计 2020 年全市新增就业人数保持在 60 万人，城镇调查失业率维持在 5.5% 的水平。

一、2020 年重庆市就业创业发展情况

（一）总体情况

2020 年以来，针对疫情防控期间特殊的就业形势，全市保就业政策力度加大，就业形势逐渐回暖，各项就业指标趋于回升，就业形势总体保持稳定。1—9 月，全市城镇新增就业 49.22 万人，同比下降 18.9%。城镇调查失业率达到 6% 左右，低于年度控制目标，高于 2019 年同期水平。1—9 月全市公共人力资源市场求人倍率为 1.39，就业供需结构性矛盾仍存。

（二）主要特点

1. 受短期疫情冲击，就业整体压力加大

2020 年受年初疫情影响，经济阶段性承压，企业开工复工普遍推迟，劳动者的返岗务工也相应延后，旅游、餐饮等服务业、中小企业生产经营困难加大，市场招聘需求下降，对高校毕业生、农民工等重点群体就业影响较为直接和显著。一是各项就业指标走势疲软。1—9 月城镇调查失业率突破 6%，同比上升了 1 个百分点，预计 2020 年将维持高位水平。城镇新增就业 49.22 万人，同比减少 11.5 万人，就业规模在缩小。1—8 月求人倍率达到 1.64，就业结构性矛盾突出。与 2019 年同期相比，就业转失业人员数量有所增长，新成长失业青年求职数量有所下降。二是重点群体就业压力增大。全市 2020 年应届高校毕业生 23.7 万人，同比增加 1.3 万人，签约率同比有所下降。农民工失业现象显现，4 月底，全市留乡农民工有 76.7 万人处于未从业状态。2020 年需新就业的残疾人和退役军人分别达到 0.5 万人和 1.2 万人，结存登记就业困难人员在 6.3 万人以上，在面临总量持续增长和疫情冲击的双重压力下，重点群体的就业形势较为复杂严峻。

2. 保就业政策发力，就业市场逐步回暖

2020 年以来，重庆加大了"保就业"政策的实施力度，出台了 60 余条细化政策措施，从"减降缓补"、金融支持、财税纾困等方面形成"政策包"，促进了劳动力市场逐步回暖。一是中小企业招聘需求回升明显。随着复工复产的持续推进，中小企业招聘岗位向市场释放量有所加大，招聘和求职行为也出现了回暖。复工后第二周重庆市的招聘职位数环比增加 30.21%，简历投递量环比增速为 57.38%，就业竞争指数①由 7.8 上涨至 9.1，回温状态明显。二是新基建相关行业用人需求增大。随着新基建推进，与

---

① 就业竞争指数：就业需求与就业供给之比。

新基建相关的信息基础设施产业对高素质资深人才需求加大，特别是人工智能、数据库、系统集成等互联网战略性新兴岗位对高素质人才需求明显增加，据统计，用人单位对软件物联网工程等专业的学生需求比高达8∶1。

3. 新就业形态涌现，就业空间逐步拓宽

疫情期间服务业加速向线上转移，新就业形态不断涌现，提供了大量方便易得、技能门槛低、收入透明、时间灵活自由的托底性或补充性就业岗位，有效促进了劳动者就业。直播、网约车等新就业形态和新雇用模式为"稳就业"注入新活力，未来将作为正规就业的积极补充。一是新就业形态提供了大量工作机会。在线教育、直播带货、生鲜电商、互联网医疗等新兴行业衍生出了新兴职业，该领域企业在疫情期间逆势扩张招聘规模，创造了大量就业机会。以淘宝直播为例，直播带货催生了助播、选品、脚本策划、运营、场控等多种新职业，招聘需求不断增大。据人民大学测算，2020年淘宝电商直播带动重庆就业人数达12.8万人。二是新型雇用模式加速显现。互联网的快速发展和大数据服务的广泛应用催生了各种新型雇用模式。"公司+员工"的雇用模式正在向"平台+个人"演变，灵活就业、柔性就业逐渐成为重庆市新增就业的重要组成部分。伴随共享经济、数字经济等新业态蓬勃发展，重庆市滴滴司机、直播网红等灵活就业新模式就业人群规模持续扩大，市人力社保局数据显示重庆市目前大约有573万灵活就业人员，疫情期间以灵活就业为主的新雇用模式有效对冲了疫情导致的就业岗位不足。

（三）主要问题

1. 就业市场不稳定因素增加

重庆市的就业形势及其发展趋势受全球和我国疫情的变化趋势、经济走势以及宏观经济和就业政策的实施力度等多方变量因素影响，存在较多不确定因素。一是中小企业就业稳定性下降。中小微企业受疫情冲击最直接，且自身抗风险能力较弱，复工复产中面临生产经营困难、关停倒闭等风险。尤其是出口贸易企业和制造业加工企业，部分产业的生产组织结构和技术结构在短期冲击下恢复尚需时日，甚至出现产业链断裂风险，可能引发结构性失业现象。二是技术替代性失业现象显现。经济结构的调整和经济发展方式的加快转换使得企业对技术要求提升，制造企业在推进产业转型升级过程中推行智能化改造，导致部分岗位用工需求减少，在产业转型过渡期内加剧了技术性裁员风险。

2. 就业结构性问题更加突出

重庆市长期存在就业求人倍率偏高的结构性矛盾，加之疫情短期冲击，部分行业就业市场供需矛盾进一步凸显。一是新兴行业发展带来用工需求与供给不匹配。2020年疫情加速了社会对游戏、在线教育、医养健康等产品和服务需求，伴随人工智能、远程办公等新技术的普及以及新基建的推进，研发型、技术型的人才需求增加，劳动者在短期内无法快速提升技能、转型适应岗位需求，信息技术等相关领域高端技能人才缺口加大，招工难的就业结构性问题成为制约企业发展和产业链竞争力提升的关键因素。二是大龄劳动者就业市场竞争较激烈。重庆市人口老龄化问题加深叠加经济下行风险，加剧大龄劳动者就业难的问题。公共人力资源市场供求数据显示，45岁以上大龄劳动力岗位空缺与求职人数比不断提升，大龄低技能劳动者就业面临的供需匹配难度加大。

3. 新就业形态维权保障存在短板

伴随着互联网技术进步与大众消费升级，新就业模式存在去雇主化、平台化的特征，雇用方式主要是通过平台与第三方公司签订劳务派遣合同，使得劳动关系处于不确定状态；同时劳动权益保护、保费缴纳、薪酬等政策制度存在短板，加大了个体就业风险。伴随重庆市网约车、线上直播、外卖平台等新就业形态就业的员工数量不断增加，新业态灵活就业带来的员工权益保障问题将进一步凸显。据统计，重庆市从事商品交易服务的新职业从业者中仅46.2%签订劳动合同，从事生活服务、物流服务的新职业从业者，有10%左右未参加城镇职工社会保险，新业态灵活就业人员的权益保障有待加强。

二、2021年重庆市就业创业发展环境分析及展望

（一）国际国内经济放缓，就业市场风险点增加

2021年，受全球疫情蔓延和经济市场不稳定因素的影响，国内消费、投资等主要经济指标增速可能放缓，未来将对就业形成较大压力，稳就业面临的挑战加大。据国际货币基金组织预测，2021年全球经济增长将部分复苏，但受新冠肺炎疫情带来的冲击，完全复苏所需的时间将比最初预期更长。在全球宏观经济增速放缓背景下，就业市场将存在多方面不稳定变量影响，周期性失业问题可能凸显。国际贸易、跨国投资以及与国际产业链相关的就业岗位面临裁员等风险，非正规部门灵活就业的劳动者失业风险将进一步加大。

（二）市内经济逐步回暖，就业形势总体稳定

面对"十四五"时期的新发展形势，重庆市将利用"一带一路"、长江经济带、西部大开发、成渝地区双城经济圈等重大国家战略契机，加快推进"一区两群"协同发展，从供给侧和需求侧两端为稳就业营造更积极的产业及消费基础。就业将继续围绕"扩、稳、保、促、兜"五个方面，落实落细"六稳""六保"，优化自主创业环境，实施更好的就业优先政策，控制大规模裁员失业风险，促进各项就业指标完成进度加快，积极对冲经济下行带来的就业风险。随着就业市场供需双方信心的恢复，2021年全市就业形势将好于预期、维持总体稳定向好的态势。汽车制造、房地产、建筑、建材、工程等产业发展将持续升温，释放更多的用工需求；电商直播等新兴行业崛起将积极拉动就业；中小企业借助减税降负政策利好，将持续发挥就业蓄水池的稳就业作用。

（三）2021年运行趋势展望及主要指标预测

2021年世界经济有望呈现较快恢复，但不确定性仍然大范围存在。随着立足国内大循环，畅通国内国际双循环成效不断显现，国内经济会视疫情发展出现持续复苏。重庆市将抢抓承接东部产业转移、成渝地区双城经济圈建设等机遇，围绕"稳主体、做增量、保重点、强服务、防风险"等方面加大就业政策支持力度，全力稳住就业向好的基本盘。预计2021年重庆市将实现城镇新增就业人数60万人，城镇调查失业率控制在5.5%以内。

三、对策建议

（一）加强就业形势监测和分析研判

一是加大失业风险监测。坚持网上监测、平台监测和定点监测相结合的工作机制，如基于"数据重庆"等平台，辅以汇博网等互联网招聘平台的大数据，密切跟踪疫情对就业形势影响和劳动力输出流向情况，持续跟进企业招用工情况。在重点监测规模以上企业及外贸出口企业用工情况的同时，特别要加大对中小微企业用工的关注。二是完善新业态就业统计监测制度。探索建立新就业形态、劳动者创业等统计监测指标，加强各项指标与宏观经济数据比对分析，扩大就业数据信息来源。完善新业态就业风险监测、分析、研判、预防机制和风险排查化解机制。

（二）大规模开展职业技能培训

一是以企业为主体促进培训供需精准对接。积极开展企业新型学徒制培训，建立"企业出需求—院校出资源"的培训机制。发动行业协会力量，通过龙头企业培训资源和标杆带动，带动中小微企业与院校建立对接联系，解决中小微企业开展职业培训存在的能力不足问题。鼓励企业开展以工代训、以训稳岗促进培训托底帮扶就业。二是促进线上线下培训结合。实施"互联网+职业技能提升行动"，充分发挥以重庆智能就业培训平台为代表的优质第三方培训集成平台作用，开展网络直播教学，增加教师和学员的互动性。同时针对操作性较强的特色职业（工种）可采取线下现场小班上课的方式，增强培训效果。三是加强培训效果的监督评估。通过建立培训质量评估机制，注重培训后的就业率、工作能力、生产效率、工资收入等指标监控，加强对培训效果的评估和考核。

（三）多渠道保障重点群体就业

一是保障高校毕业生顺利毕业就业。加大线上招聘活动频次，充分利用互联网为高校毕业生提供线上线下全方位实名制就业服务，推动网上面试、网上签约和网上办理就业手续，促进毕业生尽早就业。通过"就业援助月""春风行动"等专项行动，积极推进针对性强的招聘，促进供需对接。加大高校毕业生创业政策支持力度，在免费创业培训、创业孵化、优惠贷款等方面给予更加优惠的政策支持和帮助。二是支持农民工就近就业创业。加强与输入地就业管理部门和公共就业服务机构对接，通过点对点、一站式、专车包车等方式开展定向劳务交流协作，促进农民工稳定就业。出台鼓励当地重大工程优先吸纳本地农民工就业的政策，引导回流农民工参与乡村基础建设，到新型农业经营主体就业。优先为懂技术、懂市场的农民工提供线上创业培训、创业服务和资金支持。三是加强困难群体托底帮扶。出台失业保险扩围等政策，降低技能、年龄、学历的招聘门槛，扩展一批特定时期公益岗位，安置就业困难人员。

（四）快速落实减负稳岗政策

一是进一步完善稳就业政策体系。完善"减免缓返补"等支持企业减负稳岗的政策体系。因地制宜出台扩大失业保险保障范围、公益性岗位管理、毕业生基层岗位招录、优化创业担保贷款等配套政策。二是持续加大企业纾困减负政策支持力度。在加快出台降低企业成本的普惠性政策的同时，尤其要结合工业、出口、小微企业的特色要求，重视对小微企业出台差别化的专项扶持政策，进一步放宽中小企业申领稳岗补贴条件，帮助稳定现有就业岗位。

（五）鼓励支持新就业形态和灵活就业

一是加快完善鼓励新就业形态发展的政策支持和服务体系。研究制定适合新业态就业特点的劳动合同、工资支付、社保补贴、工作条件、工作时间、休息休假等劳动标准。探索建立适合新就业形态的劳动争议处理和劳动监察制度。二是加强新业态就业人群职业能力开发。聚焦重庆市线上业态、线上服务、线上管理"新三线"业态发展机遇，精准对接网络直播、网红带货、电子竞技、视频运营等行业用工需求，加大专项职业能力开发培训。加快制定完善的"塔尖""塔基"人才政策，将新产业新职业人才纳入相关人才政策，积极推进新职业技能人才等级培训。

[重庆市综合经济研究院（重庆市经济信息中心）宏观经济研究课题组
主研：易小光　丁　瑶　苟文峰　赵　伦　曲　燕　孙茂曦　杨琇涵
执笔：杨琇涵]

之九：2020年重庆市信息化发展情况及2021年展望

2020年，重庆市信息化围绕大数据智能化发展新趋势，培育经济新增长点，努力形成发展新动能。制造业与信息化深度融合发展，电子信息产业保持稳定增长，电子商务发展势头强劲，电子政务建设取得积极进展，新型智慧城市建设加速推进，农村信息化应用水平明显提升，新一代信息基础设施加快构建，为促进重庆市数字经济与实体经济深度融合、推动重庆市高质量发展提供有力支撑。

一、2020年重庆市信息化发展情况

（一）制造业与信息化深度融合发展

制造业智能化改造持续推进。重庆坚定实施大数据智能化创新，加速从"制造"奔向"智造"，智能化改造在复工复产中优势尽显，2020年1—9月实施958个智能化改造项目，新认定28个智能工厂和182个数字化车间。全市累计实施1483个智能化改造示范项目，建成39个智能工厂、177个数字化车间及10家智能制造标杆企业，并建立了由122家服务商组成的"智造资源池"，为"重庆装备"不断注入智能因子。

工业互联网生态体系逐步完善。重庆大力推进"互联网+先进制造业"发展，建设工业互联网生态体系，赋能重庆制造业数字化转型。市经信委和市通管局联合发布《2020年全市工业互联网工作要点的通知》，通过推动重点区域加速工业互联网产业生态集聚。截至2020年9月，全市已集聚工业互联网服务企业近200家，5万多户企业"上云"，工业互联网标识解析国家顶级节点（重庆）标识注册量近4000万，标识解析量超过1600万次。重庆市工业互联网公共服务平台、重庆市工业互联网安全态势感知平台和重庆市智能制造信息管理平台三大工业互联网和智能制造公共服务平台上线，进一步增强了全市工业互联网和智能制造公共服务能力。川渝两地共同签署《成渝工业互联网一体化发展示范区战略合作协议》，携手共建工业互联网示范区。

（二）电子信息产业保持稳定增长

电子产业持续稳定增长。2020年1—9月，全市电子产业增加值增长12.2%，电子产业已构建完整产业链，90%以上种类的零部件均可在渝采购，对全市工业增长的拉动较大。其中，笔记本电脑出口4567.3万台，增加21.3%，出口值1244.1亿元，增长15.9%；集成电路出口167.7亿元，增长31.0%；手机出口7049.2万台，增加2.2倍，出口值95.2亿元，增长2倍，出口增势良好。

软件和信息服务业发展呈现良好态势。软件和信息服务业（以下简称软件产业）是高质量发展的重要支撑和数字经济发展的核心驱动力。市政府出台《重庆市促进软件和信息服务业高质量发展行动计划（2020—2022年）》，到2022年，全市软件业务收入达3000亿元，培育1家百亿级企业、50家10亿级以上企业和200家1亿级以上企业，初步建立起软件产业生态体系。2020年1—9月，全市软件产业实现业务收入1445.7亿元，同比增长13.6%，全年收入预计可达到2000亿元。

智能产业引领数字经济创新发展。全市持续实施以大数据智能化为引领的创新驱动发展战略行动计

划，传统产业加速转型升级，以"芯屏器核网"为代表的智能产业异军突起。2020年1—9月，全市高技术制造业增加值增长11.3%，智能手表增长1.3倍，3D打印设备增长28.4%，集成电路增长36.9%，液晶显示屏增长29.6%，全年智能产业销售收入有望达7500亿元。市政府发布《重庆建设国家数字经济创新发展试验区工作方案》和《重庆市建设国家新一代人工智能创新发展试验区实施方案》，启动实施全国首个国家数字经济创新发展试验区。

（三）电子商务发展势头强劲

电子商务保持稳定增长态势。2020年1—9月，全市网络零售额达938.4亿元，同比增长12.7%。其中，实物型网络零售额620.7亿元，同比增长24%，限额以上单位网上零售额增长44.6%，同比增长34.8%；全市快递业务量49236.98万件，同比增长25.68%。市政府出台《关于加快线上业态线上服务线上管理发展的意见》，启动实施"加快发展直播带货行动计划"，线上销售业态加速发展，直播电商势头迅猛，1—9月，全市共计开展了近10万场次直播带货活动，实现零售额超50亿元。传统商贸企业创新营销模式，实现线上线下融合发展。

跨境电商发展推动外贸转型升级。海关总署增加重庆等12个直属海关开展跨境电商B2B出口监管试点，招引多家跨境电商B2B出口试点运营企业落户重庆，"跨境电商B2B+中欧班列（渝新欧）+境外企业/海外仓"的模式成为货物出口选择的新路径。率先在西南地区开展跨境电商零售进口"前店后仓+快速配送"监管模式和"退货中心仓"模式改革试点。2020年1—8月，全市跨境电子商务进出口总额45.7亿元，同比增长14.9%，连续8个月保持两位数增速。

电商扶贫扎实有效推进。大力推进贫困地区农特产品与直播电商、社区电商、社交电商等对接合作，为贫困地区特色农产品拓销增效寻找到新空间。全市14个国家扶贫开发重点区县和18个深度贫困乡镇共建成电商公共服务中心14个、仓储物流配送中心14个、农产品产地集配中心150余个、乡镇村电商服务站点3300余个，实现乡镇快递全覆盖。累计培育农村电商带头人3900余人，孵化电商网商超2万家。

（四）电子政务建设取得积极进展

"渝快办"政务服务体系建设全面推进。线上"一网通办"、线下"一窗综办"，全市政府服务能力和水平提升明显。"渝快办"已基本形成"12345"政务服务体系总体构架，推动更多服务事项"不接触"办理，为重庆市打赢疫情防控阻击战发挥了重要作用。截至2020年10月，"渝快办"政务服务平台注册用户逾1400万，累计办件量超1.3亿件；移动端上线的事项达到了1060项，市级1166项行政许可事项中，97%的事项可实现最多跑一次，95%的事项实现网上办；网上办事好评率达99.99%，差评整改率达100%。

数据管理支撑体系已逐步完备。一是市政府出台《重庆市公共数据开放管理暂行办法》，构建全市公共数据开放规则体系，依托城市大数据资源中心建设全市政务数据共享系统、全市公共数据开放系统，形成政务数据资源池，2020年底实现政务数据资源共享接入3500类。二是确定政务云服务商，制定形成134项云服务清单，建设协同办公云平台，初步建成数字重庆云平台。截至2020年10月，全市已有32个市级部门的上云率达到100%，23个市级部门整合率达75%以上。三是新型智慧城市运行管理中心建成投运，首批接入22个市级部门、43个业务信息系统；建设核心能力平台，实现政务信息化系统集约共建，提升政务服务"一网通办"能力。四是川渝两地签署大数据协同发展合作备忘录，推动川渝政务数据资源共享系统互联，为两地电子政务和数字经济融合发展提供数据支撑。

信用体系建设成效日趋明显。一是发布《重庆市2020年社会信用体系建设工作要点》，加快推进《重庆市社会信用条例》立法进程，启动《重庆市社会信用体系建设"十四五"规划（2021—2025年）》

编制工作，先后出台 20 余个信用制度文件，"条例+十四五规划+配套制度"的信用制度体系基本形成。二是建立信用信息应用清单，扩大信用奖惩覆盖面，截至 2020 年 10 月，全市 38 个区县、51 个部门和单位累计查询"红黑名单"信息 1500 万余次，累计触发和实施联合奖惩措施 16 万次。三是全市市场主体信用评价实现全覆盖，2020 年市公共信用信息平台为市场主体免费提供电子化信用报告约 1 万份，累计归集信用承诺信息 122 万余条。截至 2020 年 10 月，市公共信用信息平台已与国家平台、50 多个市级部门及全市所有区县对接，归集 5223 项超 5 亿条公共信用信息。

电子政务助力数字化战"疫"。一是"渝康码"用大数据手段服务市民安全出行和企业复工，复工复产数字化平台为重庆商贸企业复工复产赋能。二是通过"渝快办"实现不接触办理和市场主体精准推送，各项疫情防控和帮扶企业政策措施一键查询。三是重庆市电子招投标交易系统正式上线运行，创新开展"不见面"开标，全市招投标实现"一张网"办理，全流程电子化。

（五）新型智慧城市建设加速推进

新型智慧城市智能中枢初步建成。由城市大数据资源中心、数字重庆云平台和智慧城市综合服务平台"一中心两平台"构成的城市智能中枢初步建成，成为推动新型智慧城市建设的主要载体。其中，数字重庆云平台整合全市云服务资源，形成"一云承载"共享共用共连的云服务体系；城市大数据资源中心构建完善政务数据资源共享系统和开放系统，形成"两个系统+四大基础库+N 个主题库+N 个部门政务数据资源池"的数据资源汇聚体系，"智慧城市"已具雏形。

智能化应用助推城市智慧治理。智能化应用场景是新型智慧城市的建设重点，重庆以人工智能技术创新为核心支撑，推动一批特色鲜明、创新引领和典型示范的智慧城市应用场景，涉及城市大脑、智慧安防、智慧政法、智慧公园、智慧生态环保、智慧文旅、智慧医疗、智慧物流等各领域、各层级的智慧城市应用体系建设。截至 2020 年 10 月，全市已建成 25 家"智慧医院"，医学影像云中心初步建成，近 80%的二级以上医院实现网上预约诊疗服务，远程医疗服务已覆盖 90%的区县，数字化城管覆盖率超过 90%。

（六）农村信息化应用水平明显提升

政策助力农业数字化转型。先后出台《重庆市智慧农业发展实施方案（试行）》《重庆市乡村振兴十大重点工程实施方案（2020—2022 年）》《2020 年智慧农业"四大行动"推广应用项目申报指南》《"互联网+"农产品出村进城工程实施方案》等相关政策和规划文件，即将印发《数字乡村发展行动计划（2020—2025 年）》，加快数字化引领驱动重庆农业农村现代化发展的步伐，数字乡村建设已成为乡村振兴的战略方向。

大数据引领农业智能化发展。数字技术与农业产业、生产经营加快融合，农业数字化转型取得明显进展，乡村数字治理体系日趋完善。一是建成农村土地承包经营权信息应用平台，发展农产品质量安全追溯点 4100 多个，3200 多家农业企业注册上线。二是发布重庆"三农"大数据平台，建成重庆市农产品质量安全追溯和农业投入品监管平台，促进农产品价格监测预警，推动农产品产销对接，初步形成农村农业大数据应用成果矩阵。三是挖掘"三农"平台大数据，建成"渝益农"全市信息进村入户大数据平台，全面集成公益、便民、电商和培训服务。截至 2020 年 9 月，共建设益农信息社超过 8000 个，培训信息员近万名。

（七）新一代信息基础设施加快构建

重庆信息通信业快速发展。2020 年 1—9 月，全市信息通信业电信业务总量 2263 亿元，同比增长 19.6%；电信业务收入 206.1 亿元，同比增长 2.9%；互联网用户 4560.6 万户，同比增长 4.6%；物联网终端用户1694.9万户，同比增长5.5%；IPTV（网络电视）用户883.9万户，同比增长4.7%；固定互联网带宽接入端口2393.6万个，同比增长1.5%。

5G网络建设有序推进。市政府相继出台《重庆市加快推动5G发展行动计划（2019—2022年）》《关于推进5G通信网建设发展的实施意见》《关于保障5G网络基础设施建设的通知》等政策，搭建全国首个5G新型基础设施大数据平台，基础信息通信企业携手产业链，推动5G开展各项创新应用。截至2020年9月底，全市已建设开通3.37万个5G基站，累计开通4.40万个5G基站，实现全市所有区县重点区域5G网络全覆盖。

强化新型基础设施建设。加速补齐创新基础设施短板，为数字经济发展提供牢固基础。市政府发布《重庆市新型基础设施重大项目建设行动方案（2020—2022年）》，总投资3983亿元，滚动实施和储备375个包括信息基础设施、融合基础设施、创新基础设施三个方面的新基建重大项目，到2022年基本建成全国领先的新一代信息基础支持体系。市住房城乡建设委出台《关于统筹推进城市基础设施物联网建设的指导意见》，推进物联网城市基础设施领域的应用，建成全市城市基础设施物联网标准体系，打造"万物互联"的城市基础设施数字体系，进一步推动重庆新型智慧城市建设和发展。

二、2021年重庆市信息化发展环境及展望

（一）信息技术应用成为全球信息化发展主要推动力

随着摩尔定律极限的逼近，信息技术应用的发展与突破越发重要，它将带动全球信息化大发展。一是全球工业互联网行业市场快速发展。随着5G商用，物联网关键技术得到突破，人工智能日趋成熟，为工业互联网的发展提供强大技术支持，工业互联网平台进一步发展，加速工业重构和商业模式变革。二是数字经济对全球经济影响进一步加深。随着信息技术的日新月异，云计算、大数据、物联网、人工智能、5G等不断发展布局，并与传统行业深度融合，早期的信息技术已经发展成数据经济的全新基础，新冠肺炎疫情加速全球数字化进程，数字经济将重构全球经济发展格局。三是信息安全仍然是信息化发展要解决的重要问题之一。互联网边界不断拓展，信息化能力体现了国家实力，网络安全和信息安全事关国家安全。

（二）国内核心技术自主创新进入重要窗口期

2020年开始，"百年未有之大变局"将加速演进，地缘重心"东升西降"国际格局"南升北降"大势不改，大国竞争复杂激烈，尤其在信息化领域机遇与挑战并存，我国在信息领域部分核心技术不断取得创新突破。一是集成电路产业结构持续优化，在设计、制造、封测三大环节的发展均已驶入快车道，特别是芯片产业加速向特色工艺、多功能融合方向转型。2020年上半年，我国集成电路产业销售规模达3539亿元，同比增长16.1%，预计2020年全年销售规模可达8766亿元，同比增长15.92%。二是人工智能被列入我国新型基础设施，成为拉动内需、鼓励投资的重要技术底座。截至2019年12月31日，我国人工智能企业数797家，约占世界人工智能企业总数5386家的14.80%，仅次于排名第一的美国（2169家）。该产业广泛分布在技术研发、机器人、医疗、零售等18个应用领域，正在成为中国经济转型升级的关键驱动力量。三是区块链技术"自治"性、可信性持续提升，我国加快推进区块链产业布局，超过30个省市地区发布政策指导文件，引导产业健康快速发展。截至2019年底，各省市已出台区块链相关政策106项。2020年上半年，区块链专项政策更是如雨后春笋般出现，其中湖南省、贵州省、海南省、江苏省四个省份，以及广州、长沙、福州、宁波、南京、泉州、上海、北京八市先后公布支持区块链发展的专项政策。

(三) 2021年重庆信息化发展展望

一是重点推进新型基础设施建设。按照市政府《重庆市新型基础设施重大项目建设行动方案》部署，2021年将围绕信息基础设施、融合基础设施、创新基础设施3个方面，建成一批新型网络、智能计算、信息安全、转型促进、融合应用、基础科研、产业创新等7个板块的项目。二是数字经济上升至全市战略高度。按照《重庆建设国家数字经济创新发展试验区工作方案》，重庆将围绕制约数字经济创新发展的关键问题，优化制度和政策供给，初步建成全国数字产业集聚区、全国融合发展示范区，初步完成一批新型基础设施项目建设，基本形成数字双城经济圈。三是一体化在线政务服务加速推进。在"渝快办"政务服务体系建设的基础上，2021年一体化在线政务服务将向纵深推进。在技术上，将更广泛地借助大数据、云计算、移动互联网和人工智能技术，提高政府公共服务供给能力。在体制机制上，将以数字政府建设推动政府"简政放权、优化服务、放管结合"行政审批改革和管理体制机制创新，以解决群众"办事难"为突破口，破解政务服务供给过程中的难点、痛点和堵点问题，以台前改革倒逼后台办事，推动政务服务从政府供给导向向群众需求导向转变。

三、对策建议

(一) 加快推进新型基础设施建设

一是规模推进新型网络基础设施部署。扎实推进5G、千兆光纤、IPv6等基础网络建设，强化国家级互联网骨干直联点、中新（重庆）国际互联网数据专用通道等关键枢纽设施布局，提前规划部署低轨卫星移动通信、空间互联网和量子通信网等未来网络设施，打造泛在互联立体网络体系。二是加快推进智能计算基础设施建设。着眼未来数据存储与高性能计算指数级增长需求，加快建设数据存储基础设施体系，积极推进高性能计算基础设施落地应用，强化智能计算服务能力。三是通过转型促进基础设施升级。聚焦全市各产业转型发展需求，打造一批产业互联网平台、人工智能服务平台，引进培育一批面向产业发展急需的转型支撑平台，大幅提升数字化转型支撑能力，加速构建经济社会转型发展新动能。

(二) 重点推动"数字政府"转型

"数字政府"建设作为"数字中国"体系的有机组成部分，是推动"数字中国"改革发展、推动社会经济高质量发展、再创营商环境新优势的重要抓手和重要引擎。一是着力推进政务业务协同。加强统筹管理，突出政务服务和主题应用，提升集约化水平和审批便利化。二是促进政府数据共享交换。抓住"渝快办"政务审批平台主线，整合各类业务应用管理信息系统，推动全市"五大基础数据库"信息互联互通互享。三是确保数据可靠、可信、可用。支持全市各级政府建设政务信息平台，强化业务系统全生命周期管理和标准规范体系建设，为数字政府提供数据源。四是探索建立政务数据资产评估管理机制，推进"数字政府"快速发展。

(三) 深化信息化项目投融资体制改革

一是谋划储备一批信息化项目。积极争取和用好中央预算内投资、中央专项建设资金和地方政府专项债券资金，加大工业和信息化、科技创新等财政专项资金对信息化项目建设的支持力度，发挥财政资金引导、带动和放大作用，撬动社会资本参与信息化项目建设。二是积极探索信息化项目建设模式。在城市智能中枢、传统基础设施改造升级等领域，适度放宽市场准入，依法合规采用政府和社会资本合作方式（PPP）进行项目建设。三是全面推行信息化项目备案承诺制。推进"减流程、减材料、减时间、减成本"，实现"零见面、零上门"，进一步提升项目评估、审批和备案效率。四是引导银行等金融机构对信息化项目优先给予信贷支持。强化重大项目银政企对接，建立重大项目白名单制度，鼓励政策性银行提供低成本、中长期资金支持，鼓励符合条件的 IT 企业发行企业债券、公司债券、资产证券化产品，提高 IT 企业的直接融资比重。

（四）强化信息化复合型人才培养与引进

一是优化完善信息化专业人才培养体系。紧跟当前信息化发展趋势，加快出台相关鼓励政策，整合高校资源，持续完善大数据、云计算、人工智能、物联网等专业设置，进一步提升学科交叉融合培养水平。二是建立信息化人才对接机制。推动高等院校和科研院所、企业开展"产学研用"合作，加快培养适应数字化转型需要的融合型人才队伍。三是加强信息化复合型人才职业培训。引导企业建立健全员工培训机制，从培训经费投入、培训时长、师资保障等方面规范员工信息化技能培训教育。针对急需领域和重点企业，积极研究出台财税金融等政策措施，大力支持企业开展员工培训。四是健全吸引人才、留住人才的激励机制。加快出台信息化相关人才引进优惠政策，吸引高水平信息技术和高素质管理人才落户重庆，鼓励市内外信息化高科技企业参与全市信息化建设，不断提高全市信息化管理和技术水平。

[重庆市综合经济研究院（重庆市经济信息中心）宏观经济研究课题组
主研：易小光　丁　瑶　鲁英杰　裴　多　崔　苗　黄建洪
执笔：裴　多　崔　苗　黄建洪]

之十：2020年重庆市生态绿色发展情况及2021年展望

2020年，重庆市深入贯彻落实习近平总书记关于长江经济带"共抓大保护、不搞大开发"指示精神，在新冠肺炎疫情常态化背景下，统筹做好疫情防控和生态环保工作，生态环境持续改善，生态绿色发展体制机制建设不断推进，绿色经济稳步发展。全市生态绿色发展态势良好，在长江经济带绿色发展中的示范作用更为凸显。

一、2020年重庆市生态绿色发展概况

（一）环境质量持续改善

污染防治攻坚战取得显著成效。污染防治攻坚战34项主要指标和206项重点工程有序推进。大气环境方面，截至11月全市空气质量优良天数已超过300天，创历史最好水平，"重庆蓝"逐步成为常态。水环境方面，全市压实1.75万名河长责任，深入推进长江入河排污口排查整治工作，试点区县全面进入整治阶段，沿江24个区县全面完成排查阶段工作。18个国家考核城市集中式生活饮用水水源均达标，水质达标率均为100%。加快补齐水环境领域的环保设施短板，永川区、大足区、合川区等区县全面提升污水处理设施覆盖率。废物处理方面，全市城乡生活垃圾焚烧比例等指标提前完成了国家明确的"十三五"目标，持续保持西部第一。全市共建成投用危险废物经营单位84家，危险废物经营能力223万吨。疫情防控常态化背景下，全市持续做好医疗废物、医疗废水安全处置工作。

生态修复和环境治理工作稳步推进。全面启动长江流域水生生物保护，在全市6个水生生物保护区及中心城区两江四岸水域正式实施10年全面禁捕。全市水生生物保护区水域已全面完成退捕任务，并积极推进长江流域水生生物大保护各项工作。全市稳步推进国土绿化提升行动，退耕还林工程生态效益凸显，项目年涵养水源总量达43亿立方米，年固土量1.6亿吨，年滞尘量1468.5万吨，年吸收大气污染物3.3万吨，年固碳量302.4万吨，年释氧量644.4万吨，年保肥总量785.5万吨，产生的生态效益总价值量达1257亿元。广阳岛生态修复项目一期已完成，二期正式启动。中心城区"坡坎崖"绿化美化项目加快推进，预计年底将全面完成建设用地、空地覆绿工作。

（二）生态环保与绿色发展体制机制建设不断推进

生态文明建设政策持续完善。结合疫情防控需求，全市加快推动生态立法，发布了20余项法律法规。出台《依法严厉惩治涉野生动物违法犯罪刑事案件的实施办法》等法规文件，从源头上控制重大公共卫生风险。率先在全国颁布乡镇集贸市场冲洗作业规范《乡镇环境卫生和农村生活垃圾收运作业管理标准》，全面推动全社会资源节约化、循环化利用。为进一步强化河长履职尽责和切实解决重庆市河流管理保护突出问题，发布了《关于进一步强化河长履职尽责的实施意见》等行政法规。作为富有地方特色的创新，《重庆市城市园林绿化条例》正式实施，城市生态公园管理首次写入地方性法规。《重庆市地质灾害防治条例》正式实施，将加快全市地质灾害全过程智能化管理。《重庆市人民代表大会常务委员会关于

资源税具体适用税率等事项的决定》正式实施,加快环境税的引导作用。出台了《协作推进关闭矿山生态修复实施办法》,在全国率先开创性提出"代为修复制""垫付制"和"追缴制"(见表1)。

表1 2020年1—9月重庆生态绿色发展领域的政策汇总

领域	时间	名称	备注
资源利用	4月	《重庆市矿产资源管理条例(修订草案)》	迎审
	4月	《重庆市人民政府关于落实生态保护红线、环境质量底线、资源利用上线制定生态环境准入清单实施生态环境分区管控的实施意见》	—
	5月	《重庆市生活垃圾分类收运设施设置指南》	—
	5月	《重庆市节水行动实施方案》	—
	5月	《重庆市节约型机关创建行动方案》	—
	5月	《关于加强自然资源保护的通知》	—
	9月	《重庆市人民代表大会常务委员会关于资源税具体适用税率等事项的决定》	—
	9月	《协作推进关闭矿山生态修复实施办法》	—
自然灾害防控	8月	《重庆市地质灾害防治条例》	—
公共卫生风险防控	3月	《依法严厉惩治涉野生动物违法犯罪刑事案件的实施办法》	—
	3月	《关于进一步规范活禽交易推行集中屠宰加强冷链供应工作的指导意见》	—
城市管理	3月	《重庆市城市园林绿化条例》	—
环境治理和生态修复	4月	《2020年重庆河长制工作要点》	—
	5月	《关于进一步强化河长履职尽责的实施意见》	—
	6月	"重庆市总河长令(第二号)"	—
	7月	《重庆市水污染防治条例(草案)》	迎审
	9月	《重庆市深化生活垃圾分类工作三年行动计划(2020—2022年)》	—
	9月	《协作推进关闭矿山生态修复实施办法》	—
产业政策(智能制造等)	5月	中新(重庆)《基于第五代移动通信和人工智能超算系统的下一代移动物联网应用合作研发合作谅解备忘录》	—
	6月	《建设国家新一代人工智能创新发展试验区实施方案》	—
	7月	《工业设计数字化智能化提升专项行动方案》	—
	9月	《重庆市农产品加工业示范园区创建管理办法(试行)》《重庆市农产品加工业示范企业创建管理办法(试行)》	—
	9月	《推进建筑产业现代化促进建筑业高质量发展若干政策措施》	—

川渝两省市生态环保合作积极推进。伴随推动成渝地区双城经济圈建设上升为国家战略,重庆和四川积极开展生态环保领域合作,共同推进区域生态环境建设。川渝两地生态环境部门签订《深化川渝两地水生态环境共建共保协议》,筛选部分重点跨界河流,试点流域横向生态保护补偿;林业部门签订合作协议,提出共同实施长江"两岸青山·千里林带"等多项生态治理工程;水利部门签订合作备忘录,双方将在河流联防联控等方面加强合作,共护长江母亲河。此外,两地自然资源、气象、应急等部门以及检察机关积极对接,将在国土规划编制、气象防灾减灾救灾、森林草原防火、生态环境司法保护等领域加强协作。重庆梁平、垫江与四川的邻水、达川等6区县共建明月山绿色发展示范带,联合推进生态环境一体化,协作健全区域生态环境保护磋商交流机制,完成了《共建明月山绿色发展示范带总体方案》编

制工作，截至 10 月中旬，明月山践行"两山论"样板地、明月山国家战略储备林基地等 31 个合作项目已开工建设。

环境保护公益诉讼新机制加快健全。设立重庆市两江地区人民检察院，重点河流检察保护体制更加完善，保护长江生态司法效能得到提升，在长江流域跨省处置危险废物的典型污染案件办理等方面积累了经验，获得最高检的肯定，并向全国推广。2020 年，新设广阳岛生态检察官办公室，积极开展长江生态检察官制度与跨区域生态环境公益诉讼、生态损害赔偿诉讼、生态环境集体诉讼和环保组织公益诉讼等制度创新。重庆市检察院、市财政局与市高级人民法院合作建立地方公益诉讼赔偿金管理机制。市检察院继续开展"保护长江母亲河"公益诉讼专项行动，全市追偿生态环境修复治理费用累计已超过 1000 万元。

（三）生态产业与绿色经济稳步发展

生态产业化发展助力脱贫攻坚。全市积极加快特色农产品品牌化发展，新增 9 个国家地理标志农产品，共计达到 62 个。虽然农业生产受到疫情影响，但奉节脐橙等"三品一标"类农产品在"互联网+"推动下，呈现逆势发展态势。"巫溪洋芋"成功入选首批 100 个中欧互认证的中国地标农产品。江津区获批国家新型工业化产业示范基地"食品（粮油加工）"称号，成为全市唯一拥有两个国家新型工业化产业示范基地称号的区县。全市依托新一轮退耕还林项目，积极培育一批特色产业林业区县，1—8 月，优势特色产业基地实现收入 65 亿多元，退耕还林特色乡村旅游实现收入 23 亿多元，林下种植养殖业实现收入 18 亿多元，带动农民脱贫致富成效明显。

产业生态化发展步伐加快。一是公共建筑节能改造示范带动成效显著。1—6 月，全市累计完成公共建筑节能改造示范项目 1295 万平方米，位居全国前列，已完成项目整体节能率达到 22% 以上。二是渝西地区生产生活用水方式加快转变。渝西地区通过产业调整节约用水，提高用水效率，2020 年永川、南川等 8 个区完成县域节水型社会达标建设，提前完成"十三五"目标任务。渝西水资源配置工程顺利推进，水资源集约节约利用水平逐步提高。三是推动工业绿色智能化发展。特色农产品全产业链清洁生产应用更加广泛，榨菜加工产业在涪陵、垫江等主产地已实现榨菜废水治理全覆盖。2020 年，重庆推动实施"四个十示范工程"，传统工业智能化改造和工业互联网赋能水平不断提高。全市启动新一批 5G、人工智能、数据中心等信息新基建重大项目建设，产业绿色化、智能化转型升级基础不断夯实。

二、值得关注的问题

（一）生态环境保护压力依然较大

2020 年是打好污染防治攻坚战的收官之年。目前，重庆市环境形势依然严峻，污染物排放总量仍处高位、长江岸线生态保护压力较大，居民日益增长的良好生态环境需要还未实现。一是岸线保护修复问题较为突出。中央第四生态环境保护督察组反馈结果显示，部分地区违规建设港口码头，侵占破坏岸线，化工项目报建审批不合规，对现有沿岸化工企业摸底不清楚。二是水污染治理的基础设施仍不完善。城市污水管网建设短板明显，渝中区、沙坪坝区等中心城区管网建设年代久远，排水管网"带病"运行问题较突出。综合管廊发展较为滞后，重建轻管现象依旧突出，城市管网运营水平和运营效率提升缓慢。

（二）绿色发展有待加快

"生态优先，绿色发展"是重庆发展的主旋律，但绿色发展的生态经济体系需要完善。一是制造业转型升级需加快。受全球经济形势和国内环境影响，全市部分制造企业对清洁生产、智能改造意愿不强。《重庆市发展智能制造实施方案（2019—2022 年）》实施时间近半，但目前智能化改造项目数量仅完成目标值的 40%。二是生态资源价值转化度不高。与周边省市相比，重庆农产品、生态旅游等资源的价值还有待进一步挖掘，地理标志产品数量少于四川，五星级地理标志产品仍是空白。三是部分环保产业短板明显。预计到2022年，全市危险废物产生量将达到91.06万吨，但根据目前在建和新建的危险废物处置项目估算，到2022年集中处置能力缺口45.79万吨，重庆在危废处置场地与处置能力上的短板将更为突出。

（三）川渝在生态环保领域合作需要加强

尽管重庆与四川在生态环保领域开展了一系列合作，在大气、流域污染联防联控等方面取得一定成效，但仍存在不少薄弱环节亟须加强。一是合作机制仍不健全。受地方行政体制、行政区经济考核、国家对地区环保部门考核排位等因素影响，双方生态环保合作的长效机制并未真正建立。二是政策标准一致性不足。两地在环境保护、产业准入等方面的政策存在一定差异，导致环保政策可能会成为两地在招商引资竞争中的潜在筹码。三是环境监测数据共享力度不够。各类环保平台信息互通与数据共享尚处于起步阶段，合作有待进一步加强。

三、2021年重庆市生态绿色发展的环境及预测

（一）疫情持续下全球绿色发展将面临重大挑战与机遇

一是短期来看，疫情持续下全球绿色复苏和绿色发展将面临重大考验。在快速复苏目标的驱动下，大部分国家为摆脱经济持续低迷的压力，有可能把经济刺激效果放在优先地位，而将碳排放、环境污染等问题放在次要位置，对全球生态环境造成较大影响。美国作为现有全球环境治理体系、治理规则的塑造者与主导者，近年来消极应对全球气候变化，推卸其在全球环境治理中的责任，给全球环境治理前景带来较大不确定性。二是中长期来看，新冠肺炎疫情让世界加深对"人与自然和谐共生"认识，国际社会将更加重视保护生态环境和应对气候变化。为实现人类安全可持续发展目标，更多国家有望在《巴黎协定》与《联合国2030年可持续发展议程》框架下切实履行承诺，积极推动"绿色发展"，努力打造全球更可持续的绿色经济体系。

（二）国内将进一步推进绿色发展

2021年，我国加快构建以国内大循环为主体、国内国际双循环相互促进的新发展格局，将有力推进国内绿色新型基础设施建设、完善绿色生产体系、促进绿色消费、推动环保市场开放，充分发挥国内超大规模市场优势，畅通国内大循环，激发高质量发展新动力，进一步推动生态文明建设。一是政府将进一步引导全社会绿色健康发展。第二轮第二批中央生态环境保护督察将全面启动，环保督察进入常态化。随着《关于构建现代环境治理体系的指导意见》等政策落实以及生态文明相关"十四五"规划编制工作的深入推进，政府对环境保护、绿色发展的科学谋划与指导能力将全面增强。二是全社会积极参与绿色发展将成为新趋势。在国内着力倡导绿色发展理念、推动绿色发展的带动下，市场主体以及金融机构、新闻媒体、科研机构、重要智库等主动参与区域绿色发展的积极性提高，政府引导、市场主导、全民参与的全方位绿色发展格局加快形成。

（三）重庆将更加注重增强在长江经济带绿色发展中的示范作用

一是重庆与四川生态建设合作将迎来更大机遇。《成渝地区双城经济圈建设规划纲要》有望出台，川渝两地合作开展生态建设的顶层设计更为完善，对重庆发挥"两点""两地"定位，与四川开展流域合作，推动长江上游生态文明建设，努力实现"两高"目标，在推进长江经济带绿色发展中发挥示范作用。二是大数据智能化产业发展为环卫领域多网融合试点深度赋能。重庆大力推动大数据智能化与生态环保、绿色经济的融合发展。随着5G通信网络的覆盖以及环保智能终端、卫星遥感等技术的加快应用，重庆未来"智慧林长""智慧河长"等环保智能平台将更加普及，具备在生态建设等多个领域率先开展试点的能力。

（四）2021年重庆生态绿色发展展望

2021年，全市将深入贯彻习近平生态文明思想，加强生态文明建设的战略定力，以更高的标准、更严的要求、更有力的举措推进生态环境保护工作。围绕山水林田湖草全生态要素，推进一批生态修复项目实施，筑牢重庆在长江上游绿色屏障上的新担当，进一步推动山清水秀美丽之地建设走深走实，努力在推进长江经济带绿色发展中发挥示范作用。在积极探索一条生态优先、绿色发展新路子的背景下，2021年全市环境保护投资将保持稳中有增的态势，环境质量将持续改善，以"产业生态化、生态产业化"为核心的生态经济体系将加快构建，绿色低碳生活方式将逐步成为文明健康的社会新风尚。

四、对策建议

（一）加大环境治理力度

一是重点针对中央生态环保督察组反馈的突出问题，着力解决违法占用自然岸线、违规上马化工项目、违规大量堆存固体废物等问题。全面落实《重庆市贯彻落实〈重庆市中央生态环境保护督察报告〉整改方案》，压实领导责任，强化企业主体责任。二是针对水污染治理基础设施的短板，在污水处理设施及配套管网规划建设中要实现污水处理设施与配套管网的同步规划、设计、施工和投用，在规划中要充分考虑城市发展速度。尽快搭建全市污水处理设施信息化管理平台。三是强化科技支撑，用好大数据智能化手段，推进"智慧环保"建设，建议学习上海，加快出台《重庆关于加快构建现代环境治理体系的实施意见》，强化人工智能、5G、物联网、遥感等新技术新手段在环境治理中的应用，利用国家数字经济创新发展试验区建设的契机和重庆在智能化领域的领先优势，打造长江上游"智慧环保"的重庆案例。

（二）加快绿色发展步伐

一是进一步推动产业绿色智能化转型。以建设智能制造重镇为目标加快制造业转型升级，积极发展先进制造业。以发展循环经济为重点，推动特色生态农业发展。二是强化绿色产业的布局。抓住新时代西部大开发的机遇，根据《西部地区鼓励类产业目录（2020年）》等产业政策，在招商引资、项目引进、产业培育上，向绿色产业倾斜，加快环保建筑材料、污水处置、富硒特色农产品开发等新增鼓励类产业布局。三是加大对危废处置产业的扶持力度。充分落实《重庆市危险废物集中处置设施建设布局规划（2018—2022年）》，在全市各区县加快布局危险废物处置产业，加快危险废物项目的建设和投用，加大对危险废物处置优势企业的培育和引进，鼓励有能力的市场主体加大在重庆的布局。

（三）强化成渝地区双城经济圈生态协同保护的保障机制

一是建议在由川渝生态环保部门牵头、多部门参与的背景下，开展成渝地区双城经济圈生态保护一体化规划的编制和实施。二是规范统一生态文明领域的法律法规与标准。完善包括生态环境质量标准、污染物排放和控制标准、环境检测和环境管理技术规范三个方面的生态环境标准，为成渝地区双城经济圈生态经济体系建设奠定坚实的基础。三是建立环境综合决策机制。建立成渝地区双城经济圈各省市（区）环保厅（局）以及生态环境部共同参加的生态保护委员会，每年至少召开一次负责人会议。

[重庆市综合经济研究院（重庆市经济信息中心）产业经济研究课题组
　　主研：易小光　丁　瑶　余贵玲　苟文峰　李　权　罗宇航　黎　慧
　　执笔：黎　慧]

之十一：2020 年重庆市社会信用体系建设情况及 2021 年展望

2020 年，重庆市加快社会信用体系建设，依托市信用平台开展疫情防范，信用监管措施初显成效，信用建设助力解决中小企业融资难融资贵问题，多措并举开拓便民惠企应用场景，社会信用体系建设基础不断完善，信用法规制度建设有序推进，重庆城市信用监测排名在全国 36 个省会、直辖市和副省级城市中位居前列，全市"守信光荣、失信可耻"的氛围日趋浓厚。

一、2020 年重庆市社会信用体系建设情况

（一）依托市信用平台开展疫情防控工作

市发展改革委充分运用"信用重庆"平台助力新冠肺炎疫情防范。一是上线"疫情失信曝光台"，开设"疫情失信事件"和"疫情失信名单"两个栏目，归集、曝光疫情期间的失信事件和失信名单。截至 9 月，累计发布制假售假、囤积居奇、哄抬物价、散布谣言等失信信息 158 条（其中，疫情失信事件 75 条，疫情失信名单 83 条）。二是开设"复工复产企业在线承诺"系统和"员工申请复工承诺"系统，落实全市企业复工复产政策，以信用主体主动承诺代替审批备案手续，降低企业成本，提高企业复工效率，鼓励各区县参考使用。截至 9 月，该系统已经收到约 5000 名自然人、300 家企业的主动承诺。三是落实《重庆市进一步加强金融支持疫情防控做好实体经济金融服务实施细则》文件要求，开设"企业稳岗信用承诺"系统，鼓励企业做出信用承诺，并将承诺情况作为银行机构授信的重要参考，为企业获得财政金融支持提供便捷通道。截至 9 月，已有 160 余家企业获得银行授信支持，累计金额达 90 亿元。

（二）信用监管措施初显成效

重庆市信用监管系统基本建成。一是信用承诺子系统，实现"一键触发、一键生成、自动归档、主动提醒、自动监管"等全过程电子化办理，压缩近 60% 审批时间。截至 9 月，系统归集信用承诺达 125.5 万余条。其中，主动公开承诺 109.7 万条，信用修复承诺 1 万条，行业自律承诺 7106 条、政务领域承诺 14.6 万条，① 承诺总量位居全国前列。二是信用评价子系统，综合运用大数据分析功能开发评价模型，对全市 158 万余个法人或组织开展公共信用评价，供未建立行业评价的部门参考使用。同时与已经建立行业评价的部门进行融合，在全市范围内要求各部门按不同信用等级实施差异化监管措施。三是联合奖惩子系统，在法院、财政、交通、社保、环保等 30 个领域建立了信用"红黑名单"制度，认定并上线信用"红黑名单"的数量达到 38.4 万余条。

全市失信联合惩戒大格局逐步形成。印发《重庆市公共信用信息应用事项清单》，在 51 个市级部门行政管理和公共服务中明确了 290 项守信联合激励和失信联合惩戒应用事项清单，通过"政务平台自动查、业务系统嵌入查、信用平台批量查、社会公众网站查"等方式，不断扩大"联合奖惩对象名单"查询、使用范围。截至 9 月，全市 38 个区县、51 个部门和单位累计查询"联合奖惩对象名单"1606 万余

---

① 信用中国（重庆）网站统计。

次，触发并实施联合奖惩超18.8万次。

部分区县探索实施信用监管手段。两江新区建成市场主体的空间网格化与分级分类监管平台，以市场主体信用数据为核心，按照市场主体行为状态，将市场主体分为A、B、C、D四类（分别用绿、黄、红、黑四种颜色表示），制定分级分类监管办法并实施重点监管。渝中区建设市场主体信用风险分类监管平台，通过构建大数据模型，科学制定风险分类指标，建立风险分类体系，划定风险分类等级，对市场主体经营活动进行预测预警，实施差异化、精准化监管。大足区、铜梁区依托"信用中国（大足）""信用中国（重庆铜梁）"网站，推行部分证明事项告知承诺制，在政府投资项目选址意见书、用地预审审批领域试点给予承诺单位不超过3个月的正式手续办理完成时限，提高审批效率。截至9月，铜梁区已办理承诺制信任审批16247件。

（三）信用助力解决中小企业融资难、融资贵问题

市发展改革委推动"信易贷"落地应用。一是与12家金融机构签订《信用信息共享协议》并实现系统对接，金融机构在贷前审核、贷后跟踪等业务中，通过企业授权从"信易贷"平台查询调用企业37类信用信息。二是与行业主管部门、各区县共同开发具有行业、区域特色的"信易贷"产品，持续跟踪贷款企业信用状况，提早发现、及时告知金融机构贷款企业风险信息。三是将全市有贷款需求的固定资产投资项目和重点项目信息主动推送至相关金融机构，开通互联网端中小企业融资服务申报通道。

"科技价值贷"助力科技型企业解决融资难问题成效明显。2017年以来重庆市科技局、重庆银保监局等部门开展科技型企业知识价值信用贷款改革试点工作。截至9月，全市银行机构累计为4515家科技型企业发放贷款133.78亿元。

（四）多措并举开拓便民惠企信用应用场景

重庆市发展改革委积极探索信用应用场景。重庆市发展改革委联合渝北区人民政府主办的"2020中国国际智能博览会·信用应用场景创投大赛"，吸引了来自9个省（区、市）的145支队伍的350人参赛，累计征集90个参赛项目，最终获评的"十佳信用应用场景"涵盖了政务、商务、民生等多个应用场景，涉及多个行业，为探索开拓各类应用场景奠定了实践基础。

各区县多角度开拓信用场景。江津区信用承诺审批服务系统采取"告知承诺、诚信预警、失信公示"三项举措，推出82个可开展信用承诺审批服务的政务事项，压缩近60%审批时间，破解"容缺受理"事中事后监管难题，实现企业"信用越好，审批越容易"。武隆区打造旅游信用服务平台，构建"信易游"交互场景，对符合条件的"红名单"人群提供门票全免、优先安排讲解员、会员优惠房价、免收押金快捷入住等"绿色通道"服务；打造仙女山国家旅游度假区信用一条街试点，通过签承诺、贴信用二维码等形式，服务诚信消费者3200余人次。南川区实施"信用获得感提升"工程，发布信用十大重点任务，加快培育信用服务机构，开放多个激励场景，要求信用报告使用量、信用承诺数、信用贷款发放额在2019年基础上均增加30%，实现公共信用信息全归集、法人信用评价全覆盖、信用服务水平全提升。垫江县建立预付式消费信用管理平台，吸引教育培训、日用品、体育健身、洗浴等6个行业375家商户入驻，35000余名消费者进行了预付式消费，在引导商户诚信经营、良性发展的同时，帮助消费者解除了预付式消费的后顾之忧，营造了安心、放心、诚信的消费环境。

（五）信用体系建设基础不断完善

市信用信息应用平台功能进一步完善。市信用平台与国家平台、50余家市级部门、所有区县对接，已实现信用目录管理、信息归集共享、数据清洗比对、信用信息查询、"红黑名单"触发反馈、信用大数据分析等核心功能，全面对接全市法人基础数据库、自然人基础数据库，2700余项公共信用信息基本实

现应归尽归。截至 2020 年 9 月，累计归集量突破 5 亿条，全市信用信息总枢纽功能凸显。企业法人及各类社会组织、个体工商户统一社会信用代码实现 100% 转换，分别转换 62.3 万份、144.1 万份，"信用中国（重庆）"网站逐步成为市民"信用之窗"，累计访问量超 2500 万次。

城市信用监测系统功能逐步完善。"区县城市信用监测系统"和"风险预警系统"功能不断完善，系统自动监测综合性媒体网站、信用网站、城市政府网站等 261 个网站的 100 万余个网址，形成区县城市信用监测指数，出现异常情况系统及时报警和提前预警，推动各级政府部门开展失信专项治理，助力政务诚信建设并取得良好成效。2017 年、2018 年、2019 年重庆失信被执行人涉政府机构分别退出 47 家、25 家和 5 家，基本实现当月发现当月清零。

（六）信用法规制度建设有序推进

地方信用立法列入市委工作要点。《中共重庆市委常委会 2020 年工作要点》将《重庆市社会信用条例（制定）》列入需市委研究的重大立法事项，这也是市人大常委和市政府 2020 年立法计划的审议项目。经过重点市级部门、主城片区、渝东南片区、渝东北片区以及信用服务机构等单位座谈，书面征求区县政府、市级部门意见和挂网征求社会公众意见，8 月底已获市政府常务会二审通过，将会在信用信息归集、应用、管理，信用市场培育，诚信教育与宣传等方面起到良好的保障作用。

（七）存在的问题

一是信用体系发展基础还需进一步完善。信用平台支撑能力不足，随着数据来源、数据种类、数据量和用户访问量的剧增，海量结构化、非结构化数据处理能力不足，难以支撑快速发展的应用需求。信息归集不全面，反映各类信用主体信用状况的税收缴纳、社保缴纳、司法判决、海关进出口、信贷担保以及水电气讯等关键数据未实现有效归集，平台尚未实现与自然人库实时对接，已归集数据的完整性和有效性不够，容易造成主体的信息遗漏。信用体系建设人才储备不足，传统知识、手段已经不能满足新形势新业态要求。

二是法律法规制度需进一步健全。《重庆市社会信用条例》尚未进入人大立法环节，距正式出台还有一段距离，相关配套制度，如"红黑名单"的认定及使用、信用修复、信用服务机构管理、异议处理管理办法、社会信用服务机构及其从业人员基本行为准则和业务规范管理办法等还需进一步健全。

三是信用监管体系尚未建立。信用监管是社会信用体系建设最重要的组成部分，是优化社会治理能力，提高社会治理水平，促进"放管服"改革的重要抓手，重庆社会信用体系建设起步晚，涉及法律法规、标准规范和基础保障体系及包含事前事中事后全过程监管的多维度建设的信用监管体系尚未完全建立。

四是信用场景需进一步丰富。长期以来，重庆信用应用场景受到区域经济发展、民众意识、技术条件限制，以诚信为标签的信用名片尚未建立，应用场景不丰富、范围不广泛，市民守信"获得感"不高，阻碍了诚信氛围的有效形成。

二、2020 年重庆市社会信用体系建设环境及 2021 年展望

（一）全球征信市场发展不平衡，失信问题受到广泛关注

市场经济就是信用经济，国外资本主义市场经济经过多年的发展逐渐形成了不同类型的征信市场模式，以征信服务机构主导建立的美国模式最为发达，其邓白氏（D&B）已发展成为世界最大的企业征信公司，拥有覆盖全球 214 个国家、95 种语种或方言、181 种货币单位、超过 2 亿商业信息的海量数据库；

其穆迪、标准普尔、惠誉等信用评级公司几乎垄断全球信用评级业务，年均产值达60亿美元。相比发达经济体，非洲、拉丁美洲等欠发达地区征信市场还处于萌芽状态，其国内经济发展甚至是国家主权也受到发达国家征信机构限制。同样，我国大公国际、中诚信、前海、芝麻信用等征信公司所开展的业务基本只涉及内地和港澳地区，尚未走出国门，区域征信市场极不平衡。

随着经济的发展，失信问题受到各国广泛关注。美国政府和信贷局采取要求征信公司加注特别标签等措施来帮助消费者稳定信用评分，应对新冠肺炎对经济的冲击，避免对国家信用评分造成负面影响。欧盟以"重要性日益提升的政府公信力"为主题发布2019年度电子政务基准报告，呼吁欧盟各国提高对政府公信力的重视程度，增强外资企业投资的信心。韩国行政安全部公布2019年度"失信被执行人"名单，包括9771个机构和9067名个人，相关失信义务也被持续要求履行。

（二）党和政府高度重视社会信用体系建设

社会信用体系建设助力社会治理水平提升。一是国家层面，出台《关于新时代加快完善社会主义市场经济体制的意见》《关于构建更加完善的要素市场化配置体制机制的意见》，要求构建适应高质量发展要求的社会信用体系和新型监管机制；出台《关于新时代推进西部大开发形成新格局的指导意见》，要求持续推进社会信用体系建设，努力营造良好营商环境，建立健全地方信用法规体系，加强政务诚信建设。二是在各行业领域，国家知识产权局加快建立专利代理公示制度，充分发挥信息公示和信用监管机制作用，推进信用联合惩戒；教育部等部门要求构建集教育、预防、监督、惩治于一体的学术诚信体系；国家市场监管总局、国家发展改革委等七部门针对疫情，要求将相关违法违规行为纳入企业信用记录，实施联合惩戒，形成打击合力；市场监管总局推进市场监管部门信用体系建设，健全联合惩戒响应和反馈机制，探索建立与行业组织、平台型企业间的信用信息互联共享机制。

各省市结合自身发展实际加快推进社会信用体系建设。在信用法规制度方面，上海、河北、辽宁、浙江、山东等10省市已经出台社会信用条例或信用信息（管理）条例，广东、贵州、天津、吉林、江苏等9省市信用立法正处于征求意见或人大审议环节。在构建信用监管体系方面，北京、上海、江西、黑龙江、江苏等省市均按国家《关于加快推进社会信用体系建设构建以信用为基础的新型监管机制的指导意见》要求出台相应政策推进信用监管，浙江实施信用监管"531X"工程构建信用监管体系，广东在科研诚信、公共资源交易等领域探索建立信用承诺制，河北在投资项目审批领域推行容缺受理和信用承诺制度，提升审批服务效率，南京市在医疗卫生、政府采购领域开展信用评价实施分级分类监管。在信用信息应用方面，黑龙江、山东、陕西、广东等地依托"信易贷"平台，以市场主体的信用为核心条件，提升金融机构风险管理能力，减少对抵质押担保的过度依赖，缓解企业融资难、融资贵问题，取得良好成效。

（三）2021年重庆市社会信用体系建设发展展望

2021年，重庆社会信用体系建设将在提升法治化规范化水平、促进营商环境优化、服务实体经济发展等方面逐步推进。一是提升法治化规范化水平，推动《重庆市社会信用条例》加快出台，完善信用建设法治保障；编制《重庆市公共信用信息目录（2021年版）》《重庆市联合奖惩清单》，建立目录动态更新机制。二是以信用体系建设促进营商环境优化，在行政审批、工程项目建设、资质资格认定等领域探索建设信用承诺制度，缩短审批时间、简化审批手续。三是以信用体系建设服务实体经济发展，加强海关、税务、社保、住房公积金等信用信息的归集共享，加大公共信用信息向银行业金融机构开放共享力度，为银行业金融机构开展信用风险评估、进行信用画像提供更加丰富、更高质量的信用数据，鼓励银行业金融机构开发更多"信易贷"产品。四是加大信用信息共享开放力度，加快建设重要产品追溯体系，建立健全以信用为基础的新型监管机制。

三、对策建议

（一）持续夯实信用体系发展基础

一是进一步优化信用平台基础功能，利用云计算、大数据等新技术手段，挖掘信用云平台虚拟计算潜能，实现平台 PB 级信用大数据处理能力，提供动态、灵活、弹性和高效的计算资源服务，提升数据存取响应和运算的效率，支撑信用创新应用。建立健全信用数据、技术和应用标准规范，推动各级各部门开展数据治理，优化信用平台数据治理流程和规则，实现信用信息采、管、用全生命周期自动化和可视化，提高平台数据质量，提升数据价值。

二是加大公共信用信息归集力度，编制全市统一的公共信用信息目录，以市、区（县）两级权力事项清单为基础，应用需求为导向，形成互为补充的市和区（县）公共信用信息目录体系。强化关键信用信息归集，完善市信用平台与市政务信息共享交换平台的数据对接机制，畅通公共信用信息归集渠道，加大对与市场主体生产和经营状况密切相关的税收缴纳、社保缴纳、公共事业等关键信用信息的归集力度，并形成常态化机制，实现信用信息按目录应归尽归。

（二）完善信用法制建设，确保信用体系建设依法推进

一是加快《重庆市社会信用条例》立法进程，研究制定相关配套制度，鼓励和支持各行业、各部门制定信用相关管理办法，为政府采购、工程招投标、环境保护、食药品安全等重点领域开展信用监管、实施联合奖惩等应用提供制度保障。

二是建立全市与权责清单相衔接及信用监管事项目录清单，在国家"互联网+监管"系统监管事项目录清单基础上，根据法律法规和"三定"规定，全面梳理各级政府和部门职责范围内的信用监管事项，明确监管主体、监管对象、监管措施、设定依据、处理方式等内容，纳入信用监管系统统一管理、动态更新。

三是制定信用评级等级统一标准，按照市公共信用信息目录，结合国家有关标准，多维度梳理行业（领域）信用信息，实施市场主体公共信用基础评价，推动信用评价规范化、标准化，形成以 A（优秀）、B（良好）、C（中等）、D（较差）、E（差）五档为展现形式的综合信用评价结果，提供给相关部门参考使用。

（三）建立以信用为核心的监管机制，助力高质量发展

一是完善全市统一的信用信息综合数据库，依托市信用应用平台，以统一社会信用代码为基础建成连接全市各类信用业务管理系统和行业应用系统的信用综合数据库，要求各部门在履职过程中实时上传、记录信用信息，行业主管部门可通过市信用应用平台实现查询、分析、统计、监管等功能，确保市场主体的信用状态实时更新。

二是完善全市统一的综合信用监管系统，依托市信用应用平台，建设贯穿全流程的信用监管系统，与"渝快办"、全国"互联网+监管"系统（重庆）对接，建立以"双随机一公开"监管为基本手段、以重点监管为补充的新型监管方式，推进跨部门联合监管和非现场监管，有效提高监管的规范化、精准化水平。

三是探索新兴业态审慎监管机制，建立完善新兴产业企业信用承诺、信用公示、信用修复等制度，实施以信用为基础的风险预警机制、"容错"机制和守信联合激励及失信联合惩戒机制，对法律政策界限

不清、没有造成严重社会不良后果的行为（涉及药品安全、生态安全、公共安全等除外），采取失信警示、约谈等措施，指导企业合规合法经营。

（四）大力推广信用信息市场化应用

一是建立合同履约全流程监控机制，建设合同管理系统，对政府采购合同的签署、执行、完成到争议解决进行全流程的管理和服务，利用大数据技术预测研判相关企业和政府履约风险并及时提示相关部门和单位，及时曝光违约情况并记入信用档案，通过中标贷、政采贷等方式为企业提供便利的融资贷款服务。二是构建以"渝信码"为形式的数据服务体系，渝信码由"云网码（端）"构成，其中"云"代表企业、单位、个人、商品等的信用信息汇聚与承载平台，"网"代表供需双方对接各类信用应用的服务通道，而"码（端）"扮演了入口的角色，是各类信用应用服务的使用凭证。其主要功能是完成云端的数据建设和数据开放，包括数据的采集、引入、整理、加工、调取、使用等管理行为，多渠道开放合作，形成多种"码（端）入口"，实现多维多应用场景再造。

[重庆市综合经济研究院（重庆市经济信息中心）宏观经济研究课题组
主研：易小光　丁　瑶　余贵玲　鲁英杰　蔡红波　张　锐
执笔：蔡红波　张　锐]

之十二：2020年重庆市物价形势分析及2021年展望

2020年，重庆市围绕"稳物价"工作，努力克服新冠肺炎疫情冲击影响，着力保障各项物资供应，实现物价形势保持总体稳定。预计2020年重庆CPI同比上涨2.7%左右，PPI同比下降0.8%左右。

一、2020年重庆市物价运行情况

1—9月，重庆物价运行趋势与全国基本一致，CPI同比涨幅略低于全国平均水平，总体保持在合理区间。第四季度，受食品价格涨幅持续回落、翘尾因素走低影响，重庆CPI同比涨幅继续收窄的可能性增加，下半年CPI同比涨幅将明显低于上半年。

（一）居民消费价格在合理区间运行

2020年1—9月，全市居民消费价格（CPI）累计上涨3.2%，较2019年同期扩大0.9个百分点，低于全国平均水平0.1个百分点；累计涨幅在全国31个省（区、市）中列第15位，在西部12个省（区、市）中列第5位，在毗邻5个省（市）中列倒数第2位。主要运行特征如下：

总体呈前高后低态势。受新冠肺炎疫情影响，第一、第二和第三季度CPI同比涨幅分别为5.0%、2.4%和2.3%；其中，第一季度高于上年同期3.1个百分点，第二和第三季度分别低于上年同期0.3个和0.2个百分点。从单月看，2月受春节叠加新冠肺炎疫情暴发影响，CPI同比涨幅涨至5.8%，为多年来同期最高；3月、4月、5月疫情逐渐受控，各项物资供应趋于正常，受此影响，CPI同比涨幅快速回落，分别为4.2%、2.7%和2.1%；6月受翘尾因素影响扩大0.6%，CPI同比涨幅回升至2.4%；7月，部分地区洪涝灾害频发，加之受农产品生产、运输以及猪瘟反复和餐饮需求逐步恢复等因素影响，CPI同比涨幅进一步反弹至2.8%；8月由于灾害影响消退、食品价格涨幅明显收窄，CPI同比涨幅回落至2.4%；9月农产品生产运输逐步恢复正常，叠加猪肉价格继续回落，带动CPI同比涨幅回落至1.6%。

结构性上涨特征明显。从内部构成看，1—9月构成CPI的八大类商品和服务价格"四涨四降"，上涨面与2019年同期相比明显减少。与全国一样，当前全市结构性价格上涨态势较为明显，食品价格是支撑CPI升高的主要因素，猪肉价格上行带动食品烟酒价格累计同比上涨10.8%。其余3类商品和服务价格温和上涨，受部分消费品价格上涨带动，其他用品和服务价格累计同比上涨3.4%；防疫需求推动医疗保健价格上涨2.0%；服务价格持续刚性上扬，支撑教育文化和娱乐价格上涨1.8%。生活用品及服务、居住、衣着、交通和通信等四类价格有不同程度的下降，主要原因是新冠肺炎疫情致使需求减弱和石油价格总体处于低位。总体看，剔除食品和能源价格之后的核心CPI上涨0.9%，较上年同期缩窄1.3个百分点，物价上涨压力总体较小。

食品价格和翘尾因素对CPI拉升作用突出。受非洲猪瘟疫情、生猪产能恢复缓慢以及新冠肺炎疫情等因素影响，1—9月，全市食品价格涨幅达14.5%，较上年同期上涨7.2个百分点，创近9年新高，拉动CPI上涨近2.6个百分点，对CPI上涨的贡献率达73.1%，是推动CPI上涨的主要因素。受非洲猪瘟疫情影响，生猪存栏过度去化，猪肉供给偏紧，猪肉价格累计上涨85.7%，拉升CPI上涨2.4个百分点，是拉动CPI上涨的最主要动力。此外，鲜菜、水产品分别累计上涨7.8%、4.2%，两者合计拉升CPI上涨约0.1个百分点。翘尾因素方面，1—9月翘尾因素影响值约为3.1个百分点，较上年同期增加1.8个百分点。

（二）工业生产者价格低位运行

1—9月，全市工业生产者出厂价格（PPI）、工业生产者购进价格（PPIRM）分别同比下降1.0%和0.2%，较2019年同期分别回落1.2个和0.5个百分点。其中，9月PPI单月同比涨幅仍为负，为-0.6%，跌幅与上月持平；但PPIRM单月同比指数已转正，为0.1%。主要运行特征如下：

工业生产者价格总体低位徘徊。上半年受新冠肺炎疫情、国内外市场预期暗淡等因素影响，工业生产者价格跌幅呈持续扩大态势。但从6月起，受益于工业生产回暖好于预期、基建投资明显发力，PMI指数持续处于扩张区间，加之原油等大宗商品价格有所回升，工业生产者价格开始逐步回升。但从PPI和PPIRM之差看，受需求偏弱影响，各月PPI跌幅持续大于PPIRM，工业领域通缩压力有所显现。

生产资料价格走低是PPI下行主因。新冠肺炎疫情流行、贸易保护主义情绪加剧，导致全球经济增长前景暗淡，对国际大宗商品价格形成制约，国际原油价格震荡回落、LME基本金属价格指数走势偏弱，引导工业品生产者价格持续走低。

（三）需关注的方面

食品价格上行压力较大。受猪肉价格涨幅持续较高、鲜菜价格上涨等因素影响，1—9月食品价格累计涨幅超过14%。2020年以来，虽然国家采取生猪良种补贴、贷款贴息、加大猪肉进口、投放储备冻肉等多项措施保障猪肉供给，猪肉供给有所改善，但在饲料成本上涨、需求持续增加等因素支撑下，猪肉价格依然保持高位运行。鲜菜价格方面，因潼南等蔬菜基地遭受洪涝灾害影响，9月鲜菜价格同比上涨7.8%，涨幅较上月扩大4个百分点，预计年内鲜菜价格将呈现持续小幅上涨态势。总体看，1—9月食品价格涨幅较高，后续依然存在上行动力，保持猪肉等重要民生商品价格基本稳定压力较大。

工业生产者价格承压下行。重庆工业生产者价格指数持续负增长，影响投资预期、推升企业财务成本，需加以重视。从全国形势看，影响PPI波动的核心行业大多数仍处于负增长状态，如煤炭开采和洗选业（同比-6.5%），石油和天然气开采业（同比-26.8%），石油、煤炭及其他燃料加工业（同比-13.8%），黑色金属冶炼和压延加工业（同比-3.5%）等行业价格仍较低迷，短期止跌回升支撑不足。从重庆情况看，工业生产者价格同比跌幅低于全国水平，但采掘行业（同比-2.0%，全国-6.0%）、原料行业（同比-4.0%，全国-6.1%）、加工行业（同比-0.8%，全国-1.5%）仍呈负增长态势，且未来持续负增长概率较大。PPI持续为负将拖累企业盈利，显著推升企业实际利率水平，增加实体企业的融资成本和债务风险，进一步影响企业家投资信心，拖累经济下行。

二、2021年重庆市物价形势展望

目前，全球经济不确定性增强，国内经济逐步恢复企稳，重庆加快向高质量发展阶段转型，面临的问题和困难持续增多，全市价格运行波动幅度有可能增大。加之公共交通、天然气等领域价格改革进入深水区，为稳定物价运行提出了更高要求。而随着国家经济实力相对增强，加之中美贸易摩擦对物价影响逐渐减弱，总体上看内外部环境有利于重庆物价总水平保持平稳运行的基本面。但同时，需要关注猪肉价格、突发性气候灾害和重大政策对重庆物价的冲击，以及翘尾因素和内需偏弱对重庆工业生产者价格的影响。初步预计2021年重庆CPI同比上涨2.5%左右，PPI同比上涨1.0%左右。

（一）总体宏观环境分析

价格平稳运行的基础比较牢固。当前虽然我国经济增速明显下降，但仍是全球主要经济体中唯一可能实现经济正增长的国家，新冠肺炎疫情背景下已属表现较佳者。2021年虽然全球经济不确定性依然较强，但支撑我国经济行稳致远的基础较好。在此背景下，重庆经济稳中向好态势更加巩固，拥有保障物价平稳运行的良好条件。

中美贸易摩擦影响减弱。中美贸易摩擦已经持续两年，对物价的影响将进一步减弱。虽然我国对源自美国的大豆、猪肉等进口农副产品加征关税，但其他国家农副产品对美国进口产品的替代效应增强，我国粮食等重要民生商品自产能力也加快提升，能源、金属等基础材料储备制度日益完善，物资供给能力总体较强，物价保持平稳的基础较好。

外部输入性通胀压力可控。随着新冠肺炎疫情持续蔓延，全球经济趋弱，钢厂对铁矿石需求将逐渐减弱，石油等大宗商品需求总体较弱，国际大宗商品价格上行动力不足，外部输入性通胀压力可控。同时，新冠肺炎疫情防控中，中国特色社会主义制度的优势逐步彰显，市场信心进一步增强，加之我国外汇储备充足、工农业生产体系完备、拥有应对外部环境变化的较为健全的政策体系，抵御市场风险能力明显提升，未来外部输入性通胀压力总体可控。

新冠肺炎疫情影响预计仍将持续。部分国家新冠肺炎疫情控制效果有限，随着北半球气温降低，新冠肺炎疫情反弹压力增大。预计2021年新冠肺炎仍处于流行态势，社会总需求很难快速恢复，物价快速上涨的需求侧动力不足。

国内稳健的政策环境有利于稳定物价。货币政策方面，央行将继续执行稳健的货币政策，有效防控部分资产过热，为物价平稳运行营造了货币环境。财政政策方面，国内基建投资有所加强，更加注重新型化、精准化和补短板，不会出现投资过热进而带动钢材水泥等大宗商品价格上涨的情形。

CPI翘尾因素影响减弱。初步测算，2021年重庆CPI翘尾因素影响为1.0%，较2020年减少1.4个百分点。

（二）推动物价上行的因素

食品价格上涨压力大影响因素多。新冠肺炎疫情继续蔓延，加之非洲及亚洲部分地区出现蝗灾，全球粮食生产与流通运输受影响较大，2021年全球粮食价格有出现"黑天鹅"的可能性。同时，国内非洲猪瘟防控形势依然复杂严峻，后期猪肉市场供给仍存在较大不确定性。粮油价格存在一定上涨压力，全市菜籽油、玉米出厂价格近期上涨40%和10%，后期粮油存在批发环节价格涨幅传导至零售端的可能。特别是玉米又是生猪饲料的主要来源，在猪肉供给总体偏紧的大背景下，养殖成本上升将传导至猪肉零售环节。

生产要素成本刚性上升形成推力。国内劳动力、土地等生产要素成本刚性上涨特征明显。2019年，重庆60岁和65岁以上老人占总人口比重分别达到21.13%和15.17%，老龄化率居全国第六、西部第一，青壮年劳动力供给紧缺，各项服务价格上涨压力较大。此外，土地价格上涨带动住房租赁、商铺租金等价格持续上行，对物价上涨形成一定压力。

PPI同比涨幅有望转正形成传导效应。各国制造业PMI逐步呈向好态势，特别是我国率先恢复增长将对全球经济形成有力带动，工业产业链、供应链较好恢复，将有力支撑工业生产者价格拉升。2021年重庆PPI翘尾因素影响初步预计为0.3%，较2020年提高0.5个百分点，翘尾拉动效应明显。

（三）抑制物价上行的因素

需求偏弱导致物价上行动力不足。消费品方面，近期重庆社会消费品零售总额同比增速仍处于负增长区间,居民、政府等各方面内需回暖的步伐仍然较慢,物价上行动力不足。工业品方面,经济内生动力较弱削弱了企业投资意愿,同时供给侧结构性改革取得阶段性成果,行业先进产能逐步扩量释放,也将削弱工业品价格上涨动力。

上游原材料价格上涨传导作用减弱。世界经济增长放缓对国际大宗商品价格上涨形成制约,国际原油价格震荡回落、LME基本金属价格指数走势偏弱,PPI向CPI传导的压力将明显减轻。

综合以上分析,2021年重庆CPI将继续保持温和运行态势,全年预计同比上涨2.5%左右;工业生产者价格将逐步回升,PPI有望转正,预计全年同比增长0.5%左右。

三、对策建议

(一)抓好"米袋子""菜篮子",稳定主要农产品供给

切实抓好"米袋子""菜篮子"商品稳产保供这个"牛鼻子",为全市价格调控工作打下坚实基础。一是做好"米袋子"保供,压实粮食安全责任制,建立健全功能互补、权责清晰、管理科学、运转高效、保障有力的粮食储备管理体系,提高粮食安全和战略应急储备安全保障能力。二是严格落实"菜篮子"区县长负责制,紧盯生猪生产恢复指导目标任务,适当增加绿叶菜和速生蔬菜生产,建立好政策落实和生产调度、重点项目建设台账和清单,保障主要农副产品量足价稳。三是建立主要消费品供需对接机制,引导餐饮企业与粮油、蔬菜、肉类流通企业做好供需对接,实现餐饮商超"结对子",保障餐饮门店、单位食堂等食材采购需求,鼓励粮油、蔬菜、肉类等货源企业与商超企业直供对接。

(二)提升企业盈利能力,稳定工业生产者价格

加大积极财政政策和供给侧改革实施力度,增强企业盈利能力。一是适当加大稳投资的政策力度,增加对重点行业的投资需求,同时进一步推进供给侧结构性改革,防止低效过剩产能对价格产生压制。二是灵活运用和合理搭配政策组合工具,继续推动大规模减税降费,降低企业运营成本。疏通货币政策传导渠道,保持流动性合理充裕,缓解实体经济特别是中小企业融资难、融资贵问题。三是建立健全重点企业调控目录制度,加大对进入目录企业的政策扶持力度,引导目录企业调节生产节奏、完善产销协作、合理定价,发挥重点企业主渠道作用,促进"政企联动"提升调控效能。

(三)加强价格监管,丰富价格调控手段

积极应对宏观经济形势变化,及时高效监测物价变化。一是进一步完善全市物价监测体系,及时搜集居民基本消费品、农产品和生产材料的价格信息,建立健全价格监测机制、价格预警机制和商品价格信息公开机制。二是加强整合生产、流通、零售各环节"量""价"信息,加强形势研判和信息报送,强化与大型企业以及各类行业协会的信息合作共享力度,提升监测信息的广度和深度,提高信息服务的前瞻性和精准性。三是加强对国际原油、铜铝、铁矿石等重点大宗商品的监测预警工作,及时向全市企业提供准确、全面、客观的大宗商品生产、流通、消费、库存和价格信息,并做好各类大宗商品价格大幅波动应急备案工作。

[重庆市综合经济研究院(重庆市经济信息中心)宏观经济研究课题组
  主研:易小光 丁 瑶 余贵玲 罗丛生 赵 飞
  执笔:赵 飞]

之十三：2020年重庆市民营经济发展情况及2021年展望

2020年以来，重庆市统筹推进疫情防控和经济社会发展，扎实做好"六稳""六保"工作，相继出台了"暖企纾困20条""复工复产40条""支持民营企业改革发展40条"等惠企纾困政策措施，全市民营经济呈现恢复发展态势。预计2020年全市民营经济增加值同比增长4.5%左右，民间投资同比增长2.0%左右。

一、2020年重庆民营经济发展现状及问题

（一）民营经济呈现恢复发展态势

2020年以来，全市全力推进疫情防控和企业复工复产复商复市，民营经济经历第一季度短期停摆后，第二季度开始呈现快速复苏发展态势。1—9月，全市民营经济实现增加值10347.2亿元，同比增长2.8%，较上半年、第一季度分别提高1.8个、9.0个百分点，高于重庆GDP增速0.2个百分点（见图1）。民营工业生产稳步回升，民营规模以上工业企业有5886户，占全市规模以上工业企业的87.4%；营业收入实现6192亿元，占全市规模以上工业的54.4%；工业利润404.5亿元，占全市规模工业的70.0%。民营商贸企业销售回暖，全市限额以上民营商贸企业实现商品销售总额同比增长0.5%，实现由负转正，比第一季度提高16.3个百分点。

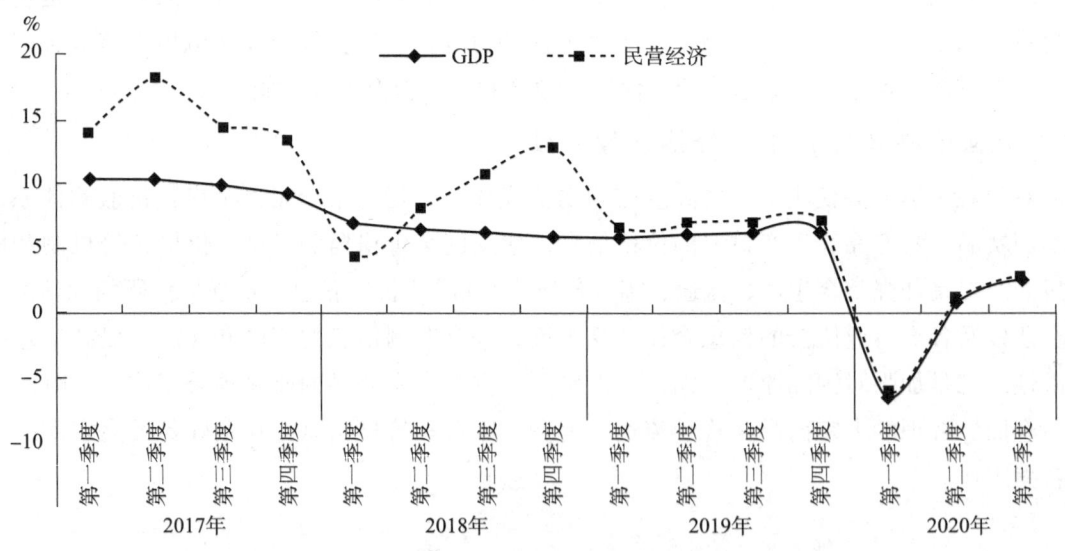

图1 2017年以来重庆市GDP及民营经济增速情况

（二）民间投资降幅持续收窄

随着各项"稳投资"政策加快落地落实，各类重大项目建设加快推进，全市民间投资呈现逐步回升

态势。1—9月,全市民间投资增速同比下降0.3%,降幅较第一季度、上半年分别收窄17.6个、2.9个百分点,高于全国民间投资增速1.2个百分点(见图2)。全市投资恢复主要依靠基建投资带动,制造业、房地产投资面临较大不确定性,政府性投资对民间投资的带动作用尚未完全显现,民间投资信心依然不高。三大板块中,在5G基站、郑万高铁等"两新一重"项目建设带动下,基建投资成为支撑全市投资回升的主要力量。同时,受房地产政策调控逐步强化、重庆对产业集聚和人口吸引力有限等因素影响,民营房地产投资增长乏力。民间工业投资增速大幅回升,电子、医药工业投资均实现两位数增长,汽车、摩托车、消费品工业投资降幅持续收窄。

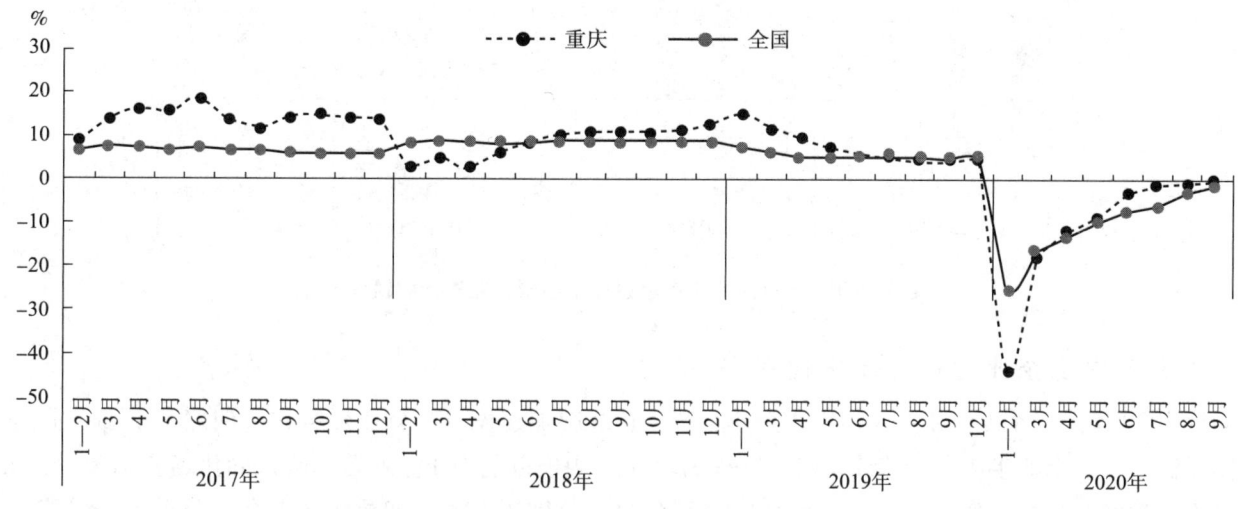

图2　2017年以来重庆市及全国民间投资增速情况

(三)外贸进出口形势总体向好

随着全球疫情持续蔓延,重庆以其较好的产业加工和组织能力,积极承接国际订单,外贸进出口快速回升。全市民营企业出口、进口总值分别为919.9亿元、489.1亿元,同比增长18.3%、39.4%,分别高于全市出口、进口平均水平8.9个、27.4个百分点。民营企业出口市场呈现多元化发展态势,主要市场进出口稳步增长。对东盟、欧盟、美国进出口同比分别增长5.7%、11.7%和2.1%,较上半年高出13.7个、4.4个和9.3个百分点,其中对美国进出口累计增速年内首次转正。同时,对"一带一路"沿线国家合计进出口达1105.1亿元,同比增长11.2%,较上半年提升6.7个百分点。随着民营经济各项支持措施深入落实,未来重庆外贸进出口将保持长期向好趋势。

(四)民营市场主体稳步增长

"保市场主体"是"六保"的基础。全市按照新时代市场主体结构性特点和疫情防控常态化要求,进行有针对性的引导,精准施策,民营市场主体设立数量逐步恢复增长。1—9月,中小企业累计达89.8万户,同比增长8.4%;其中新设立中小企业10.7万户,比上年同期增加2.3万户(见图3)。出台《进一步助力市场主体健康发展政策措施》《应对疫情影响支持个体工商户恢复营业持续发展若干措施》等政策文件,新设市场主体进入第一产业比重持续上升,个体户数量大幅增长。

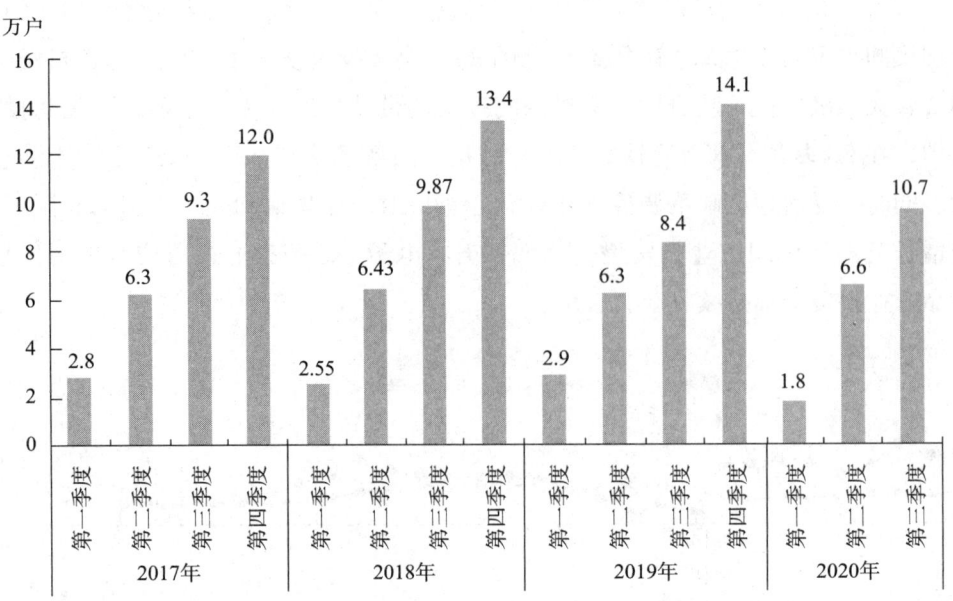

图3 2017年以来重庆市新设立中小微企业累计数量情况

（五）中小企业运行总体平稳

从2020年第二季度开始，全市中小企业生产经营状况加速恢复，就业形势逐步向好，中小企业运行总体平稳。一是企业生产经营持续向好。1—9月，全市规模以上中小企业营业收入同比增长1.8%，分别高于第一季度8.0个百分点、第二季度21.9个百分点；分别比上年同期放缓8.1个百分点；利润总额下降1.4%，降幅较第二季度、第一季度收窄2.0个、27.9个百分点，比上年同期放缓9.3个百分点；企业亏损面为16.2%，比第二季度、第一季度下降1.6个、9.9个百分点，比上年同期上升1.2个百分点。二是企业获得感显著增强。1—9月，全市中小企业期末借款余额增速由2月的-7.5%提高至9月的1.3%，利息支出同比下降11.2%；通过兑现减免或缓缴社保费等政策，企业人力支出成本下降13.1%。三是从业人员稳定增加。1—9月，全市中小企业吸纳就业881.5万人，其中新增中小企业就业人员32.1万人，主要集中在制造业、批发零售业和商务服务业，占新增城镇就业人数近70%。

二、需要关注的问题

（一）民间投资恢复性增长乏力

一是民间投资信心不足。外部环境不确定性依然较大，全市民间投资面临市场需求不足、投资回报率低乃至亏损等困境，民间投资增长不及预期。1—9月，全市民间投资同比下降0.3%，低于全社会固定资产投资增速2.8个百分点。此外，全球经济持续低迷，外部环境不确定性依然较大，全市民间投资面临市场需求不足、投资回报率低乃至亏损等困境。二是融资难、融资贵仍是主要困难。6月以来，全市各级走访组先后走访了16000多家民营经济市场主体，共收集掌握了9833个困难问题，其中贷款融资难、融资贵仍是民营企业面临的主要困难。三是投资增长面临较大压力。全市工业投资受市场需求低迷、大项目少等影响增长后劲不足，工业技改投资同比大幅下降20.4%；房地产投资受市场销售低迷、前期供地减少等因素影响增长仍较乏力。

（二）民营经济增长不确定性加大

一是关键产业链的安全存在一定隐忧。自动变速器、电喷系统、汽车芯片等高技术含量、高附加值部件需从日本、德国、美国等国家采购，占重庆市全部汽车零部件配套的5%左右，这些需要向欧美国家外购的零部件虽然占比不高，但可能成为关键时刻"卡脖子"、导致整个产业链断裂的重要环节。二是产业新业态、新模式发展不充分。全市民营经济传统产业、传统供给仍占据主导地位，数字经济、竞技体育、文化娱乐等服务业新业态、新模式发展滞后，传统产业尚不能有效满足新的市场需求，需要时间进行转换。三是国内外市场需求压力加大。国际订单存在转移流失风险，企业生产经营存在较大风险隐患。1—9月，31.9%的企业反映国内订单下降，较上年同期上升8.2个百分点；52.6%的企业反映国外市场订单下降，较上年同期上升28.3个百分点。

（三）民营企业生产经营压力增大

一是部分企业持续处于亏损状态且短期内难以弥补。1400户监测的中小企业亏损面为23.1%，比2019年同期上升10.1个百分点。二是运营成本有所增加。监测企业①每百元营业收入中的成本为85.6元，比上年上升1.5元。比如，有的饲料公司反映原材料价格大幅上涨，有的电子公司物流成本上升10%以上。三是民营企业资金缺口压力增大。1—9月，全市近三成的企业反映流动资金紧张，资金周转困难；近五成的企业反映营业收入较上年同期有所减少。

三、2021年重庆市民营经济发展环境及展望

（一）全球经济仍受疫情较大冲击，发展不确定性增大

全球经济复苏缓慢，仍充满较大不确定性，国内民营企业发展面临的外部风险有所增大。一是民营企业面临更加严峻的国际市场环境。疫情对全球贸易格局、投资格局、社会治理等方面的影响仍将深化，市场需求动力不足，全市民营企业将面临更加激烈的国际市场竞争。同时，"技术封锁"等可能阻碍民营企业开展国外先进适用技术、项目等合作和外资的利用，制约民营企业的转型升级。二是投资贸易保护强化将影响民营企业海外市场拓展。在全球疫情冲击下，贸易摩擦和投资保护进一步强化，全市民营企业"走出去"开展国际产能合作、拓展国际市场将面临更强的市场壁垒，民营企业国际经贸合作难度将有所增大。三是国际金融、商品市场波动增大了民营企业发展风险。在大国战略博弈、地缘政治冲突等风险明显上升的背景下，全球金融市场、大宗商品市场波动将更加频繁和剧烈，将可能引起民营企业出口汇率风险损失，增加民营企业大宗原材料进口成本。

（二）国内民营经济政策持续发力，发展空间加快拓展

我国将着力强化民营企业政策支持，优化民营企业发展环境，增强全市民营经济发展动力。一是新发展格局将拓展民营经济发展空间。我国将着重构建以国内大循环为主体、国内国际双循环相互促进的新发展格局，在逆周期调控中更加注重稳增长与防风险之间的平衡，将进一步完善吸引外资政策，优化营商环境，拓展民间投资新空间。二是国家对民营经济政策支持力度将更大。国家将继续加大民营经济发展减税降费、保产业链供应链稳定等政策力度，支持民营企业创新发展和转型升级，将进一步减轻民营企业的税费负担和经营成本，为民营企业发展营造良好的融资环境，增强民营企业发展信心，激发民间资本投资活力。三是体制机制改革深化将增强民营经济活力。国内营商环境持续优化、国有企业混合所有制改革积极稳妥推进、投融资模式创新加快等，将为民营经济营造公平的市场发展环境，有效激发民营经济发展活力、提振民营企业内生动力。

---

① 数据来自全国中小企业生产经营运行监测系统的重庆板块数据。

（三）市内民营经济发展环境优化，发展质量不断提升

重庆将着力优化民营经济发展环境，深入推进民营企业发展转型升级，促进民营经济高质量发展。一是内陆开放高地建设将拓展民营经济发展空间。诸多国家战略机遇的叠加，将增强重庆发展的引领力、集聚力、辐射力，有利于全市民营企业利用平台优势，积极开拓国际市场，在外部竞争中实现更高质量发展。二是民营经济发展环境将更加完善。随着"放管服"改革的深化，降税减费等融资支持力度将持续加大，全市民营企业发展环境更加优化，民营企业运行成本负担进一步减轻，民营经济发展活力将得到有效激发和快速释放。三是创新驱动战略深入实施将提升民营经济发展质量。随着重庆以大数据智能化为引领的创新驱动发展战略的深入实施，全市高标准、高起点建设中国西部（重庆）科学城，突出综合性科学研究和技术创新，对传统产业智能化改造升级力度和数字经济等新兴产业发展支持力度加大，将带动全市民营企业生产技术水平、生产效率和产品质量的提升，增强民营企业市场竞争力，促进民营经济高质量发展。

（四）2021年重庆市民营经济发展趋势及预测

适应构建国内国际双循环新发展格局要求，围绕成渝地区双城经济圈建设和推动民营经济高质量发展，重庆将进一步优化营商环境、强化平台支撑，力保民营经济发展总体平稳、稳中有进。2021年民营经济预计实现增加值同比增长6.5%左右，民间投资同比增长5.0%左右。

四、对策建议

（一）全面激发民间投资活力

抢抓成渝地区双城经济圈建设重大战略机遇，加快推进项目设计和储备，持续增强项目资金保障，着力稳定民营投资增长。一是加强项目谋划储备。围绕成渝地区双城经济圈建设需求，战略性谋划全市重大项目储备库，及时策划储备并开工一批5G、大数据等新型基础设施建设项目，创新开展云上招商、网上签约，引导并推动民营资本参与，发挥有效投资对稳增长的支撑作用。二是加大对民间投资支持力度。扎实推动应急转贷、商业价值信用贷款放量增效，鼓励政策性银行向民营、中小微企业发放贷款，及时拨付民贸民品贷款贴息等专项资金，进一步延长民营企业减免租金期限，缓解企业资金困难。三是支持民间资本参与重点项目建设。从政策措施选择、完善法律法规、营造良好投资环境等方面做好顶层设计，策划一批重大产业、公共卫生等领域PPP项目，推动民间资本切实参与重大项目建设，消除民间投资"不敢投"疑虑，增强民间投资信心，提升民间投资有效需求。

（二）全力稳定产业链和供应链

全力以赴保持产业链和供应链稳定，加强产业有效供给，确保经济有序运行。一是完善产业配套体系。聚焦补链、强链薄弱环节和目标企业，尤其是重庆较为缺乏、主要集中在市外企业的配套产品，有针对性地招商，引进一批国内外产业链、供应链龙头企业和重大带动项目。二是积极疏通疫情下跨国物流堵点。发挥重庆开放大通道、大平台、大物流综合优势，针对各国疫情防控政策，加强政府间信息沟通和协调，创新货物配送模式，推动中欧班列（渝新欧）、西部陆海新通道等常态化运行，确保全球物流通道畅通，维护全球供应链稳定。三是支持民企加大国际市场开拓力度。通过加大出口退税力度和增加出口信贷安排等，维持国外市场的需求黏性，减轻外贸出口民企压力。同时，支持民企积极利用跨境电商平台，维持并扩大国际市场客户和销售渠道，适时扩大国际市场份额。

（三）多措并举优化营商环境

以完善民营市场主体梯度培育和民营经济公共服务体系为重点，统筹推动各项政策措施落实落细见效，为全市民营经济发展营造优良营商环境。一是统筹推动优惠政策落地见效。充分发挥重庆市促进中小企业发展工作领导小组作用，加强政策研究和落实情况跟踪，督促市级有关部门、区县落实政策，及时优化调整，提高政策的精准性和有效性。二是夯实民营企业发展基础。优化完善全市"1+39+N"中小企业公共服务体系，引导服务平台聚集服务资源、丰富服务功能、提升服务水平，促进服务与需求精准对接。聚焦特色产业定位，积极打造楼宇产业园、小企业基地，推动提档升级，为民营企业尤其是中小企业提供低成本、便利化、全要素的生产经营场所。三是完善市场主体梯度培育机制。建立健全民营企业尤其是中小微企业梯度培育机制，完善融资服务、技术创新、人才培训、载体建设、公共服务政策体系，支持引导市场主体"个转企""微升小""小升规"。

[重庆市综合经济研究院（重庆市经济信息中心）宏观经济研究课题组
主研：易小光　丁　瑶　余贵玲　苟文峰　李　权　李　林
　　　蒋安玲　李　霞
执笔：李　霞]

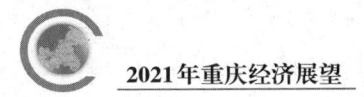

之十四：2020年重庆市市场监管环境形势分析及2021年展望

2020年以来，重庆市市场监管形势稳中向好，"放管服"改革持续深入，安全底线不断巩固，公平竞争持续开展，消费维权不断加强，高质量发展持续加力，为统筹疫情防控和经济社会发展营造了稳定的市场监管环境。

一、2020年重庆市市场监管环境形势分析

（一）市场主体发展稳中向好，市场准入环境不断优化

1. 市场主体总量稳中有升

截至9月底，全市市场主体总量达291.77万户，同比增长9.96%，较上年底增长6.22%，保市场主体效果明显。各类市场主体实有情况见表1。

表1 各类市场主体实有情况（截至9月底）

市场主体类型	数量/万户	比2019年底/%	资本总额/亿元人民币、亿美元	比2019年底/%
内资企业	89.21	5.16	61385.85	12.00
其中：公有及公有制控股企业	3.70	-0.15%	15823.80	7.29
民营企业	85.51	5.41	45562.05	13.34
外资企业	0.67	0.88	756.90	7.43
个体工商户	198.16	6.79%	1532.66	4.65
农民专业合作社	3.73	2.68	776.45	1.39

2. 新设立市场主体数量逆势上扬

第一季度新设立市场主体同比减少20.52%，第二季度同比大幅增加35.56%，第三季度同比增加14.95%，呈现先抑后扬的"V"形发展态势。1—9月，全市新设立市场主体36.02万户，同比增长13.49%，比上年同期高7.83个百分点，助企纾困政策效果显现。具体情况见图1。

3. 三次产业实现协同增长

受保民生保供应政策影响，新设立第一产业市场主体同比大幅增长73.81%，为近几年同期最高，总量在三次产业中的占比达到5.31%。第二产业在建筑业的带动下，克服疫情不利影响，新设数量同比增长10.19%。第三产业在批发和零售业，租赁和商务服务业，房地产业，以及交通运输、仓储和邮政业的强力拉动下，对冲了住宿和餐饮业，信息传输、软件和信息技术服务业，居民服务修理和其他服务业，教育业等的下行压力，新设数量同比增长11.71%（见表2）。

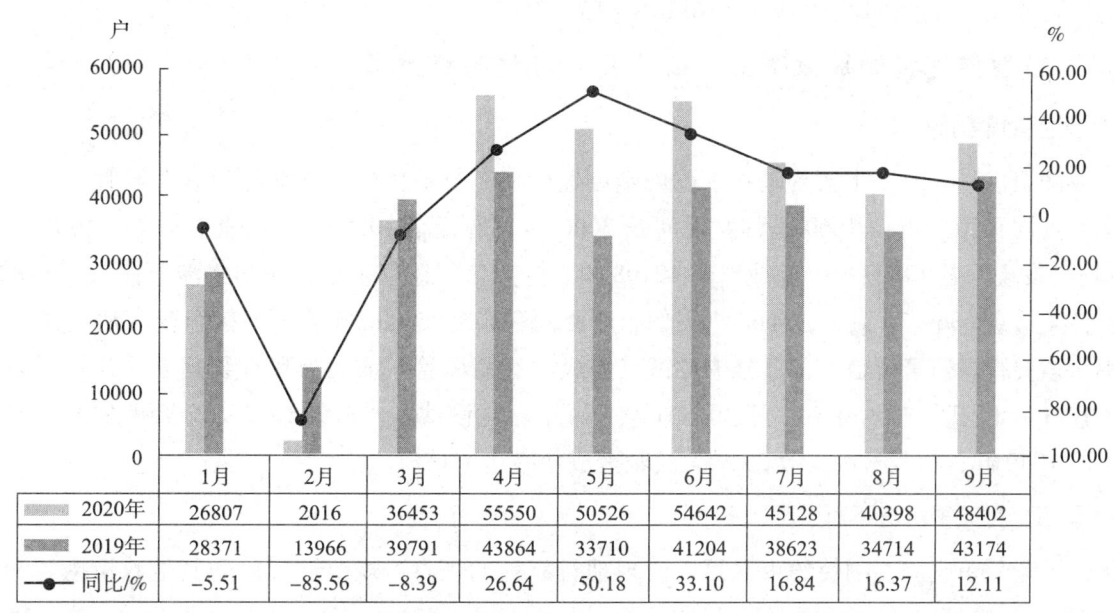

图1　1—9月新设立市场主体数量对比

表2　1—9月市场主体三次产业分布

产　业	期末实有			1—9月新设立		
	数量/万户	占比/%	同比/%	数量/万户	占比/%	同比/%
第一产业	15.31	5.31	9.65	1.84	5.14	73.81
第二产业	22.85	7.93	7.79	2.15	5.99	10.19
第三产业	249.88	86.75	10.29	31.83	88.87	11.71

4. 民营企业占比持续攀升

1—9月，新设立民营市场主体（含民营企业和个体工商户）35.6万户，同比增长13.85%，较上年同期提高7.8个百分点。新设立民营企业在新设企业中的占比达97.94%，创历史新高。自2016年以来，民营企业在企业总量中的占比逐年攀升，目前已达95.04%，较2016年提高1.7个百分点。公有制企业期末实有数量占比持续下降至4.2%，较2016年降低1.58个百分点。外资企业占比逐年下降，占比为0.76%。中国香港仍是外资企业投资来源主要地区，港资企业数量占比达47%。

5. 区域分布差异明显

数量分布区域差异较大，新设立市场主体中，主城都市区25.98万户，渝东北三峡库区城镇群7.48万户，渝东南武陵山区城镇群2.57万户，分别占72.11%、20.76%、7.13%，同比增速分别为11.28%、20.67%、16.71%。行业分布区域差异明显，主城都市区批发零售业、交通运输仓储和邮政业同比增速较快，同比增速分别为47.5%和33.03%；渝东北三峡库区城镇群农林牧渔业、建筑业增长较快，同比增速为129.62%和77.74%；渝东南武陵山区城镇群科学研究和技术服务业、建筑业增速较快，同比增速为126.51%和86.77%。

6. 市场主体退出数量同比减少

1—9月，全市市场主体注（吊）销18.93万户，同比减少0.62%。注（吊）销市场主体三次产业比为5.48∶5.41∶89.11，第三产业占比最大，排名前三的行业是批发和零售业，住宿和餐饮业，居民服务修理和其他服务业,分别占比49.19%、16.14%和7.52%。

(二)新型监管机制成效明显,公平竞争环境持续改善

1. 新型监管机制成效明显

以"双随机、一公开"监管为基本手段的新型监管机制日益优化。推动部门联合监管,联合抽查人力资源服务机构和用人单位1660户,发现问题3696项,处置率100%。强化重点监管,检查食品主体41.34万户,发现问题19897个,完成整改12198户。夯实信用监管基础,新归集涉企信息608.88万条,累计公示各类信息6869.75万条,9668户失信企业受到联合惩戒,3.35万户失信企业(法人代表)依法修复信用。拓展智慧监管覆盖面,部分单位试点完成"智慧监管"农贸市场系统建设;部分区县试点运用日常巡查App和阳光餐饮App;开展电梯应急处置平台建设试点,归集16.3万余台电梯基础数据,处置应急事件1049起,解救被困人数2029人,救援成功率达100%。

2. 竞争审查和竞争执法不断强化

强化公平竞争审查制度刚性约束,累计清理现行有效的规章、规范性文件和其他政策措施9896件,其中废止58件、修订20件、例外保留3件;聚焦医药卫生、建筑、交通、产业发展行业,委托第三方评估机构对6个市级部门、6个区县政府及3个所属部门公平竞争审查工作总体落实情况开展评估。强化价格监管执法,开展口岸收费、涉企收费、转供电环节电价专项检查,查处价格违法案件536件。围绕防疫物资、生活消费、互联网、要素市场等重点领域开展反不正当竞争和反垄断执法,查处不正当竞争案件78件。加大传销打击力度,查处传销案件16件。强化广告监测,查处广告违法案件404件。

(三)消费投诉举报增多,消费维权力度加大

1. 消费者维权意识增强

1—9月,登记咨询投诉举报42.09万件,同比增长61.77%。其中:投诉7.48万件,同比增长65.08%;举报3.98万件,同比增长99.91%。登记疫情相关咨询投诉举报3.31万件。其中:投诉3244件,办结2907件;举报9938件,办结9799件。

2. 投诉举报多在传统领域

从商品投诉类别看,食品、交通工具、家居用品投诉量位居前三;从服务投诉类别看,餐饮和住宿服务、文化娱乐体育服务、美容美发洗浴服务投诉量位居前三;从投诉反映问题看,合同、售后服务、质量问题位居前三;从举报反映问题看,涉嫌价格违法、广告违法、食品安全问题位居前三。

3. 消费维权社会共治成效显著

在全国12315平台上积极推进ODR企业[①]在线处理消费者投诉相关工作,提高企业主动参与消费维权的动力和效能,1-9月全市共设置ODR企业259家,6—8月全市ODR机制运行评估结果全国综合排名第二。截至9月底,办结投诉6.85万件、举报3.74万件,化解纠纷2.12万件,为消费者挽回经济损失15051.26万元。

(四)市场安全风险增加,安全形势总体可控

1. 食品安全风险增大

检查食品主体41.34万户,发现问题1.98万个,完成整改1.21万个。开展食品安全监督,抽检样品

---

① ODR企业指开展在线解决消费纠纷服务的企业。

4.82万批次，检出不合格样品874批次，不合格率1.87%。开展风险监测，抽检样品6039批次，发现问题样品434批次，问题发现率7.10%，较前三年平均水平提升5.21个百分点。开展快速检测3.52万批次，检测结论异常1843批次，异常率5.23%。对检查发现各类问题及时处置，有效防控安全风险。持续开展专项整治，立案查处食品案件3358件，同比增长26.67%。

2. 药品安全风险可控

现场检查"两品一械"① 生产企业和药品流通企业1217家次，日常监督覆盖率达81%以上。开展药品网络销售违法违规行为专项整治等8个专项行动，责令整改、约谈告诫药品生产、批发和配送企业150家次。排查入库药品安全风险点187个。国抽抽样1444批、市抽抽样7435批，及时处置抽检发现的不合格产品，有效管控药品质量安全风险。发挥药店的"哨卡"作用，施行零售药店销售发热、咳嗽药品登记报告制度，推广使用"重庆市药监App"，排查171.6万余人次。查办"两品一械"案件795件，同比上升92.96%。

3. 特种设备安全风险上升

检查单位11239家次，发现隐患8637条，整改隐患6972条，下达监察指令书2354份。立案查处特种设备违法案件280件，同比增长18.14%。1—9月，全市发生特种设备安全责任事故3起，死亡1人，受伤1人，事故数量较上年同期相比有所增加。

4. 工业产品质量安全形势稳定

1—9月，抽查工业产品84种、4981批次，问题发现率为8.17%，较上半年减少1.35个百分点。其中抽查电线电缆、危化品、能源产品等4种重点工业产品938批次，问题发现率为11.71%；抽查生产领域非医用随弃式口罩42批次，不合格25批次，问题发现率为59.52%。开展缺陷消费品调查39次，实施召回32次，涉及产品45批次34600件、货值金额114.62万元。

（五）质量提升深入推进，高质量发展持续加力

1. 质量强市战略扎实推进

统筹推进产品、工程、服务、环境等领域质量提升，建设质量强镇31个、质量强园15个、质量强企201家，总量分别达到195个、79个、1425家。指导成立QC小组② 619个，帮助企业开展质量诊断、质量攻关216次，为企业增加可计算经济效益2579万元，帮助338家中小微企业完善质量管理体系，培训企业质量人员4776次。

2. 质量基础设施巩固提升

新立项地方标准145项，新发布地方标准90项，10个社会团体公开团体标准23项，836家企业自我声明公开现行有效标准2967项，涵盖3953种产品。推动新制修订国际标准2项，国家、行业标准91项。新建复查社会公用计量标准44项，工业企业新建复查计量标准117项，颁发计量器具型式批准证书34份。发放认证证书5.06万张，较上年底增长12.69%。

3. 知识产权保护运用水平提升

新增专利申请量4.31万件，同比增长18.4%，其中新增发明专利申请量1.36万件，同比增长17.56%。累计拥有有效发明专利3.47万件，每万人发明专利拥有量达11.11件，同比增长10.43%。新

---

① "两品一械"指药品、化妆品、医疗器械。
② QC小组指企业的质量管理小组。

增注册商标 6.78 万件，总量达 56.72 万件。新增马德里国际注册商标申请 35 件，总量达 354 件。新增地理标志 10 件，总量达 266 件。新增驰名商标 1 件，总量达 160 件。持续开展"铁拳"、"蓝天"、绿色技术等专项行动，查处侵犯知识产权案件 405 件。知识产权纠纷人民调委会作用不断加强，调解知识产权纠纷案件 499 件。

（六）抓好常态化疫情防控，积极助力经济社会发展

1. 尽锐出战，抓紧抓实抓细疫情防控

制定疫情防控工作方案、专项应急预案，建立措施清单，认真做好市疫情防控工作领导小组市场监管组各项工作。率先在全国明确 8 个方面市场监管重点举措，发布 24 项疫情防控技术指南地方标准，制定 30 条保障学校复学复课措施。全面禁止非法野生动物交易，关停活禽交易宰杀经营点 5663 个，下架网络订餐平台涉及"活禽""野生野味"等问题菜单 583 个。应急审批和备案 36 家企业 46 个医疗器械产品，指导 2 个新冠病毒检测产品获国家药监局批准，重庆市药监 App 受到国务院督导组表扬。全覆盖排查冷冻冷藏肉品冷库 5590 个，扣押不合格食品 10.24 吨。技术机构减免检验检测费用 8321 万元，惠及企业 3.1 万户。

2. 慎终如始，抓实常态化疫情防控

毫不松懈抓实秋冬季节疫情防控，督促商场、超市、餐厅、影院、旅游景区、交通场站等严格落实防控要求，落实好现有入境人员管理机制和措施，加强进口冷链食品检验检疫。开展厄瓜多尔进口冻虾排查处置，查扣并妥善处置核酸检测呈阳性的产品 16.72 吨。全面取缔活禽交易。开展防疫物资产品质量和市场秩序专项整治，召回非医用一次性防护口罩 3 批次 18.7 万只。依法查处涉疫违法案件 2205 件，查获不合格口罩 540 万只、消杀用品 600 余件。

3. 全力支持复工复产

出台支持企业复工复产 7 个方面 43 条政策措施、支持个体工商户恢复营业持续发展 5 个方面 21 条政策措施，制定市场主体轻微违法行为 13 个方面 71 项免罚清单。2016 家科技型企业获贷款 61.12 亿元，累计 4260 家科技型企业获贷款金额 127.19 亿元，获贷企业家数和金额较上年同期增长 66% 和 57%。实现知识产权质押融资 8.7 亿元。

（七）成渝地区双城经济圈市场监管一体化走深走实

1. 合作机制日趋完善

成立川渝两省市局领导小组，召开领导小组会议 2 次。建立"1+3"工作协同机制和"1+8+N"政策措施体系。签署深化一体化合作工作方案，明确 8 个方面的合作内容和保障举措，制定 4 个任务清单，明确 31 项重点任务、5 项示范项目、8 项争取国家支持政策项目。重庆市 16 个区县与四川省 18 个市区县签订市场监管合作协议，形成了全方位、多层次的良好合作格局。

2. 合作领域日益拓展

川渝药品监管、知识产权合作深入推进，签订市场准入、标准化、消费者权益保护、特种设备等合作备忘录（协议）。联合印发食品安全监管信息通报制度，召开两省市药监局联席会和公平竞争审查、打击传销工作协作座谈会，组建川渝合作检验检测资质认定专家库，建立川渝政府质量奖荣誉和首席质量官任职资格互认机制、质量管理专家共享机制。搭建由两地计量机构、科研院校和龙头企业多方合作的计量技术服务共享平台。

3. 合作成果日渐丰富

共同探索建立川渝"市场准入异地同标"便利化准入机制，推动两地营业执照互办互发。组建食品安全检验检测机构联盟，实现检验检测资源共享，结果互认。重庆医疗器械质量检验中心获批国家医疗器械检验检测能力建设项目，核定项目总投资 1.6 亿元。国家食品药品检测基地、中国（西部）知识产权运营中心等项目纳入国家成渝地区双城经济圈建设规划纲要。中国（西部）知识产权运营中心已形成工作方案并得到国家知识产权局明确支持。

二、2021年重庆市场监管环境形势展望

（一）营商环境持续向好

2021 年，重庆市将对标国际先进水平，对标世界银行标准，对标北京、上海等先进经验，不断优化营商环境。推进"证照分离"改革区域和事项"两个全覆盖"，复制推广自贸区试点经验。全面推广应用电子营业执照和电子印章。实现工业产品生产许可证发证、注销和保健食品广告审查等 6 项"跨省通办"。积极探索在成渝地区进一步拓展"跨省通办"范围和深度，助力惠企利企，为区域协调发展提供支撑保障。建立川渝"市场准入异地同标"便利化准入机制，构建"同一标准办一件事"市场准入服务系统，实现两地互办营业执照。协同开发两地登记档案智慧查询系统，实现两地网上自助查询企业注册档案，打造双城"无证明城市"。

（二）市场安全形势持续改善

2021 年，以食品安全为首要职责，抓紧抓实抓细食品药品、工业产品质量、特种设备三大安全，牢牢守住生命安全红线和健康底线。农产品和食品抽检量达到 4 批次/千人，主要农产品质量安全监测总体合格率稳定在 97% 以上，食品抽检合格率稳定在 98% 以上，区域性、系统性重大食品安全风险基本得到控制。防范化解药品安全风险，守住药品安全底线。有效开展儿童和学生用品安全守护行动和成品油、危险化学品等重点产品质量安全专项整治，防范工业产品质量安全事故。加强特种设备风险管控，严防重特大事故发生。

（三）公平竞争环境持续巩固

推进竞争政策实施，强化公平竞争审查制度刚性约束，提高审查的有效性和约束力，构建政府推动、部门协同、社会监督的良好工作局面。配齐配强审查力量，严把增量审查、存量清理质量关。探索建立公平竞争审查评价体系，推动纳入政府绩效考核等机制，完善举报处理和回应机制，不断提升制度权威和效能。加强违规涉企收费等重点领域价格监管，加大商业秘密保护力度，建立商业秘密保护示范基地和示范单位，维护市场价格秩序。持续开展"铁拳""蓝天"等专项行动，严厉打击侵犯知识产权的违法行为。

三、对策与建议

（一）提升高质量发展水平

深入实施质量强市战略，指导质量强区、质量强园、质量强企建设，加强缺陷消费品召回制度建设，加大产品质量监督抽查和缺陷消费品召回力度。完善计量国家标准体系，强化对中小企业采用团体标准的工作指导，协调解决中小企业复产复工中的质量管理难题。聚焦产业发展和消费升级，推行高端品质

认证，深化认证检验检测机构改革。

（二）提高市场监管能力

守住安全底线，严格落实党政同责，健全食品安全监管体系，加强特种设备安全、工业产品质量安全监管，加快推进市场监管治理体系和治理能力现代化，确保"产得安全、管得到位、吃得放心、用得安心"。

（三）强化竞争政策基础地位

发挥公平竞争审查制度刚性约束作用，全面排查、系统清理各类显性和隐性壁垒，加快清理与企业性质挂钩的行业准入、资质标准、产业补贴等规定和做法。推进产业政策由差异化、选择性向普惠化、功能性转变。加大反垄断和反不正当竞争执法力度，落实涉企收费清单制度。

（四）加强消费者权益保护

深入开展放心消费创建工作，推进线下无理由退货。持续开展消费领域专项整治，综合运用监管执法、行政约谈等手段规范经营行为。健全完善12315行政执法体系和社会维权体系建设，完成ODR企业发展目标，确保ODR机制运行良好。发挥消协组织作用，发布消费警示和提示，开展消费教育引导，营造良好的消费氛围。

[重庆市市场监督管理局　周龙伟　汪　平　刘　婧]

之十五：2020年重庆市国土资源开发利用分析及2021年展望

一、2020年重庆市国土资源开发利用情况

2020年，重庆市规划和自然资源局深入贯彻市委、市政府统筹疫情防控和经济社会发展工作部署，抓住成渝地区双城经济圈建设重大战略机遇，围绕"六稳"工作、"六保"任务，聚焦"三大攻坚战""八项行动计划"，打好强保障、降成本、促升级、助融资、提效率等系列组合拳，积极助力企业复工复产，全力支撑了经济社会发展恢复提振。

（一）加强规划引领，优化国土空间布局

编制《优化成渝地区双城经济圈国土空间布局行动方案（2020—2025年）》，深化川渝规划和自然资源领域合作，全方位推进成渝地区双城经济圈建设。深化完善《重庆市国土空间总体规划（2020—2035年）》并通过市委常委会会议、市政府常务会议审议，加快区县国土空间规划编制。出台《关于建立重庆市国土空间规划体系做好新时代国土空间规划的意见》，加快国土空间规划体系性重构。细化主城都市区专项规划，加快编制中国西部（重庆）科学城、"三峡库心"、主城都市区"四网融合"等近百项重大专项规划。有序推进第三次国土调查和统一时点更新，夯实国土空间"一张底图"。完成"十三五"基础测绘数据资源建设，开展新型基础测绘试点，推动时空大数据服务平台及应用示范。

（二）优化资源配置，提升建设用地保障

突出差异化协调发展，强化"一区"规划用地保障，持续推进"两群"生态经济要素集成与协同。1—9月，主城都市区建设用地审批、土地出让、建筑工程规划许可、不动产登记分别为7224公顷、3121公顷、8639万平方米、206万件，均占全市总量八成左右，为强核提能级、扩容提品质提供了有力支撑。1—9月渝东北雨污分流管网、市政公用设施工程规划许可分别同比增加0.5倍、5.6倍，渝东南市政公用设施工程规划许可同比增加4.3倍，有效服务生态环境和民生改善。锚定国家、市级重点项目库，积极对接区县用地需求，深化"清单化、节点化"服务，开设用途管制红线智检服务平台，助推项目提前选址落地。1—9月，全市审批建设用地8982公顷，同比减少7.1%，有效支撑建设投资稳定增长。交通运输用地审批5061.75公顷，占比56.35%，发挥了基础设施投资引领带动作用。稳妥提升国家建设用地审批权委托试点工作效率，完成用地审批项目23个、4600公顷，审批面积达到前三年国家审批总量的6.9倍，及时高效保障了郑万高铁、东环线、大足机场等重点项目落地。

（三）统筹供地调度，加快项目工程建设

持续释放打赢疫情防控阻击战"十条措施"、强化用地保障支持产业发展"九条意见"等政策效益，加大热点地区优质地块供应力度，优化土地出让政策，加强逆周期调节，提振市场信心。1—9月，全市出让土地3911公顷，同比增加13.9%，实现由负转正，土地出让入库金额1252亿元，同比增加19.2%。房地产用地出让2146公顷，同比增加31.9%，其中中心城区919公顷，同比增加30%，超过2019年总量。工业用地出让1765公顷，同比减少2.4%，用地需求基本恢复，其中智能产业、材料产业、生物医药

等高端制造业项目用地占比67%，较上半年提高7个百分点，工业项目加速转型升级。持续推进建设工程项目规划许可实施带图运行、影像比对带图运行，支持开发项目规划许可分期办理、边建边报。1—9月，全市核发建设工程规划许可面积10612万平方米，同比减少20.9%。

（四）提升矿产保障，建筑砂石供需平衡

推进完成《重庆市矿产资源管理条例》修订，改进矿政管理，缩减政府储量评审备案范围、取消储量登记、改革矿产资源储量分类。鼓励支持矿山企业优先复工复产，增强全市矿产资源供给保障能力。1—9月，全市矿业权出让115宗，矿业权出让收益入库13.1亿元，同比增长14.7%。新产页岩气57.8亿立方米，同比增加8.2%。推动出台《重庆市近期建筑砂石保供稳价工作方案》，加快已投放建筑砂石矿山落地投产，建立在线直报系统，加强监测调度，保障建筑砂石供应，稳定建筑砂石价格。1—9月，全市建筑砂石产量8104万吨、销量7395万吨，分别同比增长16.8%、12.8%，较上半年分别增加34.8个百分点、6.4个百分点，供销比为1.1∶1。

（五）推进生态修复，彰显自然资本价值

扎实开展生态保护红线、自然保护地评估优化调整，初步划定生态保护红线2.05万平方公里。深入开展国家山水林田湖草生态保护修复工程试点，1—9月，长江上游生态屏障（重庆段）山水林田湖草生态保护修复工程试点完成投资超过75亿元，国家绩效考核指标总体完成率超过89%。以长江干流及主要支流10公里范围内废弃露天矿山为重点，累计完成历史遗留和关闭矿山生态修复3.0万亩。严格耕地保护责任，补充耕地4.7万亩，划定永久基本农田储备区220万亩。出台《重庆市自然资源资产产权制度改革实施方案》，开展全民所有自然资源资产清查试点，推动城乡自然资本增值。森林覆盖率指标交易和生态地票入选自然资源部生态产品价值实现十大典型案例，成为全国唯一上榜两个案例的省市。

（六）提升城市服务，精准助推乡村振兴

优化城市功能，引导西永、水土、鹿角等新兴组团公共服务设施均衡布局，完成主城都市区、渝东北、渝东南等区域性公共卫生应急中心、战略物资储备中心规划选址。精心规划设计渝中半岛、江北嘴和南岸滨江片区，加快市规划展览馆迁建工程，助推长嘉汇大景区建设，完成长江文化艺术湾区规划，深化完善山城步道规划。全面推进历史文化街区划定和历史建筑确定工作，新增历史建筑166处、历史文化街区2处。把脱贫攻坚摆在优先位置，扎实做好中央脱贫攻坚专项巡视"回头看"和国家脱贫攻坚成效考核反馈意见整改。分类有序推进镇乡国土空间规划和实用性村规划工作。11个国家全域土地综合整治试点项目有序实施。完善农村产权交易体系，新交易地票2.1万亩42.1亿元、农村产权5.6万亩4.44亿元。配合完成"十三五"易地扶贫搬迁旧房处置35130户、建卡贫困户D级危房改造拆除2969户。

（七）优化营商环境，不动产登记更高效

对标国际先进深化不动产登记改革，全市"一窗办理、即办即取"登记量达24.37万件，根据世行磋商初步结论和中国（重庆）自贸区营商环境评价初步结论，重庆市登记财产改革措施基本得到认可，符合国家和重庆市既定目标要求。强化"互联网+不动产登记"，1—9月，全市共计办理不动产登记250.05万件，同比下降7.6%；网上办理占比65%，制作生成不动产登记电子证照83.99万份。不动产登记办理时限大幅缩减，全市存量房买卖平均办理时间0.31天，同比缩短84.0%；土地房屋抵押登记0.7天，同比缩短50.0%。为企业办理土地房屋抵押首次登记7311件，支持企业抵押融资6396.30亿元。企业间买卖厂房可通过"渝快办"等免费查询权利人名称及抵押、查封等权利状况。

（八）筑牢安全防线，防范化解行业风险

推进完成《重庆市地质灾害防治条例》修订工作，夯实"四重网格化"监测预警，加快地质灾害工

程治理和避险移民搬迁，最大限度保障群众生命安全。1—9月，全市共发生地质灾害灾险情261起，同比增加161%，成功预报处置178起，及时撤离群众3237人，同比增加267%，因灾死亡人数同比下降15.4%，经受住了6月连续强降雨天气的考验。持续开展矿山"打非治违"行动，严厉打击无证开采等违法行为。紧急研发上线"重庆疫情地图"，持续打赢疫情防控长期战。扎实开展规划自然资源领域扫黑除恶专项斗争，积极回应群众诉求，防范化解矛盾风险。

二、2021年重庆市重点工作推进趋势展望

2021年是"十四五"规划的开局之年，重庆市规划和自然资源局将以习近平新时代中国特色社会主义思想为指导，紧扣习近平总书记对重庆提出的营造良好政治生态，坚持"两点"定位、"两地""两高"目标，发挥"三个作用"和推动成渝地区双城经济圈建设等重要指示要求，按照市委、市政府决策部署，深化"两个统一"职责，扎实做好"六稳""六保"工作，全力助推成渝地区双城经济圈建设，为全市经济社会发展提供有力空间保障和资源要素支撑。

（一）深化国土空间规划体系

加强川渝合作，推动《优化成渝地区双城经济圈国土空间布局行动方案（2020—2025年）》落地实施。深化完善《重庆市国土空间总体规划（2020—2035年）》并按程序报批，加快区县国土空间规划编制进度，建设统一的国土空间基础信息平台和实施监督系统，完善全市国土空间规划体系。统筹推进交通、市政、历史文化保护等专项规划，扎实开展重点区域规划及主城都市区交通提升规划研究，细化建设区域规划编制。编制地理信息"十四五"规划，强化测绘地理信息基础支撑，全面深化规划自然资源领域改革，提升治理水平和服务保障能力。

（二）加强自然资源保护修复

贯彻落实"两统一"职责，构建自然资源调查监测体系，做好各类自然资源专项调查及动态监测。启动全民所有自然资源资产所有权委托代理机制试点。统筹山水林田湖草系统治理，编制重庆市国土空间生态保护修复规划，推进长江重点生态区生态系统保护和修复总体规划，加快"六江"生态走廊建设。完成国家山水林田湖草试点，有序策划实施生态保护修复工程。加快全域土地综合整治国家试点，开展国土绿化提升行动。加强地质环境和遗迹保护利用，做好云阳普安恐龙化石等保护研究。

（三）提高资源配置质量效益

科学编制土地储备整治年度计划及修订管理办法，稳妥开展好建设用地审批权授权和委托试点、城乡建设用地增减挂钩（含跨省调剂），加强土地出让统筹管理，增强重点项目和实体经济用地保障。科学编制年度国有建设用地供应计划，提高供地精准度和有效性。加强土地供后监管，提高土地节约集约利用水平。开展中心城区城市地价动态监测，推进土地二级市场改革。增强矿产资源保障能力，加强矿业权出让项目计划管理，编制矿产资源"十四五"规划，加强页岩气等优势矿种勘查开发，优化碎石矿山布局，推进绿色矿山建设。

（四）推动城乡自然资本增值

有序推进自然资源统一确权登记和自然资源资产产权制度改革，建设自然资源和不动产确权登记系统。统筹推进镇乡国土空间规划和实用性村规划，推行集体经营性建设用地入市，加大项目、资金、政策等支持，更好服务乡村振兴。以农村土地制度改革为牵引，推进农村区域土地房屋数据清理整合入库，深化地票改革，完善农村产权交易体系。加强耕地和永久基本农田保护，强力推进各类耕地"非农化"

清查整治工作。围绕"两江四岸"城市发展主轴,把好山好水好风光、历史文化元素融入规划建设,着力优化规划布局、完善功能配套、保护特色风貌。推进"两江四岸"核心区整体提升,持续做好"留白增绿添园",加强历史文化资源普查评定,提升城市空间形态风貌,全面服务城市提升。开展生态系统价值核算和指标体系研究,拓展生态产品价值实现方式,让更多绿水青山变成金山银山。

(五)做好行业安全稳定工作

深入推进地质灾害综合防治体系建设,开展区域地质调查、水文地质调查、土地质量地质调查等基础性公益性地质调查,实施地质灾害调查评价、监测预警、工程治理以及搬迁避让项目,夯实"四重网格化"监测预警,增强地灾综合防治能力。持续开展矿产资源勘查开采"打非治违",加强全矿种、全矿山、全时段监管,规范矿产开发秩序。防范化解规划自然资源领域重大风险,加强新闻宣传和舆情监测研判处置,引导群众依法行使权利、表达诉求、解决纠纷,维护群众合法权益。

[重庆市规划和自然资源局 任治淑]

之十六:2020年重庆市城乡居民收入状况分析及2021年展望

2020年以来,在以习近平同志为核心的党中央坚强领导下,重庆市委、市政府科学统筹新冠肺炎疫情防控和经济社会发展,积极落实"六稳"要求,扎实做好"六保"工作,生产生活秩序有效恢复,市场主体日趋稳定与活跃,全市经济呈现稳定好转态势,高质量发展势头强劲,有力带动城乡居民收入"V"形回升态势明显,增收亮点纷呈。

一、2020年重庆市城乡居民收入继续恢复回升

随着重庆经济稳定向好发展,全体居民人均可支配收入增长实现继续恢复回升,其绝对额达23539元,同比增加1441元,同比增长6.5%,增收亮点纷呈:城乡居民增收"V"形回升态势明显、收入排名大幅提高、四大类收入均实现增长、经营净收入增收贡献不断增强、城乡居民收入倍差进一步缩小。

(一)城乡居民增收"V"形回升态势明显

2020年1—9月,重庆全体居民人均可支配收入绝对额为23539元,已达全国平均水平的99.0%,比上年同期提高2.4个百分点,在全国31个省(区、市)中排在第10位,在西部12个省(区、市)中排在第1位,均比上年同期提高1个位次。其中,城镇常住居民人均可支配收入达30834元,同比增加1582元,同比增长5.4%;农村常住居民人均可支配收入达12265元,同比增加899元,同比增长7.9%。三者增速分别比第一季度提高5.1个、4.6个、5.9个百分点,比上半年提高1.5个、1.5个和1.8个百分点,"V"形回升态势十分明显。

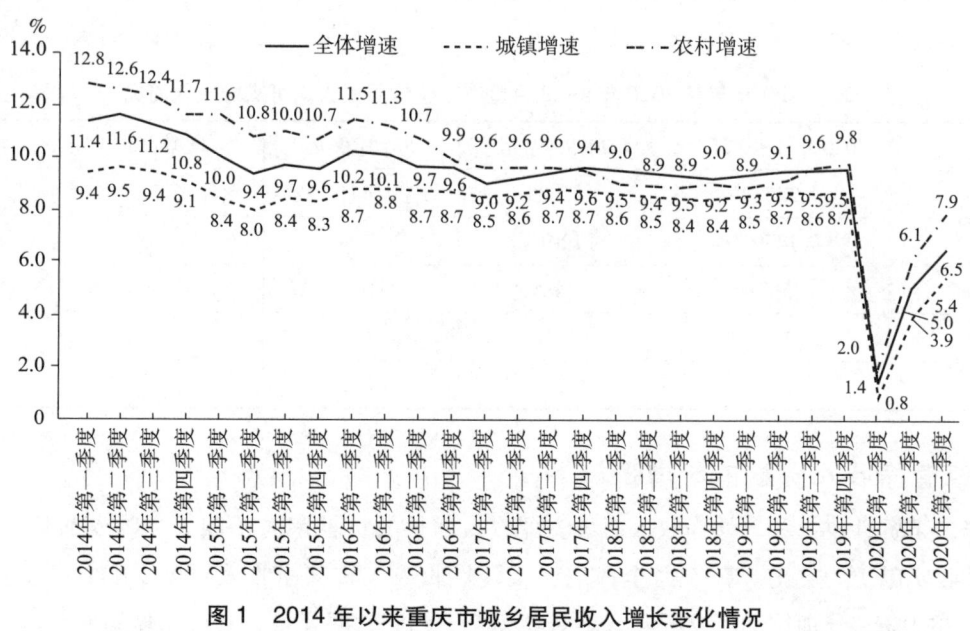

图1　2014年以来重庆市城乡居民收入增长变化情况

（二）收入排名大幅提高

全体居民收入增幅高于全国平均水平 2.6 个百分点，在全国 31 个省（区、市）中排名第 4 位，分别比第一季度、上半年提高 12 位、2 位；在西部 12 个省（区、市）中排名第 4 位，与上半年排位相同，但比第一季度提高 3 位。

分城乡看，城镇常住居民人均可支配收入增幅高于全国平均水平 2.6 个百分点，在全国 31 个省（区、市）中排名第 3 位，分别比第一季度、上半年提高 14 位、3 位；在西部 12 个省（区、市）中排名第 3 位，分别比第一季度、上半年提高 3 位、1 位。农村常住居民人均可支配收入增幅高于全国平均水平 2.1 个百分点，在全国 31 个省（区、市）中排名第 4 位，分别比第一季度、上半年提高 13 位、5 位；在西部 12 个省（区、市）中排名第 4 位，分别比第一季度、上半年提高 4 位、1 位。

（三）四大类收入均实现正增长

1—9 月，重庆全体居民四大类收入全部实现正增长：一是工资性收入增长持续呈现加快势头，全体居民工资性收入 12793 元，同比增加 778 元，同比增长 6.5%，其中，城镇常住、农村常住居民工资性收入分别为 17849 元、4977 元，同比分别增加 898 元、370 元，同比分别增长 5.3%、8.0%。三者增速分别比第一季度快 3.7 个、2.9 个和 5.4 个百分点，比上半年快 1.9 个、1.8 个和 2.3 个百分点。二是经营净收入增速由负转正。全体居民经营净收入达 3671 元，同比增加 185 元，同比增长 5.3%，其增速分别比第一季度、上半年快 10.1 个、5.3 个百分点，表明当前市场主体趋于活跃，企业法人单位和居民个体的生产经营均逐步恢复正常，居民从中获利持续增加的良好态势。其中，城镇常住居民经营净收入达 3877 元，同比增加 168 元，同比增长 4.5%，其增速分别比第一季度、上半年快 10.7 个、6.8 个百分点，实现由负转正。而农村常住居民经营净收入达 3352 元，同比增加 202 元，同比增长 6.4%，其增速分别比第一季度、上半年快 8.8 个、2.5 个百分点。三是财产净收入和转移净收入实现稳步增长。全体居民财产净收入、转移净收入分别为 1370 元、5706 元，同比分别增加 61 元、416 元，同比分别增长 4.6%、7.9%。其中，城镇常住、农村常住居民财产净收入分别为 2057 元、309 元，同比分别增加 62 元、28 元，同比分别增长 3.1%、9.9%；城镇常住、农村常住居民转移净收入分别为 7051 元、3626 元，同比分别增加 453 元、300 元，同比分别增长 6.9%、9.0%（见表 1）。

表 1　2019 年和 2020 年 1—9 月重庆市全体居民人均可支配收入简况

指标名称	2020 年 1—9 月/元	2019 年/元	增加值/元	增幅/%	贡献率/%
可支配收入	23539	22099	1441	6.5	100
1. 工资性收入	12793	12015	778	6.5	54.0
2. 经营净收入	3671	3485	185	5.3	12.9
3. 财产净收入	1370	1310	61	4.6	4.2
4. 转移净收入	5706	5289	416	7.9	28.9

（四）经营净收入贡献不断增强

长期以来，工资性收入和转移净收入对可支配收入增长的贡献率居于四大类收入前列，而在 1—9 月对城乡居民增收贡献更为突出。1—9 月全体居民工资性收入、转移净收入对可支配收入增长的贡献率分别为 54.0%、28.9%，分别拉动可支配收入增长 3.5 个、1.9 个百分点，其中，城镇常住、农村常住居民工资性收入对可支配收入增长的贡献率分别为 57.9%、41.1%，分别拉动可支配收入增长 3.1 个、3.3 个百分点;城镇常住、农村常住居民转移净收入对可支配收入增长的贡献率分别为28.6%、33.4%,分别拉动可支配收入增长1.5个、2.6个百分点。由于财产净收入占可支配收入的比重较小,全体、城镇常住、农村常住居民财产净收入占可支配收入的比重分别为5.8%、6.7%、2.5%,对可支配收入增收贡献有限,但其保持相对稳定,全体、城镇常住、农村常住居民财产净收入对可支配收入增长的贡献率分别为4.2%、3.9%、3.1%,分别拉动可支配收入增长0.3个、0.2个、0.2个百分点。

随着疫情防控取得显著成效,经济社会稳定向好发展,经营净收入的增收贡献也在不断增强,全体、城镇常住、农村常住居民经营净收入对可支配收入增长的贡献率分别为12.9%、10.6%、22.4%,分别比上半年提高了12.9个、18.1个、4.8个百分点,分别拉动可支配收入增长0.8个、0.6个、1.8个百分点。

(五)城乡居民收入倍差进一步缩小

目前来看,重庆城乡居民收入倍差呈现逐年下降态势,从2014年1—9月的2.74∶1下降至2019年的2.57∶1。2020年1—9月农村常住居民收入增速比城镇常住居民快2.5个百分点,增速差距比上年扩大0.3个百分点,全市城乡居民收入比也由上半年的2.60缩小至2.51,比上年同期缩小0.06。

二、2020年重庆市城乡居民增收支撑因素分析

(一)经济持续呈现恢复性增长,为城乡居民增收奠定坚实基础

2020年以来,在重庆市委、市政府的坚强领导下,坚持"两点"定位、"两地""两高"目标,科学统筹常态化疫情防控和经济社会发展,全面落实"六稳"要求,扎实做好"六保"工作,大力推进成渝地区双城经济圈建设,加快构建以国内大循环为主体、国内国际双循环相互促进的新发展格局,全市经济继续呈现恢复性增长态势,高质量发展势头强劲。1—9月,全市实现地区生产总值17707.10亿元,同比增长2.6%,农业生产总体向好,畜牧业生产加快恢复,工业经济加快复苏,新兴动能支撑有力,1—9月全市规模以上工业增加值同比增长4.4%,高技术制造业和战略性新兴制造业增加值同比分别增长11.3%、11.0%,服务业稳定恢复,消费市场逐步改善,这些均为城乡居民增收提供强有力的经济保障。

(二)就业双创形势逐步改善,为城乡居民增收提供良好支撑

随着稳企业保就业政策逐步深化落实,全市就业形势有所改善,城镇调查失业率低于调控目标,双创环境不断优化。1—8月,全市城镇新增就业人员42.8万人,同比下降21.6%,降幅较上半年收窄6.6个百分点。目前全市入选国家级"双创"载体累计已达6个,融资担保、费用减免等政策支持力度不断加大,1—8月全市新设立市场主体31.18万户,同比增长13.7%,高于上半年同期9.2个百分点,为城乡居民增收提供良好基础。

(三)现代服务业加快发展,为城乡居民增收注入新动能

新业态新模式加速兴起,新型金融、新零售等快速发展,数字经济发展势头良好,与实体经济融合不断深入,同时在西部陆海新通道、中欧班列(渝新欧)等开放通道带动下,水果、海鲜、化妆品、高档生活用品等跨境电商进口快速发展。1—8月,全市规模以上服务业企业实现营业收入2521.27亿元,同比下降0.2%,降幅较1—5月收窄7.2个百分点,信息传输、软件和信息技术服务业营业收入同比增长30.6%,较1—5月提高3.2个百分点。在实体经济回暖、进出口快速增长的带动下,1—8月全市货运量同比增长4.1%,分别高于上半年和同期全国水平2.2个、8.7个百分点,这些均为城乡居民增收注入新动能。

（四）农业生产保持稳定，促进城乡居民增收向好发展

随着全市农业绿色化、优质化、品牌化加快推进，农业生产呈现量稳、质高的发展态势，夏粮产量保持相对稳定，秋粮播种面积稳中有增，玉米、水稻等秋粮获得丰收，生猪价格持续保持高位运行。农产品品牌打造实现新突破，目前"三品一标"达到6512个，全国名特优新农产品35个，"巴味渝珍"授权农产品达459个，不断促进城乡收入增长稳中向好发展。出台鼓励新型农业经营主体线上销售农产品补助政策，搭建"重庆农产品产销对接"平台，大力开展"重庆品牌农产品网销售行动"，策划"5G+益农直播，扶贫助农深度行动"系列直播带货活动，助力贫困地区特色农产品销售。

（五）脱贫攻坚与乡村振兴战略持续推进，为城乡居民增收带来有益助力

重庆在部分区县、乡镇和贫困村开展脱贫攻坚与实施乡村振兴战略的有机衔接试点工作，通过巩固扩大脱贫攻坚成果、改善农村基础设施、发展壮大农村产业、提升农村公共服务水平、抓好农村人居环境整治、强化乡村人才支撑、加强基层组织建设、激发农民内生动力，在如期完成脱贫攻坚目标的基础上，以乡村振兴巩固脱贫攻坚成果。切实提升脱贫的稳定性和持续性，建立消费扶贫长效机制，帮助贫困群众持续稳定增收。

三、下一阶段重庆市居民增收形势展望

从总体上看，当前重庆城乡居民收入增速回升态势明显，收入增长总体形势好于全国平均水平，这既是重庆经济社会持续发展、居民增收抗风险能力不断增强的现实体现，也是市委市政府强化疫情防控、及早出台政策、积极干预引导经济社会发展的必然结果。展望今后一段时期，重庆城乡居民增收形势仍将持续向好，收入增长速度有望继续回升。其理由如下：

一是疫情防控取得明显成效，全市经济社会逐步恢复正常，为城乡居民增收形势继续好转提供了坚实基础。在市委市政府的坚强领导下，重庆疫情防控抓得早、抓得紧、抓得实，经济社会复苏较快，加之重庆经济体量较大、经济韧性较强，均为城乡居民收入恢复增长提供了较好基础。特别是2020年1—9月重庆GDP增速已回升至2.6%，规模以上工业增加值增速回升到4.4%，不仅较上半年有了明显提高，而且均处于全国各省市前列，为重庆城乡居民增收提供了较好支撑。

二是宏观决策审时度势，政策调控及时有力，为城乡居民增收形势继续好转注入了充沛动力。2020年以来，市委市政府先后出台了支持企业复工复产、稳定和促进就业、促进农民多渠道持续增收的一系列调控政策，给城乡居民增收注入了充沛活力。特别是疫情发生后，为快速重启经济，重庆先后出台了《重庆市支持企业复工复产和生产经营若干政策措施》《关于应对新冠肺炎疫情影响进一步稳定和促进就业的实施意见》《关于印发进一步助力市场主体健康发展政策措施的通知》《重庆市金融支持稳企业保就业实施意见》和《关于应对新冠肺炎疫情支持新型农业经营主体渡难关促发展的十二条政策举措的通知》《深挖潜力促进农民多渠道持续增收22条具体措施》等一系列政策措施，积极支持企业复工复产、稳定市场主体、保障和促进就业，为城乡居民增收带来新的动力。从某种意义上讲，1—9月城乡居民收入增速的持续回升，也正是这一系列政策落地生效的必然结果。而展望未来，这些政策措施所带来的积极成效也必将得到进一步显现。

三是全市持续不断的民生投入，为城乡居民增收提供了较强支撑。近年来重庆持续强化财政转移支付，不断加大民生投入，有力地支撑了城乡居民增收。特别是2020年为脱贫攻坚收官之年，各部门各区县均不同程度地加大扶贫投入。据了解，重庆已安排市级财政专项扶贫资金15.3亿元，较2019年初预算增长7%，在执行中还会加大投入，预计全年达到21亿元，同比增长10%左右。再加上中央和区县资金，

预计全市 2020 年用于脱贫攻坚的财政资金总额将达 60 亿元。这些投入大部分将转化为城乡居民收入而助推收入增长。

但从另一个角度讲，当前重庆城乡居民增收也面临诸多不确定因素。一是经济社会发展仍未彻底走出疫情影响，GDP、固定资产投资、社会消费品零售总额等重要宏观经济指标增长速度距离正常水平尚有较大差距。二是居民收入增长尚未完全恢复正常，但回升态势已有减缓迹象。过去五年重庆全体、城镇常住、农村常住居民人均可支配收入平均增速分别为 9.5%、8.6%、9.8%，与之相比，2020 年 1—9 月三者增速还分别低 3.0 个、3.2 个和 2.1 个百分点。值得注意的是，2020 年上半年重庆全体、城镇常住、农村常住居民人均可支配收入增幅则分别比第一季度提高 3.6 个、3.1 个、4.1 个百分点，而 1—9 月则仅比上半年提高了 1.5 个、1.5 个、1.8 个百分点。三是部分领域短期波动，可能给居民增收带来不利影响。如当前玉米价格上涨较快，有可能传导到饲料价格之上，从而给畜牧业增收带来影响。农村劳动力外出务工减缓，工资性收入、寄带回收入增长乏力，也有可能不利于农民持续增收。对此，在今后的工作中仍需给予较大关注。

[国家统计局重庆调查总队　王　帅]

之十七：2020年重庆市创新发展情况及2021年展望

2018年以来，重庆全市以习近平新时代中国特色社会主义思想为指导，深入学习贯彻党的十九大和十九届二中、三中、四中全会精神，全面贯彻落实习近平总书记对重庆提出的重要指示要求，聚焦"高质量、供给侧、智能化"深度用力，紧扣打好"三大攻坚战"和实施"八项行动计划"，大力实施创新驱动发展战略，在聚资源、强技术、壮主体、育人才、优环境上下功夫，科技创新保持向好势头，高质量发展新动能蓄势发力。2019年，重庆综合科技创新水平指数和区域创新能力排在全国第7位、西部第1位。2020年，重庆再次入围"世界知识产权组织2020全球创新指数"全球城市创新集群100强，排名第77位，较2019年上升了11位。在《自然》杂志全球科研指数排名中从2018年的第98位升至2020年的第79位，上升了19位。

一、构建多方协同创新新格局

坚持把创新作为引领发展的第一动力，党中央殷切关怀、市领导高度重视、部门高效协同、区县积极联动、主体主动投入、川渝深化合作的氛围和行动前所未有，形成推进科技创新的强大合力。

一是党中央殷切关怀。习近平总书记2018年全国"两会"期间参加重庆代表团审议、2019年亲临重庆视察并发表重要讲话，对重庆科技创新提出了重要指示要求，特别是2020年1月在中央财经委第六次会议上指出重庆要建设具有全国影响力的科技创新中心，为重庆市科技发展提供了根本遵循。两次向智博会发来贺信，为我们推动大数据智能化发展指明了方向。李克强总理关心重庆工作，并对重庆市科技创新恳请事项给予了积极回应。2020年8月亲临重庆考察，深入猪八戒、长安汽车、京东方等企业调研，对科技创新作出指示要求。韩正副总理、刘鹤副总理2次出席智博会并发表主旨演讲。国家发展改革委在成渝地区双城经济圈规划纲要、科技创新中心建设总体方案中，充分反映重庆市重大科技创新需求。国家科技部与市政府举行新一轮部市会商，支持重庆市加入国家自然科学基金区域联合基金，支持建设3个国家科技创新基地和1个国家应用数学中心。中国科学院在渝设立中科院大学重庆学院，合作共建中科院重庆科学中心。中央军委科技委在渝设立国防科技创新快速响应小组，支持实施项目5个、资助经费1.2亿元。

二是市领导高度重视。市委、市政府从战略谋划到具体实施系统安排科技创新，制定实施以大数据智能化为引领的创新驱动发展战略行动计划、科教兴市和人才强市行动计划。敏尔书记亲自谋划、亲自部署了建设具有全国影响力的科技创新中心和中国西部（重庆）科学城、压减市区财政用于科技创新、举办国际智能产业博览会等一系列重大举措，多次深入企业、高校、科研机构调研指导，作出批示28条，形成了系统的战略部署。良智市长靠前指挥、亲自推动建设中国西部（重庆）科学城、打造重庆高新区"升级版"、建设环大学创新生态圈、引进高端创新机构等重点工作，多次带队赴科技部等部委争取国家支持，作出批示108条，明确了清晰的路径安排。市委、市人大常委会、市政府、市政协领导同志多次研究部署科技创新工作，作出批示指示781条。

三是部门高效协同。建立部门协同工作机制,与市生态环境局、市交通局、市卫生健康委等签订合作协议,共同推进行业技术创新,会同市发展改革委共同谋划科技创新中心、综合性国家科学中心建设,共同推动重大科技基础设施和科技创新基地建设,联合市经济信息委推进产业技术创新、市教委提升高校创新能力、市大数据发展局建设新型智慧城市智能中枢、市环境生态局开展生态环境关键技术研究和示范,与市住房城乡建委共同支持建设重庆现代建筑产业发展研究院,会同市税务局、市工商联开展"民营企业创新发展服务月"活动,与市税务局联合实施税收服务举措13条。

四是区县积极联动。每季度召开区县(开发区)科技创新工作调度会,与荣昌、璧山、北碚、巴南、梁平等区开展科技工作协商,充分调动区县推进科技创新工作的积极性,你追我赶、比学赶超的科技创新发展氛围不断增强。荣昌畜牧科技城、璧山科技创新小镇、永川科技生态城、北碚智慧科技走廊、渝北国家农高区、巴南国际免疫研究院、万州科创中心等一批创新平台加快推进,涪陵、潼南、铜梁、大足、合川、长寿、綦江、黔江、梁平、开州等14个区加快建设国家级或市级高新区,忠县、垫江、巫溪、酉阳等22个区县全力建设国家或市级农业科技园区,奉节县积极创建国家创新型县(市),渝中区块链、大足工业机器人等国家火炬特色产业基地应运而生。

五是主体主动投入。2017—2019年,重庆市研发经费投入总量年均增速13.5%,高于全国11.5%的增速,投入强度由1.88%上升到1.99%,高于全国同期0.08个百分点的增幅。规模以上工业企业研发投入强度接近1.6%,继续保持西部第一,长安汽车、京东方等排名前十的企业研发投入占全市企业投入总量的22.3%。市属高校优化调整教育经费支出结构用于科技创新,2019年高校研发投入占比9.8%,较2016年增加1.03个百分点。科研院所大力开展应用研究和试验开发,2019年科研机构研发投入占比7.5%,较2016年增加3.77个百分点。

六是川渝深化合作。抢抓成渝地区双城经济圈建设重大战略机遇,成立川渝协同创新专项工作组,签订科技创新"1+3"合作协议,各出资1000万元联合实施人工智能、大健康领域重点研发项目,8000余名科技专家资源实现共享,科研仪器设备共享正在推进,规模50亿元的成渝地区双城经济圈科创母基金成功组建,毗邻地区合作推进创新发展。

二、打造全域联动创新新版图

遵循创新资源集聚规律,着力打造"一城引领、双轮驱动、多点支撑、板块联动"的创新版图,联动全域创新"赋能",塑造更多依靠创新驱动、更多发挥先发优势的引领型发展。

一是高标准建设中国西部(重庆)科学城。紧扣"五个科学""五个科技",聚焦科学主题"铸魂"、面向未来发展"筑城"、联动全域创新"赋能",超瞬态实验装置、中科院重庆科学中心、重庆大学科学中心加快推进,中国自然人群资源库重庆中心、北京大学重庆大数据研究院、中铝高端制造研究院等加快落地,北理工、电子科大研究院等年内投运,英特尔、IBM、博世工业4.0等一批创新中心不断集聚,300亿元双城经济圈发展基金、20亿元西南首只科技成果转化股权投资基金成功设立,在渝高校、院所参与科学城建设44个项目有序推进。2020年9月11日,召开了中国西部(重庆)科学城建设动员大会,启动了科学大道、科学谷等总投资1300亿元的79个项目,拉开了大创新、大发展格局。

二是打造两江新区和重庆高新区"双轮"。加快两江新区创新发展。完善两江协同创新区功能,引进哈尔滨工业大学等落地建设研发机构27家。两江新区数字经济产业园成功引进腾讯西南总部、紫光集团、东方红低轨卫星、中软国际等数字经济头部企业,打造数字经济产业联盟物联网产业协同创新中心,累计注册数字经济企业5105家,规模以上数字经济企业产值达到3595亿元。打造重庆高新区升级版。深化高新区管理体制机制改革，构建"一区多园"协同管理体制，打造智能产业创新链，科技型企业累计超过2000家，成功引入中电科集成电路、华为鲲鹏、美国通用等项目148个，总投资额超1200亿元。

三是强化各类园区"多点"支撑。11个高新区竞相发展，高新技术企业占全市30%以上、工业总产值占全市40%以上，芯片、机器人、生物医药、人工智能等新兴产业和新兴业态初步崛起，成为全市高质量发展的新引擎。重庆经开区拓展发展空间，依托中国智谷（重庆）科技园、重庆软件园、重庆5G产业园等平台，加速发展大数据智能化产业，物联网基地连续两年被工信部评为五星级国家新型工业化产业示范基地。

四是推动"一区两群"联动创新。根据"一区两群"发展定位，差异化布局创新资源，特色化推动科技创新。支持主城都市区打造科技创新策源地，培育现代产业体系、壮大城市经济。支持渝东北三峡库区城镇群健全科技创新支撑体系，建设生态优先绿色发展先行示范区。支持渝东南武陵山区城镇群以技术场景化应用为重点，建设文旅融合发展示范区。

三、积蓄高端产业发展新势能

面向经济主战场，围绕产业链部署创新链、围绕创新链布局产业链，提升产业基础能力和产业链现代化水平，维护产业链安全，不断夯实现代化经济体系的科技支撑。

一是高端产业加快发展。全市高技术制造业、战略性新兴产业三年平均增加值同比分别增长16.9%和16.6%，特别是2020年上半年面对新冠肺炎疫情冲击，同比分别增长8.0%和7.7%，高于全市规模以上工业增速的7.0%和6.7%。

二是基础研究水平较大提升。优化基础前沿研究支持体系，推进科研项目经费"包干制"、非共识项目生成机制等改革，聚焦新一代信息技术、生物医药、资源环境、新能源、新材料、先进制造等领域科学问题，组织实施基础前沿研究项目3777项，在高层钢混结构、脑肿瘤病理、全人抗体小鼠、高血压发病机制等科学领域取得突破，强化了现代建筑、大健康、生物医药技术创新和产业发展的源头供给。

三是核心技术开发能力明显增强。编制《重庆市技术图谱》，改革技术创新项目生成机制，实行重大技术项目张榜招标，聚焦汽车、电子信息、大数据、大健康等重点产业领域"卡脖子""短板"问题，组织实施技术创新项目2125余项，全球最小间距显示屏、高速硅基光电子芯片、高塑性镁合金、高精度智能压力变速器、国产化计算机等技术领域取得突破。

四是科技奖励实现历史性突破。三年来，获得国家科技奖励23项，其中：国家科技进步特等奖1项、一等奖3项、二等奖16项，国家自然科学奖二等奖1项，国家技术发明奖二等奖2项。

五是应用示范推动产业转型。围绕推动互联网、大数据、人工智能同实体经济深度融合，以建设国家新一代人工智能创新发展试验区为抓手，从人工智能试验区备案入库重大项目中遴选出第一批重大项目56项、总投资约269亿元，谋划科技领域"新基建"项目57个，发布"十大应用场景"，成为首批5G规模组网建设和应用示范城市。加快智慧城市建设，智能中枢核心能力平台、智慧城市运行管理中心、协同办公云平台等重点项目有序推进，加快推动线上业态、线上服务、线上管理发展。推进智能制造应用示范，累计实施智能化改造项目2265个，建成数字化车间和智能工厂426个，示范项目生产效率平均提升70.2%。

四、开拓优质主体集聚新路径

狠抓创新体系建设，加快集聚创新型企业、研究型大学、一流科研机构，培育科技战略力量，持续增强科技创新能力，大力提升科技创新供给水平。

一是科技企业蓬勃发展。实施科技企业成长工程，出台针对性扶持政策和服务措施，集成人才、平台、资本等创新要素，构建科技型企业培育链，累计培育科技型企业23388家。其中，高新技术企业达到3141家，2020年有望突破3500家，企业在技术创新中的主体作用不断夯实，成为创新要素集成、科技成果转化的生力军。实施规模工业企业研发机构倍增专项行动，有研发活动的2581家、占比38.6%，有研发机构的995家、占比14.9%。

二是高校科技创新能力增强。投入30亿元推动重庆大学、西南大学"双一流"建设，重点建设世界一流学科4个、国内一流学科15个、市级一流学科43个、市级重点学科200个，全市ESI排名前1%的学科累计达到42个，重庆大学工程学、材料科学进入ESI排名前1‰。全市高校研究人员占全市研究人员的18%，基础研究经费占全市的62%，承担了全市95%左右的国家自然科学基金项目，累计建成"协同创新中心"48个。聚焦大数据智能化创新，推动12所高校与中国科学院22个院所合作，启动4所新工科、1所新医科高校及17个新型二级学院建设。

三是新型研发机构加快集聚。实施引进创新资源行动计划，推动国内外知名高校、院所、企业合作，累计引进中国科学院、清华大学、北京大学等国内外知名创新机构80家。支持在渝科研机构加快发展，中科院重庆研究院取得了金属空间在轨增材制造实验样机等多项成果，市科学技术研究院加快推进易智网、重科智谷、环重科院创新生态圈建设，市畜科院建立国内唯一一个无菌猪培育和应用平台，市农科院打造30个科技引领示范村（镇）。

四是高水平创新基地加速落地。加速集聚高端研发平台，建成国家科技创新基地61个，获批国家儿童健康与疾病临床医学研究中心、国家应用数学中心，新增超声医学工程、山区桥梁及隧道工程2个国家重点实验室，打破连续8年"零新增"。推进重大科技基础设施建设，先期启动建设超瞬态实验装置、中国自然人群资源库重庆中心，加快落地长江模拟器、星球多重力环境复现地基模拟装置，筹划建设地下空间医学、长江上游种质创制、重离子加速器、超精密跨尺度基标准与溯源研究、极端声学条件等大科学装置，启动实施无线能量传输与环境影响等大科学工程。

五、厚植天下英才会聚新优势

发挥人才第一资源作用，实施更加积极、更加开放的人才政策，聚天下英才而用之。

一是加大人才引育力度。大力推进"重庆英才计划"，创新领军人才、创业领军人才、创新创业示范团队等人才项目遴选科技创新人才269人、创新创业示范团队357个，博士后支持计划资助博士后项目40个，举办重庆英才大会，三年来新增国家级高层次人才1772名，全市R&D人员达到16.07万人。突破外国专业人才年龄、学历或工作经历等限制，引进外国高端人才（A类）1357人，累计为7078名外国人才发放工作许可。累计选派市级科技特派员3156人次，"三区"人才1214人次，重庆市4名科技特派员和3家单位在科技特派员制度推行20周年总结会议上获通报表扬。

二是完善科技创新体制机制。"一企一策"助推联合微电子中心会聚高层次创新人才200余人，遴选璧山康佳光电研究院、巴南国际免疫研究院扩大人才政策试点。深化科技领域"放管服"改革，建立多元化项目组织方式，项目管理步骤精简三分之一，项目申报书减少三分之二，实行科研项目第三方管理和一个窗口对外，实行全过程科研诚信管理全覆盖，为科研人员松绑减负。修订实施促进科技成果转化条例，出台进一步促进高校科研院所科技成果转化的若干措施，推动成果转化激励政策落地，实行以增加知识价值为导向的分配政策，三年转化科技成果8000余项、激励科研人员2万余人次。建立人才分类

评价制度,完善职称评价标准,转变职称评价主体,特殊人才特殊评价,激发科研人员创新活力。

三是强化人才服务保障。深入实施人才服务证制度,累计发放人才服务证1524张,受理医疗、子女入学等人才服务14300余人次。实施人才安居工程,筹集人才公寓1.05万套,提供定向配租住房2.5万套。

六、营造创新创业创造新生态

厚植创新创业社会土壤,聚众智、汇众力、创众业,充分调动创新主体积极性和社会创造活力,最大限度释放全社会蛰伏的创新创业创造潜能。

一是孵化重实效。打造环大学创新生态圈6个,孵化总面积61.4万平方米,入孵企业1803家、团队1281个,累计孵化毕业企业622家、高新技术企业46家。建设市级以上孵化平台375家(国家级75家),孵化总面积134万平方米,提供工位数15万余个,集聚初创企业和团队15046个。

二是示范立品牌。加快推进3个国家"双创"示范基地建设,两江新区、永川区2019年和2020年分别获得国务院通报表彰,猪八戒网成为全国线上线下创新创业孵化领域最具规模和影响力的平台。建设长寿高新区、涪陵工业园区、荣昌高新区等6个国家级双创特色载体。

三是赛事创特色。连续4年举办中国创新创业大赛(重庆赛区),参赛报名项目1866个,21个项目在全国行业总决赛中获优秀奖。成功举办新能源及节能环保行业全国总决赛、大足锻打刀具创意设计专业赛等特色赛事。

四是融资有渠道。在全国率先开展知识价值信用贷款改革试点,为4515家科技型企业发放贷款133.78亿元,成为国务院第6次大督查推广的典型经验做法。建立种子、天使、风险投资三只政府引导基金,累计组建子基金86只、基金规模248.87亿元,累计投资项目1212个次、投资金额近150亿元,推动科技型企业进入多层次资本市场170家(次)。组建成渝双城经济(虚拟)母基金,共同投资项目2个,金额1.07亿元。重庆OTC科技创新板挂牌企业535家。

五是服务铸品质。建设科技资源共享平台,整合科研仪器设备9972台(套)向社会开放共享,通过科技创新券让6795家企业享受科技服务16318余次。建设西部科技金融路演中心,设立区域科技金融服务中心46个,服务企业5580家次。重庆科技服务大市场服务创新主体1.2万家,实现技术交易及服务额120亿元。打造"易智网",建设"线上+线下"成果转化服务平台,当好技术成果摆渡人。开发"对手通",运用全球103个国家知识产权数据,服务企业2208个,分析竞争对手企业2667家,推送专利信息340余万项。"百问百答"政策宣讲覆盖39个区县(开发区)、1.5万家科技型企业。依托"渝快办""一网通办",开展注册登记改革,降低开办企业制度性交易成本。

面对新形势和新使命,要清醒地看到科技创新仍是重庆市发展的短板,创新能力不适应高质量发展要求,高端科教资源不足,科技创新能力不强,关键核心技术不多,创新生态环境不优。下一步,将以科技创新催生新发展动能为主线,突出"四个面向"的主攻方向,聚焦建设具有全国影响力的科技创新中心目标,按下重庆科技创新"快进键",不断向科学技术广度和深度进军。一是集聚高端创新资源。高标准建设中国西部(重庆)科学城,加快推进中科院、北京大学、清华大学、重庆大学4个重庆科学中心建设,打造两江协同创新区,建设"一带一路"科技创新合作区和国际技术转移中心,培育战略科技平台,大力集聚高端创新资源。二是引育优质创新主体。实施科技企业成长工程,提升高校创新能力,加快推进超瞬态实验装置等重大科技基础设施建设,在智能汽车、集成电路、硅基光电子、功率半导体、先进感知、工业大数据、轻金属材料、生物医药、长江流域生态等领域创建高水平科技创新基地,加快延揽高层次创新人才团队。三是开展关键核心技术攻关。建立激发创新活力的科研项目和经费管理制度，实行重点科研项目"揭榜挂帅"等改革，聚焦人工智能、大数据、大健康等领域，组织推进基础科学研究、前沿技术和颠覆性技术创新、关键核心技术攻关，着力突破"卡脖子"技术。四是优化创新生态环境。加速发展环大学创新生态圈，加快建设大型科技企业孵化器，壮大创投基金规模，推进知识价值信用贷款扩面放量，开展职务科技成果所有权或长期使用权改革，提升资源共享、科技金融、成果转化等服务水平。

[重庆市科学技术局　杨　燕　沈　着　陈艳丽]

之十八：2020年重庆市知识产权发展情况及2021年展望

2020年，重庆市知识产权战线坚持以习近平新时代中国特色社会主义思想为指导，深入学习贯彻党的十九大，十九届二中、三中、四中全会精神与习近平总书记关于统筹做好疫情防控和经济社会发展、常态化疫情防控重要指示要求以及关于知识产权工作重要论述，全面落实习近平总书记对重庆提出的营造良好政治生态，坚持"两点"定位、"两地""两高"目标，发挥"三个作用"和推动成渝地区双城经济圈建设等重要指示要求，认真落实市委市政府、国家知识产权局安排部署和市局党组工作要求，一手抓疫情防控，一手抓重点工作，各项工作取得积极进展。截至8月底，全市有效发明专利量达到3.5万件，同比增长9.71%，每万人口发明专利拥有量达到11.21件；累计有效商标注册量达到56.72万件，农产品商标累计有效注册量达到9.52万件，粮油商标累计有效注册量达到9.1万件，驰名商标量达到160件，马德里商标国际注册累计达到354件，累计注册地理标志266件。

一、2020年重庆市知识产权发展情况

（一）支持市场主体复工复产

联合重庆市市场监管局、市药监局出台"支持企业复工复产43条政策"措施，印发《关于支持知识产权服务机构统筹加强新冠肺炎疫情防控和有序复工复产工作的通知》等文件，采取多种措施支持市场主体复工复产、复商复市，推动全市103家专利代理机构、1022家商标代理机构复工复产率达到100%。及时发布疫情防控期间业务专利公告，推行"网上办、预约办"便民服务，通过网络、电话、邮件等方式及时解答公众业务咨询9000余次，积极做好现场办理业务引导和秩序维护，极大降低交叉感染风险。开辟重点防疫企业知识产权业务办理"绿色通道"，帮助30余家单位办理涉及新冠病毒防治相关技术的专利申请、商标注册优先审查50余件。按照国家知识产权局要求，严厉打击与新冠肺炎疫情相关的非正常商标申请行为。联合国家知识产权出版社开发上线"新冠肺炎专题专利数据库"，免费为在渝企业、科研院所和社会公众开展研制确诊试剂等科研工作提供专利信息服务，阅读量达到1.2万余次。

（二）深入推进职能扶贫和对口帮扶

深入实施商标强农行动，积极引导农产品商标和地理标志注册。截至8月，2020年新增农产品商标10067件，新增地理标志商标10件。以抗疫扶贫助农为主题，建立集产品展示、品牌宣传、销售推介于一体的地理标志产品云推广平台，首批遴选44件特色地理标志农产品入驻平台，华龙网、大渝网等媒体阅读量达到69万次，平台访问量近万人次，促成产销对接和业务合作10余项。推动巫山县"双龙福"农产品入选重庆"巴味渝珍"品牌授权范围和重庆机关党建消费扶贫产品范围，推动大足冬菜、巫溪党参等6件地理标志产品入选渝中区工商联（总商会）云集市活动销售范围，推动永辉超市、满集网等电商零售企业与"巫山脆李"实现产销对接。举办"巫山脆李'6·18'"电商预售活动，媒体曝光覆盖50万人次。

（三）大力推动川渝知识产权合作互促

认真贯彻习近平总书记重要讲话和指示要求，全力推进川渝知识产权合作，与推动"一区两群"协

调发展有机结合，坚持集中精力办好自己的事情，同心合力办好合作的事情，切实推动川渝知识产权合作取得实效，有力实现两地知识产权协同、互补、高质量发展。建立合作长效机制，组建专项工作组，共同制订工作方案，建立信息互通机制和调研制度。签订合作协议，细化明确6项工作目标、8项合作内容和3项保障措施，制定形成《成渝地区知识产权公共服务共建共享方案》。

（四）加大知识产权执法保护力度

印发实施2020年度重庆市知识产权行政保护专项行动方案，围绕重点市场、电子商务、展会和外商投资领域，部署开展"铁拳"等知识产权保护专项行动。截至8月，共查处假冒专利、商标侵权案件249件，涉案金额364万余元，罚没款411万余元。加强专利商标行政保护业务指导，整理分析办理信息，及时研究回复区县执法部门有关疑难问题和请示咨询事项，专门下发通知进一步明确查处商标违法案件中驰名商标保护相关事项，支持企业通过驰名商标认定获得扩大保护，新增驰名商标1件，总量达到160件。发挥知识产权纠纷人民调委会作用，进一步拓展服务范围，健全标准规范。截至9月，累计接受委派调解知识产权纠纷案件639件，调解完结266件，正在调解的案件373件。

（五）深入推进密集型产业发展和企业创新

总结"芯屏器核网"产业专利导航研究的成果，在全市范围内进行推广应用。启动生物医药与生命健康、人工智能、数字经济领域的产业技术创新专利导航研究和本年度企业专利微导航项目，强化产业专利态势分析和知识产权伴随式服务，优化提升产业企业创新绩效。持续推进高价值专利培育计划项目，建立企业、高校院所与服务机构协同机制，培育一批高价值专利（组合），目前立项项目已实现培育目标和任务双过半。围绕智慧农业、智能仪器仪表、大数据、信息通信等产业领域，积极促进联盟的协同创新和资源共享，探索联盟运营模式，推动大数据智能化产业创新发展。

（六）不断深化知识产权金融创新

制订企业知识产权融资行动计划，推动成立重庆市知识产权金融服务联盟，优化完善知识价值信用贷款评价指标体系，扩大知识产权质押融资规模。截至9月，全市实现知识产权质押融资9.38亿元；新增为2271家企业发放贷款67.68亿元，其中知识价值信用贷款39.67亿元，叠加发放商业贷款28.04亿元。积极打造"知识产权+金融"等运营平台，环西南大学创新生态圈知识产权运营平台探索采用"运营四步法"开展以高价值专利培育为重点的专利运营服务模式，成功推出"快速止血材料""基因检测""黄连大健康"等多个优质专利项目。

（七）优化知识产权公共服务

深入推进知识产权领域"放管服"改革，制定印发《深化知识产权领域"放管服"改革营造良好营商环境工作方案》，持续优化专利代办服务，专利权质押登记由5个工作日压缩至3个工作日，专利优先审查1个工作日内办理，专利费用减缓当天办理。继续推行商标受理"一次办、马上办、网上办、直通办、就近办、上门办"，进一步提高商标申请便利化水平。持续推进知识产权军民融合试点工作，建立军民知识产权双向转化工作机制，在全国率先开展国防专利受理工作，截至10月，重庆窗口成功受理国防专利申请6批21件。开展专利代理"蓝天"专项整治行动，重点打击无资质专利代理行为，及时查办国家知识产权局移送的"黑代理"线索5条，涉及专利近800件。

（八）加强知识产权人才培养和文化建设

制定印发年度知识产权人才培训计划，引导支持高校院所、服务机构、行业协会开展知识产权紧缺实务人才培养。充分利用国家知识产权局专利文献公益讲座、中国知识产权远程教育等多种学习平台，组织开展知识产权政策解读、代理、地理标志培育等网络培训及讲座 89 期，参训人数达 1.4 万人次。大渡口、忠县等近 30 个区县开展各类知识产权培训 40 余次，培训人数近 7000 人。组织重庆市企业、高校院所、行业协会等近百人赴蓉参加系列专题培训，进一步深化川渝知识产权人才联合培养。开展"4·26 知识产权宣传周"活动，召开专题新闻发布会，联合市委宣传部、市公安局、市高级人民法院、重庆海关共同发布 2019 年重庆市知识产权保护状况，市级相关部门、区县和企事业单位开展各类宣传活动 193 项，全市知识产权文化氛围日益浓厚。

二、存在的问题

（一）知识产权综合实力有待进一步提升

近年来，全市知识产权综合实力已经有了显著的提升，但从国家知识产权局发布的《2019 年中国知识产权发展状况评价报告》来看，重庆市知识产权综合发展指数为 68.54，排在全国第 16 名、西部地区第 3 名，属于全国第 3 梯队，很多关键性指标与其他发达省份还有较大差距。主要表现在知识产权数量如万人发明专利拥有量较其他发达省份差距较大，高价值专利、高附加值商标品牌数量不多。

（二）各区县知识产权创造能力差异性大

各区县之间在知识产权产出、知识产权运用转化各方面差距较大。部分区县知识产权管理和服务能力不强，企业的知识产权服务需求还不能有效满足。一些区县还停留在抓好专利数量增长层面，知识产权运用工作还比较薄弱。

三、2021 年重庆市知识产权工作计划

2021 年，我们将深学笃用习近平新时代中国特色社会主义思想，认真落实市委市政府、国家知识产权局部署安排和市局党组工作要求，有序推进以下四方面工作。预计到 2021 年底，全市有效发明专利量达到 3.6 万件，每万人口发明专利拥有量达到 11.44 件，累计有效商标注册量达到 63 万件，农产品商标累计有效注册量达到 10.5 万件，粮油商标累计有效注册量达到 10.2 万件，驰名商标量达到 161 件，马德里商标国际注册累计达到 360 件，累计注册地理标志 268 件。

（一）进一步提高知识产权创造能力

实施专利质量提升工程，加强高价值专利培育，引导支持企事业单位培育具有较高创新水平的发明专利技术。开展专利、商标等知识产权海外布局，争创中国专利金奖、银奖和中国商标金奖等一批国家级知识产权奖项。贯彻执行国家知识产权管理规范，开展国家级和市级知识产权优势企业和示范企业培育。围绕"芯屏器核网"等产业深入开展技术创新专利导航。

（二）进一步加强知识产权保护体系建设

加强知识产权保护体系和能力建设，支持行业协会和业内专家开展知识产权纠纷化解工作。探索建立纠纷多元化解决机制，引导企事业单位开展知识产权保护规范化市场培育和知识产权风险预警防控，提升市场主体防范化解知识产权风险能力。开展知识产权维权援助与执法指导。按相关要求做好地理标志换标工作和驰名商标管理规范工作。

（三）进一步提升知识产权运用效益

实施商标品牌战略，引导企事业单位培育具有较高知名度的优质商标品牌和地理标志，助推知名商

标、地理标志的高效益发展。加强知识产权运营体系建设，完善知识产权质押融资风险补偿和分担机制。推动开展专利、商标质押融资和知识产权综合保险。打造地理标志促进运用项目，助推乡村产业振兴，促进知名商标品牌的培育推广，不断提升知识产权转移转化和产业化水平。

（四）进一步完善公共服务体系建设

加强知识产权文化建设，组织办好知识产权宣传周、专利周、品牌日等专项宣传活动，广泛开展知识产权宣传普及。引导社会广泛开展知识产权培训，培养一批知识产权实务人才。开展知识产权相关立法、战略规划和政策研究。推进知识产权公共服务平台建设。开展知识产权数据统计及所有实施项目的评审，引导知识产权服务业和服务机构健康发展。

[重庆市知识产权局　方学伟　杨　骏]

之十九：2020年重庆两江新区开发建设情况及2021年展望

一、2020年两江新区开发开放进展情况

2020年以来，两江新区迎难而上、勇挑重担，聚焦高质量、唱好"双城记"、融入"双循环"，像抓疫情防控一样精准调度经济运行，统筹推进疫情防控和经济社会发展，抓"六稳"、促"六保"，经济呈现快速复苏、稳中快进、量质齐增的发展态势。

1—9月，直管区GDP增长6.7%，高于全市4.1个百分点。GDP增速、工业增加值（增长12.1%）、实际利用外资（21.2亿美元）、一般公共预算收入（98.3亿元）、招商引资合同投资额（1071亿元）等5个关键指标位列全市第一。新增市场主体1.4万户，增长24.7%；第三季度当季税收实现正增长，累计实现区域财政收入288亿元；基础设施投资增长34.3%，市区重大项目完成投资348亿元，提前完成全年目标。

一是着力高质量发展，支柱产业底盘更稳结构更优。充分发挥产业政策、产业基金的撬动作用，大力推进产业结构调整、智能化提升和企业增资扩能、兼并重组等工作。工业总产值、增加值均增长12.1%，创近三年新高。规模以上工业企业利润由负转正，实现76.7亿元，较上年同期净增83.7亿元。汽车产业经受疫情和转型发展双重考验，加速迈向中高端，产值增长20.5%、纳税增长15.5%。"林肯冒险家""长安UNI-T"等中高端车型持续推出，单车均价较上年提高5万元，达14万元；"林肯冒险家"月销量破4000辆，长安9月单月销量破20万辆，上汽"红岩"全年销量有望突破8万辆。吉利智能换电站全国首发亮相，新能源汽车产量占全市近6成，智能网联汽车增长78%。电子产业逐步迈向价值链中高端，产值增长10%，京东方B2工厂成为全国效益最好的工厂，翊宝新争取苹果电子手表等订单800万台、产值增长80%，万国、奥特斯增长均超过70%，平板电脑增长28%，智能手表增长1.9倍，新型显示面板产量突破1.3亿片，占全市2/3。随着电子全产业链逐步完善，零部件产值占比不断提高，达到34%，同比提升3.1个百分点。

二是着力更高水平开放，带头开放、带动开放作用增强。完成进出口总额1533亿元、增长11%，一般贸易占比提升5个百分点、达到46%。实际利用外资21.2亿美元、增长8%，其中先进制造、生产性服务业分别占71.5%、21.9%。新设外企30个，增长43%。实现服务贸易额7.4亿美元，总量占全市1/4，位列全市第一；跨境电商交易额29.6亿元，增长25%，占全市比重超过2/3。高标准规划建设寸滩国际新城，果园港到发中欧班列234列，增长875%。成功举办成渝地区双城经济圈国际门户枢纽研讨会暨2020年中欧绿色智慧城市峰会，中欧绿色智慧城市峰会永久落户重庆两江新区，欧洲重庆中心正式运行；率先强化川渝合作，签订天府、眉山、宜宾3个政府间合作框架协议，签订市场监管、现代服务业、教育及保税港集团、港务集团等部门和单位间11个战略合作协议。

三是着力科技创新支撑，创新创业创造势头强劲。以"科创+产业"为导向，打造新兴产业策源地，提高产业生成能力。数字经济产业园新注册数字经济企业700家、累计达5200家。科技型企业新增入库551家、累计达1849家，增幅42.4%，为近三年新高；高新技术企业将突破500家。两江协同创新区新

引进哈工大、明月湖新工科科创平台、湖南大学等高校科研院所11家、累计达28家，智汇两江创新研究院揭牌成立，首届明月湖创新论坛成功举办，孵化科技型企业21家，导入科研人员800人，举办"智汇两江"品牌活动270余场，国家双创示范基地在全国年度评估中荣获"新区类"第一名。礼嘉智慧公园完成2020年线上智博会主场馆任务，打造"五宜"全方位应用场景。

四是着力"新三线"驱动，现代服务业动力、活力更强。精心举办"惠购两江"消费节，重点发展直播电商、网红电商、数字化零售，助力新区消费加快全面复苏。大数据、数字内容和软件服务业分别增长7.8%、6.1%和13.9%，信息服务业营收增长85.5%，其中万塘信息营收突破120亿元、增长1.7倍。加快寸滩国际邮轮母港规划建设，聚力打造寸滩国际新城，助推全市建设国际消费中心城市。社会消费品零售总额由负转正，较上半年提升5.7个百分点，线上消费加快发力，网上销售额增长1.2倍。实施上市公司"千里马工程"，重点培育50家上市企业。达索系统创新中心正式投入运营，盛宝金融科技已实质性运转，马上金融注册用户破亿、居行业首位，交易额突破5000亿元，入选"2020年新经济独角兽"前10强。

五是着力招商引资生命线，高端高质高新产业加速集聚。建强招商引资虎狼之师，提振招商队伍"精气神"。坚持"懂你"招商、"顺藤摸瓜"招商、基金招商，加快集聚高端高质高新产业项目。招商引资签约项目102个，合同投资额1071亿元，其中百亿级项目3个、50亿级项目3个、10亿级以上项目33个。合同外资总额16.5亿美元，增长180%，新引进三年内有望上市企业10家。以吉利高端新能源汽车、三一重工为引领的工业龙头项目落地，预计近两年签约及在建工业项目将形成3000亿元新增产能，对重庆市制造业转型升级具有重要战略意义。加大工业互联网等新基建和未来产业布局，战略性新兴产业占比98%，新基建吸引投资300亿元，星火·链网、吉利工业互联网全球总部、浪潮"一带一路"工业互联网总部等一批标志性项目落地。

六是着力城市品质提升，群众幸福感、获得感不断增强。坚持产城景深度融合，打造公园城市和智慧城市样板。17个公园建设加快推进，累计建成公园118个，总面积450万平方米。坚持智能场景化、管理智慧化，全面升级智慧城管，实现照明、积水、管网多领域智慧监管，主干道路智慧交通全覆盖；建成智慧小区27个，居全市首位；推进智慧政务向街道延伸、实现全覆盖。提高公共服务水平，加快完善公共服务设施，积极展开区一院扩建和区二院迁扩建项目前期工作，高起点规划建设重庆龙兴足球场，打造全市足球赛事中心。

二、需要关注的问题

2020年新区经济工作迎难而上、真抓实干，取得了明显成效，但仍有一些问题需要关注：一是企业生产经营状况仍不乐观。在疫情和中美贸易摩擦等因素冲击下，1—9月，直管区44%的工业企业、57%的规模以上服务业企业、67%的商贸企业仍是负增长，且第三季度以来没有明显的改善。恢复较好的汽车产业，仍有35%的企业亏损；电子产业获取新订单难度加大，供应链、海外市场存在较大不确定性，将对工业、进出口和就业产生影响，需持续关注并加大企业精准帮扶力度。二是消费影响力、拉动力亟待增强。两江直管区社会消费品零售总额占全市的比重不足6%，在各项主要指标中比重最低；商贸服务业占GDP比重仅为5.2%，低于全市6个百分点，且部分结算类企业受政策因素影响，销售额大幅下降。在投资拉动效应减弱、全国扩大内循环和全市建设国际消费中心城市的背景下，促进消费增长、强化消费中心打造亟须发力。三是新开工项目不足、稳投资压力大。1—9月，新入库制造业投资项目98个，同比下降51.2%，计划总投资121亿元，下降32%，新入库房地产开发项目31个，计划总投资下降28.5%。在当前房地产投资降幅较大的背景下，维持投资增长压力加大。

三、2021年经济工作重点任务

2021年是"十四五"的开局之年，也是开启全面建设社会主义现代化国家新征程的第一年。两江新区深入学习贯彻习近平总书记系列重要讲话和中共十九届五中全会精神，立足"六稳"聚力"六保"，按照"目标不变、干劲不减、工作不松"的要求，唱好"双城记"，全面融入"一区两群"发展，加快建设开放两江新区平台，打造智慧之城。围绕上述目标，两江新区将从五大方面全面发力，努力实现"十四五"发展良好开局。

（一）着力加快"上云上规上市"，持续做强实体经济

一是促进企业"上云上平台"。加快实现浪潮、腾讯等工业互联网平台赋能作用，实施一批"5G+"融合示范项目，促进汽车、电子、装备制造等重点领域率先实现数字化智能化，引导支持重点企业带动产业链上下游协同发展；加快建设数字化转型促进中心，重点面向中小微企业提供需求撮合、解决方案、金融支持、人才培训等公共服务，探索面向广大中小微企业推出普惠"上云"服务。二是抓好企业"上规入统"。抓好企业摸底建库，及时掌握新区年主营业务收入1000万元以上的中小工业企业和即将新建成投产企业情况，动态更新拟上规企业目录库；抓好培训辅导，积极向街道园区和有关企业负责人传达讲解上规业务知识；抓好帮扶服务，强化对拟上规企业的调研走访，及时收集解决存在的问题。三是加快企业"上市"步伐。优先引进落地具备上市条件的优质企业，引进一批规模以上工业企业、"专精特新"、"小巨人"和"隐形冠军"，不断充实上市工业企业培育梯队；突出抓好"一对一"上市服务，降低企业上市成本，加强重点企业精准帮扶。

（二）着力完善区域功能，加快打造智慧之城

一是做优做强开放平台。在金山—寸滩片区6平方公里范围内高标准规划建设寸滩国际新城，坚持世界眼光、国际标准、重庆特色，高水平打造好邮轮母港，建设集"船、港、城、游、购、娱"于一体的新型国际邮轮母港区，促进"港产城"一体化发展，加快把寸滩片区建设成为消费新城、开放窗口、城市客厅。果园港打造国际多式联运枢纽，加快中新多式联运"1+1"运营平台建设。推动自贸区、深化服务贸易创新试点、跨境电商综合试验区等建设。加快建设中新金融科技合作示范区、江北嘴金融中心。二是做精做亮智慧名片。按照敏尔书记指示要求，加快推动礼嘉、悦来片区联动发展，做亮"智慧之城"名片，聚焦"五宜"重点目标，抓住"联动"关键环节，完善配套功能，丰富拓展特色智能应用场景，高标准高水平打造智慧之城，推动礼悦联动打造美丽江湾。抢抓"双核心区"建设机遇，加快做精数字经济产业园，壮大智能产业；加强产业、人才、生活、生态"4个协同"，高标准高质量推进规划建设两江协同创新区。三是做实做特重点项目。加大新型基础设施投资和建设力度，加快推进云计算数据中心二期、万国数据中心等重大项目和5G基站建设；深入推进"上云用数赋智"行动，充分发挥工业互联网国家顶级解析节点和国际数据港信息资源枢纽优势，着力打造重庆建工"公鱼互联"、山外山"医械互联"等一批行业工业互联网二级示范节点。加快城市大脑、智慧社区等建设，打造智造重镇、智慧名城重要承载区和应用示范窗口。

（三）着力培育新支柱产业，形成经济多点支撑

一是打造大健康产业集群。支持华邦、药友等制药企业持续放量，积极推动复星医药、昭衍新药、泰康等项目建设，加快建设千亿级大健康产业集群，打造重庆国际生命科学谷。加快培育大健康产业新业态，进一步完善产业链，打造水土高新园等大健康产业集聚发展平台，推动大健康产业高质量发展，形成更多新的经济增长点。二是大力发展消费品工业。高度重视消费品工业发展，突出"增品种、提品质、

创品牌"主攻方向，进一步提升消费品工业对新区工业经济的支撑作用。推动以重啤、江小白等为代表的龙头企业、传统产业的规模化、高质化、集群化发展；围绕"特色、智能、健康、时尚、精致"等方向，以传统优势产业为基础，创新全产业链协同发展模式，着力引进培育新兴消费品产业。三是促进第二、第三产业协同发展。积极抢抓疫情催生的市场机遇，促进生物医药、医疗器械生产与卫生服务、健康管理、养生养老等健康服务行业融合发展。以重庆建设国际消费中心城市为契机，促进商贸流通业与消费品工业紧密对接，深化大数据、智能化技术在研发、制造、营销等环节应用，推动中小企业做大做强。

（四）着力推进投融资改革，积极扩大有效投资

一是抓实抓好项目建设。政府投资项目要突出抓谋划、抓前期、抓调度、抓监管。要提前谋划来年，围绕强支撑、补短板等重点方向，对标上级资金支持领域，加快推进2021年政府投资计划预研、预编工作，提高计划的规范化精准化水平。要加快前期手续办理进度，采用靠前服务、提前受理等方式，提高审批效率，促进项目尽快落地。要按照年度投资计划，狠抓新开工和在建项目进度，坚持重点项目定期调度制度，倒排工期、挂图作战，推动投资加快放量。要强化项目建设过程监管，确保财政资金安全，提升投资效益。二是用好用活宏观政策。加快推进项目策划和储备，持续增强项目资金保障，积极争取地方政府债券资金和优质主体企业债；聚焦"两新一重"等民生重点领域，大力争取中央预算内资金补助；加快推进基础设施信托投资基金试点；综合运用再贷款、再贴现、差别存款准备金率等货币政策工具，引导商业银行加大对中小微企业金融支持，加快恢复和增强社会资本投资意愿和能力。三是推进投融资机制改革。进一步推进政府投融资体制改革，多渠道筹集城市建设资金，保障新区政府投资强度，缓解财政资金压力。充分发挥政府与社会资本合作的投资优势，积极探索将社会资本引入交通、教育、卫生等公共服务领域，缓解单纯政府投资资金紧张的难题，规范有序推广PPP。在不增加隐形债务的基础上，积极探索与国开行等政策性银行的合作方式，争取给予平台公司更多的授信额度。扎实推进国有企业改革三年行动，加强国有企业龙头带动作用。

（五）着力深化重大战略研究，抢抓经济发展机遇

一是深刻认识双循环。抓住用好新一轮科技革命和产业变革的机遇，积极融入以国内大循环为主体、国内国际双循环相互促进的新发展格局。加快构建完整的内需体系，加快壮大数字经济、智能制造、大健康、新材料等战略性新兴产业，形成更多新的增长点，着力打通生产、分配、流通、消费各个环节，加快疏通内部大循环。持续放宽外资市场准入，进一步激发进口潜力，推动多边双边合作深入发展，打造内陆开放新高地。比肩国内最优营商环境评价标准，打造一流营商环境，以高水平开放助推国内国际双循环。二是深度融入"双城记"。抓住用好推动成渝地区双城经济圈建设的机遇、新一轮深化改革扩大开放的机遇。按照敏尔书记关于"深入学、扎实干、见实效"的要求，以"十四五"规划编制为契机，紧扣成渝地区双城经济圈"两中心两地"目标定位，围绕打造内陆开放门户、建设重庆智慧之城，着力加强与天府新区的协同协作，抓好项目化、事项化、政策化落实，在唱好"双城记"、建好经济圈中体现担当作为。三是深入谋划"十四五"。深入学习贯彻习近平总书记关于"十四五"规划编制工作的重要讲话和重要指示精神，深刻认识新形势，着力把握新特征，高标准高质量编制好"十四五"规划。要突出规划的战略性、前瞻性、指导性，确保规划编制沿着正确方向推进。要聚焦关键点、着力点，围绕重点任务补短板、锻长板，科学编制新区"十四五"规划。要加强上下协调，注重"开门问策"，把社会期盼、群众智慧、专家意见和基层经验充分吸收到规划编制中来。

[重庆两江新区管委会　欧阳建明]

之二十：2020年中新（重庆）战略性互联互通示范项目建设情况及2021年展望

2020年以来，中新（重庆）战略性互联互通示范项目（以下简称"中新互联互通项目"）在中新两国三级合作机制统领推动下，有效克服疫情影响，积极发挥国际渠道联通优势，协同推动疫情防控和经济发展，持续深化金融服务、航空产业、交通物流、信息通信和人才科技等领域合作，互联互通水平不断提升，辐射带动作用持续增强。

一、中新互联互通项目运行分析

2020年以来，中新双方积极应对疫情影响，不断深化和拓展经贸等领域合作，推动新签署合作协议7个，签约项目26个、总金额超10亿美元。截至9月底，双方累计签署各类协议68个，签约项目230个、总金额超322亿美元，项目落地率达90%。

（一）积极克服疫情影响，合作机制稳定运行

疫情防控与经济合作同步推进。疫情期间，重庆与新加坡积极开拓国际采购渠道，双方协助开展医用手套、口罩、医用一次性防护服等紧缺医疗物资和沃柑、方便粉丝等生活物资的采购，抗疫物资采购渠道保持通畅，确保了双方物资稳定供应。中新"快捷通道"发挥积极作用，较好支撑了人员交流和物资流通，有效促进了金融服务、医疗康养、新能源、国际酒店、智慧城市等领域广泛有序开展合作。市级有关部门联合启动中新农产品出口计划，推动云阳菊花、忠县柑橘等优质农特产品出口新加坡，加快打造中新农业合作新示范。在渝新方企业加强复工复产协调力度，积极争取房租减免等政策支持和优惠，其中，新科电子、蜉蝣科技等公司已获得房租减免20万元。

三级合作机制稳定运行助力合作深化。疫情发生以来双方努力统筹推进各类合作，各级会议通过线上线下等多种方式召开，中新互联互通项目运行总体稳定。年初双方克服疫情影响，顺利召开联合实施委员高官视频工作会，签署了共同举办智博会意向书，推动新方由智博会主宾国转变成为主办方，成功合办2020线上智博会并在新加坡设立分会场。5月，通过召开联合实施委员会第五次会议，双方在青年人才交流合作、农产品贸易等多个领域达成多项合作协议。以中新建交30周年为契机，围绕积极落实两国领导人达成的重要共识，10月我国商务部与新加坡相关部门共同主持召开联合工作委员会第二次会议，进一步推动中新互联互通项目及国际贸易陆海新通道建设，不断提升重点领域合作水平。

（二）重点领域深化发展，合作成效持续显现

金融领域合作稳步扩大。中新金融领域合作不断拓宽，区域辐射能力不断增强。中新金融科技合作示范区建设积极推进，设立了中新金融科技产业基金，有效支持企业和项目发展。其中，建行新加坡分行向远达环保集团提供3000万元人民币国际商业贷款，综合融资成本4.2%；星展银行为南部新城集团提供2380万美元国际商业贷款，同时提供1亿美元的跨境金融服务支持，直接服务重庆国际生物城园区内防疫重点企业发展。重庆和新加坡深化金融"点对点"合作，带动中国西部与东盟"面对面"金融开放，

有效丰富了西部企业跨境融资渠道，累计落地跨境融资120.1亿美元，其中四川、宁夏等西部7省区获得融资超42.4亿美元，不断助力西部省区企业降低融资成本，带动西部金融开放水平不断提升。

航空领域合作逐步恢复。年初受疫情影响，中新航空领域合作短期受到较大制约，但随着双方疫情总体得到控制，航空领域部分合作有所恢复。6月双方启动中新"快捷通道"，新加坡与重庆等国内6个省市开通绿色通道。重庆积极发挥中新互联互通项目优势，协调争取新加坡胜安航空公司将重庆作为唯一入境口岸，确保渝新线航班保持每周一班。同时，中新间第三方飞机维修项目有序推进，已完成可行性研究和尽职调查报告。

交通物流合作有力推进。陆海新通道首次被纳入澜湄合作第五次外长会议等重大活动及相关成果文件内容，陆海新通道的国际影响力和辐射力得到进一步提升。中新双方建立机制共同推进西部陆海新通道建设，合作编制陆海新通道国际合作规划，加快探索以"通道促贸易、贸易促产业"的可行途径，通道建设机制不断完善。中新（重庆）多式联运示范基地、辉联埔程智慧物流园、鱼嘴铁路货运站等项目有序推进，重点物流项目建设加快。

信息通信合作水平提高。中新双方联合设立应用推广和政策创新2个工作组，持续拓展国际数据通道项目合作，推动通道接入两江新区数字经济产业园、渝北区仙桃数据谷、中国智谷（重庆）科技园、永川高新区软件产业园等7个产业园区，有力推动全市数字经济发展和相关产业培育。信息通信项目合作提速，仙桃数据谷中新大数据智能化合作示范点、中新（重庆）大数据智能化成果展示促进中心、新科电子参与仙桃数据谷智慧园区等重点项目建设加快，带动信息通信领域合作持续深化。此外，渝新双枢纽作用得到充分发挥，联接中国西部地区与东盟之间的信息高速路加快打造，将辐射带动整个东南亚地区。

其他领域合作持续拓宽。中新积极开展人才、科技研发、农特产品贸易等领域合作。人才合作方面，渝北区与新加坡南洋理工大学、新加坡巍星商务咨询有限公司签署了《青年人才合作项目谅解备忘录》，加快推动新加坡（重庆）青年人才驿站建设。科技研发方面，璧山区与新加坡淡马锡理工学院签订合作协议，引进淡马锡理工学院智能配电箱核心技术项目落户，推动共建重庆燃料电池技术创新中心。农特产品贸易方面，在中新《关于共同推动中新农产品贸易交流合作的框架协议》下，积极搭建农产品贸易国际交流合作平台，引进毅鸣—绿雅（黔江）现代农业项目签约落户，有效助力产业扶贫与乡村振兴。

（三）下一步工作关注点

注重破解项目引进难和推进慢问题。招商引资将面临更加激烈的竞争，新加坡在中国与广州、苏州、天津等地均有战略合作关系，同时成都、西安等周边城市发展加快，这些地区在引进新方投资方面客观上与重庆存在竞争。受疫情及复杂多变的国际环境影响，投资者信心不足、工作对接不畅、涉企服务水平和工作力度不强等因素叠加，新方投资主体观望态度增强，部分项目推进较为缓慢，项目引进难与推进慢将有可能并存较长时间。

注重物流通道基础设施建设和管理运营协同提升。西部陆海新通道建设仍面临沿线铁路、物流仓储等基础设施薄弱制约，交通物流核心枢纽功能尚未形成。"铁公水空"多式联运面临着运输方式规制衔接障碍，与多式联运相关的票证单据、承运人识别、责任划分、保险理赔等尚未有效统一，"一单制"推行难度较大，通关便利化水平不高。基础配套和通道运营能力提升还有较大空间。

注重进一步优化发展环境。与国际接轨的制度和服务配套仍显不足，国际贸易便利化水平有待进一步提高，国际化的专业服务、公共服务仍有缺位，人才引进、社会保障等制度与国际通行规则接轨有较大差距。中新互联互通项目和自贸区的联动优势尚未充分发挥，重点合作领域创新政策研究和先行先试有待加强，亟须向国家争取一批改革试点的新政策。

二、2021年中新互联互通项目环境及展望

（一）全球经济格局加快重构，发展机遇与挑战并存

疫情冲击背景下，全球经济格局加快重塑，区域经济一体化进程加快，全方位多层面合作不断深化。从机遇看，中新互联互通项目下的西部陆海新通道目的地已覆盖新加坡、德国等全球超90个国家和地区的190多个港口，将进一步实现与中欧、中亚等国际通道的有机衔接，加快构建联通全球的互联互通网络，有力维护区域性产业链供、应链畅通。从挑战看，在全球疫情不确定性较大与全球市场需求低迷的大环境下，中新互联互通项目建设运行也难以独善其身，其中渝新航线已从疫情前的每周14班缩减至每周1班，部分中新航空领域合作项目进展放缓，物流、人才交流等领域合作都将受到不同程度的挑战。

（二）国内国际双循环相互促进，对外开放迎来新机遇

以国内大循环为主体、国内国际双循环相互促进的新发展格局加快形成，将持续推动更高水平的对外开放。与东盟国际合作不断深化，西部陆海新通道建设加快融入澜湄合作，中新互联互通项目与东南亚等区域合作将进一步深化，推动区域人流、物流、资金流、信息流畅通合作。上海自贸区临港新片区、海南自由贸易港等高水平开放平台建设加快，将为中新互联互通项目建设提供更多可以学习借鉴和复制推广的经验做法。推动成渝地区双城经济圈建设，将有利于发挥中新互联互通项目联动"一带一路"和长江经济带、新时代西部大开发等国家重大发展战略，更好引领西部地区发展的功能，深化与新加坡等东盟国家合作。

（三）市内聚焦通道平台建设，互联互通格局不断优化

重庆加快建设内陆开放高地，统筹推进开放大通道、大平台建设，将持续扩大开放，不断提升贸易便利化水平，着力以高水平开放推动高质量发展。进一步促进西部陆海新通道与中欧班列（渝新欧）和长江黄金水道高效联动，有机衔接"一带一路"和长江经济带，不断优化物流集散网络、口岸体系、物流标准规范体系，通道能级与互联互通水平将不断提升。加快推动中新互联互通项目和自贸区重大平台联动发展，注重发挥中新互联互通项目和自贸区在开放领域的协调引领功能，在推动成渝地区双城经济圈建设战略指引下，联动成都加快打造具有全国影响力的改革开放新高地，不断提升区域集聚辐射力，将持续深化与东亚、东南亚等国家合作，促进对外合作和区域协调发展走深走实。

（四）2021年展望

2021年，国际环境不稳定性和不确定性将明显增加，国家将立足国内大循环，畅通国内国际"双循环"，全面提高对外开放水平。重庆将积极融入国家"双循环"新发展格局，持续推进开放平台和开放通道建设，不断扩大高水平开放。中新互联互通项目作为"一带一路"国际合作的示范性重点项目，将继续发挥重庆、新加坡"双枢纽"作用，以合作机制为统领，深入推动中新金融科技合作示范区、渝新金融市场互联互通等金融项目合作；在疫情得到有效防控的前提下，逐步加密双方往来航班；深化"两条通道"合作，重点推动物流通道基础设施建设，加快中新（重庆）互联互通国际超算中心等信息通信项目建设；推动中新（重庆）智慧城等其他领域重点项目建设。同时，充分发挥中新互联互通项目辐射带动作用，推动西部地区与新加坡等东南亚地区合作，助力成渝地区双城经济圈建设。

三、对策建议

（一）强化合作机制统领，持续深化项目合作

一是充分发挥三级合作机制统领作用，有效确保各级合作机制有序运行，前瞻性地做好部委协调理事会等高层会议前期策划，积极巩固扩大系列会议成果。二是完善大型会展活动举办联动机制，进一步推动中新合作主办智博会和中新金融峰会等国际会议，发挥会展平台功能，提升大型会展促进合作交流和招商引资的作用。三是利用三级合作机制争取更多政策空间和更多项目合作，积极推动各部门协同联动，增强服务主动性，加快推动中新（重庆）互联互通国际超算中心、万国重庆数据中心建设等重点项目落地，推动更多开放平台共建共享。

（二）深化"两条通道"建设，提高互联互通水平

一是大力推动西部陆海新通道交通基础设施建设，提升通道能级，以交通干道建设为引领加快建设高效、畅通的通道体系。二是高效推动西部陆海新通道物流运输体系建设，依托现有物流通道体系加快发展多式联运，不断提升物流中转效率和口岸通关便利化水平，建设国际多式联运中心，打造内陆国际物流枢纽。三是加快中新国际数据通道建设，加快数据通道政策创新、应用研究工作，充分发挥中新（重庆）国际互联网数据专用通道的功能，深化大数据智能化领域合作，促进信息互通。

（三）不断拓宽合作范围，提升辐射带动作用

一是持续扩大合作领域，巩固深化金融、航空、物流、信息等领域合作，积极拓展农产品贸易、物流供应链、国际产能等领域合作。以融入澜湄合作为着力点，大力推进以东南亚地区为重点的三方合作。二是加大招商引资力度，充分发挥全市区位、资源、政策等优势，突出重点项目包装和推介工作，"引进来"与"走出去"并重，积极推动举办新加坡中新（重庆）互联互通招商引资促进周活动，推动部委协调理事会等高层会议成果项目化落地。

（四）发挥创新引领优势，营造良好发展氛围

一是联动自贸区协同发挥政策先行先试优势，学习借鉴上海自贸区临港新片区、海南自由贸易港等先进经验，积极开展政策创新研究，争取更多更大改革赋权。同时，注重项目发展和政策创新之间的适配性，推动政策举措落实落地。二是建立与国际高标准规则衔接的制度体系，加强与国际通行经贸规则对接，不断完善国际人才引进配套政策和公共服务体系，强化高端人才和国际化专业服务支撑，不断提升跨境贸易投资便利化水平。

[重庆市综合经济研究院（重庆市经济信息中心）宏观经济研究课题组
主研：易小光　丁　瑶　余贵玲　苟文峰　赵　伦　杨　梅
执笔：杨　梅]

之二十一：2020年中国（重庆）自由贸易试验区建设情况及2021年展望

中国（重庆）自由贸易试验区（以下简称"重庆自贸试验区"）经过三年多建设，通过深化完善体制机制，大力提升制度创新水平，在贸易、投融资、金融等方面形成了一系列可复制推广的制度集成创新成果，加快从夯基垒台、立柱架梁转入全面推进、积厚成势的新阶段。随着我国加快构建以国内大循环为主体、国内国际双循环相互促进的新发展格局，重庆自贸试验区将进一步彰显联通国内国际双循环、培育国际合作竞争新优势、推动经济高质量发展等作用。

一、2020年重庆自贸试验区建设推进情况

（一）总体建设推进情况

1. 制度创新深入推进

重庆自贸试验区坚持以制度创新为核心，持续发挥改革创新"试验田"作用。一是改革试点任务高效落实。国务院批复重庆自贸试验区总体方案确定的151项改革试点任务已全部落实，《国务院关于支持自由贸易试验区深化改革创新若干措施的通知》（国发〔2018〕38号）适用于重庆的41项深化改革创新措施落实率达90%，国家复制推广适用重庆的206项改革试点经验和典型案例，已复制推广193项，复制推广率达94%。二是个性化探索扎实推进。以铁路运单物权化为重点深入探索陆上贸易规则，铁路提单物权效力得到司法审判实践支持。多式联运创新取得积极进展，线路延伸至全球88个国家、213个港口，逐步形成铁路集装箱"一箱到底"全程多式联运创新模式。通道物流和运营组织中心组建工作有序进行，带动通道运行机制更趋完善。三是开放制度体系加快完善。围绕投资、贸易、金融、人才、数据跨境流动、国际运输等领域，探索构建更高水平的"2+6+2"开放政策体系，目前已初步形成《自贸试验区进一步深化改革创新方案》。四是川渝自贸试验区协同创新发展进展顺利。重庆与四川合作推进川渝自贸试验区协同开放示范区建设，进一步围绕制度创新、平台共建、通道共享、产业协作、环境打造等领域开展差别化政策先行先试。

2. 投资贸易便利化水平持续提升

重庆自贸试验区通过实施政策项目"双清单"管理，不断加大招商引资力度，优化投资贸易便利化措施。一是招商引资力度进一步增强。出台产业发展规划，围绕商贸物流、大数据、文旅健康等产业加快招商引资，带动奥特斯科技、怡和集团等跨国公司进一步增资扩产，中新互联互通国际超算中心、万国数据重庆数据中心、盛宝金融科技、欧洲重庆中心等一批重点开放项目相继落户。二是口岸通关效率显著提升。随着一系列通关便利化改革措施持续深化，重庆口岸整体通关进口时间压缩60%以上，出口时间压缩90%以上，空运口岸进出口整体通关时间位居全国空运口岸前列，集装箱进出口合规成本降低100美元以上，在此带动下，国际贸易"单一窗口"申报量位居全国前列，中西部第一。三是海关监管新模式不断涌现。加快实施关区企业"一保通用"、整车保税仓储"三个一"监管、集中审核作业、中欧班

列（渝新欧）邮件集运智能化监管等海关监管新模式，落地"两步申报""两段准入"等新举措，有效提升了进口水果等货物验放速度。

3. 金融服务能力显著增强

重庆自贸试验区加快金融改革创新，持续强化金融服务实体经济能力。一是金融服务效率不断提升。跨境结算和投融资领域积极开展陆上贸易结算方式创新、国际贸易"单一窗口"线上结算创新等业务试点，实现跨境交易结算和投融资的汇率风险、汇兑成本"双降"，跨境融资成本较境内低1.1个百分点左右。二是交易风险规避能力有所提高。灵活运用汇率避险产品组合，成功为制造业企业办理了首笔人民币对"一带一路"小币种差额交割汇率避险交易，帮助企业锁定小币种汇率风险。三是企业融资难、融资贵问题有所缓解。在全国率先创新推出"出口商保通"产品，引入自贸试验区内注册的商业保理公司协助提供应收账款甄别及管理服务，缓解中小微外贸企业融资难、融资贵问题，已累计为中小外贸企业办理超过10笔贷款，涉及金额超1亿元。

4. 营商环境不断优化

随着重庆出台百条改善营商环境举措，自贸试验区办事效率和服务质量进一步提高。一是"放管服"改革持续深化。41项市级管理权限下放到各片区，取消行政审批14项，审批改备案8项，实施告知承诺60项，优化审批服务455项。纵深推进"多证合一""证照分离"改革和工程建设项目审批制度改革，率先探索开展建设领域"一本报告管全域"试点。二是退税办理质效进一步提升。在全国率先推出"全程电子退库系统"，实现退税办理"申请无纸化、流程电子化、审核智能化、业务标准化"，区内正常出口业务办理时限仅5.3个工作日，远低于全国10个工作日的平均水平。三是法治化营商环境打造提速。畅通人民法院、仲裁机构、调解机构对接渠道，构建涉外商事诉讼、仲裁与调解"一站式"纠纷解决机制，探索建立诉讼费、仲裁费与调解费的转付衔接机制。

（二）存在的困难

1. 制度创新特色化、集成化探索仍显不足

重庆自贸试验区进行了一系列首创性探索，但是在陆上贸易规则、金融、投资等方面仍有待加强。一是陆上国际贸易规则探索仍需深化。如铁路提单的信用证、托收单据、电汇单据等均沿用海运提单的模式，应用场景和领域较为有限，暂时限于与中资银行的境外分支机构、中国的物流公司合作，企业普遍对铁路提单认知度不够。二是金融监管与改革协同性不足。目前金融机构监管和金融风险防范机制还不健全，与上海自贸试验区等相比，金融改革力度差距明显，金融机构聚集能力还有待增强，缺少面向国际投资贸易的金融产品。三是投资限制相对仍然较多。按照国家外商投资政策，目前重庆自贸试验区外商投资准入限制领域已大幅缩减，但投资自由化程度还不够，服务业开放还不充分，入驻企业在电信、公共事业等领域的经营业务范围仍存在一定限制，企业对外投资行业的限制也较多。

2. 自贸试验区功能尚未充分整合发挥

重庆自贸试验区竞争优势不明显、协同发展不充分等现象仍较突出。一是比较优势逐渐削弱。在云南、广西等邻近省份自贸试验区相继落地扩容背景下，重庆自贸试验区纯粹政策优势不断削减，实现差异化竞争、突出自身比较优势迫在眉睫。同时重庆自贸试验区采取的是分散型开发模式，各板块定位较为雷同，差异化发展布局不显著，在产业联动发展、招商引资、政策信息统筹等方面尚未形成合力。二是改革创新成果应用不充分。自贸试验区已开展多项改革创新探索，但相关经验成果在全市范围内推广应用不足，尚未形成有效的推广应用机制，自贸试验区创新成果对全市经济发展辐射带动作用不强。三

是发展空间趋于饱和。目前重庆自贸试验区已完成总体方案确定的全部改革试点任务，各片区可利用发展空间逐渐饱和，新兴产业发展承载空间有限，难以开展更大范围、更广领域、更深层次的改革探索。

3. 营商环境仍需进一步优化

目前，重庆自贸试验区在税赋水平、物流成本、人才引进等方面仍需持续改善。一是税赋水平相对较高。自贸区内企业主要享受西部大开发的相关税收优惠政策，特别是与海南自由贸易港相比，税收优惠幅度不大且形式单一，纳税便利化程度也有待进一步提高。同时，自贸试验区内促进新兴加工贸易、新型金融业等的税收创新滞后。二是物流成本高企。重庆自贸试验区地处内陆，物流成本较高，加之土地、人工、用能、资金等生产要素成本不断升高，物流企业盈利空间进一步压缩，为贸易进出口降本增效加大了难度。三是人才、服务等软实力仍需提升。当前，高层次国际贸易、金融、法律、物流等相关人才尤为紧缺，医疗、教育等国际人才配套服务也不完善，缺乏专业国际人才服务机构。

二、2021年重庆自贸试验区发展环境及展望

（一）全球经济格局变化加剧，不稳定性和不确定性因素显著增多

当前，全球贸易保护主义、单边主义抬头，新冠肺炎疫情冲击影响持续扩大，国际形势更加复杂严峻，世界经济面临严重衰退，在此背景下，国际经贸条件有所恶化，国际贸易和投资面临更多不稳定、不确定因素。一是世界经济面临深度衰退挑战。新冠肺炎疫情蔓延引发全球各国"大封锁"，使世界经济活动进入"速冻"状态，全球需求和供应链修复仍较缓慢。同时，保护主义、单边主义不断抬头，"逆全球化"思潮不断升温，地缘政治风险显著上升，国际经贸合作困难重重。二是国际经贸关系深度变革对自贸试验区发展提出新要求。一些发达经济体以"第三国非市场导向和行为"为由，企图在国际经贸关系中构筑"制度型壁垒"，促使全球经贸关系加快重塑。在此背景下，我国加快推进中国—柬埔寨自贸协定、中欧投资协定等谈判进程，推动《区域全面经济伙伴关系协定》（RCEP）早日签署，着力构建立足周边、辐射"一带一路"、面向全球的高标准自贸区网络，对自贸试验区制度创新提出更高要求。三是我国疫情防控有力将带来新的招商引资机遇。中国目前疫情控制较好、投资风险较小，作为对外开放窗口的自贸试验区，将有机会吸引更多国际资本流入、跨国企业落户，有助于自贸试验区产业"补链""扩链""强链"。

（二）我国对外开放进入新阶段，自贸试验区作用更加凸显

我国加快构建新发展格局，推动对外开放进入新阶段，将加大自贸试验区先行先试支持力度。一是新发展格局加快构建将推动自贸试验区扩大开放。加快构建新发展格局将为推进"一带一路"、长江经济带建设、新时代西部大开发等国家战略深入实施提供新动力，我国将进一步扩大鼓励外商投资范围，缩减自贸试验区外商投资准入负面清单，研究推出跨境服务贸易负面清单，推动服务业、制造业、农业等领域持续扩大开放，持续引领自贸试验区高水平开放。二是自贸试验区建设将获得更大自主权。我国将继续推进高质量建设自贸试验区，赋予自贸试验区更大改革开放自主权，在贸易投资便利化、金融开放、产业聚集、吸引人才、监管保障等方面形成更多针对性、实效性、集成性较强的制度创新成果。三是上海自贸区临港新片区、海南自由贸易港将为自贸试验区更高水平的改革开放探索新路径、积累新经验。海南自由贸易港将加快推动规则、规制、管理和标准制度型开放，推进商品和要素流动型开放，为其他自贸试验区形成高水平开放提供典型示范和经验借鉴。

（三）全市加快建设内陆开放高地，自贸试验区引领效应将增强

以成渝地区双城经济圈建设为契机，重庆积极推动川渝自贸试验区协同发展，强化自贸试验区与中

新项目联动创新，推动区域产业、贸易等高质量发展。一是成渝地区双城经济圈建设为自贸试验区发展注入新动力。川渝两地将充分发挥建设改革开放新高地的共同优势，围绕货物贸易、铁路运单物权化等重点领域，协同探索陆上贸易新规则，加快推进自贸试验区协同开放示范区建设。二是通道优势将进一步彰显。围绕西部陆海新通道建设，重庆着力提升东南西北四向联通水平，积极创建西部陆海新通道运营组织中心，不断完善国际多式联运体系建设，推动自贸试验区提质升级，增强在西部地区带动开放的作用。三是自贸试验区与中新项目联动发展将培育开放新优势。加快推进自贸试验区与中新互联互通项目同向发力，一体化推进制度创新、项目推动，协同发挥开放平台带头作用。四是营商环境法治化进程加快将激发市场活力。全市正研究制定《优化营商环境条例》，将营商环境具体要求上升为法规，推动政府职能深刻转变，加快陆上贸易规则法治化进程，营造更加稳定公平、可预期的营商环境，提振市场主体投资信心。

（四）2021年重庆自贸试验区发展展望

2021年，国际环境不稳定性和不确定性增大，我国将建设更高水平开放型经济新体制，赋予自贸试验区建设更多自主权。重庆自贸试验区将持续开展具有重庆特色的首创性、差异化改革探索，制度集成创新持续强化，陆上贸易规则探索进一步深化，改革试点经验复制推广力度和推动实效不断加大，数字经济、金融领域、国际运输、人才等重点领域对外开放将取得新进展，自贸试验区与中新互联互通项目、中国西部（重庆）科学城等协同发展、提速推进，川渝自贸试验区协同开放示范区建设加快。预计全年自贸试验区外贸进出口总额、实际利用外资总额占全市比重将分别超过70%、20%，新增市场主体10000户以上。

三、对策建议

（一）持续强化政策制度改革创新

一是以西部陆海新通道和中欧班列为重点，探索将铁路提单从国际跟单信用证逐步应用到托收、汇兑等结算方式，通过驻外商务机构等加快铁路提单推广使用。二是围绕陆上国际贸易相关环节展开全方位探索，与多式联运规则、物流金融创新等进行有效对接，力争尽快形成完备的贸易规则体系，并推动上升为国际规则。三是充分发挥中新项目作用，吸引新加坡金融机构将区域总部落户重庆自贸试验区，推动市内中外资银行联合设立人民币银团贷款中心。争取扩大跨境人民币贷款使用范围和额度，放宽人民币资金池准入门槛和离岸金融持牌银行经营人民币业务限制，鼓励区域性要素市场开拓国际贸易业务，强化跨境金融体系和监管机制建设。四是对标自由贸易港开展先行先试，进一步完善外资行业准入、开办企业、施工许可获取、通关贸易等方面投资自由化政策，放宽金融服务、电信、互联网、文化、文物、维修、航运服务等专业服务业和先进制造业领域对外商投资的限制，对部分重点行业探索对外资出资比例限制有所放开，按照国际通行的高标准要求，进一步加大风险压力测试。

（二）稳步增强比较优势和协同能力

一是突出重庆自贸试验区的产业竞争优势、区位优势和西部陆海新通道运营组织中心地位，发挥内陆国际物流枢纽和口岸高地功能，加快布局航空设备制造及维修、电子信息等高端制造业及其相关的航空物流、专业会展、电子商务等现代服务业。加快推动数字服务跨境贸易、制造业和服务业融合发展。二是实施开放平台提升行动，实现重庆自贸试验区与中新项目、国家级新区、海关特殊监管区域等开放平台和区域的功能互补、政策叠加、协同发力。三是围绕成渝地区双城经济圈建设，依托两地空港、水港和综保区等优势平台，加快推进川渝自贸试验区协同开放示范区建设，积极开展制度创新、平台共建、通道共享、产业协作、环境打造等重点领域差别化政策先行先试和改革成果共享应用。四是争取国家赋予更大改革自主权，积极向国家争取扩大重庆自贸试验区范围，在投资、贸易、资金、人员流动、数据、运输等相关领域加强改革系统集成。

（三）加快打造优质高效营商环境

一是争取国家同意试点海南自由贸易港和其他自贸试验区已试点的税收政策，提升间接税收优惠方式所占比重，采用加速折旧、递延分期纳税、投资抵免等间接税收优惠政策，围绕从低税到免税、从便利到自由目标，探索新型税收优惠方式。二是运用"区块链+"，增强自贸试验区与税务、海关等部门信息共享，优化税收、物流等管理模式，着力实施更加开放灵活、便捷高效的自贸试验区税收征管政策。三是探索创新通关通检机制，围绕实现码头区域5G网络全覆盖、岸桥及场桥自动化升级等，加快建设港口智慧物流协同平台，不断优化通关流程、提高申报效率、缩短通关时间，优化口岸管理和物流运行模式。四是增强人才引进政策针对性，借鉴上海、深圳、天津等地经验，成立负责海外人才工作许可、永居推荐和提供配套服务的专门机构，针对金融机构、金融人才等出台特定人才计划和特定优惠政策，适当降低高端人才认定标准，加大高端紧缺人才引进力度。

[重庆市综合经济研究院（重庆市经济信息中心）宏观经济研究课题组
主研：易小光　丁　瑶　余贵玲　苟文峰　赵　伦　郑淑媛
执笔：郑淑媛]

产业卷
第一产业篇

之一：2020年重庆市农业发展及2021年展望

2020年以来，重庆市按照习近平总书记重要指示精神和中央一号文件，围绕"立足当前保供、着眼长远可持续发展"目标，着力克服全球新冠肺炎疫情和暴雨洪涝灾害对农业生产的影响，统筹抓好疫情防控和农业农村发展，推动农业高质量发展，有效发挥了农业"压舱石"重要作用。预计全年农业增加值将增长约4.2%，粮食产量稳定在1050万吨以上。

一、2020年重庆市农业经济运行分析

（一）总体情况

2020年，全市把农产品保供和农业高质量发展作为重要抓手，压紧压实"米袋子""菜篮子""肉盘子"责任制，主要农产品量质齐升，拉动第一产业增加值加快恢复正增长。1—9月，全市第一产业增加值1216.91亿元，同比增长3.9%，增速超过全国平均水平1.6个百分点。

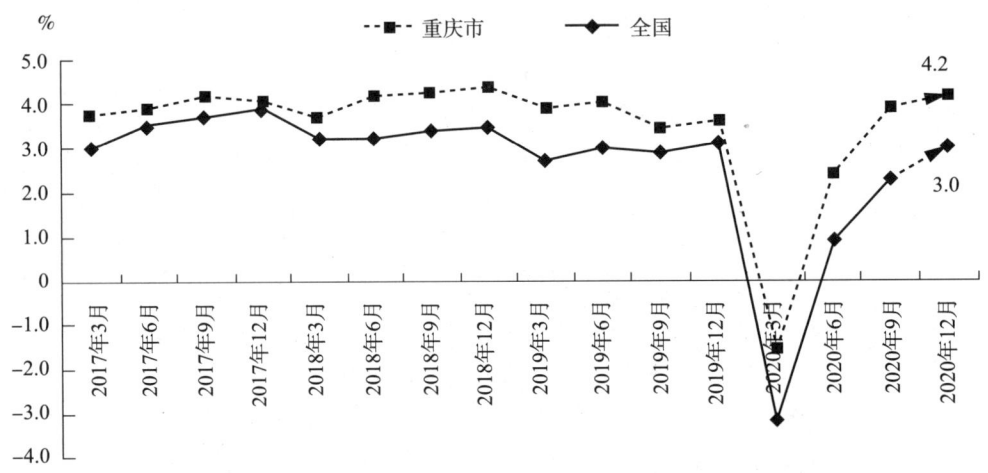

图1 2017—2020年重庆市与全国第一产业增加值增速对比（季度累计）

（二）主要特点

1. 保供产业增产增效

粮食稳定增产。重庆始终坚持稳政策、稳面积、稳产量，及时兑现耕地地力保护补贴和种粮大户补贴，推动粮食生产功能区全部种粮，在充分利用撂荒地、提高复种指数和单产上深挖潜力。夏粮总产量119.6万吨，同比略微下降0.5%。秋粮播种面积稳中有增，主要秋粮作物总体长势良好，有望再获丰收。特色粮油加快发展，其中优质水稻播种面积较上年同期增长10.91%。预计全年粮食种植面积3004.5万亩，比上年增加6万亩；总产量1081万吨，比上年增加6万吨（见表1）。蔬菜种植继续扩大。基于疫情期间外调难度加大，全市加大蔬菜供应基地建设力度，加快速生类蔬菜生产，蔬菜产量保持十年较快增

长势头。1—9月,全市蔬菜播种面积819万亩,产量达到1621.8万吨,同比增长4%。预计全年蔬菜产量将突破2100万吨,同比增长4%以上。畜禽产能提速恢复。全市着力稳定畜禽养殖,确保肉类供应,畜牧业生产政策红利持续释放。围绕国家下达的生猪存栏850万头任务,出台18个专项文件强力推进生猪养殖。截至目前,全市生猪产能恢复发展势头强劲,生产连续11个月递增,9月末生猪存栏1020.9万头,同比增长15.3%,环比持续小幅增长。牛羊生产保持稳定,1—9月,出栏量分别增长1.2%、-0.5%。家禽作为猪肉的重要替代品,上半年出栏量增长近一成,但随着自身产能过快扩张以及生猪产能逐步恢复,第三季度出栏量迅速下降,1—9月累计出栏增长-2.2%。预计2020年全年,重庆肉类产量与上年总体持平。

表1 2014—2020年重庆市粮食生产情况

年 份	粮食产量/万吨	增幅/%	播种面积/千公顷	增幅/%	每公顷产量/(公斤/公顷)	增幅/%
2014	1144.5	-0.31	2242.5	-0.51	5103.8	0.20
2015	1154.9	0.91	2234.0	-0.38	5169.7	1.29
2016	1166.0	1.00	2250.0	0.70	5182.5	0.20
2017	1167.1	0.09	2238.9	-0.49	5212.5	0.58
2018	1079.3	-7.52	2017.8	-9.90	5349.0	2.62
2019	1075.0	-0.40	1999.0	-0.93	5378.0	0.54
2020	1081.0	0.56	2003.0	0.20	5399.0	0.39

2. "接二连三"产业加快恢复

农产品加工业增速回升。全市采取出台专项扶持政策、分层建立指导员制度等措施,有序推进农产品加工企业复工复产,取得显著成效。截至8月,规模以上农产品加工企业复工率达100%,达产90%以上的占87.5%。1—7月,规模以上农产品加工业产值1367.78亿元,同比增长3.5%,较上半年提高0.9个百分点。农村电商发展势头强劲。全市抢抓疫情催生的市场机遇,因势利导发展农村电商。秀山县入选阿里巴巴贫困县农产品电商销售10强县;与阿里巴巴集团盒马鲜生开展战略合作,在石柱县打造全国首个"水上盒马村"。1—8月,全市农产品网络零售额达77.65亿元,同比增长30.5%。乡村休闲旅游业持续复苏。多部门联合指导经营主体全面克服疫情影响,积极主动作为,产能基本达到疫情前水平。全市新增万州区大周镇五土村等12个村入选农业农村部《2020年中国美丽休闲乡村名单》;乡村旅游扶贫重点村和"十八个深度贫困乡镇"开展了"自驾旅游消费扶贫暨直播带货"活动,带动乡村休闲旅游加快恢复。1—9月,全市乡村休闲旅游业举办各类节庆活动600余次,综合收入518亿元,接待游客1.67亿人次,略超2019年同期的1.5亿人次水平。

3. 品牌塑造强力推进

地标认证数量持续增加。2020年,涪陵青菜头、巫山脆李、马喇湖贡米、巫溪独活、奉节脐橙、丰都锦橙、巴南二圣梨、潼南太和黄桃、铜梁莲藕等9个农产品获国家地理标志认证。至此,全市已有62个农产品获国家地理标志认证,涉及种植业产品总规模517000余公顷,畜牧业产品总规模950万只、10万头,渔业总规模达7000公顷。"巴味渝珍"品牌效应提升。成功将"巴味渝珍"纳入新华社民族品牌工程并进行强力打造,累计授权产品452个,1—8月销售额同比增长7.4%。与京东集团合作,通过"自营+POP"方式培育壮大网销品牌,京东平台重庆农产品品牌增加到89个,其中恒都牛肉通过天猫、京东等平台实现销售额8.1亿元、同比增长103%。

4. 农产品价格总体上涨

粮油价格运行平稳。1—9月，全市粮油零售综合均价总体稳定，稻米、玉米价格微幅回落，麦面价格略有上涨，食用油价格波动较大。其中，普通大米、散装菜油价格分别在4.8~5元/公斤、11.8~12.7元/公斤区间波动。蔬菜价格总体提升。蔬菜价格走势在体现节气效应、季节效应的同时，受疫情和洪灾影响也较大。产地价格方面，第一季度同比上涨，第二季度逐月回落，第三季度因暴雨洪涝灾害，价格大幅增长。零售价格方面，1—9月总体较上年提高10%左右。生猪价格高位运行。2020年以来，非洲猪瘟叠加全球新冠肺炎疫情，生猪价格持续高位运行。猪肉价格最高冲上63.55元/公斤，同比涨幅最高达到132.64%；仔猪价格一路上扬，最高达到92.72元/公斤，同比涨幅基本维持在177.97%；猪粮比持续保持在13∶1的高位线以上，生猪养殖盈利较好（见表2）。淡水鱼价格上涨明显。自年初以来，淡水鱼量价齐"恢复"，产地价格逐月回升，同比明显上涨。9月产地综合均价较1月上涨了23.4%，较上年同期上涨9.4%。

表2　2020年1—9月重庆猪肉价格和猪粮比变化情况

指标	仔猪价格/(元/公斤)	同比增减/%	猪肉价格/(元/公斤)	同比增减/%	猪粮比
1月	57.71	175.06	47.12	100.60	16.36
2月	62.73	179.36	63.55	132.64	17.41
3月	66.10	168.95	60.12	126.72	16.29
4月	75.40	177.63	55.81	109.98	15.26
5月	79.06	170.84	51.33	92.25	13.54
6月	80.42	172.44	50.44	89.94	13.63
7月	84.54	184.74	46.38	108.44	15.45
8月	92.72	177.97	60.94	80.61	15.74
9月	90.94	141.48	61.43	33.04	15.52

5. 涉农投资力度加大

财政支农投入稳步增长。2020年以来，全市下达农村人居环境整治、高标准农田建设、现代农业园区建设等市级以上专项资金达到100亿元，同比增幅接近15%。金融服务"三农"力度加大。1—9月，全市推动各级金融机构为2600多户农户、涉农企业发放涉农贷款超过40亿元。263家农业领域企业获得专项再贷款32.6亿元。协调相关金融机构成功发放4笔生猪活体抵押贷款7060万元。市农业担保公司累计为3.8万农户提供农业项目担保贷款240亿元。地方政府债券发行成效明显，2020年全市共发行3批共23项农业农村领域地方政府债，金额超过21亿元。招商引资持续发力。全市建立健全日常台账管理、重点项目储备、汇总分析月报、跟踪落实反馈等工作机制，提高招商引资的针对性和实效性。2020年新签约乡村振兴招商引资项目140个，规划投资444.5亿元；在建项目268个，到位资金93.6亿元。

6. 综合改革红利释放

农村"三变"改革效果日渐显现。近两年，重庆先后在591个村开展"三变"改革试点，初步构建起"三变+特色产业""三变+集体经济""三变+脱贫攻坚"等改革模式，探索试点出"土地股""资产股""现金股""基建股""管理股"等股份合作形式，助农增收效果日渐显现，助推贫困户人均增收500元以上。按计划2020年底"三变"改革将覆盖全市10%的行政村，改革红利将进一步释放。集体经济试点改革覆盖全部涉农区县。2016年开始，全市开展村级集体经济试点改革，2020年市财政安排财政资金3.5亿元发展壮大村级集体经济。截至目前，全市村级集体经济试点范围已由16个区县扩大到38个涉农区县，试点村增加到4594个，受益人口超过900万人，集体经济"空壳村"占比已降到22.4%。新设立农村土地整治中心。全市持续推进涉农机构改革，成立农村土地整治中心，深入开展农村土地政策研究，加快推进高标准农田建设，强化耕地质量保护，加快推行农村土地智能化、数字化管理，为全市土地高效管理提供有力技术支撑。

（三）存在的问题

1. 部分农产品价格波动较大

开年以来，第一季度受全球新冠肺炎疫情冲击，第三季度受暴雨洪涝影响，部分农产品价格出现局部地区、局部时段大幅波动。粮食价格总体稳定，但纵向对比较往年波动幅度略有增大；蔬菜产地价格在正常的季节变动基础上，同时段波动幅度也有所加大，第三季度同比大幅上涨约1/3；猪肉价格整体处于历史高位，在45~65元/公斤来回波动；水产品价格经历了2019年下半年的低迷后，2020年以来一路走高。农产品价格波动将打乱农业经营主体生产预期，不利于农业稳产、农民增收。

2. 扩大农业投资较为困难

尽管1—9月重庆第一产业投资增速达到18.1%，但暴雨洪水灾情导致机耕道路、排灌水利等农业设施遭到损害，乡村产业发展资金缺口较大，与此同时，第一产业有效投资持续增长难度较大。一方面，在当前经济下行压力加大、各级财政收入增长放缓的大背景下，农业农村财政预算资金投入增量有限。另一方面，受新冠肺炎疫情常态化、需求不足、经济预期欠佳等多重因素影响，社会资本投资积极性还未完全恢复，扩大农业有效投资任务艰巨。

3. 扶贫产业持续发展难度较大

农业产业本身属于弱质性产业，自然风险较大，抵抗市场风险的能力较弱，扶贫产业的可持续发展问题须引起高度关注。销售方面，消费扶贫是扶贫产业的重要产品销路，部分扶贫产业市场化盈利能力仍然较弱；投入方面，当前各级政府强力保障扶贫产业的资金、人才、技术、土地等要素需求，但政府和市场相互补充的长效投入机制有待完善，尤其重庆贫困村居民文化程度普遍较低，产业人才制约仍然突出。

二、2021年重庆市农业经济发展趋势展望

（一）全球粮食产量继续增长，食品价格波动较大

产量方面，据联合国粮农组织（FAO）预测，2020—2021年粮食产量为27.62亿吨，比上年增产约2.1%。其中，全球小麦、稻米产量均达到最高纪录。预计2021年末，世界谷物库存也将创历史新高，为8.9亿吨。新增部分主要由中国小麦库存增加所致。贸易方面，受全球新冠肺炎疫情和地缘冲突影响，各国居安思危，加强粮食囤积。2020—2021年全球谷物贸易量预报也达到了历史最高水平的4.48亿吨，比上年增长2.4%，主要受各国对玉米、大麦、高粱进口需求强劲带动。价格方面，2020年全球食品价格指数①走势先抑后扬，与上年趋同，但波动幅度更大。5月价格指数跌至近五年最低，为91。肉类价格近年来从高位一路走低，奶类价格先跌后涨，仍然保持高位，谷物价格总体相对平稳，植物油和食糖价格深V

---

① 联合国粮农组织的全球食品价格指数是国际市场五大食品类商品价格的贸易加权指数，包括谷物、肉类、奶制品、植物油和食糖。

运行，但食糖仍处于历史低位（见图2）。在当前库存充足、货币宽松预期下，预计2021年全球食品总体价格水平小幅波动、总体平稳。

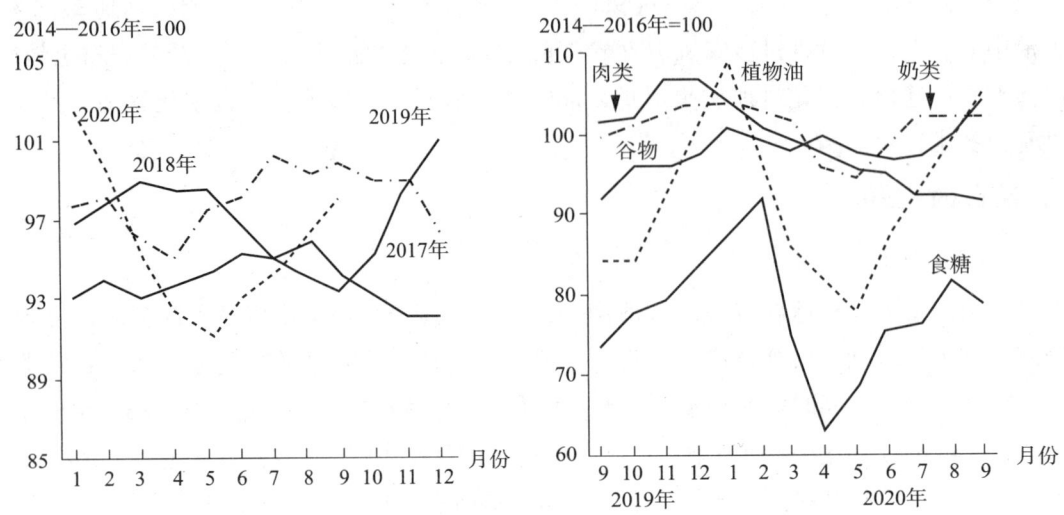

图2　联合国粮农组织食品价格指数走势

（二）国家科技支撑力度增强，农业跨界深度融合加快

国家农业科技有力支撑农业稳产保供和三产深度融合，农业现代化持续加快推进。供给方面，根据《中国农业展望报告（2020—2029）》的分析结论，得益于科技进步、单产提高，我国粮食产量保持稳定，库存较为充足，供需总量将平衡有余。因此，当前国际出口受限对我国农产品供给影响不大。预计全国生猪产能继续恢复，家禽生产形势持续向好，"菜篮子"产品更趋丰富，水产品交易将稳步扩大。技术方面，顺应居民消费特色化、多元化、生态化、品质化需求，精准育种育苗、病虫害绿色防治、农业机械装备等农业生产技术快速发展，并与食品工业、生物医药、人工智能、基因工程、冷链物流、产品追溯等各领域、各产业深度融合。农业技术的跨领域融合，不仅有助于提高农业综合生产能力，也将进一步挖掘农业多元化功能，为第二、第三产业高质量发展和居民消费高品质升级提供有力支持。

（三）重庆加快大数据智能化应用，赋能现代山地特色高效农业

重庆将继续优化产业布局和产品结构，着力推动大数据智能化为现代山地特色高效农业赋能。产业方面，在"建设成渝现代高效特色农业带"的重大部署与优化特色产业布局和产业结构的政策指导下，成渝农业产业布局联动性将显著增强，"现代""高效""特色"的价值功能形态也将更加凸显。同时，重庆地理标志农产品全产业链标准体系逐步建设完善，将打造出全新的农业产业品牌形象，实现大单品联合、小产区精细化管理。投入方面，重庆着力推进数字经济与实体经济深度融合，将加大农业领域大数据、智能化的资本投入和技术支持，为现代山地特色高效农业赋能。新型农业经营主体培育扶持力度将加大，新型职业农民培训持续开展。针对丘陵山区的农业高效生产模式加快探索，一批万亩级"宜机化+全程机械化+综合农事服务"农业生产示范基地加快建成并释放效益。

（四）2021年农业发展趋势预测

2021年是我国全面开启社会主义现代化建设新征程和第十四个五年规划的开局之年。综合考虑宏观环境和现实基础，在乡村振兴战略背景下，重庆农业发展将在基础设施建设、稳产保供能力、特色产业培育、智慧农业发展、三产融合等方面实现较大提升，进一步助推全市农业高质量发展。预计2021年全

市农业增加值同比增长 4% 左右，粮食产量保持在 1050 万吨以上，成渝现代高效特色农业带初步形成，农业综合生产能力有望迈上新台阶。

三、对策建议

（一）多措并举保障好农产品生产供应

一是坚持"领班+专班"推进机制，针对主要农产品继续实行"旬会商、月调度、季研究"制度，加强农产品生产形势研判和跨省调度，确保重要农产品供给量足价稳。二是粮食生产方面，重点抓好 2020 年晚秋生产，提早谋划 2021 年小春生产，在稳定粮食种植面积基础上推动品种结构不断优化、安全品质不断提升。三是生猪生产方面，重点推动已出台的政策落地、已签约的项目达产，坚持每月调度市级生猪养殖重点企业生产布局、项目开工、产能恢复等情况，持续抓好非洲猪瘟防控。四是蔬菜生产方面，重点抓好稳产量、调结构、提品质等工作，推广反季蔬菜种植，指导重点区县加强蔬菜基地标准化改造。

（二）抢抓机遇扩大农业农村有效投资

一是抓好项目储备，结合"十四五"规划编制，完善农业农村投资项目库，长短结合做好项目储备和滚动衔接，积极争取农业农村部支持，实施一批灾后重建和强链、补链项目。二是推进项目实施，建立农业农村投资项目管理台账，落实重点工程建设进度月报告、季通报制度，推动高标准农田建设、农田宜机化改造、灌溉水利设施、生鲜冷链仓储物流、智慧农业装备设施、农产品精深加工等补短板任务有力实施，尽快形成投资实物量。三是保障财政投入，指导区县争取地方政府债券投入，包括专项债、一般债、特别国债等，拓展资金来源。四是吸引社会投资，重拳出击整治农村营商环境，加大查处力度，整治基层干部违规违法工作行为，将优化城市营商环境的制度体系和工作机制延伸到农业农村。

（三）有机衔接构建产业扶贫长效机制

一是大力发展现代山地特色高效农业，推动柑橘、茶叶、中药材等特色产业向贫困地区拓展，尤其做好"一村一品"创建，以村为基本单位，发挥本地资源优势，大力推进规模化、标准化、品牌化和市场化建设。二是加强龙头企业培育和农民专业合作社规范发展。在 18 个贫困区县新发展 200 家区县级以上龙头企业，推动农民合作社在贫困村实现全覆盖。三是完善技术指导体系和机制，组织特色产业技术体系的创新团队，推选产业指导员，强化贫困户产业发展指导，探索推行"产业村长"制。四是借助农村"三变"改革，构建起各经营主体与农户间更加稳定的利益联结机制，促进贫困户深度参与产业发展。

[重庆市综合经济研究院（重庆市经济信息中心）产业经济研究课题组
主研：易小光　丁　瑶　余贵玲　邓兰燕　李　权　王　利　邹於娟
执笔：邹於娟]

产业卷
第二产业 篇

之一：2020年重庆市第二产业发展及2021年展望

2020年以来，重庆市着力克服新冠肺炎疫情带来的冲击，抢抓成渝地区双城经济圈建设等国家战略机遇，加快推动"一区两群"协调发展，通过新兴产业培育和传统产业升级双轮驱动，着力促进制造业高质量发展，全市工业经济逐步回升，建筑业保持稳定增长，带动全市第二产业实现稳步回升。预计2020年全市第二产业增加值将达到10280亿元左右，同比增长5.8%左右；其中，工业增加值有望实现7100亿元左右，同比增长5.4%左右。

一、2020年重庆市第二产业运行情况

（一）总体运行情况

受新冠肺炎疫情影响，全市第二产业呈现第一季度负增长、第二季度以来逐步回升并实现正增长的态势。1—9月，全市第二产业累计实现增加值7008.62亿元，同比增长3.9%，在地区生产总值（GDP）中的比重为39.5%，低于第三产业增加值比重14个百分点。其中，实现工业增加值4973.74亿元，同比增长4.0%，在GDP中的比重为28.1%；建筑业实现增加值2034.88亿元，同比增长3.8%。

（二）呈现的主要特点

1. 工业经济持续回升，利润增速实现转正

工业经济保持回升态势。在汽车和电子等产业加速回升带动下，全市工业经济呈现持续回升态势。1—9月，全市规模以上工业增加值同比增长4.4%，高于上半年3.4个百分点。从工业经济逐月累计运行轨迹来看，年初受新冠肺炎疫情影响，部分企业停产，1—2月全市规模以上工业增加值增速同比下降24.0%，之后随着企业复工达产的推进，3—9月全市规模以上工业增加值增速从-10.6%逐渐上升至4.4%，呈现企稳回升态势。

工业经济效益逐步向好。在汽车、电子产业利润快速增长及国家减税降费等政策带动下，全市工业企业经营效益持续改观。1—9月，全市规模以上工业企业利润总额同比增长16.7%，高于全市上半年和全国同期21.0个、19.1个百分点，全国排名由年初的第25位大幅跃升至首位；规模以上工业营业收入利润率为5.3%，较1—2月提高3.37个百分点，与全国的差距由1.59个百分点缩小至0.37个百分点。

2. 核心产业支撑有力，多点发展格局持续强化

电子、汽车产业强力支撑。在主要产品市场需求强劲带动下，全市电子、汽车两大产业对工业支撑作用突出。电子产业方面，重点电子制造产品产量大幅增长，1—9月，全市微型计算机设备、液晶显示屏、平板电脑、集成电路、3D打印设备、智能手表分别增长14.0%、29.6%、15.7%、36.9%、28.4%和1.3倍，有效带动全市电子制造业增加值实现同比增长12.2%。汽车产业方面，在"长城炮"皮卡供不应求，"长安CS55Plus、CS75"等车型热卖，以及"林肯冒险家"正式下线等带动下，全市汽车产业自5月以来月平均增速保持在20%以上，1—9月全市汽车产业增加值实现同比增长8.2%。

其他产业增速逐步回升。1—9月，全市装备、医药、材料、消费品、能源等行业实现正增长，增加值同比分别增长1.1%、2.7%、4.9%、0.5%、0.7%，较第一季度分别提高14.8个、3.6个、15.3个、8.2个、2.9个百分点。摩托车产业增加值虽然下降3.4%，但降幅较第一季度收窄15.4个百分点。

3. 新兴产业稳步发展，工业经济新动能加快培育

全市高技术和战略性新兴产业加快发展。1—9月全市高技术产业、战略性新兴产业分别增长11.3%、11.0%。电子产业第一季度受新冠肺炎疫情冲击后，第二季度以来迅速恢复，在SK海力士、奥特斯、京东方显示照明等龙头企业带动下，全市规模以上电子信息产品制造业增加值增速从1—3月的-3.3%攀升至1—9月的12.2%。在医疗防疫产品快速增长带动下，全市医药产业增加值从1—3月的-0.9%增长至1—9月的2.7%。高端装备制造和新材料引进重大项目取得新进展，页岩气开发规模与上年同期相比实现小幅增长，新能源汽车产量受行业整体低迷以及新冠肺炎疫情的双重不利影响同比下降3.1%，降幅较上半年收窄33.1个百分点。

智能化改造促进产业加快转型升级。近年来，重庆高度重视智能制造，截至2020年8月，全市累计推动2200余个智能化改造项目，建成67个智能工厂和359个数字化车间。工业互联网建设成效显著。国家工业互联网标识解析顶级节点（重庆）上线运行，接入二级节点15个、企业节点252个，标识注册量近3842万，累计解析量2852万次。引进培育了第三方工业互联网平台47个，工业互联网解决方案服务商60家，工业大数据服务商38家等创新载体，5.5万余家企业"上云上平台"。围绕智能制造，全市正加快推动"四个十工程①"，进一步赋能工业稳增长、提质量。

4. 建筑业实现平稳运行，转型升级步伐持续加快

在交通基础设施、房屋建筑等推动下，全市建筑业运行保持平稳。1—9月实现总产值6159.23亿元，同比增长8.9%，增速较上年同期提高3.9个百分点；实现增加值2034.88亿元，同比增长3.8%，增速较上年同期降低5.8个百分点。从产值构成看，1—9月建筑工程、安装工程、其他产值分别实现5570.02亿元、385.61亿元、203.59亿元，同比分别增长9.3%、6.6%、3.5%，占建筑业总产值比重分别为90.4%、6.3%、3.3%，建筑工程支撑作用依然显著。

行业结构持续优化，转型升级步伐加快。建筑业行业资质加快提升，行业竞争力进一步提高，截至2020年8月21日，全市特级总承包资质数量12项、企业9家，资质领域涵盖建筑工程（6项）、市政公用（2项）、公路工程（3项）、冶金工程（1项）等工程领域。智慧工地、智慧小区、装配式建筑等推动全市建筑业加快转型升级。2020年以来全市新增2家单位成为装配式建筑产业基地，自2018年以来共计22家，有力带动全市建筑业转型升级。预计2020年底，全市"智慧小区"数量将达到237个。BIM技术应用不断扩大，目前全市应用BIM技术的项目已达到748个。

5. 行业投资有所分化，第二产业投资总体平稳

重点项目支撑工业投资基本持平。在第6代AMOLED（柔性）显示面板、食品级PET高分子新材料、锂离子电池及配套材料等26个市政府重点关注项目顺利推进带动下，1—9月，171个市级重大项目投资完成年度计划的70.2%。高技术制造业投资支撑作用增强，1—9月实现16.6%增速，较上半年提高7.1个百分点。在此带动下，1—9月全市工业投资同比增长2.9%，比全社会固定资产投资增幅高出0.4个百分点，有力支撑第二产业投资实现3.2%增长。分行业看，投资分化明显，1—9月，电子、医药、材料、

---

① 四个十工程：重点培育10个创新示范智能工厂，重点培育10个工业互联网平台，重点建设10个标识解析二级节点示范引领项目，重点支持10个"5G+工业互联网"先导应用项目。

能源四大行业投资增速均保持两位数，同比分别增长14.1%、22.1%、23.8%、26.5%；消费品行业投资同比微增长0.4%；汽车、摩托车、装备三个行业投资负增长，同比分别下降29.5%、12.6%、15.9%。

建筑业投资增速逐季回升。2020年以来，重庆建筑业投资一直呈现负增长，但降幅逐季收窄。1—9月，全市建筑安装工程投资同比增长-0.4%，分别较第一季度和上半年回升18.6个、4.4个百分点。受新冠肺炎疫情影响，全市建筑业投资活动2—3月甚至处于停滞状态，第二季度以来，随着疫情后政策加码，基建投资增速加快，1—9月全市基建投资增速达到8.1%，较上年同期高9.3个百分点，进而带动建筑业投资降幅快速收窄。

（三）存在的主要问题

1. 工业产品市场需求动力不足

受新冠肺炎疫情影响，重庆与国内一样，工业产品的市场需求尚未完全恢复常态。一是国内市场需求有所下滑。因疫情防控要求，全市举办的工业品、消费品展会活动大幅减少，主要消费品消费出现下降，消费乏力趋势短期难以扭转。1—9月全市社会消费品零售总额同比下降2.2%，其中，服装鞋帽针纺织品下降16.9%、石油及制品下降14.1%、金银珠宝类下降11.9%、烟酒类下降4.6%。二是海外市场需求不稳定。由于海外疫情蔓延，加之中美贸易摩擦的长期性影响，市内大多数外向型企业的海外市场需求不稳定，企业国际订单面临下滑风险。

2. 企业生产经营困难加剧

虽然国家和地方政府大力出台政策冲抵新冠肺炎疫情影响，但在资金保障、市场订单等方面企业仍存在较大的生产经营压力。一是中小企业亏损情况仍然比较严重。1—9月，全市经营亏损规模以上工业企业数实现同比下降3.6%、亏损面14.6%，但中小企业亏损面仍较大，1—6月达到23.1%，远高于规模以上工业企业。二是企业资金困难突出。1—7月，工业企业应收账款平均回收期58.5天，同比提高8天。400余家企业问卷调查结果显示，45.8%的企业反映流动资金紧张。三是市场竞争压力加大。在全球需求下降背景下，国内各省区市之间对笔记本电脑、手机等终端领域代工产品订单争抢更加激烈，企业抢抓新增订单难度加大。

3. 产业可持续发展能力仍需增强

当前，受制于产业创新能力不强、供应链体系不够稳定、智能化改造水平不高等因素，重庆产业可持续发展动能需进一步增强。一是产业创新能力不强。重庆产业关键核心技术缺失，存在较多"卡脖子"技术①，产业创新能力低，产业竞争力不强。二是产业链、供应链稳定性不够。重庆产业关键核心部件本地配套能力不强、供应链整体水平偏低，在当前发达国家强化技术封锁和核心零部件断供背景下，汽车、电子等产业供应链体系不稳定，全市主导产业持续发展存在隐忧。三是智能化改造水平需要进一步提升。全市制造业智能化改造仍存在集成企业缺乏、成本总体偏高等问题，加之企业智能化改造意识不够，全市产业数字化水平整体不高，产业发展效率有待进一步提升。

4. 本地建筑企业竞争力仍显不足

本地建筑企业资质总体偏低、市场竞争力不强仍是当前重庆建筑业可持续发展的制约因素。一是本地龙头企业支撑带动作用不够。全市本地建筑业企业总数虽多，但高资质企业数量不多，其中特级、一

---

① 据调研，仅基础件及通机、数控机床、机器人、轨道交通装备、通用航空、风力发电装备、生态环保等7个领域就有199项"卡脖子"技术需要突破。

级资质企业占比不到6.0%，低资质企业呈现"小、散、弱"特点。二是本地企业市场竞争力不强。本地企业在市内建筑市场份额受到挤压，目前仅为48.7%，同时，本地企业在市外完成建筑业产值占总产值的比重也仅为17.9%，市场竞争力仍需进一步提升。

二、2021年重庆市第二产业发展环境及展望

（一）世界经济受疫情冲击较大，制造业发展仍面临诸多风险

在疫情反复以及严峻的防控形势下，全球经济缓慢复苏并面临较大不确定性和风险。美、欧、日等发达经济体受疫情冲击，经济复苏总体乏力，并面临衰退风险；新兴经济体受疫情冲击经济更加脆弱，除东亚地区部分国家经济有所复苏外，其他地区经济下滑严重。2021年，全球制造业将呈现以下特征：一是产业技术创新将更加活跃。全球科技革命不断深入，各国围绕生命科学、人工智能、新材料、通信技术等领域，不断加大技术研发投入和转化、产业投资力度，新兴产业发展步伐进一步加快，将引领全球产业布局加快调整。二是发达国家高端制造业加速回流。一直以来，发达国家占据着产业价值链高端环节。受疫情影响，美欧等发达国家加速了制造业高端环节回流步伐，对部分新兴市场国家加大了技术封锁和核心零部件断供力度，全球产业链、供应链将面临新一轮调整。三是不稳定风险仍将持续存在。大国战略博弈、地缘政治冲突等风险明显上升，全球经济复苏仍存在诸多不确定性，而疫情又加速了全球投资贸易格局变化，贸易摩擦和投资保护将加剧，给全球制造业稳定发展带来了风险。综上所述，预计2021年全球制造业总体将保持缓慢增长势头。

（二）国内经济稳步复苏，产业将加快向自主可控方向发展

国内将加快构建以国内大循环为主体、国内国际双循环相互促进的新发展格局，在逆周期调控中更加注重稳增长与防风险之间的平衡，我国经济将延续稳步复苏态势。

工业方面，一是我国将更加注重提升产业链、供应链稳定性和竞争力。随着发达国家继续加大技术断供和在华工厂撤离力度，我国相关产业链将受到影响，面临碎片化风险。我国将加快提升产业基础能力和产业链现代化水平，促进传统产业链向高端化升级发展，更加注重补短板和锻长板，构建自主可控现代产业体系。二是中西部地区产业发展面临重整布局调整机遇。随着我国加快构建新发展格局，国家将更加注重产业发展安全，未来中西部地区等市场潜力地区将成为我国新一轮产业发展布局的重点地区，重庆等内陆战略腹地将迎来产业链和创新链布局的机遇。三是工业经济运行仍有隐忧。在海外疫情出现反复和中美产业链"局部脱钩"的影响下，国内外贸发达地区特别是传统出口型产业为主的地区将持续承压，同时可选消费品等行业将面临"内外需双降"的严峻挑战，在此影响下，2021年国内工业稳定运行压力加大。总体判断，2021年全国工业发展仍将保持稳定增长态势。

建筑业方面，2020年受疫情影响，延续了以基建带投资托底经济的态势。2021年作为"十四五"规划开局之年，以新型基础设施建设、新型城镇化建设、交通水利等重大工程建设等为主的"两新一重"建设持续加快推进，建筑数字化、智能化和装配式建筑发展趋势更加明显，轨道交通、核电、垃圾回收处理、医院养老院体育场、城镇老旧小区改造等传统基建将加大补短板力度，基础设施相对落后的中西部地区的建筑业将迎来发展机遇。预计2021年国内建筑业发展环境总体向好。

（三）市内经济发展活力较强，第二产业总体保持平稳运行

在国家"一带一路"、长江经济带、新时代西部大开发、成渝地区双城经济圈、西部陆海新通道、中新（重庆）战略性互联互通示范项目等国家战略带动下，重庆发展的引领力、集聚力、辐射力将进一步

增强，全市将加快出台各类发展政策，进一步提高经济发展活力，促进经济高质量发展。

工业方面，2021年，全市将进一步突出两江新区、高新区、经开区等国家级平台先进制造业集聚功能，继续推进传统产业智能化改造，加快推动数字经济与实体经济融合、服务业与制造业融合，着力培育一批千亿级产业集群，引领带动全市产业转型升级。一是产业链竞争力将得到进一步提升。全市将围绕成渝地区双城经济圈建设，推动与四川在重大产业平台等方面加大合作共建力度，共同打造装备、电子等世界级先进制造业产业集群；同时，将继续利用好智博会、西洽会等展会，围绕产业链、供应链薄弱和缺失环节，加快推进补链、固链、延链，逐步形成纵向成链、横向成群的产业生态，确保全市产业链、供应链稳定，进一步增强产业竞争力。二是重大产业创新平台建设将持续推进。重庆高新区、中国西部（重庆）科学城规划建设将加快推进，两江协同创新区等创新平台将提速，全市创新资源和要素集聚能力将得到增强，发展动力将加快提升。三是产业政策将推动全市产业加快发展。2021年，全市将加快落实已出台的制造业高质量发展，以及保产业链、供应链稳定工作方案等政策，研究制定出台新的产业政策，继续加大产业政策精准施策力度，加上现有减负降本政策、帮助企业争取产品订单等帮扶政策落实，将促进全市制造企业更好发展。同时，全市也面临重大带动性产业项目不多、新兴产业发展支撑能力不强、国际供应链体系受到冲击等内外挑战。

建筑业方面，2021年，随着全市"十四五"规划进入开局之年，全市对外大通道建设、轨道交通、城市道路将加速推进，加上一批重点工业项目、城市开发项目以及城镇老旧小区改造等的推进，全市建筑业市场需求仍比较旺盛。同时，国家、重庆市将加快推动建筑产业现代化，建筑业发展将更加受到重视，全市建筑业发展环境将进一步改善。但同时，国内"房住不炒"等调控政策强化，全市房屋建筑业在需求稳中有降情况下将维持低位运行。综合来看，2021年全市建筑业仍然会保持平稳运行态势。

（四）2021年重庆市第二产业发展主要指标预测

2021年是"十四五"规划开局之年，在全球和全国制造业保持平稳增长背景下，全市将继续加快推动制造业高质量发展，以新兴产业推动产业发展新旧动能转换，全市工业和建筑业发展仍将会保持平稳增长，预计2021年重庆市第二产业仍将保持平稳增长的总体趋势，第二产业增加值将达到11250亿元左右，同比增长7.2%左右，其中工业增加值7680亿元左右，同比增长6.8%左右。

三、对策建议

（一）强化供应链和产业链安全

一是着力突破关键核心技术。构建和完善关键核心技术攻坚体制，围绕全市装备制造业"卡脖子"技术领域，集中各方力量批次进行技术攻关，力争攻克一批关键核心技术，实现关键核心部件、智能装备和智能工业软件等方面的重大突破。二是注重补链、延链、强链。着力稳住重庆市制造业发展基本盘，聚焦补链、强链薄弱环节和目标企业，引进一批国内外产业链、供应链龙头企业和重大带动项目，加快完善产业链条，提升产业链、价值链、供应链发展水平，做大做强产业集群。

（二）多措并举帮助企业渡过难关

一是帮助企业争取产品订单。加强与品牌企业沟通，争取品牌企业新订单落地重庆。用好市区县两级稳产促销政策，帮助新产品销售放量。做好线下产销对接，搭建展销平台和展会，帮助本地产品做好相关材料采购工作。二是定向帮扶企业发展。围绕龙头企业本地采购、制造业产品本地化采购协调、中美经贸摩擦应对等重点工作，抓好情况收集、形势研判、专项调度和定向帮扶，推动各类企业稳健运行。

（三）新旧结合推动产业发展

一是加快推动传统产业数字化转型。借助疫情促进各行各业加快数字化转型的东风，加快新型基础设施建设，着重发展新一代信息网络、大数据、人工智能、区块链等新技术新应用，加强工业互联网平台建设，积极推动各类企业实施数字化、智能化转型。二是积极培育新兴产业。加大对新产业新业态新模式发展的政策支持力度，优化产业发展生态环境，加快培育壮大半导体、智能终端、新能源与智能网联汽车、健康食品、生物医药、节能环保等一批千亿产业集群，尽快形成新的产业增长点。

（四）增强建筑业内生发展动力

一是继续培育本地龙头企业。加快推动建筑企业优势重组，尽快提升全市高资质企业数量，鼓励本地高资质企业向集团化发展，培育一批全过程工程咨询企业，带动全市建筑业提升竞争力。二是大力发展装配式建筑。依托全市材料产业发展基础，加大川渝协作力度，积极引进培育一批装配式建筑龙头企业，加快发展钢结构部品部件、预制件等，加大装配式建筑推广使用力度，培育装配式建筑产业集群。三是提升建筑业智能化绿色化发展水平。大力推广绿色建筑材料，加大 BIM 技术推广力度，加快发展智慧工地、智慧小区，加快建筑业发展现代化步伐。

[重庆市综合经济研究院（重庆市经济信息中心）产业经济研究课题组
主研：易小光　丁　瑶　余贵玲　李　权
执笔：李　权]

之二：2020年重庆市高技术、战略性新兴产业发展及2021年展望

2020年以来，新冠肺炎疫情加速全球高科技产业链、供应链重新布局。我国高技术、战略性新兴产业在第一季度短暂下滑后快速复苏，支撑全国经济快速恢复。重庆市按照"六稳""六保"的工作总要求，积极推进复工复产，高技术产业、战略性新兴产业在电子信息产业快速复苏的支撑下，实现良好发展态势，预计全年高技术产业、战略性新兴产业保持较快增长，其中，高技术制造业增加值、战略性新兴制造业增加值分别同比增长11%、10%左右。

一、2020年重庆市高技术、战略性新兴产业运行情况分析

（一）运行特点

1. 高技术制造业、战略性新兴制造业实现正增长

从3月开始，随着国内疫情的好转，重庆市高技术制造业、战略性新兴制造业首先实现快速恢复，累计增速逐月上升。1—9月，全市高技术制造业增加值、战略性新兴制造业增加值同比分别增长11.3%、11.0%，分别比上年同期略低0.8个百分点和0.2个百分点，分别高于全市规模以上工业增加值6.9个、6.6个百分点（见图1）。

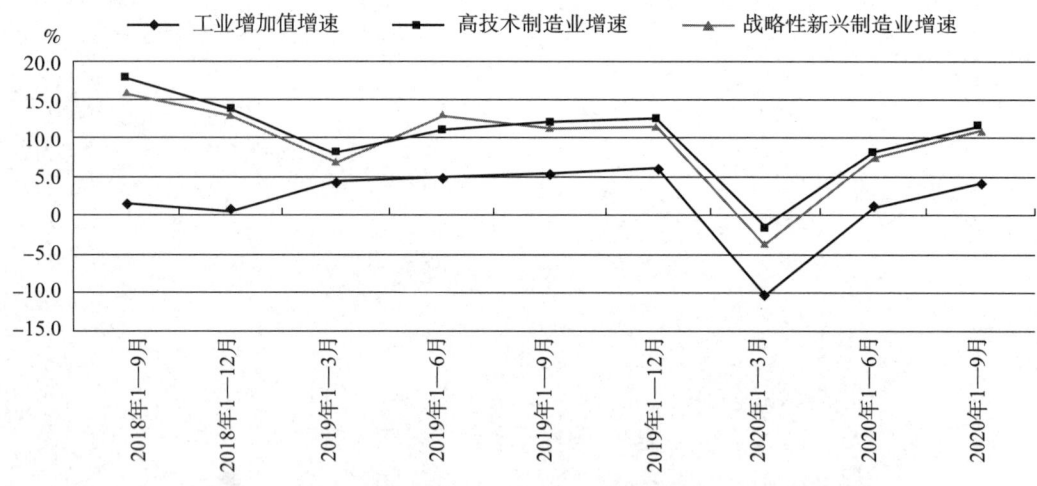

图1 2018年以来重庆高技术制造业、战略性新兴制造业与工业增速比较

电子信息产业实现加速复苏。全市电子信息产业在2月受疫情冲击下滑以来迅速恢复，从3月开始连续6个月保持双位数增长。1—9月全市规模以上电子信息产品制造业增加值同比增长12.2%。在SK海力士、奥特斯、京东方等龙头企业带动下，集成电路和新型显示等电子核心零部件成为电子信息产业复苏的最大亮点。集成电路、液晶显示屏、平板电脑等出现放量增长，1—9月，增速分别为36.9%、29.6%、15.7%，智能手表增速超过1倍。紫光华智数字工厂等重大项目加快推进。康佳光电技术研究院项目正式

投用，维沃、纬创、传音等研发类项目的开工建设将提升全市电子产业发展质量。"重庆造"首台国产化计算机"天玥"下线。重庆特斯联智慧科技公司进入"2020新经济独角兽企业150强"榜单。

生物医药产业平稳复苏。在医疗防疫产品需求大幅增长的带动下，医疗仪器设备及器械、口罩原材料无纺布产量快速增长。1—9月，全市生物医药产业增加值同比增长2.7%。国际生物城成为全市最大防疫物资生产基地，全市启动建设重庆国际免疫研究院，成功签约上海交大、南芯医疗、玖誉医疗器械等重大生物医药项目。国内首款获批上市的"重庆造"人工心脏9月正式进入临床。

其他战略性新兴产业有喜有忧。高端装备制造取得新进展。永川区致力于打造以高端数控机床为主导的智能制造装备产业集群，台正精密机械、快将数控科技、乔柏智能科技被认定为区级高端数控机床企业。宗申航发自主研发的C145HT航空活塞发动机挂载于AR500C高原型无人直升机首飞成功。海装风电装备基地产销两旺，带动20多家配套商迈上发展快车道。受汽车行业整体低迷以及新冠肺炎疫情的双重不利影响，新能源汽车全年均处于负增长状态，不过降幅逐渐收窄。1—9月，全市新能源汽车产量同比下降3.1%。小康集团生产的新能源乘用车首次出口欧洲。建成西南最大智能网联汽车综合测试评价基地。

页岩气开发规模日益扩大。1—8月，涪陵页岩气田累计生产页岩气41.84亿立方米，销售40.17亿立方米，与上年同期相比均实现小幅增长。《复杂应力高陡页岩气层精准压裂关键技术》获重庆市技术发明二等奖。中石化新成立了重庆页岩气有限公司，推进南川打造成为国家级页岩气示范区。

2. 高技术服务业、新兴服务业发展良好

随着服务业复工复产，软件业营业收入和利润分别从4月、5月开始实现正增长。1—9月，全市软件和信息技术服务业实现营业收入1445.7亿元，同比增长13.6%；利润总额144.6亿元，同比增长8.4%。

软件和信息技术服务业加快集聚发展。两江软件园、仙桃国际大数据谷、重庆高新软件园、中国智谷（重庆）科技园、永川大数据产业园等市级软件园及数字经济产业园区吸引腾讯、阿里巴巴、百度、科大讯飞等众多国内数字经济头部企业落户，助推软件及数字创意产业集聚发展。

"新基建"带动云计算大数据服务快速发展。以5G、数据中心、工业互联网平台建设为主的信息传输和信息技术服务业快速发展。渝中区数字经济（区块链）产业园综合竞争力居全国区块链产业园第5位。中国西部最大的单体数据中心——腾讯西部云计算数据中心二期已建成50%。

工业互联网及支持服务快速发展。重庆作为国内五大节点之一的国家工业互联网标志解析顶级节点已经上线运行，已建有二级节点4个，企业节点98个，标识注册量突破4000万；已有工业互联网解决方案服务商60家，提供第三方服务的工业互联网平台47个，5万余家企业实现上云上平台。中国工业互联网研究院重庆分院、海尔数字科技（重庆）等单位发起成立智能装备工业互联网联合创新中心。

工业设计服务加速推进。重庆工业设计集团与中国工程院、深圳浪尖设计集团三方共建"工业设计产业发展研究院"。沙坪坝正式开工重庆工业设计产业城。

3. 创新载体建设提速

在高新区和中国西部（重庆）科学城等创新园区带动下，全市创新载体建设成效显著。高新区和中国西部（重庆）科学城引进了苏交科集团西南中心、星星数字能源总部、IBM重庆分公司、小米华西总部、泰格医药临床研究西部（重庆）中心、中德未来工厂研究中心、浪潮集团西部运营总部等重大项目，仅智博会期间共签约项目43个，总投资额高达1012.4亿元。联合微电子建成国内首个硅光芯片全流程封装测试实验室，并自主研发我国180纳米硅光工艺设计工具（PDK）。此外，全市的省部共建国家重点实验室实现"零"的突破。重庆市超声医学工程、山区桥梁及隧道工程两大实验室获国家批准成为省部共建国家重点实验室,至此全市国家重点实验室总数达到10个。

4. 高新技术产品进出口实现恢复性增长

疫情以来,全市高新技术出口在第一季度大幅下滑后逐步恢复正增长,进口持续保持高速增长态势。1—9月,全市高新技术产品进出口总额3368.3亿元,同比增长17.6%。出口方面:由于国内第二季度疫情缓解,在抢抓笔记本电脑等国际订单的推动下,全市高新技术产品出口实现恢复性增长。1—9月,高新技术产品出口总额2193.82亿元,同比增长15.9%。其中,笔记本电脑占高新技术产品出口总额接近60%。进口方面:随着复工复产的推进,全市工业生产迅速恢复正常,高新技术产品的进口需求并未削弱。1—9月,全市高新技术产品进口总额1174.49亿元,同比增长21%,其中,集成电路进口770.9亿元,同比增长25.8%,占全市高新技术产品进口比重的65.6%(见图2)。

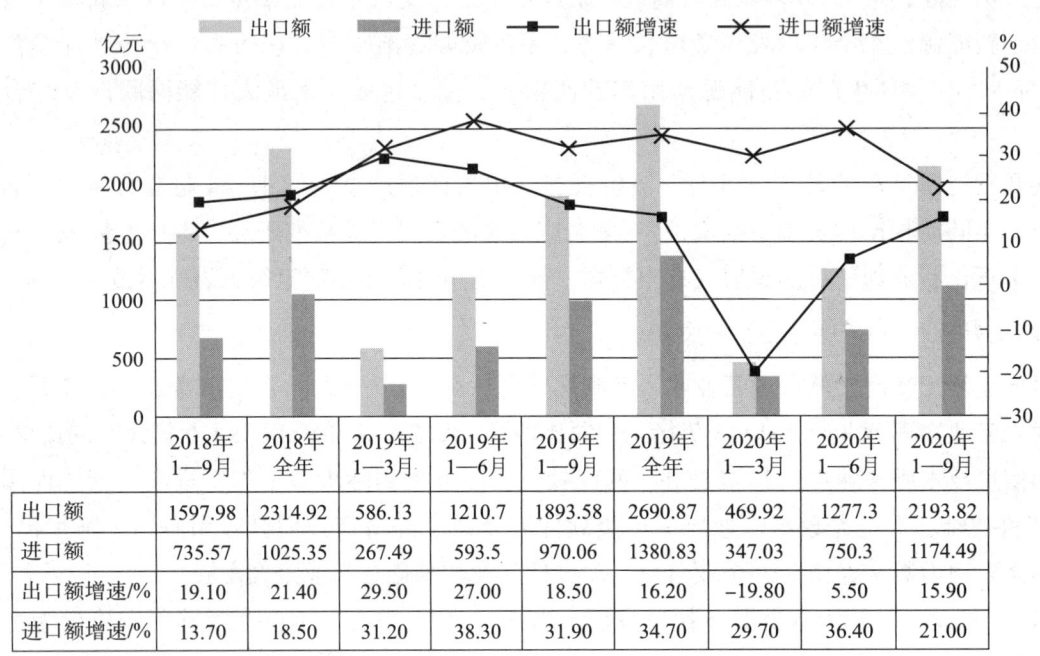

图2 2018年以来重庆市高新技术产品进出口情况

(二)当前值得关注的问题

1. 电子信息终端产品出口带动的根基不稳

受海外疫情蔓延叠加中美贸易摩擦不确定性影响,外向型企业面临需求不足、产品价格下降的困境。全国各省区市之间对笔记本电脑、手机等终端领域代工产品订单争抢更加激烈,抢抓新增订单难度加大,全市高新技术产品出口需求根基不稳。1—9月,手机、打印机产量受国外订单减少以及华为手机的国内销售占比扩大的影响,分别同比下滑25.4%和54.8%,尤其是智能手机同比下滑32.4%。

2. 国际供应链不稳定导致核心零部件存在断供风险

疫情导致国际产业链、供应链不稳定风险加大,受美国扩大芯片禁令范围影响,集成电路全球供应日益趋紧。这一情况导致主要使用芯片的高新技术产品,[①] 存在核心零部件环节断供风险,从而影响全市电子、汽车、高端装备等主导产业供应链体系的稳定,目前已有嵌入式软件出口企业出现有订单无芯片,

---

① 重庆集成电路进口占全市高新技术产品进口的比重一直超过60%。

导致无法出口的现象。

3. 新兴产业引资后续发展动力不足

联合国贸易和发展会议预计2020年全球外国直接投资（FDI）将下降30%至40%。美国对我国高新企业、科研院所采取的技术封锁，以及正与澳大利亚、印度、日本、新西兰、韩国和越南合作推行"经济繁荣网络"计划，将关键领域供应链从中国剥离等措施对遏制我国产业转型升级，尤其是电子信息产业走向高端化形成明显障碍。同时，全球新冠肺炎疫情蔓延导致的市场信心难以短期内快速恢复，我国高新技术企业新增投资将更加谨慎。全市新兴产业的规模扩大以及提档升级主要靠引进大型项目的路径将变得更加艰难。

二、2021年环境分析及展望

（一）高新技术主导权的国际争夺更加激烈，前沿研究及科技创新步伐加快

新冠肺炎疫情对全球贸易格局、投资格局等影响持续深化，贸易摩擦和投资保护将进一步强化。美国正加大力度，通过自身或影响其他发达国家加大技术保护或限制出口等措施，进一步打压中国等新兴国家高科技产业来保持自身优势地位，抢夺技术主导权。同时，新冠肺炎疫情的全球持续蔓延仍然没有阻止各国的研发与创新步伐。一是量子基础创新研究成为全球热点。日本将在超导量子计算机、量子元件等8个领域建立量子研发基地。俄罗斯将在远东地区成立太平洋量子研究中心。德国、英国和荷兰等国均加大量子材料的研究。二是新兴产业各领域处于技术突破和产业化关键期。5G、人工智能等领域是全球新一代信息技术应用创新重点，数字创意因新技术呈爆发式增长态势。生物技术处于大规模产业化的起始阶段。发达国家在高端装备制造领域的激烈竞争态势将继续维持。关键材料产品日新月异，产业升级换代步伐加快。国际节能环保产业已经步入技术成熟期，发达国家更加重视污染源头减量，环保产业发展势头将加快。

（二）我国新兴产业发展面临长期挑战，关键核心技术相关产业将获得更多政策扶持

经济全球化仍在继续，但新冠肺炎疫情暴发正值我国新产业、新技术和新业态爬坡过坎的关键期，再叠加美国针对我国科技打压力度有增无减，外向型生产链将受到外需拖累进入持续低迷阶段。同时，我国疫情常态化防控水平不断提高，经济增长预期向好。新兴产业发展的优先方向和着力点将转向破解产业发展"卡脖子"技术，确保产业安全以及掌握更多领先优势领域，进一步壮大产业规模。一是新兴产业政策环境将更加完善。即将出台的《中央企业自主创新能力的相关指导意见》将推动我国大型企业强化自主创新示范带动。已经出台的《重大技术装备进口税收政策管理办法》《工业数据分类分级指南（试行）》《关于扩大战略性新兴产业投资培育壮大新增长点增长极的指导意见》等文件将进一步促进重大高端装备国有化，推动产业转型升级和战略性新兴产业高质量发展。二是新兴产业发展基础支撑力将进一步增强。随着5G、数据中心等新基建的大力推进，数字经济、智能制造、在线办公、在线教育、在线娱乐、远程诊疗等新产业新业态快速发展的支撑条件将更加优化。构建以国内大循环为主体、国内国际双循环相互促进的新发展格局将为高新技术产品创造更加广阔的消费市场空间。

（三）重庆创新驱动发展战略强力推动，高技术、战略性新兴产业发展环境继续向好

虽然全市经济发展尤其是外向型经济受新冠肺炎疫情冲击将会加大，但通过减税降费，以及强化补链、强链、延链功能重大项目的招商引资，加快中国西部（重庆）科学城等重大创新载体建设，着力推动成渝地区双城经济圈建设，全市培育经济发展新动能的支撑力仍然较强。一是产业政策和区域环境更

加优化。西部大开发企业所得税优惠政策延续十年。全市将出台政策推动六大领域20个行业的战略性新兴产业加快发展，增强全市产业发展新动能。川渝科技部门联手打造协同创新共同体，高起点规划建设中国西部（重庆）科学城，突出综合性科学研究和技术创新，全市科技创新平台建设、技术攻关、成果转化、人才培养等领域将迈上新台阶。二是国家级创新实验平台政策优势将持续发挥。《重庆建设国家数字经济创新发展试验区工作方案》《重庆市建设国家新一代人工智能创新发展试验区实施方案》的出台将提速建设"智造重镇""智慧名城"。三是新兴产业发展质量提升步伐加快。随着更多的研发类电子信息产业项目落地，以及高端装备制造、生物医药、节能环保等产业集群的打造，新兴产业发展质量更高。随着新型数字基础设施的加快建设，数字经济与智能制造、实体经济加快融合发展，产业数字化和数字产业化将彰显更强生命力。

（四）2021年重庆高技术产业、战略性新兴产业发展展望

综上所述，2021年重庆高技术产业和战略性新兴产业面临复杂多变的国际国内形势。随着重大新兴产业项目陆续开工及投产达产，全市高技术产业、战略性新兴产业对全市经济增长的引领带动作用将进一步增强。预计2021年全市高技术产业、战略性新兴产业仍将保持较快增长，其中高技术制造业、战略性新兴制造业增加值均同比增长10%左右。

三、对策建议

（一）继续推进新兴产业招商引资

一是统一协调部署进行新兴产业招商。瞄准"芯屏器核网""云联数算用"，突出新一代信息技术、新型基础设施建设、高端装备制造、新材料、生物产业、新能源汽车、绿色环保、数字创意、新消费、大科学装置等十个重点领域进行招商。二是创新招商方式。在当前抓好疫情防控的同时，通过线上管理、线上服务、线上新业态招商方式加大对新兴产业的招商力度。三是推进成渝地区协同招商，加快建设中国西部（重庆）科学城。联合成都制订招商方案，共同举办招商活动，加快引进区域科技研发重大项目。立足自身产业基础和资源禀赋，加快引进产业化项目，联合共建科技成果转化园区。

（二）多措并举促进新兴产业稳外资和稳外贸

一是促进存量外资增加投资。及时跟踪全市外资比例较高的电子行业相关企业动态，对于产业链重要环节的外资企业，应增强调研，了解需求，稳定外商预期，增强外商投资信心，加强存量外资大项目跟进服务，积极促进存量企业增资。二是建立重点外资企业"点对点"对接机制。对于在建外资电子、高端装备等高技术领域大项目，开展"点对点"服务保障，协调解决用地、用工、水电、物流等问题，保障企业投资按计划进行，协调解决项目推进过程中的困难和问题。三是保障加工贸易的同时努力扩大出口。全力做好加工贸易重点电子信息企业用工保障及产业链配套。加快重点项目建设，帮助企业做好市场链接，积极抢订单、拓市场，争取更多国内外订单转到重庆生产。支持企业利用网上展会、扩大跨境电子商务平台，拓展出口产品国际市场销售渠道。

（三）加快推进智能制造和智慧应用

一是突出智能制造。支持电子信息、汽车、装备制造等重点制造业行业和企业，加大数字化、网络化、智能化改造力度。二是拓展智能应用。着力发展数字金融、智慧物流、智慧农业等，推进大数据智能化与公共服务领域相互融合，构建"城市大脑"，在智慧交通、智慧城管、智慧医疗等领域实现数字化智能化管理服务。三是增强信息基础设施支撑。增加5G投资规模、扩大5G覆盖范围、提高5G使用率。

提速建设工业互联网核心基础设施，加快工业互联网标识解析国家顶级节点（重庆）建设和应用，全面推动高端装备制造、新材料等二级行业节点建设。推动工业互联网标识解析注册及备案平台和工业互联网实验验证平台等平台发展。

（四）全力稳定高技术、战略性新兴产业链安全

一是稳定畅通高新技术产品出口市场。稳主体、保订单、保份额、保市场，想方设法稳住高新企业订单，稳定畅通产业链、供应链。巩固欧美、日韩等传统市场，深化拓展东盟等"一带一路"新兴市场，主动参与全球产业链重塑。二是保持供应链稳定。推进半导体关键零部件等新兴产业的跨境投资和并购，提高全球资源获取能力。积极稳妥提高核心部件及原材料的国产化率。抓住推动5G基站建设、新能源汽车充电桩、大数据中心、人工智能等产业的快速发展"新基建"机遇，努力参与培育国产芯片、核心零部件、高端装备的国内产业大循环。三是提高"卡脖子"产品供应的风险预判能力。针对新兴行业的补链、强链薄弱环节，积极厘清现状、明确风险点，确保重点企业的"卡脖子"产品有序供应。

[重庆市综合经济研究院（重庆市经济信息中心）产业经济研究课题组
主研：易小光　丁　瑶　余贵玲　李　权　蒋安玲　李　霞　罗宇航
执笔：蒋安玲]

之三：2020年重庆市汽车摩托车产业发展及2021年展望

2020年以来，面对新冠肺炎疫情冲击和复杂多变的国内外环境挑战，重庆市统筹推进疫情防控和汽车摩托车产业（以下简称"汽摩产业"）发展工作，抢抓成渝地区双城经济圈建设战略机遇，深度融入"双循环"新发展格局，以智能化、绿色化、品牌化、融合化为抓手，加快产业转型升级，全市汽摩产业呈企稳回升态势。预计2020年全年汽车产业增加值同比增长10%左右，摩托车产业增加值同比增长2%左右。

一、2020年重庆市汽摩产业运行分析

（一）总体运行情况

2020年以来，在新冠肺炎疫情全球蔓延、世界经济出现衰退、居民消费积极性大幅减弱、国内外汽摩市场需求低迷等背景下，重庆努力克服疫情影响，加大政策供给和帮扶力度，全面推进汽摩产业达产稳产，加快产业转型升级，稳定汽摩供应链、产业链，促进了全市汽摩产业的回升。1—9月，汽车产业增加值同比增长8.2%，延续回暖发展势头；摩托车产业增加值同比下降3.4%，降幅呈持续收窄趋势（见图1）。

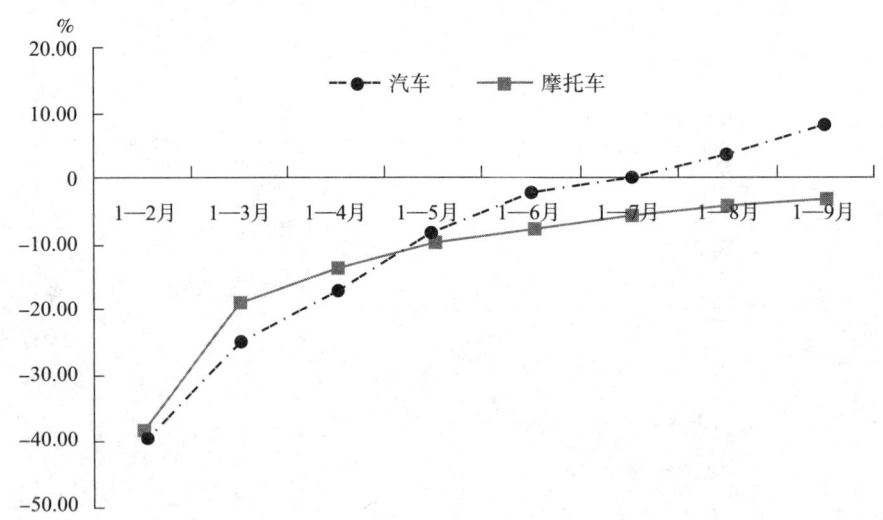

图1 2020年1—9月重庆市汽摩产业增加值增速走势情况

（二）主要运行特点

1. 汽车产业发展势头渐趋向好

重庆着力推动汽摩产业迭代升级，加快布局中高端车型，推进新车新品投产放量，促进了汽车产业的加速企稳回升。自4月开始，全市汽车产业单月增加值持续保持两位数增长，7月增加值增速实现由负

转正，结束长达30个月的下滑局面。1—9月，全市汽车增加值和产量分别同比增长8.2%、10.4%，分别较第一季度、第二季度高出33个和55.4个百分点、10.4个和20.5个百分点，汽车单车价值历史性突破10万元大关。其中，"林肯冒险家SUV"正式在重庆下线，成为首个在美国本土以外投产的产品；上汽红岩的"重卡"和长安汽车的"逸动Plus""CS55Plus"等新车型月产销量连续破万，"长安CS75"车型连续多月居SUV销量排名前两位，长城汽车永川基地新产"长城炮"皮卡如期上市、供不应求。

2. 新能源和智能汽车持续发力

随着全市汽车产业加快向绿色化、智能化升级，新能源和智能网联汽车加快发展，成为全市工业经济发展新动能。新能源汽车加快筑底反弹、好于全国水平。全市新能源汽车产量增速降幅逐渐收窄，1—3月为-77.7%，1—6月为-36.2%，1—9月逐步收窄至-3.1%，高于全国-18.7%的平均水平。新能源汽车项目推进实现新突破。小康集团与东风汽车在渝共同打造中高端新能源汽车项目，小康股份布局的智能电动汽车"塞力斯5"首批100台车辆正式交付；比亚迪20吉瓦时/年锂离子电池璧山工厂第一条生产线的产品下线；长安汽车携手兵装集团共同实施中高端品牌、新能源和智能网联汽车等重大转型升级发展项目；吉利高端新能源整车项目、工业互联网总部暨数字化工厂项目落户重庆。智能网联汽车创新发展成效显著。长安汽车宣布其搭载L3级自动驾驶系统的全新车型正式量产，截至目前，长安汽车已掌握200余项智能化核心技术，其中21项为国内首发；中国汽研智能网联汽车试验基地在重庆大足区正式落成，成为西部地区首个智能网联汽车综合测试评价基地；重庆车检院与重庆大学共同设计研发的C-V2X规模测试平台正式投用，成为全国首个投用的C-V2X规模测试平台。

3. 摩托车提档升级稳步推进

重庆聚焦电动摩托车、踏板车、中大排量摩托车发展，加快新车型和新产品开发，促进了摩托车产业的企稳回升。1—9月，摩托车产量降幅收窄至-0.4%，分别较1—3月、1—6月回升16.3个、3.3个百分点；1—9月，全市宗申、隆鑫、力帆、银翔依次稳居全国摩托车销售企业排名第2~5位。摩托车新产品开发、市场投放加快。力帆摩托推出全新车型K19，成为目前国内唯一一款150级水冷巡航车。隆鑫推出无极DS、500AC、300R和300RR等系列新品，并亮相中国国际摩托车博览会，备受市场关注；宗申发布的赛科龙2020款RX1S、RT3、RE3等新品陆续上市，市场反响较好。摩托车品牌影响力不断提升。隆鑫通用基于物联网的大排量摩托车整车制造应用平台入选全市首批工业互联网试点示范项目；在"中检西部杯"2020中国摩托车年度车型评选中，宗申赛科龙RT3和RE3、无极500DS、力帆K19等品牌荣膺年度"十佳车型"设计奖或车型人气奖。

4. 川渝汽摩产业协同合作逐步深化

抢抓成渝地区双城经济圈建设战略机遇，围绕建设世界级汽车产业集群，加强与四川在汽摩行业产业链、供应链和价值链上深度合作，推动成渝地区双城经济圈汽车产业高质量协同发展。协同工作机制逐步建立。成立了汽车产业发展工作专班，签署了战略合作协议，并举办了多场对接活动，搭建起线上线下供应链信息对接平台，积极开展重大产业链项目联动招商引资。两地汽摩产业绿色智能升级协同稳步推进。加快做大两地汽摩零部件相互配套规模，计划联合申报国家氢燃料汽车示范城市，共同打造成渝高速氢走廊，推动两地共建成渝高速自动驾驶测试示范线路。汽摩产业协同创新深入开展。两地共同支持长安汽车、中国汽研、电子科技大学等两地企业、高校、研发检测机构打造复合型合作人才培养模式，开展联合技术攻关。

二、当前值得关注的问题

（一）竞争压力增大

新冠肺炎疫情叠加市场低迷影响，汽摩产业市场竞争压力明显加大。从生产看，汽车产量与国内汽车制造基地差距明显，1—9月，全市汽车产量仅为107万辆，远低于同期广东（210万辆）、吉林（约187万辆）、上海（约177万辆）等省市；摩托车产业增加值增速下降3.4%，低于工业增加值增速7.8个百分点。从销售看，1—9月，全市汽车销量仅为28.9万辆，落后于上海（42.2万辆）、北京（35.3万辆）、成都（34.9万辆）等城市，全市汽车产业发展本地市场支撑不足。从投资看，1—9月，全市汽车和摩托车产业投资降幅大，分别下降29.5%和12.6%，低于全市固定资产投资增速32个、15.1个百分点和工业投资增速32.4个、15.5个百分点，影响产业发展后劲。

（二）产业结构欠优

全市汽摩产业结构不够合理，产业链偏中低端，高端产品不足，车型知名度和认可度较低，品牌效应偏弱，市场竞争力不强。从单价看，目前全市汽车平均单价虽首次迈上10万元台阶，但仍落后于全国平均水平（15万元左右），与北京、上海等发达城市差距仍较大。从产品看，汽摩产品更新换代和新车型投放不够快，具有市场影响力的车型较少，如摩托车车型基本以小排量跨骑车、弯梁车等中低端产品为主，电动摩托车、踏板车、中大排量摩托车等市场畅销产品少。从企业看，本土汽摩企业产品竞争力不强，1—9月全国汽摩销售排名中，重庆车企均未进入全国销量前十位；摩托车行业中，虽然宗申、隆鑫、力帆、银翔等销量排位靠前，但平均销量仅为大长江集团的一半左右。

（三）创新能力不强

全市汽摩产业链和创新链融合不深，创新平台数量偏少，研发能力不强，特别是关键环节核心技术沉淀不够、积累不足、自主可控能力较弱。从投入端看，目前全市汽车产业整车企业研发投入强度约3%，与宝马（6.3%）、大众（5.7%）等国际知名车企相比仍有一定差距。从供应端看，汽摩产业部分关键零部件对外依存度较高，本地化配套仍不足，"断链"风险依然较大，如长安汽车进口零部件供应商大多在欧美日韩等国家，一旦上游供应商生产和出口受阻，生产保供将受严重影响。从应用端看，新能源和智能网联汽车发展水平不高，新能源汽车产量仅占同期全市汽车产量、全国新能源汽车产量的3.2%、4.5%，企业"三电"技术研发水平低，与特斯拉、比亚迪等国内外知名企业差距仍较大。

三、2021年重庆市汽摩产业运行环境及展望

（一）技术驱动，全球汽摩产业新格局加快重构

在新一轮科技革命驱动下，随着新能源、新材料、人工智能、大数据等新技术的突破与应用，全球汽摩产业迎来百年未遇的大变革，呈现消费升级、绿色环保、智能运用、集聚融合新趋势，产业链、供应链进入了深度调整期，技术产品正向低碳化、电动化、智能化、网联化加速转型，产业管理战略正向正规化、专业化、规模化、国际化方向跨步迈进，市场需求正向个性化、娱乐化和社交化加快转变，正以前所未有的速度、深度、广度倒逼全球汽摩产业转型升级，既为汽摩产业发展赋予了新动能，也为重塑汽摩产业格局、实现创新发展带来了新的历史机遇。但同时，当前全球疫情和经济形势严峻复杂，世界经济严重衰退，单边主义、贸易保护主义抬头，全球产业链、供应链循环受阻，中美贸易摩擦仍在延续，国内经济下行压力加大，产业"断链"风险明显增大，我国及重庆汽摩产业发展面临的风险挑战明显增大。

（二）政策促动，国内汽摩市场新活力加快激发

当前我国坚持稳中求进的工作总基调，统筹推进疫情防控和经济社会发展各项工作，落实"六稳""六保"任务，国内经济运行稳步复苏，汽摩产业政策利好密集释放。2020年以来，战略上国家提出统筹推进现代流通体系建设、构建"双循环"新发展格局战略任务，将有利于打通汽摩产业流通体系堵点、稳定汽车产业链、供应链。政策上国家提出支持建设充电桩、推广新能源汽车，明确将新能源汽车推广应用财政补贴政策实施期限延长至2022年底，出台智能汽车创新发展战略、"扩大汽车消费5条"等系列政策，落实降低摩托车号牌工本费收费标准以及实施摩托车全国通检和6年免检，将推动汽摩产业加快转型、助推稳定和扩大消费。但同时，受当前疫情复杂性以及新能源汽车补贴政策退坡、汽车国六标准和摩托车国四标准硬性实施等因素影响，汽摩产业也将面临转型阵痛期。

（三）转型带动，重庆汽摩发展新动能加快释放

随着全市经济持续企稳回暖，成渝地区双城经济圈建设加快推进，产业迭代升级步伐提速，"芯屏器核网"全产业链和"云联数算用"要素集群逐步形成，全市汽摩产业转型新动力将加速释放。在产业基础上，重庆具备年产400万辆的综合生产能力，汽车零部件本地配套率超过70%，汽摩产业链条相对完善、产业规模较大，将有利于打造世界级汽摩产业集群。在区域合作上，紧密对接成渝地区双城经济圈建设，与四川签订汽摩产业发展战略合作协议，在产业配套、技术创新、示范融合等方面开展全方位合作，将进一步增强全市汽摩产业发展动能。在政策体系上，陆续出台的《重庆市汽车摩托车产业稳产促增实施方案》《重庆市汽车零部件补链强链实施方案》等指导性文件及新能源汽车推广应用激励措施、汽车摩托车制造业促销稳产等专项政策，将为产业转型提供有力政策支撑。在创新平台上，国家数字经济创新发展试验区和中国西部（重庆）科学城全面启动建设，将促进汽摩产业创新要素加快集聚，增强全市汽摩产业创新发展动能。在消费市场上，扩大内需上升为国家战略，消费升级成为新趋势，加之长安、长城、林肯和宗申、隆鑫等品牌新车型陆续上市，将继续拉动汽摩产业稳步增长。

（四）2021年重庆汽摩产业发展趋势预测

充分考虑疫情复杂形势、国内外及市内宏观经济和汽摩产业发展环境，2021年重庆汽摩产业转型升级步伐将进一步提速，预计2021年全市汽摩产业有望保持平稳增长态势，增加值分别同比增长8%和4%左右。

四、对策建议

（一）加快产品提档升级，提升价值链

一是聚焦中高端优化产品结构。紧抓疫情后全球产业链重构升级契机，聚焦价值链高端，优化产业结构，加快汽摩产品更新换代。推动汽车产业向智能网联和新能源汽车方向升级，促进产业链整体由中低端向中高端转变，进一步拓展产业链条和产品系列。二是加大关键核心技术研发。引导企业加大研发投入，加快创新平台建设，支持汽摩产业上下游企业尤其是整车龙头企业与重点零部件企业、高校、科研院所加强产业协同创新和技术合作攻关，集中力量解决一批关键核心技术和产品"卡脖子"问题与"断链"隐患，打造更加自主可控、安全可靠的产业链。三是推动川渝地区汽摩产业链集群发展。引育一批汽摩龙头企业及固链、补链、强链、延链项目，推动两地汽摩产业协作、补链成群，共同构建区域集聚合理、产业链完善、上下游紧密协同的汽摩产业现代化体系，打造世界级汽摩产业集群。

（二）推动技改赋能企业，增强创新链

一是提升企业数字化水平。抓住新基建契机，积极融入全市"制造重镇""智慧名城"建设，加快创新链与产业链深度融合，推动5G、大数据、人工智能、物联网等新技术赋能汽摩企业数字化改造、智能化升级。支持汽摩整车企业依托工业互联网和区块链、大数据等技术，建立全链条资源信息集成平台，与上下游共享产品全生命周期数据和信息；鼓励汽摩企业构建供产销数字化预警模型和智能物流体系，紧密对接上下游采购、生产、销售和服务，提升汽摩企业运营效率。二是推动生产技术改造。引导汽摩企业分阶段、分流程完成生产线数字化智能化升级，持续建设一批数字化车间和智能工厂，提高机械臂、工业机器人及各类自动化装备的生产占比，减少生产端人工依赖。推动汽摩企业开展多规格、定制化的柔性生产线改造，提高生产灵活性，满足多元化、个性化的市场需求。

（三）加大运营风险管控，稳定供应链

一是建立健全采购机制。围绕稳定海外供应链，引导汽摩整车企业拓宽关键进口零部件采购渠道，加强供应商可靠性评估，帮助企业抢购、储备进口关键零部件，增加及补足库存量，防范和降低"断链"风险。二是提升风险防控能力。加强关键零部件供应商的招标机制设计，实施供应奖惩方案，激励供应商主动采取措施规避和降低供应风险。结合全市汽摩产业发展实际，制定产业链、供应链危机应对计划，确保在突发事件后快速恢复运作。引导企业建立和完善与政府计划匹配的供应链应急响应体系，鼓励企业建立供应链风险预警机制，增强外部冲击韧性。三是提升本地配套能力。加大供应链招商引资力度，引进海外零部件供应企业、供应链关键企业落地重庆进行本地化生产。同时，发挥本地龙头企业集聚及带动效应，吸引一批配套零部件企业和供应商进驻，加快供应链核心环节本地化，切实做好国产替代。

（四）立足国内外双循环，拓展需求链

一是深挖国内市场潜力，扩大内需。抢抓扩大内需战略契机，顺应国内消费扩容趋势，精准把握各线城市和农村地区汽摩产品消费需求，利用汽摩产品消费补贴、新能源汽车购置补贴及"以旧换新"、下乡奖励等促销政策，鼓励同等条件下优先采购本地汽摩产品，进一步扩大促销力度。鼓励汽摩生产商和经销商上"云"，深化与电商平台合作，建立线上线下相结合模式，加快线上直销、直播带货等新模式发展。二是拓展海外市场，培育新增长点。有针对性围绕国外市场需求，引导汽摩企业调整产品结构，研发更适应海外市场需求的产品。依托西部陆海新通道、中欧班列（渝新欧）等出海出境大通道优势，巩固欧美日韩传统汽摩消费市场，大力开拓东盟等"一带一路"沿线国家和地区新兴市场，加速"重庆造"汽摩产品"走出去"，拓展国际市场空间。

[重庆市综合经济研究院（重庆市经济信息中心）产业经济研究课题组
主研：易小光　丁　瑶　余贵玲　李　权　王　利　简华球
执笔：简华球]

之四：2020年重庆市电子信息产业发展及2021年展望

2020年以来，面对新冠肺炎疫情带来的严峻考验，重庆市电子信息产业承压前行、迎难而上，抢抓成渝地区双城经济圈建设机遇，加快促进产业高质量发展，表现出较强的活力和韧性。预计2020年全年全市电子信息产业增加值增速达到15%左右。

一、2020年重庆市电子信息产业运行情况分析

（一）总体运行情况

2020年以来，受新冠肺炎疫情影响，全市电子信息产业面临严峻的衰退压力，第一季度出现快速下滑，在国家"六稳""六保"等政策刺激下，呈现第二季度快速回升、第三季度平稳增长态势。其中，电子信息制造业在微型计算机和集成电路等快速增长带动下，1—9月实现增加值同比增长12.2%；软件信息服务业在互联网电商服务等带动下，1—9月实现业务收入1445.6亿元，同比增长13.6%（见图1）。

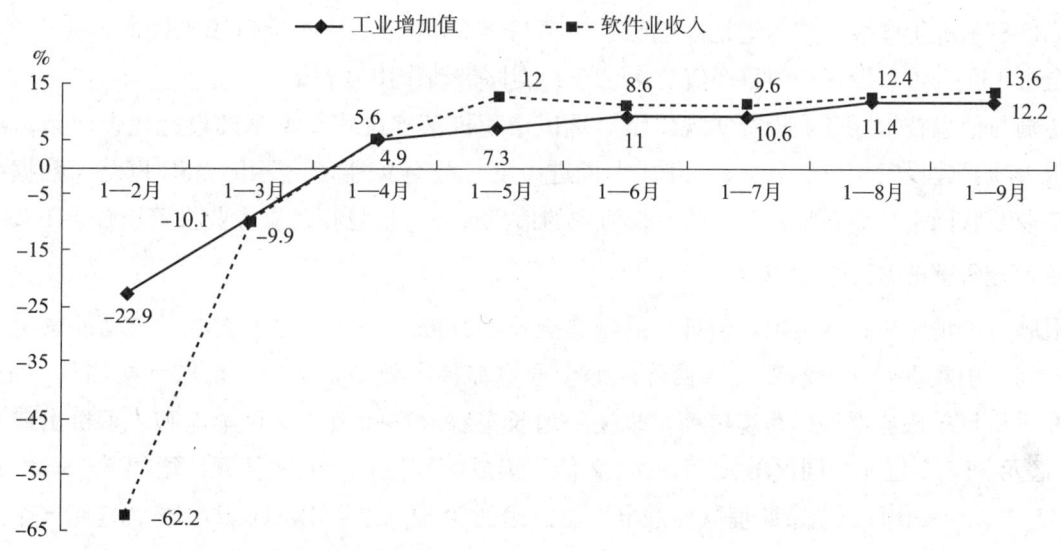

图1　2020年1—9月重庆市电子产业规模以上工业增加值和软件业收入累计增速

（二）产业运行主要特点

1. 电子信息制造业推动工业快速恢复

面对新冠肺炎疫情严重冲击，重庆积极疏通电子产业供应链，千方百计支持微型计算机、液晶显示器、集成电路等制造龙头企业和配套企业复工达产，重点电子产品产量实现快速增长。1—9月，全市笔记本电脑和平板电脑产量同比分别增长18.3%、15.7%，带动集成电路和液晶显示屏产量同比分别增长36.9%、29.6%。电子产业快速增长有力支撑全市工业恢复性增长。1—9月，电子产业增加值在全市八大支柱工业中增速最快，达到12.2%，高于全市规模以上工业增加值增速7.8个百分点；1—9月，电子产

业利润150.2亿元,同比增长41.8%,占全市规模以上工业企业利润的比重为18.2%(见表1)。

表1 2020年1—9月重庆市重点支柱产业工业增加值增幅

指　　标	1—9月同比增幅/%
全市规模以上工业增加值	4.4
其中:汽车产业	8.2
摩托车产业	-3.4
电子产业	12.2
装备产业	1.1
医药产业	2.7
材料产业	4.9
消费品产业	0.5
能源工业	0.7

数据来源:重庆市统计局。

2. 产业投资实现较快增长

电子制造重点投资项目支撑作用强。截至9月底,SK海力士(二期)、OPPO(重庆)智能生态科技园、海康威视科技园二期智能工厂、紫光数字4.0工厂等项目建设顺利推进,带动电子产业完成固定资产投资增长14.1%。华通电脑电路板二期扩建、瑞声科技智能制造产业园、深科技智能制造产业园、京东方第6代柔性显示屏生产线、广达笔记本电脑扩产项目等33个市级重点项目竣工投产,完成产值314.8亿元,占全市135个重点投达产项目产值的46.3%,支撑带动作用显著。

信息传输与信息技术服务业投资实现倍增。重庆市积极落实国家新型基础设施建设政策,出台新型基础设施重大项目建设三年行动方案,①并加大推进力度。截至9月底,全市以5G网络、数据中心、人工智能、工业互联网平台等新型基础设施建设为主的信息传输与信息技术服务业投资增长141.2%。

3. 主要产品外贸进出口形势良好

受新冠肺炎疫情影响,欧美国家信息产品制造企业陆续停工停产,为重庆电子产品外贸出口带来机遇。疫情期间,中欧班列(渝新欧)和西部陆海新通道保持高效稳定运行,重庆承接国外笔记本电脑、集成电路和手机订单快速增加,跨境电商呈现逆势增长态势。1—9月,笔记本电脑、手机出口额分别实现1244.1亿元、95.2亿元,同比增长15.9%、2倍。集成电路进口770.9亿元,增幅25.8%,占全市进口总值的45.2%。1—6月,全市跨境电商进出口总额达到35亿元,同比增长27.2%,连续6个月增速超过20%。

4. 产业协同创新取得积极进展

2020年以来,重庆抓住成渝地区双城经济圈建设机遇,加大电子产业协同创新能力领域补短板力度。联合四川优化产业技术协同创新布局,依托两江新区、天府新区等国家级平台,围绕人工智能、智能制造等领域布局国家级研发平台,协同推进核心器件、集成电路、信息安全等领域关键技术攻关与高端产品制造布局及产业配套;积极推动达州、万州、开州等智慧园区和荣昌电子电路产业园等信息产业基地和配套园区建设。两地国有创投企业联合成立50亿元规模科创母基金,重点投资人工智能等科创企业,

---

① 重大项目动态库项目250余个、总投资规模2300亿元。

助力两地电子信息产业创新发展。

5. 产业平台聚集效应进一步增强

2020年以来，重庆继续发挥重大产业平台支撑作用，电子产业聚集效应明显增强。两江新区以京东方、莱宝、康宁等为代表的平板显示产业已形成500亿元产业规模，以奥特斯、超硅半导体等为代表的高端电子材料产业已具备100亿元的产业规模。1—9月，两江新区直管区电子产业实现产值1254亿元，同比增长9.8%。高新区聚集了华润微电子、中国电科、联合微电子、SK海力士等集成电路研发制造企业，集成电路产业产值占全市比重达到80%。

6. 数字经济实现快速增长

2020年以来，重庆不断夯实数字产业化、产业数字化发展基础，着力推动数字经济加快发展。上半年，全市数字经济产业增加值超过2000亿元，同比增长24%。一是优化政策供给。先后出台《关于加快线上业态线上服务线上管理发展的意见》《重庆市促进软件和信息服务业高质量发展行动计划（2020—2022年）》《重庆建设国家数字经济创新发展工作方案》《重庆市建设国家新一代人工智能创新发展试验区实施方案》《重庆市新型基础设施重大项目建设行动方案（2020—2022年）》等政策文件，召开全市发展数字经济推进大会，成立数字经济创新发展领导小组，成功举办2020线上智博会，形成全市数字经济发展部门协同、上下齐力、共同推进的良好格局。二是加快新一代信息网络基础设施建设。工业互联网方面，忽米网、中移物联网等226家工业互联网平台服务企业集聚重庆。截至9月底，工业互联网标识解析国家顶级节点已经接入上线15个二级节点，涵盖电子制造、汽车制造、医疗器械、建筑建材、摩托车等行业，接入企业252家，标识注册量近3842万，累计解析量2852万次。5G建设方面，截至9月底，全市已建设开通5G基站3.37万个，累计开通5G基站4.40万个；重庆移动公司已实现5G网络对全市38个区县的接通，完成5G网络全业务承载，预计2020年底前，实现对城区商圈、交通枢纽等重点区域的5G网络覆盖。三是加快打造数字经济发展战略平台和智能产业生态。引进阿里巴巴、科大讯飞等智慧总部，以及华为鲲鹏计算产业生态重庆中心等重大项目，推进腾讯西部云计算数据中心、北京大学重庆大数据研究院、江南大数据产业园、重庆移动—亚德（重庆西永）高等级数据中心等大数据产业发展，加快光大人工智能产业基地、IBM人工智能产业园等人工智能产业发展。四是软件服务业实现较快增长。疫情期间，重庆"智能测温""防疫物资盘点""防疫消杀""视频会议"等智慧软件脱颖而出，软件产业强势增长。1—9月，全市重点软件企业1346家，实现软件产品收入378.3亿元，信息技术服务收入834.4亿元，分别同比增长13.6%、15.2%。

（三）存在的主要问题

1. 供需双向抑制电子产业稳步复苏

当前重庆市电子信息产业复苏受到供给端和需求端双向抑制。供给方面，受美国断供高端芯片等关键核心零部件影响，重庆市电子产业链、供应链不稳定风险加大。需求方面，新冠肺炎疫情对电子信息消费带来巨大冲击，直接削弱产业增长动力；国内消费市场回升缓慢，电子产品内销压力加大；国外需求市场持续低迷，智能手机、打印机等出口订单减少，分别同比下滑32.4%和54.8%。

2. 软件信息服务企业数量呈现减少趋势

2017年以来，重庆软件信息服务企业数量减少幅度较大，重点企业数量从2017年底的1500余家减少到目前的1340余家，减少幅度超过10%。而同期，四川省、陕西省重点软件企业数量分别增长约20%和7%。重庆企业数量减少的主要原因：一是受汽车减产影响，配套汽车电子类嵌入式软件等企业退出了市场；二是企业集聚发展生态不优，难以涌现出知名的软件信息服务企业；三是重庆高等院校软件类人才供给能力不足，企业普遍反映很难从高校和市场招聘到足够数量的大数据、智能化、数字化、集成电路设计等人才。

3. 全球疫情反复加剧电子产业供应链风险

欧美国家新冠肺炎疫情持续反复对全球电子信息产业产生深远影响。当前，发达国家疫情恶化出现反复。一旦欧美国家采取更严厉、持续时间更长的限制人员、物流，关闭工厂等措施，来自美国、欧盟、日韩的电子材料、电子元器件等配套供应链断供的风险将上升，进而导致重庆笔记本电脑、智能手机制造和出口再次面临快速下滑风险，产业发展将受到影响。

二、2021年重庆市电子信息产业发展环境及展望

（一）美国持续升级科技霸凌政策，信息产业呈现低迷态势

在新冠肺炎疫情全球快速蔓延背景下，美国持续升级科技霸凌政策，信息产业难以见到复苏端倪。从短期来看，全球信息产业供应链不稳定的风险依然处于高位。受美国持续施压国际高端电子制造核心企业和加强对中国企业实施实体清单限制的影响，以5G智能终端、7纳米及以下制程芯片、跨境金融科技等为核心的全球信息产业供应链依然很不稳定，中国将面临更大的发展压力。虽然全球电子制造业恢复性增长仍将受到新冠肺炎疫情的压制，但是数字化服务贸易、在线商务活动、5G商用服务等网络信息服务将保持快速增长态势。从中长期看，全球信息产业技术激烈竞争将加快全球信息产业格局重大调整。美国、欧盟国家、日本、韩国将持续提升5G、人工智能、先进半导体、网络数字服务等领域的竞争力，抢抓新产业和新经济优势。为保障国家信息安全和产业供应链安全，全球信息产业分工将更多考虑地缘政治、供应链成本、消费市场、产业安全等综合因素，供应链布局更趋分散化，产业格局将加快向美国、中国、欧盟等为中心的多极化网络演进。综上所述，全球信息产业链正进入深度重构格局，信息产业发展呈现低迷态势。

（二）中国电子信息产业将实现更安全、更高质量发展

2021年，我国进入"十四五"时期，电子信息产业将努力突破发达国家技术封锁，聚焦核心技术突破和重点领域发展，加大政策支持力度，强化数字经济引领，实现更加安全、更高质量发展。一是电子信息重点产业领域将获得更大发展。5G、数据中心、工业互联网等新型基础设施将加快建设，半导体设备及芯片、机器人技术、3D打印、物联网、人工智能等将实现加速发展。二是电子信息产业核心技术将获得重点支持。国家将重点针对进口替代、打破垄断和破解重大技术瓶颈等方面，更多聚焦具有自主知识产权和更高技术水平的领域，加大力度加快关键核心技术突破，完善产业链条，确保供应链安全。三是数字经济引领作用更加突出。数字经济将培育出智慧消费等更多新业态新模式，促进制造和服务加快融合，成为推动"双循环"发展新格局加快形成的重要力量。四是产业全球化仍将深入发展。面对全球产业投资贸易格局变化，我国将在国际多边机构和区域合作机制下加强沟通、协调、合作，共同应对各种全球性挑战，维护电子信息产业链、供应链稳定。

（三）重庆市电子信息产业在危机中加快转型升级步伐

重庆市将努力克服海外疫情带来的不利影响，紧抓成渝地区双城经济圈等发展机遇，按照全市"十四五"规划部署，不断推动电子信息产业实现安全化、协同化升级。一是将进一步畅通产业链、供应链循环。围绕人工智能、半导体集成电路、数字经济等重点领域和关键环节实现突破，全市将加快承接产

业转移，加强稳链、补链、强链工作，加快制造业智能化数字化改造，培育"智慧+"消费新业态新模式。二是加快推进区域信息产业链协同布局。重庆将重点推动与四川省共建以5G、工业互联网为核心的新一代信息基础设施，促进川渝毗邻区和"一区两群"电子信息产业链分工，着力建设一批电子配套产业园。三是进一步优化开放创新环境。重庆将重点提升中国西部（重庆）科学城聚集创新要素能力，打造具有国际先进水平的优质营商环境，在更高水平上加强与发达国家科技合作，努力提升重庆电子信息产业创新环境。

（四）2021年重庆市电子信息产业展望及主要指标预测

2021年是在危中寻机开新局的第一年，全市将紧抓大数据智能化创新发展机遇和疫情催生的数字服务机遇，遵循高标准高水平打造"智造重镇""智慧名城"目标，优化调整电子信息产业布局，不断为数字经济提供发展动力，做好"十四五"开局。综合考虑各种因素，预计2021年重庆市电子信息产业将保持较快发展势头，电子信息制造业增加值增速和软件信息服务业业务收入增速将保持在15%左右。

三、对策建议

（一）提升产业发展基础，促进产业复苏

一是建设新型信息基础设施。实现5G网络对所有区县重点区域全覆盖。IPv6用户在互联网用户中的占比提升到80%。进一步提升大数据平台、数据中心、工业互联网二级节点等工业互联网体系规模。二是建设都市区数字经济产业园区。重点支持主城都市区的江北嘴大数据产业基地、渝北区仙桃数据谷产业园、璧山西部（国际）数字经济产业生态区、江津区中科智慧产业园、荣昌区电子电路产业园、綦江区西部信息安全谷、铜梁区广铜高新技术产业合作区等加快建设，推动川渝合作智慧产业园、川渝软件信息服务基地等招商引资和签约项目投产。三是着力发展智慧消费新业态。鼓励发展智慧旅游、智能体育，创新无接触式消费模式，探索发展智慧超市、智慧商店、智慧餐厅等新零售业态。推进快递服务站、智能快件箱、无人售货机、智能垃圾回收机等智能终端设施建设和资源共享。发展消费大数据服务。

（二）加快推进国产化替代，确保供应链安全

一是加快产业链国产化布局。加快建立"重庆造"全国产化计算机"天玥""申泰"的供应链伙伴关系，实现笔记本电脑、智能手机等关键核心零部件国产化替代。着力支持华为鸿蒙操作系统、鲲鹏计算产业生态融合应用。二是完善本地化产业链配套。发挥成渝地区产业链配套优势，共同承接东部地区、欧盟国家、日本、韩国的高端电子元器件、电子材料等产业转移。三是加强半导体集成电路国内合作。积极引进国家集成电路产业投资基金项目，引进计算机CPU、内存控制芯片、智能存储芯片、射频芯片等产业链关键环节，培养集成电路设计与制造人才。

（三）加快智能化升级，培育产业新增长点

一是加强智能产品供给。瞄准智能工厂和数字化车间改造，加强智能产品技术配套。积极开展消费服务领域人工智能应用，丰富5G技术应用场景，加快研发可穿戴设备、移动智能终端、智能家居、超高清及高新视频终端、医疗电子、医疗机器人等智能化产品。二是培育数据产业。以开放公共数据培育数字经济新产业、新业态和新模式，开发控制类工业软件和工业互联网、健康医疗和信息消费、数字内容服务、网络信息安全、大数据人工智能和5G软件产品，推动公共数据在民生服务、城市治理、政府管理、产业融合、生态宜居等领域开放利用。

(四)深化对外开放,扩大产业技术合作

一是积极引进外资。优化引商环境,推动中国西部(重庆)科学城高质量开放,联合发达国家信息科技巨头建立智能产业园、数字经济创新园等。二是加快数字贸易发展。抓住全球自由贸易新规则制定机遇,坚定推动对外贸易和数字化合作,着力推进中日韩、中欧在数字贸易、高附加值生产性服务外包等服务贸易的发展,推动重庆市数字贸易和数字经济高质量发展。

[重庆市综合经济研究院(重庆市经济信息中心)产业经济研究课题组
主研:易小光 丁 瑶 余贵玲 李 权 罗宇航 蒋安玲
执笔:罗宇航]

之五：2020年重庆市装备制造业发展及2021年展望

一、2020年重庆市装备制造业运行基本情况

（一）主要指标完成情况

1—9月，1086户规模以上企业工业增加值同比增长1.1%；完成工业总产值1449亿元，同比增长4.5%；实现出口交货值77亿元，同比增长14.3%。9月当月工业增加值同比增长8.5%；工业总产值202亿元，增长13.2%。

实现利润108亿元，同比增长2.2%；亏损企业168户，亏损面为15.5%，比上半年减少3.7个百分点，同比增加1.6个百分点。实现营业收入1456亿元，同比增长5%。资产2054亿元，同比增长7.9%；负债1161亿元，同比增长8.9%；应收账款、产成品同比分别增加9.6%和11.7%。

全国装备行业工业增加值在主要五个子行业中只有铁路、船舶、航空航天和其他运输设备制造业（含摩托车制造业）下降2.1%（重庆下降2.7%），其他四个子行业增长。重庆下降的子行业还有通用设备制造业（下降1.8%，全国增长2.6%），其他三个子行业增长且增幅高于全国，其中专用设备制造业增长7.7%（全国5.1%）、电气机械和器材制造业增长6%（全国5.6%）、金属制品业增长2.6%（全国1.8%）（见表1）。

表1　2020年1—9月装备行业增加值累计增幅对比（%）

项　目	规模以上工业	通用设备制造业	铁路、船舶、航空航天和其他运输设备制造业	电气机械和器材制造业	金属制品业	专用设备制造业
全国工业增加值增幅	1.2	2.6	-2.1	5.6	1.8	5.1
重庆市工业增加值增幅	4.4	-1.8	-2.7	6.0	2.6	7.7

注：表中"铁路、船舶、航空航天和其他运输设备制造业"含摩托车制造业；"电气机械和器材制造业"含电线电缆、电池、家用电力器具、照明器具制造业等；"金属制品业"含建筑安全用金属制品、搪瓷制品、金属制日用品制造。包含的这些行业数据不归入重庆市装备工业总计。

主要产品中，累计生产增长的主要有：矿山专用设备12.8万吨，同比增长115.6%；农产品初加工机械1.6万台，增长44.7%；机械化农业及园艺机具57.3万台，增长13%；环境污染防治专用设备2050台（套），增长9.2%。钢结构112万吨，增长13.8%；铸造机械2062台，增长11.5%；电梯及升降机2.2万台，增长2.6%；工业机器人1804台，增长7.4%；服务机器人1378台，增长67.4%；城市轨道车辆298辆，增长17.3%。

累计生产下降的主要有：铸铁件13.9万吨，下降21.5%；铸钢件1.9万吨，下降26.4%；金属切削机床5076台，下降1.8%（其中数控金属切削机床3532台，下降8.2%）；金属成型机床1606台，下降16.2%；起重机2.9万吨，下降20.4%；塑料加工专用设备7259台，下降94.6%；民用钢质船舶15.6万载重吨，下降18.5%。发电机组133万千瓦，下降68.6%；电动机398万千瓦，下降3.9%；变压器2576

万千伏安，下降 27.4%。

（二）2020 年预测

预计第四季度重庆市装备工业经济保持较好增长，产值预计增长 13%。2020 年全年完成产值 2080 亿元，同比增长 7%。

二、2020 年重庆市装备制造业工作举措和成效

（一）抢抓龙头促达产，复工复产出实效

统筹抓好企业疫情防控和生产工作，实现"两手抓、两手硬"。重点围绕 10 家龙头装备企业、100 家营业收入 5 亿元以上装备企业以及装备企业 50 强，全面落实"企业 40 条"等系列政策措施，关注企业个性化需求，采取"一企一策"办法，切实优化服务，认真做好复工复产后续保障工作，提高企业产销效率。装备工业复工复产取得良好成效。1—2 月新冠肺炎疫情对全市装备工业负面影响最大，规模以上装备企业累计工业增加值同比下降 28.1%，产值同比下降 29.7%，3 月以后随着复工复产工作的推进和疫情好转，降幅逐月收窄。在系列组合拳效应下，重点企业不仅快速复工复产，而且克服了疫情带来的各种不利影响，精准施策，抢抓订单，迎难而上，实现运行指标 7 月基本持平，8 月首次实现正增长。

（二）精准打通供应链，强化招商补短板

4 月 28 日，副市长郑向东出席主持召开装备制造业高质量发展座谈会，围绕全市装备产业链、供应链发展提出了具体工作指导意见。针对全市装备行业不同类别产品，装备处全面梳理产业链，精准打通供应链，强化招商补短板，形成国内外产业链供应龙头企业和重点项目招商清单，合力做好产业链、供应链的保障保供工作。

一是认真梳理国内产业链情况，着力提升装备本地化配套率，如重庆长客的地铁车辆本地配套率 70% 以上、单轨车辆配套率 80% 以上、海装风电风力发电设备内配率 80% 以上、潍柴动力内配率 90% 以上、通机本地配套率 90% 以上。

二是注重打通海外供应链环节，畅通大动脉和微循环，针对受疫情影响的海外供应链端龙头产品技术短板突出问题，探索新型合作关系，落细落实短中长期计划保供举措，统筹协调推进装备重点企业在全球采购过程中与相关国家（地区）及组织的交流与合作。

三是强化招商引资对强链、补链的重要作用，挖掘潜在市场，围绕成渝地区双城经济圈建设和"一区两群"协调发展战略，联合两江新区、重庆高新区、永川等重点区县及"两群"区县，发挥区位优势，联动招商，促成一批重大装备工业项目签约落地。到目前为止，全市共签约落地 9 个重大装备工业项目（10 亿元以上），合同额 239.5 亿元，其中三一重工西南智能制造项目和建筑产业示范化项目（100 亿元）、中科·国机地球资源装备产研项目（25 亿元）、ABB 重庆两江新区变压器智能制造基地项目（15 亿元）等重点项目已成功签约，美中能源罐式集装箱生产基地（30 亿元）正在加速推进签约。

（三）强化调度盯项目，提质增效有保障

重点针对 16 个 2020 年市级重大装备工业建设项目，实行"一月一调度""一季一通报"，专人跟踪，建立台账，清单管理，紧盯项目情况，协调解决问题，推进项目进度。中船重工永川智能装备产业园（一期）项目总计划投资 30 亿元，总建筑面积 29 万平方米，目前建设进度过半，预计年底可完工；中船重工万州智能装备产业园（一期）2 个项目均已开工建设，总计划投资 6.2 亿元，年底可建成。以上项目建成后全市智能装备产业格局会初步成形壮大。潍柴高速发动机及旧厂区迁建项目，总计划投资 20 亿元，

产出20亿元，已完成设备安装调试和附属环境施工，预计10月建成投用，实现年产5万台9升、10升柴油机和年产1500台/套CW200、CW250重机，并吸引一批上游企业就地配套，形成产业集聚示范基地。

（四）瞄准高端新业态，产业结构更优化

借助新基建的发展势头，深入研究新兴产业业态，为新型装备、高端装备指明发展目标、方向和重点任务，协同相关部门助力多种新兴产业并跑发展。

一是围绕新型装备细分领域下功夫，大力培育文旅装备、冷链装备、能源环保装备、粉末冶金增材制造等新型特色产业。浙江星星冷链智能冷链生产基地项目（10亿元）成功落地永川区，南川重庆铝器时代科技公司轻型铝制冷链车厢实现月产500台量产，促进全市冷链装备产业取得新突破；南川节能环保特色产业基地获批2020年第一批国家火炬特色产业基地；云阳县生产餐厨垃圾处理设备项目（10亿元）已于2020年初签约，公厕智能环保设备生产项目（10亿元）也正在全力推动落地，渝东北片区环保装备产业布局逐步形成。

二是聚焦高端装备产业高质量发展，协同中科院重庆院、重庆大学、重庆理工大学等单位进行产学研联合攻关，形成工业机器人、卫星、轨道产业发展工作方案。在各方大力推动下，华南地区数控机床全产业链企业广东润星高端装备制造产业园（40亿元）已落地忠县，沙坪坝区近期成功签约成都博宇集团工业机器人生产基地项目（20亿元），高新区（科学城）以傲博等协作工业机器人龙头企业为主导已融合10家高校和研发基地展开技术研发应用，大足机器人特色产业基地获批2020年第一批国家火炬特色产业基地。

（五）传统装备更规范，产业升级方向明

一是规范船舶生产能力标准。通过优胜劣汰、集中整合，全市造船企业生产能力更上台阶，2020年，川东船舶重工公司建造的13800吨不锈钢危化船已在涪陵正式开建，这是重庆乃至西南地区迄今为止承接的最大载重量船舶。二是引导电镀行业健康发展。持续开展电镀行业落后产能核查和淘汰工作，积极支持电镀集中加工区建设，引导电镀企业向电镀集中加工区集中，促进全市电镀加工产业集群发展，进一步降低电镀行业环境安全风险。三是针对重庆市丘陵山区农作物特点，积极推动农机装备由传统农机向新型农机、由粮油作物向经济作物、由种植业向养殖业和加工业转型升级，着力打造先进新型农机装备研发制造基地，到目前为止，全市农机生产规模以上企业44家，资产合计44亿元，年产值75亿元，上升趋势逐年向好。

（六）强化政策落地，增强企业获得感

一是落实通机专项政策。根据市委市政府工作部署，疏解通机企业受美方加征关税带来的经营压力，保住产业链，稳定就业面，积极落实对重点通机企业的专项扶持政策，目前已完成2亿元专项资金兑现。二是落实重大装备政策。按照工信部安排，推荐上报重庆市重大技术装备申报国家首台套保险补偿政策，对首台套重大技术装备目录进行修订并公布《重庆市首台套重大技术装备推广应用目录（2020年版）》，组织开展2020年重庆市首台套重大技术装备保险补偿和首购首用项目，3家企业的产品获得财政资金支持，支持金额282万元。三是落实进口退税政策。支持重庆山外山血液净化技术股份有限公司和重庆澳凯龙医疗科技股份有限公司申请重大技术装备进口退税，两家企业获得该项政策进口税收减免。

（七）扎实推进"三服务"，助推区县稳发展

按照重庆市经济和信息化委员会党组的统一要求和部署，深入江津区和武隆区2个区县开展"三服务"工作。一是先后现场调研10余次，走访企业14余家，召开政策宣讲会1次，组织企业座谈会4次，

对产业政策和扶植政策进行了宣讲；二是现场收集问题8个，所有问题全部销号，办理率100%；三是协助区县推动重大工业项目进度，潍柴发动机搬迁项目主体工程已完工，10月底可投产；四是协助区县招商引资，通过帮助区县找准产业定位、明确产业发展方向，积极参加区县招商活动，支持企业举办行业年会，从而推动区县发展。

三、存在的主要问题

一是龙头效应不强。年产值百亿元以上的只有机电控股集团、重庆船舶工业公司2家企业，40亿元到100亿元区间企业数为零，缺乏如长安汽车这种能够带动整个产业链的龙头企业，产业集聚性不够，规模效应尚未形成。

二是本地配套不足。重庆市装备产品的本地采购应用不足，呈现"墙内开花墙外香"现象，部分产品在沿海省份销售较好，而在重庆市场份额较少。如全市现已运行的8条地铁轨道，重庆特色的单轨线路只有2条；迪马工业特种车辆在深圳市场份额较高，望江变压器主要销往江浙沿海地区。

三是高端装备不多。传统装备制造业产值占全行业比重达70%以上，新产业新产品培育乏力，产品低端、雷同现象突出。机器人及智能装备、轨道交通装备、环保装备等新型装备产业规模均不足200亿元，3D打印、激光加工装备等尚处在起步阶段，重型机械、大型发电设备等高端装备缺乏。

四、下一步工作安排

一是进一步强化运行监测调度。做好日常监测预警，定期开展行业经济运行分析，研究行业发展趋势，提出政策建议；结合主题教育和"三服务"工作，加强对园区、企业的调研力度，及时协调企业生产经营中的问题和困难，确保各项生产要素保障到位。

二是进一步推进重点项目建设。完善项目调度机制，及时跟踪项目建设进度，积极协调解决"卡点"问题。重点推进重庆ABB变压器公司迁建项目、潍柴高速发动机及旧厂区迁建项目、国机集团重庆地质装备产业园建成投产、中船重工永川智能制造产业园（一期）、中船重工西部研究院开工建设等市级重点项目，积极帮助企业解决建设中的流动资金、劳动力等要素保障问题，力争早开工、早投产、早达产。

三是进一步强化招商引资力度。重点针对数控机床、智能机器人、能源环保装备以及关键零部件行业进行招商，推进三一重工、美中能源、科德重庆五轴联动数控机床研发生产项目及忠旺集团西南地区铝型材深加工基地等签约项目的投资落地，推动航天科工集团天玥计算机总部和航天二院重庆分院等项目的跟踪签约落地。目前根据重庆市经济和信息化委员会领导要求，积极牵头推进航天科技集团、国机集团与重庆深化合作。同时按照市政府要求，积极会同市国资委，推动组建市轨道交通装备工程集团公司，做大做强轨道交通装备产业（引入中国中车，投资100亿元）。

四是进一步发展战略性新兴产业。继续围绕新型装备、高端装备等战略性新兴产业狠抓补链、强链，大力培育文旅装备、冷链装备、环保装备、新型农机、电梯装备、增材制造等新型装备特色产业和工业机器人、轨道、卫星高端装备产业，抓紧抓细抓实各项产业发展工作方案，引进1~2家研发、生产、销售、服务一体化的龙头企业，向先进示范制造基地学习，形成一批由龙头企业引领、中小型企业配套、产业链协同发展的聚集区，同时加快推动渝东北地区装备制造产业发展，改善地域装备产业处于空白的现状，依托万州经开区等重大开发开放平台优势，积极向周边区县辐射，带动区域性特色装备制造业集聚发展。

[重庆市经济和信息化委员会　平嵩蕊　王　刚　田　望]

之六：2020年重庆市生物医药产业发展及2021年展望

近年来，随着宏观经济增速放缓、国际贸易动荡加剧、市场扩容速度减慢，我国医药产业进入市场化、国际化变革过渡期，产业发展正在从需求拉动、仿制为主，向创新驱动、仿创结合转型，产业政策更加聚焦于"鼓励创新、提高质量、加快审批、合理控费"。以传统制造为主的重庆医药产业进入了转型升级的阵痛期，加之新冠肺炎疫情作为事件性因素的放大作用，发展速度明显放缓。面对"危""机"并存的发展前景，以产业平台为载体，打造医药产业发展新生态，以创新能力提升带动产业发展已成为当前产业发展的工作重点。

一、2020年重庆市生物医药产业运行基本情况与特征

（一）产业发展维持正增长，子行业运行出现分化

重庆市现有规模以上医药企业170余家，其中年产值10亿元级的企业有13家。截至2020年8月，共有11家生物医药企业在沪深交易所上市，市值近3000亿元，市值和数量在重庆所有行业中均排名第一。2020年，重庆市克服新冠肺炎疫情等因素影响，医药产业整体维持正增长态势。1—9月，全市医药产业产值同比增长2.9%。各子行业发展出现分化，由于疫情影响医院诊疗活动，导致传统的中成药生产、化学药制剂生产行业增速出现下滑，尤其是化学药制剂生产行业，产值出现负增长，同比下滑15.4%。医疗器械行业产值增速加快，同比增长53.24%。预计全年产值增速在7%左右。

（二）研发平台加快布局，创新体系逐步建立

2020年，一批公共研发服务平台项目落地、开工、投用，从早期研发、安全评价、药学研究、中试放大到临床试验的一体化研发创新体系逐渐成形。泰格医药临床研究西部（重庆）中心成功落地重庆高新区，金迈博全人源转基因动物抗体药物筛选平台、昭衍新药药物安全评价中心、以色列生命科学园创新中心、重庆国际免疫研究院等项目启动建设，迪纳利生物分析技术中心、柳江医药药学研发平台、歌汭医药临床研究中心、美莱德药物安全评价中心等建成投用。

（三）高端产能逐渐释放，产业链结构逐步改善

以智翔金泰抗体药物、宸安生物重组蛋白药物、博唯佰泰基因重组疫苗、精准生物CAR-T细胞治疗药物等产业化项目为代表的生物医药产业集群建设顺利推进。华邦制药智能化生产基地、Athenex抗肿瘤药物原料药生产基地、海王生物中药材提取加工基地、天津红日配方颗粒生产基地、中国中药配方颗粒生产基地建成投入使用，复星医药国际原料药产业基地项目、南芯医疗西南地区总部及产业化基地等项目落地签约。

（四）创新项目顺利推进，发展潜力逐步提升

2020年，重庆市医药产业研发创新成果逐步显现。在生物药领域，全市共有单抗药物、长效胰岛素等7个生物药物进入临床阶段，其中博唯佰泰九价宫颈癌疫苗已在国内率先进入临床Ⅲ期，智飞生物与中

科院微生物所合作开发的重组新型冠状病毒疫苗（CHO细胞）已经进入Ⅱ期临床试验阶段。在化学药领域，共有28个品种的44个产品通过仿制药一致性评价；其中，13个产品在国家医保局组织的集中招标采购中成功中标；复创医药聚焦临床急需的抗肿瘤和代谢疾病的创新药研究，已有9个项目进入临床研究，其中1个糖尿病治疗药项目进入Ⅲ期临床试验阶段，4个靶向抗肿瘤创新药项目进入Ⅱ期临床试验阶段。在医疗器械领域，2020年1—7月，重庆市医疗器械产品注册数达到122个；注册产品质量持续提高，共有包括"永仁心"左心室辅助装置、润泽医药植入式多空钽、明峰医疗128排CT在内的17个三类医疗器械产品获批上市，超过往年全年水平。

（五）产业结构仍需优化，创新支撑有待加强

1. 产业规模小，子行业结构不合理

一是重庆生物医药产业整体规模较小，缺乏全国性龙头企业。2019年医药产业产值规模只有600多亿元，较江苏等发达地区差距明显。二是子行业结构不合理。化学药制剂占比仅为总产值的23.9%，明显低于全国平均水平（35.7%）。未来发展潜力巨大的生物药、医疗器械等产业占比分别只有7.6%、6.1%（全国9.1%和9.8%）。

2. 产品结构老化，竞争力不强

一是具备市场优势的大品种数量稀少，全市仅有1个产品年销售收入突破10亿元。二是重点生产品种以抗生素、辅助用药为主，与国家医改政策导向冲突。三是生物药产品仍在研发阶段，产业新动能不足。四是医疗器械产品数量少，远少于产业发达地区品种规模，技术水平低，难以支撑产业快速发展需要。五是市场有效供给能力不足，全市仅44个产品通过一致性评价，严重制约集采参与程度，无法参与阿莫西林等超大市场品种竞争。

3. 研发投入不足，创新支撑不够

一是研发投入少。重庆医药企业在创新研发方面投入少。重庆市上市企业研发投入占比与东部产业发达地区和四川等周边省市都有很大差距。二是人才资源匮乏。重庆虽然有4所医药类高校，三级甲等医院36家，但高端人才严重缺乏，在重庆全职工作的以院士等为代表的高端人才不足10人。三是研发实力不强。科研平台以企业自建技术中心为主；本地高校院所基础研究能力不足，缺乏原生性创新项目源；虽引进培育了一些CRO业态的商业化药物研发平台，但大多仍在筹建之中，还没有真正发挥作用。四是资本活跃度不高，缺乏生物医药产业专项的政策性投资基金，融资额低。

二、2021年重庆市生物医药产业经济运行的环境及因素分析

（一）鼓励创新、高质量发展有利于重庆医药产业加速新旧动能转化

MAH（上市资质持有人）制度的实施有效实现了产品与生产企业的分离，减轻企业的固定资产投资压力，促进资源更加聚焦创新研发，降低了创新门槛。重庆医药产业应抓住有利时机，围绕生物药、高端仿制药、体外诊断、高值耗材等产品的引进和培育，加快产品结构升级。

（二）"国内大循环"需求加快重庆医药产业供给侧改革

1. 医改政策推动国内终端市场变革，倒逼产业持续升级

集中带量采购、严控辅助用药等政策的持续推进，加速了产业核心竞争力由渠道资源向产品价值和生产技术能力的回归。具备品种数量、技术能力、要素资源和规模成本优势的头部企业在竞争中的领先

优势将逐步放大。以传统生产企业为主的重庆医药产业被迫加快自身产业结构的转型:通过优质产品、产能甚至股权的整合,快速扩充品种数量和有效产能规模成为本地龙头企业的必然选择;中小型企业逐步向具备技术壁垒的特殊剂型生产企业和代工服务平台分化发展。"换道超车"的需求加速工业互联网、智能制造、新零售等新技术、新模式的引入。

2. 供应链保障需求推动产业链向上游延伸,医药产业配套行业赢来发展契机

"原料药+制剂"一体化产业模式成为产业发展重点,特色原料药、创新原料药产品的绿色生产成为产业发展重点,重庆市化学原料药产业发展迎来市场机遇期;高端辅料、药用包材等重庆市具备一定产业基础的领域有望加速发展;大分子药物生产设备、耗材和试剂的产业化项目以及体外诊断、血液透析等重庆市医疗器械重点发展领域的核心部件、原料试剂将成为产业发展的潜力点。

(三)国内国际双循环推动重庆医药产业技术提升和市场拓展

作为"一带一路"和长江经济带的联结点,国内国际双循环战略有利于促进重庆医药产业快速发展。一是有利于重庆市将海外创新资源与本地企业进行嫁接,通过对其创新产品、先进技术、核心原材料资源的吸纳、整合提升重庆市产业技术能力。二是有利于本地产品,尤其是大宗医药产品充分发挥中欧班列等物流要素资源优势,积极拓展"一带一路"沿线市场,并以此吸引东部医药发达地区企业来渝设立产业化基地,带动重庆市产业产能和品种资源扩增。三是随着首次进口药品和生物制品口岸的设立和自贸区的建设,"关外生产、关内销售"模式成为可能。

(四)成渝地区双城经济圈建设促进两地产业资源共享,有助于快速补齐重庆市产业短板

成都地区相对完善的创新体系及较为丰富研发机构、高校资源有助于弥补重庆市医药产业创新资源相对不足的劣势;四川地区相对广大的产业空间布局能够有效补充重庆市在化学原料药、中药材等领域的需求供给;两地企业在产能资源上的合作能够快速弥补其在高端产能上的不足,并降低在集采竞争模式中的投资风险;两地产业互动也有利于共同争取国家产业政策的支持。

三、2021年重庆市生物医药产业发展趋势展望及主要指标预测

重庆市生物医药产业发展将继续维持低速发展的态势,但随着创新环境的不断改善和产业链的持续补强,产业结构有望得到进一步优化,行业投资将继续维持高增长状态。预计2021年重庆医药产业将继续保持5%左右的低速增长的态势。在药品制造领域,随着集采政策不断完善,化学药制剂生产行业产值增速将趋于平稳;随着中成药传承创新政策不断推进,整体保持稳中有进态势;化学原料药生产行业将保持10%左右的增速。在医疗器械领域,由于新产品的快速扩增,行业将保持高速增长的势头,但随着新冠肺炎疫情防控常态化,增速将有所下滑。

四、政策调控措施建议

紧紧围绕"鼓励创新、推动高质量发展"两条主线,积极融入成渝地区双城经济圈,以"补齐平台短板、强化产业链条、增加优质品种、提升制造能力"为抓手,以创新平台为载体,打造纵向产业链(研发、生产、流通、销售)到底、横向创新资源(人才、资本、平台、政策)到边的医药产业发展新生态,推动重庆市医药产业从以需求拉动、仿制为主向创新驱动、仿创结合转型。

(一)搭建以平台建设为核心、以产品导入体系为重点的生物药产业化体系

一是以生产平台为重点,构筑自有基地和公共平台并重的生物药产业化体系。二是依托重点生产平

台、上市龙头企业和 MAH 基金，通过购买和股权合作等方式持续引进新产品，构筑以创新药为主、以生物类似药为补充的生物药物产品体系。三是积极引进生产所需设备、耗材及试剂生产基地项目。

（二）完善以品种持牌为重点、以"原料药+制剂"一体化为抓手的化学药产业体系

一是培育以研发资源、金融支撑和渠道资源为支撑的上市许可持牌机构，支持本地龙头企业通过自主研发、引进、股权合作等方式大批量引入通过仿制药一致性评价的仿制药大品种，丰富重庆市化学药制剂品种数量。二是大力发展特色原料药，围绕重点产品构筑"原料药+制剂"一体化生产体系。三是积极引进高端制剂生产项目，支持企业建设智能制造、环保工艺、柔性化生产技术体系，提升产品制造水平。

（三）建设以体外诊断、高值耗材为核心，以智能化医疗装备为补充的医疗器械产品创制体系

一是围绕体外诊断、高值耗材，充分利用 MAH 制度试点的黄金窗口期，通过持牌方式不断扩充重庆市医疗器械种类。二是加大对医疗器械孵化器、医疗器械工程转化中心等平台的引进力度，批量化引进创新医疗器械产品，提升产业转化能力。三是依托重庆市智能产业基础，AI 技术与诊疗设备的结合，引进一批 AI 影像、"互联网+个人"及家用医疗检测设备的研发制造项目。

（四）建设以大品种二次开发为重点、以标准化为导向的现代中药研发制造体系

一是支持企业通过自建、定向采购等方式建设规范化中药材种植基地，确保上游原材料质量稳定。二是鼓励企业积极引进海外植物药、汉方药等产品生产技术及管理经验，打造标准化的生产与质控体系。三是引导企业开展药品上市后再评价工作，建立以临床效果为核心的产品价值评价体系，扩大优质品种的市场占有率。四是全面推动中药配方颗粒和传统经典名方产品开发和产业化，改善重庆市中药品种结构。

（五）推进成渝产业合作，促进两地资源共享

一是以西部科学城建设为抓手，鼓励企业整合两地创新资源，加大创新项目合作。二是探索建立制剂企业产能协作体系，通过委托生产的方式，降低企业建设成本和经营压力，合理提高产能利用率。三是共同策划争取国家相关部门在两地设立西部医疗器械创新发展服务站、西部药品审评分中心、西部医疗器械审批审查分中心等产业服务关键平台，共同创建西部化学原料药产业集群。

[重庆市经济和信息化委员会　胡　睿　马改妮　文　玉　等]

之七：2020年重庆市材料产业发展及2021年展望

2020年，重庆市材料工业紧紧围绕习近平总书记对重庆提出的营造良好政治生态，坚持"两点"定位、"两地""两高"目标，发挥"三个作用"和推动成渝地区双城经济圈建设等重要指示要求，努力克服新冠肺炎疫情的不利影响，锐意进取、主动作为，实现了稳中向好的发展局面。1—9月，材料工业实现产值2323.7亿元，增速2.3%，冶金行业增加值增速8.2%，建材行业增加值增速1.4%，合计对全市增加值贡献率达到16.2%。行业发展动能明显提升，1—9月，全市材料工业招商签约金额超过710亿元，博赛集团年产360万吨特铝新材料开工建设，中铝高端制造项目完成资产入装进入实际运营阶段，攀华集团智能热轧项目建成投产。行业高质量发展加快推进，市政府召开材料产业高质量发展会议，进一步统一思想、谋篇布局，推动材料产业特别是新材料产业加快实现高质量发展。巩固供给侧结构性改革成效，开展全市现有钢铁产能置换项目自查自纠工作，就淘汰落后产能进行验收，确保落后产能应退尽退。切实践行绿色发展理念，2020年重庆市水泥行业错峰生产专题工作会议顺利召开，全市水泥企业继续规范开展错峰生产和协同处置固废工作，为全市生态文明建设和打赢污染防治攻坚战作出了突出贡献。

一、2020年重庆市材料产业发展情况

（一）重点项目进展顺利

中铝高端制造集团项目加快建设进度，目前已完成资产入装进入实际运营阶段。重庆钢铁千万吨钢产线提升项目建设进展顺利，全面启动全流程工艺装备提档升级改造，产销等各项指标再创历史新高。重庆市与宝武集团战略合作"五个一"项目建设全面加速推动，宝武西南总部、中国钢铁博物馆、宝武大学重庆校区、中国宝武中央研究院西南新材料研发中心等四个项目正式签约落户。支持攀华集团400万吨1580全智能热轧项目顺利建设投产，创国内同类型项目开建投产多项第一。博赛集团年产360万吨特铝新材料于9月底顺利开工建设。国际复合长寿新材料研发生产基地项目一期建成点火，是目前国内最大的特种玻纤生产研发基地。西南铝2800毫米冷轧项目、预拉伸板项目进入设备安装阶段，预计年底投产，届时将实现汽车车身板、飞机蒙皮板本地生产。加快与中国建材集团战略合作项目推进，加快铜梁和秀山西南水泥产线优化，开展万州西南水泥项目、石柱新型骨料基地等项目前期工作。市级重点关注项目海亮铜管有色金属材料深精加工项目建设顺利。

（二）招商工作积极开展

与重点招商引资或战略合作企业进行有效对接，推进工作开展，与海螺水泥、三一重工多次对接，研究协调海螺水泥产能置换扩大投资和忠县机制砂、水泥、混凝土、装配式建筑产业基地投资建设事宜。据初步统计，1—9月材料工业新签约项目155个，投资711.18亿元，占全市工业总投资的13.1%。博赛集团年产360万吨特铝新材料、UHPC绿色装配建筑新材料生产基地及绿建产业园等新签约项目投资额超过30亿元。

（三）创新能力持续增强

重庆市从事新材料生产的企业数量已突破200家，超过规模以上材料企业总数的1/5。6个国家级企业技术中心运行良好，部分企业技术中心正在承担重大新产品研发工作。由再升科技牵头的干净空气新材料及装备制造业创新中心于2020年5月通过市级主审，成为市级制造业创新中心，其新开发的过滤材料、电池隔膜材料等新材料产品通过相关用户验收。重庆鑫景玻璃通过技术攻关，电子显示玻璃产品良品率从不足30%提高到50%以上。由中铝、重庆大学、重庆市共同组建的中国轻量化研究院进入筹备阶段。国际复合建成国内最大的特种玻纤生产研发基地。南京云海集团投资5000万元在万盛经开区建设镁合金产线优化科研提升项目，优化产线并强化科研能力，开展工厂智能化改造，建设集镁合金研发、检测于一体的专业实验室。中国宝武中央研究院西南新材料研发中心挂牌成立。

（四）高质量发展加快推进

8月7日，重庆市政府召开研究材料产业高质量发展会议，推动行业利用大数据智能化转型升级实现高质量发展。郑向东副市长出席会议并讲话，指出重庆发展新材料产业正当其时，要集全市之力抓好材料产业高质量发展，并强调各部门要积极主动履职尽责，想方设法创造条件支持材料产业发展，为全市支持材料产业高质量发展进一步统一思想。市砂石协会召开全市机制砂高质量发展研讨会，推动机制砂石产业高质量发展，开展机制砂石行业调研，草拟推动机制砂石行业高质量发展实施方案。

（五）供给侧结构性改革成效进一步巩固

巩固钢铁等严重过剩行业去产能成果，拟定全市现有钢铁产能置换项目自查自纠工作方案，开展自查自纠工作，并将自查自纠结果报送部际联席会议办公室。推动行业绿色发展，联合生态环境局印发《关于重庆市水泥企业错峰生产2019年完成情况及2020年安排意见的通知》（渝经信发〔2020〕123号），督促指导水泥企业继续开展错峰生产，联合市生态环境局、市水泥协会组织召开2020年重庆市水泥行业错峰生产专题工作会议。赴秀山、巫山、巫溪等区县开展材料行业淘汰落后产能验收工作，确保落后产能应退尽退，在产能方面，未发现重庆市存在钢铁、水泥、电解铝、平板玻璃行业存在违规在建项目。推动东方希望重庆水泥、重庆海螺水泥等160家矿山企业成功创建"市级绿色矿山"。督促指导大渡口区稳妥推进重庆小南海水泥厂2条1200吨/日生产线关停前各项工作，确保2020年底按期关闭。

二、存在的问题

（一）面临新旧动能转化两头承压局面

传统行业整体发展水平依旧不高，鼓励发展新材料的体制机制尚不健全，新材料与传统材料同样作为"两高一资"产业对待，融资、要素价格、布局等政策存在"一刀切"的现象，招商引资、行业补链补短板、增加新动能等工作推动困难。

（二）存在诸多产业政策壁垒

目前国家化解的五大过剩产能中四个属于材料产业，而重庆市钢铁、平板玻璃、电解铝三大产品尚不能满足本市所需，长期依赖市外输入。材料产业被广泛认为是"高耗能"行业，导致材料和化工行业不能享受电价优惠补贴政策。

（三）社会和舆论对材料产业接受度低

长期以来，由于认识不统一、科普宣传不够，公众对材料工业发展的科学性、合理性认识不足，社会"谈材料色变"舆论氛围浓厚,影响了精深加工项目发展,企业普遍反映招工困难、投资意愿下降,区县、园区、企业材料产业招商积极性降低。

(四)产业发展的体量和质量有所欠缺

与周边地区比较产业规模排名靠后,龙头规模不大,百亿级企业和五十亿级企业数量少。与重庆市支柱产业配套能力弱,产业链、供应链抗风险能力不强。

三、2021年展望

2021年是"十四五"开局之年,是重庆市材料工业产业结构由量变到质变提升的重要阶段,"十三五"期间全市材料产业保持了良好发展态势,但产业发展依然存在社会和舆论对材料产业接受度低、材料产业要素成本总体偏高、产业创新能力和质量不高、产业政策壁垒客观存在、产业发展安全环保水平还有待提高等系列问题,2021年我们将针对"十三五"期间材料工业发展中存在的问题和短板,把握关键、认真研究,系统推进解决。

(一)引导区县正确对待材料工业的发展

因材料工业高能耗、高排放的产业特性,特别是在当下人们生态环保意识不断增强的背景下,很多地区对材料工业敬而远之,发展意愿不强。但是,材料行业是制造业发展基础性、战略性产业,是制造业高质量发展的根本保证,更是构建有竞争力的工业体系、新兴产业体系和产品体系的重要支撑。2021年,拟通过组织参加新材料各类展会、赴材料工业先进省市和区县学习、到材料工业龙头企业调研等多种途径引导区县高度重视材料工业发展,理性看待,差异化推进,特别是在招商引资、项目管理、政策扶持上给予更多关注,正确引导舆论,营造材料工业发展的良好氛围。

(二)牢固树立产业链群发展理念

立足材料工业高质量发展,围绕"高""精""深"延链补链,推动材料工业形成从原材料到终端产品的完整产业链条,提高产业整体附加值和经济性。如轻金属材料工业向市内的汽车、家电等行业用材方向延伸,根据应用端轻量化、绿色化、品质化需求,重点发展航空航天用铝、新能源汽车用铝、轨道交通用铝、船舶用铝、电子用铝、新型包装用铝、建筑用铝、装饰装修用铝等产品,推广铝代钢、铝代木、铝代铜、铝代塑,扩大铝合金应用范围,培育发展铝合金精深加工企业,不断提高本地配套水平。

(三)下大力气提升产业研发能力

目前,重庆市材料工业在规模上已经有相对较大体量,但新材料的规模占比非常小,最大的短板就是原始创新的能力不够。2021年,拟在重点材料细分行业领域建立一批新型研发机构,持续为材料工业发展提供新动力。重点推进国家镁合金材料工程技术研究中心、重庆材料研究院有限公司等做大做强,建设轻量化材料、加工技术及装备研发机构,提升行业整体研发能力,建成引领行业发展的标杆。加大对企业的支持力度,鼓励企业加大研发投入,支持有条件的企业建立高水平研发中心,切实提升材料行业整体竞争力。

(四)严守材料工业绿色安全发展底线

材料工业处在所有产业链的最前端,资源使用量高,环境容量占用大,绿色发展任务重。今后我们将在项目引进上严格把好关,在规划布局上把好关,注重引进一批新材料项目,以及采用新技术、新工艺的项目,不断提升产业绿色低碳水平。在日常管理上,坚持安全第一、生态优先、绿色发展理念,强化忧患意识、风险意识、底线思维,引导企业、园区切实把安全环保体系建设作为重中之重,督促企业严格落实安全环保主体责任，构筑起材料工业安全环保的铜墙铁壁。

（五）切实解决好原材料供给瓶颈

一直以来，重庆市材料工业受基础原料本地供应不足的影响，产业规模和档次始终未能取得突破。今后一段时期，我们将着力保障基础原材料供应安全，会同有关市级部门开展战略矿产资源供需研判。在产业政策允许范围内，尽可能地补齐产业链缺失环节，增强本地基础原料供给能力。支持砂石矿产资源赋存条件好的区县沿长江等主要运输通道布局一批千万吨级大型机制砂石生产保障基地。积极帮助企业到市外采购原料，协调好目标企业对接、物流运输及仓储等工作，切实保障企业生产原料所需。

[重庆市经济和信息化委员会　赵　刚　赵俊远]

之八：2020年重庆市消费品工业发展及2021年展望

2020年，重庆市消费品工业积极应对新冠肺炎疫情影响，以供给侧结构性改革为主线，以大数据智能化为引领，深入实施"三品"战略，推动传统行业转型升级，积极培育新兴消费品，加快产业特色化、集群化步伐，全行业呈现逐步回升向好态势，高质量发展步伐更加坚定。

一、2020年经济运行分析

（一）总体情况

1—9月，全市规模以上消费品工业企业完成工业产值同比增长1.4%，工业增加值增长0.5%。按相关统计口径，食品、轻工、纺织服装三个板块呈现"两升一降"态势，食品板块产值增速从第一季度的下降5.8%回升到增长0.6%，其中，食品制造业、烟草制品业分别增长6.1%、20.4%，农副食品加工业下降4.2%，酒、饮料和精制茶制造业下降2.7%；轻工板块从下降11.3%回升到增长6.5%，其中，造纸及纸制品、家具制造业、塑料制品业、玻璃制品制造业分别增长12.7%、14.1%、7.7%、4.7%，纺织服装板块受疫情、原料上涨、消费端受挫等因素影响下降23.7%。预计全年规模以上消费品工业产值增长5%左右。

（二）主要特征

1. 骨干企业发挥重要支撑作用

34家行业"双百"企业累计完成工业总产值647.9亿元，增长7.3%，比全行业增速高5.9个百分点，行业增长贡献率135.6%。重庆中烟、红蜻蜓油脂、恒都食品、旺峰肉业、道道全、敏华家具增长超过20%。

2. 食品制造板块实现快速增长

受新冠肺炎疫情及消费观念转变等因素影响，食品制造业保持较快增长速度，9月单月产值增长13.8%，前9个月累计增长6.1%，高于食品工业5.5个百分点。方便食品、罐头食品及调味品、发酵制品制造分别增长10.9%、16%、6.7%。

3. 大数据智能化水平不断提升

围绕智能制造基础，推动大数据智能化应用。1—9月，消费品工业新创建智能工厂4个、数字化车间23个、绿色工厂11个。2018年以来，全行业累计认定智能工厂8家、数字化车间56个；市级绿色工厂26家，其中国家级绿色工厂2家。

4. 品牌影响力进一步扩大

"渝见美品"行业集合品牌形象首次亮相，通过央视、地方卫视等渠道得到广泛传播，百亚股份登陆主板上市，大足五金、涪陵榨菜等区域品牌不断扩大影响力，"江小白"清香型白酒已成为年轻人首选的中国酒类消费品牌,"重庆味道""重庆工艺""重庆品味"的消费品品牌符号得到快速塑造。

5. 新模式新业态运用进一步加深

借助阿里巴巴、快手科技等互联网平台赋能,线上营销拓展提速,重庆消费品品牌直播周成功举办,受众人群超 1400 万人。以工业设计为导向引进成立重庆消费品工业创新设计研究院,不断完善产业生态。联动商超、旅游等渠道推动工商工旅融合发展。

6. 新的发展动能不断积蓄

14 个年度计划开工的市级重点项目实际开工 13 个,万凯新材料 120 万吨食品级 PET 高分子新材料项目(一期)、益海嘉里面粉、植物油和稻谷加工项目等重点项目建成投产。智能家居、个护美妆等新兴消费品产业培育取得积极进展。

7. 特色化集群化发展态势正在形成

全市原纸产能位居西部第一,新创建市级特色产业基地 4 个,江津工业园区获批国家新型工业化产业示范基地(粮油食品),永川区围绕"一张纸"打造造纸及纸制品百亿级产业链群,荣昌、奉节眼镜产业加速集聚,服装订单不断增加。

8. 重要物资保障供应有力

市内重点纺织服装企业捕捉市场需求,及时调整生产供应,隔离衣、防护服需求得到有效供应,产品出口国外,有力巩固稳定了服装生产产能。米、面、油、奶、盐等重点产品及时复工复产,保障疫情期间生产不停、产量不减。

(三)存在的问题

1. 疫情影响持续存在

餐饮业仍未完全恢复,直接影响饮料、白酒、火锅底料等关联度较高产业放量。国外疫情仍不稳定,影响外贸订单,1—9 月全市消费品工业出口交货值同比下降 11.8%,特别是眼镜等外向型产业订单出现大幅度下滑。

2. 大宗原料价格波动

大豆、玉米等大宗原料价格大幅度上涨,以菜籽毛油为例,价格已增长到 9000 元/吨的高位区间,企业从成本控制和资金实力考虑,短期采购原料减少直接导致短期产量下降。

3. 产业链群结构不优

传统消费品同质化现象较为突出,产品创新不足,区域差异化发展程度不高。部分区域粮油加工已形成一定规模,但围绕粮油加工的下游烘焙食品、冷冻食品、方便食品等附加值高的食品制造产业不多、竞争力不强。

4. 新兴消费品培育仍然较弱

传统消费品同业市场竞争激烈,新业态运用不足,影响传统产业持续壮大规模。智能家居、时尚美妆、美食工业化等新兴产业标志性项目不多,在集群培育方面没有突破性进展。

二、2021 年经济运行环境因素分析

2021 年是"十四五"起步之年,是建设以国内大循环为主体、国内国际双循环相互促进的新发展格

局，统筹推进脱贫攻坚与乡村振兴有效衔接的重要之年，随着疫情防控进入新常态和新模式新业态的不断深入，消费品工业仍然具有广阔的发展空间，但机遇与挑战并存。

（一）国际关系和政策环境发展变化

面对世界百年未有之大变局，以及国外疫情控制不稳定性仍然存在，一方面国外市场的恢复情况将直接影响服装、鞋业、眼镜等出口产品规模，另一方面重庆市探索发展"服装订单+全产业链配套"模式，沉淀了优质的服装制造资源，为抢抓国外服装生产能力不稳定导致订单回流机遇做好了充分的准备。同时，大宗原料价格稳定性不明朗，影响原料进口。国家限塑令、进口废纸政策等逐步实施，将推动重庆市产品结构优化。

（二）疫情加速催生新模式新业态

疫情影响下消费行为、消费场景、传播方式发生深刻变化，加速线上直播带货等新模式运用，倒逼行业企业创新更优供给方式。随着大数据技术发展，消费指向更加精准，新的生产模式将促进产品升级。消费者安全、健康、环保的意识进一步提升，大健康类产品需求将有广阔的市场空间。

（三）稳链补链强链将有效提升综合竞争力

面对伴随国际国内疫情控制的不稳定性，国内产业链相互配套将更加突出，为以玻璃、原纸、塑料为原料的包装制品带来更多机遇。产业链龙头企业加速资源整合，对垂直供应的原料本地化配套保障能力更加重视。

三、2021年趋势展望

2021年，全市消费品工业将以《重庆市推动消费品工业高质量发展行动计划（2020—2022年）》为指引，结合行业"十四五"规划编制，以供给侧结构性改革为方向，以建设成渝地区双城经济圈为契机，贯彻落实"一区两群"协调发展战略，坚定实施以大数据智能化为引领的创新驱动战略，立足现有产业基础，更加突出稳链、补链、强链，继续深入推进以品牌建设为重点的"三品"专项行动，推动传统产业转型升级，加快培育智能家居、个护美妆等新兴消费品，推进美食工业化，加快特色化集群化步伐，打造拳头产品，提升综合竞争力，力争全市规模以上消费品工业产值规模增长8%左右，努力推动全市消费品工业高质量发展。

（一）全市推动消费品工业高质量发展氛围更加浓厚

消费品工业市场需求相对稳定，对工业经济具有稳定器作用，具有持续性发展特点，伴随《重庆市推动消费品工业高质量发展行动计划（2020—2022年）》的落实推进，更多区县特别是"两群"区县将把消费品工业纳入"十四五"规划发展重点，重点区县发展方向和路径更加明晰，措施更加精准有力，为推动全市消费品工业高质量发展奠定了基础。

（二）创新作为引领发展的第一动力将更加突出

品质是引导可持续消费的基础，大数据智能化在行业的应用将更加全面，技术改造、智能化改造、绿色发展将进一步增强行业企业基础竞争力。随着新模式新业态的持续深入，更多行业企业将布局拓展线上渠道，自建团队、代管托管等形式得到积极尝试。通过深化与科研院所合作，积极推动药食同源的农产品向高附加值产品转化。以工业设计为引领的产业创新生态得到不断完善丰富，有力助推行业企业丰富产品、提升价值、做强品牌。

（三）新兴消费品培育有望取得实质性突破

以美妆大健康为重点方向，优化顶层设计，科学合理布局，创新发展模式，以建设"创新孵化+共享工厂+金融资本"的个护美妆生产基地推动美妆大健康产业发展。以标准化应用为牵引，通过"智能终端龙头生产企业+互联网云平台"的方式，推动智能家居产业发展。用好"火锅"美食名片，通过策划火锅食材加工基地、火锅食品研究院等系列项目，有力推进美食工业化发展。

（四）稳链补链强链将增强发展后劲

依托120万吨PET食品级包装原料生产能力，加快引进下游链条产品，不断完善全产业链结构，综合竞争力得到不断提升。通过建立产业间协作配套机制，形成以龙头企业带动的周边产品及配套产品集聚集群。巩固现有服装外贸订单生产规模，承接沿海订单转移和国外生产订单回流，推动外贸企业与服装设计合作，不断拓展内贸市场形成新的增长点。一批重点建设项目投产将进一步增强发展后劲。

（五）拳头产品打造和品牌影响力提升成效更加明显

聚焦重点，建立健全重庆消费品品牌培育长效机制，统筹政府、行业协会、企业、媒体、社会资源，搭建部门协同服务体系、质量保障服务体系、智库支撑服务体系、品牌推广活动服务体系，继续推动工商工旅融合，加快塑造"重庆味道""重庆工艺""重庆品味"集合新形象，打造一批拳头产品。支持行业协会等第三方机构整合资源，发挥更大作用，推进统一品牌形象、统一质量标准、统一追溯机制、统一包装标识建设，打造行业性集合品牌。

（六）特色化集群化的协同发展格局加快推进

立足资源优势和产业基础，建设一批特色产业突出、集群效应明显、产业生态完善的特色产业基地。加快推动江津区建设消费品工业高质量发展产业集聚示范区，建设西部重要的粮油、白酒生产基地；提升涪陵国家级新型工业化（食品）示范基地质效；壮大荣昌、奉节的轻纺、眼镜产业规模，加快秀山休闲食品、丰都肉制品、万州粮油、綦江火锅食品、云阳广告材料等集聚；推动荣昌服装订单、长寿家居、巴南服装等转型升级。

[重庆市经济和信息化委员会　范志飞　余　菲　柏　潇]

之九：2020年重庆市能源工业发展及2021年展望

2020年，国内外发展环境复杂严峻，风险挑战明显上升，国际能源格局深度调整，国内能源发展加速转型，特别是受新冠肺炎疫情反复和逆周期调控政策的影响，国内能源消费总量和增速随之放缓。在此背景下，重庆市全面落实党中央、国务院的决策部署，扎实做好"六稳"工作，落实好"六保"任务，在常态化新冠肺炎疫情防控中加强能源保障，着力加大补短板、强弱项力度，不断推动能源高质量发展。预计全年原煤产量达到1100万吨，与上年基本持平；电力装机容量达到2550万千瓦，同比增长约1.9%；发电量达到800亿千瓦时，同比增长约2.8%；天然气产量达到100亿立方米，同比增长约2.3%。

一、2020年重庆市能源工业运行分析

（一）总体情况

2020年初，突如其来的新冠肺炎疫情对重庆能源生产供应带来一定挑战，但随着疫情防控和经济社会发展各项工作的有序推进，重庆着力加强煤电油气产供储销衔接，加快项目投资和建设，有效保证了能源产业链和供应链稳定，全市能源供应筑底企稳、向好回升，较好地支撑了重庆抗疫和复工复产对能源的需求。1—9月，全市能源工业增加值同比增长0.7%，实现由负转正。同期，随着疫情影响逐步减弱和"新基建"持续推进，全市能源投资同比增长26.5%，较第一季度上升26.7个百分点。

（二）主要特点

1. 煤炭生产稳定增效，电煤供应保障有力

原煤生产效率不断提升。"十三五"至今重庆累计关闭退出煤矿365个，去产能2719万吨。目前，全市煤炭保留煤矿42个（大型矿山4个，中型矿山8个，小型矿山30个），1900万吨的产能成为重庆社会经济发展的"压舱石"。1—9月全市累计生产原煤836.7万吨，同比下降0.7%。同时，随着急倾斜薄煤层综采技术、小型盾构机研发试掘进等一系列技术的突破和推广，全市采煤机械化程度达到91.3%，掘进装载机械化程度达96%以上，全市原煤生产高质量发展稳步推进。

电煤保障能力不断加强。全市煤炭产供储销体系建设有序推进，重庆港珞璜作业区改扩建工程（煤炭储备）已申报国家煤炭产品储备设施建设项目，重庆与陕煤集团达成了"产能置换+煤炭保供+常态储煤+物流投资"合作共识，双方共同制定《在渝常态储煤办法》规范运行管理。截至8月底，陕煤集团入渝煤炭总量598.3万吨，完成年度目标进度的109.5%，陕煤成为重庆市电煤保供主渠道。同时，重庆积极克服疫情发生造成煤炭资源紧张的不利条件，针对迎峰度夏期间电煤需求，积极对接甘肃等煤炭大省，取得积极效果。9月底，全市主力燃煤电厂存煤合计331.8万吨，可供发电天数为31.5天，确保重庆电网电煤供应稳定有序。

2. 电力供应链稳定，保障应对能力不断提升

电力供应稳步回升。年初，受疫情的影响，重庆用电需求低迷，电力供应放缓。6月以来，疫情影响

逐渐减弱，用电需求稳步回升，电力供应逐渐恢复正常。1—9月，重庆统调发电量431.9亿千瓦时，同比减少4.5%，较第一季度降幅收窄3.5个百分点，全市未出现拉闸限电。由于来水较多，水电稳发满发，全市水电发电量达到143.97亿千瓦时，同比增长9.5%。受疫情影响，电煤价格上涨，重庆火电发电出现下滑，全市火电发电量274.1亿千瓦时，同比减少11.7%。得益于全市加快推进风电平价上网，以风电为主的清洁能源实现大幅增长，其中，风电10.7亿千瓦时，同比增长33.8%；太阳能发电3.2亿千瓦时，同比增长38.3%。同期，外购电235.1亿千瓦时，同比增长8.9%。

电力装机容量保持稳定。随着金子山风电、横梁风电等项目建成并网发电，重庆新增电力装机容量6.2万千瓦，推动全市电力装机容量小幅增长，发电能力进一步提升，全市电力装机容量2023.2万千瓦，同比增长0.3%。其中，水电483.3万千瓦，占比23.9%；火电1420.1万千瓦，占比70.2%；风电63.1万千瓦，占比3.1%；太阳能发电56.6万千瓦，占比2.8%。

电网建设深入推进。重庆积极响应中央"新基建"决策部署，实施"建设特高压工程、推进能源数据中心建设、促进充电市场发展"等行动，大力推动电网建设。在白鹤滩—江苏特高压直流工程、白鹤滩—浙江、哈密—重庆、疆电入渝及川渝交流电网等特高压工程的带动下，全市新开工41项工程，并确保76项工程投运。随着朝天门、忠县、奉节、巫山等港口岸电项目的建设与运行，广阳岛绿色智慧能源等综合示范项目的不断深入，全市电力服务能力不断加强。

3. 天然气供储销衔接有序，页岩气产业化水平持续提高

天然气供应稳中有升。重庆市天然气分布规律性强，主要分布在綦江—大足—长寿—万州沿线一带，目前全市天然气拥有探矿权20宗、采矿权37宗。1—9月，全市天然气累计供用量86.8亿立方米，同比增长8.1%。从供应结构看：中石油供应47.4亿立方米，同比减少0.6%；中石化供应22亿立方米，同比增加8.9%。总体上看，重庆天然气运行呈现供应充足、供需平衡、整体平稳、稳中有升的特征，城市燃气、公共交通、重点工业企业用气可以得到较好保障。

页岩气勘探开发深入推进。重庆市页岩气资源丰富，主要分布在涪陵、南川、武隆、大足、荣昌、永川等区县，目前全市拥有页岩气探矿权17宗、采矿权1宗，建成年产能120亿立方米。截至2020年5月，全市页岩气勘查开发累计投资约546.84亿元，开钻页岩气井788口，完钻715口，投产560口，产气324.67亿立方米。2020年1—5月，累计产气30.96亿立方米，同比增长7.69%。

（三）存在的主要问题

1. 北煤入渝铁路运输受限

随着国家煤炭去产能政策深化落实，重庆煤炭供给缺口不断扩大，对外依存度大幅提高。陕西、甘肃、新疆、内蒙古、山西等地区日益成为重庆的主要煤源地，但北煤入渝正面临铁路运能限制和价格制约。在运能方面，襄渝铁路达州口、蒙华铁路（蒙西至华中煤运通道）延安口到发能力不足制约了陕晋蒙煤通过，同时，襄渝铁路旬阳—安康东段线路运力不足、南同蒲铁路侯马至华山段单线铁路运输能力饱和、广元至万州的广巴达铁路标准低导致甘疆煤入渝需要绕行等问题都制约了市外煤炭的输入。在运价方面，兰渝铁路基准运价0.184元/吨公里，较国铁统一平均运价0.1551元/吨公里高出30.5%，导致疆煤入渝经济性差，严重制约了兰渝铁路的运力发挥。

2. 电网结构有待优化完善

全市电力负荷主要集中在主城都市区，渝东南城镇群和渝东北城镇群地区负荷水平较低，加之电网城乡二元结构特征明显，造成重庆电力供需矛盾和结构性矛盾共存，进而出现500千伏局部变电站负载率

较高，中心城区等局部地区变电站布点不足等问题。同时，农村电网仍然存在局部地区设施老化、结构性电压不足等问题。重庆电网结构优化完善的问题仍需要重视。

3. 页岩气稳产难度较大

涪陵页岩气田一期气井普遍进入衰减期，需通过加密气井、增压等增产措施保持产量。而二期开发的地质条件更复杂，页岩气资源普遍埋深更大，对开发技术、管理水平和成本控制能力要求更高，大规模增产难度较大。荣昌—永川区块、丁山核心区、渝西地区、武隆区块等新开发区也面临开发收益率低等问题，增产速度较慢。从中长期看，目前全市暂无新的产能区块接替。页岩气稳产问题值得关注。

二、2021年重庆市能源工业经济运行环境分析及展望

（一）疫情推迟能源需求复苏，国际能源市场更趋复杂

未来一段时间，全球新冠肺炎疫情将持续蔓延和反复，部分国家和地区封锁措施大概率将长期存在，全球能源需求可能出现大幅下降。据IEA（国际能源机构）预计，2020年全球能源需求将下跌6%，石油需求下降8%，煤炭使用量下降7%，全球能源需求全面反弹将推迟至2025年。我国石油、煤炭等能源进口主要来源于沙特阿拉伯、澳大利亚、伊拉克或存在"地区冲突"的国家，并且严重依赖南海航线、太平洋航线等海上运输。新冠肺炎疫情导致多国港口装卸受阻，将对国内能源及时供应造成较大冲击。同时，美国因素引起的全球地缘政治格局新变化和地缘政治动荡加剧，将会影响国内能源供应链安全。美国为维护国际霸权，奉行单边主义，动辄"退群""毁约"，全球治理体系遭到破坏，影响全球能源市场稳定，对我国海外能源供应形成制约。伊朗、叙利亚乱局对中东能源库影响不确定性不断加大，都将深刻影响未来国际能源格局，确保国内能源供应链安全可控将成为未来我国面临的新挑战。

（二）国内能源数字化转型步伐加快，行业发展仍面临诸多挑战

国内新产业、新业态、新模式持续兴起，新冠肺炎疫情更是倒逼了消费数字化转型，以互联网经济为代表的新动能显现出强大生命力，同时也加快了以智能化为特征的新型能源产业和新生业态发展。我国新型能源的核心关键技术已获得更多突破，新型能源的开发利用也变得更加经济高效，风能、太阳能、地热能、生物质能技术已经较为成熟，壮大清洁能源产业将是我国能源发展的主要方向，《能源法》征求意见稿亦将可再生能源列入优先发展级别。2021年，新型能源技术将加快与云计算、大数据、物联网、人工智能、区块链、5G等现代信息技术深度融合，多能互补、"互联网+"智慧能源、综合能源服务等能源新业态正成为新的发展方向，不断催生出能源新生业态，能源产业将加速数字化升级。同时，我国能源对外依存度高，且进口来源集中度较高和运输通道相对单一，将影响资源供应链的安全性和韧性，加之国内社会发展面临日益趋严的资源和环境约束，都将进一步压缩传统能源发展空间，我国能源行业发展仍面临诸多挑战。

（三）重庆发展战略升级将助推经济发展，全市能源行业基本面保持良好

2021年是重庆"十四五"开局之年，成渝地区双城经济圈加速建设、"一区两群"区域协调发展战略深入实施都将推动全市经济的快速发展，进而为全市能源行业发展提供强大的动力。以大数据、互联网、人工智能为代表的战略性新兴产业、生产性服务业蓬勃发展，人民对美好生活的向往带动城乡居民消费水平升级加快，推动全市能源结构不断优化，有利于促进重庆能源工业基本面持续向好。同时，国家能源产业布局战略西移，新、蒙、陕、甘、宁迅速崛起，扩大了重庆能源合作的空间，加之西部陆海新通道使重庆和煤炭资源丰富的越南等地区连成一体，都极大强化了重庆能源区位优势，利好重庆能源

输入。但重庆在全国能源战略中长期处于后发弱势地位，资源与环境双重制约日益加大，加之市内能源对外依存度不断加大，都将使全市能源保障承受较大压力。

（四）2021年重庆能源工业运行趋势展望

综合考虑国内能源市场运行平稳、重庆能源企业产能稳步提升、能源国内外合作深入推进等因素，预计2021年，全市煤炭产量将达到1100万吨，与2020年持平；发电量达到850亿千瓦时，同比增长约6.3%；天然气产量达到110亿立方米。

三、对策建议

（一）加快煤炭入渝大通道建设，开创跨省煤炭入渝新局面

以扩充煤炭通道能力为着力点，围绕襄渝、蒙华、广巴达、兰渝等铁路线路，争取铁总支持扩大万吨重载列车开行范围，深入挖掘运输潜力。积极与成都、西安、兰州、乌鲁木齐等铁路局以及当地政府主管部门沟通，加快形成长期稳定的战略合作，优先保证运力，制订保供方案，加强日常调度运行管理，在铁路调运、江海联运、落地接卸等方面有效协调，确保形成多极煤炭供应渠道。推动铁路运输企业与煤炭、矿石、钢铁等大客户签订运量运能互保协议，支持煤炭大型工矿企业以及大型物流园区新建或改扩建铁路专用线，优先保障全市煤炭大宗货物运力供给。

（二）积极推动电网建设，提升电力保障水平

充分应用"大云物移智链"等现代信息技术、先进通信技术，推进以"枢纽型、平台型、共享型""智能电网"和"泛在电力物联网"为基础的"三型两网"建设。持续推进主城区电网局部"卡脖子"工程建设，缓解中心城区等局部地区电力供应紧张态势，启动"十四五"电网发展规划编制，推动农村电网、川渝电网一体布局和疆电入渝特高压直流输电通道规划，提升外电入渝能力，确保重庆大电网安全。

（三）拓展国内国外合作，强化重庆能源安全保障

积极推进国内外产能合作和设施联通。坚持"开放、绿色、廉洁"和"高标准、惠民生、可持续"发展理念，深化国内能源基础设施互联互通，加快建设"新陕甘青"的煤炭及电力入渝通道。深化技术合作与政策协调，加强与国内在高效低成本新能源发电、清洁高效燃煤发电等方面的技术合作。提高全球资源治理能力，构建从供应国经通道国到消费国的供应链保障体系，加强与"一带一路"沿线国家能源合作，积极开拓非洲、拉丁美洲及周边国家市场，兼顾能源发达国家，全面融入国际资源经济新格局。

[重庆市综合经济研究院（重庆市经济信息中心）产业经济研究课题组
  主研：易小光 丁 瑶 余贵玲 罗丛生 陈 殊
  执笔：陈 殊]

之十：2020年重庆市化工产业发展及2021年展望

2020年，重庆市化学工业在遭遇年初的新冠肺炎疫情突发事件后，以"稳增长"为主要工作，继续实施"调结构、促转型"的行业主线，坚持创新驱动，优化空间布局，推动行业稳定发展。

一、2020年重庆市化工产业发展概况

重庆市是西南地区重要的综合性化工基地，历经60多年的发展，形成具有一定规模的化学工业体系：拥有天然气化工技术优势和传统产品；形成了以长寿、涪陵化工园区为主，以其他特色园区为辅的产业格局；培育发展了天然气化工、盐化工、精细化工等产业集群。

（一）行业基本情况

截至2020年9月，全市规模以上化工企业271户，主要分布在基础化学原料制造业（62户）、专用化学制造业（55户）、橡胶制造业（35户）和肥料制造业（27户）。

经过多年的发展，重庆市化学工业拥有一批具有国内影响力的优势产品。华峰化工有限公司己二酸产能已达75万吨/年，产品国内市场占有率达到40%；昌元化工高锰酸钾一直保持全国产量和出口量领先地位，全国市场占有率为80%，出口量占全国90%；力宏精细化工有限公司羧甲基纤维素钠是我国羧甲基纤维素钠主要的生产企业，其市场占有率为30%；四川维尼纶醋酸乙烯产能50万吨/年，是国内第二、世界第四大醋酸乙烯生产厂商。

（二）行业运行情况

1. 主要经济指标完成情况

截至2020年9月，重庆化工产业完成工业生产总值642.2亿元，同比下降1.0%；完成工业销售产值596.5亿元，同比下降4.1%；完成出口交货值27.3亿元，同比下降20.2%。1—8月实现营业收入499.8亿元，同比降低7.2%；完成利润25.6亿元，同比降低33.2%。预计全年完成产值900亿元，同比增长3%。

2. 经济运行特点

（1）大部分子行业出现负增长

10个子行业，总产值同比增长的仅有3个行业：精炼石油产品制造（97.1%）、农药制造（15.3%）和专用化学品（2.6%）。其余7个行业呈现不同程度的下降，下降幅度大的有：化学矿开采（-24.7%）、合成材料制造（-13.6%）。

（2）行业利润降幅收窄

截至9月，全行业总利润实现33.1亿元，同比降低24.5%，利润降幅逐步收窄（第一、第二季度行业利润降幅分别为-63.3%、-41.6%）。实现利润同比增长的有4个行业：农药（239.2%）、精炼石油（106.8%）、炸药火工（23.6%）和橡胶制品业（46.2%）。其余6个行业呈现不同程度的下降。

（3）重点企业拉动力减弱

46户重点企业，产值同比下降的有20户，停产的有2户（涪化、瀚远石油），上升的有24户。受疫情持续影响，部分龙头企业（产值30亿元左右）产值持续下降，三户重点企业（产值10亿元左右）均停产达1~2个月，两家重点企业，一户因环保搬迁已于2019年10月31日全部关停，一户至今没有恢复生产。由于疫情影响，国内需求恢复缓慢，出口需求低迷，导致相关企业产品低负荷生产。如三聚磷酸钠负荷41.1%，毒死蜱48.7%，高锰酸钾72.6%。

（4）大部分产品价格大幅下跌

受疫情、原油价格大幅下跌、消费市场萎缩、下游开工不足等因素的影响，化工产品价格下滑。监测的52个产品价格中，28个产品价格低于年初价格，4个产品价格与年初持平，20个产品价格高于年初价格。价格降幅最大的为每吨10000元左右（MDI），毒死蜱、催化剂钛白粉等价格降幅分别为每吨4000元和2000元。

（5）化工产业投资稳定

截至2020年9月，全市工业投资同比增长2.9%，其中，化工产业完成投资占比4.7%，同比增长11.1%。

（三）行业存在的问题

1. 主要化工原料的缺乏严重制约重庆市化工产业的高质量发展

重庆市资源"富气、无油、少煤"，没有大型炼油项目，煤产量小且品质低，不适合煤化工大发展，导致重庆市化工缺乏烯烃、芳烃等重要化工原料产品。化工产业原料主要依赖天然气（页岩气），但天然气化工产品发展面窄，致使重庆市化学工业难以拓展和延伸。为实现烯烃本地化生产，目前正积极引进MTO项目，但项目进展较慢。

2. 化工空间布局的进一步收缩导致中小化工企业搬迁入园难度增大

由于地处长江经济带，肩负保护长江母亲河的重大责任，重庆市进一步缩减了可布局化工的园区，目前，全市仅有7个化工园区（集聚区）可布局化工项目，企业搬迁入园难度增大。

二、2021年化工产业发展环境及态势研判

外部环境的影响：疫情将深刻改变世界经济发展态势，世界经济将在短暂收缩后步入复苏轨道。当前疫情下世界经济可以用"乱、糟、难、变"来形容，全球经济陷入"二战"以来最为严重的衰退。2021年全球经济形势目前尚不明朗，从中长期发展来看，我国在全球产业链中的地位将进一步巩固提升。如果2021年中美经济竞争进一步加剧，对外依存度较高的行业受影响可能较大一些。

内部环境的影响：一是外部经济环境有可能会进一步刺激国内产业体系进一步完善；二是人们消费思想的改变将进一步刺激消费市场总量；三是需求高速增长、大量依赖进口的国产化工新材料将迎来发展机遇。在"十四五"期间，我国石化产业被技术"卡脖子"的可能性相对较小，同时石化产业更多依赖国内需求，改性塑料、高端合成树脂等领域有望取得更多突破。我国在整体石化产业上的全球分工地位有望进一步得到提升。目前全球化工新材料产业仍由欧美日韩等国家和地区主导，我国在聚氨酯材料、有机氟硅材料等领域有一定竞争力，产能、种类、质量等方面逐渐接近世界一流水准；而在特种工程塑料、高端聚烯烃、高性能树脂、电子化学品等领域发展水平与欧美日韩等国家和地区相比仍处弱势。整体来看，我国新材料产业起步较晚，发展水平参差不齐，目前仍面临着核心原材料进口依存度高、自主

创新能力弱、产业链不够完整、价值链地位低等问题。因此，需要立足国内需求，加强高端合成树脂等高附加值产品的研发力度，逐步提升在全球石化产品定价机制中的话语权。

三、2021年预测

根据宏观经济运行趋势，预计2021年化工产业总产值将与2020年持平，可能同比略有小幅提升。

四、措施和建议

（一）加强运行监测

继续加强对重点企业、重点产品的跟踪，分析近几年价格走势，提前作出预判。关注停产、半停产企业的复产情况，及时将复产企业纳入统计。深入开展"三服务"工作，了解、收集企业生产经营中遇到的问题，协助企业解决。详细掌握受中美贸易摩擦影响导致有外迁意向的企业情况，及早谋划做好防止外迁的预案。2021年重点以"链长制"为抓手，推动产业链整体水平提升，推动"双循环"落实落地。

（二）推进智能化提升改造

推荐重点企业参加智能终端评估工作，接受专家团队的专题诊断，鼓励有条件的企业根据专家建议开展智能化升级改造。开展化工企业信息上云上平台工作，鼓励企业将自有技术在平台上转让，鼓励加强平台应用，从平台中获取更多有利信息。鼓励企业开展智能化改造，成为数字化车间或智能化工厂标杆企业。

（三）抓好投达产及在建项目建设

以企业为主体，配合区县部门，做好以下三方面工作：一是保证20万吨/年精细磷酸盐及配套新型专用肥、超纤材料聚氨酯合成革及聚氨酯树脂制造等续建项目按进度施工；二是重点关注115万吨己二酸扩建项目（第六期）、10万吨己二胺（二期）等预计2021年新开工项目；三是做好己二酸扩建项目（第五期）、10万吨己二胺（一期）等一批项目的投达产工作。

（四）鼓励科技创新

按照市经济信息委与市统计局联合确定的研发机构的标准，鼓励规模以上工业企业普遍建立研发机构。关注重点在升规及新建企业，重点关注双象超纤、世界村生物化学等企业2021年在研发机构方面的进展。

[重庆市经济和信息化委员会　刘喜梅]

之十一：2020年重庆市建筑业发展及2021年展望

2020年，重庆建筑业以深化"放管服"改革为主线，以大数据智能化促进转型升级为驱动力，以成渝地区双城经济圈建设为重要契机，着力深化川渝建筑业协调发展战略合作，并统筹做好新冠肺炎疫情防控和行业发展，实现建筑业持续健康发展，总体呈现前低后高态势。预计2020年全年建筑业增加值同比增长6.6%左右。

一、2020年重庆市建筑业运行情况

（一）总体情况

2020年，受新冠肺炎疫情暴发影响，世界经济形势更加错综复杂，国内经济下行压力较大，固定资产投资持续低位运行，1—9月全国建筑业运行总体呈现前低后高态势。在此背景下，全市建筑业增长形势与全国基本一致，增速有所放缓。1—9月全市建筑业实现总产值6159.23亿元，同比增长8.9%。实现增加值2034.88亿元，同比增长3.8%，较上年同期大幅回落5.8个百分点，但较第一季度、上半年均有明显回升（见图1）；占全市GDP比重为11.5%，虽较上年同期略低0.2个百分点，但仍保持自2017年以来占比在10%以上的态势，重庆建筑业的支柱产业地位仍较为稳固。

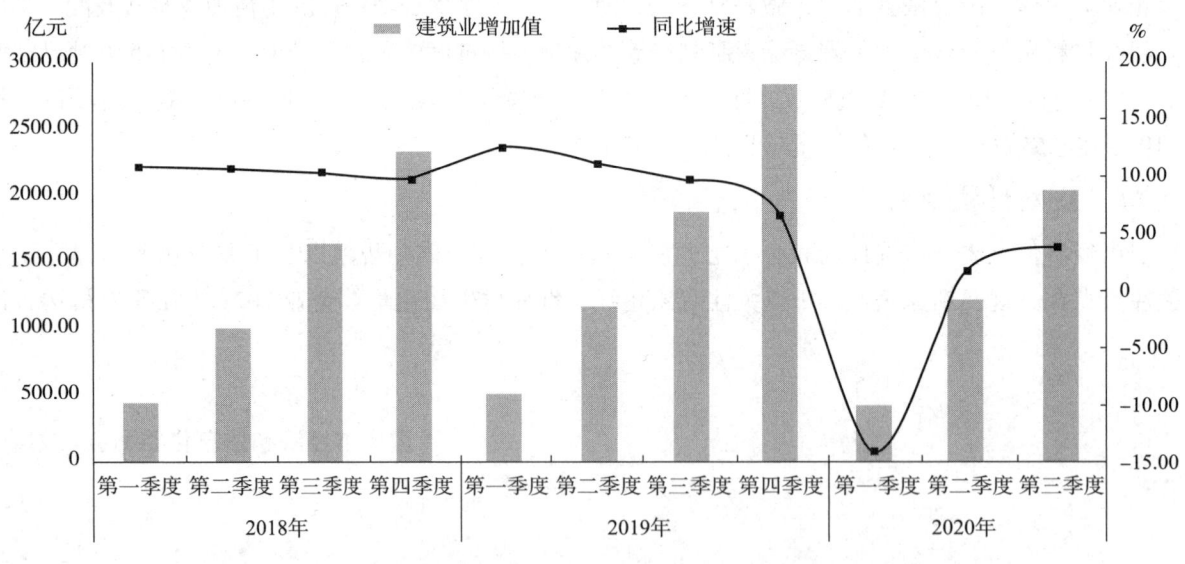

图1　2018年以来重庆市建筑业增加值及增速（季度累计）

（二）主要特点

1. 建筑业投资增速逐季回升

2020年以来，重庆建筑业投资持续负增长，但降幅呈现逐季收窄的态势。1—9月全市建筑安装工程投资额同比增长-0.4%，分别较第一季度和上半年回升18.6个、4.4个百分点。新冠肺炎疫情突如其来，

影响到全社会生产经营，建筑业投资活动明显放缓，2—3月甚至处于停滞状态，是全市建筑业投资持续负增长的主要原因。但进入第二季度以来，随着疫情逐步得到遏制，在国家降准货币政策、专项债"提前批"，特别是疫情后政策加码的作用下，1—9月基建投资增速扭负为正，达到8.1%，甚至较上年同期高9.3个百分点，进而带动建筑业投资增速加快恢复。

2. 建筑工程的支撑作用显著

受基础设施投资增速强势回升、房地产市场短暂反弹等因素综合影响，建筑业各行业均保持恢复性增长，其中建筑工程的"主业板块"特征显著。1—9月，在公路、铁路、轨道交通、市政道路工程等建设加快的带动下，重庆建筑工程实现产值5570.02亿元，同比增长9.3%；产值占全市建筑业的90.4%，增速高于第一季度12.3个百分点、全国同期1.9个百分点，是全市建筑业总产值由负转正的决定因素。同时，安装工程实现产值385.61亿元，同比增长6.6%，分别较第一季度、上半年提升8.9个、3.4个百分点，呈现逐季走高之势。但由于房地产市场反弹有限等其他因素影响，装饰装修等其他产业回升较慢，1—9月产值同比增速仍为负增长。

3. 房屋建筑开工量总体稳定

在前几年新开工面积增长快于竣工面积等因素的影响下，全市房屋建筑业开工量增长总体保持相对稳定。1—9月，重庆房屋建筑施工面积33708.66万平方米，同比增长14.9%，较第一季度、上半年分别高14.1个、13.3个百分点；当前全市房屋建筑业产值占建筑业总产值的比重超过70%以上，其开工量的稳定增长是建筑业稳健发展的重要保障。同时在"房住不炒"的定位导向下，自2018年以来全市房屋建筑新开工面积、竣工面积增速均有所放缓，1—9月同比分别增长8.9%、10.7%，但较第一季度、上半年均有较大回升。

4. 交通等重点项目加快推进

受疫情冲击的影响，短期内"稳投资"已成经济稳增长的重要抓手，全市大力推进重大项目实施，尤其是交通基础设施项目推进，促进建筑业增加值快速反弹。2020年全市市级重大建设项目913个，同比增加170个；其中，交通基础设施类项目占比最大，共计228个，年度百项重点关注项目有54个。轨道交通环线西南半环、轨道交通5号线一期工程南段、渝湘高铁重庆至黔江段、郑万高铁、白居寺长江大桥、蔡家嘉陵江大桥、嘉陵江梯级渠化利泽航运枢纽工程等重大项目建设稳步推进，重庆东站铁路综合交通枢纽、武隆机场等重点项目开工建设，重庆交通基础设施建设稳步推进。

5. 建筑业数字化发展加快

近年来，重庆积极推动互联网、大数据、人工智能等技术与建筑业的深度融合，在建造、管理和服务领域均取得了显著成效，全市建筑业数字化实现快速发展。应用BIM技术的项目数量不断增长，其中十八梯片区道路及相关配套设施建设项目、机场东联络线南线道路工程等重大项目均实现了设计、生产、施工全过程BIM技术应用，截至9月末全市应用BIM技术的项目已达到748个，申报建设"智慧工地"近2000余个。同时，智慧小区建设加快推进，截至目前，全市集成智慧安防、智慧停车、智慧家居、智慧物管、智慧医疗等功能的智能物业小区超过550个，提升了居民的生活便利度和安全感。此外，全市新建城镇民用建筑设计阶段绿色建筑标准执行率达到80%以上，推动绿色建筑规模化、高质量发展。

6. 行业发展环境不断优化

积极主动对标世界银行营商环境评价，进一步深化了建筑领域审批制度改革，促进了全市建筑业发展环境不断优化。持续运用"日扫描、周调度、月通报、季分析、年考评"工作机制和"回头看"等多维度成效监测体系,使深化改革"26项措施"在全市落地;牵头落实《重庆市社会投资小型低风险建设项目审批服务改革工作方案》及12个配套文件,并通过线上线下结合,多形式、多渠道广泛宣传重庆建设领域优化营商环境改革举措,大力提升社会知晓度。同时,进一步精简了办理施工许可的审批事项、审批材料,审批服务事项和申请材料均较2018年精简30%以上,切实降低了企业办事时间与成本。

(三)存在的主要问题

1. 建筑业总体规模相对较小

虽然建筑业的全市支柱产业地位继续巩固,稳增长、稳就业的作用发挥良好,但总体规模仍相对较小。2019年重庆建筑业总产值与全国前5名的江苏、浙江、湖北、广东、四川相比,差距十分明显,仅相当于江苏的24.8%、浙江的40.3%、湖北的48.4%、广东的49.4%、四川的56.1%,距离西部排名第一的四川还有较大差距,但与西部排名第三的陕西相差不大,存有被赶超之忧。同时,建筑业增速整体呈放缓趋势。抛开新冠肺炎疫情影响,单看近三年走势,建筑业总产值、增加值连续保持个位数增长。增加值增速更是逐年下降,2019年较上年下降3.7个百分点。建筑业总产值增速虽由上年的2.8%上升至5.2%,但增速还是低于全国0.5个百分点,低于西部地区5.5个百分点。

2. 本地企业竞争力仍显不足

重庆本地高资质建筑业企业占比较低,整体市场竞争力仍相对较弱。当前全市本地建筑业企业总数虽多,但高资质企业数量不多,其中特级、一级资质企业占比不到6.0%。行业"金字塔结构"呈扁平状,底座宽,高度不够。"小、散、弱"的低资质企业,制约了行业的转型升级和高质量发展。低资质企业管理水平、承建能力、技术水平、融资能力、抗风险能力普遍不高,在市场竞争、产值、利润、技术发展等方面处于劣势地位,影响了行业的整体实力。同时,市外入渝企业数量多、资质高、整体实力强,本地企业市场份额进一步受到挤压。目前本地企业在市内建筑市场份额已不足一半,仅为48.7%。此外,本地企业对外拓展能力仍需加强,在市外完成建筑业产值占总产值的比重仅为17.9%,与江苏等建筑大省及西部的四川、陕西相比差距较大。

二、2021年重庆市建筑业发展环境与展望

(一)建筑业数字化发展趋势将更明显

在全球数字经济蓬勃发展的时代背景下,建筑业将以信息化、智能化为杠杆培育新动能,推动行业转型升级。当前我国经济正在向以新基建为战略基础、以数据为生产要素、以产业互联网为赋能载体的新经济迈进。新基建将推动整个国家从信息化走向全面数字化,加快建筑业的数字化转型和高质量发展。同时新基建的数字化技术已经在与建筑行业发生碰撞、融合,对建筑行业的转型已产生很大影响。当前"互联网+建筑业"正逐步深入发展,BIM、5G、人工智能、云计算、物联网等新技术的崛起为建筑业带来了高效发展。特别是新冠肺炎疫情对建筑业传统建造方式形成较大冲击,粗放型发展模式已难以为继,迫切需要通过加快推动智能建造与建筑工业化协同发展,进而加快推动建筑业数字化发展。

(二)建筑业面临的发展环境总体向好

随着新型工业化和城镇化加快推进,建筑业面临的发展环境总体稳定向好,但也有隐忧。从政策层面看,在疫情叠加经济下行压力加大的背景下,基建逆周期调节政策的持续加码,特别是"两新一重"建设持续加快推进,基建投资将成为拉动建筑业增长的关键驱动力。如中央提出加强现代农业基础设施、5G基站等新型基础设施建设,国家发展改革委、住建部共同发布《房屋建筑和市政基础设施项目工程总

承包管理办法》，以及将城镇老旧小区改造纳入专项债券的支持范围，均将支撑建筑业稳健发展。从市场层面看，"房住不炒"等房地产调控政策持续强化，房屋建筑需求将稳中有降，但也正推动建筑市场格局向后建筑时代过渡，建筑修缮业将迎来新的发展机遇；"一带一路"沿线国家基础设施建设为建筑企业"走出去"发展提供了非常广阔的发展空间，特别是拉丁美洲、东南亚、非洲等地区基础设施建设需求较旺。此外，建筑业发展仍将受到国内经济增速放缓、房地产市场持续调整、财政支出压力加大等诸多挑战。

（三）全市建筑现代化建设将有利于建筑业高质量发展

全市正着力推进建筑产业现代化建设，以大数据智能化促进建筑业转型升级，将促进建筑业高质量发展。随着《推进建筑产业现代化促进建筑业高质量发展若干政策措施》的实施，将会加快促进现代建筑产业集群发展，推进建筑信息模型（BIM）等大数据智能化技术广泛应用，以及扩大装配式建筑实施规模等，进而推动全市建筑业可持续稳健发展。此外，全国大数据智能化应用示范城市、城乡融合发展的智慧社会样板等建设加快推进，将推进公共区域免费Wi-Fi、5G规模化商用基站等信息基础设施建设，进而将在一定程度上促进建筑业高质量发展。

（四）2021年重庆市建筑业发展趋势展望

展望2021年，重庆建筑产业现代化建设将加快推进，绿色化、智能化趋势明显，产业发展环境总体向好，行业质量安全管理水平不断提升，"两新一重"将带动基础设施投资稳健增长，建筑修缮业迎来机遇期，房屋建筑业仍将低位运行。预计2021年全市建筑业整体保持稳定增长，增加值将实现3580亿元，同比增长8.0%左右。

三、对策建议

（一）以大数据智能化促进建筑业转型升级

一是强化"智慧工地"建设。继续完善"主管部门、企业、工程项目"三级联动的"智慧工地"管理体系，丰富"智慧工地"建设标准，进一步实现施工现场"人、机、料、法、环"五大环节施工管理的信息化和智能化，分类分级建设"智慧工地"，有效促进"互联网+"、大数据、人工智能同建筑业深度融合。二是以BIM推动数字建造。进一步完善BIM施工应用信息管理平台建设，以推动BIM施工应用推进BIM在建筑全生命周期的集成应用。引导以国有资金投资为主的房屋建筑和市政基础设施工程率先使用BIM技术。广泛宣传火神山、雷神山医院工程BIM应用先进经验，组织开展BIM施工应用培训，实现年底全市特级、一级施工总承包单位均掌握BIM技术。三是积极推广装配式建筑。培育装配式建筑特色产业园，以保障性住房和政府投资、主导建设的建筑工程及市政设施项目为重点，推广使用装配式建筑。强化川渝协作推进装配式建筑发展，统筹发展装配式建筑设计、生产、施工、装修、运输、设备制造及运行维护等全产业集群。

（二）大力培育发展本地建筑优势企业

一是着力扶持高等级资质企业做大做强。鼓励高资质企业向集团化方向发展，重点培育一批市政公用、公路、水利水电、港口与航道工程等特级资质企业。允许具有施工总承包一级及以上资质的建筑业企业，直接申请该资质承包范围内的市级权限内专业承包资质。二是支持引导建筑企业间合作。支持大型设计、施工企业跨行业重组，发展成为具备工程管理、设计、施工、生产、采购一体化能力的装配式龙头企业。继续鼓励投资咨询、勘察、设计、监理、招标代理、造价等企业，采取联合经营、并购重组等方式发展全过程工程咨询，培育一批具有国际水平的全过程工程咨询企业。三是加快"走出去"步伐，加快落实相关政策，支持龙头企业与外地企业联合建设轨道交通、城市道路、桥梁、隧道等基础设施项目，并鼓励企业在市外境外设立分支机构，独立承揽工程项目，促进属地化经营水平进一步提升。

（三）深化审批制度改革和优化营商环境

一是深化工程审批制度改革。继续运用"日扫描、周调度、月通报、季分析、年考评"工作机制和"回头看"等多维度成效监测体系。进一步精简审批事项、审批材料，进一步优化办理方式，大力简化水电气讯公共服务事项办理程序，为企业提供高效、便利的审批服务。二是积极迎接世界银行评价。线上线下结合，多形式、多渠道广泛宣传重庆建设领域优化营商环境改革举措，进一步提升社会知晓度。主动对接世界银行评价团队的调查问卷和磋商工作。对照世界银行评价结果，进一步优化改革政策，持续提升全市营商环境。三是推进自贸试验区改革创新。制订出台推进"证照分离"改革全覆盖试点工作的实施方案，逐步开展安全生产许可证审批告知承诺、取消自贸试验区工程造价咨询企业资质认定、全面推行建筑企业资质告知承诺等工作。

[重庆市综合经济研究院（重庆市经济信息中心）产业经济研究课题组
主研：易小光　丁　瑶　余贵玲　李　权　罗丛生　邹於娟
执笔：罗丛生]

产业卷
第三产业篇

之一：2020年重庆市第三产业发展及2021年展望

2020年以来，在新冠肺炎疫情、中美贸易摩擦等影响下全球经济形势复杂严峻，我国在以习近平同志为核心的党中央坚强领导下，全国各地区、各部门科学统筹新冠肺炎疫情防控和经济社会发展，国内经济稳步恢复，服务业逐季企稳向好。在此背景下，重庆认真贯彻落实党中央、国务院部署，抓住系列重大发展机遇，加快推进复工复产复商复市，服务经济呈现企稳回暖、韧性增强的良好态势，商贸消费逐步改善，金融业服务实体经济功能增强，数字服务新动能加快培育。预计2020年重庆市第三产业将实现增加值约13400亿元，同比增长约2.6%。

一、2020年重庆市第三产业运行情况

（一）运行特征

1. 第三产业稳步复苏，新动能潜力进一步释放

在保障疫情防控前提下，全市大力推进服务业各行业复商复市，积极筹办各类线上线下商贸会展、文娱体验活动，服务业逐步企稳回升。新型金融、新零售、数字经济、跨境电商等服务业新业态新模式发展态势良好，新动能潜力释放，现代服务业体系加快完善。1—9月，全市第三产业实现增加值9481.57亿元，同比增长1.2%，增速高出全国平均水平0.8个百分点；占全市GDP比重53.5%，较2019年末提高0.3个百分点，继续保持对全市经济的重要支撑地位。

2. 第三产业投资保持平稳，新基建和高技术服务业投资增势良好

在批发零售、交通运输、信息技术服务等领域投资快速增长带动下，1—9月，全市第三产业固定资产投资同比增长1.9%，总体保持平稳增长，略低于全市固定资产投资增速0.6个百分点。与数字经济相关的新基建投资呈现爆发性增长，1—9月，以5G网络、数据中心、人工智能等新型基础设施建设为主的信息传输与信息技术服务业投资增长达141.2%。高技术服务业投资增长迅猛，工业设计、科技咨询等投资增长56.7%。房地产市场供需活跃度较低，投资增长较为乏力，1—9月全市房地产开发投资下降1.1%，分别低于上半年及同期全国水平1.8个、6.7个百分点。

3. 服务业对内对外开放合作持续深化，重点服务业领域成效明显

以成渝地区双城经济圈建设为契机，服务业区域合作取得积极进展。围绕服务业合作共建，川渝两地签署了共同培育建设西部陆海新通道国际品牌、大数据交易平台、科技云服务平台、西部版权产业发展高地等项目合作协议，服务业协同发展加快推进。发挥自由贸易试验区和中新（重庆）战略性互联互通示范项目在服务业领域创新开放发展优势，全市服务业国际化合作取得积极成效。2020年以来，中新双方签约项目24个，总金额约9.04亿美元。金融服务领域累计为重庆和周边省市落地跨境融资120.1亿美元，航空领域协调新加坡胜安航空公司将重庆作为唯一入境口岸，交通物流领域中新多式联运示范基地建设加快推进，信息通信领域仙桃数据谷中新大数据智能化成果展示促进中心、万国数据中心建设加

快推动。自由贸易试验区改革试点加快落地实施，制定的国际货运代理铁路联运作业规范等3项标准获批为国家标准，开展江海联运一体化便利通关创新和多式联运创新，跨境电商业务不断壮大。2020年上半年，重庆跨境电商进出口总额同比增长27.2%，成为外贸新亮点。

4. 各行业特色化发展，现代服务业体系不断完善

数字服务快速增长，产业新动能持续壮大。在全市大力推进数字经济与实体经济融合发展战略带动下，数字服务经济快速发展。1—9月，重庆信息传输、软件和信息技术服务业营业收入实现同比13.6%的高速增长。一是数字信息服务赋能实体经济发展。9月召开的2020线上中国国际智能产业博览会促成与中国电科、阿里巴巴、巴斯夫等行业标杆企业线上签约项目71个、合同投资额2712亿元，支撑重庆加快构建"芯屏器核网"全产业链和"云联数算用"全要素群。工业互联网加快建设，全市集聚了工业互联网服务企业197家，上云企业超过5.5万户；累计实施2265个智能化改造项目，建成359个数字化车间和67个智能工厂，促进全市工业企业生产效率平均提升70.2%。智慧医疗建设、健康管理大数据技术和线上商务软件服务等为疫情防控和复工复产也作出了重要贡献。二是数字服务经济载体加快建设。两江软件园、仙桃国际大数据谷等全市首批认定的"重庆市软件产业园"提质发展，全国首个运营商级"同城三活"数据中心竣工，重庆市数字经济（区块链）产业园揭牌，数字经济载体平台不断夯实。

金融业平稳发展，服务实体经济功能不断增强。在稳健的货币政策环境下，全市经济形势逐步向好，金融业呈现平稳健康发展态势。1—9月，全市金融业增加值1711.11亿元，同比增长5.5%，占全市GDP比重达到9.7%，保持全市支柱产业地位。一是资金融通功能增强，直接融资占比提升。7月末全市社会融资规模存量达6.47万亿元，同比增长16.6%，高于全国3.8个百分点。其中新增直接融资额占本年新增融资比重达到22%，同比提高14个百分点，融资结构进一步优化。二是各项贷款较快增长，较好满足复工复产资金需求。8月末，全市本外币各项贷款余额4.08万亿元，同比增长13.4%，高于全国0.6个百分点。其中，企业经营性贷款大幅增多，截至8月末达到上年同期的2.7倍，充分满足企业复工复产的流动资金需求；普惠小微贷款和非住房消费贷款实现同比29.7%和25.7%的快速增长。融资成本明显下降，8月全市企业贷款加权平均利率为4.71%，较上年同期下降0.82个百分点，处于2015年有统计以来的历史最低。三是新型金融加快发展，金融创新不断深化。小米、蚂蚁等消费金融企业相继落户，马上金融入选2020年新经济独角兽企业150强，重庆新型金融企业量增质升。重庆国家金融科技认证中心设立，将为金融机构提供全方位认证服务和信息安全服务，拓展金融科技服务深度。跨境金融持续壮大，上半年全市跨境人民币实际收付金额合计达727.6亿元，同比增长50.3%，增速较同期全国整体水平高出14.6%，累计结算量位列中西部第一、全国第十。

物流业企稳回升，国际物流通道支撑有力。在实体经济企稳向好、进出口快速增长等带动下，物流业逐步回升。1—9月全市货运量同比增长5.3%，高于全国水平8.6个百分点。国际物流通道加快建设，国际运输实现较快增长。中欧班列（渝新欧）运行良好，在促进物流贸易及疫情防控中发挥了重要作用。截至8月，中欧班列（渝新欧）累计开行1303班，超过上年同期水平。创新性开行全国首趟"中国邮政号"邮包专列、首班出口防疫物资专列、全国首发跨境电商B2B出口专列，开启"中欧班列+江海联运"首航，积极布局"海转铁""空转铁"货物转运、提供笔记本电脑等高货值项目定制化班列服务，渝新欧品牌效应显著提升。西部陆海新通道建设快速推进，1—6月西部陆海新通道开行铁海联运班列386列、总货值约26.3亿元；国际铁路联运班列和跨境公路班车分别开行78列和979车，同比增长239%和

135%。新增涪陵、长寿和荣昌三个铁海联运班列,"一主两辅多节点"① 枢纽体系加速形成,辐射范围增至 92 个国家和地区。

商贸消费逐步回暖,新零售业态加速发展。开年以来,全市大力实施"政策+活动"双轮驱动,先后出台提振消费稳定经济增长、支持洪灾受损商户恢复发展等政策措施,开展"百城万企促消费"全国消费促进月、成渝双城联动促销等多项展销促销活动,有力促进了市场回暖和消费回补。1—9 月,全市社会消费品零售总额 8329.58 亿元,降幅收窄至-2.2%,高于全国 5 个百分点,其中 9 月当月增长 9.7%,连续六个月正增长。一是新零售业态加快发展,成为推动消费增长的新亮点。无人商店、智能商超、直播带货、网红经济、智能物流、VR 云商等新技术、新业态实现线上线下有机融合、多轨联动,形成消费新增长点。1—9 月,全市限额以上单位实物商品网络零售额同比增长 44.6%,较上年同期提高 34.8 个百分点。其中,直播带货活动开展了 9 万多场次,累计实现零售额近 50 亿元;重百、永辉等商超线上订单同比增幅近 200%。二是夜市经济成为城市新名片。全市建成以观音桥九街商业街、解放碑十字金街为代表的 33 条特色夜市街区,以"夜重庆 潮生活"为主题的 2020 不夜重庆生活节人气旺盛,夜市经济渐成规模。腾讯发布的《中国城市夜经济影响报告(2019)》中,重庆荣登"中国十大夜经济影响力城市"榜首。

文旅产业逐步回暖,乡村旅游成为新热点。受疫情直接冲击,全市文旅产业受影响巨大,影院、剧场、旅游景点等人群聚集性场所重新开放营业时间较其他服务业较晚,上半年文化旅游领域消费活力明显降低,文旅企业损失较重。下半年,随着疫情得到有效控制,相关消费限制适度放松,文旅消费逐步回暖。国庆、中秋节假日期间,全市 253 家 A 级旅游景区接待游客 1108.6 万人次,同比恢复 86.3%。乡村旅游成为热点。疫情影响下更多市民选择市内乡村旅游,市内近郊游、城市周边游、乡村生态游、短线自驾游等成为假期旅游热点,游客的个性化、品质化、体验化需求旺盛。铜梁、梁平乡村旅游点接待游客分别同比增长 61% 和 108%。

房地产施工建设进度放缓,商品房销售稳步回升。在房地产市场调控和地产金融收紧等政策作用下,房地产企业建设投资更加理性,房地产市场施工建设进度逐步放缓。截至 9 月底,全市商品房施工面积 2.58 亿平方米,同比下降 2.5%,其中住宅施工面积下降 0.9%。随着国内疫情得到有效控制,全市房地产销售自年初开始稳步回升。1—9 月,全市商品房销售面积 4317.60 万平方米,同比下降 5.4%,降幅自年初逐月收窄。

(二) 存在的主要问题

1. 服务业企业经济效益下滑,生产经营活跃度降低

一是全市服务业企业整体盈利能力明显下滑。受疫情和汛情双重冲击,1—8 月全市规模以上服务业企业营业收入 2521.27 亿元,同比下降 0.2%;实现利润 177.34 亿元,同比下降 17.2%。其中,商贸服务业受冲击较大,百强餐饮住宿企业中营业额同比下降的达 68 家。经济效益下滑威胁企业生存发展,规模以上服务企业数量同比下降 9.7%。二是服务业企业生产经营活跃度仍明显低于疫情暴发前水平。1—9 月全市第三产业用电量同比下降 0.45%,低于全社会用电量增速 1.7 个百分点,服务业企业生产经营活动大幅下降,市场活跃度显著降低。

2. 商贸服务回升面临诸多制约,消费完全恢复尚需时日

一是疫情影响持续,部分人流聚焦类消费回升较慢、部分家庭收入下降导致消费能力减弱,商贸消

---

① 以主城区(含江津)为主,以万州、涪陵为辅,以黔江、长寿、合川、綦江、永川、秀山等为重要节点的"一主两辅多节点"枢纽体系。

费短期难以恢复至正常水平。全市举办的展会活动及接待市外游客人数大幅减少，16类限额以上单位零售商品中仍有10类同比下降，演出、电影等优质文娱项目投放市场进度缓慢。二是随着消费加快从线下向线上转移，重庆从事电子商务市场主体少，网销商品数量、知名品牌不多，消费外流更加突出。

3. 部分服务业短板仍较突出，发展质量和环境有待优化

一是产业新业态新模式发展不足。全市产业结构仍以传统产业为主，数字经济、竞技体育、文化娱乐等服务业新业态新模式发展滞后。同时，内陆开放优势产业转化带动力弱，与成都、西安等城市相比，全市总部经济、口岸经济、枢纽经济等经济业态发展不充分，未形成"通道带物流、物流带经贸、经贸带产业"的良性发展格局。产业政策创新滞后，难以满足产业新业态新模式快速发展需求。如市内企业研发政策主要针对工业企业，数字金融、商贸等服务业企业不在政策支持范围，导致相关行业企业研发投入不能抵扣，影响企业创新发展积极性。二是国际化市场化程度还不高。全市服务业标准等与国际规范存在较大差异，签证制度、商事制度等制度未与国际接轨，内陆进出境购物免税等制度探索不足，教育、医疗、信息、文化等行业领域外资市场准入难度依然较大，融入全球经济发展仍面临较多束缚。

二、2021年重庆市第三产业发展环境分析及全年预测

（一）世界经济复苏缓慢，第三产业机遇与挑战并存

全球经济继续调整，但疫情反复以及严峻的防控形势，使得全球经济复苏缓慢，第三产业发展面临较大压力，但同时催生的各类线上服务、健康服务需求又赋予了现代服务业新的增长空间，第三产业发展机遇与挑战并存。一是全球第三产业增长面临下行压力。2021年世界经济形势或仍将笼罩在疫情冲击的负面阴影下，欧洲经济和财政政策研究中心等联合机构于2020年8月对全球950名经济学家展开世界经济形势预估调研，超过一半的受访专家预计全球经济要到2022—2023年才能恢复至新冠肺炎疫情暴发前的水平。同时全球地缘政治紧张格局、贸易摩擦和投资保护进一步强化的情况也并未缓解，服务业增长面临较大市场环境下行压力。在此背景下，国际金融将持续受到较大冲击，国际商贸、国际物流、国际投融资等业务也将面临市场需求持续减弱的风险。二是数字服务、健康服务快速发展迎来新机遇。受疫情影响，非接触式的数字服务需求大幅提升，线上会议、线上教育、线上医疗、云端直播、VR体验等新业态全球用户数量倍数增长，大数据统计、人脸识别等信息技术服务应用场景快速拓展。互联网诊疗、药品配送、健康保险等健康服务需求也快速增长，数字服务和健康服务或将成为推动第三产业逆势发力的重要支撑。

（二）国内加快构建新发展格局，第三产业迎来发展新空间

面对复杂的内外部环境，2021年我国将继续以供给侧结构性改革为战略方向、以扩大内需为战略基点，加快以国内大循环为主体、国内国际双循环相互促进的新发展格局建设，第三产业发展有利因素增多，但同时也面临疫情反复带来的不确性风险。一是新发展格局构建创造新机遇。双循环新发展格局更加突出国内大循环主体地位，对国内消费市场升级、产业结构优化、营商环境提升等提出了新要求，高质量、高品质服务业发展迎来新机遇。二是政策支持引导作用将进一步发挥。2020年以来，我国密集出台了《关于进一步促进服务型制造发展的指导意见》《以新业态新模式引领新型消费加快发展的意见》《关于进一步做好供应链创新与应用试点工作的通知》等一系列政策文件，持续推进服务业与制造业融合发展、扩大服务业开放合作、培育产业新业态新模式等工作，为第三产业新动能培育、高质量提升进一步营造良好的政策环境。三是疫情不确定性风险仍然存在。在疫情防控常态化背景下，服务消费正逐步

恢复，但在国外疫情持续影响下，国内部分地区仍存在零星疫情反复，也可能对服务消费等带来不利影响，影响服务业持续复苏。

（三）重庆市紧抓国家战略机遇，第三产业将加快创新升级

在新时代西部大开发、成渝地区双城经济圈建设、西部陆海新通道建设、中新（重庆）战略性互联互通示范项目等国家战略机遇下，重庆积极深化改革创新，大力推进内陆国际物流枢纽、国际消费中心城市、数字经济高地、国内重要科技创新中心等建设，第三产业发展环境进一步优化。一是数字经济发展动力进一步增强。2020年以来，全市出台了《重庆市促进软件和信息服务业高质量发展行动计划（2020—2022年）》《关于加快线上业态线上服务线上管理发展的意见》等指导性文件，为数字经济发展提供了更有利的政策环境。同时，5G基站、工业互联网标识解析国家顶级节点（重庆）、数字经济产业园等数字经济硬件建设加快推进，工业互联网、智慧物流、智慧城市等应用建设持续渗透，数字经济将发挥更强的创新带动作用。二是服务业将加快以开放促发展。近日，国务院发布的《关于同意全面深化服务贸易创新发展试点的批复》、交通运输部发布的《关于重庆市开展内陆国际物流枢纽高质量发展等交通强国建设试点工作的意见》等文件赋予了重庆在改革管理体制、健全促进机制、创新发展模式等对外开放合作领域多项先行先试权利，给重庆服务贸易、国际物流、外商投资等带来机遇。

但同时，重庆服务业发展仍面临后疫情时期市场修复时间长、高质量项目招商引资难度增大、高品质服务业业态供给不足、服务业体制机制亟待突破等问题，全市第三产业发展仍面临较大压力和挑战。

（四）2021年重庆市第三产业发展展望及主要指标预测

面对国际国内宏观环境，重庆将深化落实"两点"定位、"两地""两高"目标，发挥"三个作用"，加快融入"一带一路"建设、新时代西部大开发、成渝地区双城经济圈建设等国家和区域战略，推动数字经济、物流枢纽、科技创新、现代金融等现代服务业加快发展。预计2021年全市第三产业将保持平稳增长态势，全年第三产业同比增长6.2%左右。

三、对策建议

（一）加强困难企业跟踪关注，强化政策帮扶

针对疫情和汛情下部分企业运行面临的困难，加强政策指导和帮扶，优化市场政策环境、提振企业信心。一是建立服务业企业跟踪调查机制，针对文化旅游、娱乐体验、跨境商贸等受疫情影响较大的行业建立困难企业库，持续开展服务业企业受疫情影响专项调查，深度掌握企业痛点，完善针对性的纾困解难政策。二是提升政府服务效能。持续深化"放管服"改革，快速推进"一网通办"，优化办事流程，为企业提供一站式精准化服务，降低制度性交易成本。三是着力解决企业融资难题。落实落地"金融支持24条"，鼓励金融机构对中小微企业加大贷款支持，积极推动市内企业赴境外低成本融资，鼓励银企对接开展产业链金融服务创新。

（二）多措并举促消费，激发强大内需活力

以国际消费中心城市建设为抓手，塑特色创品牌，不断满足消费升级需求，提振内需消费。一是加大各类消费活动支持力度。大力开展外贸出口转内销、老字号国潮、农产品扶贫消费等消费活动，针对文旅、餐饮、娱乐等领域加大消费券发放力度，提高消费券的精准高效使用。加快落实新能源汽车免征购置税等扩大汽车消费措施。二是强化消费平台载体品质建设。持续推动中央商务区、商圈、步行街提档升级，加快打造来福士广场、龙湖光年、重庆融创文旅城等新型商业综合体，引导传统商场加快向多

功能购物场所转型升级，激活多层次消费需求。提升发展夜市经济，加强夜市街区环境优化建设。三是加快培育消费新增长点。大力发展新零售、首店经济、平台经济等新业态，培育无接触消费、直播电商、农村电商、"云逛街"等新模式。加快实体商业线上线下融合发展，支持本土电商平台规模化、品质化提升。

（三）扩大服务业开放创新，营造良好制度环境

针对服务业政策创新滞后、国际化程度不高等突出问题，强化服务业开放创新，深化外向型、创新型产业体系建设。一是全方位推进服务业扩大开放，构建与国际通行规则相衔接的服务业开放体系，推动互联网和信息服务、运输服务、金融服务、文化旅游、大健康、会展商务等重点领域扩大开放，着力发展数字贸易，持续增强服务业发展动能和国际竞争力。二是大力支持服务业创新升级。出台政策积极支持新零售、首店经济、平台经济、直播带货等新业态新模式培育建设。三是加快服务经济法治化建设。积极推进《重庆市社会信用条例》立法进程，配套出台信用评级评价、信用修复、信用异议处理等配套规章制度。依托区块链技术完善市公共信用信息平台，提升市场营商环境。四是争取将高技术服务创新纳入科技创新政策支持范畴。积极争取将信息与通信服务、科技服务、智慧物流、数字金融等高技术服务领域创新活动纳入国家和地方科技创新政策支持范畴，使其享受税收、资金配套、直接奖励等多类优惠，激发创新热情。

[重庆市综合经济研究院（重庆市经济信息中心）产业经济研究课题组
主研：易小光　丁　瑶　余贵玲　夏　月
执笔：余贵玲　夏　月]

之二：2020年重庆市金融业发展及2021年展望

自2020年初新冠肺炎疫情发生以来，全球主要经济体的央行实行超宽松货币政策，以应对疫情的冲击。我国金融政策保持稳健，对外开放步伐加快。在此背景下，重庆市金融业保持稳中有进发展态势，行业综合实力显著增强，服务实体经济稳健有力，改革开放步伐加快，金融生态环境保持良好。预计2020年金融业增加值同比增长5.8%左右，占GDP比重为9.0%左右。

一、2020年重庆市金融业发展基本情况

（一）总体情况

2020年金融业整体发展稳中有升，1—9月金融业实现增加值1711.1亿元，同比增长5.5%（见图1），占GDP比重达到9.7%，GDP占比高于全国1.53个百分点，实现行业净利润476.5亿元，贡献税收252.0亿元，税收占全市比重达12.9%，行业对全市经济发展贡献度仍较高。

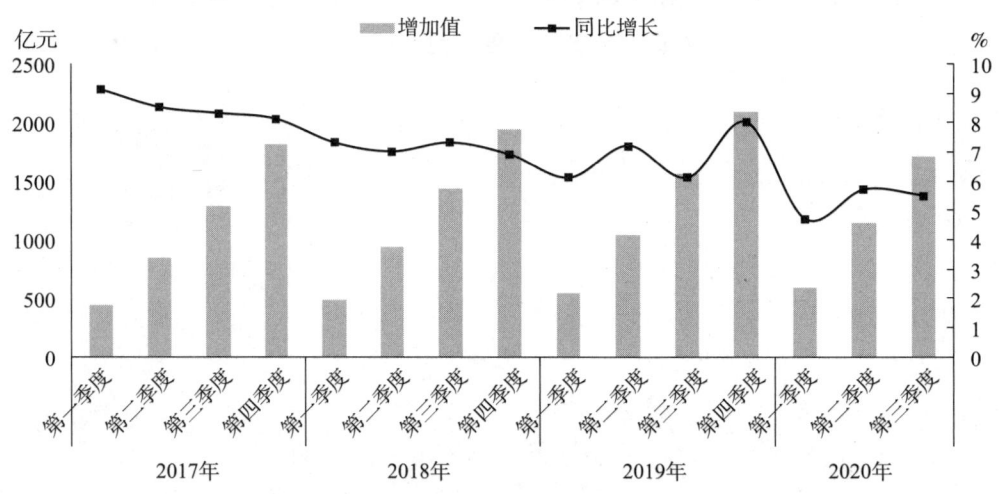

图1　2017—2020年重庆市金融业增加值及增速变动情况

（二）呈现的主要特点

1. 市场主体稳步集聚优化，新兴金融业态加快涌现

金融机构体系持续健全，金融要素集聚功能持续增强。截至9月底，全市共集聚各类金融机构1800多家，已形成覆盖银行、保险、证券、基金、期货、信托、消费金融等多领域金融机构体系。全市银行业金融机构数量保持总体稳定；证券、期货、基金等资本市场服务机构数量稳中有升，资本市场服务体系加快完善。随着全国首家理财子公司——渝农商理财子公司、中银金融租赁等正式挂牌开业，专业性新型金融机构加快涌现。此外，阿里巴巴、百度、京东、小米、美团、苏宁、平安、海尔等在渝设立的互联网小贷以及马上消费金融、小米消费金融等持牌消费金融机构加速壮大。同时，随着国家金融科技

认证中心挂牌成立，金融要素聚集功能持续增强。

金融与科技深度融合，互联网金融生态加快构建。重庆充分运用互联网、大数据、远程可视、人工智能、区块链等新兴技术，不断提升数字化、智能化金融服务水平。平台建设方面，成功争取国家金融科技认证中心落地重庆，小米产融大数据平台、"渝快融"、"渝企金服"等平台加快壮大，依托大数据、区块链等技术，形成集"征信数据+管理数据+服务数据"于一体的企业运营行为大数据资源，打破企业与融资机构之间信息不对称的痼疾，形成产业金融链的全流程服务。产品服务创新方面，金融机构加快推出金融数字化产品及服务创新，创新"知识价值信用贷""县域普惠金融"等线上金融产品，畅通企业融资梗阻，金融对薄弱领域的服务效能持续提升。

2. 银行存款增长提速，信贷投放结构持续优化

企业和居民部门存款增长提速，政府存款增长乏力。受非银行业金融机构存款回落影响，9月末全市金融机构人民币存款余额达41466.3亿元，同比增速较上月和上年同期分别回落1.1个和0.5个百分点。在居民收入恢复性增长及预防性储蓄动机带动下，居民存款较上月和上年同期分别回升0.2个和0.7个百分点。随着各项财政、货币、产业政策落地显效，企业生产经营加快，全市非金融企业存款余额同比增速回升至12.9%，较上年同期提升10.6个百分点。但受2019年同期高基数及强监管影响，非银行金融机构存款余额同比增速变为负增长，较上月及上年同期均有所放缓。

信贷结构持续优化，金融服务功能持续增强。9月末，全市人民币贷款余额同比增长13.7%，与上月持平，高于全国平均水平0.9个百分点。从期限结构看，受居民消费贷快速回升等带动，短期贷款余额同比增速较上年同期提升2.2个百分点；受企业生产经营压力仍较大及房企融资持续收紧等因素影响，中长期贷款余额同比增速虽逐月回升，但仍低于上年同期。从贷款投向看，制造业贷款较快回升，同比增量首次居于各行业首位；普惠小微和涉农贷款在新冠肺炎疫情防控背景下均大幅逆势增长，同比增速分别达到30.0%和90.0%。企业综合融资成本持续下行，9月末，全市企业贷款加权平均利率为4.61%，较上年同期下降0.7个百分点，小微企业贷款成本为2015年以来历史低位，金融服务实体经济重点领域和薄弱环节效能大幅提升。

3. 证券市场交易活跃，直接融资稳健增长

证券交易活跃度持续提升，资本市场服务能力持续增强。随着股市赚钱效应持续提升、资本市场改革加快等带动，1—9月辖内代理证券交易保持平稳增长态势。市场主体上市挂牌数量持续增加，截至9月底，全市境内上市公司数量达56家，较上年同期新增5家，过会待发2家；在全国股转系统挂牌公司达103家；截至9月底，在重庆股份转让中心挂牌托管企业达1580家，较上年同期增加315家，优质企业上市步伐加快。证券经营机构保持稳健，全市证券业分支机构达到251家，较年初新增3家，证券投资咨询公司、辖区期货经营平稳发展，资本市场服务平台不断完善。同时，随着与深交所签署的战略合作框架协议加快落地，全市资本市场服务实体经济能力持续提升。

直接融资快速增长，服务实体经济能力持续增强。通过加快构建非金融企业发债融资、上市或挂牌股权融资项目储备库，畅通民营企业、制造业企业和核心龙头企业等重点企业直接融资项目对接机制，加强与银行间市场交易商协会、沪深证券交易所的对接，企业直接融资渠道加快拓展。1—9月，全市通过股票市场融资220.4亿元，是2019年同期的19倍，总量居西部首位。在三农债、金融债、无固定期限资本债券放量增长带动下，发行企业债券1829亿元，同比增长75.3%。实体经济直接融资提速增长，制造企业股票、债券等直接融资额合计超百亿元，直接融资对实体经济的支持力度持续加大。

4. 保险业运行总体平稳，保险赔付支出增速有所回落

保费收入增长保持稳健，寿险保费收入支撑作用明显。全市保险业经营发展总体平稳，保险行业资产规模位列西部地区前三。1—9月，受人身险保费收入增长放缓拖累，全市保费收入同比增长11.4%，较上月和上年同期分别回落1.0个和1.9个百分点。从保费来源看，财产险保费收入保持平稳增长，同比增速为8.9%，较上年同期提升0.1个百分点，财险销售保持复苏态势。受人身意外伤害险保费收入增速回落影响，人身险保费收入增长放缓，同比增速较上月和上年同期分别回落1.2个和2.6个百分点，但仍保持两位数增长速度，人身险保费收入依然是总保费收入增长的核心动力。

保险赔付支出大幅增加，风险保障功能日益增强。受人身险赔付大幅增多带动，1—9月全市保险业赔付累计支出216.2亿元，同比增速虽较上月有所放缓，但较上年同期大幅回升9.3个百分点。其中，财产险赔款支出加大，同比增速较上月和上年同期分别提升3.8个和3.3个百分点；受寿险赔付支出放缓影响，人身险赔付支出同比增速较上月回落5.3个百分点，但较上年同期提升12.9个百分点。保险业服务实体经济和社会民生成效显著，为支持"一带一路"和长江经济带等重大战略，中欧班列（重庆）货运保险项目已实现应保尽保；以"农业保险+健康保险"为核心的扶贫保险已覆盖全辖贫困人口，保险业加速回归本源，风险保障功能持续拓展。

5. 金融业对外开放步伐加大，对外合作持续深化

行业开放度进一步提升，对外合作持续深化。2020年以来，重庆成立金融工作领导小组，推动金融改革纳入成渝地区双城经济圈建设规划纲要，积极创建绿色金融改革创新试验区，区域金融开放加速推进。中新（重庆）战略性互联互通示范项目建设加快，绿色债券、中新金融科技投资基金等创新发展。人民币基金对外投资、外债切块管理等多项政策创新率先在中西部地区取得突破，绿色债券、债务融资、跨境物流等领域合作持续深化，中新金融科技合作示范区建设取得积极成效。同时，区域金融开放力度加大，川渝两地签署合作备忘录，在共建西部金融中心、共推改革开放试点、共商跨区域协同发展等方面达成一致，区域金融合作创新发展。

金融创新取得新突破，跨境金融服务发展态势良好。依托自贸区和中新互联互通示范项目，持续深化跨境投融资和结算便利化。全市持续推动跨境人民币结算便利化试点，不断扩大人民币跨境使用，1—9月全市跨境人民币实际收付金额合计1109.2亿元，同比增速达33.5%；与"一带一路"沿线国家跨境人民币结算量同比增长高达71.4%，人民币跨境使用保持良好发展态势。跨境投融资创新发展。重庆已经形成覆盖国际商业贷款、内保外贷、境外发债和跨境房地产信托等融资模式的多层次跨境融资体系，全国首单非银金融机构借款及结汇业务、中西部地区首笔跨境债权转让业务等跨境融资业务创新实现。截至9月底，全市跨境融资累计金额达121.0亿元，平均利率低于境内1.4个百分点，跨境金融提速发展态势良好。

6. 金融风险防范化解成效良好，金融生态环境进一步优化

2020年以来，全市坚持统筹打好防范化解金融领域重大风险攻坚战，守住不发生系统性金融风险底线，着力营造良好的金融生态环境。加强社会领域金融风险防控，搭建社会风险"6+N"会商机制，在全国率先完成陈案化解三年攻坚目标。通过第三方化解、司法途径等方式，全面加强互联网金融风险整治，积极扩大金融科技创新监管试点，P2P网贷机构已实现全部出清，互联网金融风险整治取得阶段性成果。持续发挥债委会机制作用，支持配合重点问题企业风险化解。截至9月末，全市银行业不良贷款比例为1.16%，低于上年同期水平；小贷不良率和融资担保代偿率分别为9.28%、1.94%，均处于全国较低水平，市场风险总体可控。

二、存在的问题

（一）对小微企业的信贷投放仍需加大力度

一是银行主动服务小微企业意愿不强。银行业的信贷供给倾向于经营效益好、管理健全的大中型及国有企业，而对经营风险普遍偏高的小微企业仍持较为审慎的态度；全市银行特别是国有商业银行对小微企业提供的金融支持，主要是以完成小微企业贷款增量和贷款户数的考核要求为主。最新数据显示，全市小微企业信贷余额占比不足10.0%。二是授信审批流程与小微企业融资需求特点不匹配。虽然部分银行出台了线上创新产品，简化小微企业贷款流程，但线上贷款的授信额度普遍在50万元以下，且大量地方法人金融机构尚不具备开发和完善线上贷款的技术手段。

（二）融资结构失衡将制约金融服务实体经济能力

资金成本更加低廉、使用效率更加高效的直接融资对实体经济的支持力度仍相对较弱。人民银行重庆营业管理部的统计数据显示，全市前三季度新增直接融资仅占社会融资规模增量的29.0%，低于全国平均水平3.0个百分点。与企业融资直接相关的两大直接融资方式，企业债券融资和非金融企业境内股票融资增量分别仅占同期社会融资规模增量的15.2%和0.63%，股票融资大幅低于全国平均水平。若社会融资过度依赖间接融资，不仅难以满足实体经济多元化的融资需求，而且容易造成金融风险过度集中在银行体系，增大系统性风险发生的概率。

（三）金融科技化程度仍有待提高

重庆作为全国首批开展金融科技应用试点的10省市之一，在金融与民生服务互联互通、促进数据资源融合应用等重点领域进行了卓有成效的探索，但金融科技资源要素聚集能力仍偏低。全市拥有的第三方支付牌照仅6张，远落后于北京、上海、深圳等省份。同时，包括网络支付、P2P网贷、互联网银行、网络理财等在内的金融科技业态的发展，主要是以金融产品运作渠道上的变化为主，并且重点服务于消费金融等方面的发展。重庆金融科技在增加金融服务供给、提高金融效率、防范金融风险等方面仍有较大发展空间。

三、2021年重庆市金融业发展环境及展望

（一）国际货币政策维持低利率，金融体系脆弱性加剧

当今世界正经历百年未有之大变局，新冠肺炎疫情仍在全球蔓延，世界范围内保护主义和民粹主义升温，部分国家间经贸摩擦日益深化，不稳定性和不确定性增多，国际金融市场"黑天鹅"事件频发、震荡加剧。面对疫情的升级和经济的衰退，主要发达国家相继出台超大规模经济刺激政策，货币政策全部进入接近零利率和负利率区间。大力度刺激政策虽短期有效，但长期来看将带来大规模的债务扩张和资产泡沫，增大系统性金融风险隐患。同时，新兴市场仍将面临债务发行困难、融资成本上升、偿债压力激增等问题，将促使部分经济体陷入债务困境，并引发金融不稳定风险，全球经济金融体系脆弱性将不断加剧。

（二）我国货币金融环境良好，金融开放进一步提速

我国正由高速增长转向高质量发展，将以金融科技为引领创新服务国际国内双循环新发展格局。一是货币金融环境将保持良好。央行将继续通过完善宏观调控跨周期设计和调节，保持在正常货币政策区

间，为实体经济高质量发展和供给侧结构性改革提供长期稳定的货币金融环境。二是金融业高水平开放将进一步深化。我国金融业对外开放将逐步过渡到准入前国民待遇加负面清单管理模式，并通过高水平开放引进国际金融资源参与"双循环"；人民币国际化进程提速，境内外资本市场互联互通水平将持续提升。同时，上海国际金融中心、内陆金融中心和区域金融改革试验区建设加快，金融要素高效聚集、合理流动和金融市场融合发展将持续深化。

（三）重庆市金融开放迈上新台阶，持续为经济发展赋能

重庆市金融业将以供给侧结构性改革为主线，持续提升服务能级，在内陆金融开放中发挥更大作用。一方面，重庆将示范带动西部地区金融开放发展，抢抓"一带一路"建设、中新（重庆）战略性互联互通示范项目、重庆自由贸易试验区等战略机遇，全力打造内陆国际金融中心，加快推动成渝地区共建西部金融中心，加强在金融市场互联互通、货币合作、区域金融稳定等方面与东盟国家和"一带一路"沿线国家合作加快，完善开放市场导向的投融资体系和金融风险审慎管理体系。另一方面，随着国家金融科技认证中心入驻重庆，成渝地区双城经济圈金融服务一体化发展进程加快，区域金融服务实体经济效能增强，对民营、小微、制造业等重点领域的融资支持政策将持续发力。

（四）2021年重庆市金融业运行展望

2021年，重庆市将加快推进成渝地区双城经济圈建设等重大战略部署，推动经济实现量的合理增长和质的稳步提升，经济的稳步增长将对金融高质量发展提出更高要求。同时，重庆市金融业将聚力打造内陆国际金融中心和加快推进成渝共建西部金融中心，不断提升开放水平，持续增强金融服务实体经济的能力。预计金融业增加值将同比增长7.5%左右，占GDP比重达到9.1%左右。

四、2021年重庆市金融业发展的对策建议

（一）引导金融机构进一步加大小微企业信贷支持力度

一是进一步放宽普惠型小微企业不良贷款容忍度，引导金融机构大幅增加小微企业首贷、信用贷款、无还本续贷，并给予地方法人银行延期贷款激励。二是推动降低小微企业贷款综合融资成本，鼓励重庆银行、重庆三峡银行、重庆农村商业银行按照风险自担原则，对符合条件的小微企业发放优惠贷款，贷款利率参照同期LPR至少减25个基点，其他在渝银行可参照执行。三是开展商业银行小微企业金融服务监管评价，继续实施普惠型小微企业贷款增速和户数监管要求，大型国有商业银行重庆市分行普惠型小微企业贷款增速不低于40%，确保中小微企业贷款覆盖面明显扩大。

（二）加快推进地方资本市场创新发展

一是推动区域性资本市场创新发展，探索建立对接中西部地区和"一带一路"国家多层次资本市场的合作机制，推动区域性股权市场做强做优做大，持续增强区域国际资本市场服务中心融资服务功能，形成与重庆经济社会发展相匹配的地方资本市场体系。二是健全企业直接融资项目库，筛选符合国家和市级产业政策且经营情况良好，具备发展潜力和挂牌、上市意愿的企业入库；抢抓全面实行股票发行注册制机遇，大力推动优质企业到主板、中小板、创业板、科创板上市，或通过新三板精选层转板上市。三是鼓励企业债券融资，开展创新债券等直接融资产品创新，支持市内企业发行企业债、公司债、绿色债、创新创业债、专项债等债务融资工具，扩大直接融资规模。

（三）积极拓展金融科技应用范围

一是紧抓全球金融与科技融合发展重要机遇，抢占金融科技发展先机，积极支持大数据、智能化、

云计算、人工智能、区块链等新技术在支付清算、借贷融资、财富管理、零售银行、交易结算等业务领域的合规应用。二是加快推进国家金融科技应用和金融标准化创新试点，做强国家金融科技认证中心，探索发展金融科技新业态，积极开展金融科技监管"沙盒"试点，助力重庆建设国家数字经济创新发展试验区。三是健全完善金融科技服务体系，鼓励银行、证券、保险等传统金融机构与"互联网+"深度融合，提升传统金融风险定价、投资决策、信用服务效率，推动行业创新发展。

[重庆市综合经济研究院（重庆市经济信息中心）产业经济研究课题组
主研：易小光　丁　瑶　余贵玲　罗丛生　成秋明
执笔：成秋明]

之三：2020年重庆市物流业发展及2021年展望

2020年以来，新冠肺炎疫情对国际贸易造成了巨大冲击，全球经济形势更加复杂严峻，世界物流市场面临巨大挑战；在国内新冠肺炎疫情较早得到控制、经济活动稳步恢复的支撑下，全国物流市场规模逐步扩大，但增速仍较上年有所放缓；重庆市加快融入国家"一带一路"建设，推进成渝地区双城经济圈建设，推动"一区两群"协调发展，带动全市物流业发展稳步向好。预计2020年全市全年物流业增加值将达到1565亿元左右，增长约1.0%，占全市GDP比重保持在6%左右。

一、2020年重庆市物流业运行情况分析

（一）总体情况

2020年以来，全市经济逐步克服疫情影响，经济运行呈稳步复苏态势，其中工业生产持续恢复，投资增速持续回升，网络零售较快增长，对外贸易逆势上扬。在此背景下，全市物流业发展逐渐回稳。1—9月，全市交通运输、仓储和邮政业实现增加值673.8亿元，同比下降2.5%（见图1）；占全市GDP、第三产业增加值比重分别为3.8%、7.1%，比上年同期分别减少1.0个、1.8个百分点左右。据此估算，1—9月全市物流业增加值约为860亿元，占同期GDP比重约为5.0%，占第三产业比重约为9.1%。

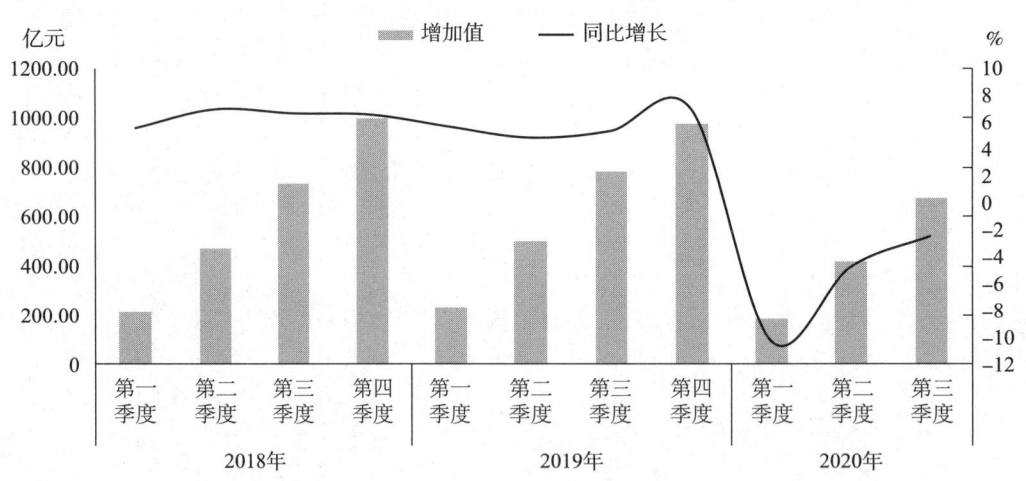

图1 2018年以来重庆市交通运输、仓储和邮政业增加值及增速（季度累计）

（二）主要特点

1. 货运规模实现较快增长

在重庆开放型经济发展及物流大通道、大枢纽、大口岸加快打造带动下，全市货物运输总量逆势增长。1—9月，重庆货物运输量8.69亿吨，同比增长5.3%，高于全国同期水平8.6个百分点。从结构上来看，公路运输货运量7.19亿吨，同比增长8.0%，仍然是支撑全市货运总量的绝对力量；"公转铁"取

得成效，铁路运量不断提升，铁路货运量同比增长13.9%，较上年增速大幅提高了16.8%；但是，在三峡水道容量有限、航空货运服务能力偏弱以及上年高基数拖累下，全市水运、航空货运量及货物吞吐量目前仍然处于低迷状态（见表1）。

表1　2020年重庆市物流业主要指标　　　　　　　　　　　　　　　　　　　单位：万吨

指　标	第一季度		上半年		1—9月	
	绝对值	增速/%	绝对值	增速/%	绝对值	增速/%
货物运输总量	22622.47	-11.3	53162.11	1.9	86867.04	5.3
铁路	401.45	9.6	851.31	8.6	1395.88	13.9
公路	18789.00	-10.8	43628.00	3.6	71864.00	8.0
水运	3429.43	-15.9	8676.88	-6.4	13598.07	-7.7
航空	2.59	-15.4	5.92	-7.5	9.09	-11.8
内河港口货物吞吐量	3322.29	-19.4	7288.87	-13.0	11263.64	-9.5
空港吞吐量	8.13	-6.9	17.82	-2.6	28.45	-2.1
国际标准集装箱吞吐量（万TUE）	31.10	16.5	66.86	10.5	103.70	-4.2

2. 电商物流保持蓬勃发展

疫情催生新的消费习惯，线上新消费加速增长带动全市电商物流市场发展持续向好。1—9月，全市限额以上单位网上零售额增长44.6%，比上年同期提高34.8个百分点；快递业务量同比增长23.9%，业务收入同比增长14.2%。在西部陆海新通道、中欧班列（渝新欧）等开放通道带动下，重庆电子产品以及水果、海鲜、化妆品、高档生活用品等跨境电商出口、进口逆势快速增长，跨境电商物流成为全市物流经济增长的重要支撑点。此外，随着数字乡村建设、电子商务进农村综合示范、电商扶贫等工作深入推进，全市各示范区县均建成县（区）级电商物流配送中心。截至当前，全市累计建成镇村物流网点超3760个、产地集配中心近150个，行政村快递覆盖率达到88%，带动全市农村电商物流增长进一步加快。

3. 开放平台建设运营持续向好

开年以来，全市物流开放平台建设持续加快，平台运营质量稳步提升。果园港基础设施建设有序推进，集中开工建设了海关集中查验场所、果园港扩能提升工程等14个国家物流枢纽重点口岸功能及重点基础设施项目，总投资达60亿元。团结村新一轮升级改造基本完成，货物线、年到发的货物量分别达到16条、1128万吨，全市"1+2+12"三级铁路物流节点网络进一步完善。渝新欧班列成为中欧班列集结中心五大示范工程之一；新冠肺炎疫情期间，在运输国际救援物资、稳定全市产业链和供应链方面发挥出了重要作用；自霍尔果斯铁路口岸开行中欧（中亚）班列以来，出入境班列累计突破10000列。

4. 智慧物流发展取得新成效

随着大数据、智能化与物流业融合发展更加深入，全市智慧物流建设取得了许多新进展。新冠肺炎疫情期间，果园港通过新上线的集装箱"无纸化平台"，将繁复的纸质单证用电子单证替代，系统整体实现单证电子化、道闸无人化，全程无须人工交接。保税港区智慧共享物流中心项目入选重庆人工智能十大应用场景，通过运用人工智能、5G通信等新一代信息技术，以自动化立体库、自主式AGV小车、自动驾驶叉车等装备为依托，构建面向港口、物流园区的智慧物流仓储、运输、配送等关键场景的智慧共享物流中心。同时，重庆首张网络平台道路货物运输牌照正式诞生，运营者可通过运用大数据、物联网等优化整合物流要素，促进车、货等物流资源高效匹配及便捷运转，缩减车辆待货时间，提升货运效率。此外，受益于无人自助收银和智能物流新技术运用，重百、永辉等企业线上订单同比增幅近200%。

（三）重庆市物流业发展存在的问题

1. "水、空"物流枢纽功能仍有待提升

近年来，重庆物流枢纽建设取得了长足进步，但是对比先进省份和对照城市未来发展需要，全市社会物流总量规模仍然偏小，特别是水、空交通枢纽对物流增长的支撑作用亟须提升。一是长江黄金水道功能发挥受到限制。三峡枢纽通过量已超设计能力的47%，船舶平均待闸时间达到了83.3小时，是三年前的近两倍，长时间待闸会增加水运运输行业营运成本20亿~30亿元。在时间和运营成本大幅增加的影响下，船舶运营航次已经由往年12航次左右下降到9个航次左右。二是航空货运服务功能偏弱。江北机场现有航线远低于成都，航线网络覆盖面和通达性不高，无法像北京、上海、广州等城市，借助完善的国际客运航线网络来推动国际航空货运的快速发展。同时全市专业货运机场仍然空白，航空货运能力不足将对未来重庆中高端物流市场产生不利影响。三是"公、铁、水、空"多式联运体系建设还处于初步阶段。物流资源配置差异化不够，枢纽港、喂给港体系尚未形成，铁路进港不足、末端微循环不畅，果园港铁水联运量仅占港口吞吐量的约10%。

2. 乡村电商物流发展仍存在瓶颈

农村电商物流仍存在一些问题，客观上阻碍了农货上行电子商务发展。一是乡村电商物流配套设施仍然不足。由于重庆大山区、大库区的地理特点，乡村物流网络设施建设仍然较为滞后。全市共8031个行政村，农村地区公共服务站点仅有2003个，在建制村中占比不足25%。同时，由于农产品的生鲜特点，冷链存储和快递建设滞后，不能适应鲜活农产品质量保证需求。二是农村网络信息化程度不高。与城市相比，农村地区网络速率相对较慢，网络维护工作还不够到位，在一定程度上限制了农村网络的普及，影响正常的电子商务交易。除此之外，由于农村地区物流信息平台建设还不够完善，农村物流信息得不到及时跟踪、共享与反馈。三是物流成本居高不下。农村地域面积广、线路长、单位揽收和投递成本高，同时快递企业往往采用加盟或代理的方式开拓农村市场，难以形成规模效应，导致社会资源利用率低下，成本未能得到有效控制。四是物流服务质量不高。末端配送利润薄、工作强度大、员工收入较低，愿意从事农村电商物流的专业人员较少；农村快递网点以加盟和代理为主，存在管理不规范、从业人员文化水平不高且缺乏专业培训等，导致农村电商物流服务质量得不到有效提升。

二、2021年重庆市物流业发展环境分析及展望

（一）世界经济复苏仍面临较大不确定性

世界经济复苏依旧艰难，新冠肺炎疫情对全球经济的拖累仍将持续，国际物流增长压力依然较大。IMF最新预计2021年全球经济增长5.4%，较之前下降了0.4个百分点，并认为如果出现第二波新冠肺炎疫情，经济增速将进一步下调至0.5%。从国际贸易环境来看，在疫情冲击下，逆全球化和贸易保护主义进一步加剧，全球发达经济体产业链本地化、区域化趋势更加明显，国际贸易环境日益复杂严峻，对国际物流供给与需求均将产生不利影响。从国际物流业发展来看，一方面疫情将加速物流业数字化、智能化发展趋势，推动线上、线下服务进一步深度融合；另一方面，疫情也将促使物流企业重新思考全球布局，开拓新的运输线路和贸易模式，这也将给我国"一带一路"全球物流和运输网络建设带来新的机遇。

（二）国内物流发展面临新的机遇

我国正处于内部环境结构性、体制性、周期性问题相互交织的重要发展阶段。大力调整产业结构、转变经济发展方式、实施供给侧结构性改革等一系列战略举措，为国内扩大有效物流需求提供了有利条件。一是内贸物流市场释放潜力。当前，以国内大循环为主体、国内国际双循环相互促进的新发展格局正在加快形成，居民消费升级、现代化产业体系构建、城乡区域协调发展将不断为国内市场拓展新空间。二是物流业与制造业创新融合发展。物流业与制造业在信息资源融合互通等方面存在明显的断点，导致融合层次不够、深度不够、效果不够。但是，随着物联网技术的深度应用，信息匹配与对接问题将迎刃而解。国家发展改革委等部门联合出台《推动物流业制造业深度融合创新发展实施方案》，制造业物流需求以及成本将明显改善。三是物流业市场环境更加规范。信息技术的进步为政府监管提供了新的手段，物流信用记录方式、契约规则将发生改变，未来国内物流市场营商环境将更加优化。

（三）重庆市国际物流枢纽地位进一步凸显

重庆市国际交通枢纽建设正逐步完善。重庆市已基本形成水、陆、空立体综合交通基础设施网络，构建起东向、西向、南向、北向和航空五大国际通道体系，重庆市建设国际物流枢纽基础得到进一步稳固。随着国家最新出台的《关于新时代推进西部大开发形成新格局的指导意见》《关于重庆市开展内陆国际物流枢纽高质量发展等交通强国建设试点工作的意见》等政策实施，重庆"国际门户枢纽城市"定位得到明确，将在推动内陆国际物流枢纽高质量发展等方面先行先试并获得政策支持。同时，成渝地区双城经济圈建设推动重庆—成都物流通道共建加快，重庆市和成都市已在通道口岸建设、机制协同合作等方面达成了多项共识，将有助于重庆市物流枢纽城市竞争力进一步提升。

（四）2021年重庆市物流业发展趋势展望

展望2021年，全球贸易环境依然严峻，国内物流发展既有挑战也有新的发展机遇，未来，重庆市将继续发挥西部大开发的重要战略支点、"一带一路"和长江经济带的联结点作用，同时加强成渝地区物流的协同发展，促进国家政策叠加和资源汇聚，增强两地间产业基础、要素资源、创新活力的竞争优势，进一步提升开放型经济水平。预计2021年全市物流业总体将呈现快速恢复性增长态势，全市交通运输、仓储和邮政业增加值增长8%左右；物流业增加值将达到1750亿元左右，增长约12%。

三、对策建议

（一）加快提升重庆市国际物流枢纽功能

一是畅通出海出境大通道，加快启动三峡水运新通道建设，联合四川统筹设置西部陆海新通道区域枢纽和节点，提升中欧班列（新渝欧）高质量发展水平，主动对接中蒙俄经济走廊建设，加密国际航线、商务航线和直达航线。二是培育区域物流枢纽集群，加快建设铁路货运站、公路货运分拨中心和进港铁路专用线，实现全市四大物流枢纽互联互通，加强国际多式联运集疏体系建设，降低国际联运物流成本，联动四川共建国际多式联运试验区。三是建设内陆口岸高地，大力发展航空口岸，积极争取万州机场正式开放，做大做强铁路和水运口岸，打造内陆国际物流分拨中心和亚欧铁路货运转运中心。

（二）加快破解乡村电商物流发展瓶颈

一是完善农村物流基础设施网络建设。加快农村高等级公路建设，推动乡村物流通道畅通；加强交通运输、快递等与农村物流相关的服务网络衔接，提高农村物流配送能力；逐步完善县、乡、村三级物流节点基础设施网络，解决"最后一公里"问题。二是建设县域智慧物流网络平台。大力建设县（区）

级物流公共配送中心，构建乡村末端物流线路共享系统，并与省、市级物流管理体系形成数据共享，提升农村物流服务时效，降低物流成本。三是推动农村电商与智慧物流协同发展。将县域智慧物流网络系统与其他电商、第三方物流快递的系统进行对接；将乡镇、行政村闲置的人、车、运力调动起来，同时鼓励乡镇供销社、夫妻店、农家乐、小卖部承接第三方订单。四是加快农村电商物流人才培养。通过优惠政策鼓励引导专业物流人员回农村就业创业，同时加大农村从事电商物流业人员的培训力度，支持物流企业到农村开展业务培训及经验指导等。

（三）加快提高现代物流业发展质量

一是以新基建促物流多元化发展。加快新能源加气站、充电站建设，形成较为完善的加气、充电网络，推广清洁能源车辆使用；加快交通物流大数据平台建设，有效整合公路、铁路、航空、水运、海关、保税、金融等各类资源，实现信息联通、资源共享、协调发展。二是以新技术推进物流智慧化发展、专业化发展。以互联网、大数据、云计算、5G等信息技术为支撑，运用无人机、无人配送车等智能装备发展无接触商业、同城众包快递、即时物流、社区配送等。三是创新推动物流精细化转型。推动传统物流向会展物流、冷链物流、逆向物流、高铁物流、医院院内物流、医学检验物流、国防军工物流、大件设备物流、保密押运、保密存储、中央厨房等新业态转型，满足细分领域专业化物流需求。

[重庆市综合经济研究院（重庆市经济信息中心）产业经济研究课题组
主研：易小光　丁　瑶　余贵玲　苟文峰　罗丛生　夏梁颖
执笔：夏梁颖]

之四：2020年重庆市房地产业发展及2021年展望

2020年以来，重庆市继续认真贯彻落实党中央、国务院部署，坚持"房子是用来住的、不是用来炒的"定位，全面落实城市主体责任，着力稳地价、稳房价、稳预期，但受全球新冠肺炎疫情和中美贸易摩擦等宏观环境因素持续影响，加之商品房供需逐渐趋于平衡，重庆房地产市场继续呈现调整走势。预计2020年重庆商品房销售面积和房地产开发投资下降1%左右。

一、2020年重庆市房地产业运行情况

（一）总体情况

2020年以来，在全国"因城施策"总基调以及"房住不炒"定位下，重庆积极稳市场、稳预期、稳房价，全市房地产业发展总体稳定。随着商品房供需逐渐趋于平衡，重庆房地产业发展进入由数量向质量转型的新阶段。1—9月全市房地产业实现增加值1111.38亿元，同比下降0.6%（见图1），占全市地区生产总值的6.3%，比重较上年提高0.3个百分点。

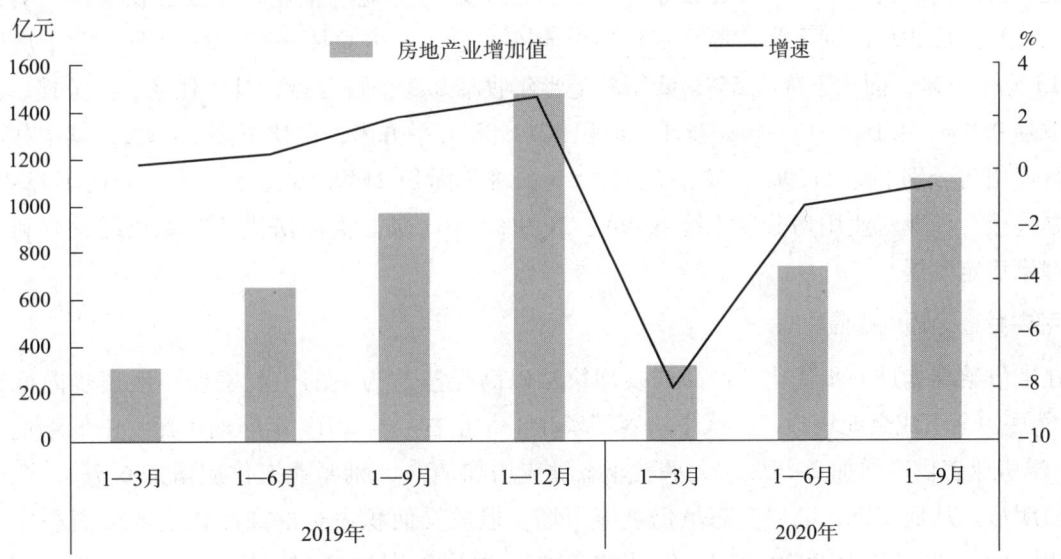

图1　2019年以来重庆市房地产业增加值及增速变化趋势

（二）主要特点

1. 房地产开发投资与上年持平

受房地产市场销售回款慢、商业地产库存消化以及开发融资政策收紧等影响，全市房地产开发投资增速呈现进一步放缓态势。1—9月，重庆房地产开发投资完成3285.28亿元，同比下降1.1%，增速较上半年回落1.8个百分点，较上年同期下降7.1个百分点（见图2），低于同期全国平均水平6.7个百分点。

其中，住宅投资 2379.42 亿元，同比下降 1.5%，占房地产开发投资的比重为 72.3%；商业营业用房、办公楼投资分别为 342.32 亿元、67.11 亿元，同比分别下降 13.9%、13.3%。

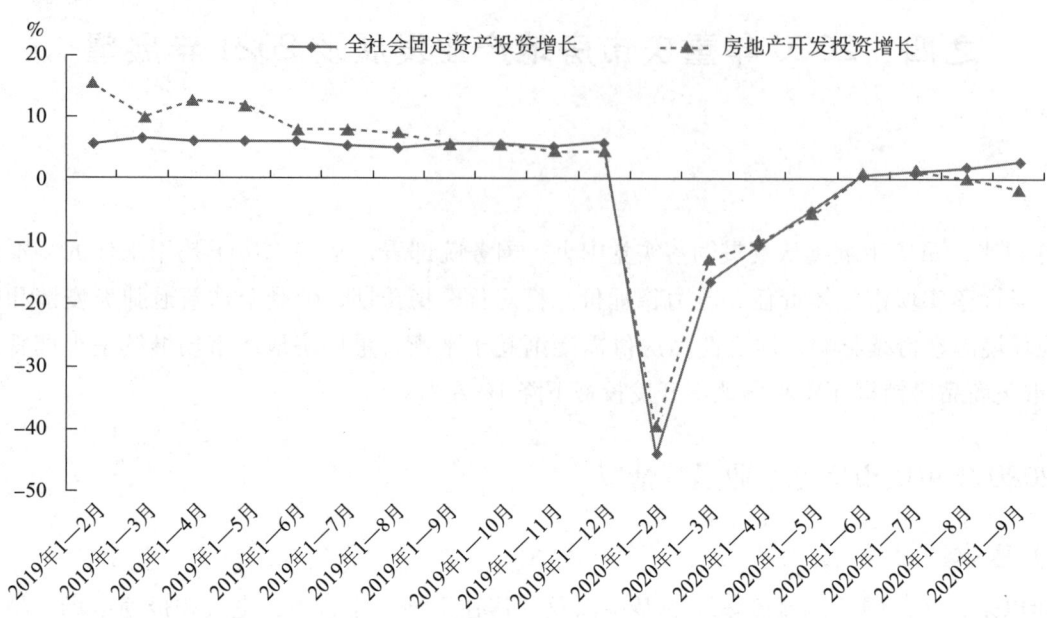

图 2　2019 年以来重庆市房地产开发投资变化趋势

2. 房地产建设进度明显放缓

受新冠肺炎疫情冲击影响，开发建设企业复工推迟，加之房地产企业开发投资积极性减弱，企业施工、新开工、竣工面积均出现下降，商品房供给节奏有所放缓，但总体平稳。1—9 月，全市房屋施工面积 25827.15 万平方米，同比下降 2.5%，降幅较上半年收窄 0.3 个百分点，其中住宅、办公楼、商业营业用房分别下降 0.9%、4.1%、15.7%；新开工面积 4212.08 万平方米，同比下降 14.9%，其中住宅、办公楼、商业营业用房分别下降 11.9%、42.1%、27.8%；竣工面积 2149.16 万平方米，同比下降 8.1%，其中住宅、办公楼、商业营业用房分别下降 6.4%、21.9%、16.5%。商品房供给节奏放缓，有利于全市房地产市场健康稳定发展。

3. 住宅供给逐渐迈向高端化

全市住宅供给结构进一步优化，产品开发加快从以高层建筑为主的中高密度小区逐步向低密度小区转变。1—9 月，全市成交地块拟建小区平均容积率在 1.5 左右。与 2019 年同期相比，中低端业态供应下降 7.8%，洋房业态供应增加 29.8%，大平层业态供应增加 70%，别墅业态供应增加 6.7%，全市住宅供给缩量提质明显。从成交看，高层业态虽仍主导市场，但成交面积占全部商品住宅成交面积比重逐步下降，由 2019 年的 79% 降为 2020 年 1—9 月的 62%，洋房、别墅成交占比分别由 10%、4% 上升至 29%、9%。

4. 商品房销售持续恢复

受住宅市场销售低迷影响，全市商品房销售延续 2018 年 10 月以来的负增长态势，但在西部陆海新通道、成渝地区双城经济圈、中国西部（重庆）科学城建设等利好因素刺激下，重庆商业地产需求逐渐增加，带动商品房销售持续恢复。1—9 月，全市商品房销售面积 4317.60 万平方米，同比下降 5.4%，降幅较上半年收窄 7.9 个百分点，较上年收窄 1.6 个百分点。从产品结构看，住宅销售面积下降 13.7%；非住宅商品房销售大幅增长，其中办公楼销售面积同比增长 32.2%，从 4 月开始大幅反弹，连续 5 个月保持

20%以上的增长速度;商业营业用房销售面积同比增长26.4%,从5月开始正增长,办公楼和商业营业用房销售已扭转2018年以来的负增长态势(见图3)。此外,1—9月重庆中心城区商品房共计成交1468万平方米,同比下降25%,但销量排名全国第一。

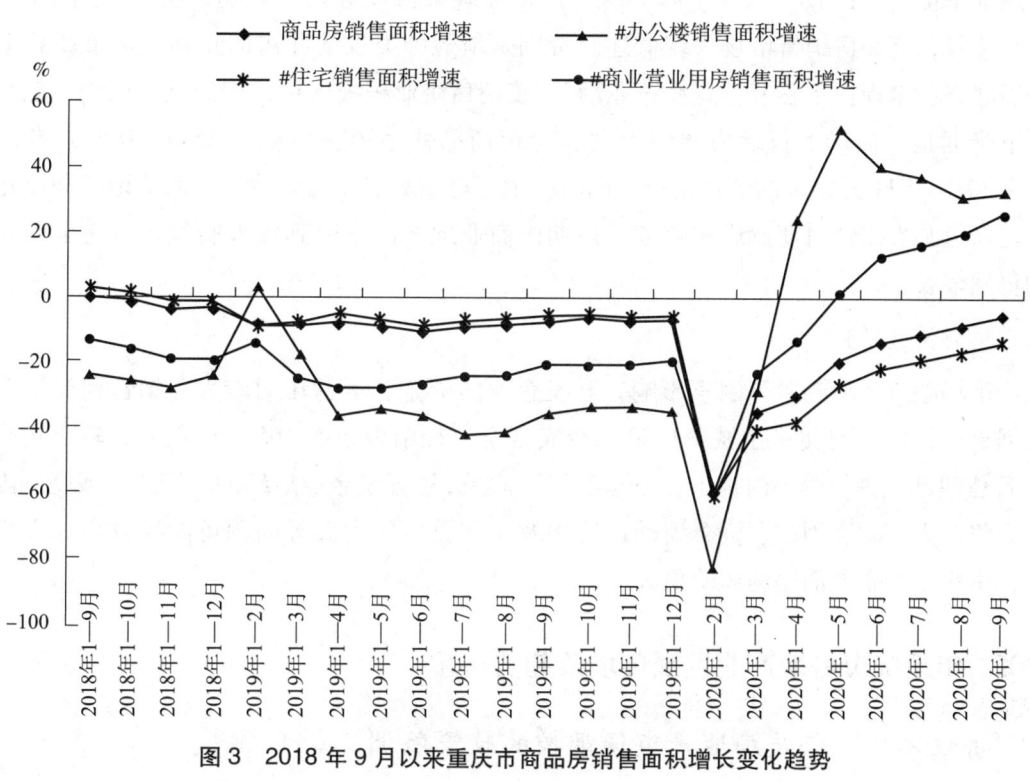

图3 2018年9月以来重庆市商品房销售面积增长变化趋势

5. 重庆市租赁市场总体稳定

近年来,重庆对外影响力进一步提升,吸引企业和人口入渝,带动房地产租赁市场持续发展。商业地产方面,新冠肺炎疫情催生出的新科技媒体(TMT)、专业服务等新兴行业快速发展,潮流、美妆及外来餐饮品牌持续活跃,购物中心加快调整升级,加之企业实施以价换量策略,带动商业营业用房和办公楼租赁需求。住房租赁方面,随着青年一代居住观念变化,租赁住房的接受度提高,同时政府推进租赁市场规范化,积极培育机构化、规模化租赁企业,出台《重庆市人民政府办公厅关于加快培育和发展住房租赁市场的实施意见》(渝府办发〔2020〕72号),逐步培育住房租赁市场。重庆龙湖冠寓开业门店已达12间,共约5000个房间,遍布解放碑、观音桥、礼嘉等热点城区,同时也覆盖了鱼嘴、万寿、水土等新兴区域。公租房继续发挥住房保障作用。1—9月,全市组织了3次摇号配租,新增配租32906套公租房,累计配租56.4万套,分配率达95%。

6. 本土开发企业实力西部第一

根据中国房地产业协会、上海易居房地产研究院中国房地产测评中心联合主办的"2020中国房地产500强"测评结果,重庆地区龙湖、金科、东原、华宇、协信、新鸥鹏、飞洋、俊豪8家本地企业入围,龙湖仍位列全国第七。中国房地产业联合会9月发布的"2020年中国房地产业综合实力100强排行榜"中,龙湖(第17位)、金科(第20位)、中昂投资(第53位)、华宇(第60位)、协信(第66位)、中科控股(第72位)、新鸥鹏(第76位)、东银控股(第89位)等8家重庆企业上榜,数量排名西部第一。

（三）存在的问题

1. 住宅销售市场持续低迷

受供需逐渐平衡、居民收入预期下降、房地产调控政策持续等因素影响，购房者趋于冷静和理性，观望气氛仍然浓厚，商品房销售市场表现低迷。特别是新冠肺炎疫情冲击的年初，全市商品房销售市场基本处于停滞状态，未现往年春节"返乡置业潮"。疫情后企业积极促销，市场迅速回暖，但与上年同期相比仍处于下降通道，市场上行乏力。1—9月，全市商品住宅销售面积3355.91万平方米，同比下降13.7%，维持2018年11月以来的低迷走势。同时，由于电商对实体商业冲击、商业地产同质化严重等因素影响，加之新冠肺炎疫情对商业影响持续，短期内商业地产需求受到较大制约。目前全市商业地产库存去化周期仍然较长。

2. 开发企业融资难度加大

受房地产市场融资环境趋紧等因素影响，开发企业的资金和运营压力较大。销售回笼资金下滑，重庆克而瑞数据显示，1—9月重庆主城TOP30房企实现全口径销售金额1657.03亿元，较上年同期下降了17.69%。8月住建部、央行等部门提出"三道红线"政策，① 开发企业后续的融资规模或受到限制，现金流及债务压力将加大。融资困难、资金流动速度慢及债务兑付压力大等问题可能导致房地产企业整体违约风险增加，中小开发企业的违约风险更大。

二、2021年重庆市房地产业发展环境及趋势展望

（一）"房住不炒"仍是房地产市场调控的政策基调

尽管面临宏观经济不确定性、全球新冠肺炎疫情反复、中美贸易摩擦仍在持续等不利外部环境，但"房住不炒""因城施策"仍将是我国房地产调控的主基调。全国房地产市场仍将延续调整趋势。2020年以来中央仍多次重申不再把房地产作为短期刺激经济的手段，坚决遏制房地产金融化泡沫化，并从多个方面部署调控举措，房地产调控政策收紧态势明显。同时，住房城乡建设部先后约谈了10多个房价热度比较高的城市，央行持续开展30多个重点城市房地产贷款专项检查，扭转银行贷款偏好，设置"三道红线"，房贷降速信号明显。未来稳杠杆、防风险仍然是大势所趋，调控政策趋严对开发企业形成倒逼机制，减少盲目开发，有利于重庆房地产业可持续发展。

（二）成渝地区双城经济圈建设助力重庆市场持续发展

成渝地区双城经济圈、西部（重庆）科学城、西部陆海新通道建设布局加快推进，川渝携手打造中国经济第四增长极，将在基础设施、产业、环保、公共服务等方面共同发力，如公积金成渝互认互贷等合作机制实施，对重庆对外吸引力提升将发挥重要作用。同时，重庆推进"一区两群"协调发展，主城都市区扩大到21个区，城市能级将加快提升；全球新冠肺炎疫情背景下中欧班列（渝新欧）使重庆作为战略大后方的地位进一步凸显，要素、人口等将加快集聚，有助于激发重庆房地产市场持续发展潜力。此外，重庆市政府出台《关于加快建设国际消费中心城市的实施意见》，提出发展首店经济、改造老牌步行街及扩容升级新兴商圈等举措，将助推重庆商业地产持续提档升级，有利于全市商业地产库存消化进而实现良性发展。

---

① 8月20日，住房城乡建设部、人民银行提出"三道红线"金融监管政策，即房企剔除预收款后的资产负债率不得大于70%，净负债率不得大于100%，现金短债比不小于1倍。

（三）2021年重庆市房地产业发展趋势展望

考虑宏观环境复杂多变、国家房地产调控政策收紧、国家对西部及重庆实施的新战略以及存量消化周期等综合因素，未来重庆房地产业总体将继续保持稳定运行态势。其中，房地产投资增速将放缓，预计2021年开发投资基本持平；开发企业加大促销力度，以价换量现象将进一步增多，商品房成交量将由降转增升，预计2021年增长5%以上；商品房价格将继续呈现调整走势。

三、对策建议

（一）鼓励开发企业加快销售回款

适应国家金融政策收紧趋势，继续坚持"稳地价、稳房价、稳预期"目标，鼓励企业加快推盘节奏、加速去化，特别是一些债务压力较大的企业，要积极通过销售回款对冲融资压力。引导房地产企业开展线上线下展销促销活动，通过策划集中签约会、集中交易会、装修促进会等方式，提高消费者购房积极性。继续举办市级房地产市场交易会，指导部分存量相对较大的区县专门组织交易会，为企业促销回笼资金搭建平台，同时加强政策配套，按区域实施分类指导，优化地方性调控政策，适当放宽除中心城区之外区县的购房贷款限制，提高调控的精准性和针对性。

（二）加大商业地产存量消化力度

积极推进房地产供给侧结构性改革，进一步提升商品房供给质量。推动落实《主城中心城区存量商业商务用房盘活利用实施方案》，引导金融机构在符合国家金融政策、风险可控的前提下，进一步加大对商业商务用房的金融信贷支持。充分发挥政府公共平台宣传推广优势，积极举办合作洽谈会，着力引进影响力大、带动力强的龙头企业和企业总部，利用其商业资源招商，创新商业运营模式，切实消化办公用房、商业营业用房存量，促进全市房地产业健康持续发展。

（三）引导开发企业提高抗风险能力

鼓励企业提高运营能力，着力提升运营管控效率、平衡财务指标，积极寻找健康长远发展的路径，以城市更新为抓手引导房地产业转型升级，增加低梯户比、低容积率的高品质改善项目开发。同时，运用资本运作方式，积极化解不良房地产项目风险。引导大型企业通过有序并购、项目转让、股权收购等方式对库存积压濒临破产的房地产企业进行资产和债务重组，提高房地产行业资源配置效率。

[重庆市综合经济研究院（重庆市经济信息中心）产业经济研究课题组
主研：易小光　丁　瑶　余贵玲　苟文峰　罗丛生　王　利
执笔：王　利］

之五：2020年重庆市文化旅游产业发展及2021年展望

2020年，经过全球新冠肺炎疫情造成的短期阵痛之后，重庆市积极顺应新的形势变化，采取切实有效措施，进一步巩固向好态势，不断激发动力活力，重庆市文化和旅游市场持续回暖。预计全年文化旅游产业（以下简称"文旅产业"）将呈现"U"形恢复发展态势，A级景区接待游客量恢复到上年同期水平，预计全年文旅产业增加值将达到960亿元左右。

一、2020年重庆市文旅产业发展情况分析

（一）总体情况

2020年上半年，受全球新冠肺炎疫情影响，全市文化旅游产业遭受较大冲击，但随着疫情在我国包括重庆得到控制，相关设施陆续恢复开放，文旅产业加快苏。1—9月，全市文化产业增加值预计692.88亿元，同比下降6.2%，GDP占比下降至3.91%（见表1）；旅游产业预计实现增加值696.6亿元，同比下降9.6%，降幅比前两季度（-12.3%）持续收窄；全市253家A级景区接待游客1.06亿人次，接待过夜游客3957万人次，分别恢复到上年同期的52.7%和54.2%。中秋、国庆长假期间，全市A级旅游景区接待游客1108.6万人次、接待过夜住宿人数189.91万人，按可比口径同比分别恢复86.3%和82.2%，呈现强劲复苏态势（见表2）。

表1 2014年—2020年9月重庆市文化产业、GDP指标

指 标	2014年	2015年	2016年	2017年	2018年	2019年	2020年1—9月
文化产业增加值/亿元	474	536	615	662.94	632	956.98	692.88
增加值占GDP比重/%	3.3	3.41	3.5	3.4	3.1	4.1	3.91
文化产业增长率/%	12	12.99	13.67	11.86	5.9	10	-3.5
GDP增长率/%	10.9	11	10.7	9.3	6	6.3	2.6

注：根据国家统计局《文化及相关产业分类（2018）》，对2018年文化产业统计口径进行了相应调整，原来的大类由10个修订为9个、中类由50个修订为43个、小类由120个修订为146个。

数据来源：重庆市文化和旅游委员会。

表2 2020年重庆市中秋节、国庆节主要景点旅游经济情况

景 点	旅游接待/万人次	同比增长/%
南川金佛山	5.0	6.70
重庆科技馆	16.4	1.43
合川钓鱼城	8.5	-1.00
梁平观音洞	7.1	-16.50
洪崖洞	50.6	-51.00
磁器口	37.2	-47.30
长江索道	12.2	-27.77

（二）主要特点

1. 重大项目引领行业复工复产

疫情发生以来，重庆市委、市政府出台了《进一步助力市场主体健康发展政策措施》等一系列纾困政策，积极支持文旅业共渡难关。全市文旅行业自3月18日陆续启动复工复产以来，将重大项目建设作为文旅行业的重中之重。合川钓鱼城、涪陵白鹤梁进入全国申报世界文化遗产预备名录，并成为国家申遗重点培育项目。重庆特园和张自忠烈士陵园入选第三批国家级抗战纪念设施和遗址。红岩革命文物保护传承工程启动实施，将助推红岩革命文物保护利用片区成为国家红色文化地标、全国一流党性教育基地、全国一流红色旅游景区。目前，十八梯传统风貌区、重庆非遗博览园、仙侠文旅影视城等文旅项目正在加快推进，5G数字文旅产业园前期工作正在开展。"惠游重庆"重庆智慧旅游云平台已接入87家4A景区游客数据、39家A级景区门禁票务数据，年底有望全面投用。重庆荣昌安陶小镇入选国家发展改革委20个精品特色小镇创建典型经验案例，正在创建国家4A级旅游景区。

2. 数字文化产业呈现逆势上扬

疫情使"无接触"数字经济消费新场景获益，线上文娱产业迎来爆发式增长，社交媒体、数字阅读、数字影音、网络游戏等线上消费持续火热，云演艺、云娱乐、云展览、云旅游等新业态加速普及。疫情期间，重庆多家博物馆利用已有数字资源推出网上展览，让市民足不出户看展览。众多博物馆丰富文化产品供给，迎来暑期游客潮。书店、剧场、影院、文博、娱乐等文化消费也逐渐活跃，各大互联网平台文旅消费搜索量、预订量大幅上升。重庆中国三峡博物馆面向公众免费开放30余场展览语音讲解、10场展览视频讲解等数字资源。淘宝、抖音、飞猪等多平台协同打造的"重庆文旅精品馆"，吸引了300多万网友进店，直接销售额超过1300万元。重庆数字创意产业园成功吸引森海电竞、简美文化等10个数字文化产业项目签约入驻，投资金额近10亿元。得益于数字文化产业的逆势上扬，上半年全市内容创作生产和创意设计服务增加值分别实现同比增长6.9%和6.4%。

3. 节庆文艺活动持续丰富多彩

市文旅委和区县政府积极通过开展线上节会、发放电子消费券、组织直播带货等形式丰富群众文化生活、提振文旅消费。以"品文旅精品、享文旅惠民"为主题的第五届重庆文化旅游惠民消费季、第十二届中国西部动漫文化节、"第九届爱尚重庆·美丽乡村休闲消费节"等持续开展，为群众带来文旅专场直播推介、"唱响双城记·巴蜀文创潮集"专场直播推介、"惠游重庆·云上渝音"线上音乐节等丰富多彩的惠民活动。6月11日开始，各区县"晒旅游精品·晒文创产品"大型文旅推介活动第二季启动，各区县长亲自参与网上直播，有效丰富了线上文旅产品创新供给。渝中区举办"6·18"文旅消费狂欢节活动，发放6万份价值600万元的超低门槛使用的文化娱乐消费券。各大艺术院团推出经典演出，轮番为市民带来文化盛宴，8月全市商业演出80余场，比7月增加30场。《我和我的家乡》《姜子牙》《夺冠》等多部电影同时热映，8月全市电影票房达8726.5万元，比7月环比增长近20倍。

4. 特色休闲旅游带动市场回暖

市内近郊游、城市周边游、乡村生态游、短线自驾游成为旅游热点。巴南区推出南泉灯会，引导主城市民就近错峰出游，并带火周边农家乐、乡村酒店和民宿；永川区黄瓜山乡村旅游区民宿体验活动丰富，接待游客30.05万人次，同口径比增长15.68%；武隆区以乡土原乡为特色的乡村旅游持续发力，接待游客18.13万人次，同口径比增长18.73%。红色旅游持续升温，白公馆、红岩魂广场、红岩革命纪念馆等"红岩"景区游客明显增加，据红岩联线管理中心统计，国庆假期前四天接待游客超9万人次。夜间旅游成为新热点，首届山水重庆夜景文化节"点亮山城"活动在南滨路成功举行，"夜游、夜景、夜秀、夜读、夜市、夜娱、夜养"等系列文化旅游活动持续吸引市民参与。高德数据显示，全国十大夜游城市中，重庆位列全国第二。智慧旅游成为新趋势，疫情期间市内景区也纷纷利用数字化技术积极推动文旅深度融合，如渝中区打造5G+VR的云直播平台，试点长江索道沿途风景直播和千厮门长江大桥桥顶视野直播，为游客和市民带来不一样的城市旅游视野和体验。

5. 巴蜀文化旅游走廊取得新进展

成渝地区双城经济圈启动建设以来，川渝两地扎实推动文化旅游合作走深走实。成渝两地先后签署《成渝地区文化旅游公共服务协同发展"12343"合作协议》《"巴蜀电影联盟"战略合作框架协议》《文艺先行战略合作框架协议》《建立成渝地区公共图书馆联盟的框架协议》等多项合作协议，共同推动建设巴蜀文化旅游公共服务融合高质量发展示范区，有效促进两地文化资源优势互补。与此同时，两地积极策划推进一批打基础、增后劲、利长远的文博重大项目，涵盖公共服务设施、重大产业线路、重大区域协调发展等3大类、13个子项目，总投资约201.8亿元。"巴蜀文化旅游走廊自由行"等活动有力地吸引了两地游客，洪崖洞、宽窄巷子等多个旅游景点结成对子共推巴蜀文化。《川渝两地旅游口碑大数据分析报告》《2020年重庆暑期旅游大数据报告》数据显示，川渝互为最大客源地，巴蜀文化旅游走廊建设前景广阔。

（三）存在的问题

1. 部分文旅行业尚未完全恢复

部分文旅企业在当前形势下依然呈现一定程度的经营疲软。按照疫情防控要求，影院、剧场、网吧、歌舞娱乐、旅游景区等均须限流限量开放，一段时期内还不能"全速"运营，对营业收入有较大影响。当前全市文旅消费规模还远未达到往年同期水平。全市A级景区接待人次、过夜游客接待人次只相当于上年同期的六成左右，部分消费者对于现场消费还需要较长的心理恢复期，下半年疫情出现局部性小幅反弹情况，对居民持续扩大文旅消费产生一定负面影响。

2. 文旅行业惠企政策仍需强化

现有政策有效减缓了文旅企业的资金压力，对文旅企业"保生存"效果明显，产业发展整体上未出现大的波动，也为产业复苏回暖保存了有生力量、奠定了坚实基础。由于文旅产业细分领域多、行业差异较大，部分企业反映已出台政策针对性还不够强，没有契合文旅各行业发展特点。同时，文旅企业普遍轻资产特征明显，获取贷款等融资渠道较难；部分行业由于受影响时间较长，加上企业员工较多，工资福利等支出压力较大，需要制定后续扶持政策，进一步促进文旅企业恢复元气、走上正轨。

3. 文化产业数字化转型短板明显

疫情之下需求的转变加速了行业洗牌，更孕育着新的机遇。但当前重庆文化产业总体实力较弱，龙头企业、品牌产品不多，无一家企业入选"全国文化企业30强"，如抖音、腾讯等头部在线娱乐、在线教育互联网平台全部为市外企业。重庆文旅产业与数字经济的融合还不够深，文化产业综合运用科技创新成果的能力还不强。5G、人工智能、大数据、虚拟现实等前沿技术在文化领域应用不够，数字化改造升级步伐还较缓慢，推进文化产业数字化、网络化、智能化发展工作还需进一步加强。

二、2021年重庆市文旅产业发展环境及趋势展望

（一）国内文旅产业发展向好的基本面未变

受全球新冠肺炎疫情持续进展和严重影响，世界经济陷入低迷将成为大概率事件。得益于对疫情的有效控制及个人消费支出的缓慢增长，国内经济呈现趋势性回暖。国际货币基金组织（IMF）发布的最新经济展望显示，中国将是世界上唯一一个在2020年实现正增长的经济体。在此背景下，文旅消费重心正在向以国内为主转变，将带动消费需求回流。2010年以来，全国旅游收入年均增速达11.29%，到2019年达到5.73万亿元，旅游消费的持续增长已经成为文旅市场繁荣的根本动力。另外，市场下沉和消费升级让国内文旅消费基本面更加稳固。携程《2019国民旅游消费报告》指出，旅游消费人群开始向更为广阔的三四线城市扩散，将带动旅游设施投资。截至2020年8月底，在建的汉庭酒店新项目里，有60%在三线、四线、五线城市。文化参与度稳步提升，赋能文化和旅游消费升级，将推动文化和旅游消费强劲增长。

（二）行业新特征助力文旅产业高质量发展

数字文化、智慧旅游、自驾旅游等已经成为疫后时期文旅产业发展的新特征。从动力结构看，文旅产业发展正加速向科技、创意、投资等多元要素驱动转变，创新驱动将赋能文旅产业提档升级。预期更多文旅企业将从景点打造转向利用互联网平台和数字技术进行文旅产品开发和营销服务。从供需结构看，文旅供给模式正在向需求牵引供给、供给创造需求转变，为游客提供更多样的产品、更深度的体验、更优质的服务成为文旅产业的升级方向。以社交媒体、数字阅读、数字音频、数字游戏、在线教育等为代表的用户规模明显提升；以融媒为代表的线上新业态成为未来行业发展的新趋势。乡村旅游、自驾旅行将更多成为疫情常态化背景下近郊出游的热门选择。重庆正在全力打造"重庆味、国际范"的"不夜城"，通过打造夜间网红打卡场景、大力发展夜间餐饮和夜间旅游等，满足市民和游客的多元化消费需求，夜间经济将成为重庆文旅行业新的增长点。

（三）政策红利持续释放，行业信心大幅提振

党中央高度重视成渝地区双城经济圈建设，明确要求共建巴蜀文化旅游走廊，为川渝两地加强文旅合作、促进文旅融合发展提供了方向指引和实施路径，将进一步推动两地共同提升区域旅游品质、做强区域旅游品牌、做大区域旅游市场。中央政治局审议通过《成渝地区双城经济圈建设规划纲要》，支持文化旅游发展是规划重点之一，两地区域文化活动、公共文化服务、重大文旅项目等实质性合作将扎实推进，为全市文旅企业重振和复苏注入强心剂。同时，国家层面出台了《关于以新业态新模式引领新型消费加快发展的意见》，鼓励支持发展在线文娱、数字内容创作、智慧旅游等新业态新模式。从清明、五一、端午小长假旅游接待看，重庆游客量波动回升，行业信心开始逐步增强。《中国国内旅游发展报告2020》数据显示，第三季度游客出游意愿达80.22%，同比恢复九成左右；酒店和景区的复工比例均超出90%；95%以上的企业表示对旅行社业务的未来保有信心。多重利好因素叠加下，全市未来文化和旅游市场加速回暖已成定局，行业复工复业将持续进入加速期。

（四）2021年重庆文旅产业发展趋势及展望

2021年，全市将继续实施"文化+""旅游+"战略，加快发展文化创意产业，推动旅游产品转型升级，以旅彰文、以文促旅，文化旅游高水平融合、高质量发展态势将更加明显，国家知名旅游目的地和国际文化消费中心城市影响力、竞争力显著增强。预计2021年重庆文化旅游产业将实现恢复性增长，增加值将同比增长10%左右。

三、对策建议

（一）补短板，着力推动疫后文旅市场重振

针对疫情影响进一步补短板、强弱项，切实推动全市文旅产业恢复振兴。一是推动实施文旅消费提振行动，落实夜间经济行动计划和文旅消费示范工程，推动文旅市场加速回暖。二是全力以赴推动文旅重点项目建设，深度融入"成渝地区双城经济圈"战略，推进一系列重大项目、重大文化活动、重大产业平台，夯实"巴蜀文化旅游走廊"的产业根基。三是切实帮助文旅企业解决难题、走出困境，推动落实各类助企纾困政策。引进一批具有国际影响力的文旅战略投资者和运营商，引导文旅资源有序向主业企业集聚。四是强化数字文化产业的政策引导。编制出台全市数字文化产业发展规划，出台相应扶持意见引导数字文化产业发展。

（二）促改革，着力强化文旅体制机制创新

一是优化政府服务，进一步深化"放管服"改革，抓好行业诚信建设工作，健全文旅公共服务网络，组织专家开展业务指导。二是完善景区管理，推动景区向优质化精细化方向发展。探索基于游客数据、用户游览行为、消费等大数据的精准营销，植入人文关怀和文化内涵传递功能的智慧化人性化服务。三是推动市场化要素配置等机制改革，加快推进符合文化产业发展需求和文化企业特点的金融产品与服务创新，全力推进筹设文化创意产业基金和文旅产业基金，拓宽文旅企业融资渠道。四是加快发展文化内容创作产业、创意设计服务等新型文化业态，打造数字文化产业创新创意体系。推动基于5G网络的旅游产业数字化、智慧化转型升级，促进广播电视与文化旅游深度融合发展。

（三）抓项目，着力厚植高质量发展基础

一是抓好全市"十四五"文旅产业发展规划，深入贯彻落实"一区两群"布局，精心谋划"两江四岸"等一批标志性、引领性文旅工程，以高水平规划引领高质量发展。二是聚焦文旅"新基建"，抢抓数字文化产业发展机遇，大力推进文化产业化、产业数字化。建立文创产品研发联合实验室、文创产品研发基地，培育和建设一批数字文化产业基地、产业园区。三是推进大健康与大文旅深度融合，大力发展温泉康养、气候养生、休闲度假、体育健身等新业态，持续引入世界级生态康养品牌，建设世界一流温泉疗养胜地。四是做强夜间文旅经济，擦亮"山城夜景"金字招牌，打造全国领先的夜间文旅消费集聚区。

[重庆市综合经济研究院（重庆市经济信息中心）产业经济研究课题组
  主研：易小光　丁　瑶　余贵玲　苟文峰　王　利　赵　伦　曲　燕
  执笔：曲　燕]

之六：2020年重庆市住宿和餐饮业发展及2021年展望

2020年以来，按照党中央统筹推进新冠肺炎疫情防控和经济社会发展工作部署，重庆市住宿和餐饮业积极克服全球新冠肺炎疫情影响，稳步推进复工复市，创新线上线下经营模式，全市住宿和餐饮业呈现逐步复苏态势。预计2020年住宿和餐饮业全年营业额1871.8亿元，占社会消费品零售总额比重约21.47%，同比下降约18.8%。

一、2020年重庆市住宿和餐饮业总体发展情况

（一）总体情况

2020年初，全球新冠肺炎疫情暴发对服务业发展造成较大影响，住宿和餐饮业作为劳动密集型服务产业受到直接冲击，随着疫情在国内完全得到控制，居民消费信心增强，复工复市加快推进，全市住宿和餐饮业逐步复苏。1—9月，全市住宿业和餐饮业分别实现营业额188.5亿元和1083.3亿元，同比增长14.2%和下降1.2%，住宿业经营情况明显改善，增幅2020年以来首次转正，餐饮业也较1—6月上升7.1个百分点。住宿和餐饮业累计实现增加值340.84亿元，同比下降8.1%，降幅小于全国平均水平（-19.1%），回升幅度在全国各省份中名列前茅（见表1、表2）。截至8月底，全市餐饮市场已经恢复90%~95%，其中传统正餐恢复了97%，宴席类恢复了90%。

表1　2015年—2020年9月重庆市住宿和餐饮业增加值及同比变化情况

指标	2015年	2016年	2017年	2018年	2019年	2020年1—6月	2020年1—9月
增加值/亿元	355.76	391.19	424.78	457.17	501.98	213.04	340.84
同比增长/%	9.1	7.7	8.4	5.3	7.5	-11.9	-8.1
占比/%	2.3	2.2	2.2	2.25	2.13	1.9	2.0

表2　2020年1—9月全国及主要省份住宿和餐饮业增加值同比情况

地　区	同比增长（%）
全国	-19.10
重庆	-8.10
北京	—
天津	-28.20
上海	-25.40
四川	-14.50
陕西	-23.80
广西	-19.60
江苏	-11.80
广东	-25.10

(二) 主要特点

1. 消费活动助力住宿和餐饮业回暖

随着疫情的逐步好转，各类主题消费活动蓬勃开展，同时采取发放消费券举措，提振住宿和餐饮业消费信心，促进住宿和餐饮消费有效回补和释放潜力。从3月中旬起，全市陆续组织了"春暖花开 美好生活""爱尚重庆 约会夏天""成渝双城互动消费""渝鲁消费扶贫百店联展行动"等730余场惠民消费活动，五一期间重庆市5家重点住宿和餐饮企业实现零售额2195.6万元，恢复至上年同期的70%，重点监测的农家乐实现销售额7843.2万元，同比增长4.0%，是2020年以来销售额首次转正。同时，政府、银行、商户共同出资发放餐饮住宿消费券，截至9月累计发放9期2780万元，带动银联网络的餐饮住宿商户实现交易额56.61亿元，交易额恢复至上年同期的89.60%，环比增长7.62%。

2. 疫情催生住宿和餐饮业新业态

一是"一人食"餐饮模式兴起。随着近年来"宅经济""单身经济"的兴起，重庆火锅类新兴业态开始火爆，比如"单身火锅""一人火锅套餐"等市场异军突起，加之全球新冠肺炎疫情后人们对安全卫生的重视，机场的私人独立舱、火车站公共餐饮场所的单人餐台等产品应运而生，"一人食"的餐饮模式也备受青睐。根据美团数据，2020年3月上旬"一人食"产品的日均销量比2月同期上涨了252.1%。二是"线上线下"融合发展，"无接触服务"、美食直播带货等模式兴起。疫情防控激发智能化、产业化、互联网与住宿和餐饮的融合创新，重庆餐饮企业积极推出"零接触火锅外卖""无接触式外带"模式。餐饮企业创新"云主厨直播""网上餐厅"等销售模式，餐饮企业完善供应链，打造"中央厨房+线上订单+线下配送"的经营模式，主动寻求新方式、开拓新渠道，探索向新经济和数字化转型。根据淘宝大数据，淘宝美食直播频道每10家美食直播间就有1家来自重庆，2020年2月以来，重庆食品、餐饮行业集中专攻线上，直播增速位居全国第一。三是"绿色食宿"备受推崇。疫情使人们的消费观念与消费模式发生改变，消费者对住宿与食品的安全卫生提出更高要求，重庆的31家酒店共同签署了《绿色惠民消费倡议书》，提出"绿色食宿、安心就餐"。

3. 行业集聚发展趋势更为明显

国际消费中心城市建设夯实美食之都基础，促进餐饮业高质量集聚发展。2020年重庆被纳入商务部首批建设的国际消费中心城市全国试点，重庆以此为契机加快推进国际美食名城建设。继解放碑步行街以美食美景成功创建全国首批5条示范步行街之后，各区县深入挖掘区域特色美食文化，打造了一批特色美食之乡、美食街等餐饮业集聚区。6月国内首个大型餐饮全产业链产业园区——中国·重庆现代餐饮业产业园区在渝中区龙湖时代天街正式挂牌，园区集成企业服务、上市、创业、孵化器、加速器、产学研基地等多种功能，首批签约入驻20余个餐饮产业链企业，包括阿里本地生活服务、巴九门餐饮集团等重点企业。

4. 纾困政策有效稳定市场主体

针对疫情对住宿和餐饮企业的影响，重庆在落实国家帮扶政策的同时，在地方事权范围内，将政策供给精准对接企业需求，印发《关于应对新型冠状病毒感染的肺炎疫情支持中小企业共渡难关的二十条政策措施》，重点聚焦中小企业，围绕企业"减、免、缓、降"推出普惠性、差别性、行业性政策，对稳定住餐市场主体发挥了重要作用。1—6月，全市新增餐饮市场主体8330家，占全市的4.9%，随着疫情的好转和消费的复苏，住宿和餐饮行业市场规模逐步扩大。

5. 制止餐饮浪费行动成效显著

2020年8月全国掀起了"厉行节约、反对浪费"的社会风尚，重庆出台《关于推行"光盘行动"坚决制止浪费行为的实施意见》，为消费者提供公筷公勺、分餐制等餐饮服务，47家餐饮企业率先推行"光盘行动"，餐饮企业通过提供半份餐、小份餐，以及调整和标识菜肴分量等方式加强对消费者的引导。截至2020年9月，全市中心城区餐厨垃圾日均收运量同比减少2.15%，制止餐饮浪费行动取得良好成效。

（三）存在的问题

1. 行业受疫情影响经营还未完全恢复

一是餐饮业经营恢复缓慢。疫情期间，在原材料积压过期、人员工资、银行贷款和房租等成本增加的多方压力下，餐饮企业面临现金流紧张、资金链断裂等困难，尽管从2月中旬开始全市大部分住宿和餐饮企业陆续恢复经营，但受到疫情防控需要、供应链不畅和消费意愿低迷等因素影响，截至8月全市餐饮市场还未完全恢复。二是住宿业受旅游市场影响持续低迷。受全球新冠肺炎疫情持续影响，酒店业出租率大幅下跌，作为旅游"网红"热门地，为适应游客个性化需求，近年来重庆投资修建的多为单体酒店或"民居类"民宿，全球疫情导致入境旅游业出现断崖式下跌，同时，截至8月国内仍不建议跨省组团游，导致住宿业经营恢复更加缓慢。

2. 本土餐饮企业吸纳就业能力减弱

一是住宿和餐饮企业为降低成本被迫裁员。住餐业是吸纳就业的主力军，为降低疫情影响，住宿和餐饮企业普遍实施裁员。根据市餐饮行业协会统计，为压缩人力成本、经营规模和调整经营模式，2020年餐饮业中经营面积3000平方米以上的大型企业裁减员工10%。二是住餐企业通过共享人力资源减少用工。主打生鲜、无接触配送的盒马鲜生、超级物种等餐饮企业，为节约人力成本，与生鲜零售企业进行员工共享，以裁员和降薪降低企业成本。根据开州区、永川区的餐饮职业培训学校调研，2020年餐饮和酒店管理专业学生就业较困难。

3. 行业品牌建设仍落后于周边省份

一是重庆限额以上餐饮企业相较其他发达地区数量偏少。《2019年中国餐饮业年度报告》数据显示，全国餐饮收入排名中重庆居第13位，与排名前十的山东、广东、江苏、河北、河南、四川等省份比较，重庆的餐饮规模和餐饮品牌数量都存在较大差距，特别是限额以上住宿和餐饮企业数量，重庆仅1685家。二是重庆在火锅等餐饮优势行业品牌化建设不足。根据美团数据，全国火锅店铺数量约为40万家，其中重庆近3万家，但在全国十大火锅品牌中重庆只有德庄火锅一家，与海底捞、呷哺呷哺、小肥羊等外地火锅品牌相比，重庆作为中国火锅之都，在品质、品牌、口碑等方面还需进一步打磨。

二、2021年重庆市住宿和餐饮业发展环境及趋势展望

（一）全球新冠肺炎疫情蔓延将对住宿和餐饮业转型带来持续影响

全球疫情的持久战将降低居民消费意愿，改变餐饮消费结构。住宿餐饮业作为人员聚集性行业，受到防疫安全要求影响最为明显，同时全球产业链循环受阻，人工、物流、采购等成本的上涨，将给大部分餐饮企业经营带来较大压力，特别是国际餐饮品牌损失惨重，麦当劳、星巴克、肯德基等国际餐饮公司都撤销或调低对2020年的业绩展望和预期，并调整全球连锁的布局。疫情导致出行减少，跨境消费加快向线上转移，倒逼住宿餐饮业转型，线上线下融合、无人餐厅、社区餐饮等都将成为全球餐饮业今后

发展的新模式。

（二）新发展格局背景下住宿和餐饮业消费恢复潜力巨大

为应对全球新冠肺炎疫情持续、国际经济持续走低、中美关系趋紧等多重影响，中共中央政治局7月30日会议指出"加快形成以国内大循环为主体、国内国际双循环相互促进的新发展格局"，住宿和餐饮业等生活服务类行业将面临消费分层与消费升级的双重驱动。从居民收入水平稳步提高与住宿和餐饮业消费结构的变化来看，未来将是住宿餐饮行业结构变革、产业升级、企业创新发展的关键阶段。畅通国内国际双循环将倒逼住宿和餐饮业向精细和高品质转变，以扩大服务消费为重点带动消费结构升级，信息、绿色、时尚、品质等新型消费进一步释放，将给住宿和餐饮行业发展转型带来较大机遇。

（三）市内利好红利持续释放将带动住宿餐和饮业恢复性增长

2021年重庆将以国际消费中心城市建设为引领，加快打造国际消费核心区，以解放碑步行街被命名为"全国示范步行街"为契机，复制推广改造提升试点经验，培育打造一批市级示范步行街，打响"重庆味、国际范"夜间经济品牌。同时，全市将抢抓成渝地区双城经济圈建设等战略机遇，增强区域消费吸引力、带动力，搭建川渝美食交流和产业合作发展的重要桥梁，创新兼具川菜灵魂与重庆味道的新美食。在统筹"一区两群"协调发展背景下，在全力扩内需促消费政策支持下，重庆将充分挖掘渝东南和渝东北良好的生态资源，结合全市乡村旅游、精品民宿和特色餐饮消费新形势、新需求，打造融合线上线下的餐饮住宿新体验，促进全市住宿和餐饮业实现高质量恢复性增长。

（四）2021年重庆市住宿和餐饮业发展趋势展望

综合考虑全球新冠肺炎疫情持续、我国畅通国内国际双循环与扩大内需、"十四五"规划开局等多种因素对宏观经济及产业发展的作用，国内消费进一步释放将带动住宿和餐饮业继续复苏态势。预计2021年住宿和餐饮行业增长将恢复正常水平，全市住宿和餐饮业营业额将达到1946.67亿元，同比增长约4%。

三、对策建议

（一）加大住宿和餐饮业复苏支持力度

一是全力保障企业持续稳定发展，落细落实国家和重庆市支持企业生产经营的政策措施，切实帮助企业解决实际困难，助推企业加快恢复性增长、实现高质量发展。二是针对住宿和餐饮行业中小微企业的融资困难等问题，给予税收、金融方面的政策支持，组织企业申请银行低息贷款和国家各项专项优惠贷款、资金贴息等。三是策划开展住宿和餐饮消费活动，利用各类节假日开展线上线下结合的住宿和餐饮消费活动，提振市民重新走出家门开展住餐消费的信心。

（二）创新住宿和餐饮业服务业态模式

一是创新住宿餐饮新产品。充分挖掘内需增长潜力，激活疫情防控期间涌现的"宅经济""分餐制""一人食"等餐饮消费新模式，结合重庆火锅类特色餐饮业态特点，推广"个人火锅""火锅套餐"等产品形态。二是加快服务模式转型升级。推广疫情期间产生的"零接触式"服务模式，利用大数据、人工智能等先进技术，探索在各类酒店和餐饮场所运用机器人、大数据分析、人工智能等新技术增强服务体验感。三是大力发展"绿色食宿、安心就餐"。餐饮企业牢固树立健康饮食的安全观念，在防疫常态化形势下，将"安全健康"和"卫生标准升级"等作为住宿和餐饮行业的第一要务，持续为消费者创造安全、健康的服务体验，推动住宿和餐饮业提高供给质量。

（三）积极培育本土住宿和餐饮业品牌

一是鼓励企业规范和提升管理模式，企业内部加强流程管控、降低管理成本，稳定住宿和餐饮企业上下游渠道，降低企业采购、物流和营运成本。二是引导企业重视住宿和餐饮产品的文化包装，营造企业内部文化，提升本土精品乡村民宿和特色餐饮品牌在全国的知名度，加大宣传和营销力度。三是加强企业服务水平的提升。针对新生代消费群体注重体验感和对"新、奇、特"消费品的关注度高的特点，加强住宿和餐饮业服务模式的创新和提升，借鉴海底捞等知名企业的成功模式，倒逼本土住宿和餐饮业在服务方式上提档升级。

（四）加强餐饮消费厉行节约引导宣传

一是继续推进"光盘行动"坚决制止浪费行为，引导消费者科学、健康、合理点餐，营造浪费可耻、节约为荣的氛围，建立餐饮业奖惩并行机制。二是科学合理配餐，精细菜品设计，为消费者提供"半份半价""小份适价""拼盘"等菜品，为合餐消费者提供 N-1 点菜及免费打包服务。三是针对制止餐饮浪费行为出实招、重实效，做在细处、落在实处，宣传与教育结合，真正形成制止餐饮浪费、培养节约习惯的长效机制和人民群众内化于心、外化于行的生活习惯和人生态度，从根本上解决餐饮浪费问题。

[重庆市综合经济研究院（重庆市经济信息中心）产业经济研究课题组
主研：易小光　丁　瑶　余贵玲　王　利　孙茂曦
执笔：孙茂曦]

之七：2020年重庆市健康服务产业发展及2021年展望

2020年以来，突如其来的新冠肺炎疫情对全国健康服务行业带来了严峻挑战，同时也进一步提升了全民健康认知、改善了健康生活理念、催生了诸多健康服务新需求和新业态。重庆市深入学习贯彻习近平总书记关于统筹推进新冠肺炎疫情防控和经济社会发展系列重要讲话精神，加快促进医疗与养老融合、医疗与文化旅游融合、食品与健康融合，不断拓展应用场景，丰富健康服务供给，在保障常态化疫情防控和人民健康需求的同时实现了健康服务业的较快发展。

一、2020年重庆市健康服务业发展情况

（一）总体运行情况

2020年以来，全市上下坚持以人民为中心的发展思想，牢固树立大健康理念，把握推进成渝地区双城经济圈建设重大战略机遇和疫情催生的市场机遇，按照《"健康重庆2030"规划》方向和重点，制定出台并加快推动《重庆市促进大健康产业高质量发展行动计划（2020—2025年）》（渝府〔2020〕12号），互联网医疗、智慧养老、健康大数据等新型业态加快发展，产业融合度进一步提升，健康服务业高质量发展态势良好。

（二）主要特点

1. 医疗卫生服务快速发展

截至目前，全市有三甲医院36家，创建国家临床医学研究中心1个、国家区域医疗中心1个、国家区域中医诊疗中心3个，5家医院入围全国100强，医疗卫生服务质量和能力快速提升。一是推动医疗卫生服务扩容。制定《西部医学中心建设规划》，加快创建国家医学中心和国家区域医疗中心。印发了《重庆市促进社会办医持续健康规范发展的实施意见》（渝卫发〔2020〕18号），政府支持社会办医力度加大，促进公立医疗机构与社会办医分工合作。二是优化医疗资源配置。制定《重庆市疾控能力及重大传染病医疗救治能力提升工程建设实施方案（2020—2022年）》，计划建设4家公共卫生救治应急医院，计划新增重大传染病救治床位5100张，市公共卫生中心应急医院、三峡公共卫生救治应急医院已开工建设。推进重庆医学资源样本库建设，成立了医学资源样本库联盟。三是加大"医共体"建设力度。印发《重庆市区县域医共体"三通"建设工作方案》，扩大试点范围，将原国家级贫困区县全部纳入试点，在彭水、荣昌等11个区县筹建了基层医疗卫生发展"资金池"，累计筹资6.96亿元，统筹用于基层医疗卫生机构建设发展。

2. 产业融合联动更加深入

加快促进"健康+养生""健康+养老""健康+体育""健康+文化"等融合发展，扩大健康服务有效供给，推动健康产业融合发展。一是健康养老产业加快发展。积极引进泰康、远洋、光大、九如城等大型养老集团来渝发展。新增民办养老机构37家，新增床位6000余张。印发《关于深入推进医养结合发展

的实施意见》(渝卫发〔2020〕34号),促进医养深度融合,鼓励"养办医"和"医办养"。全市已有80家养老机构内设医疗机构,提供养老照护的医疗机构75家,护理型床位占总床位比重达到31%。开工建设77个街道养老服务中心、518个社区养老服务站,万州、北碚、渝北成为国家居家和社区养老服务改革试点,社区居家养老服务基本实现全覆盖。着力促进成渝两地养老服务协同发展,推动建立了西南养老服务联盟,探索相对统一的养老服务设施建设、管理服务和养老服务补贴标准。二是健康体育产业有序恢复。按照疫情常态化防控总体要求,体育与旅游、医疗卫生、文化等融合发展态势明显,体育产品和服务供给日益丰富。成功举办2020线上中国国际智能产业博览会·智慧体育大会,为全民健身服务赋能。全市经常参加体育锻炼人数占比达47.65%,《国民体质测定标准》总体合格达标率达92.7%。三是养生旅游提速发展。依托三峡、山城、人文、温泉、乡村等资源,聚焦休闲养生、滋补养生、康体养生和温泉养生等业态,养生旅游产业加快发展。北碚恒大国际温泉健康小镇、江津恒大养生谷、涪陵北山文化旅游度假区、仙女半山国际抗衰康养小镇、綦江康养小镇等带动性项目建设提速,大健康与大文旅深度融合发展态势明显。四是大力推动健康管理服务业发展。在疫情常态化防控背景下,健康管理市场需求激增,健康信息档案、健康检测、健康干预、慢病管理、家庭医生、健康咨询、健康保险等业态发展态势良好。精神康复、心理治疗、健康体检、疾病筛查等加快发展。商业保险机构业务逐步向覆盖医疗、创新药、高端医疗器械应用等多领域医疗险产品拓展。

3. 健康服务"线上化"进程加快

突如其来的疫情在给经济社会带来巨大冲击和影响的同时,在健康服务领域也催生了新的产业模式、新的消费方式和新的市场需求,推动了全市健康服务产业加快"上线入网"。智慧医院和全民健康信息平台加快建设,医疗机构间实现诊疗信息共享。积极推进互联网医院发展,建设成果持续巩固。已建成互联网医院市级监管平台,实现对互联网医院日常监管。印发《关于智慧社区智慧养老云平台试用工作的通知》,有序开展试点工作。依托全市人口健康信息平台在平台、数据和业务方面的资源整合,"互联网+预约诊疗""互联网+健康查询""互联网+远程医疗""互联网+公共卫生"等"互联网+医疗"服务快速拓展,无人售药、远程问诊、线上就医等无接触健康服务模式加快推广。

二、重庆市健康服务业发展存在的问题

(一)产业链条和产业体系依然不完善

完整的健康服务业产业链和产业体系,应当包括以实现维持健康、修复健康和促进健康为目的的前端、中端和后端产业。当前,全市健康服务业仍以提供传统医疗服务为主,对于前端维持健康和后端促进健康的供给力度不足,特别是医养结合、健康管理和健康促进等领域发展较为滞后,覆盖高端健康服务的商业健康保险体系尚不成熟。健康制造业对健康服务业支撑力度不够,医疗器械、生物技术和药品制造自主创新和研发能力不足,缺乏核心竞争力和核心技术,对国际产品依赖度仍然较高。

(二)服务和产品供给与市场需求对接不紧密

随着新一代信息技术的深度运用,特别是后疫情时代人们对智能化健康产品和线上化、远程化健康服务需求快速增加,健康理念、消费观念和消费结构同步发生了明显变化,多元化的健康需求和个性化健康定制将成为市场主流。与此同时,全市健康服务业市场主体多处于传统领域和传统模式,且规模小、分布零散、核心竞争力不强,面对消费升级、健康升级和技术变革大势,尚未及时调整新策略、把握新需求,与市场需求的对接不够紧密,导致人们对高品质健康服务和高质量健康产品的需求得不到满足。

（三）人才储备不够，支撑力度依然不大

人才储备不够，培育力度不大，是制约全市健康服务业高质量发展的重要因素。一方面，基层卫生技术人员配备不足。目前，全市基层卫生技术人员占全市卫生技术人员总数的比例由40.4%下降到31.7%，10年来下降了近10个百分点。社区卫生服务机构、乡镇卫生院的卫生技术人员中，拥有正高级职称的仅占0.99%，拥有副高级职称的占2.97%，高素质人才在基层"屈指可数"，远不能满足人民群众对更高水平医疗卫生的服务需求。另一方面，由于健康服务业多处于初级发展阶段，开放程度不高，对于懂技术、善管理的复合型人才培育和引进力度不够，导致健康服务业高端国际化人才较为缺乏。

三、2021年重庆市健康服务业发展环境分析及展望

（一）全球疫情防控形势依然严峻，健康服务业将面临广阔的市场机遇

当今世界正面临百年未有之大变局，加之新冠肺炎疫情全球蔓延反复，防控形势持续严峻。疫情之下，人们对健康生活理念和生活方式的认知更加深入，对高品质健康产品和高质量服务供给需求更加紧迫。以医疗卫生、养生旅游、健康养老、体育康体、健康管理等为主的健康服务业将加快适应更为广阔的市场需求，实现更快发展。同时，在新一代信息技术变革带动下，基于分子遗传学的基因编辑、免疫治疗、基因大数据、脑科学等生命科学领域加快突破，应用场景和领域愈加广泛，健康服务业自我革新动力不断增强。

（二）国内稳增长政策持续发力，健康服务业将成为重点产业

2021年，我国经济将延续稳步复苏态势，以国内大循环为主体、国内国际双循环相互促进的新发展格局加快构建，代表新一轮技术革命和产业变革方向的健康产业、智能产业、数字经济等新产业、新业态将不断发展壮大。一方面，随着《国务院关于实施健康中国行动的意见》《健康中国行动组织实施和考核方案》《健康中国行动（2019—2030年）》等相关政策加快落地实施，政策合力将持续释放，为健康服务业发展提供了方向指引和强力支持。另一方面，数字经济的快速发展，医疗资源、健康档案和健康管理加速实现"云服务"，远程会诊、网络问诊、线上就医成为医疗健康服务的主要形式，数字技术在健康服务领域的广泛应用，为健康服务业快速发展提供了有力保障。同时，城乡居民收入水平不断提高、消费结构升级步伐加快和健康生活理念更加深入人心，加之人口老龄化持续催生的健康服务需求，使得健康服务业市场需求更加强劲、市场空间更为广阔。预计2021年全国健康服务业规模将超过8万亿元，占健康产业比重超过80%，成为最具发展潜力和活力的产业。

（三）全市经济发展潜力依然较大，健康服务业将进入持续发展快车道

当前，重庆将精准落实国家重大战略部署，持续改善发展环境，全市经济发展潜力依然较大，健康服务业发展将继续处于快速发展阶段。聚焦成渝地区双城经济圈建设，围绕川渝两地高质量一体化发展，深入推进跨地区资源整合协同，全市健康服务业服务市场空间进一步扩大，市场潜力将显著增强。同时，重庆将围绕《重庆市促进大健康产业高质量发展行动计划（2020—2025年）》，加快落地实施康养小镇、文旅度假区等一批重大健康服务设施建设项目，不断优化健康服务产业结构，增加和丰富健康服务和产品供给，以"健康+""+健康"为理念促进产业融合发展，加快构建具有国际影响力和区域带动力的大健康产业体系，为健康服务业加快发展提供强有力的政策支持。

（四）2021年重庆市健康服务业发展趋势及展望

2021年，全市健康服务业发展的政策支持力度将更大、更精准，发展环境将进一步优化，市场需求

将进一步扩大，在延伸产业链条、促进产业融合、打造服务品牌、提升服务效能等方面持续用力，促进健康服务业高质量发展，整体上将继续呈现较快增长态势。

四、对策建议

（一）加快催生健康服务新业态

一是加快推动健康服务"上线入网"。推动本地和远程、线上和线下、社会和个体"三结合"，实现技术创新和模式创新在"健康服务+大数据"中融合发展，建设医疗大数据平台和大健康大数据中心，构建健康医疗大数据产业链，为健康管理插上"智慧的翅膀"。着眼"5G"时代技术革命，推动人工智能、大数据技术在医疗影像分析、综合数据分析、远程医疗问诊、养生旅游、体育健身、健康管理等领域的应用。二是推动中医药业态创新。依托重庆市中药博物馆、重庆市药物种植研究所标本馆、三峡医专中药博物馆等馆藏资源，加快推动资源整合，进一步丰富馆藏资源，打造集智慧科普、研究研发、教学实习、文化传播、技术传承等功能于一体的西部最大的综合型中医药博物馆。大力开展巴渝中医药文化的挖掘和整理、巴渝中药特色技术的保护和传承，发展中医药文化创意、数字出版、移动多媒体、动漫游戏等新兴文化业态，形成中医药文化产业链和具有特色的中药文化推广模式。三是以产业融合催生新的发展业态。强化医药产业与体育健身、休闲养生、健康养老等融合，围绕康养研究、养生大讲堂、未病管理、康养产品开发、医美产业等，建设重庆市国际康养发展中心。发展基于健康管理、未病干预的户外露营、徒步旅行、体验探险等养生产品。加快中药种植基地与乡村旅游融合，发展以中药养生为题材的休闲体验旅游和体育赛事等产业。推动发展康复疗养、"候鸟"养老、老年体育、老年教育、未病治疗等新兴业态。

（二）培育壮大健康服务市场主体

一是培育壮大龙头企业。加快在医疗服务、健康养老、健康信息、养生旅游、健康管理等领域，引进一批关联性较强的跨国企业、国内龙头企业和高成长性企业。落实国家和重庆市对龙头企业的各项优惠政策，在企业落地、经营机制、财税优惠等方面为龙头企业发展提供更加务实的政策支持和资金支持。二是改造提升传统健康服务企业。推动现代信息技术和智能化技术与传统医药健康、健康养老等产业融合发展。加快互联网技术向健康服务领域延伸，整合防、治、养全产业链资源，拓展健康服务领域。三是加快培育新兴企业。定期推广大健康服务行业新理念、新技术、新成果，鼓励更多企业通过转型升级、自主创新进入健康服务领域。

（三）强化健康服务人才支撑力度

一是组建常态性、综合型健康科研团队。发挥比较优势，围绕重大传染病药剂研制、预防阶段理疗和中药调理、重大传染病患者康复的理疗和服务等领域，加快构建中西医结合、本地与外地专家结合的常态化、综合型研发团队。支持开展基础研究、应用研究和临床研究，力争在原创基础上开发出新成果、大成果。二是强化人才"外引内培"。依托重庆医科大学、陆军军医大学等高校和科研院所，重点培养一批本地专家型、学者型、领军型人才和专业技术人才。积极与国内外知名院校合作，支持高校、医学检验所及科研机构打造优势学科和人才培养基地。建立健全"人才+项目+产品"的产学研用合作机制，促进产教联动发展，尽快储备一批高素质健康服务产业人才。

（四）加大对外开放合作力度

一是深化成渝地区健康服务业合作。围绕成渝地区双城经济圈建设，加强川渝合作，推进全市健康产业园区、服务网络和功能平台等与四川业务对接、功能互补、共建共享，加快实现成渝地区双城经济圈健康服务一体化供给，促进健康服务产业有机联动，形成成渝健康服务合力。二是加大健康服务市场开放力度。紧密对接全市打造内陆开放高地目标，围绕"一带一路"倡议、长江经济带、西部陆海大通道等国家战略需求，不断强化全市健康服务业资源要素、区域品牌、发展载体等对外开放力度，加快在人才流动、产业合作、平台共建等领域开展国际国内广泛合作，提升健康服务业国际化发展水平。三是继续优化产业投资环境。完善多元投资机制，引导社会资本进入健康产业领域，鼓励私募股权投资和创业投资机构对健康服务业创新型新业态、小微企业开展服务。支持符合条件的企业通过境内外资本市场多渠道上市融资或挂牌融资。

［重庆市综合经济研究院（重庆市经济信息中心）产业经济研究课题组
主研：易小光　丁　瑶　余贵玲　李　林
执笔：李　林］

区域卷
主城都市区篇

之一：2020年主城都市区经济运行分析及2021年展望

2020年，世界经济受到新冠肺炎疫情冲击，叠加大国博弈，政治经济形势更趋复杂严峻。成渝地区双城经济圈上升为国家战略，主城都市区各区深入贯彻落实习近平总书记一手抓新冠肺炎疫情防控、一手抓经济社会发展的重要指示精神，按照市委、市政府决策部署，扎实做好"六稳"工作，全面落实"六保"任务，疫情防控阻击战取得重大成果；切实推动"强核提能级、扩容提品质"，经济运行呈现企稳回暖态势。预计2020年主城都市区实现地区生产总值增速为4%。

一、2020年主城都市区经济运行情况及特点

（一）总体情况

2020年以来，聚焦扩大城市规模、优化城市布局、彰显城市品质，着力提升产业能级、创新能级、开放能级、服务能级，经济运行稳中有进、好于预期，城市发展质量水平不断提升，高质量发展势头强劲。1—9月主城都市区实现地区生产总值13712.62亿元。

（二）基本特点

1. 工业恢复势头良好，支柱产业逆势上行态势明显

为有效降低疫情影响，主城都市区重点加大工业企业纾困和帮扶力度，统筹复工协同调度，推动全产业链复工复产，工业经济保持平稳回升。一是支柱产业增长势头较强。两江新区在"长安CS75plus""长安UNI-T""林肯航海家"等车型热销的推动下，1—9月汽车产值增幅达到20.5%，有力带动全市汽车产值增速转正并持续走强。电子产业在订单增加带动下保持较快增长势头，摩托车、装备、医药、材料、消费品、能源产业增加值增速较上半年均有所回升。二是工业新动能加速释放。1—8月，主城都市区集成电路、平板电脑、液晶显示屏等新产品产量同比取得两位数增长，带动全市高技术产业同比增长10.3%，较上半年提升2.3个百分点。三是工业项目建设进展顺利。上半年，主城都市区共有95个重点工业项目实现投产达产，占全市投产达产项目总数的79.2%，合计完成产值393.7亿元，占全市的93.6%，重点工业项目支撑作用突出。

2. 传统服务业企稳回升，新业态新模式加速兴起

在复工复产、复商复市等相关政策推动下，传统服务业逐步回暖，新业态、新模式发展迅猛。1—9月主城都市区第三产业增加值7459.21亿元。一是传统服务业加速恢复。在网络零售、跨境电商等带动下，主城都市区物流业发展降幅逐步收窄。文旅呈现强劲复苏态势，中秋、国庆长假期间，主城都市区A级旅游景区接待游客恢复超85%。餐饮、住宿等服务业持续回暖，截至8月底，主城都市区餐饮市场已经恢复90%以上。二是新型金融、新零售快速发展。重庆国家金融科技认证中心获批成立，小米消金、蚂蚁消金等消费金融企业相继落户中心城区，马上金融、谊品生鲜、特斯联入选2020年新经济独角兽企业150强。三是数字经济发展势头良好。中国电信两江腾龙数据中心建成投用，中新互联互通国际超算中

心、浪潮大数据中心等项目有序推进，智能医疗、智能教育、智能制造等数字经济应用场景加快打造，数字化与实体经济融合不断深入。四是跨境电商发展势头较强。保税港区跨境电商B2B出口班列首发成功，在西部陆海新通道、中欧班列（渝新欧）等开放通道带动下，水果、海鲜、化妆品等跨境电商进口快速增长。其中，两江新区跨境电商进出口增幅超过20%。

3. 投资增速逐渐恢复，招商引资成果显著

为稳定疫情带来影响，1—9月主城都市区加强要素保障和项目调度，在"两新一重"基建投资较快增长的带动下，稳投资效果明显，投资增速总体维持向上通道。一是固定资产投资分化明显。主城都市区"两新一重"建设稳步推进，带动全市基建投资增速6.6%，同比增长8.8个百分点。受市场调控政策逐步强化影响，房地产投资增长低位运行，1—8月渝中区、江北区、渝北区、南岸区等中心城区房地产投资出现负增长，施工面积、竣工面积同比下降。二是工业投资增速转正。在SK海力士（二期）、OPPO（重庆）科技园等百亿级项目带动下，1—8月工业投资增速实现正增长。北碚区着力推动项目建设提速提质提效，工业投资同比增长86.3%，位列主城都市区第一。三是项目引进持续发力。坚持延链补链，做大做优增量，招商引资活动活跃，项目引进成果显著。1—8月，长寿区实现合同引资425.4亿元，成功引进邯郸一三高研、无锡双象等龙头企业项目14个。涪陵区成功引入浙江正凯集团，聚酯产业链不断延伸，新的产业集群加快形成。

4. 消费恢复节奏相对缓慢，新型消费成为新亮点

在复商复市及各类消费政策促进下，主城都市区消费呈现恢复性增长势头，消费增速降幅逐渐收窄，第三季度增速基本实现转正。1—9月主城都市区社会零售总额6433.93亿元。一是汽车消费拉动作用明显。在新车型上市及促销活动等带动下，主城都市区汽车消费快速反弹，1—9月汽车销量基本与2019年同期持平，其中第三季度同比增长20%以上。二是网上消费较为旺盛。在直播带货、区县双晒等消费新业态、新模式带动下，1—9月主城都市区限额以上单位网上零售额同比增长40%以上。三是夜间时尚消费蓬勃发展。大数据显示，主城都市区大商场夜间销售额占全天60%左右，夜间外卖订单数量占比高达38%，成为拉动消费的主要动力。其中，渝北区下单量稳居第一，璧山下单量增速位列第一。

5. 进出口逆势上扬，对外开放再添新优势

为全力稳住外贸外资基本盘，2020年主城都市区围绕深化供应链保障协调机制、外商投资全流程服务体系等外资外贸机制体制改革，开放型经济展现新活力。一是开放优势持续扩大。主城都市区全域获批国家级服务贸易创新试点。1—9月，两江新区外贸进出口总额1533亿元，增长11%；跨境电商交易额29.6亿元，增长25%，位列全市第一。上半年江津综保区实现进出口额75.7亿元，增长183%，开放引擎作用明显。二是开放通道更加畅通。中欧班列（渝新欧）开行数量增长较快，1—9月累计开行超过1700班。西部陆海新通道合作深入拓展，澜湄合作第三次领导人会议发表声明支持澜湄合作与"陆海新通道"建设开展对接。三是制度探索更具创新性。重庆自贸区积极推动铁路运单物权化，2020年6月首例铁路提单物权效力得到司法审判实践支持，推动联合国国际贸易法委员会、国际铁路合作组织启动开展"铁路运单物权化"探索工作，改革试点首创性、差异化特征显著。

6. 城市提升与乡村振兴协同发展，城乡融合取得新成效

围绕兴业兴城、互联互通、共建共享，加速推进城市品质提升与乡村振兴，城乡融合动力更足。一是城市更新亮点纷呈。完成老旧小区改造提升1100万平方米，棚户区改造13.7万户，推进中心城区传统商圈更新改造44个项目，重庆市建川博物馆、重庆工业文化博览园等一批老旧工业片区转型升级示范项

目有序推进，使城市更加精致、更有品质。二是乡村振兴更具活力。乡村振兴"十大重点工程"有序推进，永川区市级农业园区、长寿区柑橘建设等重大项目竣工投用，永川十里荷香智慧田园综合体、重庆鲁能美丽乡村首开区等重大项目有序推进，让乡村更美丽。三是城乡融合取得新突破。荣昌、潼南、大足、合川、铜梁、永川、璧山、江津和巴南9个区成功入选国家城乡融合发展试验区，引领示范效应初步显现。

二、需要关注的问题

（一）产业发展短板比较突出

主城都市区产业结构不够优化，传统产业占比较大，数字经济、竞技体育、文化娱乐等服务业新业态、新模式发展滞后。关键产业本地配套体系不健全，主城都市区汽车、电子等支柱产业的发动机、芯片等关键部件配套仍在市外，产业链补链、强链的需求比较迫切。产业政策创新滞后，相关制度更新较慢，难以满足产业新业态新模式快速发展需求。

（二）投资增长面临较大压力

受区级财政收支压力增大、严控政府负债等因素影响，基础设施投资财政资金来源渠道制约较大，基建投资增长仍面临较大不确定性。在市场需求低迷、大项目少的影响下，主城都市区工业投资增长后劲不足，其中工业技改投资1—8月同比大幅下降。由于前期供地减少、市场销售低迷，房地产投资增长仍将乏力。

（三）消费完全恢复尚需时日

疫情影响还在持续，居民收入预期下降，消费信心仍未完全恢复。主城都市区举办展会活动大幅减少，接待游客人次和旅游收入均在下降，本地消费、外来消费形势较为严峻。随着消费加快从线下向线上转移，主城都市区从事电子商务市场主体少，网销商品数量、知名品牌不多，消费外流突出。此外，传统消费仍占主导地位，面对新形势下的新消费需求还需要转换时间，不能有效激发新需求的释放。

（四）稳外贸外资压力较大

境外疫情扩散蔓延势头并没有得到有效遏制，国际市场需求严重萎缩，加之美国对我国小排量发动机发起反倾销反补贴调查，主城都市区通机产品后续对美出口可能放缓，外贸下行压力依然较大。同时，国际直接投资减少，利用外资竞争持续加剧，主城都市区外资结构转型升级压力较大，稳外资面临挑战。

三、2021年主城都市区经济运行环境分析及展望

（一）国际国内环境

从国际来看，新冠肺炎疫情冲击全球经济，全球跨境贸易投资明显萎缩，国际经济循环阻断，全球产业链、供应链不畅，世界经济延续低迷态势，叠加大国战略博弈，地缘政治冲突风险明显上升，贸易摩擦和投资保护日渐增强，西方国家加快推动制造业回归和产业链调整，对重庆主城都市区发展外向型经济，保持现有产业链、供应链地位和格局，吸引、吸收国外资本和技术，推动产业向价值链上游转移带来不利影响。另外，由于疫情影响，全球航空、海运需求受到抑制，以中欧班列、西部陆海新通道国际班列为代表的国际货运铁路作用凸显，为重庆主城都市区深化向西向南开放，建设面向全球的物流枢纽中心，推动大物流、大经贸、大产业融合发展带来机遇。此外，5G、人工智能、物联网等科技创新红

利持续释放，对主城都市区传统产业转型升级、推动智能经济发展、积蓄新发展动能、助力全市建设"智造重镇"和"智慧名城"提供优良条件。

从国内来看，一是在加快形成以国内大循环为主体、国内国际双循环相互促进的新发展格局背景下，主城都市区作为重庆工业化、城镇化的重要载体以及建设国际消费中心城市核心区，更有机会获取资源和要素，积蓄产业新发展动能，推动传统产业升级改造，深度参与国内供应链、产业链重塑和补齐；更有机会聚集优质消费资源，激活消费需求，扩大消费拉动作用，增强区域发展韧性。二是在国家以城市群、都市圈带动的区域协调发展大格局下，成渝地区双城经济圈建设加快推进，重庆"强核提能级、扩容提品质"发展取向将为主城都市区加快推动"两新一重"基础设施建设、积极争取国家重大项目落地、推动市场一体化和公共服务一体化、破除行政壁垒、增强集聚辐射带动能力提供重大机遇。

（二）市内环境

随着新时代西部大开发、成渝地区双城经济圈等国家重大战略以及全市"一区两群"战略深入实施，各类支持政策实施显效，主城都市区发展能级将进一步跃升。一是重庆加快推进首个国家数字经济创新发展试验区、国家新一代人工智能创新发展试验区建设，将激发数字产业化和产业数字化内生动力，加速主城都市区经济社会数字化转型。二是西部（重庆）科学城、重庆高新区建设稳步推进，将吸引高端创新要素集聚，进一步提升主城都市区创新活跃度、贡献度、辐射度。三是西部陆海新通道、中新项目、自贸区开放引领功能逐步释放，中新（重庆）多式联运示范基地等一批重大项目加速推进，为主城都市区建设内陆开放高地提供重要支撑。四是在专项债等资金快速落地的支持下，"两新一重"重大工程投资持续发力，将带动万亿级经济增量，为主城都市区发展注入新动能。

（三）经济运行趋势展望

围绕"强核提能级、扩容提品质"，加快培育高质量发展的重要增长极，更好发挥主城都市区的辐射带动作用，在推动成渝地区双城经济圈建设中展现大担当、实现新作为。预计2021年，主城都市区GDP同比增长6.6%左右。

四、对策建议

（一）全力稳定产业链和供应链，激发工业增长新动能

保持产业链、供应链稳定，夯实主城都市区工业发展基础，强化科技创新，推动产业转型升级，释放产业发展潜能。一是加快完善产业配套体系。聚焦补链、强链薄弱环节和目标企业，全力保障产业链、供应链稳定，着力引进国内外产业链供应龙头企业和重大带动项目，支持鼓励本地配套企业提速覆盖供应链缺乏零部件产品，加速研发并实现本地生产。二是加强科技创新支撑。发挥西部（重庆）科学城等的集聚带动作用，加快推动创新链、产业链深度耦合，扶持和孵化一批研发能力强、有核心技术、有发展潜力的科技创新型企业群。三是强化产业政策创新助推新兴产业发展和产业转型发展。针对产业发展新业态新模式和产业转型发展，及时创新推出产业扶持政策，扩大扶持范围，加大在财政、税收、人才等方面的政策支持力度，推动产业做大做强。

（二）大力发展新兴服务业，助推服务业高质量发展

准确把握服务业发展新形势，创新服务业新供给，推动生活性服务业向高品质和多样化升级、生产性服务业向专业化和价值链高端延伸。一是培育数字生活服务业。抢抓疫情催生的市场机遇，推动传统服务业"触网"升级，创新发展无人商店、智能商超等新零售，积极发展线上购物、线上娱乐、线上游

戏、线上医疗等新兴业态。二是加快发展新型金融业态。依托重庆国家金融科技认证中心建设，创新发展消费金融、科技金融、普惠金融等新型金融业态，加快推动数字货币试点。三是推动平台经济快速发展。加快重庆工业互联网智能超算中心、腾讯西部云计算数据中心等项目建设，培育发展大数据智能化赋能平台，助推工业设计、电子商务、科技服务、信息服务等生产性服务业快速发展。

（三）强化"两新一重"项目投资，稳固投资支撑作用

继续加强基础设施投资，加快推进项目设计和储备，持续增强项目资金保障能力，进一步强化招商项目引进落地精准服务。一是提速推进重大项目策划和投资建设。加快推动城市交通路网、城市公共服务设施等项目策划和设计，围绕产业发展、绿色生态、创新发展、对外开放等投资建设一批支撑战略实施的跨行政区域平台。二是多渠道保障投资资金。重点围绕高速公路、水电气热等领域，筛选排查一批权属清晰、有持续稳定现金流的优质资产，加快推动基础设施REITs试点。综合运用货币政策工具，引导商业银行延期还本付息、减免担保费，保持社会资本投资活性。三是继续开展精准招商。以两江新区、高新区、自贸试验区及智博会等平台和展会为依托，全面开展以商招商、产业链招商，加快打造重点项目、优质产品推广展示常设平台，常态化实施线上招商、云上签约。

（四）培育消费增长新动能，促进消费回升和潜力释放

围绕国际消费中心城市建设，培育消费新业态，推动商品消费提档升级，提振居民消费信心，促进消费回补和潜力释放。一是持续提升消费品质。围绕建设国际消费城市核心区，推动中央商务区、商圈、步行街提档升级，吸引国际知名品牌入驻，举行"首店首发首秀"，增加高质量消费产品供给，推动境外购物消费回流。二是推动新型消费扩容提质。支持线下经营实体向场景化、体验式、互动性、综合型消费场所转型，大力发展无接触消费、直播电商、农村电商、"云逛街"等新模式，促进消费增长。三是创新发展夜间经济。推动洪崖洞、九街、磁器口等现有夜市改造提升，培育夜间消费场所，拓展夜间经济经营空间。支持商贸流通企业适当延长营业时间，开设特色酒吧、夜间文艺剧场等，丰富夜间消费场景。

（五）营造便利投资贸易环境，多措并举稳定外资外贸

继续推动优化营商环境，提升高质量对外开放水平，切实稳定进出口产品产业链及供应链，推动融入国际国内双循环发展新格局。一是全力以赴稳外资。加快实施新版外商投资准入负面清单，全面落实"利用外资25条"等政策措施，坚定外商投资信心。强化精准服务，进一步构建和完善好精准化、全流程服务体系，落实外商"服务管家"制度，鼓励外资企业增资扩股，积极引进外资大项目、总部机构和国际产业合作园区等，提升外资利用水平。二是持续加强稳外贸。加强"一稳三保"，千方百计稳住企业订单，巩固欧美、日韩等传统市场，拓展"一带一路"新兴市场，主动参与全球产业链重塑。促进加工贸易向中高端延伸，加大汽摩、通机等一般贸易产品出口力度。简化内销认证流程，帮助企业出口转内销。深化主城都市区服务贸易创新发展试点，推动服务贸易创新发展。

（六）聚焦强核扩容提质，增强主城都市区发展活力

围绕互联互通、兴业兴城、共建共享、宜居宜游，加速推进一批重大项目、重大任务落地实施，进一步提升城市发展能级，促进主城都市区高质量发展。一是提升中心城区发展能级。加快推进江北嘴国际金融中心等城市地标建设，扩容提质嘉州、保税港等新兴商圈，培育一批主题精品夜市街区、"首店经济"，布局大型免税购物中心、进口商品展示交易中心，打造高品质步行街和核心商圈，提升整体发展能级。二是加快同城化先行区融城步伐。建成投用轨道5号线（跳磴—江津），加快璧山—铜梁段建设，开通主城到长寿、江津、璧山、南川四个同城化先行区的城际公交，有序增加主城都市区城际铁路通勤班

列,加速与中心城区融合发展。三是完善支点城市功能配套。加快绿地·涪陵城际空间站等大型城市综合体和地标建设,推动永川乐和乐都、合川钓鱼城创建国家5A级景区,加快启动綦万一体化发展先行示范区建设,新增一批公共文化中心、体育健身中心等公共服务设施,提升人口吸引、产业集聚能力。四是推动"桥头堡"城市与四川毗邻地区加快融合发展。编制出台遂潼一体化发展规划、空间规划和产业规划,启动成渝中部农旅融合示范基地、大(足)安(岳)石刻产业园等一批重大川渝毗邻地区合作项目建设,不断增强"桥头堡"城市综合实力。

[重庆市综合经济研究院(重庆市经济信息中心)城市与区域经济研究课题组
主研:易小光 丁 瑶 邓兰燕 李 林 苏 凡 贾静涛
执笔:苏 凡 贾静涛]

之二：2020年渝中区经济运行分析及2021年展望

2020年，渝中区在重庆市委、市政府坚强领导下，坚持以习近平新时代中国特色社会主义思想为指导，认真贯彻落实习近平总书记对重庆提出的营造良好政治生态，坚持"两点"定位、"两地""两高"目标，发挥"三个作用"和推动成渝地区双城经济圈建设等重要指示要求，坚决打好"三大攻坚战"，深入实施"八项行动计划"，统筹推进新冠肺炎疫情防控和经济社会发展，扎实做好"六稳""六保"工作任务，经济运行总体呈现稳步回升的良好态势。

一、2020年渝中区经济运行特点

（一）经济运行稳步回升

面对疫情冲击，渝中区迅速部署，主动作为，抓早抓实，强化统筹安排，打好防控组合拳，按下复苏快进键，1—9月，地区生产总值达996.9亿元，增长2.6%，总量居全市第三，增速较第一季度、上半年分别提高4.1个、1.5个百分点，经济运行总体呈现稳步回升的良好态势。完成固定资产投资128.7亿元，增长3.4%；社会消费品零售总额886.6亿元，下降1.5%，降幅较上半年收窄4个百分点；商品房销售面积57.2万平方米，增长2.1%；居民人均可支配收入35481元，增长6.1%，总量居全市第一。

（二）产业发展质效提升

成功获得"重庆服务业高质量发展示范区授牌"。一是金融、商贸"稳定器"作用明显。1—9月，金融业、商贸业增加值分别占GDP的25.2%、21.2%；存贷款余额保持万亿元规模，增长8.6%；保费收入增长28.3%，证券交易额增长50%；批发零售额1162.6亿元，增长9.3%，较上半年提高0.4个百分点，商贸30强累计实现销售额861.5亿元。解放碑步行街被商务部授予"首批全国示范步行街"称号，为渝中打造内陆国际消费中心核心区奠定了坚实基础。二是数字经济、平台经济等新动能发展加速。1—9月，直播带货等新兴业态、新模式带动网络零售额增长52%，规模以上信息服务业增速由负转正，增长20.1%，科研服务业、人力资源服务业、法律服务业营收等分别增长18.7%、16.3%、21.5%。区内平台企业、新型企业疫情期间稳定就业、扩大经营，助力区域服务业保持了较好增长。三是招商引资成效明显。举办4场招商引资大型活动，引进"招大引强"项目78个，正式合同签约额495亿元，其中市外项目合同额395亿元、到位资金176亿元，特别是百亿级全国性法人企业中银金融租赁有限公司（简称"中银金租"）进驻渝中，标志着渝中打造内陆国际金融中心核心区迈出坚实步伐，赢得了市场信心。

（三）重点片区形象加速展现

一是"两江四岸"核心区建设进展顺利。精心谋划"两江四岸"核心区建设项目111个，计划总投资160亿元，21个实施项目进展顺利，消落区菜储段、东储段等项目有序推进。二是解放碑"全国示范步行街"溢出效应显现。解放碑—朝天门一体化全面提速，步行大道建设进展顺利，解放碑—朝天门绿色金融大道启动建设，洪崖洞提档升级加快建设。三是"重庆母城"文化传统风貌区逐步呈现。十八梯传统风貌区ABC区、白象街传统风貌区主体基本完工，山城巷传统风貌区85栋建筑修缮已完成55栋。此外，菜园坝片区形象极大改善，沿江市场棚房全部提前拆除；"红色三岩"加快推进；"陆海国际中心"主体建设接近300米。

（四）对外影响力持续增强

一是积极参与成渝地区双城经济圈建设。认真贯彻成渝地区双城经济圈建设部署，结合实际积极作为，与锦江、青羊、达州、攀枝花等10余个城区开展了多种形式的交流合作，在金融商贸、总部经济、文化旅游、教育卫生等领域推进了50多个具体合作事项。二是成功举办2020年重庆解放碑论坛等活动。国内知名专家学者围绕双循环背景下消费提档升级、服务业高质量发展分享交流，人数、规模、效果等方面均超出预期、反响强烈。渝中区承办的2020年智博会5G创新发展高峰论坛、区块链高峰论坛在41场论坛中关注度分获全市第一、第四。三是文旅实力"宠粉"再登热搜。国庆、中秋期间，继续"封"桥、"让"路、"搭"台，有序接待了逾1000万人次游客；采取"线上+线下""实体+直播""新消费+新零售"等多种方式，把游客变顾客、把流量变产量，实现旅游收入68.4亿元，增长1.4%。

（五）社会大局平安稳定

一是民生实事进展顺利。15件重点民生实事、61个子项进展顺利，新增就业3.46万人，登记失业人员实现再就业6500余人。二是妥善化解矛盾纠纷。妥善化解了一批涉企、涉校、涉租、涉薪等矛盾纠纷和网络舆情，扎实推进交通、高层消防、食药品等安全专项整治。三是有效应对洪峰考验。发扬不怕疲劳、连续作战的优良作风，有效应对长江和嘉陵江洪峰过境，累计投入各类防汛力量3.6万余人次，成功转移避险7.3万余人、物资17万余吨，实现"人员零伤亡、灾害零次生"的目标。四是全力保障安全稳定。国庆、中秋期间，日均投入安保力量1.2万人次，圆满实现了安全稳定事故"零发生"、新冠肺炎疫情"零输入"、坚决不出"大事怪事难事"的目标任务。

二、需关注的主要问题

一是经济向好的基础还要进一步巩固。区域行业企业受疫情影响恢复还不均衡，文体娱乐、旅行社、限额以上企业、小微企业、批发零售企业、住宿和餐饮企业等复苏较慢，规模以上居民服务业降幅扩大，加之洪灾影响，助力企业纾困解难、提振有效需求还要加力。

二是高质量发展的新动能还要进一步激发。线下实物消费和服务消费结合还不紧密，创造更多消费场景、加快线上消费的任务繁重，占比较大的规模以上租赁商务服务业营收下降，信息服务业总量偏低，新服务新消费总量较小。

三是项目建设投资后劲还需进一步提振。尽管全社会投资持续保持正增长，建设项目逐月加快但总体进展仍然较慢，用债进度未达预期，房地产领域增长空间不足，项目建设和投资增长的后劲需要夯实。

四是招商稳企育企工作力度还需进一步加大。大企业大总部落地少，新增入库质量数量有待提升，部分存量企业拉动力不足、增量企业贡献有待提高，必须找准发力点，攻坚克难，保稳促增添后劲。

三、2021年发展展望

从全球看，国际形势更加严峻。当今世界正经历百年未有之大变局，新一轮科技革命和产业变革深入发展，国际力量对比深刻调整，和平与发展仍然是时代主题，人类命运共同体理念深入人心，同时，疫情对全球经济和国际秩序造成前所未有的冲击。在此大环境下，渝中建设国际化城区、扩大对外开放仍然面临诸多不确定性。

从全国看,发展矛盾交织叠加。我国已进入高质量发展阶段,经济发展前景向好,经济稳中向好、长期向好的基本面没有变,发展具有的物质基础雄厚、人力资源丰厚、市场空间广阔、发展韧性强劲、社会大局稳定等多方面优势和条件没有变,但结构性、体制性、周期性问题交织叠加。对渝中而言,必须更加主动因势利导、顺势而为,努力在前进道路中攻坚克难、开拓奋进。

从全市看,进入重大机遇汇集与风险挑战并存的新阶段,将进入区域发展格局优化期、发展动能转换加速期、需求结构调整期、绿色发展关键期、矛盾风险易发期,面临"高质量发展基础不牢、城乡区域差距仍在拉大、生态文明建设任重道远、满足市民对美好生活的需求还有差距"等问题,也有"新一轮技术革命和产业变革的历史机遇、扩大内需战略的市场机遇、新时代西部大开发的政策机遇、成渝地区双城经济圈建设的战略机遇、新一轮深化改革扩大开放的时代机遇"等发展机遇。渝中作为"两江四岸"核心区、整体提升区,必须全力投入成渝地区双城经济圈建设,主动引领"一区两群"协调发展,巩固发挥好比较优势,全面做好强核提能级文章,精心打造好重庆城市形象的"客厅"和"窗口"。

四、政策措施建议

2021 年,渝中区将主动适应新形势新变化新要求,抓住成渝地区双城经济圈建设和"一圈两群"协调发展的机遇,以"二次创业"精神重整行装再出发,始终在"疏解、转型、创新、提升"上做文章、下功夫,坚持推进高质量发展,坚决推动服务业现代化、社会治理现代化,坚定打造现代服务业引领区、"近者悦、远者来"美好城市示范区、国家历史文化名城展示区、中西部国际交往中心窗口区,全力提速国际化、智能化、绿色化、人文化现代城区建设,全面提升经济品质、人文品质、生态品质、生活品质。

(一)全力推进"重庆服务业高质量发展示范区"建设

2020 年,市委市政府正式为渝中"重庆服务业高质量发展示范区"授牌,这是对渝中发展的厚望,更是发展新机遇。一是要紧紧扭住"服务业"这一主攻方向,坚定推进现代金融、商务商贸、文化旅游、专业服务、大健康、数字经济发展。二是紧紧扭住"高质量"这一根本要求,保持量的合理增长和质的稳步提升,推动各项产业发展走在全市前列。三是紧紧扭住"示范区"这一重要目标,把全域 20 平方公里整体作为高质量发展的平台,突出四大管委会的发展特色,推进服务业在渝中集聚、集约发展,发挥示范引领作用。

(二)全力推进"近者悦、远者来"美好城市示范区建设

围绕全市建设长嘉汇大景区,抓好规划、建设、管理等关键环节,促进产城景深度融合。一是深入推进深耕精耕渝中。牢固树立精明增长、存量发展的城市工作理念,高效利用在建拟建约 320 万平方米产业载体,优化利用现状约 130 万平方米空置楼宇,集约利用约 110 公顷存量未建用地。二是全面提升解放碑中央商务区发展水平。坚定不移地推动解放碑—朝天门融合发展,高水平打造中央商务区核心区,加快推进解放碑—朝天门金融大道建设,推进沿线的产业提升。三是高标准推进"两江四岸"渝中段建设。统筹考虑文旅功能、城市景观、产业布局等要素,加快推进菜园坝、长滨路及嘉滨路一体化建设,扎实做好长滨路高架桥的拆除,同步启动长滨路地区综合提升工作。

(三)全力推进历史文化名城展示区建设

渝中是重庆母城、中心城区,历史资源丰富、文物众多,围绕历史文化名城展示区建设,加快建设"人文渝中"。一是推进渝中历史文化项目建设。高品质推进"红色三岩"、老鼓楼衙署等保护建设。二是

推进全域旅游示范区建设。注重文商旅融合发展，策划好都市游、母城游、研学游、山水游等一批产业发展项目。三是支持文旅企业健康发展。提升文旅企业文物整合、经营管理水平，提高文物资源活化利用水平。四是深入挖掘历史文化资源。培育壮大文创产业和数字内容产业，大力发展影视、演艺、电竞、动漫等产业。

（四）全力投入中西部国际交往中心窗口区建设

围绕全市建设内陆开放高地，充分发挥渝中开放优势，探索开放新模式，形成开放新格局，努力打造中西部国际交往中心窗口区。一是全面融入成渝地区双城经济圈。谋划好投入成渝地区双城经济圈建设的具体项目，主动加强与成都地区的合作，在经济发展、社会事业方面开展广泛而有效的合作。二是着力构建中西部开放发展先行区。深化中新互联互通，依托来福士中新合作示范项目展厅，增强示范辐射带动效应，扩大自贸政策试点，释放更多改革红利。三是强化国际交往合作。通过参加国际会议、组团访问目标国家、邀请目标国家政要来渝中考察访问等形式，深化与中国欧盟商会、日本贸易振兴机构等境外机构的合作，推动促成更多世界500强企业在渝中设立代表处或办事机构。

[渝中区发展和改革委员会　雷　飞]

之三：2020年江北区经济运行分析及2021年展望

一、2020年江北区经济运行情况

2020年以来，江北区面临突如其来的新冠肺炎疫情和更加复杂严峻的国际形势，全面贯彻落实中央、市委决策部署，统筹推进疫情防控和经济社会发展，努力做好"六稳"工作、落实"六保"任务，加强经济监测预警，及时出台助企纾困政策措施。1—9月地区生产总值同比增长2.8%，较第一季度和上半年分别回升4.2个、2.3个百分点，增速居主城九区第一位，全区经济延续了回升势头，多项经济指标继续回暖，经济内生动力持续积聚，优势产业发挥支撑作用，新兴动能彰显活力，充分展现经济发展的韧性和后劲。

（一）服务业增势良好

新型金融活力显现，国家级金融科技认证中心成立，小米消费金融落户，江北嘴金融科技港首期产品已全面入驻，金融云基地助推全区"互联网+金融"蓬勃发展，金融科技产业高地雏形初显。1—8月全区金融机构存贷款余额同比增长5.4%，较1—5月回升5个百分点。数字经济发展势头良好，5G、人工智能等新型基础设施加快布局，数字化与实体经济融合不断深入，信息技术服务企业继续高速增长，1—9月信息服务业营业收入同比增长195.9%。物流业发展较好，在实体经济回暖的带动下，1—9月全区公路、水路货运量同比分别增长5.2%、1.1%，多式联运、装卸和仓储营业收入同比分别增长3.2%、18%。房地产、文体、旅游等行业降幅进一步收窄，呈现回升势头。

（二）工业经济全面回正

全面落实惠企政策，强化企业服务和要素保障，支持企业复工复产达产，全区工业经济克服疫情影响，在较短时间内实现触底回升，总体回暖向好。1—9月工业增加值同比增长2.2%，高于上半年8.4个百分点。支柱产业全面回升，电子电器产业在订单增加的带动下保持较快增长势头，1—9月，电气、电子设备行业产值同比分别增长5.8%和46.6%；汽车产业在新能源汽车快速增长的带动下，产值降幅收窄至1.7%，较上半年回升12.2个百分点。工业经济效益转正，规模以上工业企业营业收入、利润总额等效益指标大幅回升，增速远高于上半年和全市平均水平。

（三）投资巩固回升势头

扎实推进重点项目建设，建立"24小时工地"推进机制，重庆第一高楼——A-ONE国际金融中心正式动工，全区310个重点项目加快推进。1—9月，全区投资完成318.7亿元，同比增长1.4%，较上半年回升1.8个百分点。其中，房地产完成投资226.1亿元，同比增长2.2%；工业完成投资33.8亿元，同比下降30.7%；基础设施完成投资52.6亿元，同比增长62.3%。拓宽项目资金来源渠道，1—9月全区共争取中央预算内资金1.87亿元、地方政府专项债券21亿元、特别国债6.5亿元，极大地充实了基建等项目的建设资金；并强化资金使用调度，加快形成投资和实物工作量，防止中央资金闲置、沉淀。同时，积极扩大民间投资，谋划筛选"两江四岸"水环境系统综合治理等3个项目拟采用PPP模式推进建设，项目总投资约171亿元。

（四）消费市场持续回暖

"百城万企促消费"全国消费促进月、"爱尚重庆"金秋消费节在观音桥商圈盛大开幕，开展成渝双城联动促销，有力促进市场回暖和消费回补。1—9月，社会消费品零售总额同比增长3.8%，高于上半年和全市同期0.3个、6.2个百分点；批发业、零售业销售额同比分别增长14.3%、10.3%。餐饮住宿消费持续恢复，餐饮业营业额由负转正，同比增长0.1%，较上半年回升11.1个百分点；住宿业营业额降幅收窄，同比下降18.3%，较上半年回升4.2个百分点。直播带货、云消费、网上办公、在线教育等"宅经济"加快兴起，重百、永辉等企业线上订单同比增长近200%。

（五）外贸外资逆势增长

在海外疫情蔓延下，江北区积极组织企业承接国际订单，1—9月完成进出口总额284亿元，同比增长25%，总额居都市区第三位；其中，出口98亿元，同比增长45%，进口186亿元，同比增长16.5%。汽车、电子产品对出口支撑作用明显，1—9月汽车及零部件、集成电路出口分别增长11%、65%。对"一带一路"沿线国家进出口占比提升至37.3%，东盟、中国香港地区、欧盟成为前三大贸易伙伴，外需市场多元化趋势明显。1—8月，外商直接投资（FDI）2.61亿美元，同比增长1%；实际利用外资6.7亿美元，同比增长36.1%。

（六）危中寻机新势能加快形成

积极应对疫情对经济运行带来的冲击，化危为机，加快培育新增长点和新动能。大力推进大健康产业发展，迈基诺、博奥赛斯、智飞生物等生物医药企业加快布局，1—9月全区生物医药产业产值同比增长87.4%；同时，积极鼓励社会资本投资康养产业，河南颐养乐福公司投资1.9亿元的铁山坪康养项目和华润集团投资3亿元的怡朗山项目正加快建设。创新创业就业向纵深推进，新认定7家区级众创空间，目前江北区创新创业平台国家级7家、市级26家，加快"双创"带动就业工作，1—9月全区新设立市场主体1.27万户；积极落实系列援企稳岗政策，举办多期网络招聘活动，提供就业岗位2万余个，1—9月城镇新增就业人员3.66万人，确保了就业形势基本稳定。深化成渝协同合作，主动融入成渝地区双城经济圈一体化发展，与四川巴中、德阳、泸州、攀枝花等地签订合作协议，谋划实施一批合作项目，与巴中开展投资促进战略合作，与长江上游攀枝花、西昌、南充多个城市签订港口合作协议，加快果园港与宜宾港深度合作，新引进京昆高速铁路西昆公司、成都银行、第一太平戴维斯等3家企业落户江北，长安、海尔等龙头企业持续拓展四川市场。

二、经济运行中存在的困难与全年预测

（一）主要困难

当前全球经济形势更加复杂严峻，疫情防控任务仍艰巨繁重，江北区经济运行中还存在一些困难和问题。一是部分经济指标完成全年预期目标仍存在较大难度，地区生产总值增速、规模以上工业增加值增速、一般公共预算收入、服务业增加值增速等指标受疫情影响，完成全年目标任务难度不小。二是传统支柱产业支撑力下降，1—8月金融机构存贷款余额增长5.4%，比全市平均低5.7个百分点，对经济支撑作用有所减弱；1—9月商品房销售面积同比下降17.2%，虽较第一季度、上半年有所回升，但仍拉低经济增速0.2个百分点；旅游业、规模以上文化体育娱乐业营业收入同比分别下降38.1%和47.6%，降幅较上半年有所收窄，但从全年来看，文旅、娱乐等行业转负为正仍有较大难度。三是内需仍较乏力，

投资增长面临较大压力，工业投资受前期基数高、供地空间有限等影响持续走低，房地产投资受市场销售低迷、前期供地减少等因素影响增长仍较为乏力；消费需求面临居民收入不稳定、消费信心不足等困境，一些非必需消费有所推迟，后期消费快速增长难度大。

（二）全年预测

全球经济形势更加复杂严峻，国内经济稳步恢复向好，全市经济继续呈现恢复性增长态势，江北区加快融入成渝地区双城经济圈建设和"一区两群"协调发展格局，在危机中育新机、于变局中开新局，着力促进消费结构、投资结构、产业结构"三升级"，夯实比较优势，补齐发展短板，保持战略定力，全年经济将呈现"前低后高"的运行态势。预计年底能够基本实现"十三五"规划目标，完成全面建成小康社会目标，推动三大攻坚战全面收官。

三、2021年发展思路及重点工作

（一）发展思路

紧紧把握以国内大循环为主体、国内国际双循环相互促进的新发展格局，牢牢抓住成渝地区双城经济圈建设和"一区两群"协调发展新机遇，立足江北区位优势、产业优势、生态优势，以推动高质量发展为主题，促进产业升级、消费升级、动能升级，精准发力、乘势而上，推动江北建设重庆市"两高"示范区，争创成渝地区双城经济圈建设"示范区"，在加快构建新发展格局中展示新作为，贡献江北智慧。

（二）主要目标

综合考虑宏观经济环境、江北发展基础及支撑条件，衔接"十四五"规划纲要目标，本着兼顾当前与长远发展、实事求是、积极稳妥的原则，2021年江北区主要经济指标初步安排如下：地区生产总值增速5%左右、规模以上工业增加值增速5%、服务业增加值增速6%左右、固定资产投资额320亿元、社会消费品零售总额增速6.5%、一般公共预算收入与上年持平、全体常住居民人均可支配收入增速8%。

（三）重点任务

1. 打造高质量发展的现代化产业体系

巩固重点优势制造业产业，做强整车企业，推进汽车产品结构向中高端调整升级；补链、强链电子电器产业，促进电子电器产业向高端化、数字化、智能化转型；推动高端生物医药产业园区加速聚集，促进产业结构升级。大力发展数字经济，加快发展软件及信息技术服务，壮大软件产业规模；大力发展新零售、电子商务、在线医疗、在线教育、共享出行、在线金融等新模式，加快培育和发展人工智能及智能装备产业，鼓励开发智能可穿戴设备、智能家居等产品，拓展产品形态和应用服务。增强现代服务业的引领作用，强化金融业主导地位，大力汇聚金融牌照，持续丰富金融要素，助推中保登公司做大做强，加大金融对实体经济的支持力度，用好科技金融认证中心平台，创新科技金融服务体系，开展产业链金融服务，强化金融风险防控，保障金融安全稳定。提升消费产品供给，推动境外购物消费回流，丰富提升夜间消费场景，开展成渝地区商旅文双城旅游营销，助推都市旅游产业发展。引导知名企业在江北举办研讨会、博览会、论坛等活动，策划实施家居建材购物节、汽车消费展等重点展会，推动会展业市场化、国际化发展。

2. 积极扩大有效投资

把握"两新一重"投资机遇，谋划一批"十四五"重大建设项目，补上城市基础设施建设短板。用好地方政府专项债券资金和中央预算资金，加快形成实物工作量，防止中央资金闲置、沉淀。加快信息化、数字化、智能化的新型城市基础设施建设，稳步推进老旧小区改造，重点改造提升水电气路信等设施，支持有条件的小区加装电梯，鼓励配建停车位和充电桩等设施。加快PPP项目的推动落实，用"时间换空间"，提供更多的基础设施及公共服务；全面提高招商项目落地率、开工率，增强民间投资后劲。发挥好三级调度机制作用，提高调度效率，持续强化房地产、工业的跟踪监测、引导、协调，加大征地拆迁攻坚力度，有效运用"24小时工地"政策，提速重点项目投资建设。

3. 加快科技创新和成果推广应用

推动生物医药产业园中试服务平台和港城科技企业孵化器等国家级创新平台落地，提速建设玉带数字产业园、南桥智慧港等创新平台，提档升级保利大数据产业基地，实施种子企业、独角兽企业梯度培育计划。建立以企业为主体、市场为导向、产学研深度融合的技术创新体系，发挥国有企业和军工企业科技创新引导作用，鼓励企业集中优势资源开展协同创新。用好知识产权营运体系国家示范城市优势，健全技术创新市场导向机制和产学研合作机制，引进培育一批新型研发机构和科技成果转化服务平台，探索建立知识产权质押融资担保风险分担和补偿机制，加快推动科技成果资本化。推进国家"双创"示范基地建设，深入实施"江北英才计划"，引育一批科技创新领军人才和研发团队。

4. 持续深化改革、扩大开放

推进全面深化改革，打造高质量发展市场环境。持续深化"放管服"改革，落实深化改革"26项措施"，进一步精简审批事项、审批材料，融入"一网通办"平台，推广电子证明的应用，推行企业简易注销登记，推动政府管理从事前审批转向事中事后监管。加大知识产权保护力度，推进社会信用体系建设，推动信用信息应用和信用服务业发展。对标世界银行营商环境评价指标体系，聚焦企业全生命周期，解决痛点、难点问题，持续优化营商环境，激发市场活力和社会创造力。积极稳妥推进国有企业混合所有制改革，坚决破除制约民营企业参与市场竞争的障碍和隐形壁垒，完善中小企业发展的政策体系。深化要素市场化配置改革，建立企业土地退出激励制度，推动低效工业用地再开发。进一步扩大开放，增强开放平台集聚辐射作用，壮大总部贸易。大力培育开放型市场主体，重点发展"保税+跨境电商""保税+整车进口""保税+指定口岸"等特色产业，培育壮大跨境电商，发展口岸物流和口岸金融。建立健全合作发展新机制，积极融入成渝地区双城经济圈建设，扩大与成都市青羊区、德阳市、泸州市、巴中市、攀枝花市等地区域协作"朋友圈"，示范引领成渝地区双城经济圈建设。推动"一区两群"协调发展，深化与周边区县合作，助推主城都市区一体化建设。深化与京津冀、长三角、粤港澳大湾区的合作交流。

5. 促进城乡融合发展

聚焦"国际化、绿色化、智能化、人文化"，加快提升城市品质。提档升级长嘉汇大景区江北嘴片区，高标准打造"两江四岸"滨水空间，展现山城、江城独特魅力。加快玉带、唐桂、野水沟等片区开发建设，完善寸滩地区城市配套。着力推进乡村振兴，深入农村改革，依托铁山坪生态区、五宝小镇，培育生态游、乡村游、康养游等新产业新业态，大力发展现代都市休闲农业。深入推进"三治融合"，切实改善农村人居环境，推进五宝城乡统筹示范区建设。补齐基本公共服务发展短板，促进城乡基本公共服务普惠共享。

[江北区发展和改革委员会　刘　兰　龚　寒]

之四：2020年沙坪坝区经济运行分析及2021年展望

一、2020年沙坪坝区经济社会发展情况

2020年以来，面对突如其来的新冠肺炎疫情、百年不遇的洪峰过境考验，沙坪坝区委、区政府认真贯彻习近平新时代中国特色社会主义思想，坚决落实党中央和市委、市政府决策部署，积极应对大战大考，全力打好疫情防控、经济恢复、防汛救灾几场硬仗，经济高质量发展动能持续增强，社会大局和谐稳定持续巩固。1—9月实现GDP 737.3亿元，增长2.1%；工业增加值178.8亿元，增长7.7%；固定资产投资364.9亿元，增长8.5%；社会消费品零售总额280.1亿元，下降10.1%；一般公共预算收入31.3亿元，下降5.2%，其中，区级税收收入24.9亿元，下降3.5%；进出口总额预计完成2150亿元，增长9%；全体人民可支配收入增长5.9%。

（一）创新发展取得新进展

1. 围绕高校建设创新生态圈

建成重庆大学国际联合研究院、重庆工业设计城、重庆大学设计创意产业园等重点项目30个，环重庆大学、环重庆师范大学创新生态圈正在快速形成，校地合作更加紧密，创新资源更加集聚。

2. 围绕产业引育创新主体

紧扣"3+1"（高端装备制造、下一代汽车、新一代信息技术、高技术服务业）主导产业，外引与内育两手抓，不断壮大创新主体。引进工信部五所赛宝研究院、中科国机地球资源装备研究所等独立法人研发机构17家，高孚动力、光宝联合等高新技术项目23个，新培育国家高新技术企业93家。

3. 围绕功能提升创新平台

聚焦科技研发、成果转化、产业培育等关键环节，加快创新平台建设。中电光谷·智创园建成投运，28.5万平方米黄金湾创新中心主体完工（下月投用），33万平方米青凤高科创新孵化中心将于年内开工。加快推进15万平方米联东U谷·国际企业港建设，优化升级金沙星座·科创园业态，近两年来新增科创孵化空间120万平方米。

4. 围绕环境优化创新生态

全面落实国家、重庆市科技创新相关政策，加快完善财税、金融、人才等政策体系，柔性引进院士12人、国家高层次专家520余人，组建创投基金3只，总金额6.5亿元，举办首届全国摩尔材料论坛、中国工程院"民营企业院士行"等创新创业活动，不断激发区域创新活力。

（二）制造业转型升级步伐加快

1. "芯屏器核网"加快培育

突出"芯"与"网"，引进吉芯科技、御芯微、东微科技等集成电路项目；突出"核"，引进金康新能源动力系统、中科慧眼等汽车核心零部件项目；突出"器"，引进科德数控、万普隆能源科技产业园等

高端装备项目；突出"服"，打造以"工业设计全产业链"为核心的服务平台，赋能先进制造业创新发展。重庆浪尖渝力公司成功创建国家级工业设计中心，全力推动中关村设计之都、重庆工业设计城建设，引进德国埃格塞、奥地利基司卡等10余家知名工业设计企业，着力构建工业设计产业高地。

2. 传统工业实现转型升级

用大数据智能化为企业赋能，实施西南药业、水泵厂等46个智能化改造项目，建成2个智能工厂和5个数字化车间，推动50家企业"上云上平台"，工业发展质效明显提高。

3. 产业园区能级不断提升

青凤工业园建设全面推进，累计投资41亿元。完成土地平场5500亩，凤潮大道、海博大道、海会大道等两纵三横骨干路网建成通车。水电气污讯等配套工程同步推进。小康智能网联汽车项目2021年3月建成投产，成都博宇工业机器人等6个项目全面开工。

（三）现代服务业提质增效

1. 特色服务业加快发展

物流业方面，健全口岸功能，完善多式联运体系，构建铁海联运"一单制"服务网络，引入美国普洛斯、德国汉宏、法国捷富凯、浙江传化等国内外500强物流企业52家，2020年以来物流业营业收入超过70亿元，增长31%。金融业方面，全国所有股份制银行均在本区设立分支机构，存贷余额增速15.7%；引入三快小贷、美团小贷、小米金融，组建物流金服、丝路基金等供应链金融机构，累计投融资超过100亿元。文化旅游业方面，推动磁器口景区提质发展、陕旅金碧正街剧场项目开工建设，打造重庆首台大型综合红色文化实景演艺；磁器口后街一期工程将于2020年底投用。特钢项目已完成设计，正在招商。

2. 商贸服务业转型升级

一手抓重点项目建设。融创文旅城建成投用，国庆节期间共接待游客85万人次，营业收入超过5000万元。全国首个商圈高铁TOD城市综合体龙湖光年项目主体建成，招商率达95%，年底投运。投资1.4亿美元的意大利佛罗伦萨小镇建设加快，计划2021年春节前开业。一手抓居民消费提振。疫情期间，在全市率先开展汽车、房地产、大宗商品消费节活动，拉动商品销售额2.6亿元；销售房屋面积52万平方米，销售额58亿元，提振消费信心，激发市场活力。

（四）重点项目建设加快

实行清单管理、专班推动、集中调度，储备项目746个，完成征地6330亩、征收9.3万平方米。16个市级重大项目完成投资42亿元；95个区级重点项目完成投资273亿元，占年度计划的76%。争取特别国债、项目专项债59亿元，推动基础设施、公共卫生、应急保障等短板领域建设。

（五）招商引育成效明显

组建百人招商团队、5个专业招商组，广泛开展招商工作，实行单月签约、双月开工，签约重点产业项目69个，协议投资金额736亿元，开工率66%，项目落地率92%，产业发展后劲不断增强。全力推进市场主体"上限升规"，目前全区入库企业1016家，居主城第四，2020年底拟入统企业及个体450家。积极推进企业上市，建立拟上市企业项目储备库，重点扶持万普隆、三羊马物流公司等9家企业上市，其中三羊马物流公司预计年底在深股创业板上市。

（六）对外开放深入推进

坚持拓通道、强口岸、建平台，不断提升外向型经济活跃度。中欧（重庆）班列开行1507列，增长

29%；西部陆海新通道班列开行 840 列，增长 21%，货值 820 亿元。医药生物制品口岸进口实现零突破，整车进口 2300 辆。国际物流枢纽园区新增市场主体 1200 户，物流金融贸易企业总数达 3200 家，2020 年以来园区实现税收 22.16 亿元，增长 14%。全区外贸进出口额增长 12.55%。

（七）城市品质不断提升

推进磁器口创建国家级 5A 景区，建成红梅林、五云湖、菁云湖等生态景观 90 万平方米，加快实施斐然湖周边 30 万平方米环境整治，拆除违法建筑 84 万平方米。完成"坡坎崖"治理 15 处。建设停车场 7 个，新增停车位 4500 个。建成 9 条山城步道 42 公里，打造老特钢铁路生态步道 5.8 公里，城市面貌不断改善。

（八）生态环境持续优化

严格落实"河长制""林长制"，拆除"四山"违法建筑 11.68 万平方米。整治"散乱污"企业 225 家，完成歌乐山上下天池、普照寺水库综合整治。空气质量优良天数达 244 天，同比增加 25 天。2020 年有望历史性突破 300 天，区域环境质量明显改善。

二、存在的问题及困难

当前，沙坪坝区经济仍然面临总量不足与结构性矛盾并存、外部风险与内部困难交织、前期问题显现、消化期与新动能培育成长期叠加等矛盾。

从自身来看，沙坪坝区产业结构不合理，深层次问题解决尚需时日，新兴产业"补链成群"有待深化，科学技术服务、信息技术服务、商务服务等现代服务业培育不够，对房地产依赖依然较高。开放平台功能的产业转化带动不足，围绕口岸物流的产业转化延伸不够，总部贸易、金融期货、跨境电商、物流分拨、服务外包等外向型产业发展较弱。城市空间布局和功能不优，东中西发展不协调；内部交通不畅、梗阻多；三峡广场（重庆沙坪坝站）、上新（重庆西站）、井双等重点开发区域建设滞后。

从外部环境来看，受中美贸易摩擦和全球疫情持续发酵的影响，我国对外贸易面临更加严峻的国际市场形势，国内企业跨国投资和技术合作更加困难，沙坪坝区工业依存度较高的电子信息产业新增订单量不确定性增加，工业、进出口、外资均可能回落。同时，在主城都市区加速一体化发展下，区域间竞争压力不断增大，同质化竞争激烈，区域协同机制、利益共享机制尚未形成，短期内沙坪坝区招商引资和产业引进面临较大分流压力。

三、2021 年经济发展环境分析

全国经济发展加倍复苏，将继续实施更加积极有为的财政政策、更加灵活适度的货币政策对冲疫情影响，加快抗疫特别国债、专项债等落地，促进"两新一重"① 基建投资发力。

全市大力推动成渝地区双城经济圈建设，推进"一区两群"协调发展，构建主城都市区"一核、一中心、四同城、四支点、四桥头堡"②的城市空间结构，加快部署大健康、新基建、数字经济、人工智能等一系列实施方案，将有力激发全市经济发展活力。

沙坪坝区战略机遇集成，横向位于成渝地区"主轴"线，纵向位于中国西部（重庆）科学城腹心，

---

① "两新一重"：新型基础设施、新型城镇化，以及交通、水利等重大工程。
② 一核：50 平方公里的"两江四岸"核心区；一中心：主城九区；四同城：长寿、江津、南川、璧山；四支点：涪陵、合川、永川、綦江—万盛；四桥头堡：大足、铜梁、潼南、荣昌。

随着动能转换潜力持续释放，一批优秀项目陆续投产达产，高质量发展上行态势良好。

四、2021年重点工作

（一）加强科学规划谋划

把握重大规划、重大政策、重大项目、重大改革实施窗口期，高位对接成渝地区双城经济圈、中国西部（重庆）科学城等上位规划，力求将沙坪坝区发展诉求最大化融入全市发展大局，围绕项目、招商和企业，细化落实重点任务，深度融入成渝地区双城经济圈、中国西部（重庆）科学城建设。

（二）全力推进产业升级

加快智能产业培育发展，围绕"芯屏器核网"全产业链招商引育，强化补链成群。推动传统工业转型升级，引导传统工业企业加大产能释放、延伸产业链条、优化产品结构。推动数字经济与实体经济融合发展，重点培育发展生产性服务业、金融结算、保税商品展示、物流贸易、文化创意等新兴产业集群发展。加快推动青凤高科产业园平台建设，抓好重点产业项目投产达产。

（三）提升创新开放能级

加快推进自贸区建设，继续深化"放管服"改革，持续提升营商环境满意度，打造市场化、法治化、国际化营商环境。积极开拓进口药品和生物制品口岸建设，促进贸易便利化；推动重庆铁路口岸创新（一期）项目建设整体建成；推动物流园B保升级为综保区。优化外贸发展业态，筹备第四届进博会，努力扩大进口。推动空港口岸与铁路口岸在进口医药产业方面实现联动发展等4项服务贸易创新试点任务。

（四）着力激活消费需求

支持传统商贸线上线下融合发展，办好各类休闲消费节、夜市文化节等消费活动。持续推进三峡广场商圈提档升级，支持马家岩建材市场等专业市场提档升级，加强服务扶持文旅城、龙湖光年等重点商贸综合体发展，加快奥莱小镇、磁童路步行街、华宇城等项目建设。以中梁乡村振兴示范带建设为重点，打造都市休闲农业和乡村旅游品牌。

（五）抓好精准调度服务

打好惠企暖企"组合拳"，用好各类惠企政策，坚持重点行业、企业、产品和生产要素的运行监控，强化用电、用气、资金、人力资源等要素统筹调度，帮助企业排忧解难、达产增效。继续抓好"升规上限"工作，做到应统尽统。始终把招商引资作为经济工作的生命线，精准引进对区域经济发展形成牵引带动作用的优质项目。

[沙坪坝区发展和改革委员会　陈　鹰　罗　杰　邓　赟　等]

之五：2020年南岸区经济运行分析及2021年展望

面对新冠肺炎疫情带来前所未有的冲击，南岸区全区上下坚持稳中求进工作总基调，积极融入成渝地区双城经济圈建设和全市"一区两群"协调发展格局，统筹推进疫情防控和经济社会发展工作，扎实做好"六稳"工作，全面落实"六保"任务。地区生产总值增长2%，其中经开区地区生产总值增长4.0%，经济运行态势持续回升。

一、2020年南岸区经济运行的主要特点

（一）从经济运行看，"六保""六稳"措施有效，经济运行逐步企稳，"稳"的大势未变

一是经济增速逐步企稳。1—9月，工业增加值同比增长4.7%，较1—6月提高2个百分点，服务业同比下降0.2%，较1—6月提高1.9个百分点；建筑业增加值同比增长7.6%，位列主城第一，较1—6月提高2.4个百分点；固定资产投资完成243.9亿元，同比增长1.1%；一般公共预算收入增长2%，其中税收收入同比下降1.7%。二是重大项目加快推进。1—9月，共获得中央预算内资金1.1亿元，发行地方专项债44亿元、抗疫特别国债7.2亿元，充分发挥各项资金带动作用，有力助推市五院迁建、江南立交、江南隧道等重大项目加快推进。三是就业保持稳定。实现城镇新增就业2.8万人，年度目标任务完成率达到84.8%。

（二）从发展方式看，经济结构调整优化，转型升级持续推进，"进"的步伐加快

一是产业结构趋于优化。三次产业结构比例调整为0.5∶38.2∶61.3，产业结构比持续优化。分产业看，第二产业增加值增长5.3%，较上半年提升2个百分点，服务业增加值下降0.2%，较上半年提升1.9个百分点。工业经济稳中有进，1—9月，177户规模以上工业企业完成总产值570.5亿元，同比增长0.6%，较1—6月提高0.1个百分点。全区124家规模以上数字经济企业营业收入预计达到428亿元，同比增长20%。二是需求结构积极改善。全社会固定资产投资完成243.9亿元，同比增长1.1%。基本建设及更新改造完成投资84.1亿元，同比增长61.8%，其中工业投资完成24.7亿元，同比增长6.2%。重庆经开区完成投资161.1亿元，同比增长2.0%。1—9月，商品房销售面积完成169.1万平方米，同比下降14.9%，较1—6月收窄5.7个百分点。1—9月建筑业总产值227.06亿元，同比增长13.3%，较上半年提升3.7个百分点，位列九区第一。消费市场逐渐回暖，社会消费品零售总额下降1.7%，较1—6月收窄4.1个百分点。零售业方面，谊品生鲜、佳惠超市零售额分别增长32%、28%，汽车销售持续向好，永达南星（奔驰）同比增长37.3%，两江丰田同比增长27.4%；批发业方面，中西药品类实现销售额148亿元，同比增长3.7%；传统商业转型力度不断加大，开展"百城万企促消费"主题消费月，吸引广大市民释放消费。三是供给侧结构性改革加快推进。稳步推进国企深化改革，关闭注销企业25户。严格政府债务限额管理，坚决守住政府信用底线。继续实施社会保险降费减负，为企业减轻负担21.8亿元。

（三）从运行要素看，先行指标积极变化，经济运行环境改善，"优"的基础向好

一是用电效率持续提升。规模以上工业度电产值由48元/千瓦时提高至50元/千瓦时。服务业用电量

增长较快，1—9月，全区服务业用电量11.4亿千瓦时，增长3.8%，比1—6月提高15.1个百分点。二是信贷资金增长较快。金融机构人民币存贷款余额完成3250亿元，同比增长15.6%，排名主城第二。其中，存款余额完成1622亿元，同比增长15.5%，排名主城第二；贷款余额完成1628亿元，同比增长15.7%，排名主城第二。保费收入达到23.7亿元，同比增长9.7%。三是客货运量回暖。公路运输总周转量、规模以上装卸搬运和仓储业营业收入同比分别增长7.9%和43.7%，较1—6月分别提高5.5个和30.9个百分点。四是土地出让提速。1—9月，土地出让1625亩，约是2019年同期的4.5倍。

（四）从动能转换看，新动能加快积蓄，新增长点积极呈现，"新"的活力释放

一是新产业、新产品加速成长。智能化新动能正在积蓄，战略性新兴产业产值占规模以上工业总产值比重保持在40%左右，智能终端产品产值达到165.3亿元。二是新业态、新模式多元发展。网络消费较快增长，线上企业通过互联网实现商品零售额47.3亿元，同比增长37.9%。服务业稳步发展，规模以上信息传输、软件和信息技术服务业营业收入增长10.2%，规模以上科学研究和技术服务业营业收入增长9.7%；非营利性服务业增加值下降2.6%。三是新技术、新活力不断释放。创新平台不断完善，新增国家级研发平台2个、市级高端研发平台1个、2020年度市级企业技术中心7个，培育市级众创空间1个、国家备案专业化众创空间1个；创新主体加快培育，新增科技型企业295户，累计达到1029户。四是新项目、新主体增势喜人。实际利用外资完成10.95亿美元，同比增长51.8%，已完成全年目标任务，总额和增速均列主城第二；外贸进出口总额完成7.5亿美元，同比下降43%，较上半年收窄10.4个百分点。阿里巴巴区域总部正式入驻，重庆蚂蚁消费金融有限公司筹建启动，去哪儿网"一带一路"总部、厚泽增资项目等28个项目成功引入，签约合同金额186.6亿元，到位金额34亿元。新增市场主体1.8万户，其中企业8000户，累计达到12.2万户。

（五）从运行质量看，收入保持稳定增长，发展效益稳步提高，"好"的变化增多

一是居民收入跑赢GDP增幅。全体居民人均可支配收入增长5.8%，高于GDP增速3.8个百分点。二是社会民生全面进步。1—9月，全区一般公共预算收入完成44.4亿元，同比增长2%，排名主城第二。其中，全区税收收入完成36.3亿元，同比下降1.7%，较1—6月降幅收窄2.7个百分点，排名主城第一。全区一般公共预算支出完成64.3亿元，投入33.8亿元全力保障社会民生，占一般公共预算支出的52.6%。其中，教育、卫生健康等事务性支出分别增长11.8%、20.6%；1—9月，发放低保金5985.2万元，发放临时救助资金478.96万元，发放临时生活补贴1037.56万元；投入抗疫资金5.1亿元。11件民生实事全部达到时序进度。南岸区获评全国"基于教育教学改革，整合信息技术新型教与学模式"实验区。南滨路城市会客厅、重庆市城市规划展览馆等项目加快实施。

二、存在的问题

一是全区经济回升基础还不稳固。2020年以来，受新冠肺炎疫情影响，经济运行持续承压，主要经济指标全部未达预期。当前，中小企业发展困难，企业单位和个人收入减少，消费金融支撑力度不够，以及疫情仍未完全结束等因素导致消费内需动力增长依然较弱，批发零售、住宿和餐饮、房地产销售等主要行业仍处于负增长，受其影响，服务业增加值1—9月同比下降0.2%。

二是产业发展还存在较多问题。第一，关键产业本地配套体系不健全，维沃手机芯片、美的空调压缩机等关键零部件还需向外地采购。第二，全区土地、5A级写字楼等要素资源有限，产业招商载体不足。第三，产业政策创新滞后，缺乏对市场反应的敏锐度，难以满足产业快速发展需求，尤其缺乏对各类新经济服务业企业的针对性政策措施。

三、形势研判

（一）世界经济仍受疫情较大冲击

世界经合组织预测2020年全球经济将下滑4.5%，发达经济体复苏艰难，经济衰退风险较大。2021年，全球经济将逐步适应疫情新环境，但疫情反复以及严峻的防控形势，使得全球经济复苏缓慢。贸易摩擦和投资保护将进一步强化，大国战略博弈、地缘政治冲突等风险明显上升。为促进经济复苏，各国仍将维持低利率和货币宽松政策作为主要工具手段，全球经济金融波动风险增大。

（二）国内稳增长政策将持续发力

我国经济延续稳步复苏态势，但仍面临全球疫情反复和中美关系两大不确定性，下一阶段我国将着重构建以国内大循环为主体、国内国际双循环相互促进的新发展格局，在逆周期调控中更加注重稳增长与防风险之间的平衡。

财政政策：2020年以来，国家实施积极财政政策，做好加减法，落实"六稳"和"六保"。加法主要是提高赤字率、发行抗疫特别国债、增加地方政府专项债券等举措，明确发行1万亿元抗疫特别国债，安排新增专项债券3.75万亿元；减法主要是继续实行减税降费等措施，预计全年新增减税降费规模将超过2.5万亿元。2021年，国家仍将实施积极的财政政策，保持适度财政赤字规模以扩大内需。财政政策着力点为提高财政资金的使用效率，强化"两新一重"项目建设投入力度（新基建，新型城镇化建设，交通、水利等重大工程建设），优先保障在建项目工程，包括铁路、轨道交通等交通基础设施，农林水利、市政和产业园区基础设施等重大基础设施建设。继续落实落细减税降费，确保各项税收优惠政策应享尽享，切实减轻企业负担，保居民就业、保基本民生、保市场主体，同时间接增加居民收入。

货币政策：2020年以来，为抵御疫情的影响，央行已三次降低存款准备金率，增加1.8万亿元再贷款再贴现额度，向市场注入流动性资金超过9万亿元，扩大总量供给，重点解决企业融资难问题；并通过下调MLF与再贷款再贴现等政策性利率，推动市场利率适度下行。1—9月，我国M2同比增速、社会融资规模、人民币贷款余额三大关键指标均保持10%以上增速，货币政策的逆周期调节已初见成效，有力地支撑了我国经济复苏。2021年，随着经济复苏加快，实施稳健的货币政策总量上会更加适度，结构上更加灵活。将综合利用各种货币政策工具，保持流动性合理充裕，推动贷款实际利率持续下行和企业综合融资成本明显下降。同时，将进一步强化定向滴灌，引导信贷流向制造业、中小微企业等实体领域。

（三）重庆经济发展活力依然较强

重庆处于"一带一路"和长江经济带联结点，拥有新时代西部大开发、成渝地区双城经济圈建设、西部陆海新通道建设、中新（重庆）战略性互联互通示范项目等国家战略机遇和"一区两群"协调发展格局，重庆发展引领力、集聚力、辐射力将持续增强。随着全市各类支持政策实施显效，全市经济发展活力将进一步增强。

（四）全区经济发展面临新机遇

广阳岛片区长江经济带绿色发展示范规划建设全面启动，苦竹溪生态修复和景观提升工程、牛头山体育公园等广阳岛片区重点项目的全面实施将成为重庆东部片区打造生态之城的重要抓手。"两江四岸"核心区打造将提升南岸在重庆的区域地位，老君洞城市阳台、黄葛古道提档升级等3个"两江四岸"核心区重点项目完工，弹子石立交二期、龙门浩老街拓展区等45个"两江四岸"核心区重点项目加快推进，必将进一步提升南岸在重庆的区位形象。重庆东站站场全面启动，轨道和配套道路建设明年开工，

必将进一步凸显内陆开放高地建设的区位优势。中央预算内资金、地方专项债、抗疫特别国债等52.3亿元资金投入,为南岸区重大项目建设提供必要的资金保障。双循环发展格局为南岸重塑产业结构提供重大契机,全区将在新发展格局中谋划好发展思路,探索出高质量发展的南岸路径。

四、下一步重点工作

下一步以做好"六稳"工作、全面落实"六保"任务为主线,持续抓好疫情防控和经济社会发展,全力在危机中育新机、于变局中开新局,奋力完成全年目标任务,努力交出决胜全面小康的圆满答卷。

(一)抓好规划编制,科学策划2021年工作

一是提前谋划明年工作,合理制定明年主要经济发展指标和重点工作任务,储备好市区两级重大建设项目,聚焦重点发展产业积极策划重点招商项目,做好重点工作任务、重点项目和招商项目的任务分解,将所有任务具体到牵头单位。二是全面总结"十三五"时期经济社会发展的成绩与不足,编制好"十四五"规划,科学设定"十四五"规划指标体系,突出可操作性和可实现性。各部门要高度重视,加强与国家、重庆市以及各行业规划衔接,积极对接重庆市有关部门,争取各自领域更多的项目被纳入全市"十四五"规划重大项目范畴,力争更多的市级重点项目在本区布局。

(二)抓好服务优化,促进经济高质量发展

一是抓好重点企业发展,做好维沃、美的等重点企业服务工作,支持重点企业加大投入,鼓励将集团订单放在南岸区、重庆经开区生产。二是进一步梳理各类产业扶持政策,将有限的资源要素集中到"四大一新"产业集群,重点支持企业转型升级、扩大产能。三是加大招商力度,围绕"四大一新"策划招商项目,全面开展以商招商、产业链招商,常态化实施线上招商、云上签约。四是完善产业配套体系,围绕产业链、供应链薄弱和缺失环节,支持本地配套企业加速研发并实现本地生产,全力保障产业链、供应链稳定。五是以市场用人需求为导向,推动建立完善多层次人才引进和培养机制,完善人才在住房、就医、子女入学等方面的优惠政策,提升人才吸引力。

(三)抓好消费提振,着力激发市场活力

一是围绕年末岁尾组织好时令消费,策划开展秋季和冬季系列消费促进活动,组织好节庆消费。二是多形式促进消费增长,开业运行中服免税店,推动境外购物消费逐步回流;支持商贸流通企业适当延长营业时间,开设深夜营业专区、24小时便利店和"深夜食堂"等,丰富提升夜间消费场景;大力发展连锁便利店,培育社区便利消费。三是加快培育消费新增长点,大力发展无接触消费、直播电商、"云逛街"等新模式,鼓励企业通过网络促销扩大销售市场。四是加大商贸企业帮扶力度,严格执行《支持商贸服务和开放型企业健康稳定发展政策措施》以及补充措施,助推商贸企业克服疫情影响。

(四)抓好有效投资,发挥投资关键作用

一是促进重点项目开工建设双提速,对于未开工重点项目,进一步细化重要前期工作节点安排,严格打表推进前期工作,尽快开工;对已开工但投资进度滞后的项目,要细化到每月投资进度,督促建设单位尽快形成实物工作量;特别是已发行地方专项债项目,要加紧完成前期手续,尽快启动建设。二是抓好房地产项目投资放量,督促存量项目开发企业按照土地出让合同约定加快建设,继续贯彻落实"支持企业复工复产40条""做好城市开发建设工作20条"政策措施,支持企业加大商业性用房和车库去库存力度,加快弹子石8号地块、廖家山、南坪长途汽车站等地块出让。三是做实项目入统工作,建立拟入库项目信息沟通对接机制,行业主管部门、经济板块及街镇要加强与区统计局的衔接沟通,每月梳理提

出拟入库项目清单,提前做好入统资料准备,推动项目尽快入库入统。

(五)抓好改革开放,增强经济发展动力

一是持续深化"放管服"改革,落实投资便利化措施,进一步压缩企业开办、电力获得、财产登记以及施工许可等相关环节的办理时限,提高在市场主体落户、办理手续等方面的服务意识,提升市场主体的获得感和满意度。二是营造市场化法治化营商环境,积极开展法律咨询、法律培训等法律服务,维护企业合法权益;深入推进市场化改革,规范市场竞争行为,创造公平、法治的市场竞争环境。三是推动重点外贸企业放量,支持维沃等电子信息企业加快开展进出口业务,鼓励国际贸易集团、长江轴承等企业积极拓展"一带一路"沿线国家和南美、非洲等新兴市场,引导巩诚电装等企业通过线上线下融合、市场多元化布局等方式推进转型升级;通过渝贸通建设农产品进出口信息平台,推动中小企业开拓国际市场。

(六)抓好经济调度,力争完成目标任务

一是坚持每月对经济运行进行调度,及时发现并解决经济运行中的苗头性问题、倾向性问题,督促欠进度指标牵头单位抢抓时间赶进度,确保完成全年目标任务。二是加强统计业务指导,严格执行网格化服务,落实专人深入各重点企业开展指导,切实避免少统漏统现象发生,确保统计数据客观反映南岸区经济发展情况。三是大力推动企业入统,加强与新落户注册企业对接,加快市旅游投资集团、人人视频、去哪儿网落户企业数据入统。四是积极向上对接,力争限额以下商贸企业、规模以下工业企业较好完成目标任务。

[南岸区发展和改革委员会　罗永杰]

之六：2020年九龙坡区经济运行分析及2021年展望

2020年以来，面对新冠肺炎疫情冲击和国内外复杂严峻形势，九龙坡区全面贯彻中央决策部署和重庆市委、市政府工作安排，统筹推进疫情防控和经济社会发展，积极融入以国内大循环为主体、国内国际双循环相互促进的新发展格局，全面融入成渝地区双城经济圈建设和全市"一区两群"协调发展格局，认真落实"六稳""六保"任务，经济运行呈现"前低后高、止滑回升，持续恢复、稳定向好"态势。1—9月地区生产总值增长2.7%，较上半年提升2.6个百分点；规模以上工业增加值增长4.4%；固定资产投资增长7.9%；社会消费品零售总额下降3.9%；一般公共预算收入下降16%。

一、2020年九龙坡区经济运行总体情况

（一）经济增速持续回升

聚焦重点行业、重点产业、重点企业，实行"周摸排、旬汇报、月通报、季问效"制度，地区生产总值增速较上半年提高2.6个百分点，16个季度以来第一次超过全市平均水平；增速居全市第14位、中心城区第2位，分别较上半年提高13名、4名。第一产业实现增加值4.4亿元，增长3.8%。第二产业实现增加值383.0亿元，增长4.9%，其中工业增加值增长4.1%，建筑业增加值增长7.6%。第三产业实现增加值717.1亿元，增长1.4%，其中交通运输、仓储和邮政业增加值增长4.0%，批发和零售业增加值增长1.3%，住宿和餐饮业增加值下降8.6%，金融业增加值下降0.8%，其他服务业增加值增长2.6%。

（二）产业能级持续提升

工业增长稳定性增强。新增规模以上工业企业41家，累计达447家。规模以上工业增加值增速较上半年提高4.2个百分点，居全市第14位，较上半年提高5位；居中心城区第6位，排名持平。75家战略性新兴企业产值占规模以上工业比重达到49.7%。新增智能工厂2个、数字化车间13个、国家级贯标企业5家。服务经济恢复向好。特色打造九龙美术半岛、大英雄湾美丽乡村等"九龙九景"，"双晒"第二季点击率居全市首位，接待游客2885.1万人次，增长-21.1%，旅游综合收入120.6亿元，增长-10.9%，增速分别较上半年提高12.6个、17.6个百分点。规模以上互联网和相关服务业、软件和信息技术服务业营业收入、银行业存贷款余额分别增长9.2%、4.0%、8.4%。创新动能不断积聚。新增科技型企业530家，累计达到1917家，数量居全市前列，集聚清研理工创新中心、中国工业设计研究院西南中心等各类研发及创新服务平台330个，国家级、市级孵化器8家。数字经济加快壮大。高起点建设国家数字经济创新发展试验区引领区，润泽（西南）智惠产业创新城、启迪数据云、城市大数据运营中心等加快推进，开域大数据产业园、重庆量子应用技术研究院及科技装备生产基地加快推进，集聚亚德科技等数字经济企业200余家。建成5G基站2089个、NB-IoT基站1235个，实现窄带物联网东城区域全覆盖。

（三）内部需求持续扩大

项目投资全面复苏。紧盯项目卡点难点，一项目一专班，全速推进大九滨江路连接道、火车西站东

接线等一批市、区重点项目，全区重大项目开工率达86.9%。1—9月，固定资产投资增速较上半年提高6.1个百分点，居全市第15位，排名与上半年持平；居中心城区第3位，提升4位。其中，工业投资58.4亿元，增长36.4%，较上半年提高35.3个百分点，增速居全市第6位、中心城区第3位，分别较上半年提升18位、1位；技改投资占工业投资比重30.7%。此外，1—9月，出让土地27宗、2414亩，分别增长107%、388%。消费市场活力回升。九龙新商圈落户爱马仕等30余家国际奢侈品牌，力推直播带货、智慧零售等新型消费，举办"乐购九龙"系列消费季活动，加快消费转型升级，社会消费品零售总额增速较上半年提高5.3个百分点，居全市第26位、较上半年下滑5位，居中心城区第5位，排名持平。批发和零售业销售总额2836亿元，增长6.2%，住宿和餐饮业营业额84.1亿元，下降9.3%，商品房销售面积221.2万平方米，下降4.9%；增速分别较上半年提高2.2个、9.6个、20.2个百分点。线上消费持续畅旺，限上企业网上销售额增长19.8%。外资外贸企稳向好。提质打造国家级外贸转型升级示范基地，1—8月，实现外贸进出口总额82.2亿元，下降3.5%，实际利用外资1.1亿美元，增长204.2%，增速分别较上半年提高0.2个和291个百分点。跨境电商实现进出口及结算6.6亿元，增长4.8%。

（四）市场活力持续释放

重点领域改革深入推进。63项习近平总书记视察重庆有关改革工作重要指示和146项区级重点改革项目扎实推进，医养结合、农业综合行政执法等改革成果获国家部委肯定和推广。营商环境持续优化，率先在全市建立"开办企业"专区，实现开办企业"零成本"。1—9月，新增市场主体2.4万户，总量达20.1万户，总量保持全市第一；新增上市储备企业5家，总量达到38家；全力落实惠企纾困政策，为企业降本减负26.3亿元，帮助2149户企业融资43亿元。开放水平持续提高。与成都市新都区签订结对共建成渝地区双城经济圈协同发展示范区合作协议，与老挝磨丁经济特区在基础设施建设等8大重点领域达成合作意向，西彭黄磏港项目前期工作建设加快。建成并运营外贸综合服务平台，全面落地自贸试验区改革试点，自贸区九龙坡板块新增注册企业2407家，累计达1.2万家，总量占全市23%。积极培育开放型经济增长点，新增外资企业32家，累计达569家。招商引资量质齐升。1—9月，新签约项目77个，合同投资额506.1亿元，辰隆信安大数据产业园等5个十亿级项目、润泽（西南）智惠产业创新城等2个百亿级项目相继落地。

（五）民生福祉持续改善

全力打好新冠肺炎疫情防控阻击战。严格按照市委、市政府安排部署强化落实社会管控任务，滚动排查1171万人次，核酸检测14万人次，居全市区县首位，并向群众发送预防中药30余万服。累计报告疑似病例159例、确诊病例21例（死亡1例），现均已"清零"，连续245天无新增确诊病例、疑似病例。持续加强社会保障和兜底帮扶。发放失业保险稳岗返还1127家1419.9万元、中小企业稳岗返还494家6720.7万元、创业担保贷款2530万元，稳定岗位6.5万人；大力推广受到国务院副总理胡春华充分肯定的民安华福社区"家门口"就业创业经验，实现城镇新增就业3.1万人，提前完成全年目标任务。全体居民人均可支配收入增长6.5%，较上半年提高1.6个百分点。不断提高基本公共服务可及性。聚焦群众最关心最现实问题，13件重点民生实事、10件人大票决民生实事扎实推进。办好人民满意教育，新增普惠性幼儿园56所，育才中学改造等14个教育基础建设项目有序推进。医养服务水平稳步提高，开展城市医联体建设试点，74家医疗机构接入全国异地联网住院直接结算平台，新的区人民医院已启动建设，区中医院迁建项目前期工作推进顺利。全力改善发展环境。深入整改落实中央生态环境保护督察反馈问题，圆满完成配合第二轮中央生态环境保护督察阶段性工作任务，实现督察反馈报告"零点名"，督察交办九龙坡区的信访案件235件，已办结219件，另外16件阶段性办结。空气质量优良天数同比增加18

天。深入开展安全生产三年专项整治行动,生产安全事故起数、死亡人数分别下降37.0%、34.5%;强化社会矛盾源头治理,上访人次下降11.2%,全区安全生产和社会稳定形势持续向好,为经济发展创造了良好环境。

二、经济运行存在的主要问题

在看到经济形势正在逐步向好转变的同时,我们也要看到经济持续回升的基础尚不牢固,全球疫情还在持续蔓延,经济运行不确定性和不稳定性凸显。

(一)有效需求恢复基础不牢

鉴于外部环境和北京、青岛、新疆等地零星出现疫情反复,由点及面扩散风险的担忧仍然存在,消费意愿趋于谨慎,社会消费品零售总额、住宿和餐饮业增速分别较经济增速低1.2个、6.6个百分点;储蓄倾向明显增加,住户存款余额增长15.5%,高于收入增长9个百分点,接触式和聚集性消费回补和释放不足。

(二)部分企业生产经营困难较大

疫情对企业生产经营的不利影响仍在延续,部分企业存在订单履约难、后续订单减少等情况,建设车用空调、志成机械、臻宝实业等重点生产型外贸企业进出口下降幅度均在20%以上,以美国为主要销售市场的汽摩、通机、农机等产品进出口形势也不容乐观。受疫情和贸易争端影响,企业经济效益下滑仍在延续,规模以上工业企业利润总额下降2.6%。

(三)财政收支平衡难度加大

受减税降费政策实施、疫情期间各项财政经费保障政策叠加影响,1—9月一般公共预算收入下降16%,预计全年下降9%左右。

三、2021年重点工作

2021年,九龙坡区将坚持以习近平新时代中国特色社会主义思想为指引,深入贯彻习近平总书记视察重庆重要讲话精神,深度融入成渝地区双城经济圈建设和"一区两群"协调发展格局,坚持常态化防控、精准化调度、目标化管理、专班化推进、高效化落实,全力推动全区经济社会发展持续向好,努力在全市发挥"三个作用"中展现大区担当、实现上游作为。

一是全力以赴编制"十四五"规划。积极对接全市"十四五"规划编制工作,争取将更多项目和工程纳入全市"十四五"规划。尊重客观规律,发挥比较优势,科学确定全区未来发展总体思路、主要目标和重点任务,把习近平总书记殷殷嘱托体现在"十四五"规划之中,把新发展理念贯穿在"十四五"规划之中,把高质量发展之路展现在"十四五"规划之中。

二是全力以赴融入"双城圈"建设。围绕加强交通基础设施建设、加快现代产业体系建设等七项重点工作,主动对接市级专项行动方案,项目化、清单化、事项化抓好落实。加强与新都区等非毗邻地区开展全方位、多领域、深层次交流合作,实现互惠互利、共同发展。

三是全力以赴推动工业升级。紧紧围绕新材料、汽摩、高端装备制造、智能化产业,持续推进骨干工业企业提振行动,服务庆铃、格力、隆鑫等企业稳存量,推动中铝高端制造等新项目促增量,促进制造业发展链式反应。

四是全力以赴壮大数字经济。以打造数字经济创新发展试验区引领区为目标,加快推进启迪数据云、开域大数据产业园、宗申忽米网等100个大数据智能化项目建设，培育引进数字经济龙头企业，力争数字经济占比持续提升。

五是全力以赴扩大有效投资。以更大力度抓好用工、资金、用地和能源等要素保障，加速推进区级重点项目，全力提速巴渝国医城等重大攻坚项目前期工作。

六是全力以赴提振消费市场。抓紧推进海军历史主题博物馆、农民工博物馆、重庆美术公园等文博文旅重点项目。提档升级"九龙新商圈"，依托华润万象城等商业地标打造城市秀场，积极发展夜经济和首店经济，推动直播经济等新业态深度发展，进一步激发消费潜力。

七是全力以赴优化营商环境。对接世界银行评价指标体系，深化"放管服"改革，实施好市场准入负面清单，持续高标准打造营商环境示范区，保护和激发市场主体活力。

八是全力以赴提升群众获得感。将财政资金优先用于保基层运转和保基本民生，提速育才中学扩建、区人民医院等重点项目，突出做好重点群体就业工作，扎实做好常态化疫情防控、地质灾害、安全生产等各项工作，补齐民生短板、增进民生福祉。

[九龙坡区发展和改革委员会　董　超　王　植]

之七：2020年大渡口区经济运行分析及2021年展望

2020年以来，面对新冠肺炎疫情、特大汛情带来的严峻考验和复杂多变的外部环境，大渡口区全区上下坚持以习近平新时代中国特色社会主义思想为指导，认真贯彻落实党中央、国务院、市委、市政府和区委的决策部署，坚持稳中求进工作总基调，扎实做好"六稳"工作，全面落实"六保"任务，全力推动高质量发展，经济运行总体呈现回稳态势。

一、2020年大渡口区经济运行情况

（一）1—9月经济运行情况

1—9月，全区实现地区生产总值187.6亿元，同比增长1.0%，经济运行基本情况如下：

一是工业经济稳步回升，新旧动能持续转换。2020年以来，坚持"老树发新芽"，助推三峰环境成功主板上市、红九九等传统消费品企业恢复生产。持续聚焦大数据智能化、生态环保、大健康生物医药等新兴产业发展，海康威视一期稳定生产、二期加快建设，中元生物等生物医药企业发展势头良好。1—9月，全区规模以上工业增加值同比增长4.9%，增幅比1—8月提高1.4个百分点，累计增速连续4个月保持正增长，且增幅逐月提升。从行业看，总体呈现"新""旧"齐发力的态势，区内有代表性的啤酒、水泥、水泥熟料等传统产品产量分别增长2.9%、12.9%、12.2%；"新"产品方面，固体废弃物处理设备、医疗仪器设备及器械分别增长58.1%、18.1%。新兴产业较快发展，规模以上工业高技术产业和战略性新兴产业分别实现增加值8.3亿元、16.3亿元，同比分别增长41.8%、21.4%，分别高于全区规模以上工业增加值增长水平36.9个、16.5个百分点。

二是项目建设稳步推进，投资实现平稳增长。强化与市地产、城投、渝富集团协调联动，合力推动长江文化艺术湾区规划建设。1—9月全区共新开工建设项目42个，73个区级重点项目有67个推进顺利，推进顺利率91.8%，带动固定资产投资完成142.2亿元，增长4.2%。其中，工业投资11.9亿元，增长4.2%，基础设施投资21.1亿元，增长36%，房地产开发投资完成投资106.8亿元，同比下降0.2%。拉动建筑业实现总产值164亿元，增长7.8%。全面铺开湾区土地整治和基础设施建设，大滨路二期、音乐大道等项目加快推进，钓鱼嘴片区征收整治基本完成。1—9月，全区完成农村征地1438亩、房屋征收15.46万平方米。

三是全力拉动市场回暖，逐步推进消费升级。组织开展"畅购义渡""汽车展销会""秋季房交会"等主题消费活动，举办义渡灯会、直播带货大赛等节庆活动，促进消费市场回暖。1—9月，社会消费品零售总额42.3亿元，同比下降13.7%，但全区批发业由降转增，实现销售额234.3亿元，同比增长0.4%；住宿业营业收入0.5亿元，同比下降30.5%，降幅收窄4.9个百分点；餐饮业营业收入9.5亿元，下降0.6%，降幅收窄12.8个百分点。外贸经济企稳回升，实现出口总额9.5亿元，增长25.2%。金融市场保持良好运行，全区金融机构存款余额600.1亿元，增长13.3%，贷款余额804.3亿元，增长8.8%。

四是完善招商引资机制，开放发展取得进展。优化招商引资工作机制，提升专业招商水平，大力探

索以商招商、中介招商新模式。一方面，促增量变存量，宝武水务、武钢绿城、快手重庆创新中心等项目签约落户，宝武西南总部等"四个一"项目、太极计算机等加快落地；另一方面，向存量要增量，支持太仓科技、国际复合等骨干企业加快转型，优化产能，做大做强。1—9月，签约引进项目39个，合同投资额150.3亿元，到位资金50.8亿元。

五是全力推进"六保"工作，社会民生持续改善。统筹做好财政"三保"工作，确保政府资金链安全。1—9月全区一般公共预算收入14.8亿元，下降19.6%，其中税收收入12.5亿元，下降17.2%，两者降幅分别比1—8月收窄1.1个、0.3个百分点；出让土地851.7亩，回笼资金46亿元。强化经济运行调度，促进劳资供需对接，增加居民就业。1—9月，城镇新增就业12640人，完成全年任务的158%，全区2014户困难群众实现100%结对帮扶。扎实推进城市品质提升"七大工程"，认真办好民生实事，提速教育、医疗等公共设施建设，社会民生持续改善。

（二）经济运行中存在的主要问题

一是工业增长缺乏后劲。全区工业企业总体规模偏小、工业结构单一、抗风险能力弱等问题依旧存在，加之受存量土地有限等因素制约，新增项目落地难，后续增长乏力。二是服务业发展水平较低。传统商贸和专业市场占比六成以上，业态低端、功能不全，品质消费、新型消费缺乏，消费外流现象严重，万达、居然之家等大型商业体勉强维持，众多中小市场主体面临生存压力。三是投资结构性矛盾突出。固定资产投资中，工业投资、基础设施投资占比不足三成，房地产投资占比超过七成，呈现出房地产业一业独大局面，一旦房地产市场出现波动或调整，将严重加大经济下行压力。

（三）2020年主要经济指标预测

初步预测：全年GDP同比增长3.5%左右，固定资产投资同比增长6%左右，规模以上工业增加值同比增长6%左右，社会消费品零售总额增速力争由负转正，全区居民人均可支配收入同比增长6%左右。

二、2021年经济运行环境分析及趋势展望

当前和今后一个时期，我国发展仍然处于重要战略机遇期，但机遇和挑战都有新的发展变化。当今世界正经历百年未有之大变局，新一轮科技革命和产业变革深入发展，国际力量对比深刻调整，和平与发展仍然是时代主题，人类命运共同体理念深入人心，同时国际环境日趋复杂，不稳定性和不确定性明显增加。我国已转向高质量发展阶段，制度优势显著，治理效能提升，经济长期向好，物质基础雄厚，人力资源丰富，市场空间广阔，发展韧性强劲，社会大局稳定，继续发展具有多方面优势和条件，正逐步形成以国内大循环为主体、国内国际双循环相互促进的新发展格局。伴随着世界百年未有之大变局和我国社会主义现代化新征程开局起步，重庆紧紧围绕习近平总书记对重庆提出的营造良好政治生态，坚持"两点"定位、"两地""两高"目标，发挥"三个作用"和推动成渝地区双城经济圈建设等重要指示要求，积极转变经济发展方式，优化空间布局，积累经济增长新动能，经济发展的稳定性、协调性和可持续性逐步增强。大渡口当前处于转型发展的攻坚期、产业培育的关键期、大有可为的机遇期，成渝地区双城经济圈建设、"一区两群"南部"人文之城"功能定位、重庆高新区建桥园二次创业再出发，以及长江文化艺术湾区、钓鱼嘴半岛的规划建设等一系列重大战略部署为大渡口加快发展提供重大契机，2021年全区经济将稳中有进，将持续高质量发展的态势。

三、下一步工作重点

深入贯彻落实新发展理念，坚持"稳"字当头，全力落实"六稳""六保"要求，找准差距、加强

谋划、强化落实,确保全面建成小康社会、"十三五"圆满收官、"十四五"良好开局。

(一)狠抓工业经济,继续发挥支撑作用

工业经济是全区经济发展的重要支撑,要多点发力求突破。一是稳住重点关键企业发展。推动海康威视、中元汇吉、嘉威啤酒等重点企业保持恢复性增长,加快海康威视二期扩能和中元生物项目建设,支持企业重大新产品开发,推动海康威视机器视觉、国际复合拉挤型材、三峰环境SG750型生活垃圾焚烧炉等一批重点新产品开发,尽快投产增能。二是抓好传统企业升级改造。实施好20个智能化改造项目,重点推动太仓科技、秋田齿轮等数字化车间、智能化工厂项目建设,支持工业企业上云上平台,提速推进红九九扩能搬迁、嘉威啤酒扩能项目,围绕消费品产业等增速仍为负的行业,分业施策、深挖潜力,全力止滑促增。三是加大"增量"培育。围绕生态环保、大数据智能化、生物医药等新兴产业,加大招商,促进信创产业基地、新离子环境科技等在谈项目尽快落地,推动宝五西南总部等落地项目尽快建设,加大微企业梯度培育,力争年底升规入统一批工业企业,形成新增量。

(二)狠抓商贸消费,全力止滑促增

抓住新常态下消费需求结构升级趋势,提质传统服务,培育新兴消费热点,确保社会消费品零售总额增速由负转正、服务业稳步增长。一是持续提振批发零售住宿餐饮消费。创新消费形式,促进系列消费活动,支持企业、商场、各大商业综合体办展促销,扩大日常消费;继续落实区级汽车消费专项补贴政策,稳定大宗商品销售;引导、支持餐饮、住宿企业创新经销模式;推动新引进品质酒店、特色餐饮店抓紧开业;加快推进万吨冷储升级改造。力争批发零售业销售额、餐饮业营业额实现两位数增长,住宿业营业额降幅明显收窄,社会消费品零售总额实现由负转正。二是培育新兴消费热点。办好年度草莓音乐节,加大营销宣传,做好统筹谋划,实现人气、商气双促进、双提升。推动蓝光、华润等商业综合体尽快开业运营,一批夜市街区尽快开街。启动九宫庙步行街三期升级改造,加快完善综合配套服务,长远谋划打造精品夜市街区。三是提升发展服务业。落实好服务业高质量发展实施意见和激励存量企业发展壮大的扶持政策,坚持新老并重,加强调度、深入挖潜,促进服务业恢复性增长。

(三)狠抓建筑业和房地产业,稳住增长基本盘

把城建经济作为稳增长的重要抓手,确保建筑业、商品房销售持续向好。一是积极引导建筑业加快发展。发挥好中冶建工、重钢建司、单轨公司等重点企业带动作用,对接服务59家中小型建筑企业,协助解决发展中的困难问题,实现稳定增长。研究出台支持建筑业发展的政策措施,推动建筑业绿色智能转型,支持中冶建工建设绿色建材生产基地,着力引进一批建筑业总部企业,打造建筑业总部基地。二是加大房地产促销力度。加大房地产项目问题协调,促进中铁建、佳兆业、华宇、中南等在建项目加快建设,力争尽早开盘预售。完善优惠政策措施,确保秋季房交会政策落地落实;持续举办房地产促销活动,加大线上销售力度,促进房地产投资和销售增长;努力实现"稳地价、稳房价、稳预期"的目标。三是加快土地出让。加快征地拆迁进度,攻坚金桥片区、创新村、钓鱼嘴片区等重点区域尽快达到出让条件。同时,清理盘活供而未用土地,扩大建设容量。

(四)狠抓项目建设储备,保持投资平稳增长

继续加大项目调度,稳住投资增长。一是提速项目建设。强化"六个一批"项目调度,紧盯项目推进工作节点,及时化解项目建设中存在的问题,确保白居寺长江大桥、N31地块新建小学、绿地城等各类在建项目完成年度投资任务,确保跳磴河"清水绿岸"治理提升工程、两江四岸葛老溪至万发码头段工程、区中医院、P1安置房等项目年内开工。二是加速项目前期建设。加大统筹额协调,集中解决项目开

工建设涉及的用地、资金、水电气等要素配套等问题，推动嘉南线连接道、重钢片区榕华隧道等项目前期工作往前赶、早开工。三是加强项目储备招商力度。对接《成渝地区双城经济圈建设规划纲要》、全市"十四五"规划纲要及市级重大专项规划，加快编制完成全区"十四五"建设项目库和策划项目库，加强向上对接，将事关未来发展的一批重大项目纳入市级规划。开展2021年投资计划编制，对工作早研究、早部署。加大项目招商力度，力争招商引资取得新突破。

（五）狠抓财税金融，增强基础保障能力

多措并举确保一般公共预算收入、区级税收降幅持续收窄，金融业稳定发展。一是促进财税向好。积极落实各项扶持政策，降低企业成本负担。同时，加快组织回笼土地出让等各类资金；加强税源监控和税务稽查，确保应收尽收；加大中央预算内资金、专项债券等对上资金争取，严格落实"过紧日子"支出要求，兜底兜牢民生底线。二是稳定金融发展。稳步推进金融招商，完善辖区金融服务业态。进一步深化"政银企"合作，完善"政银企"合作平台，加强信息资源共享，提高服务对接有效性，引导金融机构落实政策，创新服务产品，增强金融服务实体经济的能力。培育发展要素市场，推进重庆环保产业股权投资基金、种子基金等有效运营，积极吸引区外资金注入。加强金融监管，着力防范化解金融领域重大风险。

（六）狠抓"六保"工作，牢牢兜住民生底线

坚持补短板、强弱项，继续在教育、医疗、养老、文化、社会保障、住房等重点民生领域加大投入，确保全区学前三年教育普惠率达标，确保区人民医院改扩建工程完工、区中医院开工建设，全面完成"三年棚户区改造"任务。加强就业供需对接，完善就业服务体系，保障好重点群体就业，确保居民收入稳步增长。扎实办好区级重点民生实事和街镇微型民生实事，全面兑现民生承诺。多渠道促进群众增收，切实兜住民生底线，确保完成全面建成小康社会各项任务。健全公共卫生应急管理体系，持续推动疫情防控常态化管理。扎实做好各领域安全稳定工作，妥善处置突发公共事件，最大限度保障人民生命、财产安全和社会稳定。

[大渡口区发展和改革委员会　王亚梅]

之八：2020年北碚区经济运行分析及2021年展望

一、2020年北碚区经济运行情况

2020年以来，全区上下以习近平新时代中国特色社会主义思想为指导，深入学习习近平总书记视察重庆重要讲话精神，贯彻落实习近平总书记对重庆提出的营造良好政治生态，坚持"两点"定位、"两地""两高"目标，发挥"三个作用"和推动成渝地区双城经济圈建设等重要指示要求，坚持稳中求进工作总基调，着力打好"三大攻坚战"，大力实施"八项行动计划"，全力抓"六保"、促"六稳"，加快构建"双循环"新发展格局，保持战略定力，坚定不移稳住经济基本盘，新冠肺炎疫情防控保持"零确诊"，经济发展实现"正增长"。

1—9月，实现地区生产总值456.07亿元，同比增长2.6%，增幅位列主城都市区中心城区第三；规模以上工业增加值同比增长5%，增幅位列主城都市区中心城区第三；完成固定资产投资397.29亿元，增长13%，增幅位列主城都市区中心城区第一、全市第二；实现社会消费品零售总额119.43亿元，同比下降4.2%，降幅较上半年收窄5.6个百分点；一般公共预算收入19.97亿元，同比下降6.6%，降幅较上半年收窄1.1个百分点；全体居民人均可支配收入31577元，同比增长6.6%。

（一）新兴产业加快发展

规模以上工业总产值增速由负转正，增长4.5%。战略性新兴产业实现产值380.91亿元，增长11.9%，增幅较上半年提高8.4个百分点；数字经济制造业实现产值344.59亿元，增长14.9%，增幅较上半年提高9.1个百分点，战略性新兴产业、数字经济制造业产业占规模以上工业产值比例均超过60%。全区工业互联网平台新增上云企业126家，累计达到1524家。完成28家企业智能化改造，新创建智能工厂、数字化车间、智能制造标杆企业数量居全市前列。工业互联网产业生态园开园，中电光谷、徐工信息、索为科技等6个综合配套项目落户产业园；成功举办2020年智能传感器产业峰会和工业互联网创新发展大会。跨境电商发展势头较好，重庆国贵贸易全球汽配产品M2C跨境电商基地建设加快推进，实现跨境电商销售2.5亿元。服务贸易加快发展，全区服务贸易企业达130家，完成服务贸易额7964.56万美元。

（二）投资拉动作用明显

完成固定资产投资397.29亿元，增长13%，增幅排主城都市区中心城区第1位、全市第2位。在京东方重庆第6代柔性生产线项目带动下，工业投资持续高位增长，完成106.04亿元，同比增长96.2%，较上半年提高33.7个百分点。全区211项（续建115项，新建96项）重点项目，1—9月完成投资314.09亿元，重庆腾讯云计算数据中心二期、重庆市传感器特色产业基地、万达广场旁停车楼等项目开工建设，铜铟镓硒太阳能电池组件产业化（一期）、区委党校校舍、朝阳幼儿园迁建等项目完工或基本完工，京东方重庆第6代AMOLED（柔性）生产线、金刚碑历史文化街区、三环高速（北碚段）、北碚区中医院中医重点专科综合楼等项目加快推进。持续强化项目资金保障，成功争取到中央资金超2亿元，发行地方政府债券（含专项债和一般债）4批次、共32亿元，特别国债2.1亿元。

（三）消费潜力逐步释放

"双晒"助力消费回暖，大磨滩湿地公园、天府滑翔伞基地等成为新晋网红打卡地。缙云山综合整治成效显现，缙云山民宿"一房难求"，入住率达100%。北碚首个旅游集散中心项目建成投用，中秋、国庆假日期间，全区累计接待游客128.25万人次，恢复至2019年同期的82.58%，累计接待收入58671.82万元，恢复至2019年同期的96.36%。持续推进特色街区建设和业态调整，三溪口豆腐鱼美食街提档升级后顺利开街。"不夜北碚生活节""夜市文化节"等主题活动常态化开展，消费互动体验感持续提升，推动全区限额以上零售业销售额由负转正，增长3%，增幅较上半年提高8.8个百分点。房地产市场需求释放，销售面积连续4个月保持两位数增长，1—9月增长28.4%。对冲疫情影响后，第三产业增加值达到215.21亿元，增长0.7%。

（四）发展新动力加快培育

大力推进民营经济综合改革示范试点，全区新增市场主体11094户，其中民营市场主体11056户，增长43.68%；民营企业4449户，增长57.21%。招商引资持续推进，累计签约项目80个、金额563.5亿元。新增高新技术企业41家，新增科技型企业479家，新认定市级企业技术中心2家。组建总规模为3000万元的嘉陵创客科技创业种子投资基金，持续激发创新原动力。重庆自贸区北碚板块建设加快推进，1—9月，新增注册企业695户，增长26.48%；注册金额34.87亿元，增长18.43%。绵碚合作务实推进，引进国家军民两用技术交易中心、四川军民融合大型科学仪器共享平台（17共享网）落地北碚。中国西部（重庆）科学城北碚园建设拉开序幕，区政府主要领导亲自挂帅上阵，各项工作有序推进。

（五）缙云山综合整治稳步推进

累计拆除违法建筑8.8万平方米，集中整治阶段205个生态环境突出问题全部清零，再排查阶段由北碚区牵头处置的46个问题基本完成，生态环道、山城步道、巡江步道、新北泉公园、212国道沿线品质提升等重点项目加快推进。持续开展生态修复，累计恢复水域1.79万平方米，生态修复22万平方米。积极打造民宿示范点，目前枣林里民宿示范点已完成主体建设。不断挖掘缙云山生态文旅资源，全力创建缙云山北温泉国家级旅游度假区，实现缙云山片区生态价值、人文价值和社会效益最大化，目前文旅部专家已对北碚区创建工作进行暗访。1—9月，缙云山接待游客15.04万人次，恢复至2019年同期的77.9%；接待收入147.64万元，恢复至2019年同期的70.55%。

（六）城市品质持续提升

持续深化"马路办公"工作机制，书记、区长"马路办公"成为常态，持续推进"治乱拆违、街净巷洁、路平桥安、整墙修面、灯明景靓、江清水畅、城美山青"七大工程。1—9月，完成4个城市公园建设，提质改进13.1万平方米邮票广场，完成41.05万平方米坡坎崖绿化美化、10万平方米人行道完善提升。全区新增绿地面积167.2万平方米（年度任务80万平方米），新增停车位3263个（年度任务2000个），新增5座公厕新建任务。城市建成区街（镇）生活垃圾分类示范达到77.78%，城市生活垃圾回收利用率达到35.8%（年度任务35%）。推进"大城智管、大城细管、大城众管"，持续改善城市环境，山水城市独特魅力逐步显现。

（七）乡村振兴扎实推进

加快打造试验示范，15个区级乡村振兴示范村项目平均建设进度为89%，7个A类村成效初显。"米袋子""菜篮子""肉盘子"稳产保供，粮食、蔬菜播种面积及生猪存栏数均达标。新发展特色高效农业2600亩，新（扩）建农业标准化生产基地10个，新增"三品一标"农产品17个，创建农产品区域公用品牌1个。静观产业强镇建设全面完工，高标准农田建设完成1.7万亩。"静观田园"综合体项目、北碚自然世界生态农业体验园等15个在建农业项目加快推进。建成"四好农村路"125公里，完成卫生厕所改造1627户，行政村生活垃圾有效治理率稳定在100%，农村人居环境得到进一步改善。9月，北碚区代表重庆接受国家长江流域重点水域禁捕工作联合督查，效果良好。加大乡村旅游精品线路推荐力度，目前全区休闲农业和乡村旅游接待游客人数达90余万人次，收入0.9亿元。

（八）社会民生不断改善

全面落实就业优先政策，做好城市零就业家庭、大学生、退役军人等就业创业安置工作，城镇新增就业1.68万人，完成年度目标的84%。推进"全民参保计划"，全区城乡养老保险参保人数达65.22万，参保率稳定在95%以上。11件市级重点民生实事、8件人大代表票决确定民生实事共完成投资13.95亿元。计划2020年开工建设的5所学校正按计划有序推进，西大附中（水土）、思源小学、金兴幼儿园等8所中小学、幼儿园已于9月顺利投入使用。扎实做好困难群众兜底保障工作，累计救助26万人次，发放各类社会救助资金7085.7万元。脱贫攻坚中央巡视"回头看"、国家成效考核、市级考核反馈的问题均已完成整改。聚焦"两不愁三保障"，稳定实现现行标准下农村贫困人口全部脱贫。

二、存在的主要问题

当前，北碚区经济持续回升的基础还不稳固，内需动力还不够强劲，产业发展短板依然存在，推动高质量发展、创造高品质生活面临不少困难和挑战。

一是工业企业困难依旧存在。支柱产业中仍然只有电子制造业实现正增长，汽车产业、医药产业、材料产业、消费品行业仍同比两位数下滑，分别下降16.7%、22.8%、13.9%和15.4%。规模以上工业企业利润下降36.5%，企业亏损额同比增长189.7%。

二是财政收支平衡、融资偿债压力大。全区一般公共预算收入和税收收入分别下降6.6%和8.5%，疫情防控、民生保障等各项刚性支出仍在新增，收支缺口进一步扩大。目前，各国有企业融资上账仅完成年度任务的29.7%。土地市场降温，出让进度缓慢，偿债压力进一步增大。

三是实体消费恢复尚需时日。消费行业依然持续受新冠肺炎疫情影响，居民消费信心仍未完全恢复，限额以上零售法人企业前20强中，10家企业零售额同比下滑。2020年社会消费品零售额累计增幅由负转正压力仍然不小。

三、经济与社会发展形势预测

（一）2020年全年主要指标预测

根据北碚区1—9月经济运行情况，初步预测2020年除一般公共预算收入增速下降外，地区生产总值、规模以上工业总产值、规模以上工业增加值、全社会固定资产投资、社会消费品零售总额等指标增速较上年保持平稳或有所上升。

（二）2021年经济发展环境及趋势预测

2021年，世界百年未有之大变局加速演变和我国社会主义现代化新征程开局起步相互交融，新冠肺炎疫情对全球经济深层次影响正在加深，中美战略博弈成为常态，全球经济增长乏力，科技革命加速演进，全球产业链、供应链面临冲击，不稳定性和不确定性明显增强，今后一个时期全区发展将面临更多逆风逆水的国际环境，必须未雨绸缪、妥善应对。我国正处于转变发展方式、优化经济结构、转换增长动力的攻坚阶段，全市正开启育新机、开新局的新篇章，北碚区将全力抢抓新一轮技术革命和产业变革的历史机遇、扩大内需战略的市场机遇、新时代西部大开发的政策机遇、成渝地区双城经济圈建设的战略机遇、新一轮深化改革扩大开放的时代机遇和"三区叠加"优势赋能的发展机遇，预计2021年北碚区经济稳步恢复，与2020年总体呈"V"形增长。

四、下一步工作建议

下一步，北碚区将坚定信心、迎难而上，着力"观大势、育新机、开新局"，扎实做好"六稳"工作，全面落实"六保"任务，对标对表全区经济工作会议、政府工作报告，对计划报告目标任务狠抓落实，统筹处理好脱贫攻坚与发展全局、疫情防控和稳定增长、减税降费与增收节支等关系，以目标倒逼任务，以时间倒逼进度，确保"十三五"圆满收官、"十四五"良好开局，努力完成全年经济社会发展目标任务。建议重点抓好以下七个方面的工作：

（一）抢抓成渝地区双城经济圈建设机遇

切实把思想和行动统一到规划纲要要求上来，根据市委常委会议精神，积极营造推动成渝地区双城经济圈建设的良好氛围。一是加快推进绵碚合作重点实事。深入推动绵碚合作，利用好国家军民两用技术交易中心、四川军民融合大型科学仪器共享平台（17共享网）两个平台载体，打造川渝非毗邻地区合作新典范。二是推动民营经济合作共赢。办好成渝地区双城经济圈民营经济合作峰会，开展民营经济发展活动周，定期发布民营经济协同发展专家库名单，促进北碚、绵阳、广安三地民营经济共同发展。三是加强政策战略协同。主动对接《成渝地区双城经济圈建设规划纲要》，共同争取重大支持政策和对外开放大通道等重大项目，力争纳入两省市"十四五"规划，加强绵碚两地"十四五"规划衔接。

（二）大力推动产业发展

以大数据智能化为牵引，推进产业智能化、融合化发展。一是狠抓工业经济。坚持问题导向，加强工业经济运行调度，做到稳增量、保增量、加增量，力争全年工业经济增长5%左右。推动摩托车、仪器仪表等传统产业转型升级，壮大电子信息、生物医药、新材料等战略性新兴产业，促进数字经济与实体经济深度融合。二是大力发展现代服务业。完善服务业发展扶持政策，强化服务业增量带动，抓好限额以下企业升级限额以上工作，构建大生态、大旅游、大健康发展格局。三是积极发展现代都市农业。大力发展蔬菜、花卉苗木、水果等特色高效山地农业，做好蔬菜余缺调剂工作，确保全区蔬菜产量不低于21万吨。充分挖掘农旅融合发展潜力，着力推动农业"接二连三"发展。

（三）继续发挥投资关键作用

一是强化项目策划和储备。抓住国家扩大地方政府专项债发行额度、提高中央预算内投资额的政策机遇，围绕"两新一重"，积极建设5G示范项目，包装策划一批利长远、补短板的重大项目。二是加快重点项目建设。狠抓在建项目进度，力争尽可能多地形成投资放量。加大项目调度力度，采取有效措施，推动进展缓慢项目加快建设。三是提升招商精准性、有效性，力争再签约落地一批、开工建设一批、投产达效一批，确保全年招商引资目标任务圆满完成。

（四）有力推动消费提质扩容

一是全力推进特色街区建设和业态调整。加快三溪口豆腐鱼美食街二期建设，改善九号特色美食街、"码头没有轮渡"等街区，提升消费品质，丰富消费场景。二是开展好消费促进月、消费扶贫展、年货节等系列活动，聚焦汽车、家电、餐饮、日用品等重点领域，加快释放消费需求，力争全年社会消费品零

售总额增长由负转正。三是发展消费新模式。积极发展无接触消费、直播电商、跨境电商等,带动实体消费。顺应消费绿色化、智能化发展趋势,推进新能源汽车、虚拟现实、可穿戴设备等新型信息产品消费。四是打造夜间经济亮点。重点打造"北碚母城滨江夜间经济带""城南缙云商圈夜间经济圈"等区级夜间经济龙头,完善提升环西南大学特色夜间经济品牌,加快发展商业、文化、旅游、体育融合发展的夜间经济。

(五)推进中国西部(重庆)科学城北碚园建设

一是在规划上下功夫。聚焦"五个科学""五个科技",高标准、高起点、高品质规划建设中国西部(重庆)科学城北碚片区,打造"两江科学谷"中最亮明珠,推动北碚区建成成渝科技创新中心的承载高地。二是在建平台上下功夫。加强工作联动和资源整合,争取布局建设大科学装置、国家重点实验室、国家制造业创新中心等重大科技基础设施,以平台升级吸引要素聚合,推进核心技术攻关和成果转化。三是在推动项目上下功夫。汇全区之力,扎实推进重庆市传感器特色产业基地项目、新城智能停车楼项目等项目建设,加快中国西部(重庆)科学城北碚高新产业园综合开发PPP项目(一期)入库进程,确保招商服务中心2021年1月底前建成。

(六)做好民生保障工作

一是认真贯彻落实中央及全市决策部署,坚持减负、稳岗、扩就业并举,落实稳岗补贴、社保补贴、培训补贴等就业扶持政策,全力稳就业、保就业,力争全年新增就业2万人以上。二是集中力量、不折不扣地办好市区两级重点民生实事,确保完成全年目标任务,兑现政府承诺。三是坚决打赢脱贫攻坚战。紧盯3个市级脱贫村,集中力量抓好项目收尾工作,推动"三保障"及饮水安全保障问题动态清零,10月底前"四类重点对象"和动态新增贫困户危房改造全部完工并入住,持续巩固提升脱贫质量。四是抓好安全生产。始终绷紧安全生产这根弦,严格落实企业安全生产主体责任和部门行业主管责任,深入开展安全生产隐患大排查大整治,坚决遏制重特大安全事故发生。五是促进科技、教育、卫生、文体等各项社会事业发展,兜住民生底线,确保社会大局平安稳定。

[北碚区发展和改革委员会　李　俊　张　红　方　桦]

之九：2020年渝北区经济运行分析及2021年展望

2020年以来，渝北区紧紧围绕"把总书记殷殷嘱托全面落实在重庆大地上"这条主线，深化落实习近平总书记对重庆提出的重要指示要求，抢抓成渝地区双城经济圈建设战略机遇，立足"四区"定位，着眼提升产业能级、创新能级、开放能级、服务能级，统筹推进新冠肺炎疫情防控和经济社会发展，积极融入国内国际经济双循环，扎实做好"六稳"工作、落实"六保"任务，疫情防控取得阶段性胜利，经济恢复性增长态势明显，高质量发展势头强劲。

一、2020年渝北区经济运行情况

（一）经济运行主要特点及亮点工作

1—9月，实现地区生产总值1387亿元，增长2.6%，总量继续保持全市第一，增速较上半年提升2.3个百分点；完成固定资产投资1009亿元，增长0.1%；规模以上工业总产值增长12%，较上半年提升7.7个百分点；社会消费品零售总额负增长4.5%，较上半年收窄7.7个百分点；一般公共预算收入完成48.6亿元，其中税收收入完成40.4亿元，负增长29%，较上半年收窄0.3个百分点；进出口总额达到1119亿元，增长5%，较上半年提升8.4个百分点；存贷款余额达到12889亿元，增长14.7%，较5月末提升0.9个百分点。

1. 工业经济提速回升

每年2亿元工业技改专项资金逐步显效，再升科技、创隆实业等一批技改项目投产放量。长安五工厂产值降幅大幅收窄，福特、上依红两家整车企业产值大幅提升，带动全区整车产量增长17.6%、汽车产业产值增长25.7%。智能终端产业持续增长，OPPO产能扩大，传音订单大幅增加，带动全区智能终端产业完成产值871亿元，增长5.4%。

2. 重点项目有序推进

24个在区市级平台实施项目推进顺利，224个区级重点项目完成投资315亿元，续建项目进度率达到71%，较2019年同期基本持平。计划新开工项目60个，已实现开工29个，计划开工完成率48.3%，较2019年提高1个百分点。重点项目的加快推进，带动区属板块投资增长12%。向上争取资金力度加大，发行债券资金20.4亿元，到位中央预算内资金1.36亿元。

3. 消费市场加快回暖

加速培育电商直播、线上营销等新业态，"渝北电商直播基地"挂牌成立，开展川渝两地消费节、商圈夜市节等促销节庆活动，零售业商品销售额、餐饮业营业额扭负转正，较上半年分别回升0.1个、12.2个百分点。开展新车型上市及促销活动，前三季度汽车零售额分别增长23.4%、21.2%、22.4%。非住宅去库存惠民活动成效显著，商服用房、办公用房、车位等交易总量、交易总额分别增长近150%、275%。

4. 合作开放态势良好

与攀枝花市签订合作发展协议，成渝地区"朋友圈"扩大到7个城市。"1+7"行动方案全面实施，"7+5+7"可视化项目加快推进。川渝高竹新区召开第一次领导小组会议和指挥部会议，新区总体方案已进入两省市审批阶段。招商引资项目取得实效，项目签约加快落地，累计新签约项目89个，合同投资总额达602亿元，其中工业项目18个，合同投资296亿元。

5. 民生保障持续改善

21件重点民生实事推进加快，建成停车场3个，新增车位660个；新增民办普惠性幼儿园24所、学位4740个，在园幼儿普惠率达到74.60%；建成旅游厕所16座，改造农村卫生厕所1.45万户；188套农村广播终端点位完成建设；8条道路人行道完成提升，2个社区体育公园初步建成，5个供水项目已实现供水。开展脱贫攻坚"百日大会战"，369个突出问题已动态清零，完成农村危房整治3万余户。农村"双十万"工程累计栽植经果林3.3万亩、生态林8.61万亩，套种大豆、速生蔬菜2.5万亩。新增城镇就业5万人。

（二）经济运行中存在的困难与问题

1. 工业稳增长基础还不稳固

从国际大环境看，部分企业国际订单减少，转向和内地企业抢市场抢订单，加剧市场竞争。从微观产业结构看，渝北区工业经济快速增长主要得益于2019年同期基数较低和长安等汽车龙头企业快速增长，但中小微企业生产经营依旧困难。没有预期新投产的重大工业项目，工业投资仍负增长9%，工业持续增长乏力。

2. 财政收支平衡压力加大

受疫情影响，加上企业减费降税落地落细、走深走实，房地产业、交通业等支柱行业减收等因素影响，财政收支平衡压力增加。

3. 投资增长后劲乏力

社会企业普遍投资信心不足，部分项目投资进度放缓。占投资总额60%以上的房地产投资出现两位数负增长，拉低总体增长。加之部分重点项目在一定程度上也受到疫情、连续降雨天气等客观因素影响，进度较为滞后，同时存在2019年同期基数较大等因素，全区固定投资保持正增长难度较大。

4. 消费全面恢复尚需时日

受疫情影响，展会和旅游人数大幅减少，机场航班仍未恢复到同期水平。文化旅游场所严格实行"限量、预约、错峰"制度，商圈人流量还未完全恢复，营业收入距离同期水平还有较大差距。同时，随着消费加快从线下向线上转移，消费外流趋势较为突出。

（三）全年主要经济指标预测

综合分析当前区内外经济形势，预计2020年全年经济运行总体平稳，地区生产总值有望实现增长3%的奋斗目标，工业总产值、进出口、固定资产投资持续增长，社会消费品零售总额、财政预算收入为负增长，消费降幅有望逐步收窄，但财税收入仍然降幅较大。

二、2021年经济发展环境及趋势预测

当前，全球新冠肺炎疫情仍在蔓延，美国对我国的打压仍在加码，世界经济不确定性因素增多，经

济下行压力依然较大。同时也要看到,2021年是"十四五"规划启动之年,我国将全面开启社会主义现代化建设新征程,渝北区经济发展仍将面临诸多机遇和利好。一是中央和重庆市加快构建以国内大循环为主体、国内国际双循环相互促进的新发展格局,在逆周期调控中更加注重稳增长与防风险之间的平衡,财政、货币、产业、创新、开放、区域发展等各方面政策均会释放大量政策利好,推动市场信心加快恢复。二是在专项债等资金快速落地的支持下,基建投资将围绕"两新一重"和民生补齐短板持续发力,投资托底经济作用将进一步增强。加之"五个千亿级"产业集群建设、集聚加快,传音、深科技、OPPO、中光电等项目有望持续放量,正在形成新的增长点。同时,渝北农高区、高竹新区等一批发展平台进入实质性推进阶段,有望在大科学装置等方面带来新的项目,在经济区与行政区适度分离改革等方面带来新的可能,探索突破发展,形成新的路子。三是第四次经济普查后,渝北区三次产业结构调整为1.4∶30.4∶68.2,现代服务业成为支撑渝北区经济发展的第一动力。随着坚持实施扩大内需战略,新型金融、新零售等新业态新模式快速发展,数字经济势头强劲,现代服务业大有可为,渝北区云集市级部门、集团公司总部以及创新金融、研发机构、法律咨询等诸多机构,基金小镇、人力资源产业园、文创产业园等一批现代服务业集聚区正在加速发展,现代服务业必将成为渝北区经济稳定增长的重要力量。

三、2021年主要指标预测

综合研判宏观经济发展形势和渝北区实际情况,初步预计2021年主要预期目标是:地区生产总值增速"保3争4";规模以上工业总产值总量增长6%左右,工业增加值增长4%;社会消费品零售总额增长5%以上;固定资产投资增长力争持平;一般公共预算收入扭负为正;城乡居民收入增长快于经济增长速度。

四、政策调控建议

(一)加强经济运行调度

一手抓防疫、一手抓发展,着力抓好重点行业、重点企业、重点项目、重点要素保障,补齐经济发展短板,增强新增长点动能支撑。抢抓各项国家战略政策红利,抓好市场主体培育,紧盯负增长指标,力争扭负转正,关注正增长指标,确保更好增长。继续做好企业走访帮扶活动,切实解决好企业生产经营中遇到的问题。抓好产业链、供应链稳定工作,确保全区工业重点企业不因"卡脖子"问题出现断崖式停产。抓生产经营要素保障,切实帮助企业解决煤电油运、人力资源和资金等要素保障问题,确保有订单的企业不因要素供应不到位而违约。

(二)加快构建现代化产业体系

坚持"存量调结构、增量促转型"双管齐下,加快产业优化升级。着力推动汽车等传统产业转型升级,构建以智能终端为代表的智能制造基地。着力集聚现代服务业发展,对标发达地区,在软件信息、创新金融、跨境电商、现代物流、保税展示、高端消费、会展经济等领域,加大培育和引进新产业、新业态、新品牌、新模式。着力推进"五个千亿级"产业集群建设发展,力争早日形成新的增长点。

(三)强化投资创新双轮驱动

紧扣"四区"发展定位,前瞻性、系统性谋划一批重大项目,同时聚焦"两新一重"、基础设施和公共服务补短板等领域,争取更多渝北项目被纳入重庆市和国家相关规划以及三年滚动重点项目库。精准扩大合理有效投资，推进实施好年度重点项目和政府投资项目。强化项目前期管理，继续用好前期日志制度、"三方日志"等管理方式，细化做实项目，推进各项关键工作节点，强化项目建设管理和督查，有序推进新建开工一批、加快推进一批、完工投用一批，年度开工率和投资完成率均超过80%。狠抓工业投资项目进度，力争工业投资扭负转正。深化投融资体制改革，积极吸引民间资本投入。加大中央资金、专项债等争取力度，多渠道做好项目投资资金保障。深入实施创新驱动战略，加快建设以仙桃国际大数据谷为核心的"1+3+5+10+N"创新生态圈，加快推进数字经济发展，围绕大数据、区块链、物联网、人工智能等发展方向，培育一批创新引领企业，汇集一批具有国际水平的科技人才和创新团队。

（四）进一步提振消费信心

主动融入"双循环"新发展格局，坚持传统消费和新型消费并举、线上消费和线下消费并重，支持商贸企业开展促销。多管齐下激发释放消费潜力，稳定大宗消费，开展汽车消费惠民等活动，进一步释放汽车消费潜力。开展好消费扶贫、文旅"双晒"等活动。持续深化"金秋消费季八条措施"效果，继续策划系列购物节、美食节、文化节等，提振市场消费。继续挖掘"直播带货""夜间经济""小店经济""网红经济"等新型消费潜力，鼓励传统商贸线上线下融合发展，促进消费回补和潜力释放。

（五）推动形成全面开放新格局

全面融入成渝地区双城经济圈建设，高质量编制、实施川渝高竹新区规划，加快推进渝邻快速路等重大项目。加快建设国家临空经济示范区，构建以国际航空港为引擎的"1+3+N"开放支撑体系，培育内陆开放新优势。主动融入"一带一路"和长江经济带战略，突出机场枢纽功能，加快推进高铁进机场，强化"空铁公水轨"多式联运体系。积极服务两江开发，促进产业联动发展、集群化发展。用活用好自贸试验区和中新合作项目政策，引进一批特色突出、规模较大、外向度较高的外贸企业。围绕"五个千亿级"产业集群补链、强链延链，策划一批发展潜力大、带动效应强的招商项目。对标对表，打造一流营商环境，努力把渝北政务服务的"软环境"打造成为对外形象的"硬品牌"。

（六）提升国际临空城市品质功能

加快城市道路、断头路、人行过街设施、公共停车场等项目建设，完善城市功能配套。高标准推进中央公园片区等城市新区开发，加快推进老旧片区"城市双修"，继续推进棚户区、危旧房改造，统筹推进城区主干道人行道、市政道路、园林绿化等提档升级，提升城市品质形象。利用大数据等先进技术，推进智慧渝北建设，提升城市智能化管理水平。

（七）深入实施乡村振兴战略

推进农业农村现代化，着力推进"双十万工程"，强化全域农旅融合发展理念，丰富完善"三环十景"乡村精品旅游线路内容。推进一批撤并场镇综合整治、中心镇提档升级、居民新村以及危房改造项目建设，继续实施农村人居环境整治，建设生态宜居美丽乡村。突出抓好"四好农村路"等交通设施建设，同步完善水利、通信基础设施。激活"人""地""钱"等资源要素，让"村民变市民，农房变客房，田园变乐园"。向薄弱环节和区域聚焦发力，严防脱贫人口因病、因灾返贫。

（八）加强公共服务民生供给

聚集人民群众关心的问题精准施策，继续办好全区民生实事，提升民生项目建设质量，提高保障和改善民生水平。优先发展教育事业，扩大普惠性教育，增加婴幼儿照护、儿童早期教育服务以及优质教育资源供给。提升医疗卫生服务能力，加快完善城乡医疗服务体系，继续解决好"看病难、看病贵"问题。加强文化体育阵地建设，加快完善文体基础设施，推行健康生活观念。统筹城乡社会保障体系，继续推进创业型城市建设，切实做好稳企业、保就业工作。实施全民参保计划，持续做好重点群体就业帮扶。加强城乡困难群众动态监测和救济救助，切实兜住民生底线。持续加强生态文明建设，有序推进生态环境保护修复，守护蓝天绿水青山。持续做好粮油、蔬菜、猪肉等重要农产品稳产保供，确保粮食安全。常态化做好疫情防控，加强安全生产和灾害防治，确保社会安全稳定。

[渝北区发展和改革委员会　石　品　蒲晓霞]

之十：2020年巴南区经济运行分析及2021年展望

新冠肺炎疫情是百年以来最严重的全球公共卫生突发事件，对人民生命安全构成空前威胁，对经济运行造成巨大冲击，对政府治理能力带来严峻考验。疫情发生以来，巴南区全面贯彻习近平总书记系列重要讲话和重要指示精神，认真落实党中央、国务院决策部署和市委、市政府工作要求，一手抓疫情防控，一手抓复工复产，全力抓好"六稳""六保"工作，疫情防控有力有序，生产需求持续回暖，基本民生保障有力，经济运行逐月好转，社会大局和谐稳定。

一、2020年巴南区经济运行情况

1—9月，全区经济运行总体平稳，三次产业加快复苏，"三驾马车"稳中向好，发展动能不断增强，质量效益稳步提升。实现地区生产总值655亿元，增长2.1%（同比，下同），增速居中心城区第4位、主城都市区第11位。

（一）工业加速恢复

实现工业增加值153.8亿元，增长4%，增速居中心城区第6位、主城都市区第9位。工业总产值632.1亿元，增长2.6%。惠科金渝等9家企业通过国家级"两化融合"管理体系标准评定，大江美利信等4家企业进入重庆市智能制造和工业互联网创新示范名单，宗申发动机等2家企业被评为2020年重庆市智能制造标杆企业（全市10家）。

（二）服务业稳定恢复

实现第三产业增加值364.7亿元，增长0.4%，增速居中心城区第5位、主城都市区第15位。营利性服务业营业收入230.8亿元，增长30.7%，成为第三产业中对经济增长贡献率最大的行业。商品房销售面积378.4万平方米，下降14.4%。巴南秋季房交会期间（2020年9月）商品房销售面积43.11万平方米，比8月增加11.09万平方米。

（三）乡村振兴深入推进

实现农林牧渔业增加值34.6亿元，增长3.7%，增速居中心城区第2位、主城都市区第6位。经济作物增长迅速，畜牧业逐步恢复，渔业生产稳步增长，农业服务业大力发展。着力推进国家城乡融合发展试验区建设，储备4大类57个项目。组建形成产业联盟，推进电商发展，农产品电商销售额达到2.3亿元。"四好农村路"示范创建提质扩面，农村公路通组通达率、通畅率均达100%。农村饮水集中供水率达到85%以上，全面实现自来水"户户通"。基本实现行政村光纤网络和4G网络普遍覆盖。

（四）投资稳步回升

全社会固定资产投资472亿元，增长3.1%，增速居中心城区第6位、主城都市区第17位。分类别看：工业投资50.8亿元，增长2.8%，占比10.8%；房地产开发投资380亿元，增长4.4%，占比80.5%。重点项目有序推进，全区重点项目民生工程218项累计完成投资约199亿元，占1—9月计划投资 208 亿元的 96%，占 2020 年计划投资 305 亿元的 65%。其中，92 项政府资本类重点项目完成投资 57 亿元，占 2020 年计划投资 84 亿元的 68%；92 项社会资本类重点项目完成投资 137 亿元，占 2020 年计划投资 209 亿元的 66%；34 项民生工程完成投资 5 亿元，占 2020 年计划投资 12 亿元的 42%。巴南区牵头推进的 40 个市级重点项目完成投资 49.3 亿元，占年度计划投资的 83%。

（五）消费逐步改善

实现社会消费品零售总额 316.5 亿元，增长 4.3%，增速居主城都市区第 1 位。批发业销售总额增长 36.8%，增速居主城都市区第 1 位。零售业销售总额增长 9.2%，增速居主城都市区第 5 位。住宿业营业收入、餐饮业营业收入分别下降 14%、16.1%。

（六）外贸势头良好

实现进出口总值 100 亿元，增长 24.6%，增速较全市平均水平高 13.2 个百分点。其中，实现出口总额 72 亿元，增长 37.6%。南彭 B 保累计进出区货值约 30.42 亿元，增长约 47%；其中入区约 16.31 亿元，增长约 44%，出区约 14.11 亿元，增长约 50%。东盟商品集采城已于 6 月 28 日开业，为重庆市场提供中国与东盟商品互通有无、集中展示、集中交易的新平台。7 月 1 日中亚班车正式发班，全程陆运 5700 公里，用时 13 天抵达乌兹别克斯坦，再次刷新跨境班车最远新征程。

（七）财税收入运行稳健

实现一般公共预算收入 40.4 亿元，增长 2.6%，增速高出全市平均水平 9.4 个百分点，居中心城区第 1 位，主城都市区第 6 位。其中，地方税收收入 30.2 亿元，下降 15.5%；地方税收占一般公共预算收入 74.8%。辖区税收总收入 78.1 亿元，下降 10.3%。出让区属土地 18 宗约 1468 亩，综合价金约 38.81 亿元，增长 25.8%。

（八）金融运行保持良好

9 月末，全区金融机构人民币存贷款余额 2016.9 亿元，突破 2000 亿元大关。其中，存款余额 1077.7 亿元，增长 17.3%，增速居中心城区第 2 位；贷款余额 939.2 亿元，增长 15.5%，增速居中心城区第 1 位。百亚股份 IPO 于 9 月 21 日顺利上市，成为继宗申动力、建车 B 股之后巴南区第三家主板上市企业；中迪医疗在新三板挂牌。

（九）民生保障持续改善

城镇居民人均可支配收入 34940 元，增长 5.8%，增速居中心城区第 4 位、主城都市区第 6 位；农村居民人均可支配收入 16510 元，增长 8.2%，增速居中心城区第 1 位、主城都市区第 3 位。新增贫困劳动力就业 5203 人，为 2019 年全年的 1.2 倍；免费职业培训 9490 人，发放创业担保贷款 8174 万元，位居全市前列。开展线上"春风行动"，启动"民营企业招聘月"活动，举办线上线下专场招聘 55 场，"打包推送"就业岗位 3.5 万个，求职匹配 1.3 万人次。新回收、回购、无偿移交 18 所小区配套幼儿园，新增 5 所附设幼儿园。积极引导非普惠性民办幼儿园转办为普惠性民办幼儿园，截至目前，巴南区已有民办普惠性幼儿园 78 所。新投用箭滩河中学、岔路口三小、木洞新区小学 3 所学校，增加中小学学位 4530 个。区人民医院整体搬迁投用，市公共卫生应急医院落户巴南区，区中医院三期工程基本达到投用条件。提前建成云篆山公租房、西流沱小镇 2 个 24 小时自助图书馆。

二、2021 年经济运行环境分析及趋势展望

2021 年是"十四五"规划实施的开局之年，是开启全面建设社会主义现代化国家新征程、向第二个

百年奋斗目标进军的第一年。总的来看，当前巴南经济运行在合理区间，经济结构不断优化，发展质量不断提升，发展效益不断显现。同时，当前发展环境更加错综复杂。从全球看，新冠肺炎疫情全球大流行推动世界百年未有之大变局加速变化，中美战略博弈成为常态，单边主义、保护主义抬头，经济全球化遭遇逆流，国际形势的不稳定性和不确定性更加突出；从国内看，我国已进入高质量发展阶段，处在转变发展方式、优化经济结构、转换增长动力的攻坚期，国内供给侧结构性改革持续深入，以国内大循环为主体、国内国际双循环相互促进的新发展格局加快形成，经济增长带来的内需潜力不断释放，为产业转型升级、内需扩大带来了有利条件。重庆市全面融入共建"一带一路"、西部大开发、长江经济带，加快建设内陆开放高地，不断加强重庆自由贸易试验区、中新（重庆）战略性互联互通示范项目等国家重点开放体系建设，为巴南打造中心城区南向开放窗口、建设东盟服务贸易总部基地带来重大发展机遇。

当前，巴南正在大力培育发展商贸物流产业集群、生物医药产业集群、"数智"产业集群、军民融合产业集群、生态创新产业集群，着力建设国家城乡融合发展试验区、南部新城、重庆国际生物城、重庆高职城、惠民智慧总部新城、大江科创城（以下简称"一区五城"），打造"环重庆理工大学创新创业生态圈"，充分发挥巴南作为主城都市区中心城区的核心带动功能，全力助推成渝地区双城经济圈建设走深走实。但是，发展中也面临房地产下行压力加大、工业投资不足、消费增速放缓、实体企业融资难融资贵等问题。预计2021年巴南经济运行总体上将保持平稳态势，主要经济指标增速将高于或达到全市平均水平，位居中心城区前列。

三、2021年工作措施建议

全面贯彻习近平总书记对重庆提出的营造良好政治生态，坚持"两点"定位、"两地""两高"目标，发挥"三个作用"和推动成渝地区双城经济圈建设等重要指示要求，抢抓成渝地区双城经济圈建设、"一区两群"协调发展战略机遇，在抓好常态化疫情防控的同时，继续做好"六稳"工作、落实"六保"任务，在形成以国内大循环为主体、国内国际双循环相互促进的新发展格局中，主动作为、乘势而为，深入推进"一区五城"建设，稳住经济基本盘、培育新的增长点、融入新发展格局，振奋精神、迎难而上，坚定信心稳增长，努力推进巴南经济平稳运行、高质量发展。

（一）慎终如始抓好常态化疫情防控

坚持"外防输入、内防反弹"目标，紧紧扭住城乡社区防控这个关键，突出重点领域、重点行业、重点部位、重点群体、重点人员管控，严防聚集性疫情，严格落实联防联控责任，提前谋划、动态调整防控举措，落实闭环工作措施，坚决防止疫情反弹。

（二）加快构建现代产业体系

围绕构建商贸物流、生物医药、"数智"、军民融合、生态创新等"五大千亿级"产业集群，加快构建高效分工、错位发展、有序竞争、相互融合、优势互补的现代产业体系。一是大力发展生物医药产业集群。以巴南生物医药产业集群纳入首批国家战略性新兴产业集群建设工程为契机，强化与成都市温江区战略合作，推动成都医学城与重庆国际生物城战略合作走深走实。二是大力发展军民融合产业集群。大力推进"军转民""民参军"，以军用电源研究院为依托，构建园区军民融合创新高地。加强与兵装集团的工作协作，推动大江科创城加快建设。三是大力发展"数智"产业集群。围绕"芯核器网服"补链、强链，深入分析巴南区智能产业结构和短板，有针对性地引进新项目，促进智能产业做大做强。四是大力发展商贸物流产业集群。以南彭公路物流基地为主要载体，发展保税展示交易等新业态，着力打造国际分销中心。加快粮食储备产业园、京东生鲜重庆区域总部等重点项目落地。加快形成仓储物流、加工生产、国际贸易等完整产业链的聚集区。五是大力发展生态创新产业集群。围绕"创新+""文化+""生态+"，有针对性地开展科创、文旅以及总部经济等项目招商，加快"溪上花汨"、巴巴虎系列文创产品开发等项目落地，着力培育高新技术、特色总部经济、高端商业商务、文创文体、大健康、旅游等产业。

（三）持续扩大有效投资

加大新企业、新项目对接储备和签约落地。统筹推进"珂蓝重庆健康产业园""重庆华南城1668产业园"等重点项目纵深发展。加快推进工业楼宇、商务楼宇"二次招商"。积极研究新投融资模式，加快谋划布局5G、工业互联网、大数据中心、轨道交通等新基建项目。重点围绕公共卫生服务、市政基础设施、老旧小区配套基础设施、物资储备等补短板重点领域，策划储备一批重大项目，向上争取专项债券和资金支持，确保投资关键作用得到有效发挥。

（四）加快提升创新能级

积极培育科技型企业、高成长科技企业和高新技术企业，加快建设重庆国际免疫研究院，加快集聚产业技术研究院、重庆医药学院国际生物城分院。推进规模以上企业研发机构全覆盖，推动"环重庆理工大学创新创业生态圈"建设，强化企业技术创新主体作用和产学研协同创新能力。

（五）持续深化改革开放

巩固"三去一降一补"成果，加大破、立、降力度，严格落实中央和市各项惠企利民政策。深化"放管服"改革，推进"一窗综办""一件事一次办"，加快推动营商环境服务平台建设，构建"亲""清"新型政商关系，打造高效便捷的政务环境。推动开放平台和开放通道的发展，加强东盟商品集采城招商力度，丰富进出口货物。构建多式联运信息共享服务平台，与南向通道重要节点城市加强深度合作，打造重庆国际跨境快运枢纽。完善重庆国际分拨（公路）海关监管中心冻库冻品查验功能。

（六）加快推进城市建设

聚焦关键领域和薄弱环节，以交通为重点，着力完善城市路网，强化水利、能源、通信、消防、市政等设施建设。积极推进轨道交通18号线、24号线建设，加快推进南环立交改造、白居寺长江大桥、渝南大道D段南段、李家沱复线桥南引道等对外联系通道建设。加快推进渝黔复线高速公路连接道、新燕尾山隧道、鹿角隧道等各板块之间、各板块内部的主干路网系统建设，实现组团间融合发展。加快"两江四岸"项目建设，有序实施巴滨路景观照明提升工程。统筹好城市管线、城市地下综合管廊、海绵城市建设，抓好"清水绿岸"治理工作。深入实施"治乱拆违、街清巷洁、路平桥安、灯明景靓、整墙修面、江清水畅、城美山青"等城市提升"七大工程"。做好夜间经济服务工作。

（七）深入开展污染防治

坚决打好污染防治攻坚战，坚持"共抓大保护，不搞大开发"，全面落实"河长制"，大力实施花溪河综合整治及一品河、五布河良好水体保护，巩固提升鱼洞、大江2个城市集中式饮用水源地保护区内环境综合整治成果，防止污染反弹。实行货运车、高排放车辆等限行，开展餐饮油烟深度治理，空气优良天数力争达到300天以上。继续推进"无废城市"建设试点工作，开展广场舞、KTV等社会生活噪声专项整治。强化环境风险管控，把生态环境风险纳入常态化管理，系统构建全过程、多层次生态环境风险防范体系。

（八）全力做好风险防范

加强对学校、公共交通、医院、消防、建筑施工、非煤矿山、食品药品、地质灾害、特种设备等重点领域、重点部位和人员密集场所的安全监管，完善安全防护设施，加强从业人员安全培训，确保不发生重特大安全事故。持续开展"四规范一清理"。持续推进债务风险防控,规范政府债务管理,严控新增隐性债务,严肃查处违规举债,确保将债务率控制在红线以内。

(九)多措并举改善民生

贯彻落实好"稳就业"系列政策,持续推进"雪中炭火"就业援助行动,落实困难群体公益性岗位安置托底措施。健全社会保障体系,城乡养老、医疗保险参保率巩固在95%以上。持续改善城乡学校办学条件,加快一批学校建设进度,持续提升公办幼儿园占比和学前教育普惠率。全面落实"健康中国战略",深化公立医院综合改革,深化医药卫生体制改革。加强精神文明建设,完善基层公共文化设施,持续推进文化阵地免费开放服务,加强优秀文艺作品创作生产,扎实推进历史文化建筑保护工程。加大非遗传承保护力度,围绕非遗开发推广一批特色旅游商品,发展地域特色文创项目。着力稳定物价水平,确保将物价涨幅控制在目标以内。

[巴南区发展和改革委员会　周　强　张　津　郝成磊　陈如影]

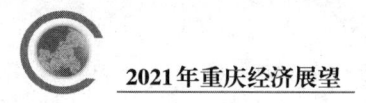

之十一：2020年涪陵区经济运行分析及2021年展望

2020年以来，面对纷繁复杂的宏观形势，特别是突如其来的新冠肺炎疫情和经济下行压力的严峻考验，涪陵区坚持以习近平新时代中国特色社会主义思想为指导，坚持稳中求进工作总基调，迎难而上、自信从容、主动作为、砥砺奋进，全力以赴做好"六稳"工作、落实"六保"任务，涪陵经济蹄疾步稳、行稳致远，经济运行总体持续稳定向好、逐月逐季回升，表现出恢复增长的态势在延续、持续复苏的动力在增强、稳定向好的基础在巩固的特点。1—9月全区实现GDP 888.4亿元，增长3.5%，较第一季度和上半年分别回升11.3个、2.2个百分点，高于全市0.9个百分点，居主城都市区22个区第4位，较第一季度和上半年分别提升11位、1位。在当前全球疫情加快蔓延和世界经济陷入严重衰退的大背景下，作为体量大、结构重、包袱多的经济大区，经济社会秩序全面恢复，回升势头好于预期，成绩实属来之不易。

一、2020年涪陵区经济运行情况

（一）恢复增长的态势在延续

供需两端持续回暖，企业生产加快恢复，主要经济指标延续第二季度以来"V"形反弹趋势，"转正""回升""收窄"特征明显。

一是重点产业拉动有力。三次产业协同发力，经济增长的均衡性有所增强。工业继续发挥主引擎作用，实现增加值374亿元，增长5.3%，对经济增长贡献度超过60%。支柱产业加速回暖，装备制造、信息技术产业增长势头强劲，产值连续两个季度保持两位数以上增长。华晨鑫源产值增长21.1%，带动汽车制造业税收增长1.5倍。己二酸、氨纶、聚氨酯等产品价格触底回升，铝产业链逐渐恢复，推动材料产业产值增速由负转正。成功获批市级合成材料特色产业示范基地，成立重庆市化工新材料技术创新战略联盟。卷烟、食用油、汽车、矿泉水等主要消费品工业产品快速增长，促进工业税收增长8.5%。建筑业持续恢复。增加值增长2.7%，总量居全市第一位。服务业逐步恢复。作为受疫情影响最大的服务业，1—9月增加值增速成功实现由负转正，增长1.5%。金融业保持较快增长，在企业贷款和政府存款快速增长拉动下，增加值增长6.5%。房交会持续发力，车库和商业销售面积大幅增长带动商品房销售面积增长0.8%。交通运输业总体缓慢恢复，增加值增长1.7%，公路货运周转量增长7.9%，邮政业务量增长27.6%，水上运输降幅扩大。农业快速恢复，增加值增长4.4%，基本恢复正常水平。"2+X"特色效益农业加快发展，生猪存栏增长5.4%，粮食、蔬菜、林果产量稳定增长。

二是重点区域支撑有力。重大开发开放平台提质发展，继续发挥核心载体作用和示范引领作用。新区主战场作用进一步凸显。高新区实现规模工业产值765.6亿元，增长8.7%，对全区规模以上工业增长贡献率达116%。涪陵综保区成为开放新引擎，预计实现进出口额55亿元，带动全区进出口总额增长50%以上，成功获批国家服务贸易创新发展试点和重庆市加工贸易示范区。白涛园区逆势上扬，规模以上工业产值增长13.7%，较上半年提高5.4个百分点。临港经济区、清溪园区稳步回升，1—9月产值降幅分别比上半年收窄9.2个、3.3个百分点，韵达物流基地、南通一德植物蛋白等项目加快建设，国丰公司产能逐渐恢复，万丰轮毂市场供不应求满负荷生产，大朗公司生产形势向好。

（二）持续复苏的动力在增强

政策落实下好"先手棋"，项目建设跑出"加速度"，消费回暖挂上"加速挡"，区域发展谋定"新蓝图"，逆境下的涪陵更显韧劲、更有后劲，也更有高度、更有格局。

一是投资继续担当止滑促增"主动力"。经济下行的情况下，稳投资就是稳预期，就是稳信心。1—9月投资保持加快回升态势，增长8.3%，高于全市5.8个百分点。工业投资持续回升，"三百"行动继续深化，招商项目加快落地，在建项目加快竣工投产，带动工业投资增长7.2%，较上半年加快4.4个百分点，技改投资成为工业投资亮点，占比提高到41%。基础设施投资降幅收窄，建立周调度月通报工作机制，70个区级重点项目全面完成投资进度要求，交通、水利投资增长33.6%和2倍，带动基础设施投资降幅环比大幅收窄13.2个百分点。项目储备力度加大，近期储备地方专项债项目228个，总投资590.7亿元。远期谋划"十四五"、推动成渝地区双城经济圈和"一区两群"建设重点项目655个，总投资4794.5亿元。资金保障能力增强，申报中央预算资金计划13.6亿元、地方专项债计划233亿元，分别到位4.3亿元、37亿元。

二是新型消费成为经济恢复"稳定器"。市场需求加速释放，社会消费品零售总额增速较上半年回升6.5个百分点。传统消费提质扩容。批发零售业销售额增长3.9%，住宿和餐饮业营业额降幅较上半年收窄10.1个百分点。奥特莱斯、百汇广场主体封顶、金科美邻广场全新升级，宝龙欢乐汇、南浦公园、交里小镇等风情商业街加快建设，涪陵正朝着时尚消费之城阔步前行。新兴消费蓬勃发展。"直播带货""抖音小店"等新业态快速成长，限上法人企业网络销售额增长13.9%、网络零售额增长11%，快递业务量增长68.4%。旅游消费持续升温。旅游业成为疫情积压的"报复式消费"中的主要行业，自驾游、乡村游、民宿经济迅猛增长，"绣球花节""啤酒节""汽车文化节"轮番登台，"双晒"活动彰显涪陵魅力。1—9月接待游客1822.9万人次，实现旅游收入154.2亿元，增长12.1%，人均消费提升近百元。涪陵正成为都市近郊休闲度假游的主选之地。

三是大数据智能化创新成为经济恢复"加速器"。数字产业化加快推进。疫情催生数字经济产业发展壮大，盘古互联网、北京大账房、光大特斯联相继落户，互爱科技园、清华启迪教育机器人等数字经济项目加快建设。产业数字化成效明显。5G、工业互联网等新基建加速传统产业智能化改造步伐，产业高端化、智能化、融合化发展方向更加明显，1—9月战略性新兴产业产值增长11.3%。创新能力不断增强。新增高新技术企业30户，新入库市级科技型企业175家，规模以上工业企业研发投入增长57.9%，北航光电信息产业研究院建成投用。页岩气"复杂应力高陡页岩气层精准压裂关键技术"获重庆市技术发明二等奖。

四是成渝地区双城经济圈建设打好发展"组合拳"。齐心协力办好合作的事，与四川有关地市积极对接、交相呼应，累计签订各类合作协议52个。联合眉山市共同谋划打造7条旅游精品路线，渝东南农科院与眉山酱腌菜研发中心联合申报川渝共建中国酱腌菜科技创新重点实验室。与泸州市开展水水中转30余航次。太极集团拟在绵阳市布局川西北总部、医药健康城等项目。集中力量做好自己的事，聚焦互联互通，承接"一区"辐射带动"两群"的基础不断夯实。被纳入西部陆海新通道重庆辅枢纽，稳定开行涪陵至钦州铁海联运班列，渝怀铁路二线涪陵段、梓白高速、南两高速建成通车。聚焦兴业兴城，城市产业能级不断提升。"两线三片一城"96个项目完成投资74.6亿元，完成计划进度的107.7%。新签招商项目143个，协议资金341.6亿元。区域发展开启新局。涪陵临港经济区正式挂牌成立，是全市首个以发展临港产业为主的经济开发区和现代化综合功能区。涪陵新区、白涛工业区、坪上文旅融合示范区等重点区域战略抓紧研究推进。

（三）稳定向好的基础在巩固

切实保障基本民生，收入稳定增长，预期积极改善，经济基本盘稳定扎实。

一是收支总体平稳。一般公共预算收入完成 39.8 亿元，增长 0.8%，连续 4 个月保持正增长，高于全市 7.6 个百分点。其中税收收入完成 30.4 亿元，非税收入完成 9.4 亿元，增长 20.7%。收入质量持续提高，税收占比提高到 76.4%。民生和重点领域支出保障有力，地方财政支出完成 171.1 亿元，增长 10.4%。

二是民生不断改善。落实就业优先政策，新增城镇就业 2.3 万人、城镇登记失业人员就业 8799 人、城镇就业困难人员就业 4871 人，分别完成全年目标的 99.5%、135.4%、168%。城乡居民人均可支配收入分别增长 6%、8.4%。16 件民生实事扎实推进，完成投资 6.4 亿元，完成年度计划的 97.7%。

三是预期持续向好。经济运行"晴雨表"主要指标总体向好。单位中长期经营贷款和固定资产贷款分别增长 65.4%、22.3%，工业用气量增长 14%。制造业采购经理指数、非制造业商务活动指数和综合 PMI 产出指数较上月稳定回升，持续位于临界点以上。市场信心明显增强，民间投资保持活跃，增长 33.5%，较上半年提高 9.4 个百分点。市场主体新增 9470 户，增长 15%，累计达 9.9 万户。

二、2020 年全年经济指标预测

当前经济运行的变化主要还是恢复性增长，主要经济指标增速与 2019 年同期相比仍存在较大差距，一些指标的累计增速仍处于下降区间，加之外部不确定性因素仍比较多，经济下行压力持续加大。虽然经济增长短期承压，但长期来看仍蕴藏着巨大发展机遇，高质量发展的态势持续向好。初步判断，全年全区 GDP 增长 5% 左右。其中农业增加值增长 4.5，规模以上工业增加值增长 8% 左右，建筑业增加值增长 4% 左右，服务业增加值增长 2% 左右，全社会固定资产投资增长 8% 左右，社会消费品零售额增长 3% 左右，一般公共预算收入增长 1% 左右，城乡常住居民人均可支配收入分别增长 8% 左右、9% 左右。

三、2021 年经济运行环境分析和展望

从宏观看，党的十九届五中全会指出，当前和今后一个时期，我国发展仍然处于重要战略机遇期，机遇和挑战都有新的发展变化。虽然当今世界正经历百年未有之大变局，国际环境日趋复杂，不稳定性和不确定性明显增加，但我国已转向高质量发展阶段，制度优势显著，治理效能提升，物质基础雄厚，人力资源丰富，市场空间广阔，发展韧性强劲，社会大局稳定，经济长期向好，发展具有多方面优势和条件。从全区看，成渝地区双城经济圈战略机遇、国家支持的政策机遇、产业升级的转型机遇、疫情催生的市场机遇等众多机遇叠加，数字经济、智能制造、新材料等战略性新兴产业加快形成新增长极，涪陵发展势头强劲，初步预测 2021 年全区经济增长 8% 左右。

四、2021 年重点工作

（一）推动产业高质量发展

持续做强先进制造业。优化园区产业布局，壮大支柱产业集群。力促华峰己二酸六期、鼎龙钛工钛白粉等项目开工，加快华峰尼龙 66 一体化、博赛二朗铁合金、南通一德植物蛋白等项目建设，推动华通

电脑二期、华峰氨纶四期、韵达物流基地等项目投产。深化工业企业提升"双百"行动，大力培育龙头企业，壮大中小企业。着力推动企业转型，深入推进研发机构三年倍增计划，力争新增15个以上市级重大新产品。开展数字化装备普及，改造30个以上项目，培育5个企业级工业互联网应用项目，打造1个智能化应用行业标杆。培育发展现代服务业。做优商贸服务业，积极推进渝东国际商贸城二期、网麦电商产业园二期、百汇商业街等项目建设，提质发展夜消费集聚区，办好榨菜产业博览会等区域品牌展会。大力发展"三线经济"，拓展电子商务应用，引导发展直播经济。以创建全域旅游示范区为引领，推动全区智慧旅游景区管理体系建设，加快816工程提档升级步伐，继续推进北山国际文旅康养度假区、816小镇项目建设。加快发展软件及信息服务、现代物流、现代金融等新业态、新模式。着力壮大特色高效农业。培育壮大"2+X"现代山地特色高效农业，打造一批加工特色基地和加工产业集群，创建市级农产品加工园。

（二）大力实施乡村振兴战略

持续巩固脱贫成效。强化防止返贫致贫动态监测帮扶，确保贫困户脱了贫稳得住、能致富，不出现1人新增致贫返贫。扎实推动脱贫攻坚与乡村振兴有效衔接。强化全面脱贫与实施乡村振兴战略在规划、政策、工作、保障等四个方面有机衔接，精准落实"五个振兴"部署。加快建设国家、市、区三级现代农业产业园，分类分层次打造乡村产业振兴示范样板。全力做好"三农"工作。着力保障重要农产品有效供给，压紧压实"米袋子""菜篮子""肉盘子"责任清单。持续深化农村集体产权制度改革，建立符合持续发展的利益联结机制。持续巩固农村人居环境整治试点示范建设成果。

（三）大力实施城市提升行动计划

高起点谋划城市发展路径。基本完成国土空间总体规划，完成全区国土空间开发保护"一张图"。高质量推进城市项目建设。持续推进"两线三片"重点项目建设，加快集绣大道二期、龟陵城古遗址公园等项目前期工作，开工建设集绣大道、倪峰路、平绣路等道路，加快建设太白大道二期项目，建成投用聚龙大道西段等项目。加快"一线三廊五片七园"建设，改造提升江南滨江长防大堤；精心打造南岸浦、沙溪、北山片区城市景观；全面完成玉屏公园建设，推进轴线公园、涞滩河湿地公园建设。高标准提升城市管理水平，推进数字城管向智慧城管迈进。全面推进城乡生活垃圾分类，常态保持街净巷洁。

（四）突出抓改革促创新

持续深化重点领域改革。加快供给侧结构性改革步伐，深入推进国资国企改革，着力推动更广更大层面的国企参与混改。积极推进财税、金融等重点改革任务。深入推进科技创新，加速国家高新区建设，加快布局完善科技创新服务体系，打造形成具有特色的产业基地和亮点区域，重点推进双创孵化基地建设，确保早日获批国家高新区。新创高新技术企业10家以上，新培育市级科技型企业增长100家以上。力争全社会R&D经费投入强度达到2.4%。组织实施校（院）企产学研合作项目50项以上，力争获批市级科技研发项目20项以上。

（五）推动形成全面开放新格局

加强区域协同发展。加快融入成渝地区双城经济圈建设，积极推动"一区两群"协调发展，清单化、项目化、事项化推动各项重点任务，打造商品交易、产销对接、展会论坛、仓储分拨、进出口贸易等合作平台，形成深度融合发展的新格局。加力推进更高水平对外开放。充分利用涪陵综保区、涪陵高新区等国家级开放平台优势，积极对接中新互联互通示范项目，全力承接国际和东部沿海产业转移，大力开拓"一带一路"国际市场，力争开放平台进出口额达全区进出口总额的80%以上。积极承接培育跨境电商、国际物流等产业，力争早日开建进口商品分销中心。

（六）建设山清水秀美丽之地

持之以恒打好污染防治攻坚战。打好碧水保卫战，持续开展长江乌江入河排污口整治，力争长江、乌江水质达到或保持为优。打好蓝天保卫战，推进重点行业挥发性有机物深度治理改造，确保空气质量优良天数保持在320天以上。打好净土保卫战，确保全区污染地块安全利用率达100%。加力推动突出环境问题整改，全力抓好第二轮中央生态环境保护督察反馈问题整改，依法依规推进攀华、大石溪码头岸线问题整改，实施长江涪陵港区南岸浦作业区码头和乌江贵州码头岸线拆除腾退和生态修复。持续做好"三篇大文章"，严控长江、乌江"一公里"和"五公里"两条红线，坚持各类环境违法行为零容忍，确保重大环境突发事件零发生。加力推进全国生态文明建设示范区、国家森林城市创建。

（七）切实保障和改善民生

推动民生兜底更加完善。持续抓好就业创业工作，确保应届高校毕业生年底就业率达到90%以上。全力抓好社区居家养老全覆盖，新建5个乡镇养老服务中心、50个村级互助养老点，推动所有乡镇敬老院全面实现"整合托管"，实现社会化运营率70%以上。扎实办好民生实事，继续统筹安排一批涉及教育、安居、健康、交通、文化、养老等领域的公共服务和基础设施项目。推动社会事业更好发展。巩固提升学前教育普及普惠发展成果。推动医药卫校、职教中心2021年建成重庆市高水平中职学校。不断强化公共卫生服务，完善重大疫情防控体制机制。加快推进智慧医疗暨全民健康信息平台建设，力争培育市级区域重点学科、临床重点专科各2个，智慧医院1家、美丽医院2家。巩固拓展国家卫生区创建成果，积极推动国家健康城市创建。

[涪陵区发展和改革委员会　晏　伟　彭任重]

之十二：2020年长寿区经济运行分析及2021年展望

2020年以来，面对新冠肺炎疫情冲击和复杂严峻的国内外形势，长寿区坚决贯彻党中央决策部署和市委工作要求，统筹抓好疫情防控和经济社会发展，做好"六稳"工作，落实"六保"任务，着力战疫情、战脱贫、战洪水，1—9月经济运行呈现恢复增长、"V"形回升态势。

一、2020年长寿区经济运行形势分析

1—9月，长寿区GDP增长3.3%，比第二季度提高2.1个百分点，高于全市0.7个百分点，增速连续三个季度居考核组第9位，第二季度、第三季度GDP均实现单季度增长7.2%。其中，第一产业实现增加值42.8亿元，同比增长3.9%，增速比上半年提高2.8个百分点；第二产业实现增加值294.9亿元，同比增长4.6%，增速比上半年提高3个百分点；第三产业实现增加值186.2亿元，同比增长2%，增速比上半年提高0.5个百分点。

（一）三次产业运行向好

1. 农业经济运行稳定

1—9月，得益于农副产品价格走强，全区农林牧渔业总产值实现65.2亿元，同比增长22.9%，农业增加值42.8亿元，同比增长3.9%。在主要农副产品生产方面，粮食作物产量33.1万吨，同比增长0.1%；蔬菜产量31.6万吨，同比增长4.3%；水果产量15.8万吨，同比增长3.8%；水产品产量3.5万吨，同比增长8%；生猪出栏和能繁母猪存栏量分别达33.1万头、2.91万头；水果、水产品、禽蛋产值增长8%。

2. 工业经济运行稳健

长寿区统筹抓好疫情防控和经济社会发展，在全市率先实现复工复产，1—9月累计实现规模以上工业总产值780.9亿元，同比增长2.4%，增速比上半年提高2.2个百分点。其中，新材料产值实现393亿元，在全市占比提高至15%；装备制造实现产值115亿元，同比增长3.4%；医药产业借助疫情期间的市场契机，产值增幅达24.5%。重钢股份公司入选全国制造业500强，产值同比增长2.7%，巴斯夫公司恢复至满负荷生产，国际复合长寿公司产能利用率增长20%。

3. 服务业加快复苏

进入下半年以来，服务业步入快速复苏通道，主要服务业经济板块加快回暖。其中批发业销售总额同比增长8%，零售业销售总额同比增长14.6%，社会消费品零售总额同比下降3.5%，降幅比上半年收窄6.7个百分点；住宿业营业收入同比下降12.4%，降幅比上半年收窄10.4个百分点；餐饮业收入同比下降9.5%，降幅比上半年收窄14.1个百分点。旅游业接待游客475万人次，实现收入38亿元，降幅同

比收窄 10 个百分点以上。

（二）发展后劲动能充沛

1. 招商引资再获佳绩

1—9 月，全区签约项目 96 个，合同引资 513.1 亿元，其中市外项目 52 个，合同引资 407.3 亿元，招商引资综合排名为主城都市区第 11 位。重点领域方面，引进新中天环保等战略性新兴产业项目 26 个，约占工业引资的 60%。分规模看，引进百亿级项目 1 个，十亿级项目 10 个；在智博会全市集中签约活动中，线下签约项目 2 个。

2. 投资支持明显发力

在主要经济指标中，固定资产投资增速在 5 月实现率先转正，有效带动整体经济的恢复性增长。1—9 月，全区完成固定资产投资 211.3 亿元，同比增长 7.5%，比上半年提高 1.2 个百分点。其中，完成工业投资 116.4 亿元，同比增长 9.6%；房地产开发投资 23.5 亿元，同比增长 7.9%。技改投资占到工业投资的近 1/3，智能化改造投资占技改投资的比重达 73.8%。

3. 外经贸承压发展

受国际市场疲软等各种因素交错影响，1—9 月，全区完成外贸进出口额 69 亿元，同比下降 31%，虽然降幅比上半年收窄 20 个百分点，但仍处于大幅下降区间。从市场端看，现代汽车配套零部件企业受影响最大，降幅超过 80%。值得注意的是，全区服务外包执行额累计达到 9250 万美元，同比增长 1%，成为外经贸亮点。

4. 文旅产业持续恢复

1—9 月，全区新增规模以上文旅企业 7 家，净增产值超过 8 亿元。1 个市级旅游度假区、3 个 A 级景区通过评定性复核。积极融入成渝地区双城经济圈建设，联动四川方面推出川渝旅游精品线路 6 条。策划举办一批特色文旅活动，接待游客 475 万人次，实现旅游收入 38 亿元，其中过夜游客 40 万人次。

（三）经济产出总体稳定

1. 企业效益基本正常

1—9 月，全区规模以上工业企业主要效益指标处于正常范围。规模以上工业企业完成利税 35.6 亿元，比第一季度增长 30% 以上，总体盈利面达 73.6%。总体资产负债率水平 2020 年以来一直保持 52%，处于合理区间内；其间总费用同比下降 1%，与营业收入波动水平保持一致；应收账款周转次数为 6.6 次，周转率同比下降 25%，但仍处于合理区间。从工业企业生产经营及景气状况专项调查结果看，全区规模以上工业产能综合利用率为 75.7%，较上半年提高 4.9 个百分点，77% 的企业认为"资金周转基本正常"。

2. 就业形势总体稳定

1—9 月，全区城镇新增就业 1.3 万人，实现就业困难人员就业 2743 人、城镇登记失业人员就业 3287 人，城镇登记失业率 3%。在稳就业方面，全区 273 家规模以上工业企业实际在岗职工 5.37 万人，同比增长 0.16 万人。在促进就业方面，1—9 月发放创业担保贷款 1.35 亿元，发放失业保险金 1534 万元，发放在职职工技能提升补贴、社保补贴等累计 2584 余万元。

3. 财税收入压力较大

1—9 月，全区一般公共预算收入完成 33.5 亿元，同比增长 26.3%，其中区级税收收入完成 16.2 亿元，同比下降 14.3%。一般公共预算支出完成 49 亿元，同比下降 20.9%。政府性基金预算收入完成 34.6

亿元，同比增长2.1%。1—9月，辖区税收完成34.5亿元，减收6.5亿元。

（四）重点项目建设有序推进

1—9月，155个区级重大项目完成投资116亿元，完成年度目标任务的52%。其中，政府类项目完成42亿元，完成年度目标的63%；市场类项目完成74亿元，完成年度目标的47%；新开工项目完成28亿元，完成年度目标的44%；续建项目完成88亿元，完成年度目标的55%。计划新开工项目66个，实际开工46个；计划完工项目27个，实际完工21个。1—9月，28个市级重大建设项目已开工建设25个，累计完成投资43.6亿元，完成年度目标的77%。

二、2020年长寿区经济发展中的主要问题

一是经济发展速度距离年初目标还有较大差距。受疫情和强降雨等因素影响，目前还有2/3的指标滞后于时间进度，与年初确立的目标任务差距较大，住宿和餐饮业营业收入、社会消费品零售总额等指标增速尚未"由负转正"，外资外贸离预期目标还有很大缺口。二是离"十三五"规划收官目标还有距离，截至目前，长寿区"十三五"规划的40项指标中，15项约束性指标还有1项未完成，25项预期性指标还有4项未完成。三是项目建设还存在短板。1—9月，市、区两级一部分重大项目建设推进缓慢，项目储备体量仍然不足。四是离财政收支平衡要求还有差距。1—9月，辖区税收下降16%、区级税收下降14.3%，减税降费11.92亿元，脱贫攻坚、乡村振兴、生态环保、社会民生等刚性支出有增无减，减收增支压力前所未有，财政收支缺口不断扩大。

三、2021年长寿区经济社会发展面临的机遇与挑战

一方面，风险挑战交织。中美博弈进入白热化，国际环境日趋复杂，经济保护主义、单边主义上升，世界经济低迷，下行压力加大。受国际疫情冲击，国内国际双循环受阻，"疫后综合征"逐渐显现，经济领域风险进一步加深，长寿区的经济已经深度融入国际国内市场，经济发展也不可避免受到波及。另一方面，机遇红利叠加。我国发展仍然处于重要战略机遇期，经济发展前景向好的趋势没有改变。新时代西部大开发、成渝地区双城经济圈建设等机遇将有力推动全市经济发展。长寿作为同城化发展先行区也同步迎来这些政策利好、项目利好。与此同时，长寿区经济发展长期向好的基本面没有变，经济韧性好、潜力足、回旋空间大，经济具有持续增长的良好支撑基础和条件。随着近两年长寿区引进的重大项目陆续竣工投产，前期集聚的产能陆续得以释放，长寿自身夯基蓄势效果逐步显现，发展的潜力大、韧劲足。总体上看，2021年长寿区经济发展机遇大于挑战、希望大于困难，有能力有条件实现经济发展的开门红。

四、2021年长寿区经济发展预测与核心工作

展望2021年，长寿区将迎来"十四五"开局之年，同时也将处于成渝地区双城经济圈建设、同城化发展深入推进阶段，重大战略机遇叠加汇聚，经济和社会全面发展将迎来更多的机遇、挑战和不确定性。

（一）抓产业高速发展

一是狠抓农业特色效益经济建设，继续推动农业产业化发展。围绕现代农业产业园建设，强化城乡融合，实施"农旅双链"战略，充分发挥集约优势，以长寿"橘柚鱼蛋"等特色产品为基础加快打造、推广一批具有长寿特色的农产品品牌，培育乡村旅游、田园综合体、特色小镇等示范典型。二是提升项目建设力度，推动工业经济高质量发展。重点抓好钢铁冶金、综合化工等两大传统产业转型升级，引导

智能家居、健康科技等重点产业，通过强化创新驱动，不断完善产业链条，提高产业层次，培育新的经济增长点。加强60户重点工业企业帮扶，全力促生产、稳订单、推新品、拓市场，支持企业增资扩产。重点推动华陆气凝胶、一三高研冷轧钢筋、双象超纤等一批投资量大、带动性强的项目建成投产，预计全年规模以上工业总产值将超过1200亿元。三是加快推进服务业发展。以交通运输、现代仓储与物流园区建设为依托，逐步推进衍生服务业产业发展，引进一批具有发展潜力的现代服务性生产企业。确保三大市场全部正常运行，确保长寿港加速建设，推动长寿区多式联运现代运输业跨越式发展。加快建设爱琴海购物公园，重点打造"金科美邻汇"精品夜市街。积极引进规模化航运企业，大力发展无船承运业务。

（二）抓动能加速集聚

一是强化重大项目招商。进一步做好全区招商投资促进工作的政策指导、信息互通和决策参考工作，持续优化招商机制、改善招商环境，提高引进项目的数量和质量，落实全生命周期服务，努力提高招商的成功率、落地率、转化率和投产达产率。二是全力以赴推动固定资产投资持续较快增长，紧盯"十四五"目标任务，围绕重大项目储备，深入做好项目前期工作，紧抓钢铁冶金、综合化工、新材料新能源、智能家居、健康科技等产业投资，继续争取国家级、市级资金支持，充分发挥政府投资基金引导作用，加大招商引资力度，多渠道筹措项目建设资金，预计全年固定资产投资超过300亿元，其中工业投资占比稳定在50%以上。

（三）抓全要素生产率提升

一是抓好技改投资工作。重点抓好传统产业与新兴产业融合发展，实现产业转型升级。要强化技术改造和创新，加快传统产业技术改造，加强智能家居、健康科技等新兴产业工业和技改投资增长，力争再培育一批智能工厂、智能车间，新培育科技型企业100家以上。二是关键要素保障力度。加大信贷纾困力度，创新和优化金融服务，加大中小微企业、民营企业支持力度，确保全年信贷总量只增不降，多种途径提供流动资金贷款支持。三是建立以信用为基础的新型监管体系。全面启动信易贷推广工作，确保信用贷款在中小微企业的投放量有明显增长。全面推广告知承诺制实施范围，进一步降低企业制度性交易成本。

（四）抓重大项目建设

一是做好重大项目储备工作，准确把握国家"两新一重"投资导向，围绕"新基建""双城记""同城化"等重点战略，抓紧谋划2021年重大项目盘子，提早启动未来3~5年重大项目储备，完善"千亿级"重大项目储备库，谋划一批纳入国家、市级战略盘子的重大项目，为长效持续投资奠定基础。二是加大重点项目建设力度。全力保障已开工项目顺利进行，及时分析研判、解决应开工未开工或者进展滞后项目问题。加速项目投产进度，加强重大项目建设在用地、资金、人力、能源等基本要素上的保障力度，确保项目顺利引入、稳步落地、按期投产达产。

[长寿区发展和改革委员会　余川维　幸汉龙]

之十三：2020年江津区经济运行分析及2021年展望

2020年以来，面对新冠肺炎疫情和经济下行冲击，江津区深入贯彻落实习近平总书记系列重要讲话、重要指示批示精神，按照区委、区政府决策部署，科学统筹疫情防控和经济社会发展，扎实做好"六稳"工作，落实"六保"任务，1—9月主要经济指标持续向好，发展活力进一步增强，经济运行呈现企稳回升态势。

一、2020年江津区经济社会发展情况

1—9月，全区实现地区生产总值784.6亿元，总量居全市第6位，增长2.6%，增速比上半年提高2.1个百分点。分产业看，第一产业实现增加值89.4亿元，增长4.4%，第二产业实现增加值434.1亿元，增长2.5%（其中工业增加值329.8亿元，增长2.3%，建筑业增加值104.3亿元，增长4.3%），第三产业实现增加值261.1亿元，增长1.8%。

（一）融入成渝地区双城经济圈建设扎实起步、开局良好

切实提高政治站位，进一步深化认识、凝聚共识、把握大势，深刻认识推动成渝地区双城经济圈建设既是历史责任又是政治担当，集中精力办好自己的事，齐心协力办好合作的事，审议通过《江津区关于深入贯彻落实市委五届八次全会精神加快打造成渝地区双城经济圈重要战略支点的决定》，重点围绕交通基础设施建设等七个方面，努力打造成渝地区双城经济圈重要战略支点。强化与四川毗邻地区的交流合作，先后与泸州市、雅安市、郫都区签订《推进成渝地区双城经济圈建设一体化发展2020年行动》《缔结友好城市战略合作协议书》《推动成渝地区双城经济圈建设战略合作协议书》，在城市规划建设、产业转型升级、商贸发展、乡村振兴等方面开展交流合作。成功设立"泸永江"融合发展示范区，纳入两省市政府印发《川渝毗邻地区合作共建区域发展功能平台推进方案》，召开规划建设启动会，目前正抓紧编制总体方案。联合泸州、宜宾推动三城文化旅游业一体化，推出"三城惠游"优惠政策。

（二）三次产业稳步复苏

一是工业经济企稳向好。1—9月，实现工业增加值329.8亿元，总量居全市第3位，增长2.3%；全区424家规模以上工业企业实现规模工业产值960亿元，增长1.9%。四大工业园实现产值919.9亿元，增长1%。其中，德感、双福、珞璜、白沙工业园分别实现规模以上工业产值342.7亿元、229.7亿元、293亿元、54.5亿元，分别增长0.1%、1.4%、1.2%、3.9%。江津综保区实现规模以上工业产值14.3亿元，增长309.4%。五大产业实现产值918.7亿元，增长2.3%。其中，消费品、装备、汽摩、材料和电子产业分别实现规模产值219.5亿元、241.4亿元、187亿元、172.3亿元、98.6亿元，分别增长6.3%、6.6%、-10.5%、-3.5%、27.2%。

二是第三产业逐步回暖。1—9月，新增限额以上商贸企业67家，全区限额以上商贸企业达321家。实现批发业商品销售总额359.4亿元，增长21.1%，零售业商品销售总额152.4亿元，增长8.3%，住宿业营业额1.9亿元，增长0.8%，餐饮业营业额34亿元，下降0.3%，全区社会消费品零售总额212.1亿

元,下降2.3%。专业市场实现商贸流通额510亿元,增长3.8%。实现人民币存贷款余额1932亿元,增长11.2%,其中存款余额1133.1亿元,增长4.7%,贷款余额798.9亿元,增长22%。存贷比达70.5%,较2019年同期提高10个百分点。1—9月,实现保费收入27.9亿元,增长5.8%;实现证券交易额210.1亿元,增长64.6%。1—9月,全区公路客运周转量、货运周转量分别达37810万人公里、20.7亿吨公里,水路客运周转量、货运周转量分别达198万人公里、48.5亿吨公里。

三是特色效益农业稳中向好。1—9月,实现农业总产值127.2亿元,总量居全市首位,增长17.4%;农业增加值90.5亿元,增长4.5%。全区粮食播种面积145.6万亩,产量64.2万吨;蔬菜产量86万吨,增长0.8%;水果产量16.7万吨,增长6%。花椒种植面积55.5万亩,鲜椒产量30万吨,增长7.1%。新增农产品加工规模以上企业5户,45户农产品加工规模以上企业实现产值117亿元,增长5.7%。休闲农业和乡村旅游恢复正常,实现综合收入42.6亿元,增长4.9%。农村改革全面深化,农村集体产权制度改革基本完成。"三变"改革稳步扩面,新增龙华镇双溪村、珞璜镇同福村等5个试点。全区累计培育种养大户3500个、家庭农场1140个、农民合作社1131个、农业龙头企业182个、农业社会化服务组织52个。富硒产业提质增效。制定《江津区标准化富硒产业基地评选认定办法》,打造富硒康养主题农庄15家。"一江津彩"富硒农产品直销店建成投用,"一江津彩"富硒特色产品线上营销平台开始运营。新增"一江津彩"授权产品36个,新认证绿色食品32个、有机食品15个。

(三)需求侧持续发力

一是投资稳步回升。1—9月,全区完成固定资产投资402亿元,增长3.8%,增速较上半年回升10个百分点。其中,工业投资173.6亿元,增长0.2%;房地产开发投资127.6亿元,增长13.5%。"两新一重"项目推进加快。新基建项目加快推进,建成5G基站1523个、5G通信机房27个,几江城区、滨江新城、各工业园区基本实现5G网络连续覆盖。加强新型城镇化建设,新改造22.5万平方米、58个老旧小区,户籍人口城镇化率提高0.75个百分点。重点建设项目加快推进。1—9月,142个重点建设项目完成投资193.7亿元,为年度目标的73.8%。其中,27个市级重点项目完成投资44.8亿元,为年度目标的77.1%。重庆公共运输职业学院扩建(一期)工程、稻谷加工项目等14个项目已完工,轨道交通5号线跳磴至江津段、鹅公水库、滨江商务大厦、罗普特安全科技产业园等项目加快建设。招商引资取得实效。1—9月,全区新引进产业类项目141个,协议引资额776亿元。全区实际到位资金340亿元。积极争取上级资金。1—9月,争取中央预算内投资3.9亿元,支持城乡基础设施建设。

二是消费市场总体平稳。成功举办"十个一"主题消费、"津彩五月"购物消费节、"约惠津秋"消费(扶贫)促进月、汽车展销节等系列促销活动30余次。全区限额以上社会消费品零售总额较上半年提升4个百分点。专业市场蓄势发力。红星美凯龙、居然之家等建材商业综合体开业运行,居然之家开业首日交易额达320万元,红星美凯龙开业8天内交易额达6200万元;西部水暖消防市场、五洲国际商贸城等专业市场筹备开市。线上新业态新模式不断壮大。1—9月,直播电商实现销售额达10.5亿元;消费品工业网络零售额达25亿元,增长36%。

三是外贸进出口保持良好势头。1—8月,全区进出口额达118.9亿元,增长6.9%。其中,进口额43.7亿元,增长141.5%,出口额75.2亿元,下降19.3%。江津综合保税区平稳运行。1—9月,正式签约项目48个,协议引资额159亿元。完成外贸进出口额92.5亿元,增长47.3%,其中网内79.9亿元,网外12.6亿元。西部陆海新通道江津班列上下行累计开行45列,共到发2296个标准箱,外贸总占比为22.4%,重载率100%。

(四)内生动力持续增强

一是供给侧结构性改革成效显现。1—9月,全区销售商品房面积250.7万平方米,增长7%;商品房

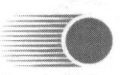

竣工面积108万平方米，增长2.2%。落实减税降费政策，1—9月，全区社会保险缴费减负13.35亿元，减免行政事业性收费及租金等非税463万元，拨付中小企业、失业保险稳岗返还5167万元。金融服务实体经济力度加大。截至9月末，全区25家企业进入疫情防控重点企业名单，引导金融机构为20家企业发放优惠利率贷款17.85亿元。落实续贷续保、担保增信、降低贷款利率优惠、转贷应急周转资金等56.34亿元，助推实体经济加快复苏。企业上市培育稳步推进。截至9月末，新增4家企业完成股份制改造，8家企业在重庆OTC挂牌，其中2家企业在重庆OTC成长板挂牌。

二是创新驱动步伐加快。创新主体培育加快。2020年申报高新技术企业142家，79家通过专家初评，年底有望突破180家；新培育科技型企业324家，总数达到1040家；新增国家重点实验室1个（重庆交通大学山区桥梁及隧道工程实验室）。成功签约SGS"储能研究院"项目、中科院科技创新中心等项目。落实《江津区科技创新促进高质量发展10条激励政策》，鼓励企业加大研发投入，1—9月全区规模以上工业企业R&D投入经费达到15亿元。数字经济发展加快。1—8月，实现数字经济业务收入62.3亿元，增长26.5%，实现数字经济增加值14亿元，增长31%。市场主体加快培育。1—9月，新发展市场主体13130户，增长3.7%，全区市场主体数量累计达12万户，增长10.5%。

三是财政税收稳步回升。1—9月，全区一般公共预算收入完成44.4亿元，下降7.7%，降幅较上半年收窄6.9个百分点。其中，税收收入完成29.3亿元，下降6.9%，降幅较上半年收窄8.6个百分点。辖区内入库税金64.02亿元，下降11.4%，降幅较上半年收窄5.2个百分点。争取新增债券29亿元，再融资债券13.2亿元，抗疫特别国债3亿元，一次性特殊转移支付4.2亿元。

四是要素保障有力。1—9月，取得征地批文39件8304.2亩；全区供应国有土地69宗3945亩，划拨基础设施、公益事业和教育用地共9宗415亩，有力地保障了重点建设用地需求。1—9月，工业累计用电量32.51亿千瓦时，增长0.3%；工业用气量1.05亿立方米，增长0.5%。

（五）人民群众获得感显著增强

一是三大攻坚战取得新进展。脱贫攻坚成效显著。有效化解疫情对脱贫攻坚的影响，实现有意愿且有劳动力的11589名贫困劳动力全就业。深入推进消费扶贫，销售农产品7251万元。全区未脱贫户35户79人已全部达到脱贫标准。生态环境持续改善。截至10月8日，实现空气质量优良245天，较2019年同期增加19天。城市集中式饮用水水源地（含城市备用水源）水质达标率100%。防风险取得实效。加强对地方金融机构监督管理，引导小贷、担保等机构规范发展。全面落实防范化解金融领域重大风险工作方案三年行动计划，开展防范和处置非法集资集中宣传，进一步扩大宣传覆盖面和实效。政府债务风险总体可控。1—9月，江津区偿还政府债务13.22亿元。预计2020年末，江津区政府债务率为86.1%，属于绿色可控范围。

二是重点民生实事推进顺利。1—9月，20件重点民生实事累计投入资金4.7亿元（市级重点民生实事3.3亿元，区级重点民生实事1.4亿元）。其中，"四好农村路"建设、农村贫困对象危房改造等4件重点民生实事提前完成年度任务，幼儿园建设等16件重点民生实事加快推进。

三是民生福祉不断增进。城乡居民收入稳步增长。1—9月，全体居民人均可支配收入达27230元，增长6.6%，城镇常住居民人均可支配收入为31787元，增长5.4%，农村常住居民人均可支配收入为16719元，增长7.4%。教育事业优先发展。新增中小学国家级特色学校5所、市级特色学校4所。实施义务教育薄弱环节改善与能力提升工程，加强农村义务教育，缩小城乡义务教育差距，促进教育权利和机会的公平，实现义务教育建档立卡贫困学生零辍学。全区学前教育普惠覆盖率达94.8%，公办幼儿园占比达48.8%。医疗卫生服务能力持续提升。健全分级、分层、分流救治机制，规范设置发热门诊，加强疾病救治能力建设。投入1.28亿元用于卫生健康基本建设和医疗设备购置。健康扶贫深入推进，家庭医生签约建档立卡贫困户 24690 人，全区贫困人口住院个人自付比例低至 9.8%。区二院扩建工程正在开展内部装修，区中心医院科研教学及规培基地等一批卫生项目加快推进前期工作。社会保障能力不断增强，1—9 月，发放低保金 1.8 亿元、特困人员救助金 1.15 亿元、临时救助金 1500 万元、高龄补贴 2095 万元、残疾人补助金 1951.2 万元、孤残儿童基本生活费 154 万元。全区城镇新增就业 2.5 万人，城镇登记失业人员就业 7909 人，就业困难人员就业 3869 人，开展职业培训 1.5 万人，发放创业担保贷款 1.7 亿元。

二、2021 年经济运行环境分析

从全球层面看，2020 年以来，受新冠肺炎疫情冲击，全球经济遭受重创。单边主义、保护主义加剧，地缘政治风险凸显，逆全球化声浪甚嚣尘上，全球经济复苏形势不容乐观。从全国层面看，当前和今后一个时期，我国发展仍然处于重要战略机遇期，但机遇和挑战都有新的发展变化。从重庆层面看，全市经济稳定复苏，但外部不确定性因素仍然比较多，经济恢复过程中不平衡的态势仍然存在，全市经济稳定增长的基础还需进一步巩固。从江津层面看，"十三五"时期，江津区地区生产总值迈上"1000 亿元"新台阶。三次产业结构不断优化，先进制造五大支柱产业升级提质，新打造消费品工业高质量发展示范区，预计 2020 年规模以上工业企业总产值 1300 亿元；服务业发展迅速，第三产业增加值占比由 28.5% 提高到 33%；富硒特色高效农业加快发展，粮食总产量保持稳定，农业总产值连续 17 年居全市第一。创新发展驶入快车道，中国西部（重庆）科学城、重庆高新区拓展至江津区，团结湖大数据智能产业园加快建设。供给侧结构性改革取得新成果，简政放权、商事制度改革深入推动，供给制度性成本显著降低，发展活力明显增强。区域协调发展格局加快构建，长江经济带、成渝地区双城经济圈战略深入推进，与周边城市合作逐步走深走实。基础设施建设取得新成效，轨道交通 5 号线跳磴至江津段即将完工，合璧津高速公路、白沙长江大桥加快建设，华福隧道、华岩隧道等融城市政道路建成通车，综合交通体系日臻完善，对江津未来几年的投资有较大拉动。江津综合保税区基础设施及服务功能日臻完善，推进中欧班列（渝新欧）延伸至珞璜铁路物流枢纽，实现西部陆海新通道铁海联运班列与中欧国际班列无缝对接，对外开放合作水平将进一步提升。2021 年，江津经济将继续保持总体平稳、稳中有进的发展态势，高质量发展上行态势良好。

三、2021 年工作重点

（一）加快推进成渝地区双城经济圈建设

一是推进与重庆中心城区同城化发展，主动承担、分担和共担成渝地区双城经济圈发展功能。全方位提升江津区产业、创新、开放等领域发展能级，加快国土空间与中心城区融合、城市功能与中心城区互补、产业布局与中心城区配套、基础设施与中心城区对接，推动江津城区与巴南、大渡口、九龙坡等毗邻区基础设施互联互通、城市一体规划、产业协同布局，密切参与重庆中心城区的产业分工和功能分担，加快规划建设一批立足本地、服务重庆中心城区、辐射川黔的现代服务和公共服务领域的重大项目，率先实现与重庆中心城区同城化发展。二是积极推动渝川黔毗邻区域协同发展。着力打造渝川黔合作共赢先行区，推动"泸永江"融合发展示范区规划编制，加强重大项目、重大事项协同谋划。切实加强与雅安市、成都市郫都区等城市全方位、多层次、宽领域交流合作，充分发挥产业优势和资源禀赋，把合作事项转化落实为具体项目、具体事项，积极构建协同发展新格局，实现经济社会高质量发展。

（二）构建现代化产业体系

一是持续抓工业发展。提升壮大粮油食品、白酒、纸制品等传统优势产业，培育发展新兴智能及高端消费品产业。聚焦高端装备制造、新能源汽车等战略性新兴产业发展，推进战略性新兴产业进一步做大做强。二是推动消费转型升级。大力推进双福、滨江新城、几江半岛三大片区高品质商圈建设，打造智慧化4.0商业综合体。加快推动老城区步行街改造提升，依托3539文创园、双福双溪里商业街，大力发展夜间经济，打造一批人气旺、特色强、有文化底蕴的夜间经济聚集区。开展促消费系列活动，办好"第六届富硒餐饮大赛暨富硒美食节""夜市文化节""江津·防城港跨区域合作"等展会节庆活动，进一步激发居民消费潜力。三是以产业振兴带动乡村全面振兴。加快推进国家现代农业产业园建设，带动以花椒产业为主的农副产品加工业做大做强。立足"中国生态硒城"地域名片，加快"一江津彩""巴味渝珍"等农产品区域公用品牌建设推广。创新体制机制推进农业绿色发展，推进农业生产过程清洁化、农业废弃物资源化，加大农业生态产品和服务有效供给。

（三）加快绿色创新发展

一是推进大数据智能化发展。聚焦大数据、人工智能等智能产业发展，因地制宜培育发展具有比较优势和发展潜力的智能产业。围绕团结湖大数据智能产业园，发展以大数据智能化应用为基础，以智能硬件、人工智能为重点的智能产业，推动大数据智能产业积聚发展。围绕江津综保区引进保税加工电子制造、半导体行业等，重点引进贴片加工、半导体封装测试等占地小、产出强度高的集成电路企业。围绕德感智能装备产业园，发展数控机床、机器人等智能制造装备产业。二是大力发展绿色制造。加快推进绿色制造体系建设，强化资源环境总量控制，打造园区升级版。加快推进企业绿色改造升级，实现生产过程清洁化、水资源利用高效化和基础制造工艺绿色化。三是狠抓创新平台建设。结合产业链布局需要，培育一批对重点技术领域发挥核心引领作用的新型创新主体。推动规模以上工业企业建立研发机构，围绕团结湖产业园、区域重大科技需求和优势产业领域，布局和规划一批科技基础设施。四是加大招商引资力度。瞄准重点行业的国内外领军企业和关键核心零部件制造企业，加快引进一批支撑制造业高质量发展的主导项目。突出签约项目服务，及时协调解决项目推进过程中存在的问题，力争项目尽快开工建设。

（四）着力稳投资促增长

一是盯紧重点项目建设。坚持经济工作项目化，始终牵住经济发展的"牛鼻子"，抓好在建项目促建，严格落实责任制，定点突进、精准施策，努力形成"前期推进一批、开工建设一批、竣工投产一批"的格局。二是切实抓好项目储备。对接国家和重庆投资政策导向，加大地方政府专项债券项目和新增中央投资项目的策划力度，围绕综合交通设施、重点产业发展、社会事业及民生等领域，策划储备一批项目，积极争取上级资金支持。三是抓融城建设，不断提升城市品质。加快推进轨道交通5号线等融城道路建设，打通连接主城的断头路，实现与主城区互联互通。围绕"三城联创"，长效推进背街小巷、老旧楼院、城乡接合部等基础薄弱、管理滞后区域的整治管理。四是深挖民间投资增长空间。用好用活《支持小企业创业基地发展实施方案》《关于全面优化营商环境弘扬企业家精神促进民营经济发展的实施意见》等扶持政策，着力解决民间资本融资难、税费负担重及行政审批中存在的问题，切实降低企业成本，营造良好营商环境，激发民间资本投资活力，促进全区经济平稳健康发展。

（五）持续抓好财税金融

一是强化税收征管。坚持依法征收，严防"跑冒滴漏"。坚决落实减税降费政策，主动做好纳税服务，努力培植税源、做大税源。二是增强金融服务经济高质量发展。引导金融机构加大对制造业支持力度，加强制造业企业上市培育，解决一批储备库企业上市中的实际困难和问题，助推企业上市。进一步推进存贷款属地化，做大存贷款规模。积极推进成渝地区双城经济圈泸津金融协同发展，支持金融机构开展联合授信、互设分支机构等。强化政银企对接，引导银行业支持实体经济发展，着力解决中小民营企业结构性融资问题。三是严防金融风险。持续开展互联网金融风险专项整治和私募股权投资基金处置工作。深入开展陈案处置三年攻坚行动，提升存量案件处置质效。做好存量债券兑付风险排查工作，动态监测和研判债券违约风险。坚持事前统筹调度，确保企业按期兑付到期债券本息。推动银行保险业为"六稳""六保"和脱贫攻坚工作提供金融支撑。

（六）不断增进人民福祉

滚动实施一批重点民生实事，统筹考虑全区财力和人民群众急需所盼，优先解决一批人民群众最盼望、最关切的民生问题。统筹推进教育、医疗卫生、养老、文化体育等社会事业发展，着力补齐民生领域短板，切实提高社会保障水平，进一步推动全区经济社会协调发展。

[江津区经济信息咨询中心　李官元　陈焱柯]

之十四：2020年合川区经济运行分析及2021年展望

2020年以来，合川区坚持以习近平新时代中国特色社会主义思想为指导，深入学习贯彻党的十九大精神和习近平总书记视察重庆的重要讲话精神，全面贯彻落实总书记对重庆提出的营造良好政治生态，坚持"两点"定位、"两地""两高"目标，发挥"三个作用"和推动成渝地区双城经济圈建设等重要指示要求，积极应对新冠肺炎疫情和经济下行冲击，全力以赴做好"六稳"工作、落实"六保"任务，确保全面建成小康社会、全面打赢脱贫攻坚战和"十三五"规划圆满收官，加快建设"主城都市区发展的重要支撑、成渝地区双城经济圈建设的重要节点"。全区经济运行向常态化方向发展，总体呈现平稳运行、逐渐向好的特点。

一、2020年合川区经济运行情况

（一）经济整体平稳运行

1—9月，GDP增长0.9%，与上半年持平，继续保持了正增长。完成固定资产投资279.1亿元，同比增长8.1%；社会消费品零售总额同比下降4.3%；一般公共预算收入为27.8亿元，同比增长1.5%；全体居民人均可支配收入25655元，同比增长6.7%。

（二）三次产业稳中有升

一是农业经济持续向好，1—9月，全区实现农业总产值106.8亿元，同比增长4.1%。粮食总产量53.5万吨，同比增长2.1%；水果产量14.2万吨，同比增长10.3%；生猪存栏70.3万头，同比增长9.9%。全区271家农产品加工企业实现产值95.4亿元，同比增长5.3%，其中规模以上企业72家，产值66.04亿元。农村常住居民可支配收入15407元，同比增长7.9%。二是工业生产降幅收窄。全区实现工业增加值219亿元，同比下降0.8%；全区规模工业增加值同比下降1.8%，降幅较1—8月收窄2.3个百分点，全区349家（含2家产业单位）规模以上工业企业完成产值565.85亿元，同比下降3.3%（其中9月当月实现工业产值73.75亿元，同比增长0.2%）；实现主营业务收入352.6亿元，同比下降23.9%；实现利润总额25.7亿元，同比下降26.3%；主营业务收入利润率为7.3%，同比下降0.2个百分点；实现工业入库税收13.13亿元，同比增长12.22%。1—9月，全区工业用电11.81亿千瓦时，同比增长1.01%；工业用气1.14亿立方米，同比增长5.07%。三是服务业保持平稳增长。随着有利于复商复市的政策落地生效，第三产业得到恢复，1—9月，服务业增加值同比增长2.1%，比上半年提高1.0个百分点，拉动经济增长1.0个百分点。其中，非营利性服务业增加值增长7.2%，拉动经济增长0.7个百分点。营利性服务业增加值增长3.7%，拉动经济增长0.4个百分点。

（三）投资保持强力拉动

1—9月完成全社会固定资产投资279.1亿元，同比增长8.1%。其中，基础设施建设投资完成69.2亿元，同比增长46.2%，增速较2019年同期提高35.9个百分点。区级重点项目建设进展顺利，1—9月

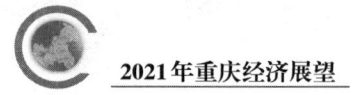

完成投资173.6亿元，占年度计划的68.7%，较2019年同期提高1.1个百分点。其中，58个续建项目完成投资137.4亿元，占年度计划的84.1%，超序时进度9.1个百分点，较2019年同期提高7.5个百分点；87个新开工项目已开工51个，开工率58.6%。

（四）消费市场稳步回升

1—9月全区社会消费品零售总额同比下降4.3%，同组排第19位，降幅较上半年收窄了3.4个百分点，较第一季度收窄了15.4个百分点，年内有望转正。新型消费保持快速增长。限额以上单位网上商品零售额同比增长98%，其中限额以上批发零售业实物商品网络零售额增长126%，限额以上住宿和餐饮单位通过网络实现的餐费收入增长84.7%。从限额以上法人企业主要商品零售情况看，基本生活用品及消费升级类商品增长较快，饮料类、烟酒类、日用品和粮油食品类分别增长10.9%、9.2%、5.9%和1.6%，通信器材类、智能手机、智能家用电器和音响器材类分别增长19.8%、16.3%、12.9%。

（五）民生环境持续改善

1—9月全区城镇新增就业16012人，完成目标任务（18000人）的89.0%；离校未就业高校毕业生就业率70.5%，贫困生就业率84.0%。开展职业技能提升行动培训15069人，完成全年目标任务（19200人）的78.5%；发放扶持创业贷款9577万元，完成全年目标任务（4500万元）的2倍多。向市"6+2"重点电子企业送工4848人，完成全年目标任务（4500人）的107.7%，向区内8家信产配套企业输送9376人。全区养老、工伤、失业保险参保达139万人次，城乡居民养老保险参保率稳定在95%以上，累计征收保费14亿元，发放待遇36亿元，惠及全区40余万人次。社会保障持续有力，有效防止了疫情影响下社会不稳定因素产生。

（六）全面融入成渝地区双城经济圈建设和建设主城都市区支点城市开局良好

坚持在成渝地区双城经济圈大框架下谋划合川发展，成立推进成渝地区双城经济圈建设领导小组，建立"1+7+N"工作体系。积极开展多层次、宽领域合作，与南充、广安、遂宁、广元等地市以及蓬溪、岳池、武胜、华蓥等市县开展互访，围绕国家重点投资方向、省市重大战略部署，签订区市县战略合作协议13份，共同谋划储备合作项目397个，积极助力唱好"双城记"、建好"经济圈"。坚持围绕建设主城都市区支点城市规划布局"双百"区域中心城市。通过以产兴城、以城聚产、产城互动，明确力争2035年基本建成成渝地区双城经济圈中具有较强辐射带动作用的"双百"区域中心城市。

二、2020年全年经济指标预测

综合1—9月经济运行基本态势及合川经济发展所面临的复杂形势，初步判断，2020年全区地区生产总值增加3%左右，全社会固定资产投资增长9%，全社会消费品零售总额由负转正，全体居民可支配收入增长7%。

三、存在的主要问题

（一）经济恢复速度特别是工业经济恢复仍不理想

1—9月全区GDP增速低于全市平均水平1.7个百分点，主要是工业增加值下滑较为严重，特别是汽摩装备负增长严重（汽摩装备产业实现产值158.6亿元，下降21.1%）。相关联的工业投资也较差，完成工业投资132.1亿元，同比零增长，增速排在全市第33名、同组第19名。此外，战略性新兴产业增速比全市低6.3个百分点，数字经济增速比全市目标值低9.4个百分点。

（二）商贸指标较为滞后

社会消费品零售总额同比下降4.3%，居同组第19位。消费市场特别是旅游业和房地产消费疲软，1—9月全区接待游客1353.2万人次、收入38.3亿元，分别同比下降34.6%、33.6%；完成房屋交易18767套，同比下降21%，成交面积180.4万平方米、金额89.1亿元，分别同比下降14.1%、24.9%。

（三）外贸进出口存在隐忧

受全球新冠肺炎疫情和中美贸易摩擦影响，合川区主要出口产品中，机电、假发呈大幅下降态势，迈丰动力、鼎工机电分别下降63%、18%，五鑫毛发对美无出口数据。按照目前的增长速度，预计完成全年外贸进出口指导目标（1.86亿美元）还有5000万美元的缺口。

（四）发展潜力仍显不足

截至目前，全区仅申报入库"四上企业"11家（规模以上工业企业3家，资质以内建筑企业6家，房地产开发企业2家），新投产限额以上商贸企业、规模以上服务业企业仍是零申报，经济发展后劲仍显不足。

四、2021年重点工作

（一）统揽全局，做好经济运行调度

密切关注国内外经济形势，顶住经济下行压力，准确研判2021年经济社会发展形势，做好经济运行调度。争取在重点项目、重点政策、重点要素保障等领域获得有力支持，切实解决好经济运行中的各类问题，确保完成全年目标任务。

（二）抢抓机遇，夯实经济发展基础

继续深入学习贯彻习近平总书记视察重庆重要讲话精神，抢抓西部大开发、"一带一路"和长江经济带、成渝地区双城经济圈和"一区两群"发展战略等机遇，围绕以国内大循环为主体、国内国际双循环相互促进的新发展格局，努力在重庆贯彻习近平总书记提出的营造良好政治生态，坚持"两点"定位、"两地""两高"目标，发挥"三个作用"和推动成渝地区双城经济圈建设中展现合川作为，实现合川担当。

（三）慎终如始，持续抓好疫情防控

珍惜来之不易的疫情防控成绩，巩固疫情防控战果，绷紧疫情防控这根弦，抓紧抓实抓细常态化疫情防控，因时因势完善外防输入、内防反弹各项措施并切实抓好落实，积极引导人民群众做好必要防护，不断巩固疫情防控持续向好形势，为人民群众生命安全和身体健康、经济社会秩序全面恢复提供有力保障。

（四）激发活力，夯实工业主体地位

坚持"调结构、促转型"双管齐下，加快产业优化升级。持续深化"三计划一行动"，推动企业恢复正常生产，稳住战略性新兴产业和数字经济的基本盘。落实好纾困惠企政策，激发市场主体活力。狠抓重点工业项目建设，滚动实施"100个重点工业项目大会战"，对标"三化"月目标任务推进工业项目建设。

（五）精准发力，抓好重点项目推进

继续深入落实项目"三化"目标要求，加强项目要素保障。进一步加大重点项目的督查力度，全力

增强投资拉动。突出抓好专项债和中央资金项目策划储备，利用好有利形势，做好2021年争资工作。

（六）多措并举，不断优化营商环境

持续深化"放管服"改革，进一步提升服务能力，以大数据为核心加快智慧政务建设，加快合川"四库"建设，破除"信息壁垒"，实现信息共享，提高政务服务快速反应能力，为政府科学决策提供依据。

（七）聚焦重点，持续增进民生福祉

大力做好稳就业工作，打造有效的创业就业体系；优化教育资源布局，加快建设区域教育高地；提升医疗服务能力，积极创建"三甲"医院，完善公共卫生服务体系；推动文体事业发展，加快中小型、社区型健身场馆建设，大力推进全民健身运动。继续办好传统中华龙舟大赛、中华垂钓大赛、钓鱼城登山邀请赛等精品体育赛事。强化社会保障服务，做好困难群众救助工作。

[合川区发展和改革委员会　任　欣]

之十五：2020年永川区经济运行分析及2021年展望

2020年，永川区统筹推进常态化新冠肺炎疫情防控和经济社会发展，扎实抓好"六稳"工作，全面落实"六保"任务，全区经济呈现持续恢复性增长态势，高质量发展的基础更加扎实。

一、2020年永川区经济运行分析

1—9月全区实现地区生产总值720.2亿元，增长3.7%，比第二季度高出2.6个百分点，列全市第2位、主城都市区第2位。其中，第一产业增加值增长2.6%，较第二季度提高7.2个百分点，列主城都市区第16位；第二产业增加值增长5.1%，比第二季度提高4.8个百分点，列主城都市区第6位，其中工业增加值增长5.2%，列主城都市区第5位；建筑业增加值增长4.5%，列主城都市区第13位；第三产业增加值增长1.9%，列主城都市区第5位。规模以上工业增加值增长5.4%，列主城都市区第4位；固定资产投资实现350亿元，增长5.6%，列主城都市区第13位，其中工业投资增长1.1%，列主城都市区第17位；社会消费品零售总额294亿元，增长0.9%，列主城都市区第8位；一般公共预算收入完成31.3亿元，下降6.8%，较第二季度回升9.2个百分点，其中税收收入21.7亿元，下降5.5%，较第二季度回升13.8个百分点。

（一）聚焦发展动能增强，产业保持稳步回升态势

工业实现加速恢复。规模以上工业产值实现839.9亿元，增长12%，较第二季度回升12.5个百分点。工业用电量下降0.6%，工业用气量增长18.5%，增速分别比第二季度回升11.8个和12.5个百分点。汽车及零部件、智能装备、电子信息、特色轻工、能源及材料等主要产业实现产值696.6亿元，增长12%，增速较第二季度提高12.5个百分点。长城汽车产量累计突破10万辆，带动汽车及零部件产业快速增长86.2%。智能化转型升级提速，累计60个项目实施"机器换人"等智能化改造，10个企业实现深度用云。新产业新业态发展向好，战略性新兴产业工业企业产值增长7%，较第二季度提高7.4个百分点，高技术产业产值增长0.5%，较上半年提高3.5个百分点，规模以上工业企业数字经济业务收入增长35.8%。

服务业保持稳步增长。大数据产业发展势头良好，1—8月规模以上信息传输、软件和信息技术服务业营业收入增长34.6%。百度西部自动驾驶开放测试基地正式投用，L4级自动驾驶巴士全球首发，西部首条自动驾驶公交线路发布并即将投运。吉之汇数字化抗疫助农项目获评"2020中欧数字化抗疫优秀案例"。大数据产业人才联盟成员高校扩容到75所。金融业平稳发展，存款余额增长15.2%，贷款余额增长17.6%。房地产市场保持健康稳定，商品房销售面积达到166.7万平方米，增长7.8%。

农业生产形势好转。农业增加值增速实现由负转正。粮油作物面积、单产、总产实现"三增"。畜牧业生产逐步恢复，生猪出栏量达到20万头，家禽出栏量同比增长11.7%，禽蛋产量同比增长13.3%。

（二）聚焦稳步扩大内需，投资消费增速双双由负转正

投资增速持续回升。固定资产投资增速自8月起实现由负转正，1—9月增长5.6%，较第二季度回升

11.8个百分点。房地产投资、基础设施投资实现快速增长，增速分别达到21.3%、12.9%。工业投资稳步恢复，增长1.1%，实现由负转正，列主城都市区第17位。民间投资拉动效应明显，增长18.1%，比全社会投资增速高出12.5个百分点。

重点项目稳步推进。231个重点项目完成投资169.2亿元，占年度计划完成投资的51.8%。其中，政府主导类项目完成年度计划投资的47%，市场主导类项目完成年度计划投资的52.7%，已完工项目12个，155个计划新开工项目已开工80个，96个工业项目中66个计划新开工项目已开工43个。

消费潜力稳步释放。社会消费品零售总额增速实现由负转正，增长0.9%，比第二季度回升7.9个百分点。积极组织开展夜生活节等节会展会活动，促进消费回补。批发业和零售业销售额分别增长32.3%、4.9%。住宿和餐饮业增加值同比下降11.9%，较上半年降幅收窄3.1个百分点。旅游经济平稳恢复，接待游客人次和实现旅游收入分别增长1.3%和9%，石笋山景区成功创建4A级景区。

（三）聚焦打造一流营商环境，市场主体获得感有效提升

助企惠企政策落地见效。市级支持企业政策措施"40条"和"45条"落实有力，累计惠及企业11.7万户，兑现金额45亿元。1—9月累计减免、缓缴各类税费约14亿元。民营企业、小微企业获得贷款增速同比增长24.7%、17.9%。中小企业风险补偿贷款基金累计发放43笔，共计1.73亿元。永川区首贷续贷中心正式挂牌运行，新增普惠口径首次贷款金额5.22亿元。清偿拖欠民营企业中小企业账款213笔，偿还比例91.65%。

服务效能有效提升。区行政服务中心设置综合窗口比例达到80%，纳入"一窗受理"事项比例达到80%，即办事项比例达到34%以上，基本实现企业和群众办理"最多跑一次"。"四帮一体验"活动常态化进行，累计帮助企业咨询和对接优惠政策876项，涉及金额7915万元，解决问题637个。1—9月，新增各类市场主体1.1万户，注册资金119亿元。

招商引资势头保持强劲。全区正式签约项目216个，合同引资443.57亿元；签约工业项目134个，合同引资356.22亿元；签约投资亿元以上工业项目75个，合同引资319.44亿元。1—8月，永川区招商投资促进工作排名主城都市区第1位。

（四）聚焦全面建成小康社会，民生发展保障更加坚实

民生实事扎实推进。全区21件37项重点民生实事，已开工33项，完成全年计划投资的74.7%。其中，9项市级项目已全部开工，完成全年计划投资的94.9%；28项区级项目完成全年计划投资的68.3%。建卡贫困户医保资助、贫困失能残疾人集中供养中心、永川区综合应急救援体系建设等6项已完工。

就业形势总体稳定。稳定和扩大就业的政策性支出累计1.2亿元，惠及4.6万人。开发"永川区网络招聘视频面试系统"，求职对接成功率达87.8%。1—9月，城镇新增就业23773人、城镇登记失业人员就业4476人、城镇登记就业困难人员就业3621人，分别完成目标任务的103.4%、91.3%、113.1%。

居民收入持续增加。全体居民人均可支配收入27384元，增长6.8%，其中城镇常住居民人均可支配收入31732元，增长5.5%，农村常住居民人均可支配收入16595元，增长7.9%。

脱贫攻坚加速冲刺。"百日大会战"取得成效，全面完成207个村、1个居委会、4313户建档立卡贫困户自查评估，调查一般农户中的重点户21895户，发现问题均已完成整改。

2020年，虽然全区经济持续稳定恢复，统筹防疫和发展成效显著，但也要看到，国际环境仍然复杂严峻，不稳定性和不确定性较多。国内疫情外防输入、内防反弹的压力不小。全区经济仍处在恢复进程中，持续复苏向好基础仍需巩固，主要体现在：一是企业生产经营困难依然较多，二是扩大内需的支撑需要持续增强，三是"招工难"和"就业难"现象并存。

二、2021年经济运行环境分析及展望

2021年是我国全面建设社会主义现代化国家新征程的开启之年,必须要在更加不确定不稳定的国际环境中立足自身、深远谋划、主动调整。习近平总书记根据我国发展阶段、环境、条件变化提出"推动形成以国内大循环为主体、国内国际双循环相互促进的新发展格局",为我们指明前行方向,未来一个时期,国内市场主导国民经济循环特征会更加明显,经济增长的内需潜力会不断释放。从重庆层面看,成渝地区双城经济圈上升为国家战略,为重庆未来发展提供了战略机遇,有利于重庆市抓住新一轮科技革命和产业变革机遇,在成渝地区双城经济圈建设大框架下谋划推进"一区两群"协调发展,形成西部高质量发展的重要增长极。就永川自身而言,围绕贯彻落实中央、市委要求,确立了围绕"打造高质量发展先行区、高品质生活示范区"一大目标、紧扣"成渝地区双城经济圈重要节点、重庆主城都市区战略支点"两大定位、突出"推动产城景融合发展"三大任务的"一二三"发展思路,加快打造重庆重要的大型现代产业基地,加速形成"双百"区域性中心城市。综合判断,2021年永川高质量发展势头将更加明显,有望为全面建设社会主义现代化国家新征程的第一个五年开好局、起好步。

三、下阶段工作重点

(一)全力推进项目建设,有力促进投资放量

一是提速推进重大项目策划。因地制宜强化"两新一重"和公共服务补短板等项目建设,抓好2021年重点项目及民生实事项目策划。二是多渠道保障投资资金。积极争取基础设施信托投资基金试点,形成基础设施REITs项目清单。引导商业银行增加中小微企业应急转贷、商业价值信用贷款投放,适当延长延期还本付息、担保费减免等政策时限,加快恢复和增强社会资本投资意愿和能力。三是增强招商精准性有效性。继续全面开展以商招商、产业链招商,打造重点项目、优质产品推广展示常设平台,常态化实施线上招商、云上签约。

(二)抓好产业提质扩容,创造经济新增长点

一是围绕龙头企业壮大重点产业集群。协调解决重点工业企业运行过程中的问题和困难,发挥产业龙头带动引领作用,带动中下游企业加快发展,壮大产业集群规模。二是抓好企业升规培育。加大新投产项目的跟进服务工作,对潜力大的规模以下工业企业进行重点培育,助推企业释放产能,规范财务管理,达到规模以上企业规模。三是推动消费潜力释放。持续开展夜生活节系列活动,开辟消费增长的新空间。全域联合大型商超、核心商圈等商户,开展多形式的惠民促销活动。

(三)立足当下、着眼长远,全面优化发展环境

一是切实落实涉企政策。持续加强政策宣传解读,对政策落实中发现的困难和问题积极向市级层面反馈。进一步加强对小微企业的政策倾斜力度,抓好永川区普惠小微企业信用贷款投放、阶段性延期还本付息政策的执行,用实用好"1万亿支农支小再贷款"政策。二是持续优化营商环境。进一步深化"放管服"改革,常态化办好"四帮一体验"活动。三是强化科技创新支撑。以城东科技生态城规划为契机,扶持和孵化一批研发能力强、有核心技术、有发展潜力的科技创新型企业群,吸引高校、科研院所、公司建立研发机构,促进产学研成果产业化。高质量建设"环重庆文理学院创新生态圈"。四是加快编制永川综保区可研报告,统筹推进凤凰湖园区公用型保税仓建设。五是加快推进"十四五"规划编制工作,进一步完善"十四五"重点项目库。

（四）做好民生保障工作，确保如期全面建成小康社会

一是时刻绷紧疫情防控这根弦，充分估计秋冬季疫情防控的困难风险，全面落实"外防输入、内防反弹"常态化疫情防控策略。二是稳步推进就业创业工作。做好重点人群就业信息监测工作，建立失业预警机制，预防大规模失业风险。发挥国家"双创"示范基地、返乡创业试点地区优势，完善创业服务体系，拓展就业新渠道。三是高质量打赢脱贫攻坚决胜战。加快补齐短板，巩固前期成效，持续健全防贫监测和帮扶机制，完善脱贫防贫长效机制，确保如期高质量打赢脱贫攻坚战。

[永川区发展和改革委员会　樊　怡　王文征]

之十六：2020年南川区经济运行分析及2021年展望

2020年以来，面对突如其来的新冠肺炎疫情和经济下行冲击，南川区始终坚持以习近平新时代中国特色社会主义思想为指导，深入学习贯彻党的十九大，十九届二中、三中、四中、五中全会精神，全面贯彻落实总书记对重庆提出的营造良好政治生态，坚持"两点"定位、"两地""两高"目标，发挥"三个作用"和推动成渝地区双城经济圈建设等重要指示要求，深化落实陈敏尔书记调研南川指示精神，立足特色化、面向同城化，聚焦率先实现与中心城区同城化发展战略任务，紧扣"十三五"规划和全年目标任务，坚定不移稳住经济基本盘，牢牢守住"零疫情"底线，全力以赴做好"六稳"工作、落实"六保"任务，统筹疫情防控和经济社会发展取得重要成果，预计2020年南川区地区生产总值增长5%左右。

一、2020年南川区经济运行分析

1—9月，全区地区生产总值增长2.8%，增速较第一季度、上半年分别提高8.5个、1个百分点，各项主要指标总体符合预期，经济运行呈现以下特征：

（一）三次产业提速向好

一是工业经济快速复苏。全区工业用电12.2亿千瓦时，增长39.4%；工业用气1.1亿立方米，增长49.7%。规模以上工业增加值增长4.3%，较上半年提高4.2个百分点。85%的规模以上企业达到九成以上正常生产水平，博赛集团、鸿庆达等企业满负荷生产，鸿路二期、同昶科技等22个项目按期投产，中佳信等7家企业升规入库。二是服务业加快恢复。接待游客1408.9万人次，同比恢复75%；实现旅游综合收入55.5亿元，同比恢复72%；公路、铁路运输总周转量分别增长8.4%、27.9%；邮政业务量增长10%。三是农业生产平稳有序。第一产业增加值增长4.5%，大春粮食播种面积61.3万亩，预计产量27.7万吨，油菜产量1.7万吨，增长1.2%，生猪存栏33.1万头，环比增长2.1%，重要农产品实现保供稳价。

（二）需求活力加快释放

一是投资保持较快增长。重点项目新开工40个、竣工投产3个，累计完成投资167亿元，带动固定资产投资增长8.8%，高于全市6.3个百分点。其中，页岩气项目完成投资13.1亿元，增长51.7%，占比达工业投资的30%。二是消费市场快速回暖。在"味道南川"、夜市开街等展销促销活动有力带动下，社会消费品零售总额增长3.7%。线上消费需求旺盛，电子商务交易额实现24亿元。销售商品房82.2万平方米，增长4.8%，其中，康养地产销售9.3万平方米、7.3亿元。三是外贸形势有所改善。积极参与"一带一路"沿线国家和地区经贸往来，持续加强矿产资源等领域的投资合作，全区外贸进出口总额达到13亿元。

（三）财税金融运行平稳

一是财税组织有序。税收收入完成9.6亿元，增长0.2%，增速较上半年提高7.3个百分点，实现由负转正。二是金融保障有力。辖区金融机构贷款总额426.2亿元，增长19.9%，其中，中小微企业贷款余额 240.9 亿元，占贷款总额的 56.5%。三是对上争资有效。到位上级转移支付资金 35.6 亿元，新增债券额度 22.3 亿元，其中，一般债券 7.7 亿元、专项债券 12.3 亿元、抗疫特别国债 2.3 亿元。

（四）改革开放步伐加快

一是"放管服"改革向纵深推进。全区行政许可事项承诺时限平均压减 78.2%，即办件、全程网办事项占比分别提升至 36.7%、77.4%，累计办理各类政务服务事项 84.4 万件。二是开放水平有效提升。积极融入成渝地区双城经济圈建设，加强与乐山、峨眉山、都江堰、广元等城市友好合作，签订景区合作、司法联动等一批合作协议。切实强化招商引资，累计签约项目 53 个，协议引资 474.2 亿元。三是创新氛围更加浓厚。申报国家高新技术企业 22 家，新培育入库市级科技型企业 55 家，67 家有研发活动的规模以上工业企业研发投入 1.9 亿元，增长 17%。

（五）民生福祉不断改善

一是脱贫攻坚成效明显。"两不愁三保障"突出问题动态清零，各级反馈问题限时整改，各类扶贫项目稳步推进，贫困村全部摘帽，高质量通过脱贫攻坚专项调查。二是民生实事扎实推进。32 件民生实事全部开工，农村危房改造工程等 9 件完工，累计完成投资 26.2 亿元，完成年度计划的 117.6%。三是就业创业形势向好。发放稳岗返还 169 户 1756.4 万元，稳定岗位 1.2 万个。通过点对点包车包机、推送就业岗位等帮扶措施，实现贫困人口就业务工 19667 人。新增市场主体 7736 户，增长 24.2%。四是环境质量日益提升。城区空气质量优良天数 283 天，优良率 98.6%，同比提高 3.2 个百分点，居主城都市区首位，大溪河等 4 条河流出境断面水质保持Ⅲ类及以上。

二、经济运行中存在的主要问题

总体来看，2020 年南川区经济社会发展顶住了压力、经受住了考验，成绩来之不易、难能可贵。但看到成绩的同时，面临的问题和隐忧也不容忽视：一是经济下行压力增大。受疫情冲击、中美贸易摩擦等影响，全区市场需求较为乏力，企业投资信心有所不足，经济增长速度明显放缓。二是市场主体相对较少。全区"四上企业"总体数量偏少、规模不大，且多为传统劳动密集型企业，战略性新兴产业企业不多，经济体量小、底子薄的局面短时间难以改变。三是招商引资较为困难。在四个同城化发展先行区中，南川区距离主城最远，且无重大开放平台，对外开放水平相对薄弱，招商引资难度较大，加之各区县间同质化招商竞争激烈，招商引资形势更加严峻。

三、2021 年重点工作

2021 年，南川区将深学笃用习近平新时代中国特色社会主义思想，深入贯彻落实习近平总书记视察重庆重要讲话精神和陈敏尔书记调研南川指示要求，立足特色化、面向同城化，坚持稳中求进工作总基调，深入践行新发展理念，紧扣率先实现与中心城区同城化发展的战略任务，积极融入以国内大循环为主体、国内国际双循环相互促进的新发展格局，加快融入成渝地区双城经济圈建设和全市"一区两群"协调发展，扎实做好"六稳"工作，全面落实"六保"任务，全力助推经济加快恢复和高质量发展，为全面建设社会主义现代化国家新征程开好局、起好步。初步预计，2021 年，地区生产总值增长 7% 左右。

（一）慎终如始强化疫情防控

把常态化疫情防控贯穿经济社会发展方方面面，始终坚定必胜信心和决心，切实克服消极懈怠、麻痹大意心理，慎终如始落实好常态化防控要求，不断完善及时发现、快速处置、精准管控、有效救治的

常态化防控机制,持续加强重点人群、重点场所、重点环节防控,严格落实重点场所线上预约、限时分流、发热门诊报告等防控措施,持续巩固提升防控成果,坚决堵住一切可能导致疫情反弹的漏洞,坚决守住"零疫情"底线。

(二)矢志不渝推动创新发展

坚持以创新为引领,强化产业科技支撑,持续推动工业传统特色优势产业技术创新应用,引育一批高新技术企业和科技型企业,开(竣)工一批具有科技含量的工业项目,更大力气抓好企业升规入库,矢志不渝推动工业提质增效。全面深化金佛山经营体制改革成果运用,不断完善森林康养、运动康养、中医药康养等健康旅游产品体系,创新推出体验游、深度游、主题游文旅产品和特色引爆项目,优化提升景区景点基础配套功能,不断延伸产业链、提升价值链,矢志不渝推动旅游提档升级。

(三)坚定不移促进城乡融合

统筹城市、农村两个基本面,依托国土空间规划,结合"十四五"及中长期发展需求,为城乡发展预留充足空间。聚焦优先发展农业农村,重点围绕中药材、茶叶、方竹笋和南川米等优势主导产业,加快推动农业"接二连三"融合发展,大力实施以交通、水利为重点的农村基础设施建设,持续推进农村电网改造升级,有序开展农村人居环境整治行动,扩面提速"三变"改革,全面推进乡村振兴。聚焦新型城镇化建设,加快推动高铁新城片区综合开发和东部新城产业布局,大力推进老旧小区改造和海绵城市建设,丰富完善教育、文化、医疗、养老等城市配套服务设施,改造提升城市路网、雨污管网,深化城市细管、智管、众管,有力提升城市品质。

(四)深入践行绿色发展理念

学好用好"两山论",因地制宜实施国土绿化工程,持续增强花山、九鼎山等公园城市"心肺"功能,提档升级城市及周边绿化,加大黎香湖等湿地恢复与保护力度,厚植自然生态本底。走深走实"两化路",全面推行"生态+"发展新模式,大力发展现代山地特色高效农业、都市休闲农业、智能制造、生态康养、消费品工业等绿色产业,加快形成新的经济增长点。深入实施碧水、蓝天、绿地、田园、宁静五大环保行动,全面落实"河(库)长"制,更加注重部门间协同联动、齐抓共管,进一步筑牢渝南黔北生态屏障。

(五)持之以恒扩大开放格局

依托区位条件优越、生态环境良好、文化旅游资源丰富叠加优势,持续加强与四川乐山、峨眉山、都江堰、广元等城市友好合作,不断扩大"朋友圈"。立足构建对外开放交通新格局,扎实推进渝湘高铁、渝湘高速复线等重大交通项目建设,加快融入"一小时经济圈"。纵深推进"放管服"改革,全面提升线上线下政务服务能力,进一步减少审批事项、缩短办理时限、规范监管行为,着力打造市场化、法治化、国际化营商环境。聚焦主导优势产业全产业链、集群式发展,签约落地一批有技术含量、带动力量、就业容量、财税增量、环保质量的大项目、好项目,切实提升招商引资质效。

(六)全力以赴增进民生福祉

坚持人民至上发展理念,紧紧围绕人民群众最关心、最直接、最现实的利益问题,聚焦就业、教育、医疗、社保、养老等方面,科学制定并全力实施一批民生实事,让发展成果更多更直接惠及人民群众。持续推动社会治理创新,健全社会治安防控体系,常态化推进扫黑除恶专项斗争,深化全国文明城区创建,进一步织密发展安全保护网,让城市更安全、人民更幸福。

[南川区发展和改革委员会 任俊琦 熊 波 郑 霜 刘 鑫]

之十七：2020年綦江区经济运行分析及2021年展望

2020年，綦江区上下坚持以习近平新时代中国特色社会主义思想为指导，全面落实习近平总书记对重庆提出的营造良好政治生态，坚持"两点"定位、"两地""两高"目标，发挥"三个作用"和推动成渝地区双城经济圈建设等的重要指示要求，统筹推进新冠肺炎疫情防控和经济社会发展各项工作，坚持稳中求进工作总基调，深入贯彻新发展理念，聚焦高质量、供给侧、智能化，扎实做好"六稳"工作，全面落实"六保"任务，全区经济继续呈现恢复性增长态势，坚决打赢脱贫攻坚战，如期实现全面建成小康社会目标，奋力夺取疫情防控和经济社会发展双胜利。

一、2020年綦江区经济运行情况

（一）主要指标完成情况

1—9月实现地区生产总值354.23亿元、增长2.2%，固定资产投资107.21亿元、增长8.6%，工业总产值292.34亿元、增长1.3%，社会消费品零售总额144.55亿元、增长0.7%，财政一般公共预算收入14.19亿元、增长4.6%，全体居民人均可支配收入21785元、增长6.6%。

（二）主要经济运行特点

1. 从发展速度看，主要经济指标回稳向好

地区生产总值增速较上半年提升1.4个百分点，其中，工业增加值增速较上半年提升2.7个百分点，固定资产投资增速较上半年提升4.1个百分点，高于全市6.1个百分点。其中，工业投资增速较上半年提升4.6个百分点，高于全市32.1个百分点。社会消费品零售总额增速较上半年提升7.7个百分点，高于全市2.9个百分点。财政一般公共预算收入增速较上半年提升18.1个百分点，高于全市11.4个百分点。

2. 从发展动力看，产业保持稳步回升态势

工业经济持续回升。支柱产业支撑作用突出，在索通锦旗碳素、670瓦斯发电等项目带动下，规模以上工业增加值增长3%，较上半年提升3.8个百分点。工业新动能加快成长。完成工业技改投资27.5亿元，累计获批市级数字化车间12个、智能工厂1个。企业效益下滑势头减弱。实现规模以上工业企业利润5.4亿元，下降5.1%，降幅比上半年收窄16.8个百分点。现代服务业加快发展。实现服务业增加值149.67亿元，增长0.6%。数字经济发展势头良好。召开全区发展数字经济推进大会，举办中国信息安全与数据灾备技术产业高峰论坛，签约12个项目，合同金额约7.5亿元。成立重庆数字綦江大数据产业发展有限公司，专门负责陆海传綦数据谷的建设、运营和发展。农业生产保持稳定。有效抗击洪涝灾害等影响，压紧压实"米袋子""菜篮子""肉盘子"责任制。全区夏粮实现丰收，产量达2.9万吨，蔬菜供给充足，生猪生产提速恢复。

3. 从发展后劲看,需求动力保持总体稳定

投资增速持续回升。158 个重大项目已开工 105 个、完工 20 个,带动投资增长 8.6%。基建投资稳步提速。在蟠龙抽水蓄能电站、綦江北互通等项目建设带动下,基础设施投资增长 25.1%,是支撑全区投资回升的重要力量。工业投资表现亮眼。在天海星大健康产业园、生活垃圾焚烧发电等项目带动下,增速达 35%,较上半年提升 4.6 个百分点,高于全市水平 32.1 个百分点。房地产投资增长 2.7%,分别高于上半年及同期全市水平 2.4 个、3.8 个百分点。累计签约招商引资项目 68 个,正式合同额 308.77 亿元。社会消费品零售总额由负转正,增长 0.7%,较上半年提升 7.7 个百分点。传统消费逐步回暖,旅游业务加速恢复,"夜经济"带动餐饮消费持续恢复,批发零售额持续增长,住宿餐饮额扭负为正。房地产市场需求有所释放,销售面积降幅较上半年收窄 6.7 个百分点。进出口总值实现 3.37 亿元,增长 51%,实际利用外资 159 万美元。

4. 从发展效益看,财政金融民生保障基本平稳

财政收支基本平稳。一般公共预算收入逐步好转,实现由负转正的向好态势;其中税收收入完成 9.21 亿元,降幅比第二季度收窄 7.6 个百分点。一般公共预算支出完成 53.18 亿元,下降 1.7%,降幅较上半年收窄 7 个百分点,社保就业、卫生健康等领域得到重点保障。存贷款余额持续增长。9 月末金融机构人民币存款余额和贷款余额分别为 543.05 亿元和 420.86 亿元,分别同比增长 13.1% 和 8.4%。民生保障逐步改善。落实"减免缓返补"等政策措施支持企业减负稳岗,城镇登记失业率控制在 4.5% 以内。新设立市场主体 6492 户,增长 23.29%。农村常住居民人均可支配收入 13185 元,增长 7.4%,高于城镇 2.8 个百分点。开展脱贫攻坚"收官大决战"行动,切实做到思想不松、队伍不散、力度不减,坚决如期高质量打赢脱贫攻坚战。民心工程和民生政策落实有力,綦江图书馆、2020 年饮水安全巩固提升等项目完工,社会救助和保障标准与物价上涨挂钩联动机制落实有力。

(三)2020 年主要经济指标预测

综合分析当前区内外经济形势,结合 1—9 月经济运行基本特征,初步预测全年地区生产总值增长在 5% 左右。

二、2021 年綦江区经济运行环境分析及主要指标预测

(一)运行环境分析

2021 年是"十四五"规划的开局之年,发展面临诸多机遇。从全国看,在构建以国内大循环为主体、国际国内双循环相互促进的新发展格局下,共建"一带一路"、长江经济带、新时代西部大开发、成渝地区双城经济圈、西部陆海新通道等国家战略,为推动全区跨越式发展提供了更大发展空间。从全市看,"一区两群"协调发展、綦万一体化同城化融合化发展、渝黔合作先行示范区建设等决策部署,为推动全区开发开放发展、建好重庆"南大门"带来更大战略机遇。从全区看,脱贫攻坚和全面建成小康社会成效显著,主城都市区支点城市建设提速,全区将迈入发展动力转换升级期、城市功能拓展优化期、改革开放全面深化期和公共服务精细提升期,即将迎来新的发展格局。

(二)主要指标预测

初步预测,2021 年綦江地区生产总值增长 7%,固定资产投资增长 10%,社会消费品零售总额增长 8%,工业增加值增长 7.5%。

三、2021年经济工作重点

（一）贯彻落实好成渝地区双城经济圈建设规划纲要，高质量编制好"十四五"规划

高站位抓好全面融入成渝地区双城经济圈建设，落实中央、市级的部署要求，实施好綦万"三化"发展，抓紧推进綦万创新经济走廊建设，加快谋划北部智慧新城建设，加快打造主城都市区重要支点。统筹推进"十四五"规划与《綦江—万盛一体化发展规划》有效衔接，扎实推进专项规划编制和向上沟通对接，将发展定位、重大项目等纳入上位规划，积极争取国家和市级政策、资金支持，扎实推进綦江高质量发展。

（二）抓好重大项目稳投资

精准谋划对接，围绕推动经济转型、"两中一新"等重点方向，扎实谋划2021年度重点项目、政府投资项目和民心工程，进一步挖掘更多新的有效投资增长点。把握重点，"挂图作战"，明确时间任务，优化服务，紧盯重点项目年度建设任务，特别是重中之重项目建设，强化调度，及时协调解决项目手续、土地、资金等问题，力促开工项目加快建设和建成投用，确保固定资产投资稳步增长。

（三）抓好工业运行保产业链和供应链稳定

围绕重点产业链和重大投资项目，打通赌点、疏通难点，在配套企业、上下游配套、终端销售、要素服务保障等方面做好服务，扎实推进产业项目早日投产达效，切实保障产业链、供应链稳定。加强对企业"补链"扶持，加快传统产业智能化升级，推进制造业数字化转型，支持綦齿传动、旗能电吕等企业实施技术改造和突破瓶颈制约，培育高新技术企业，增强企业核心竞争力，提高产业链的弹性和韧性。

（四）抓好消费潜力释放保市场主体

持续挖掘夜间经济、小店经济、核心商圈、特色街区、文旅、扶贫产品、网络平台等消费潜力，支持鼓励举办系列消费活动，积极调动市场力量，发展新业态新模式，推动线上线下消费加速融合、新型与传统消费协同推进，推动消费回补更有力拉动经济增长。继续狠抓财政、货币、金融、就业等纾困惠企和减税降费政策落实，避免政策和资金"空转"，精准帮扶兑现到市场主体上，增强他们的发展能力，千方百计把市场主体保护好，为经济行稳致远发展积蓄基本力量。

（五）抓好开放合作强动能

坚持"全年、全域、全员"招商，增强补链、强链、延链信心，抓紧跟进洽谈项目，确保签约落地转换率。持续推进政务服务改革，实施政务服务体系重构、流程再造，打造"全国一流、全市领先"的营商环境，更大激发市场活力和社会创造力。深化与成都天府新区数字经济联动发展，打造西部信息安全谷。加快推进国家高新区创建、西部陆海新通道综合服务区和渝黔合作先行区建设，着力构建开放型经济新体系。

（六）抓好财税运行稳金融

要坚持过紧日子，精心做好"生财、聚财、用财、理财"的文章，加强税收征管和财政资金调度，合理安排项目建设、民生改善等刚性资金需求，从严控制"三公"等经费支出，确保财政平稳运行。持续深入开展非法集资和互联网金融风险专项治理，规范国有公司融资担保行为，严控隐性债务增量，稳妥化解存量，确保政府性债务处于绿色区间，坚决守住不发生系统性、区域性金融风险底线。扩大普惠金融覆盖面，为更多中小微企业和困难行业提供有效金融服务。

（七）抓好改善和保障社会民生

全面落实就业创业补助补贴政策，多措并举推动离校未就业高校毕业生、登记失业人员、退役军人和农村建卡贫困户等重点群体创业就业，将城镇登记失业率控制在4.5%以内，进一步稳定和扩大就业。落实好失业、低保等保障政策，兜牢疫情、洪涝灾害影响的特殊群体基本生活保障。切实有效解决交通、教育、医疗等领域突出民生问题，扎实办好市级涉綦民生实事和区级民心工程，如期兑现承诺。持续抓好物价监测、环境保护等工作，切实维护社会和谐稳定，提升人民群众获得感、幸福感和安全感。

[綦江区发展和改革委员会　冯泠森　李斌嬿　陈　龙]

之十八：2020年大足区经济运行分析及2021年展望

2020年，面对新冠肺炎疫情带来的巨大冲击和复杂严峻的国内外形势，大足区坚决落实党中央、国务院决策部署和市委、市政府工作安排，贯彻新发展理念，推动高质量发展，融入新发展格局，统筹推进疫情防控和经济社会发展。在各项政策措施作用下，经济韧性在增强，新的动能在集聚，市场活力在提升，全区经济继续呈现稳步恢复态势。1—9月地区生产总值实现487.1亿元，同比（下同）增长3.4%。预计全年地区生产总值增速将高于全市平均水平。

一、2020年大足区经济运行分析

（一）工业运行持续向好

1—9月，全区规模以上工业总产值完成459.1亿元，增长5.7%。规模以上工业增加值增长4.5%，增速较上半年提高了3.6个百分点。五金、汽摩、静脉、智能四大特色产业累计实现规模以上工业产值427.1亿元，增长7.7%，占全部规模以上工业产值的93%，对全区工业经济发展起到了强有力的支撑作用。工业投资113.4亿元，增长12.8%，其中，技改投资31.5亿元，占工业投资的27.8%。生产要素保障有力，工业用电12.3亿千瓦时，增长2.7%，9月当月增长20.6%；工业用气5238.7万立方米，增长13.3%，9月当月增长8.5%。工业实缴税金5.9亿元，增长25.8%，其中，工业增值税4.2亿元，增长36.2%。

（二）消费市场逐步复苏

1—9月，社会消费品零售总额增长2%，列考核组第6位。限额以上批发业商品销售额完成77.3亿元，增长15.2%；限额以上零售业商品销售额完成35.6亿元，增长13.7%；限额以上住宿业营业额完成2亿元，增长4.3%；限额以上餐饮业营业额完成16亿元，增长10.9%。主要指标全部实现正增长，恢复态势良好。电子商务发展良好，电子商务交易额36.1亿元，增长23.7%；网络零售额13.4亿元，增长46.7%；直播带货迅速兴起，1—9月全区共开展直播超过4804场，直播电商带货超过2947.8万元。

（三）旅游行业积极回暖

大足区利用成渝地区双城经济圈建设合作契机推动文旅消费，与四川多地达成了开通旅游直通车的合作意向。大足石刻向川籍游客提供3万张首道门票免费优惠，推出"眉山·家庭套装体验"活动，组织开展了大足与乐山市民自驾车互游活动等。1—9月全区共接待游客1131.1万人次，下降28.8%；旅游总收入43.5亿元，下降30.6%。但9月当月接待游客253万人，增长35%；旅游总收入11.6亿元，增长40%。中秋、国庆双节期间共接待游客164.1万人次，增长35.6%；实现旅游总收入12.4亿元，增长40.8%。

（四）农业生产较为平稳

1—9月，农业增加值完成41.3亿元，增长3.3%，较上半年提高了6.7个百分点。粮食、蔬菜、水

果产量均保持平稳，生猪出栏45.9万头，增长56%。新发展区级农业龙头企业11家、农民合作社3个，家庭农场名录系统录入969家。加大品牌建设力度，新通过绿色食品认证5个、"巴味渝珍"授权10个，富葛鲜片通过国家绿色食品A级认定。脱贫攻坚扎实推进，及时解决"两不愁三保障"突出问题，未脱贫的16户47人全部达到脱贫标准，待国家系统开放后退出。

（五）投资进度符合预期

1—9月，固定资产投资完成273.8亿元，增长9.3%，增速列考核组第4位，其中，基础设施、工业投资分别增长43.5%、12.8%。179个新开工项目，开工159个，开工率88.8%；277个年度投资项目，完成投资247.1亿元，占全年项目计划的87.8%，其中竣工投产投用项目83个。大足石刻游客中心、新城吾悦广场、大融城开工建设，"十里荷棠"城景融合项目加快实施。

（六）外资外贸总体平稳

1—9月，进出口总额完成2.5亿美元，增长24.6%。其中，出口完成1亿美元，增长26.3%；进口完成1.5亿美元，增长23.5%。实际利用外资944万美元，下降22%。

（七）财政金融健康运行

财政收入执行情况较好，1—9月，一般公共预算收入完成31.66亿元，增长7.5%，其中税收收入11.63亿元，增长4.3%。辖区银行存款余额488.1亿元，增长22%；贷款余额397.3亿元，增长15.5%，贷存比81.4%。

（八）招商引资成效显著

1—9月，共引进项目219个，正式合同额833.59亿元，增长97.5%；累计到位资金105亿元，提前一个季度完成年初人代会确定的工作目标。2020年新增开工项目61个（正式合同金额231亿元），新增投产项目35个（正式合同金额57.5亿元），从项目个数看，落地率为43.8%，从合同金额看，落地率为34.6%。

（九）扎实做好"六稳"工作，全面落实"六保"任务

一是就业总体稳定，1—9月城镇新增就业11185人，城镇登记失业率2.78%；累计发放创业贷款2.85亿元；开展网上招聘活动，提供就业岗位1.2万余个；扩大就业见习规模，提供见习岗位1000余个；开发公益性岗位就业兜底，累计安置公益性岗位1964人。二是落实各项减税降费政策，累计为各类市场主体新增减税2.3亿元，落实社保政策为企业降费减负4.61亿元，阶段性降低水电气价格为企业减负4190.4万元；新增市场主体9905户，增长24.5%，市场主体累计达到8万户。三是金融支持实体经济成效明显，截至目前新增各类融资219.9亿元，其中企业204.7亿元、个人经营性贷款15.2亿元，展期、延期18.1亿元。四是保障粮食能源安全，粮食产量与2019年同期基本持平，库存粮质量较好，水、电、气等能源供应能够满足生产及生活需求。五是保障基本民生，1—9月累计发放低保金、特困供养金、临时救助金等1.72亿元。加强对粮、油、肉等重要民生商品价格监测，累计发放困难群众价格临时补贴2090.4万元，惠及34.9万人次；落实困难群众电量减免335.6万元，惠及3.9万户。14件区级重点民生实事目标任务加快推进，累计完成投资8.41亿元，占年度计划的99%。

2020年，在新冠肺炎疫情和复杂多变的外部环境等大背景下，全区经济仍保持了良好的恢复性增长势头，但受宏观经济影响，仍存在工业经济发展质量不高、科技创新能力不强、稳增长压力大等问题。

二、2021年经济运行环境及因素分析

从国际看，当今世界正经历百年未有之大变局，国际环境更加不稳定不确定，中美战略博弈是牵动

变局的关键因素，国际经贸规则面临重构，外部环境更加复杂，不确定性和挑战性因素增多。

从国内来看，我国进入充满挑战的重要战略机遇期，经济社会发展稳中向好、长期向好的基本趋势没有改变，正逐步形成以国内大循环为主体、国内国际双循环相互促进发展的新格局。消费结构、需求结构、产业结构将全面升级，内需和消费将成为经济增长的主要动力。

从全市来看，重庆处于由全面建成小康社会向开启社会主义现代化建设新征程转变的关键时期，将与全国一道从中等收入向高收入迈进、由中高速增长向高质量发展阶段转变、从工业化城镇化进入中后期发展阶段。

从全区来看，中央亲切关怀大足发展，重庆市高度关注大足崛起，将为大足发展带来前所未有的历史机遇，成渝地区双城经济圈上升为国家战略、重庆市"一区两群"的战略布局、大足定位为主城都市区"桥头堡"城市，为大足进一步提升开放水平、加快建设成渝地区双城经济圈重要节点带来重大机遇。

三、政策调控措施建议

（一）稳住经济基本盘

1. 全力做好"六稳"工作，扎实落实"六保"任务

积极落实各项纾困惠企政策，进一步扩大就业，帮助企业解决用地、融资、社保、物流、稳定等发展难题，持续减轻企业负担，全力稳住市场主体。

2. 切实优化营商环境

一是充分利用电子监察和评估分析系统，及时发现并解决工作中存在的堵点、卡点，持续提升办事效率。二是加强宣传，提高社会知晓度，同时强化工作人员业务培训，提升办事人员能力，全面提升服务水平。三是通过学习借鉴先进地区优化营商环境经验，找短板、补差距，不断优化大足区营商环境。

3. 切实兜住民生底线

一是全力推进重点民生实事，确保按时保质完成年度任务，真正把实事办好、好事办实。二是巩固脱贫攻坚成果，探索扶贫长效机制。三是突出重点、精准发力，加快补齐教育、卫生、养老等社会事业短板。

（二）培育新的增长点

1. 全力推进项目建设

按照"策划一批、建设一批、达产一批"的思路滚动抓好项目工作。立足补短板，抓紧策划和储备一批产业项目和新基建、生态环保、社会民生等补短板项目。坚持五个统筹，即统筹推进前期工作、统筹要素保障、统筹资金资源平衡、统筹组织实施、统筹调度督办，找准项目推进的发力点和着力点，全力推进重大项目建设，力促早日开工一批、建成一批，加快推进重点项目建设，力争全区项目策划和建设取得新的突破。

2. 全力推动工业高质量发展

加快推进工业强区建设。强化平台建设，加快创建国家高新区，提升园区平台集聚效应。大力发展战略性新兴产业。培育壮大新一代信息技术、高端装备、新材料、新能源汽车、大健康等产业集群，着力构建经济新增长点。突出特色优势产业提质增效。重点围绕五金、汽摩、静脉等产业，突出分类指导、分业施策，推动产业迈向高端。突出企业创新能力提升，支持园区建设孵化器等产业创新平台。

3. 聚焦招商引资，全力增强发展后劲

狠抓招商项目谋划策划。紧盯五金、汽摩、静脉、智能、文创等特色产业精准招商，着力引进龙头带动项目和配套关联项目，注重新产业、新业态的引进，加快产业链补强，形成产业集聚效应。加大签约项目的服务跟踪力度，及时办理各项手续，推动项目加快落地，尽快转化为有效投资。

4. 持续提升消费品质，拉动内需

一是围绕"十里荷棠"、MK 购物中心、大足印象和新引进的大融城购物中心、新城吾悦广场等商业综合体，打造消费集聚区。二是统筹抓好传统商贸业转型升级和新兴业态培育，加快发展网络消费新业态，鼓励各大市场主体、商会协会开展直播带货、"线上+线下"促销等营销活动。三是大力发展夜市经济，着力打造条件好、氛围浓、特色鲜明、具有吸引力的夜市。

（三）融入新发展格局

1. 全面贯彻落实成渝地区双城经济圈建设

集中精力办好自己的事情，同心合力办好合作的事情。加快推进与成渝毗邻区域在交通、能源、水利、通信等领域的基础设施互联互通，生态环境共治共保，公共服务共建共享。联动内江、资阳等区域，构建成渝主轴联动发展共同体，助推成渝中部一体化发展。全力推进大足资阳文旅融合发展示范区建设。推动区域特色产业优势互补、协同发展。

2. 加快建设主城都市区"桥头堡"城市

积极落实"一区两群"协调发展，全方位增强与主城都市区中心城区在交通、产业配套、优质公共资源等方面的衔接，打造高端服务资源承载地。加快融入"一带一路"和长江经济带发展战略，鼓励大足智能制造更多地"走出去"。

3. 高标准做好大足石刻文化公园建设工作

一是统筹实施好大足石刻游客中心、"十里荷棠"城景融合、宝顶山石刻景区提升、龙水湖旅游度假区等重大项目建设。加强文物保护修缮，继续实施宝顶山小佛湾修缮工程等石刻保护工程。二是推动旅游资源上档升级，力争将隆平五彩田园、香国公园创建为 3A 级景区。三是加强宣传营销，推出以大足石刻为主题的大型实景演出，继续推进大足石刻"四百工程"。

[大足区发展和改革委员会　陈吉强]

之十九：2020年璧山区经济运行分析及2021年展望

2020年以来，璧山区坚决贯彻落实习近平总书记重要讲话精神，在重庆市委、市政府的坚强领导下，科学统筹新冠肺炎疫情常态化防控和经济社会发展，全面落实"六稳"要求，扎实做好"六保"工作，抢抓成渝地区双城经济圈、中国西部（重庆）科学城建设契机，向创新要动力、靠创新提能级，着力推动经济社会发展"育新机、开新局"，全区经济呈现稳定转好态势，高质量发展势头强劲。

一、2020年璧山区经济运行情况

（一）主要指标逐季走高

1—9月全区实现地区生产总值517.6亿元，增长3.6%，较上半年提高1.3个百分点，高于全市1个百分点，增速位列全市和考核组第三。其中，第一产业增加值28.6亿元，增长3.6%；第二产业增加值266.6亿元，增长4.6%；第三产业增加值222.4亿元，增长2.3%。全体居民人均可支配收入增长7.8%。全区地方财政收入完成99.3亿元，一般公共预算收入完成35.3亿元，其中税收收入完成21.2亿元，占一般公共预算比重达到60%；全区一般公共预算支出完成60.69亿元。

（二）工业经济持续回升

规模以上工业增加值增长5.2%，较上半年提高2.2个百分点，居考核组第6位。65%的企业实现产值同比持平或增长，69.6%的企业产能恢复到80%以上，产业循环持续改善。支柱产业"三升两降"，电子产业保持29.0%的高速增长，拉动规模以上工业增长5.3个百分点；汽摩产业增长1.4%，增速实现由降转升；装备产业增长7.1%；受皮革制鞋业市场需求下滑影响，消费品工业下降22.7%；受低价水泥和熟料冲击市场及重点材料企业生产线检修影响，材料产业下降4.5%。

（三）消费市场稳步复苏

在"支持企业45条""冷酒夜市"等政策带动下，居民实物和服务消费持续恢复。实物消费方面，社会消费品零售总额增速由负转正，增长2.2%，较上半年提高4.1个百分点，居考核组第5位。其中批发、零售业分别增长9.7%和8.3%，分别较上半年提高1.2个和2.9个百分点。服务消费方面，受疫情冲击较大的餐饮和住宿业也呈恢复态势，分别增长6.9%和2.5%，分别较上半年提高0.1个和10.5个百分点。同时，文旅"双晒"等活动带动第三季度当季旅游人次达到280万，已恢复到2019年同期水平。居民收入增长7.8%，居考核组第1位，将更好地支撑区域经济适应双循环格局。

（四）投资增速稳定增长

1—9月投资增长2.6%，高于全市平均增速0.1个百分点，较上半年提高2.4个百分点。其中工业投资由负转正，增长3.0%，较上半年提高6.9个百分点，考核组位次较上半年上升两位；技改投资占比保持在30%左右的较好水平。房地产方面，房交会带动商品房销售面积达到189.9万平方米，增长3.1%，总量和增速均居考核组第7位；3年以上库存稳定在10万平方米左右。

（五）积极因素持续增多

新动能引领作用凸显，战略性新兴产业增长36.9%，数字经济增长30.3%，分别超过2019年同期27.9个和14.9个百分点；直播带货带动网络销售增长12.6%；76.8%的工业企业预计全年营收会增长或持平，市场主体信心逐渐增强。

（六）民生保障扎实有力

着力"稳就业"，城镇新增就业15172人。"保市场主体"效果明显，1—9月新增市场主体增长12.6%，减免、缓缴、降费、节约成本、发放补贴等金额33.3亿元。加大民生保障力度，教育支出增长25.5%，交通运输支出增长90.3%。重点民生实事稳步推进，新增普惠性幼儿园3所，改善农村幼儿园6所，完成350公里"四好农村公路"路基工程，完成路面硬化242公里。完成农村卫生厕所改造2900户，完成棚户区改造1352套。

（七）招商引资态势向好

坚持一手抓常态化疫情防控，一手抓高质量经济发展，建立健全"六个一批"招商引资体系，以精细化、高水平抓实抓牢招商引资工作。签约方面，1—9月共签约项目44个，合同总额462.1亿元；在谈项目方面，重点在谈项目46个，拟投资总额1002.7亿元；新开工方面，新开工招商引资项目50个；竣工投产方面，拟竣工投产招商引资项目19个；投产方面，已投用新能源汽车、高端装备制造、生命健康项目17个，总投资129.4亿元，年产值258亿元；达产方面，红宇等26个项目实现达产。

二、2021年重点工作

2021年，璧山区将以习近平新时代中国特色社会主义思想为指导，全面贯彻党的十九大，十九届二中、三中、四中、五中全会精神，认真落实市委、市政府各项决策部署，坚定不移贯彻新发展理念，统筹发展和安全，更加注重把握新时代西部大开发、共建"一带一路"、长江经济带绿色发展、成渝地区双城经济圈、西部陆海新通道等重大战略机遇，更加注重从全局谋划一域、以一域服务全局，更加注重发挥主城都市区"迎客厅"的引领、创新、示范、集聚功能，全面融入"双循环"、唱好"双城记"，实现更高质量、更有效率、更加公平、更可持续、更为安全的发展。重点抓好以下工作：

第一，加快现代产业体系建设。突出强链条、聚要素，推动产业集群化、融合化、智能化发展，构建市场竞争力强、可持续的现代产业体系。一是构建现代工业体系，围绕培育"芯屏器核网"全产业链，发展新能源智能汽车、智能制造、新型显示等产业，推进重庆比亚迪新能源汽车电池生产基地、重庆（康佳）半导体光电科技产业园建设，联动产业链上下游形成集群效应；加快布局物联网、大数据、云计算、5G、人工智能等产业，打造"云联数算用"要素集群。二是构建现代服务业体系，建设西部（国际）数字经济产业生态区、大数据交易市场，利用中新（重庆）国际互联网数据专用通道培育信息安全、跨境数字产业和软件等服务外包产业；大力发展大健康、文化旅游、商贸等生活性服务业，发展大健康专业服务市场，建设茅莱山都市田园生态公园，建好秀湖水街国际非遗手艺特色小镇、全景电影小镇、博物馆、美术馆等标志性项目，打造5A级重庆璧山"小城故事"文化生态旅游区。三是构建现代农业体系，提档升级"菜园""果园""花园"，发展集观光游览、品尝、采摘、休闲、度假于一体的"农文旅、产加销"新业态，推动农业"接二连三"，打造"大美田园"乡村振兴示范带；围绕农业标准化生产、社会化服务、农产品监测认证、品牌营销、利益联结等"五大系统"有机耦合，大力发展都市农业，开发民宿康养、农耕体验等田园乡居产品，推动农业生产标准化、供给多元化、产业融合化。

第二，构建试验应用场景。建设多元场景的试验测试基地，打造大数据智能化应用试验区，为成渝地区产业升级提供试验场。一是构建新技术应用场景，前瞻布局5G、天基互联网、人工智能等新型基础设施，推动智能交通、无人驾驶、移动机器人等新产品广泛应用，促进一批前沿技术在璧山衍生发展。二是构建新业态应用场景，投用"城市政务网""城市治理网""城市生活网"，建设一批跨区域、跨领域的工业互联网、物联网平台，推动以线上业态、线上服务、线上管理为导向的新业态新模式加快发展，不断壮大平台经济、分享经济规模。三是构建宜居生活应用场景，建设"一老一小"友好城、创新创业青春城，完善国际学校、国际医院、国际社区等配套服务体系，打造高品质生活宜居社区，构建"城人产"高度和谐统一的生态空间，为各类群体提供高品质生活场景。

第三，推动产业转型升级。加快推进产业结构调整，推动智能制造、电子信息等产业向价值链高端迈进，促进汽摩、机电、鞋业等产品迭代更新。一是以提高技术含量、增加附加值为重点，持续实施"企业成长计划"，推动一批本地企业提质增效、发展壮大。二是靶向突破国家发布的35项"卡脖子"技术，培育掌握核心技术、处于价值链高端的龙头企业，打造具有行业领先水平的燃料动力电池产业集群、储能电池产业集群、光电技术产业集群和视觉传感器产业集群。三是拓展军民融合空间，搭建军地交流共建、军地人才共育、军地协同创新、科技成果孵化、原始创新研发等平台，推动"军转民"专业化重组，鼓励支持企业"民参军"，打造军民融合产业示范区。

第四，打造大学城创新生态区。牢固树立生态理念，推动跨界融合、协同创新，形成引领科技创新、引领产业升级、引领人才集聚的创新生态。构建创新文化生态，持续开展"双创"活动，联动成渝地区高校举办西部科学论坛，营造支持创新的浓厚氛围。一是构建创新研发生态，聚集研究院、研发中心、孵化器、实验室、院士（专家）工作站、中试平台等，建立产学研合作共同体，创建一批国家级创新平台和市级新型高端研发机构。二是构建创新服务生态，开工建设西部（重庆）科技创新小镇、重庆产教融合生态区（大学城西区）、西部（国际）数字经济产业生态区，投用大学城（璧山）科技创新生态社区，建立知识产权交易中心，提供"科研+孵化+推广+迭代"全生命周期培育服务，打造科创团队理想栖息地。三是构建创新产业生态，开展产业链培育及招商，编制产业链全景图，推动科技成果快速孵化落地。四是构建创新金融生态，引进创业投资机构，筹建高新技术创投基金，形成多元化、跨区域的科技投融资体系。

第五，持续推进全面深化改革。一是注重分类指导、点上突破，深化璧山高新区、服务业发展区、国家农业科技园区体制改革，推进国有资本授权经营体制改革，有序下放区级管理权限。二是聚焦重点领域和关键环节，扎实抓好改革试点任务，力争形成一批可复制可推广的典型经验。三是高水平建设国家城乡融合发展试验区，依法依规开展土地管理制度改革和产业用地市场化配置改革，探索实践农村土地、宅基地等资源符号化、抽象化路径，建立西部（重庆）花卉苗木市场、农村要素交易市场，推动人流、物流、资金流、信息流在城乡间良性循环。

第六，加快推进开放通道建设。着力在"外联"和"内畅"方面双管齐下，积极构建"东融西进""北连南合"的现代交通体系，努力以交通优势提升区位优势、彰显战略优势。一是加快重庆第二国际机场规划研究，谋划建立进出机场的综合交通服务体系，打造航空门户枢纽。二是畅通外联通道，加快金凤隧道建设，推动凉亭关隧道，曾家隧道，轨道交通15号线、27号线早日开工，进一步缩短同城化时空距离；做好成渝中线高铁、兰渝高铁、渝昆高铁和渝毕城际铁路、渝自城际铁路、合永城际铁路建设，实施渝遂高速扩能、成渝高速拓宽、渝蓉高速内环连接线、璧永高速、渝安高速等重大项目，谋划建设璧大（足）快线、璧永快线，推进璧山至北碚、璧山至潼南、七塘至合川草街等高速公路建设和璧铜快轨建设，全面提升通道开放能力。三是畅通内部循环，加快建设双星大道西延至大兴段、正兴互通至金凤隧道连接线，实施黛山大道北延至八塘段、南延至来凤段项目，提速合璧津高速建设，共同形成横贯东西、纵穿南北的大通道；逐步向南北延伸云巴线，衔接地铁线等城市轨道，跨越茅莱山构建"日字形"轨道网，打造"轨道上的璧山"。四是主动参与西部陆海新通道建设，统筹规划建设铁路枢纽西环线，连通渝新欧班列和长江货运港口，引进培育第三方物流企业集团，增强物流集散功能。

第七，构筑高质量开放平台。一是以璧山高新区为重点打造内陆开放门户，建设"专业园""国别园"，做实军民融合产业示范区、国家智能化示范园区，全面提质重庆台商工业园，切实提升开放能级。二是以中意（中欧）创新产业园、中新合作智慧区为纽带，在对外贸易通道节点城市建立境外商会、境外商务代表处、招商代理平台，增强与欧洲、东盟国家的经贸往来和跨境合作。三是建立健全区域协作新机制，扩大成渝地区"朋友圈"，加强与成都东部新区等区域的合作交流，推动产业发展、科技创新、人才交流联动协作。四是用好中新互联互通示范项目平台，成立专门机构对接服务中新项目，加快建设一批教育、医疗、商贸、金融等领域重点项目。

第八，营造市场化法治化国际化营商环境。一是对标世界银行11项评价指标，持续推进"放管服"改革，全面实施市场准入负面清单制度，打造"一网通办"政务服务品牌，最大限度精简行政审批事项和环节，实现"最多跑一次""尽量不跑"。二是构建"亲""清"政商关系，秉持审慎包容监管原则，一视同仁任何所有制、任何规模、任何类型的企业，促进民营经济高质量发展。完善"企业吹哨、部门报到"互动机制，办好"企业之家"，推行"审批代办专员"制度，提高涉企服务质量和效率。三是强化社会信用体系建设，做大企业帮扶"八大资金池"规模，推动减税降费各项政策落地，探索建立中小微企业大数据增信机制。四是借鉴运用REITs理念，建设标准化厂房、写字楼、人才公寓等，采取平价租赁方式进行供给，发展房地产租赁市场，打造一流的高品质低成本发展环境。

第九，加快建设新型智慧城市。一是建好用好"城市三张网"，大力发展智慧交通、智慧教育、智慧医疗、智慧安防等民生服务场景应用，让城市更聪明、更智慧。二是深入实施国土绿化提升行动，建设沿道路、河流、高压线的生态绿道网络，精心打造缙云山、云雾山、茅莱山等生态廊道，改造提升城区公园，持续实施河湖水系连通工程，将更多自然景观引入城市，着力把城市建设成为大公园、大景区、大森林、大水系。三是以"党建引领+"探索实践基层治理新路径，全面推开"党建引领、小区治理"，实现"小区的事不出小区"。四是持续完善公共服务，全覆盖推动小区配建养老托幼设施，发展居家和社区养老服务，引导社会力量兴办规模化、连锁化、品牌化的医养结合型养老机构。五是建设康养生态公园，引进高端专业医疗中心，打造集专业医院、国际社区于一体的复合式生态休闲公园。

第十，加快建设高品质生活宜居地。大力促进城乡融合发展，统筹城乡市政公用设施建设，推动教育、医疗、文化、社保等公共服务向农村覆盖，实现城乡基本公共服务均等化。一是围绕"医养健管游食"全产业链，培育医疗服务、健康管理、康养休闲、健康养老、国际体育赛事等产业，倾力打造大健康产业集聚区。依托良好的自然生态本底和丰富的农业资源，大力发展康养旅游等业态，促进田园与乡居融合，建成适合不同人群的康养旅游旅居目的地。二是持续深化农业农村改革，稳妥推进农村"三变"改革试点扩面，最大限度激活"人""地""钱""自然风光"等资源要素，真正把乡村生态优势转化为产业优势。深化农村人居环境整治，抓好垃圾污水处理、"厕所革命"、村容村貌提升，推动美丽乡村建设取得新成效。持续开展"党建引领、水价治理"，推进农村饮水安全工程建设，让农民喝上放心水、平价水。

[璧山区发展和改革委员会　刘兆奎　林勇华　刘亚丁]

之二十：2020年铜梁区经济运行分析及2021年展望

铜梁区坚持以习近平新时代中国特色社会主义思想为指导，全面贯彻落实中央决策部署和市委、市政府工作要求，坚持问题导向、目标导向、结果导向，保持战略定力，坚定不移稳住经济基本盘，全力以赴做好"六稳"工作，落实"六保"任务；坚定不移强化政策对冲，抓好国家和市级重大政策、项目、事项落地落实；坚定不移谋划长远发展，立足主城都市区"桥头堡"城市定位，抢抓成渝地区双城经济圈建设机遇，"十四五"规划编制进展顺利，经济活力进一步恢复。

一、2020年铜梁区经济运行分析

（一）运行特点

1. 工业经济持续向好

1—9月，全区实现工业总产值454.2亿元，增长3.9%。规模以上工业增加值增速4.4%；实现工业投资106.2亿元，同比增长17.3%。广铜"一带一路"高新技术产业合作区、小米生态产业园等建设加快。新兴产业持续发展，131家"双新"规模以上工业企业实现累计产值227.5亿元，增长11.4%。其中，52家战略性新兴企业实现产值62.4亿元，增长13.1%；79家高新技术企业实现产值165.2亿元，增长10.7%。64家规模以上数字经济企业实现产值118.7亿元，增长14%。大力建设生态数字花园高新区，1—9月累计实现产值334.4亿元，同比增长7.4%。其中，装备制造、大健康产业规模以上工业产值分别实现162.5亿元、12亿元，分别增长4.8%、6.2%；信息技术实现规模以上工业产值60.9亿元，增长26.4%；新能源新材料实现规模以上工业产值51.4亿元，增长5.3%。全区工业用气量2858.3万立方米，增长9.6%；工业用电量94751.9万千瓦时，增长17.8%。

2. 农业加快提档升级

1—9月，全区第一产业增加值45.2亿元，增长3.6%。新品种、新技术、新基地建设和成熟基地提质上档"三新一提质"相关工作成效显著。预计蔬菜播种面积达到30.5万亩、增长3.6%，蔬菜产量达到62.8万吨、增长3.5%；特色效益渔业稳步发展，全区水产品总量达2.7万吨，水产品质量安全达标率100%。全年粮食播种面积82.5万亩、产量35.1万吨，其中预计夏粮播种面积达6.9万亩、产量1.7万吨，秋粮播种面积75.6万亩、产量33.4万吨。油料作物种植面积10.9万亩，产量1.5万吨。主要畜禽出栏总体稳定。预计生猪出栏26.6万头，增长25.6%；家禽出栏1223万羽，增长4.8%；肉羊出栏1.7万只，增长2.7%。坚持"六要路径"发展新型农村集体经济，新增专业合作社35个，新培育新型农业经营主体219户。建成60公里绿道，提升"乡村振兴会客厅"14个，高质量建设120平方公里乡村振兴西郊示范片。

3. 第三产业回升明显

1—9月，消费持续回暖，全区社会消费品零售总额完成161.6亿元，增长1.1%（第三季度增长

11.5%），批发销售额81.2亿元、增长9.2%，零售业零售额104.2亿元、增长8.1%，住宿营业额1.41亿元、增长2.3%，餐饮业营业额29.8亿元、增长6.9%。道路运输周转量完成70559.9万吨公里，增长5.4%，水上运输周转量完成1102万吨公里，增长9.5%。房地产市场下降势头趋缓，销售面积90.5万平方米，降幅较上半年收窄16.5个百分点。受新冠肺炎疫情影响，共接待境内外游客724.7万人次，恢复至去年同期的86.1%；实现旅游综合收入32.6亿元，恢复至去年同期的90.3%。1—8月外贸进出口额完成8.2亿元，完成全年任务的57.7%。

4. 项目投资平稳增长

1—9月，全区固定资产投资完成274.6亿元、增长9.9%，其中工业投资完成106.2亿元、增长17.3%，旅游投资完成50.8亿元、下降15.7%，房地产开发投资完成32.3亿元、增长18.4%。重点项目建设稳步推进，2020年实施重点建设项目198个（重点建设项目182个，重大前期项目16个），总投资1117.5亿元，年度计划投资291亿元。已开工建设151个，开工率83%；完成投资229.6亿元，占年度计划投资的78.9%。重大交通能源项目取得突破性进展。市域快线璧铜线可行性研究报告获得批复，铜安高速建设有序推进，渝遂扩能一期生物多样性审查获国家林草局批复，华兴110千伏、白羊35千伏等输变电及铜梁生活垃圾焚烧发电厂110千伏送出线路工程平稳推进，农村薄弱电网改造任务已完成70%，页岩气日产气量突破50万立方米。招商引资成效显著。全区新签约内资招商项目46个，计划总投资295.8亿元，其中工业项目32个，引资额201.6亿元，占比68.2%。内资到位资金111.2亿元，增长51%。

5. 财政金融运行稳健

1—9月，一般公共预算收入完成22.3亿元，增长7.4%，其中税收收入完成12.8亿元。严控开支。全区一般公共预算支出完成60.2亿元，下降7.2%。全体居民人均可支配收入达25284元，增长7.5%，其中城镇常住居民人均可支配收入31704元、增长5.8%，农村常住居民人均可支配收入16286元、增长7.6%。金融运行稳健。银行业金融机构存款余额556.2亿元，增长8.9%；银行业金融机构贷款余额389.95亿元，增长8.3%；存贷比70.1%。区内金融机构投放贷款131.2亿元，其中投放实体经济97.2亿元。

6. 就业创业形势良好

1—9月，全区新发展各类市场主体5742户，增长6.3%。新增商标注册数1216件，增长37.1%。累计发放创业担保贷款578户，9857万元。持续开展"把老乡留在老家"专项行动，回引17251名在外务工人员返乡创业就业，帮助高新区480家复工复产企业新招录铜梁籍员工6300人，基本缓解重点企业用工难问题。全区促进城镇新增就业、城镇登记失业人员就业、城镇就业困难人员就业分别达到12957人、3209人、2692人，分别完成目标任务的106.2%、80.2%和134.6%。

（二）存在的问题

全区经济形势正在逐步向好转变的同时，也要看到经济持续回升的基础尚不稳固。当前国际形势依然复杂严峻，全球疫情还在持续蔓延，经济仍在消化疫情带来的不利影响，经济运行不确定性和不稳定性凸显，完成2020年经济社会各项目标还需努力。

1. 部分企业经营困难

1—9月，全区规模以上工业企业中共13家企业停产、96家企业负增长，实现产值同比下降22.1%，占规模以上工业企业数量的31.8%、规模以上工业企业产值的24.1%，下拉规模以上工业企业增长7.1

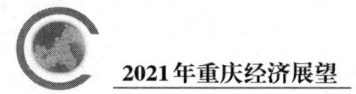

个百分点。同时，受市场影响，企业技改升级积极性有所减弱，1—9月全区工业企业技改投资下降5.3%，长期持续盈利能力存在隐忧。

2. 居民消费潜力不足

商贸行业虽然已经全面复工复产，但全球疫情蔓延导致消费意愿趋于谨慎，储蓄倾向明显增加，居民存款余额同比增长12.5%，改善性消费和大额消费难以快速恢复，大型餐饮、酒店住宿等行业面临的恢复期较长。

3. 社会投资意愿不强

受新冠肺炎疫情和宏观经济下行压力影响，部分社会投资项目建设放慢，部分已签约项目落地滞缓，甚至取消投资计划，1—9月民间投资仅增长0.1%。

4. 金融风险值得关注

实体经济困难向金融领域传导存在滞后效应，贷款临时性延期还本付息等政策可能延迟信用风险的暴露，部分企业因经营困难可能无法及时偿还债务，造成后期银行面临不良率上升和不良资产处置压力加大。

（三）2020年全年主要经济指标预测

2020年，全区预计实现地区生产总值增长6.5%左右，工业增加值7%左右，固定资产投资增长12%左右，社会消费品零售总额增长6.5%左右。

二、2021年经济运行的环境及因素分析

在全区人民的共同努力下，2020年国民经济经受住了新冠肺炎疫情及中美贸易摩擦的冲击，呈现稳定有力、回暖较快的态势，但仍然面临诸多挑战。因国内经济面临下行压力依然严峻，民间投资减弱，招商引资及产业发展受到较大影响，就业创业和金融信贷风险增长，后疫情影响日益显著。随着对新冠肺炎疫情防控办法不断完善和贸易摩擦处置方式不断丰富，外部环境的不良影响将逐渐减弱。

从自身区位优势来看，铜梁处于成渝地区双城经济圈中轴线上的关键节点，能够充分享受中心城市的协同带动政策红利，要持续突出工业振兴、乡村振兴和城市提质，努力打造先进制造示范区、创新生态示范区、城乡融合示范区、营商环境示范区，奋力把铜梁建设成为成渝地区双城经济圈高质量发展先行区、国际大都市后花园。

三、2021年主要经济指标预测

经测算，全区2021年地区生产总值将增长7.5%左右，工业增加值8%左右，固定资产投资增长10%左右，社会消费品零售总额增长8%左右。

四、措施与建议

在铜梁区委的坚强领导下，坚持稳中求进工作总基调，扎实做好"六稳"工作，全面落实"六保"任务，统筹处理好脱贫攻坚与发展全局、疫情防控和稳定增长、减税降费与增收节支等关系，突出问题导向、聚焦重点难点、抓住关键环节，以目标倒逼任务、以时间倒逼进度，牢牢把握经济发展的主动权，尽最大努力争取最好结果，确保"十三五"圆满收官、"十四五"良好开局。

（一）狠抓重点项目建设，增强发展后劲

一是加强项目前期工作。重点紧盯应开工未开工项目，加快推进前期工作，尽快实现开工建设；强化新开工项目管理，有针对性地解决困难和问题，确保按期开工建设。二是加快项目施工进度。进一步严把项目疫情防护关、工程质量关、安全生产关，优化组织实施，细化进度安排，加快西部美谷、小米生态产业园等项目建设，尽早形成实物投资量。三是加大项目管理调度。创新招商引资工作思路，细化工作举措，围绕医疗康养、文化旅游、乡村振兴等方面做好精准招商。坚持每周调度制度，着力解决制约项目推进的卡点难点问题，抓好项目进度跟踪落实。四是紧抓成渝地区双城经济圈、主城都市区等重大机遇，根据全区发展需要，及早编制项目计划，提前开展项目前期工作，进一步充实项目库。

（二）推动产业转型升级，提高发展质量

一是加大技改扩能和研发投入。提速科创新城建设，推动现有企业扩规升级，鼓励政府所属科研单位和民办非企业科研机构发展，支持企业建设科研平台、深化产学研合作。二是抓实抓细"上云上规上市"工作。尽快出台《铜梁区扶持市场主体升规升限的政策措施》，加速市场主体发展；充分发挥《重庆市铜梁区企业改制挂牌上市奖补办法》政策引导作用，提升辖区经济证券化水平，引导更多企业在境内外交易所上市融资。三是积极打造数字经济等经济发展新引擎。依托现有产业基础和特色优势，围绕数字经济领域创新产业组织、商业服务等模式，加快推进数字产业化、产业数字化，推动数字经济等与实体经济深入融合，集中力量建设"数字龙乡、智造高地"。

（三）增强各类风险防范，维护发展大局

一是积极应对新冠肺炎疫情影响。密切关注国际形势变化和受影响较大产业走势，用好用足企业帮扶政策，做好助企纾困解难各项工作，加快企业产能恢复和产业生态修复，最大限度减少疫情对工业经济的影响；做好外防输入、内防反弹，促进消费需求释放，大力发展居家型健康消费、线上线下互动消费，拓展数字经济增长点。二是加强防范系统性金融风险。加强信贷违约等金融风险预判，采取有效措施，协助解决实体经济生产经营及流动资金困难；严格落实政府"过紧日子"十条措施，腾退资金用于"三保"和重点支出，积极应对财政减收增支影响，确保财政平稳运行。

（四）加大基础设施建设，优化发展实力

一是加快补齐基础设施短板。以打通对外大通道和畅通内部交通网为重点，全面推进"四好农村路"、干线公路、轨道交通和交通枢纽站点的建设，协调做好渝遂复线（北碚至铜梁段）、铜安高速、合璧津高速、成渝中线高铁等对外大通道建设的建设工作；完善城际公路网，打通断头路、瓶颈路，缓解城市道路拥堵问题。二是积极构建和谐人居环境。绿化城市生态，继续实施"增花添彩"工程，开展城区节点景观提档升级工作，修复人（车）行道新建公共停车场及停车位，对照明暗区路灯实施安装工程。

（五）推进生态文明建设，增强发展魅力

一是改善生态环境质量，践行绿色发展理念。对照第二轮中央生态环境保护督察整改方案，推动对工业污染、畜禽养殖、农村面源污染以及环境风险隐患点等重要部位的管制，坚决淘汰落后及过剩产能，整治畜禽养殖和中小企业的偷排乱排现象。二是净化城市生活环境，倡导实施垃圾分类。全面推进城乡生活垃圾分类示范建设，持续推动实施餐厨垃圾收运工作，扩大城区餐厨垃圾收运范围，全力推进生活垃圾焚烧发电项目、垃圾填埋场整治工程，提升城市环境品质。

（六）开展科学长远谋划，抓住发展机遇

一是坚持"融城"与"融边"双向发力。突出双城经济圈"桥头堡"定位，狠抓通道建设、产业发

展、人口聚集，推动一批与毗邻地区重大合作事项落地见效。瞄准主城都市区功能优化布局和产业外延的机遇，科学谋划铜梁功能定位和产业发展定位，积极承接主城产业转移和产业配套，加快推动主城都市区一体化发展。二是高标准编制好"十四五"规划。紧扣"四个示范区""双百"城市建设，强化整体统筹，协调发展规划、专项规划、区域规划和空间规划同步推进，实现全区规划一张图。强化向上对接，全力争取将一批重大项目纳入全市规划，推动铜梁在新时代实现高质量大发展。

[铜梁区发展和改革委员会　安博程]

之二十一：2020年潼南区经济运行分析及2021年展望

年初以来，新冠肺炎疫情对潼南区正常生产生活秩序带来前所未有的影响，短期内对供给端、需求端产生较大冲击。区委、区政府严格贯彻落实党中央、国务院以及市委、市政府部署要求，抓实抓细疫情防控工作，准确识变、科学应变、主动求变，科学指挥调度，使疫情防控战果不断巩固，经济社会发展各项工作有序推进。

一、2020年潼南区经济运行分析

1—9月全区经济运行呈现承压下行、回稳向上的复苏态势，长期向好的基本面没有改变，内生向上的趋势明显增强。

（一）运行特征

1. 农业发展形势良好，畜禽养殖加快恢复

1—9月农业增加值55.87亿元，同比增长4.7%。一是粮食水平稳中有升，粮食面积79.78万亩，增长1.09%；产量36.77万吨，增长1.24%。二是蔬菜灾后快速恢复，种植面积78.61万亩，同比增长3.2%；产量149.93万吨，同比增长0.96%。三是养殖业恢复有力，第三季度末生猪存栏41.08万头，增长19.78%，其中能繁殖母猪存栏3.64万头，增长18.45%；渔业发展持续向好，产量8446吨，同比增长8.6%。

2. 工业经济平稳运行，主导产业总体向好

新增规模以上工业企业6家，工业增加值117.41亿元，同比增长4.0%，较上半年提高3.3个百分点，其中，规模以上工业增加值增长4.4%，较上半年提高1.2个百分点。五大产业呈现"四升一降"，绿色建材产业和环保表面处理产业发展势头较好，分别完成产值47.07亿元、4.66亿元，同比分别增长86.03%、71.69%；特色消费品工业产业和循环经济产业稳步提升，分别完成产值57.41亿元、30.10亿元，同比分别增长23.24%、20.61%；智能制造产业全力止滑，实现产值121.95亿元，降幅较第一季度收窄16.2个百分点。

3. 第三产业加快复苏，新兴业态快速增长

服务业增加值138.12亿元，同比增长1.7%。其中，社会消费品零售总额增长4.1%。一是传统消费和住房消费呈恢复性增长，灯饰、家居建材、蔬菜、小商品批发、汽车零售五大专业市场1—9月销售额达到20亿元；商品房销售面积96.05万平方米，同比增长18.2%。二是现代物流加快发展，1—9月快递业务量585万件，增长5.3%，投递量1227万件，增长28.8%。三是线上消费快速增长，1—9月新增开通线上业务企业300余家，线上销售额达到4.9亿元，同比增长22.1%。四是金融业发展势头良好，金融机构各项存贷款余额744.85亿元，增长18.8%，较6月末提高4.8个百分点，存贷比达到62.6%。

4. 投资量质齐升，项目建设有序推进

1—9月全区固定资产投资项目共计346个，计划总投资756.92亿元，实现固定资产投资总额163.24亿元，增长9.1%。一是供给侧结构性改革持续深化推动技改投资向好，1—9月工业投资67.20亿元，增长7.8%，其中，技改投资28.47亿元，增长5.6%。二是逆周期调节政策力度加大促使基建投资走高，1—9月交通投资25.58亿元，增长24.5%。三是房地产交易逐渐活跃，1—9月房地产开发投资25.38亿元，增长39.9%。全年确定建设项目267个，目前新开工率已达71.5%，同比增长9.8个百分点。

5. 社会民生持续改善，居民收入实现"双超"

一是全面落实市政府"45条"和区政府"28条"政策措施，净增市场主体6366户，新增限额以上商贸企业9家、规模以上服务业企业1家，稳定岗位1683个，新增城镇就业9404余人，完成年度目标的78.4%。二是坚决打赢脱贫攻坚战，扶贫续建项目当期项目开工率100%，扶贫龙头企业复工率100%。粮食、猪肉等民生商品供应充足、价格稳定，居民消费价格指数同比上涨3.6%。三是扎实做好困难群众兜底保障，对2万余位低保对象发放低保金0.73亿元。居民收入为21866元，增长7.5%，高于全市平均水平1个百分点，其中，城镇常住居民收入增速高于全市平均水平0.1个百分点，农村常住居民收入增速高于全市平均水平0.2个百分点，实现"双超"。

（二）存在的问题

1. 实体经济经营困难

支持企业复工复产的系列政策实施以来，虽然各类企业基本恢复生产，但由于制造业产业链纵向延伸不够，产业整体竞争力不强，导致订单减少，加之资金短缺等因素影响，营业收入和产能下行压力较大。

2. 工业发展后劲不足

一是工业生产水平有待提高，重点产业核心技术发展滞后，系统集成供给不足，人才和网络基础设施支撑薄弱。二是产业结构亟须优化调整，智能终端和智能装备独大，占规模企业产值的46.9%；战略性新兴产业、高新产业、数字经济等新兴产业发展活力不足，带动经济增长的能力弱。

3. 部分商贸恢复缓慢

一是住宿业尚未全面复苏，1—9月住宿业营业额3.26亿元，同比下降8.5%，尚未转正。二是消费品市场客户回流不足，消费者外出消费欲望和消费信心不足，客户回流量仍然不足，消费品线下市场依然存在较大压力。三是外贸市场主体不强，潼南区共有外贸进出口资质企业132家，有实绩进出口的企业不足20家且无外贸龙头企业，注册登记外商投资企业仅6家。

（三）全年经济预测

总体来看，经济运行不确定性和不稳定性仍然存在，经济持续回升的基础尚不稳固，全区全年经济增长仍然受制于新冠肺炎疫情和中美贸易战影响。目前，成渝地区双城经济圈建设已上升至国家战略，支撑经济发展的一系列利好政策逐渐增多，全区经济已进入一个常态化的恢复性增长阶段，第四季度经济恢复增长力度进一步增强。特别国债、专项债将加速落地，投资需求向上改善，预测第四季度实现固定投资总额增速超过10%；需求侧消费政策也将设计出台，必将提振消费信心，进而提升企业预期和信心，预计在消费拉动下，第四季度服务业增速超过3%。考虑到国际疫情对经济的冲击及其蔓延趋势等谨慎情景，预计全年GDP增长5%~7%。

二、2021年经济运行环境及因素分析

"十四五"时期是我国开启全面建设社会主义现代化国家新征程,向第二个百年奋斗目标进军的第一个五年,是推进成渝地区双城经济圈建设的关键时期。2021年,潼南区既要进一步巩固全面建成小康社会的历史性成果,也要全面开启社会主义现代化建设新征程,更要落实支撑成渝地区双城经济圈建设新举措。

(一)面临的发展机遇

潼南位于重庆、成都两座国家级中心城市"1小时经济圈"交汇点,是重庆主城都市区"桥头堡"城市,地处"一带一路"、长江经济带、新时代西部大开发、成渝地区双城经济圈建设、西部陆海新通道五大国家战略叠加区,拥有国家战略赋予的多重机遇和全市"一区两群"协调发展带来的战略机遇。潼南将把握政策导向,在交通基础设施、现代产业体系、协同创新发展、国土空间布局、生态环境保护、体制机制创新、公共服务共建共享等方面加强谋划,增强经济发展的内生动力,以及潼南发展的承载力和集聚力。

(二)重要的短期因素

1. 疫情冲击缓和

根据IMF的最新报告,虽然疫情对全球经济造成严重冲击,但与6月预测相比,整体衰退程度有所缓和。报告特别指出,中国经济复苏力度强于预期。同时,IMF小幅上调全年预测,并预计2021年全球经济有望增长5.2%。2021年经济预期持续向好,将提振企业信心和市场需求,受宏观环境积极因素带动,潼南区经济将迎来持续性恢复增长。

2. 国内政策环境

经济下行压力逐渐增大,面对复杂的内外部环境,我国将继续围绕"六稳"促"六保",强化宏观调控,稳住经济基本面。货币政策更加稳健高效,随着国内疫情得到全面控制,直达实体经济的各类定向支持政策持续发力,银行信贷投放节奏将明显加快。财政政策更加注重实效,基建投资获"放量"支撑,托底经济作用逐渐增强。产业政策更加趋向高端、细分,将利用大数据智能化促进传统产业向高端化、专业化升级发展。

三、2021年趋势展望及主要指标预测

2021年地区生产总值增长8%左右,规模以上工业增加值增长10%,全社会固定资产投资增长10%,社会消费品零售总额增长10%,一般公共预算收入增长1.5%,全体居民人均可支配收入增长10%,存贷比达到65%以上。

(一)加大主导产业扶持力度

一是现有企业做大做强,支持现有企业进一步发展壮大,提高笔记本电脑塑胶件、电子线路、连接器、磁性材料等配套功能。二是传统企业改造升级,深入挖掘传统产业潜力,推动化工企业搬迁,引导企业调优存量、淘汰落后产能,进而向精深、精细化发展。三是企业运行效率稳步提高,引进一批生产性服务企业,更好地为企业转型升级和提升运行效率服务,推动工业经济高质量发展。

(二)招引培育做大增量产业

一是引进中国化工集团、传化集团等国内知名天然气化工企业,完善天然气化工产业链,做大天然气精深加工、精细化工产业。二是引进重庆市重金属污染防治产业研究院、重庆阳级氧化工艺技术创新中心、重庆电镀技术工程研究中心及博士后工作站等创新平台,加快实施资源循环利用产业园项目建设,

引进构建电镀清洁用水—废水处理—污泥处理环环相扣的全产业链，完善表面环保处理产业全产业链。三是高水平承接京津冀、长三角、珠三角等地区和重庆市主城区的产业转移，切实做大工业总量。

（三）促进服务业提质增效

一是限额以上主体培育有效，坚持量质并重，抓好限额以上企业（个体）培育，形成新的增长点；鼓励支持企业整合资源，引导限额以下企业转限额以上企业。二是消费回升有力，加快消费基础设施建设，持续推动传统商贸企业开展线上业务，扩大线上消费；营造市场氛围，释放消费潜力，助力市场复苏；加强夜间经济规划布局，积极培育夜间经济业态。三是外资外贸回稳，加大进出口担保支持力度，增强海外市场开拓能力，稳定外贸企业进出口市场份额；加大外资企业招商引资力度，推进在谈外资项目早日签约落地。

（四）强化项目支撑引领作用

一是机制高效，构建川渝合作重大项目政策协同联动机制，推进跨省市重大项目规划、建设、管护信息共享，在国土空间规划、征地拆迁、招商引资、劳务合作等方面实现政策协同。二是投资有效，抢抓成渝地区双城经济圈建设战略机遇，结合疫情防控和洪涝灾害暴露出的基础设施短板，在精心策划好"十四五"重大项目基础上，启动实施一批重大项目和重点工程，促进基础设施高质量发展。

四、政策调控措施建议

我国经济已由高速增长阶段转向高质量发展阶段，正处在转变发展方式、优化经济结构、转换增长动力的攻关期，GDP增速趋缓，是政策变量调控的结果。面临百年未有之大变局，在危机中育新机，于变局中开新局，加大调控的节奏与力度，加快推进发展方式的转变。

（一）加快培育国内市场

一是运用政策红利刺激内需，持续实施减税降费系列政策，进一步降低企业融资成本，拓展小微企业获贷渠道。二是不断健全社会保障体系，给予民生领域更大政策倾斜，加大养老、住房、医疗、教育等公共服务的政府投资力度，设置更多公益性岗位，吸引更多专业人士进入公共服务领域。三是大力倡导新兴业态，引导社会资本发展养老、托育、文创、个性服务、电子商务等新兴业态领域，鼓励大众创业带动大众就业。

（二）全力化解债务风险

一是进一步理顺各级政府间的财政关系，稳定地方财力和财权，培育地方主体税种，适度推进房地产税改革，对"一户多房"人群加大征缴力度。二是允许地方政府根据各年财力和债务偿还规模，适当扩大长期限地方政府债券的发行规模，实现金融市场和地方经济的有效衔接。三是严格开展政府债务融资项目预算绩效管理，引入第三方机构参与评价，提升地方政府资金使用效率。

（三）推进闲置土地入市

一是探索推进有条件的农村闲置土地转变为集体经营性建设用地，推动农民集体妥善处理好产权和补偿关系，依法收回农民自愿退出的闲置宅基地、废弃的集体公益性建设用地使用权。二是结合国土空间规划编制，将农村现状工业、物流仓储、旅游、商业服务业设施用地和依法取得的建设用地，合理划定范围、经营用途，有序推动入市交易。

［潼南区发展和改革委员会　徐　瑞］

之二十二：2020年荣昌区经济运行分析及2021年展望

2020年以来，面对新冠肺炎疫情巨大冲击和复杂严峻的国内外形势，荣昌区在区委、区政府的坚强领导下，坚持疫情防控和经济社会发展两手抓两不误，全力推进复工复产复商复市复学，做好"六稳"工作，落实"六保"任务，积极融入"双循环"，主动唱好"双城记"，加快补短板、做强项、提品质，全区生产生活秩序全面恢复，经济运行持续回升向好，社会发展大局保持稳定。

一、2020年荣昌区经济运行情况

（一）经济社会恢复加快、势头向好

1—9月，完成地区生产总值493.35亿元，增长3.8%，较上半年提高1个百分点，增速继2019年全年、2020年上半年再次保持全市区县第一，比全国（0.7%）、全市（2.6%）分别高出3.1个、1.2个百分点。第一产业增加值、第二产业增加值、第三产业增加值、工业增加值、建筑业增加值分别从第一季度负增长12.6%、5.3%、4.9%、5.6%和3.7%拉升至1—9月正增长3.4%、6.1%、0.9%、5.3%和9.2%。

（二）投资较快增长、消费逐步回暖

全社会固定资产投资增长9.8%，工业固定资产投资增长11.1%。紫燕食品、华兴玻璃、上海金标、惠达卫浴、科逸智能家居等一批投资上10亿元的重点工业项目推进顺利。入选全国首批、全市唯一的体育消费试点城市；携手成渝地区11个区市，成功举办双城经济圈首届美食大赛和食品展销会，达成订单300余单，销售金额达1200万元。社会消费品零售总额下降1%，较上半年收窄4.8个百分点。全区共接待游客562.98万人次，旅游总收入29.08亿元，分别增长9.48%、30.9%。

（三）工业、服务业回升势头较好

出台"支持企业发展六条"政策措施，落实"支持企业40条"政策措施，小微企业贷款成本下降10%以上，规模以上工业增加值增长5.3%。新登记市场主体8180户，增长13%，较上半年提高5.8个百分点，其中新登记企业1772户，增长11.9%。国家高新区拓展至50平方公里规划被成功纳入国土空间规划，"4+1"主导产业集群规模达到488.74亿元，工业集中度达到77%以上。积极推进重庆靓丽佳商贸有限公司、禄松供应链管理公司等企业升规培育。永荣荣昌城乡共同配送中心、荣昌区快递物流分拨中心（电商快递产业园）等商贸流通项目顺利推进。

（四）发展后劲稳步发力

招商引资成效初显。建立书记区长"总牵头"、区委区政府领导担当十大招商产业"链长"，开展专业招商、精准招商、以商招商；新签约项目128个，合同金额366.23亿元，亿元以上重大项目71个，其中工业项目96个，合同金额280.89亿元，亿元以上重大工业项目58个。重点引进总投资30亿元的数字化绿色建筑（荣昌）产业园项目、总投资20亿元的HDI线路板项目和总投资15亿元中国西部水暖卫浴

产业基地项目等。围绕消费品工业产业集群，引进项目28个，合同额103.2亿元；围绕电子电路产业引进专业设备、电子元器件、印制电路板等项目11个，合同额49.1亿元。重点项目有序推进。坚持"四级调度"等机制，按照"按月督查、双月排名"要求，加强督查通报。全区163个重点项目开工126个，开工率77.3%，完成投资129.3亿元，投资完成率63.8%。

（五）创新开放持续深化

创新活力集聚释放。新申报高新技术企业52家，初步通过评审48家，通过率达92%。知识价值信用贷款授信企业548家，授信额度7.35亿元；新发放知识价值信用贷款69家，发放金额1.17万元。科技成果转化引导基金创业投资子基金取得新进展。积极融入成渝地区双城经济圈建设。订立"泸内荣永"国家高新区产业联盟，与四川泸州、内江、自贡、资阳确定77项重大合作事项。国家生猪大数据中心在内江设立首个分中心。成功举办川渝畜牧劳动和技能大赛、成渝地区双城经济圈青年企业家峰会。

（六）社会事业稳步发展

紧扣人民群众最关心最直接最现实的利益问题，为市民和农民分别办好10件重点民生实事。就业形势总体稳定。实现城镇新增就业11228人，城镇登记失业率3.59%。城乡居民人均可支配收入分别增长5.5%、7.2%，开展职业培训8819人次，发放创业担保贷款14830万元，做好农民工、高校毕业生等重点人群就业创业工作。落实阶段性减免社保费政策，为全区企业减征社保费43991.09万元。民生底线兜牢兜实，民生支出40.8亿元，占比75%；改造老旧小区298个，整治城乡接合部5处。创建国家卫生区并顺利通过国家技术评估，黄金坡新区初高中建设、西南大学荣昌校区多学科扩容发展有序推进。脱贫攻坚成效明显，高质量通过国家脱贫攻坚普查和建档立卡数据质量专项评估，"收官大决战"有力推进。生态环境持续改善，全面完成金联矸砖厂片区环境综合整治，濑溪河、大清流河等考核断面均值水质全部达到Ⅲ类标准。

二、2020年荣昌区主要经济指标预测

综合分析1—9月经济运行的基本态势，预计全年地区生产总值增长4%左右，工业增加值增长5%左右，全社会固定资产投资增长10%左右，社会消费品零售总额实现正增长，城乡居民人均可支配收入分别增长5%、6%左右。

三、经济运行中存在的主要问题

总体来看，1—9月荣昌区经济运行呈恢复性增长态势，发展韧性和活力进一步彰显。同时也要看到，一些指标仍在下降，要完成全年目标任务还存在较大困难。当前，主要存在以下问题：

一是实体经济仍面临较大困难。企业流动资金短缺、融资难问题未得到根本性解决，产业集群不足、本地化配套低等产业链、供应链短板凸显，订单减少、成本增加、招工难等问题仍然存在。

二是经济增长后劲乏力。产业结构不优化，工业、商贸业以传统产业居多，战略性新兴产业、高技术产业、新经济等占比较低。受疫情影响，招商难问题更加凸显。

三是财政收支平衡压力大。在疫情和减税降费背景下，财政收入下行压力较大，保民生、保工资、保运转形势严峻。

四、2021年经济运行环境分析和展望

展望2021年，国内外经济形势依然复杂严峻，全球经济增长放缓，外部不稳定不确定因素增多，但

我国经济具有坚强韧性和巨大潜能，经济长期向好的基本面没有变。当前，荣昌处于外延式发展阶段，处在转型升级关键时期，产业发展、城市发展都有很大空间。只要抓住用好成渝地区双城经济圈的战略机遇、国家支持的政策机遇、疫情催生的市场机遇和产业升级的转型机遇，保持定力、精准发力、持续用力，在危机中育新机、于变局中开新局，一定能够保持经济持续增长，实现高质量发展。

五、工作措施建议

（一）在推进成渝地区双城经济圈建设上持续加力

集中精力做好自己的事，同心合力做好合作的事。一是持续跟进衔接国家规划纲要、市级重大专项规划，争取更多项目、平台被纳入国家和全市发展"大盘子"。二是抓好协议落实。围绕荣昌区推动成渝地区双城经济圈建设工作要点，将各领域、各层次合作从"宏大叙事"逐步转为精谨细腻的"工笔画"，切实把纸上的约定落实为具体的合作，对协议事项进行细化、实化、深化，使各项协议成果落地生根。

（二）在深化工业转型升级上持续加力

一是全力打造工业集群。全面落实荣昌区《工业高质量发展实施方案》，按照加快打造千亿级消费品产业集群、千亿级数字经济产业和数个百亿级重点产业、一批十亿级龙头企业的"千百十"目标，集中力量深耕细作，既招商引资扩大增量，又培育现有企业做优存量。二是注重"质量强区""品牌强区"，支持企业提品质、创品牌，支持企业到资本市场挂牌上市，占领市场主导权，提升核心竞争力。加大技改扩能和研发投入，实施数字化车间、智能工厂、上云上平台等项目，加大国家高新技术企业培育力度。三是大力培育千亿级数字经济为工业赋能。推动大数据智能化引领产业升级，以国家生猪大数据中心为统领，孕育千亿级数字经济，谋划在全国布局2个生猪大数据分公司和18个生猪交易市场分部，积极争取在荣昌建设生猪产品期货交易市场，推进生猪大数据产业发展有限公司上市。

（三）在加大现代服务业培育力度上持续加力

一是培育壮大金融业、现代物流业、科技研发与设计、会展经济、线上经济、文化旅游、大健康等生产性和生活性服务业，培育一批服务业龙头企业、骨干企业和成长性企业。二是全面落实荣昌区"加快服务业高质量发展24项政策措施"，支持企业发展"直播电商""微信电商"等新模式，开展会展活动，发展夜市经济，全力激活城市消费、农村消费、旅游消费、网络消费。适度增加优质、热点区域住宅的用地供应量，增加商品房新开工量，促进房地产市场健康发展。

（四）在扩大有效投资上持续加力

一是强化重大项目谋划。抢抓国家"十四五"规划、推动成渝地区双城经济圈建设、"两新一重"等重大战略机遇，着手开展"十四五"规划重大项目前期研究，编制重大项目清单。二是进一步支持民间投资。全面落实国家促进民间投资稳定持续增长的各项政策。三是多渠道加强项目资金保障。吃透国家财政政策、货币政策、产业政策，尤其是特别国债、专项债、企业债、一般债等，积极策划项目向上争取资金支持。

（五）在优化营商环境、加大招商引资力度上持续加力

对标市场化、法治化、国际化营商环境，大胆改革创新、破除旧弊，以营商环境的大提升推动招商引资的大跨越。深化"放管服"改革，提高办事效率，建立办事指南定期"找茬"和不定期更新机制，减少审批环节和程序，依托大数据智能化提升服务效能，提速线上"一网通办"，优化线下"一窗综办"，扩大"告知承诺制""备案制"实施范围，强化用地、规划、环评、水电气接入等事项的联动审批，提升

开办企业、投资建设便利度。围绕打造千亿级消费品工业集群，做大食品、医药、新型陶瓷、电子电路板等百亿级支柱产业，培育华森、瑜瀚、唯美、洽洽等十亿级龙头企业，加快补链、扩链、强链，"无中生有"引进"前瞻型"项目，"有中生优"引进"升级型"项目，全力以赴在新一轮招商引资争夺战中抢占先机。

（六）在落实"六稳""六保"上持续加力

一是全力保护支持市场主体，持续抓好纾困惠企政策落实落细，巩固减税降费、减租降息等政策成效，强化荣昌区《工业高质量发展十七条政策》《稳外贸稳外资稳外经措施十三条》等政策的宣传落实，支持企业达产满产提产。积极帮助个体工商户解决租金、税费、社保、融资等方面难题。二是强化金融支持，着力缓解企业融资难融资贵问题，加快办理不动产权遗留问题，推动小微企业信用贷、首贷、无还本续贷等放量增效，降低融资成本。三是实施就业优先战略，坚持创新创业带动就业，落实社保降费及稳岗返还政策，加大对就业困难人员、高校毕业生、农民工的帮扶力度，确保城镇登记失业率控制在3.5%以内。

[荣昌区发展和改革委员会　张顺华]

之二十三：2020年万盛经济技术开发区经济运行分析及2021年展望

2020年以来，万盛经济技术开发区（以下简称"万盛经开区"）坚持以习近平新时代中国特色社会主义思想为指导，全面贯彻市委、市政府决策部署，统筹推进新冠肺炎疫情防控和经济社会发展，坚持问题导向、目标导向、结果导向，重调度、强执行、求实效，坚定不移稳住经济基本盘，全力以赴做好"六稳"工作、落实"六保"任务，抢抓成渝地区双城经济圈建设战略机遇和全市"一区两群"协调发展历史机遇，加快推动綦江—万盛一体化、同城化、融合化发展，着力建设主城都市区重要支点城市，经济快速回升、态势向好，经济运行平稳健康，社会保持和谐稳定，各项工作取得积极成效。

一、2020年万盛经开区经济运行情况

1—9月，万盛经开区统筹推进疫情防控和经济社会发展，地区生产总值增长1.3%，成功实现扭负为正，增速较上半年提高3.5个百分点，其中当季增长7.8%。分产业看，第一产业增加值增长3.4%；第二产业增加值增长4.2%，其中建筑业增加值增长9.6%；第三产业增加值下降1.6%。具体运行特点如下：

（一）第一产业稳定增长，粮农企业实现稳产增收

第一产业增加值从上半年的增长3.1%上升至增长3.4%。全区家禽出栏增长4.1%，蔬菜、水果产量分别增长4.8%、3%，其中，食用菌产量增长26.8%，助推全区农业增加值实现8.1亿元，增长3.4%。生猪生产加快恢复，全区生猪存栏增长17%、出栏增长32.1%。加快培育农业品牌，新增"两标一品"农产品6个，累计达到23个。认定扶贫农产品112个，累计实现扶贫农产品销售额2.5亿元。

（二）第二产业加速恢复，为稳经济提供有力支撑

第二产业增加值从上半年的-1.3%上升至4.2%。一是工业经济质效提升。在全市汽车与电子产业加速回升带动下，材料、电子信息等制造产业全面回升，制造业增加值增长5.5%，带动工业增加值增长3%、规模以上工业总产值增长2%，较上半年分别提高2.9个、5.3个百分点。重庆冠宇、药研院制药等企业发展迅速，带动11家战略性新兴产业实现产值46.9亿元，增长13.2%。工业智能化发展步伐加快，新增科技型企业48家、国家科技型中小企业5家、国家高新技术企业27家，建成科技创新平台6个、市级数字化车间7个。精准落实减税降负等企业纾困措施，帮扶企业投产达产，1—8月，减免企业税费11826万元，降低电气成本2000余万元，帮助国电恒泰、多普泰制药等企业获得银行专项再贷款授信2.2亿元。25个重点工业项目加快建设，重庆冠宇二号厂房、北威新材料等项目建成投产，全区工业用电增长15.9%。二是建筑业单季上扬走高。注册地建筑业总产值增长15.5%，较上半年提高18.9个百分点，建筑业增加值增长9.6%，较上半年提高17.2个百分点，均排全市第1位，对经济的贡献率为6.4%，拉动经济增长4.9个百分点。三是产业投资成为主力军。工业投资依然给力，累计完成投资21.8亿元，增长13.5%，排主城都市区第6位，其中技改投资占工业投资比重达49%，占比排全市第1位。民间投资有所释放，渝黔高速扩能、高能量密度锂电池、渝南循环经济等社会投资增长38.7%，占固定资产投资比

重52.1%，增速排主城都市区第6位。招商引资成绩可观，突出"云端"招商、"网上"签约，成功招引惠伦晶体等项目28个，计划总投资171.3亿元。

（三）第三产业动能转换，消费市场加速回补

第三产业增加值下降1.6%，环比回升1.7个百分点，其中，社会消费品零售总额、零售、住宿增速分别高于全市2.6个、2.3个、15个百分点。一是体旅经济保持回暖态势。主动融入成渝地区双城经济圈建设和全市"一区两群"协调发展，与成都市体育局签订战略合作协议，组织企业赴四川参加"成渝地·巴蜀情"2020年重庆文旅"大篷车"巡游推广。2020年线上智博会·智慧体育大会在万盛成功举办，2020年娱乐卡丁车嘉年华重庆青年汇8小时耐力邀请赛在青年汇·巅峰乐园精彩开赛。集线上宣传、线上销售、线上互动等功能于一体的文旅展示、服务和推介平台——万盛云上文旅馆投入运营。旅游消费逐步复苏，在严格执行"限量、预约、错峰"规定的情况下，黑山谷、万盛石林景区累计接待游客34.3万人次，正逐步恢复常态。二是电子商务发展迅速。在传统消费恢复不够明显的情况下，及时壮大电子商务，补足商贸经济缺口。在"双晒"直播活动带动下，电子商务交易额实现12.9亿元，网络零售额1.66亿元。"平台经济"发展迅速，累计培育"黑山谷""滴翠剑名""金丝皇菊"等11个农村电商品牌"上云上平台"。三是对外贸易逆势增长。1—8月进出口总额1.6亿元，增长39.6%，其中进口总额增长121.99%，主要为工业企业进口机器设备。第三季度实际利用外资实现"零"的突破，完成142万美元。

（四）社会民生持续改善，重点群体基本保障更加有力

一是脱贫攻坚取得阶段性胜利。统筹安排专项资金1534万元，实施扶贫产业项目25个，71个应开工扶贫项目全面开工。"两不愁三保障"突出问题实现动态清零，全区未出现因疫情和自然灾害造成新的致贫和返贫情况。帮助2931名贫困人员实现就业，开发公益性岗位安置贫困人员740人。二是就业形势持续稳定。全面落实国家加大国有企事业单位招聘支持力度、阶段性减半征收职工医疗保险单位缴费部分等相关政策，1—9月城镇新增就业5099人，超额完成全年市下目标，就业人数在全市名列前茅。全体居民人均可支配收入20804元，增长5.4%。三是民生保障落到实处。按时足额发放城镇低保、临时困难救助等政策补助资金，基本民生得到切实保障和改善。民生资金投入13.76亿元，20件民生实事顺利推进，农村饮水入户管网、四好农村路等7个项目完成年初目标，其余项目均按时序正常推进。

（五）积极融入全市发展格局，重点工作有序推进

全面融入成渝地区双城经济圈建设和全市"一区两群"协调发展，配合市发展改革委、市规划自然资源局编制《綦万一体化发展规划》《綦万一体化国土空间规划》，研究出台《关于加快綦江—万盛一体化同城化融合化发展着力建设主城都市区重要支点城市全面融入成渝地区双城经济圈建设的意见》，设立綦万一体化发展联席会议办公室及相关专项工作组，商定共同组织推动实施和向上争取的对接事项清单，各项工作紧密启动、推进有序。做好区级"十四五"规划编制工作，抓好与上级规划的衔接，各专项规划编制有序推进。

二、2021年经济工作初步考虑

当前国际形势依然复杂严峻，全球疫情还在持续蔓延，经济仍在消化疫情带来的不利影响，经济运行不确定性和不稳定性凸显，但我国经济韧性强、潜力足、回旋余地大，经济长期向好的基本面没有改变。从全市看，经济运行稳中有进、稳中向好，高质量发展态势更加明显。习近平总书记在中央财经委员会第六次会议上，提出了"推动成渝地区双城经济圈建设，在西部形成高质量发展的重要增长极"的

重大战略部署，赋予重庆重大责任，为重庆打造内陆开放战略高地、推动高质量发展带来重大机遇。陈敏尔书记、唐良智市长先后于2019年11月27日、12月26日莅临万盛调研指导工作，作出明确指示要求，大力推动区域协调发展，加快綦江—万盛一体化同城化融合化步伐，加快打造主城都市区重要支点，给万盛带来了前所未有、千载难逢的发展机遇。

做好2021年经济社会发展工作，坚持以习近平新时代中国特色社会主义思想为指导，全面贯彻党的十九大和十九届二中、三中、四中、五中全会精神，深入贯彻落实习近平总书记视察重庆重要讲话，以及在中央财经委员会第六次会议上的重要讲话精神，认真落实中央、市委统筹推进新冠肺炎疫情防控和经济社会发展部署要求，锐意进取、担当作为，奋力开创万盛资源型城市高质量转型发展新局面，加快綦江—万盛一体化同城化融合化步伐，建好重庆"南大门"，努力在推动成渝地区双城经济圈建设和全市"一区两群"协调发展中发挥万盛更大作用、实现万盛更大作为。一是高标准推进"十四五"规划编制。坚持吃透上情、把握实情、倾听民情、了解外情，积极融入成渝地区双城经济圈建设和全市"一区两群"协调发展，高标准高质量做好"十四五"规划编制工作，为实现更高水平、更高质量转型发展奠定坚实基础。二是推进产业协同发展。深化供给侧结构性改革，着力培育发展新产业、新业态、新模式，大力推动传统产业改造升级，加快发展现代制造业、现代服务业、现代农业，瞄准国际先进标准提高产业发展水平，促进产业优势互补、协同协作、联动发展，加快构建高能级的新经济产业生态。推动煤电化工、新型材料、装备制造、电子信息、医药健康、临空经济等"3+3"产业集群发展，促进工业转型升级、提质增效，着力打造工业强区"升级版"。推动体旅融合提效。坚持把"旅游+体育"融合发展作为万盛高质量转型发展的主攻方向，持续用力、久久为功、一抓到底，打造全域旅游、全民健身"升级版"。三是加快基础设施建设。紧扣万盛打造"一城三区一极"目标定位，以交通为"龙头"，聚焦能源、水利、5G等基础设施，高强度推进一批重大项目建设，全面提升万盛互联互通、共建共享水平和基础保障能力，以高强度基础设施建设带动产业发展、城市拓展、要素集聚。四是深入推进城乡融合。统筹抓好城市提升和乡村振兴两个基本面，让城乡"各美其美""美美与共"，提升万盛旅游城市形象。深入实施城市提升行动，推进城市西区、鱼子岗"双养"小镇建设，加快棚户区、老旧小区改造，完善城市基础设施，推进城市绿化美化，强化"大城细管""大城智管""大城众管"，加快智慧万盛建设。大力推进乡村基础设施建设，发展乡村产业，着力补齐城乡教育、医疗等领域短板，协调推进各项社会事业，提升城乡公共服务一体化水平。五是切实加强生态文明建设。坚持走生态优先、绿色发展之路，大力推进"五大环保行动"，坚决打好污染防治攻坚战，统筹推进大气、水、土壤污染防治和采煤沉陷区山、水、田、林、路、房治理，努力让万盛的天更蓝、地更绿、水更清、空气更清新。六是全面深化改革开放。充分发挥经开区开拓开放、先行先试优势，深入推进改革开放，全力确保中央和市委、市政府各项改革部署落实落地。加强与四川有关资源型城市的交流合作，学习借鉴先进经验，探索建立产业链、产学研合作机制，特别是强化与四川有关城市和成都市有关部门在旅游业、体育业等方面的合作，推进资源共享、平台共建、市场共拓。坚持"引进来"和"走出去"并重，重点围绕煤电化工、新型材料、电子信息等产业，持续抓好招商引资，力争引进一批重大项目落户万盛，不断提升开放型经济发展水平。七是持续增进民生福祉。推动公共服务不断提标提质、社会事业全面发展，全力办好重点民生实事，扎实抓好安全稳定工作，使改革发展成果更多惠及群众，不断提升人民群众的获得感、幸福感。

[万盛经济技术开发区发展改革局　唐煜斌　刘小东　魏　维]

区域卷
渝东北三峡库区城镇群篇

之一：2020年渝东北三峡库区城镇群经济运行分析及2021年展望

2020年，在突发性新冠肺炎疫情和复杂多变的国际形势影响下，世界经济更加低迷，我国积极应对内外部冲击，强化促复苏稳增长政策，经济逐步实现稳步增长。渝东北三峡库区城镇群（以下简称"渝东北城镇群"）各区县坚持绿色发展理念，统筹推进疫情防控和经济社会发展，扎实做好"六稳"工作，全面落实"六保"任务，奋力夺取了疫情防控和经济社会发展的"双胜利"，预计全年地区生产总值增长4%左右。

一、2020年渝东北城镇群经济运行情况及特点

（一）总体情况

2020年以来，渝东北城镇群各区县坚决克服新冠肺炎疫情影响，加快产业提质增效、城镇品质提升，统筹推进生态保护、脱贫攻坚等工作，不断集聚高质量发展新动能，整体经济恢复性增长态势进一步巩固。1—9月，实现地区生产总值3034.87亿元，除城口外其余区县均实现正增长，其中忠县增长3.4%，增速居渝东北城镇群第一位。

（二）主要特点

1. 工业经济企稳向好

各地推进工业扩投资、调结构、促转型、增效益，工业生产加快提振，1—9月实现工业增加值576.05亿元，约6成区县实现增速转正。一是绿色智能制造提质增效。万州加快推进绿色"智造"，3D感测VCSEL芯片等高精尖新产品"开花结果"，推进"机器换人""上云上平台"，成功创建施耐德、平湖金龙等市级智能工厂和数字化车间。作为工业主战场，万州经开区1—9月规模以上工业产值增长5.0%，产值规模已占万州全区总量的79.3%，并成功获批国家级循环化改造示范试点园区，支撑带动作用进一步增强。二是工业新动能加快培育。各地加速集聚新兴产业链群释放增长新动能，忠县围绕锂电应用市场引进负极材料、PACK等配套项目，培优做强锂电全产业，打造重庆最大的锂电材料基地，加快建设电竞孵化中心等平台，延伸电竞产业生态链，全县科技型企业达210家。梁平强化"5G+工业互联网"应用，加快建设梁平工业园智慧园区运营服务平台，大力发展工业数字经济。云阳加快建设水口数智森林小镇等新兴产业高地。

2. 特色农业加速发展

各地大力培育优势主导特色农产品产业，打造乡村产业振兴"新引擎"，1—9月渝东北城镇群实现第一产业增加值398.54亿元，各区县均实现正向增长。一是融合发展、集群发展逐步增强。通过示范引领、融合发展，各地推动农业走向数字化、精细化。梁平加快建设重庆数谷农场，充分运用农业物联网、大数据云平台发展智慧农业。垫江以数字化、宜机化、规范化建设为重点打造晚柚"双十工程"，依托龙溪河产业示范带加快建设高端民宿田园综合体，促进农旅融合。开州、云阳结合鲁渝东西部扶贫协作建设

多集合的现代农业产业园，促进蚕桑等产业集群式发展。二是产业化、品牌化建设成效显著。各区县狠抓"三品一标"认证，新增巫山脆李、巫溪独活、奉节脐橙、丰都锦橙等 4 种国家地理标志农产品。丰都推动肉牛养殖存栏量恢复性增长，全力打造以牛、鸡、猪等为重点的绿色畜禽养殖基地，加快建设牛肉、麻辣鸡、红心柚等区域特色品牌。奉节"乡村丰美"山地特色高效农业示范区初具规模，以脐橙、油橄榄、中药材、蔬菜为主的农业产业格局初现。

3. 现代服务业回暖复苏

各地深挖特色资源优势，促进电商、文旅等现代服务业加快复苏，1—9 月渝东北城镇群实现第三产业增加值 1510.35 亿元，除城口外均实现正增长。一是电商产业快速发展。梁平、忠县等地狠抓疫情下的电商新零售，培育消费新热点，电商网络零售等实现大幅增长。忠县 1—9 月电商交易额 22.95 亿元，同比增长 10.7%，快递发件量大幅增长，电商抗疫助农全面发力。二是文化旅游业加快复苏。各地强化旅游渠道营销和赴外推介，推进旅游业快速复苏。开州开展雪宝山森林露营音乐节等活动，打造避暑养生旅游季活动品牌，推出汉丰湖水上欢乐游、刘帅精神研学游、美丽乡村休闲游等精品线路。奉节打造《归来三峡》等拳头产品，保护性开发传统村落和民俗风情村寨，"三峡之巅"获批国家 4A 级旅游景区。丰都、巫山、奉节、云阳等入选全国县域旅游发展潜力百佳县。三是进出口加工贸易活力渐显。万州依托机场、港口等大力发展进出口加工贸易，被成功认定为全市加工贸易示范区，1—8 月逆势完成进出口贸易额 28.99 亿元，同比增长 386.61%，其中万州经开区大幅增长 1615%。

4. 投资和消费稳步回升

各地多措并举强化稳投资、促消费各项政策保障，推动产业投资、基础设施建设等重大项目投资落地见效，促进线上线下消费加速回暖。一是固定投资较快增长。1—9 月，城口固定资产投资增速达 25.3%，垫江、云阳均达到 9.7%，居全市前列。重大基础设施项目稳步推进，仅前 7 个月郑万高铁万州段投资就已完成年度计划的 107.4%，投资额达 8980 万元，新田港铁路集疏运中心、巫开高速等项目开工建设。1—8 月渝东北区县房地产开发投资 273 亿元，实现稳步增长，城口、奉节增速为 74%、41.4%，列渝东北城镇群前两位。二是工业投资稳步增长。万州大抓工业招商，引进华航云计算产业园等大型项目 20 个，工业投资连续数月增长 20% 以上。开州引进签约智能家居与 AI 自动化楼宇等新兴产业项目超 50 个，1—9 月工业投资增长 60.8%，位居渝东北城镇群第一。三是消费市场回暖势头良好。1—9 月渝东北城镇群实现社会消费品零售总额 1407.37 亿元，云阳、忠县实现正增长。梁平推出电子消费券等提振消费。城口、巫溪等推动电商消费扶贫，"城口老腊肉"、"巫溪秀芽"、蜂蜜等农特产品热销线上线下。丰都通过"线上庙会""假日促销""双晒"推介"三大平台"活跃线上消费，云庙会首日"打卡"超 100 万人次。

5. 生态优势逐步凸显

各区县强化生态优先、绿色发展，水、岸等生态环境治理成效逐步显现，三峡库区森林覆盖率已达 54% 以上，生态功能价值进一步提升。一是水生态环境大幅改善。重点流域水质总体稳定，作为全国最大的淡水资源战略储备库，三峡库区长江干流水质稳定在 II 类，龙溪河等重要支流通过水环境综合整治，水质提升至 III 类。奉节、巫山持续推进长江干线港口码头生态环境整治，大力取缔非法码头及违规作业点，岸线生态加快修复。二是生态湿地建设成效显著。万州加快建设滨江环湖生态节点，将库区消落带打造为 10 万立方米花海景观，建成白鹭湾等沿江湿地公园。梁平加强以双桂湖国家湿地公园为核心的小微湿地、稻田湿地建设，三峡竹博园被授牌命名为"重庆小微湿地特色学校"。开州加强河流湿地多塘系统建设，推进汉丰湖国家湿地公园向 5A 级景区升级，湿地提升持续释放生态红利。

6. 脱贫攻坚成效显著

各区县聚焦深度贫困精准持续发力，不断健全防止返贫动态监测和帮扶长效机制，确保减贫工作接续推进，脱贫成果持续巩固提升。一是产业扶贫不断深化。云阳加强疫情影响评估，建立"1+1"帮扶和动态监测机制，大力开展"志智双扶"行动，截至7月底，162个贫困村全部整村脱贫，贫困发生率降至0.3%。奉节将脱贫攻坚50%以上的资金用于产业，重点支持深度户、深度村，并增加扶贫公益岗位加大贫困劳动力转移。开州做实扶贫小额信贷，促进贫困户广泛参与种植养殖业、乡村旅游等创业经营。二是消费扶贫多点开花。多地借力东西部扶贫协作做实鲁渝消费扶贫，开州九龙山大米、菜籽油等扶贫产品远销山东潍坊。城口、奉节等地大力举办消费扶贫爱心购活动，开展消费扶贫公益直播促销活动，促进扶贫模式更加多元。三是健康扶贫扎实推进。万州组建医疗专家团队强化建卡户健康扶贫"一站式"服务。云阳创新大病临时医疗救助、居家康复等举措，助推1.1万户、3.8万名因病致（返）贫人口脱贫。

二、需要关注的问题

1. 产业转型压力较大

受疫情等国内外环境影响，各区县产业发展面临的困难较为突出。一是生态产业化路径创新不足。各区县园区同质化突出，绿色技术创新、高技术产业缺乏，产业结构调整有待深化，生态产业集群规模较小，生态经济支撑不足。生态产品开发设计、绿色商贸物流等现代生产性服务业发展缓慢，生态消费发力点不够，生态价值转化不足。二是产业生态化需进一步强化。招商引资难度较大，绿色发展的人力、技术、资金等要素保障不充分，绿色制造业、循环智能型产业亟须培育壮大，产业链、创新链、供应链、价值链、生态链有待提升。三是乡村产业零散。特色高效现代农业有待持续壮大，产业"接二连三"融合不足，农产品精深加工、多元化市场营销不够，脱贫后续产业有待加快发展。

2. 基础设施短板明显

渝东北城镇群各类基础设施短板制约依然明显。一是交通基础设施建设落后。对外大通道有待提升，省际对外通道不足，区域内铁路网、公路网互联互通水平亟待提高，开州、忠县等区县尚无铁路覆盖，城口高速公路仍未贯通，多数区县高速公路仅连通区县城区。二是水利、电力、信息等设施不足。各区县工程性缺水和高山地区饮水安全问题仍然突出，农村电力、网络基础设施建设落后，供电和网络通信能力不足状况依然存在。

3. 生态建设任重道远

区域绿色发展仍面临生态建设不足和环保压力大的矛盾和挑战。一是生态建设短板明显。各区县的生态设施共建、数据共享不足，网络化智慧型环保监测预警体系不够完善，生态建设要素保障有限。库区水质和长江岸线生态维护、库区消落区生态修复、中小流域治理、跨区域生态廊道和城镇生态节点建设等有待加强。二是环境保护压力较大。各区县产业发展与生态环境保护协同能力有待增强，水体、大气污染综合防治亟须深化，跨区域环境联合执法、水资源保护合力依然不够，生态环境联防联控增效空间亟须挖潜。

三、2021年渝东北城镇群经济运行环境及展望

（一）国际国内环境分析

世界正处于百年未有之大变局，新冠肺炎疫情发生后这一局面加速演进，我国发展所面对的逆风逆

水外部环境日益增加。国际方面：单边主义、保护主义、极端利己主义日渐抬头，世界经济延续低迷态势，世界将进入动荡变革期，大国战略博弈升温，国际体系和国际秩序加速调整。新冠肺炎疫情仍在全球肆虐，我国面临较大的疫情外部输入性风险。受全球范围内经贸摩擦增大影响，2021年全球经济增长前景仍不乐观，外部需求减弱使我国对外投资、对外出口阻碍增大，对渝东北城镇群扩大开放并进一步融入全球经济循环带来不利影响。另外，以数字技术为引领的全球新一轮科技产业变革加速创新链、价值链布局调整，给渝东北城镇群产业超前布局、发挥后发优势带来重大机遇。国内方面：以国内大循环为主体、国内国际双循环相互促进的新发展格局正在形成，我国经济加快走出疫情影响，稳健复苏，中央积极有为的财政、货币政策促进经济发展潜能加快释放，新时代西部大开发、成渝地区双城经济圈建设等国家战略将为渝东北城镇群加快推动"两新一重"建设、加强区域合作、发挥生态优势、推进绿色经济发展带来重大机遇。

（二）市内及渝东北城镇群环境分析

从市内看，随着长江经济带、新时代西部大开发、成渝地区双城经济圈等国家战略深入实施，以及重庆"一区两群"区域协调发展战略不断走深走实，渝东北城镇群发展环境不断优化。一是渝东北城镇群作为成渝地区双城经济圈向东联结长江经济带的"桥头堡"，将在推动川渝合作中发挥重要作用。万达开川渝统筹发展示范区、明月山绿色发展示范带的建设，将促进区域基础设施、产业平台、公共服务设施提档升级，渝东北城镇群吸引资金、技术、人才等要素能力显著增强，为区域"+生态""生态+"产业高质量发展注入新动能。二是区域综合交通持续改善，对外开放合作不断深化。郑万高铁即将建成通车，渝西高铁（东线）加快建设，城开高速、巫开高速工程推进顺利，对外通道进一步拓展，区县间互联互通进一步增强，交通格局嬗变势能加速积蓄，对促进要素流动，助推渝东北区位优势、生态优势转化为发展优势带来重大机遇。

（三）2021年渝东北城镇群经济运行趋势展望

总体判断，2021年渝东北城镇群将在推进成渝地区双城经济圈建设中实现新突破。一方面各区县将加速融入国家及全市发展新格局，抓好新型城镇化建设补短板强弱项；另一方面将强化开放合作，协同川东北加快建设万达开川渝统筹发展示范区。此外，将不断巩固脱贫成果，推进乡村振兴，加快建设生态优先绿色发展示范区。2021年，渝东北城镇群将加快复苏，经济更加稳健，GDP增速预计达6.5%左右。

四、对策建议

（一）加快培育壮大绿色生态经济

强化生态优先、绿色发展，加快产业生态化和生态产业化，提速建设长江上游绿色发展示范区。一是持续壮大绿色智造产业。强化科技创新支撑，推进万州、开州等绿色生态智能化工业强链、补链、延链，加快发展丰都、梁平等绿色食品、生物医药、特色轻工消费品等产业集群。大力培育"专精特新"企业，加快发展云阳、忠县等数智文创产业集聚区，积极创建垫江、梁平等国家级高新区，持续做强打响"三峡制造"绿色工业。二是大力发展特色生态高效农业。加强粮猪菜稳产保供、特色农业提质增效，积极创建梁平、云阳等国家现代农业产业园，加快打造忠县柑橘、巫山脆李等全产业链，建设丰都绿色畜禽养殖、万州生态猪、奉节中药材等特色农业产业基地。积极开展生态精品农业科技提升行动，加快建设大三峡区域生态绿色产品公共品牌和地理标志产品。三是加快发展以生态消费为核心的现代服务业。加强城乡、山水、文旅融合发展，依托淘宝、抖音等直播短视频引流，晒好资源，讲好故事，大力发展生态文旅和大健康产业。

（二）提速推进城乡基础设施建设

紧抓新型城镇化建设关键期机遇，全面提升城乡基础设施承载力。一是加快完善交通大通道，提高互联互通水平。努力推动郑万高铁、渝西高铁、沿江高铁、成南达万高铁等重大项目建设。加快实施万州机场扩建工程，加强机场与高速铁路、高速公路和水运之间的高效衔接，充分发挥巫山机场的旅游集散服务功能。加快垫丰武、巫镇、奉建等南北纵向快速通道建设，丰富万达开川渝统筹发展示范区多层级的快速交通网，提升区域互联互通水平。二是推动建立绿色高效水利能源保障体系。加快实施山洪灾害防治工程，加快万州青龙水库、奉节天赐湖水库、云阳幸福水库等水利设施建设，切实保障城乡供水安全。加快巫山青山头、丰都回山坪、奉节草堂等风电项目建设，提高区域电力交换和供应保障能力。保障忠县等页岩气液化储备调峰及综合利用项目建设进度，提升储气调峰能力。三是提升公共服务设施保障能力。统筹规划建设新型基础设施，构建高速共享信息网络，提高网络覆盖程度和运营效率。加快推进垫江、忠县县城新型城镇化建设试点示范，通过PPP模式加快公用市政等公共服务设施提标扩面、提档升级，增强公共服务保障力和辐射力。

（三）加强生态修复与环境保护

把生态建设摆在更加突出的位置，筑牢长江上游生态安全屏障，积蓄绿色发展势能。一是持续改善水环境质量。深入推进三峡库区库岸综合整治、消落区水环境生态保护与修复治理，实施长江沿岸"两岸青山·千里林带"工程，打造千里长江"一江碧水·最美岸线"。加强长江干支流沿线污水治理，强化区域内污水直排整治。二是加强水土流失综合治理。加强三峡库区水土流失综合治理，重点实施退耕还林、天然林保护、长江防护林建设、湖库与湿地生态修复等大规模绿化重点工程，有效提升森林质量。三是加强生态环境协同共治。加强跨区域跨流域自然生态保护管控和环境污染联防联治，加快生态环境监测网络一体化建设，协同建立流域水体、大气、土壤等污染联防联控信息网络及预警应急对接机制，提升库区生态治理保障能力。

（四）加快乡村振兴，巩固提升脱贫成果

全面落实"四个不摘"要求，将脱贫后续巩固同乡村振兴紧密结合。一是持续巩固提升脱贫成果。健全防止返贫动态监测和帮扶机制，动态解决义务教育、基本医疗、饮水安全等突出问题，统筹实施基础改善、产业扶贫巩固提升工程，扎实推进"一村一策""一村一品"，以品带业，抓好易地扶贫搬迁后续产业发展。二是推进农村社区和新型小城镇融合发展。加快乡村基础设施建设，持续提升改造农村公路和农村人居环境整治。拓展乡村产业发展新形态，深挖乡村文化，推动农旅融合，走"生态+文化+旅游"发展之路，积极创建主题创意农园、拓展休闲旅游农业精品线路，促进乡村旅游产业链深度发力，打造专业示范村、"网红村"。三是加快乡村振兴体制机制改革。持续完善农村"三变"改革机制，突出发展"乡村+"特色产业，积极出台乡村创业优惠政策，加快培育新型经营主体，发展壮大村集体经济，加强新型职业农民、科技带头人培训，积极创建创业示范平台，推动城乡人才、资金、科技、管理等要素双向流动，不断增强农业农村发展活力。

[重庆市综合经济研究院（重庆市经济信息中心）城市与区域经济研究课题组
  主研：易小光 丁 瑶 邓兰燕 李 林 王志军 邱 婧
  执笔：王志军 邱 婧]

之二：2020年万州区经济运行分析及2021年展望

2020年以来，万州区坚持以习近平新时代中国特色社会主义思想为指导，深入学习贯彻习近平总书记对重庆提出的营造良好政治生态，坚持"两点"定位、"两地""两高"目标，发挥"三个作用"和推动成渝地区双城经济圈建设等重要指示要求，抢抓成渝地区双城经济圈建设重大战略机遇，大力实施"一心六型"两化路径，扎实做好"六稳"工作，全面落实"六保"任务，统筹抓好新冠肺炎疫情防控和经济社会发展工作，全区疫情防控形势持续稳定，复工复产有序推进，经济运行出现积极变化。

一、2020年万州区经济运行情况

（一）经济运行的主要特征

第二季度以来，随着新冠肺炎疫情对经济社会发展的影响逐渐消除，企业生产经营恢复正常，居民消费需求得以释放，经济增长逐季回升，经济运行呈现"第一季度明显下行、第二季度逐步回升、第三季度扭负为正"的态势，1—9月完成地区生产总值682.7亿元，同比增长0.7%，比上半年快2.8个百分点，比第一季度快10.7个百分点。

1. 三次产业加快回升

一是工业经济快速回升。1—9月，完成规模以上工业总产值238.6亿元，同比增长2.5%，比第一季度、上半年分别快27.1个、4.9个百分点，连续5个月单月保持两位数增长。工业用电量同比增长0.1%，比上半年快3.6个百分点；工业用气量同比下降12.1%，降幅比上半年收窄0.2个百分点。万州经开区完成规模以上工业产值189.2亿元，同比增长5%，比上半年快4.7个百分点，占全区规模以上工业产值的79.3%。维都利纽扣电池等12个项目竣工投产，九龙万博特铝新材料、湘渝盐化煤气化节能技术升级改造等8个项目开工建设。

二是服务业逐步恢复。1—9月，完成批发业商品销售额760.3亿元，同比增长11.6%，比上半年快7.3个百分点；零售业商品销售额和住宿业、餐饮业营业额同比分别下降10.5%、1.4%、4.4%，分别比上半年收窄6.1个、20.0个、6.7个百分点。完成商品房销售面积91.86万平方米，同比下降32.2%，分别比上半年收窄6.4个百分点。三峡旅游"水上观光巴士"载客6.3万人次，继长江黄金3号邮轮在万州起航后，1号和7号邮轮在万州始发，旅游人数1067万人次、旅游收入61.4亿元，同比分别下降38.3%、43.4%，比上半年分别收窄11.1个、3.9个百分点。

三是农业生产提质增效。1—9月，实现农业增加值66.7亿元，同比增长4.8%。大春粮食、蔬菜播种面积分别达到114.7万亩、53.2万亩。百万头生猪项目896个单元全部开工，其中，29户、168个单元已关猪投产（尚未与德康合作的完成关猪7户、39个单元），完成主体修建30户、383个单元，正在建设主体24户、280个单元。共引进种猪11000余头，其中柱山乡祖代种猪场引进3800头。百万亩经果林建设有序推进，新建柑橘、小水果、茶叶基地2.84万亩，完成红橘提质改良0.8万亩，成功举办2020年农民丰收节、"三峡天丛"茶叶公用品牌推介活动。

2. "三驾马车"蓄势积能

一是投资保持平稳增长。1—9月，完成固定资产投资140.3亿元，同比增长4.2%。其中，基础设施投资55.9亿元，同比增长52.8%；工业投资19.8亿元，同比增长27.4%；在农业"双百亿"工程推动下，第一产业投资11.5亿元，同比增长11倍。113个"一心六型"项目完成投资37.93亿元，占年度计划的43.23%；54个重大基础设施和城市提升项目完成投资65.71亿元，占年度计划的55.53%。

二是消费市场基本企稳。举办"三峡库区秋季汽车消费展""消费扶贫月活动""外贸优品汇、扮靓步行街活动（万州）""2020首届三峡江滩音乐季"等系列促销活动，1—9月，完成社会消费品零售总额245.1亿元，同比下降7%，比上半年收窄6.9个百分点。"双晒"直播活动带动限上网络商品零售额同比增长166.4%，网络商品销售额同比增长31.1%，派米良公司通过"美菜网"实现销售额2844.8万元，同比增长479.6%。

三是外资外贸增势良好。新增对外贸易经营者备案登记企业22家，累计达297家。1—8月，完成进出口总额28.99亿元，同比增长386.6%；实际利用外资12719万美元，同比增长181.8%。综合保税区一期场平及道路管网建设基本完工。万州机场改扩建工程主体完工，航空口岸开放获批纳入国家口岸开放2020年度审理计划。

3. 发展效益渐趋向好

一是企业困难有效纾解。落实"一对一"联系服务机制，落实包抓企业复工复产、疫情防控措施落实、支持政策兑现、经营困难解决等"四包"责任，确保企业用好用足各层级各方面扶持政策。持续开展"双评"活动，召开企业家座谈会，累计为企业减税5.44亿元、减免社保费10.5亿元，其中疫情防控、复工复产2.17亿元。通过发放再贷款、创新"复工贷"等方式支持实体经济发展，为中小企业和个体工商户"输血"，对重点企业（项目）资金需求给予重点对接，9月末存贷款余额分别增长14.8%和10.5%，存贷比56.1%。

二是民生底线坚定守牢。1—9月，民生支出达75亿元，占一般公共预算支出的75%，发放城乡低保金2.27亿元、特困供养金7951万元、临时救助金1168万元、孤儿基本生活保障金152万元。城镇新增就业人数26239人，城乡居民人均可支配收入分别达到32652元、12833元，同比分别增长5.8%、8.5%。15件重点民生实事累计完成投资3.06亿元，占全年计划的86.4%，新建成通组公路1000公里、社区养老服务站18个、公办幼儿园5所，完成天城、白土等乡镇敬老院升级改造和农村卫生厕所改造5824户，免费筛查新生儿6650例。

三是招商引资持续发力。深入开展"招商季"百日攻坚行动，1—9月，新签约航空航天零部件智能工厂、年产4000万片2.5D/3D手机（笔记本电脑）消费电子玻璃盖板等招商引资项目46个，协议总投资299亿元，同比增长72.7%，其中投资5000万元以上项目38个。实施招商项目58个，到位资金39.6亿元，其中，当年签约项目竣工12个，投产率26.1%，开工26个，开工率56.5%。

（二）经济运行中存在的问题

1. 经济增长点发力滞后

全区近两年来系统研究谋划发展，且2020年又面临成渝地区双城经济圈建设等重大战略机遇，但一批重点谋划拟于年内实施的产业和基础设施项目，如"双百亿"工程受疫情、洪涝灾害影响在实施进度上滞后预期，预计将在2021年上半年实现发力。同时，万州区制造业企业较多处于产业链的中低端，缺乏较大的龙头企业带动，存量企业利润下滑，限制了企业技改和扩大再生产能力；加之招商难度加大，签约的项目中高新技术项目和战略性新兴项目较少,项目落地不多、到位资金占比低,后续增长支撑点不多。

2. 部分行业受疫情持续影响

疫情影响叠加本地建筑企业竞争力不强、项目不多等因素制约,建筑业注册地产值同比下降3.6%,预计全年建筑业注册地产值同比下降3%;房地产业受新开工项目不多、前期房交会已释放了消费需求,商品房销售面积同比下降32.2%,预计全年商品房销售面积同比下降31.4%。

3. 项目建设进度偏缓

项目有效施工时间较常年偏短,项目整体建设进度偏慢,部分应投产达产项目增长点滞后,113个"一心六型"项目中,万州欢乐海底世界、江南新区体育健身中心等54个项目投资完成率低于50%,平均投资完成率仅13.3%,投资完成率在10%以下的项目有31个,还有11个项目未开工;54个重大基础设施和城市提升项目中,友豪万商城二期等22个项目投资完成率均低于50%,平均投资完成率仅22.3%,还有8个项目未开工。

4. 财政收支平衡压力较大

一方面,全面落实各项减税降费政策,加之市场主体生产经营尚未完全恢复,财政收入持续下滑,1—9月,完成一般公共预算收入39.4亿元,为预算的70.9%,同比下降2%,其中税收收入27.7亿元,同比下降3.7%。另一方面,财政支出压力加大,保障疫情防控、"六稳"、"六保"等重点支出资金需求大增,财政收支矛盾十分突出。

(三)2020年全年经济形势

第四季度,全球、全国宏观经济下行压力依然较大。10月IMF预测2020年全球经济增长将受疫情影响出现大幅下滑,是近一个世纪以来最严重的一次经济衰退,全球经济将萎缩4.4%,这也是自20世纪30年代以来,最严重的一次全球经济大滑坡。中国社科院预计2020年全国GDP增长4.1%。预计2020年万州区GDP同比增长2%左右。

二、2021年万州区经济运行环境分析及因素分析

2021年,宏观经济环境将更加复杂严峻,挑战与机遇并存。从全球看,受新冠肺炎疫情和世界经贸紧张局势影响,同时叠加中东与东亚地缘政治冲突、美国大选不确定性等因素,全球经济将陷入短期衰退,但随着中国经济的强劲复苏、世界各国疫情防控措施放松和重新开放,经济产出将迅速恢复,IMF预测,2021年全球经济增长将反弹至5.2%,比2019年略高出0.6%。从国内看,随着疫情得到有效遏制,扩大内需战略持续发力,以国内大循环为主体、国内国际双循环相互促进的新发展格局加速构建,经济有望保持良好复苏态势,IMF预测2021年中国经济增长将进一步回升至8.2%。从全区看,随着成渝地区双城经济圈战略的深入实施,"一区两群"协调发展纵深推进,"一心六型"两化路径持续发力,重点项目陆续开工建设、竣工投产,经济平稳回升基础将有力夯实,高质量发展态势将持续巩固。

三、2021年趋势展望

2021年,我们将持续抓好常态化疫情防控工作,抓实"六稳""六保"工作,抓住成渝地区双城经济圈建设重大机遇,持续推进"一心六型"两化路径,确保实现"十四五"良好开局。

（一）以保促稳，全力兜住民生底线，稳定经济基本盘

1. 抓好现有市场主体扶持

坚持一手抓存量改造提升、一手抓增量培育壮大，用足用好减税降费、降本增效政策措施，解决好企业融资难、用工难等问题，推进现有企业技改扩能释放产能；鼓励企业上新品、拓销路，切实保障产业链、供应链稳定，指导企业加强与上游供应商、下游经销商对接，切实保障生产原料充足供应，使产品销售有保障。同时，坚持"抓大扶小"并重，分行业建立重点中小微企业库，培养一批成长型企业。

2. 抓好市场粮油能源供应

加快实施农业"双百亿"工程，大力推进经果林、生态猪"双百亿"工程，加快推进优势柑橘、优质伏淡季水果、高山生态茶叶发展，运用"公司+家庭农场"的全新合作经营模式推进生猪养殖，加快形成全产业链。稳定蔬菜、粮食等种植面积，抓好防汛工作，确保秋粮丰收。强化电力、煤炭、天然气、成品油调度对接，有效保障企业生产经营和居民生活用能需求。

3. 多渠道促进就业再就业

加强失业人员监测，多渠道开发社会保障、保洁保绿、爱心看护等公益性岗位，托底安置就业困难人员。有序引导农民工外出务工，做好高校毕业生就业工作。建立农民工与全区重点项目承建单位联动机制，最大化吸纳本地未就业劳动力。对接重点企业用工需求，加强职业技能培训，全力保障市信产企业送工和区重点企业用工。

同时，认真组织实施民生实事、抓好财政开源节流等工作，切实保基本民生、保基层运转。

（二）稳中求进，奋力实现经济指标，推动经济发展

1. 加快重点项目建设

加快推进"一心六型"、重大基础设施和城市提升项目，加快推进中船重工万州智能装备产业园、渝万高铁、渝西高铁、成达万高铁等项目建设。完善项目协调服务机制，抓好项目月度调度和季度综合调度，切实解决好建设用地、征地拆迁等问题，多渠道筹集债券资金、金融机构新增贷款、区级财政资金等项目建设资金。

2. 着力扩大内需

提质发展高笋塘商圈、江南商圈等五大商圈，加快业态更新和商业模式更新，推进文商旅融合发展，构建消费拉动核心区。推进万州环球港、万州铜锣湾等一批大型购物商场建设，持续推动万达广场、福斯德广场、北滨熙岸、"心连心"广场、长江之星、上海大道、双河口滨河大道等七条夜间经济示范街区发展，打造观音岩汽车超市一条街、"三元四方"等特色街区。支持万州商都、万达、红星美凯龙等培育"首店经济"，引进国际国内知名品牌首店、旗舰店、体验店和连锁店，鼓励在万州首发新品。办好三峡汽车消费展、三峡美食烤鱼文化节、电商年货节等节庆展会活动，举办一批全国、全市和渝东北区域性展会。

3. 推动建筑业止滑回升

全面兑现缓缴减免农民工工资保证金、调整项目资本金监管政策、缓缴减免城市基础设施配套费等惠企政策落地。加强对本地建筑企业拓展资质范围、提高资质等级等方面的指导和服务，引导本地建筑企业承包万州施工项目，增强企业竞争力。

（三）蓄势图远，聚力抢抓战略机遇，谋求万州大发展

1. 强化招商引资工作

依托国家级万州经开区，围绕"六型"产业发展，突出重点产业、重点区域、重点项目策划，包装

一批符合万州产业发展的好项目、大项目。开展"乡亲"招商，完善在外成功人士名录及引导促成其回乡投资兴业引荐项目；开展"以商招商"，运用市场化、大数据等新型招商手段，积极探索中介招商、委托招商、联合招商。落实"四个一"服务机制，主动对接服务项目企业，加快项目手续办理，全力以赴推进签约项目开工、开工项目投产、投产项目达产。

2. 奋力实现"十四五"良好开局

抢抓成渝地区双城经济圈建设重大机遇，持续推进"一心六型"两化路径，科学实现"十四五"良好开局，推动谋划万州高质量发展之路越走越宽广。聚焦新型基础设施建设、新型城镇化建设、交通水利等重大工程和民生保障、公共服务等领域，积极策划一批重大项目，争取被纳入全国、全市"总盘子"，为全区经济社会发展积蓄力量、增添后劲。

四、政策调控措施建议

（一）着力推动区域协调发展

推动两江新区、重庆高新区、三峡新区三大平台形成战略策应；推动"一区两群"协调发展，形成区群联动、结构科学、集约高效、功能互补的区域空间格局。加快万开云同城化发展，提升万州区域中心城市发展能级，建设三峡库区经济中心。推进川渝毗邻地区发展，加快创建万达开川渝统筹发展示范区。

（二）培育发展现代产业集群

推动制造业高质量发展，加大创新研发投入力度，做大做强汽车、电子信息、消费品等支柱产业集群，打造"芯屏器核网"全产业链，培育壮大新材料、生物医药、集成电路等战略性新兴产业，推动数字经济与实体经济融合发展，推动产业向价值链高端延伸。优化"两群"产业布局，壮大"两群"生态产业，支持"两群"做大文化旅游业，依托区域中心城市建设旅游集散中心。

（三）优化固定资产投资结构

发挥投资稳增长的关键作用，适度降低房地产开发投资比重，重点向基础设施建设、产业发展、乡村振兴、城市提升等领域倾斜，全力推进重大项目建设。

（四）着力改善提升营商环境

持续开展"双亮""双评"和"土地高效利用行动""合同全面兑现行动"等活动，全力打通"数据壁垒"和"信息烟囱"，推进业务系统和数据共享交换平台互联互通，加快构建畅通、便捷、统一的信息应用网络。

（五）切实加强生态环境保护

坚持把保护和修复生态环境摆在压倒性位置，以提升全域水质为中心，统筹推进山水林田湖草系统治理，加强长江、嘉陵江、乌江等水系生态廊道建设，筑牢三峡库区重要生态屏障，建设山清水秀美丽之地，推动实现生态优先、绿色发展。

[万州区发展和改革委员会　冉仕伟　张大兵　李　欣]

之三：2020年开州区经济运行分析及2021年展望

2020年以来，开州区坚持以习近平新时代中国特色社会主义思想为指导，认真落实重庆市委、市政府决策部署，统筹推进新冠肺炎疫情防控和经济社会发展，继续打好"三大攻坚战"、实施"九项行动"、做好"六项重点工作"、深化"三项活动"，积极应对经济下行压力，大力防范化解各类风险，认真做好"六稳"工作，落实"六保"任务，有效应对挑战，奋力攻坚克难，主要指标实现"V"形反弹，经济呈现逐步回稳态势。

一、2020年开州区经济运行情况

1—9月，全区实现地区生产总值381.66亿元，同比增长2%，较上半年提升1个百分点。分产业看，第一产业增加值58.43亿元，增长3.6%；第二产业增加值153.98亿元，增长3%；第三产业增加值169.25亿元，增长0.7%。

（一）把牢抓稳三次产业，经济发展基础更牢

一是持续做强工业经济。出台抗疫暖企春风行动、工业经济高质量发展若干政策措施系列文件，着力推进复工复产、助企纾困。名赫电子、任达通电子等48个项目建成投产，新增产值15亿元。实施天致二期、德凯二期等智能化改造项目23个，存量企业提升产能20%以上。规模以上工业增加值增长3.3%，居渝东北城镇群第2位。二是大力发展特色农业。高标准建设现代农业产业园，新增特色高效产业4万亩，建成"宜机化+特色产业"示范基地2.5万亩。创建农产品加工示范企业16家，农业加工产值突破82亿元。完成"智慧农业·数字乡村"规划编制，全市首个4000亩山地智慧果园建成投运。实现农业增加值58.4亿元，增长3.6%。三是着力稳固第三产业。深入推进消费扶贫，努力活跃消费市场，大力推进商贸转型提质，成功举办汉丰湖首届电音节、文旅大咖开州行等重大活动赛事20余场，西部汽贸城正式投运。着力塑造文旅品牌，盛山植物园被认定为重庆市智慧旅游乡村示范点，汉丰湖有望获批市级旅游度假区。全区累计接待游客720万人次，实现旅游综合收入41亿元。

（二）全速推进重点项目，投资潜力持续释放

一是全面加快项目进度。开辟重点建设项目"绿色通道"，加强物资调度保障，1—9月全区重点建设项目共开复工项目147个。浦万隧道全面贯通，开城高速完成工程量72%，渝西高铁完成可研行业审查，成达万高铁完成可研编制，跳蹬水库顺利开工。凤凰梁大桥、开州大桥、观音山隧道等节点项目启动建设。二是聚力推进招商引资。深入开展八大招商引资攻坚行动，招商活跃指数在渝东北城镇群两次位列第一。成功引进新型智慧医疗产业链、智能家居与AI自动化楼宇、浪潮集团大数据应用等重大项目，启动汉丰湖国际生态文旅度假区项目。三是做优做实争资立项。成功申报社会事业类项目16个，获中央预算内支持资金1750万元、市级统筹资金445万元。成功争取抗疫特别国债资金1.95亿元用于公共卫生、粮食安全等领域的14个项目。

（三）聚力打造浦里新区，平台活力不断凸显

一是突出抓好高新区创建。加快浦里新区工业互联网、5G 数智开州和"三横五纵"路网等重大设施建设，浦万大道、陈家大道共 5 个标段提速推进，重庆智能家居产业园二期投用。完成科技创新服务中心升级改造，新组建 8 个独立法人研发机构，新认定"市级数字化车间"2 个，新申报 3 个市级企业技术中心，新增市级以上专业研发机构 2 个、国家高新技术企业 15 家。二是持续优化营商环境。持续深化领导联系企业制度，引领代办行政审批事项 60 余件，协调解决企业问题 100 余件。协助 8 家企业成功获批抗疫资金贷款 3.53 亿元，兑现落实招商引资优惠政策资金 0.56 亿元，为 50 余个项目申报中小微专项资金 2000 余万元，实施减税降费 2 亿元，全方位帮助紫建电子"创业板"提交股改申请资料，预计年底实现上市。

（四）持续改善社会民生，发展成果普惠共享

一是聚力奋战脱贫攻坚。深入开展"百日大会战""收官大决战"，整合涉农资金 6.4 亿元实施扶贫项目 584 个，高质量通过国家脱贫攻坚普查。认定扶贫龙头企业 24 家，16.5 万亩特色产业陆续投产见效，鲁渝协作（开州）现代蔬菜产业园建成投运。二是不断提升环境质量。深入实施五大环保行动，扎实抓好中央生态环保督察反馈问题整改，全区森林覆盖率达到 53.8%，城区空气质量优良天数 270 天，较 2019 年同期多 7 天，辖区流域水质总体保持Ⅲ类以上。园林绿化提升明显，成为重庆市唯一入选全国滨水绿地公共空间和绿道优秀案例的区县。三是办好办实民生实事。扎实推进 20 件民生实事，建成投用歇马小学、龙珠小学、歇马幼儿园，高考重本上线 2551 人，增长 5.1%。建成生物安全实验室 5 个，启动 11 个基层医疗机构和 2 个民营医院发热门诊建设。完成农村敬老院改造 10 家。新增城区公共停车位 306 个，居民人均可支配收入 19497 元，增长 8.1%，其中农村高于城镇 2.7 个百分点。安全事故起数和死亡人数分别下降 47.1%、35.3%。

二、2020 年开州区经济运行环境及因素分析

当前国际形势依然复杂严峻，全球疫情还在持续蔓延，经济仍在消化疫情带来的不利影响，经济运行不确定性和不稳定性凸显，一些不利因素客观上将逐步蔓延到开州。一是稳增长压力突出。受国际疫情和宏观形势影响，服务消费恢复相对滞后，部分行业全面复苏尚需时日，经济增长存在一定压力。二是产业升级亟待加快。传统产业转型升级十分迫切，新兴产业尚未形成有效支撑，新旧动能转换还需持续发力。三是财政收支矛盾凸显。受经济下行和疫情影响，财政收入增速放缓，加之减税降费、民生刚性支出等增加，收支平衡压力较大。

虽然当前宏观经济存在一些困难和挑战，但也面临新的战略机遇、政策空间和有力支撑，积极因素不断积累增多，新动能加快孕育成长。综合分析，全年经济运行稳中向好的态势不会变，长期稳中向好的总体势头没有改变，开州区正步入区域格局重塑、战略地位抬升、对外通道拓展、生态价值凸显、大数据智能化添劲的发展黄金期。在传统机遇基础上，还面临两个新机遇：一是统筹成效加快显现。党中央领导坚强有力，近期以最小代价精准快速控制全国疫情，防控经验更加成熟。各地经济社会秩序加快恢复，跨省市旅游、影院业有序开放，经济提振恢复进入新阶段。二是战略机遇叠加转化。创建万达开川渝统筹发展示范区、"一区两群"协调发展等重大历史机遇，使开州区战略地位提升、战略空间拓展、战略潜能释放。优化拓展城市空间、建设多向通道等重大部署，为开州区发展开辟了广阔空间。三是政策效益逐步释放。党中央出台实施一揽子直达地方基层、直接惠企利民的政策，开州区精准对接，成效明显，并将持续受益。四是发展支撑集聚增强。招商引资成果丰硕，发展后劲显著增强。生猪产能加快

恢复，特色农业持续发展，农业将实现平稳增长。紫建电子、任达通等一批科技企业加快投产扩能，工业发展有望持续领先。新业态、新模式加快发展，文旅融合增添魅力，商圈商城提档升级，将助推服务业经济加快回升。

三、2021年开州区经济运行趋势展望

从2020年1—9月经济运行总体情况来看，随着全区稳增长措施、重点项目等工作的纵深推进，2021年开州区经济质量将进一步提升，经济结构将进一步优化，预计2020年全区地方生产总值增速为6.0%左右。

四、2021年开州区政策调控措施建议

2021年，开州区全面贯彻落实习近平系列重要讲话和重庆市委、市政府决策部署，继续打好"三大攻坚战"、实施"九项行动"、做好"六项重点工作"、深化"三项活动"，抓好用好成渝地区双城经济圈的战略机遇、国家支持的政策机遇和产业升级的转型机遇，以"六保"促"六稳"，稳住基本面，培育增长点，努力在危机中育新机、于变局中开新局，确保完成决胜全面小康、决胜脱贫攻坚目标任务，奋力夺取疫情防控和经济社会发展双胜利。

（一）抓历史机遇融合转化

要密切对接国家成渝地区双城经济圈建设规划纲要、"一区两群"行动方案、"十四五"规划等编制工作，组织专班力量、专业团队进行研究，开展多层级、高频次对接，争取纳入重要规划、文件和项目库，抢占战略先机。要抓紧梳理拟争取的重大项目、重要政策、重大改革试点。加强与达州、万州等周边地区合作，找准切入点和突破口，共同争取设立区域发展基金、创建高新区、土地改革试点等政策，共同谋划实施一批引领性跨区域重大项目，力争年内开工万达直线高速、开万梁高速等项目。

（二）抓重大项目开工建设

一是加强储备对接。要落实项目前期工作经费，筛选储备一批优质项目，做深项目前期工作，确保有成熟项目承接。要围绕国家"两新一重"投向和公共卫生、应急物资储备等补短板，加快推进7大板块、21个领域项目前期工作，力争一批优质项目挤入国家项目库，早日实施。二是加强要素保障。创新投融资方式，做好经营性项目和公益性项目的包装整合，拓宽项目筹资渠道。加强用地保障，加快城市空间规划编制和专项规划调规进度；积极争取用地指标，落实征地批复，加快征地拆迁和安置房屋建设；协同做好规划、用地符合性审查，尽早发现和解决用地问题。

（三）抓招商引资落地见效

提速成熟招商项目评审，加快签约进程，做好项目跟踪，实行一个项目、一个专班全程服务，做好土地供应、厂房租赁、要素保障、政策兑现，倒排工期，确保签约项目早落地、落地项目早开工、开工项目早投产。加强重大项目前期策划论证，有针对性地策划包装一批优质储备项目，并对储备项目实行动态管理和滚动实施。第一、第三产业要突出抓好龙头企业引进，第二产业要注重补链、强链、延链，千方百计做大总量，形成大企业顶天立地、小企业铺天盖地的良好局面。

（四）抓实体经济盘活做强

一是促进农业提质增效。抢抓建设国家农业绿色发展先行区契机，加快八大农业园区建设。实施"三品"提升行动，加快三产融合，延伸柑橘、中药材、茶叶、生猪、冷水鱼等特色产业链条，创建国家

级产业强镇、"一村一品"示范镇村。二是推动工业稳中有进。加快推进植本科技等10个项目投产放量，推动重庆海通等一批投产企业达产达效，实施20个智能化改造项目。三是加快实现三产复苏。加快传统行业转型升级，持续推进电商产业园建设，支持开展直播带货、社交营销、平台促销，提振市场需求。运营好亿丰开州国际商贸城、开州西部汽贸城，投运渝东北农副产品商贸城，提升专业市场营业规模。加快推进开州故城三期项目，举办汉丰湖半程马拉松赛、水上欢乐季等活动。

（五）抓民计民生持续改善

一是提升生态质量。持续深化五大环保行动，高质量完成中央环保督察反馈问题整改，突出抓好污水治理、违建问题处置等工作。二是优化公共服务。落实各项援企稳岗政策，帮助重点群体就业，加大职业技能培训力度。加快推进16所中小学建设，全面完成20件民生实事。三是提升治理水平。深化扫黑除恶专项斗争，全面推进安全生产专项整治三年行动。

[开州区发展和改革委员会　王成志　陈慕浪]

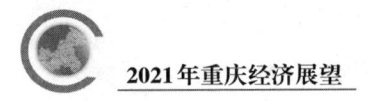

之四：2020年梁平区经济运行分析及2021年展望

2020年，面对突如其来的新冠肺炎疫情，梁平区委、区政府认真贯彻中央和市委、市政府统筹推进疫情防控和经济社会发展工作部署，抢抓成渝地区双城经济圈建设和全市"一区两群"协调发展战略机遇，全力以赴做好"六稳"工作、落实"六保"任务，有力巩固疫情防控成果，保障经济社会持续恢复性增长。

一、2020年梁平区经济运行分析

（一）2020年经济运行总体情况

1—9月实现GDP 336.3亿元，增长1.2%（高于全国0.7%增速，低于全市2.6%增速），较上半年（0.2%）回升1个百分点。第二产业增加值、工业增加值、规模以上工业增加值、税收收入等四个指标增速由负转正，分别由上半年的-1.1%、-1.8%、-2.1%、-5.8%转正为1.0%、1.2%、1.3%、1.3%。GDP、第一产业增加值、固定资产投资、工业投资、社会消费品零售总额、一般公共预算收入、税收收入、全体居民收入、城镇居民收入、农村居民收入等十个指标增速提升，分别由上半年的0.2%、4.4%、6.5%、4.7%、-5.1%、2.3%、-5.8%、6.6%、4.5%、7.2%提升为1.2%、4.7%、7.7%、6.5%、-1.6%、3.3%、1.3%、8.3%、6%、8.9%。第一产业增加值、固定资产投资、工业投资、社会消费品零售总额、一般公共预算收入、税收收入、全体居民收入、城镇居民收入、农村居民收入等九个指标增速高于全市平均增速，分别高于全市0.8个、5.2个、3.6个、0.6个、10.1个、12.8个、1.8个、0.6个、1个百分点。第一产业增加值、社会消费品零售总额、全体居民收入、城镇居民收入、农村居民收入等五个指标在渝东北城镇群排位靠前，分别列第2位、第3位、第1位、第2位、第2位。

1. 抓产业结构优化促升级提质

农业生产保持稳定，现代山地特色高效农业增加值33亿元，增长5.4%。工业经济持续恢复，平伟自主可控功率半导体工厂获批"重庆市十大创新示范智能工厂"，规模以上工业增加值增长1.3%，较上半年提升3.4个百分点。战略性新兴产业、高技术产业产值分别增长12.4%、11.9%，较上半年分别提升5.4个、5.5个百分点。服务业逐步回升，旅客周转量16978万人公里，增速较上半年提升21.6个百分点；旅游综合收入35.5亿元，恢复到2019年同期相当水平。

2. 抓重大项目建设促投资放量

强化产业链招商，累计签约项目84个，合同引资190.8亿元，增长43.3%，招商"三率"列渝东北城镇群第2位。狠抓重大项目建设，7个市级建设项目均已开工，完成投资24.5亿元；178个区级重点建设项目开工128个、完工34个，完成投资92.1亿元。"揭榜挂帅"项目推进有力，龙溪河PPP项目开工27个子项目，东方希望生猪全产业链项目（一期）建成投用；梁平至开江高速开工在即。

3. 抓市场主体培育促活力回暖

紧紧围绕"营商环境建设年"要求，深入推进"1+8"专项行动，落实市政府"45条"等惠企政策措施，实施"凤还巢""小培强"工程，1—9月新增市场主体10888户，增长96.2%，总量突破6万户。消费、物流市场积极回暖，批发、零售、住宿、餐饮分别增长6.8%、4.1%、3.5%、8%，较上半年分别提升4.3个、1.8个、8.9个、1.1个百分点；货物周转量69548万吨公里，增长6.7%，较上半年提升6.7个百分点。

4. 抓城乡融合发展促品质提升

坚持就业优先，新增就业6230人，发放创业担保贷款3.9亿元，列全市第2位。建成投用体育馆、游泳馆等公共服务项目，城市品质持续提升，累计销售商品房58.3万平方米。落实脱贫攻坚教育、医疗、住房、饮水保障，贫困劳动力务工就业比2019年底增加18.8%，销售扶贫产品1.3亿元，累计发放扶贫小额信贷4950户次，共1.03亿元，获贷率提升至57.1%；城镇、农村居民人均可支配收入持续增长，分别跑赢GDP 4.8个、7.7个百分点，持续巩固全面小康社会实现程度，2019年度监测得分98.37分，列渝东北城镇群第1位、全市第11位，确保圆满实现预期。

5. 抓明月山示范带促共建共享

抢抓成渝地区双城经济圈建设重大战略机遇，编制《共建明月山绿色发展示范带总体方案》，成功召开共建明月山绿色发展示范带党政联席会第二次会议。梁平至开江高速、巴蜀非遗文化产业园等2个川渝合作2020年共同实施重大项目推进顺利；完善《共建明月山绿色发展示范带重大项目库》，其中A类项目39个，总投资2934亿元。成功举办"明月山·百里竹海民宿消费季活动"，推出"明月山·百里竹海民宿回归之旅"等14条精品文旅线路。

（二）经济运行中需要关注的问题

一是重大项目建设需加力调度。区级178个重大项目仅开工71.9%，投资完成率56.47%，龙溪河PPP项目重大子项目都梁大道、高新大道等均欠进度；地方政府专项债券项目支付7.63亿元，支付率仅为36.16%。国家储备林、龙象寺水库、梁平至开江高速（重庆段）等重大投资项目至今未开工放量。二是工业用电量和金融机构存贷比均下降。存贷比由上半年的54.54%下降至53.3%，工业用电量下降3.8%，反映出生产不足和投资不足。

（三）主要经济指标全年预测

初步判断，梁平区全年GDP预计增长4%左右，固定资产投资增长10%以上，社会消费品零售总额增长2%左右，一般公共预算收入增长2%左右。

二、2021年重点工作

（一）更高质量融入成渝地区双城经济圈建设

牢固树立一盘棋思想和一体化发展理念，按照市委、市政府安排部署推进落实好全市"一区两群"区域协调发展意见，集中精力做好自己的事。积极探索川渝毗邻地区一体化发展机制，在项目化、政策化、事项化上下功夫，切实牵头推动明月山绿色发展示范带合作项目、合作事项落地落实。

（二）更高质量力抓工业建筑业提质增效

建成投用高新区"三大平台"，抓实抓细"上云上规上市"工作。坚持产业链招商，全力保链稳链固链，提高产业链整体水平，加快推进克路德智能家居、平伟5G射频、兰星电子GPP芯片等重大工业项目建设。出台支持建筑业健康发展政策和奖补政策，合理调度土地供应、房地产开发，大力引进培育资质以上建筑企业。

（三）更高质量推动重大项目投资放量

围绕构建以国内大循环为主体、国内国际双循环相互促进的新发展格局，紧盯"两新一重"抓开工、产业项目抓投达产、招商项目抓落地、储备项目抓前期、投融资抓改革。聚焦"揭榜挂帅"项目，抓实要素保障，提速推进龙溪河PPP（含都梁大道、高新大道）、梁平至开江高速、龙象寺水库枢纽工程、亚行贷款、地方政府专项债券、国家储备林、老旧小区改造等重大项目。聚力抓好重大项目前期，梯次推进都梁大剧院、巴蜀非遗文旅小镇、都梁金融大厦、政务服务大厅等城市牵引项目，尽快形成更多投资实物量。千方百计争取更多中央预算内投资和地方政府专项债资金投入，务求在"铁公水联运"、快速通道、集装箱场站、都梁新区建设、赤牛城保护开发、引进高校等方面取得突破性进展。

（四）更高质量激活消费潜力

从消费者出发，激活消费热点，丰富促销活动，落实好系列优惠政策活动，稳定房地产市场。围绕发展郊区经济、假日经济，举办好"丰收节""柚博会"等节会，发展线上线下消费新业态新模式，促进传统大宗消费，培育新型消费，扩大最终消费，促进消费扩容提质。加大商贸业、服务业培育力度。积极推进百里竹海国家级旅游度假区创建工作。

（五）更高质量激发市场主体活力

统筹推进城市提升和乡村振兴，提升城乡宜居环境，吸引在外人才回乡创业就业。持续深化"放管服"改革，不断增强市场主体获得感，打造营商环境高地。用好用活市政府"支持企业45条"，推动企业降本增效，帮助困难企业渡过难关。深入推进"凤还巢""小培强"工程，大力培育市场主体。

[梁平区发展和改革委员会　张　荔]

之五：2020年城口县经济运行分析及2021年展望

2020年以来，面对新冠肺炎疫情冲击和复杂严峻的国内外形势，城口县以习近平新时代中国特色社会主义思想为指导，坚决贯彻党中央决策部署，认真落实市委、市政府系列部署要求，着力战疫情、战复工、战贫困、战汛情，在新冠肺炎疫情冲击和宏观经济下行压力增大等不利影响下，全县经济延续了总体平稳的态势，主要经济指标的降幅较上半年有所收窄。

一、2020年城口县经济运行情况分析

1—9月，实现地区生产总值37.13亿元，同比下降3.4%，较第一季度和上半年回升3.2个和0.2个百分点。其中，第一产业实现增加值7.45亿元，同比增长3.4%；第二产业实现增加值5.23亿元，同比下降18.9%；第三产业实现增加值24.46亿元，同比下降0.8%。

（一）经济运行特征

1. 农业经济恢复正常增长趋势

努力克服疫情、灾情和重大疫病等风险挑战，千方百计抓好粮食和生猪生产，多举措促进农民就业增收。全年粮食播种面积37万亩，"菜篮子"产品供给充足，蔬菜及食用菌产量达到3.81万吨，同比增长4.7%。生猪生产恢复好于预期，生猪存栏8.9万头，完成率136.9%；生猪出栏8.9万头，完成率80.9%。畜禽生产基本恢复常态，家禽存栏169万只、出栏16万只。中药材、蜂蜜、干果等产量略高于2019年。1—9月，实现农业总产值11.99亿元，可比价同比增长3.5%，增速较第一季度和上半年分别回升5.9个和2.3个百分点；实现农业增加值7.45亿元，同比增长3.4%，增速较第一季度和上半年分别回升5.4个和2.3个百分点。

2. 工业经济下滑程度逐步收窄

商品混凝土、中药材加工、钡粉生产和发电量均增长较快，鑫城建材、天宝药业、巴山水电等骨干企业运行良好，3户企业分别完成产值1.62亿元、1.17亿元和1.24亿元，共占规模以上工业产值的52.6%，成为规模以上工业的主要支撑点。受锰加工行业市场低迷影响，占规模以上工业企业总数46%的锰加工企业，部分未达产、部分间断生产，1—9月锰加工行业实现产值1.49亿元，同比负增长49%，是影响工业产值负增长的主要因素。1—9月，实现规模以上工业总产值7.67亿元，同比下降1.8%，较第一季度和上半年分别回升了30个和3个百分点；实现工业增加值3.41亿元，同比下降1.7%，较第一季度和上半年分别回升了11.0个和0.3个百分点。

3. 建筑业仍呈下降趋势

虽然在第三季度城口县狠抓建筑产业发展，制定出台了"1+3"配套政策和"红名单"制度，重点支持在本地注册的建筑企业发展，但由于本地建筑企业承建工程项目较少，建筑业产值普遍偏低，导致全县建筑业产值仍呈下降趋势。1—9月，全县实现建筑业产值1.04亿元，同比负增长39.6%，增速较第一季度和上半

年分别回升2.5个和5.7个百分点;建筑业增加值同比下降42.7%,增速较第一季度和上半年分别回升4.3个和5.7个百分点,倒挂经济增长3.3个百分点,是影响经济增长的第一制约因素。

4. 服务业较快增长

居民服务消费需求的不断增长,刺激了县内服务业的快速发展。新发展了规模较大的重庆易和医院、重庆康之舟医院、渝康医院、中南医院等民营卫生服务企业,信息技术、劳务中介、物业管理、快递物流等服务行业也呈现快速发展趋势。1—9月,全县营利性服务业和非营利性服务业分别实现增加值5.24亿元和6.09亿元,同比分别增长10.4%和38.5%,占地区生产总值的比重分别达到13.4%和15.6%,分别拉动经济增长1.4个和4.3个百分点,服务业成为拉动经济增长的第一动力。

5. 县内消费市场进一步恢复活跃

全县消费市场继续复苏回暖,商贸经济呈持续回升态势明显,限额以上批发业企业和限额以上批发业个体,实现销售额同比增长分别为21.3%和5.6%;限额以上零售业企业和限额以上零售业个体,实现销售额同比增长分别为0.8%和2.1%;限额以上住宿和餐饮业企业和限额以上住宿和餐饮业个体,实现营业收入同比下降分别为18.1%和15.2%;实现社会消费品零售总额15.76亿元,同比下降8.6%,降幅较第一季度和上半年分别收窄6.5个和4.7个百分点。

6. 投资和房地产业持续较快增长

狠抓重点项目建设稳定投资,落实项目指挥长责任制,强化项目要素保障,实行现场办公、现场督导和日、周、月调度工作机制,抓实项目开工复工和进度控制,1—9月完成重点项目投资16.53亿元,占全县固定资产投资总额的79.05%;累计完成固定资产投资20.92亿元,同比增长25.26%,增速较上半年提高18.15个百分点,增速暂列全市第一位,高于全市平均水平22.76个百分点。同时,2020年以来城口县全力抓房地产业发展,1—9月完成房地产开发投资3.42亿元,同比增长81.2%;商品房新开工面积13.55万平方米,同比增长近2倍;商品房销售面积6.42万平方米,较第一季度和上半年分别净增长5.5万平方米和1万平方米。

7. 财政金融运行形势平稳向好

强化财政征收统筹管理,严格落实过"紧日子"十条举措,狠抓财政收支平衡,财政运行情况总体平稳向好。1—9月,完成县级财政一般公共预算收入3.05亿元,同比增长2.3%。完成一般公共预算支出29.61亿元,同比增长10.65%。9月末,全县金融机构各项存款余额为136.31亿元,同比增长4.3%;各项贷款余额为114.37亿元,同比增长21.4%;银行存贷比达到83.9%,较上半年提高7.7个百分点。

8. 城乡居民收入持续稳定增长

狠抓脱贫攻坚"收官大决战",在产业、就业、创业的三业驱动下,全体居民人均可支配收入13666元,同比增长7.8%,增速高于全市1.3个百分点,较第一季度和上半年分别回升5.5个和1.7个百分点。城镇、农村居民人均可支配收入分别达到22812元和8123元,同比分别增长4.8%和8%,增速分别低于全市0.6个百分点和高于全市0.1个百分点,较第一季度和上半年分别回升6.7个和1.8个百分点。

(二)经济运行过程中存在的问题

1. 注册地建筑业下滑明显

2020年,建筑业增加值统计口径由建设地调整为注册地后,虽然第三季度出台了一系列针对性政策措施,但受本地建筑企业规模小、资质低等因素限制,企业入统较少,加之本地建筑企业承建工程项目较少,建筑业产值普遍偏低,导致全县建筑业产值仍呈下降趋势,是影响县域经济增长的第一因素。

2. 工业经济的主动力作用不足

全县锰加工企业占规模以上企业总数比例达到46%,由于硅锰合金加工业等主导行业产品层次低、结构单一,在产业结构调整和产业竞争加剧情况下,产品价格回落,市场需求低迷,企业主扩大生产的信心严重不足,企业生产逐渐萎缩,锰加工企业产值下滑,影响工业总产值。同时,新兴产业生产经营规模有限,暂不能弥补原有主导产业下滑形成的缺口,工业经济的主动力发挥不足。

3. 财政收支平衡依然艰难

面对政策性减收、疫情冲击导致财力受损、经济下行导致财政收入来源收窄等多重压力,县本级财税收入压力较大。政府债券利息、防疫设备采购等支出加大,"三保"缺口明显。支出需求与资金筹集矛盾较大,债务风险管控任务突出。

(三)2020年城口县全年经济指标预测

综合考虑新冠肺炎疫情、经济下行冲击、洪涝灾害等影响,以及"十三五"收官和决胜脱贫攻坚等要求,结合2020年1—9月经济形势,预计全年地区生产总值增长2%左右,固定资产投资增长4%左右,社会消费品零售总额实现正增长,一般公共预算收入增长1%左右。

二、2021年经济运行的环境分析及主要指标预测

(一)经济运行环境分析

全县"十三五"时期贫困县帽子彻底摘掉,全面建成小康社会目标圆满实现,经济社会发展可谓是轻装前进、机遇集成。国家层面,主要有共建"一带一路"、新时代西部大开发、长江经济带发展、成渝地区双城经济圈建设、川陕革命老区发展等重大战略机遇,有国家加速推进生态文明建设、推进乡村振兴等重大发展机遇。市级层面,主要有"一区两群"协调发展、建设三峡库区生态优先绿色发展先行示范区等发展机遇。县级层面,G69银百高速加快建设,将于2022年通车,渝西高铁即将开工建设,预计在"十四五"末期建成,为全县经济社会发展提供了重要的交通基础支撑和开放环境支撑。同时,全县生态文明建设持续加强,"三件大事"扎实推进,"两山""两化"持续深化,城乡面貌变化前所未有,特色产业发展前所未有,社会民生保障前所未有,生态环境质量前所未有,干部群众干事创业精气神前所未有,人民群众获得感、幸福感、安全感前所未有,将为推进县域经济加快发展奠定坚实基础。

(二)主要指标预测

初步预测,城口县2021年地区生产总值增长4%左右,固定资产投资增长5%左右,社会消费品零售总额增长6%左右,一般公共预算收入增长2%左右,城乡居民收入增长与经济社会发展同步,生态环境质量持续改善,单位生产总值能耗、主要污染物排放等约束性指标完成市级下达目标任务。

三、政策调控措施建议

(一)狠抓投资拉动

加快在建项目投资放量。按照年度目标加快推进项目建设,并且努力挖掘新入统投资项目,尽量做大投资总量。提高招商引资项目投资转化率。努力推动洽谈项目早签约、签约项目早落地、落地项目早开工、开工项目早投产,抓好已落地项目开工和已开工项目入统,千方百计做大实际到位资金总量。同时,强化项

目服务,深化"放管服"改革,优化营商环境,提供保姆式服务,落地项目招商单位要指导项目业主将投资数据及时准确填报入统计库,做大投资总量并尽快入统。加强项目策划储备和争取。认真谋划一批重大项目进入"十四五"规划重大项目库,为"十四五"开篇打好基础。加大项目资金争取力度,抓住国家开展县城城镇化基础设施补短板、对冲疫情影响、加大资金投放力度等政策,各有关行业部门要加强相关项目谋划储备,努力争取国家支持最大化。

(二)狠抓产业发展

全力抓工业经济。持续发力推动重点工业企业复产达效,努力提高建材、中药材等中药产业企业产值。全力抓农业经济。继续落实好生猪生产恢复政策,确保元旦、春节期间猪肉供应充足。在中药材、山地鸡、老腊肉等优势产业上寻找突破口,因地制宜发展农特产品加工业,力争尽快实现特色农业加工业的抱团发展,形成重要的经济增长支撑点。对县内重点农业企业进行摸底,将脱贫带动、产业升级、产值贡献同政策扶持挂钩,激励农业企业做大做强。全力抓建筑业和房地产业。深入推行"红名单"制度,推动建筑业和房地产企业加快发展。持续推动文旅发展。着力打好秋冬牌,推出彩叶观赏、冰雪体验精品线路等秋冬文旅产品,着重推广适合秋冬季的旅游商品,积极统筹举办"刨猪文化节"等秋冬文旅节庆活动,吸引游客,刺激消费。

(三)狠抓消费带动

抓好商贸经济回升,继续开展促进消费系列活动。抓好消费扶贫工作。抓好消费扶贫产品基地建设和消费扶贫产品目录,动员组织贫困户最大限度参与扶贫产品生产,全力提高建档立卡贫困户产品销售比例。同时做好产品质量监测,确保产品质量安全,从诚信经营、合理定价、售后服务方面提升消费扶贫产品的市场竞争力。抓好线上消费。围绕"一乡一品"打造与市场接轨的网货产品,全县力争打造一批有规模、有口碑的网红产品。

(四)狠抓财政收支

抓好财源税源培植。全力调整支出结构,保障重点建设项目序时推进,稳定支柱财税来源。积极培育壮大收入增长点,依托重庆银行、农村商业银行,加大微粒贷等金融产品的市场拓展力度;积极发展总部经济,培育壮大本地建筑企业,尽最大努力减小税收降幅;加快国有企业资产盘活处置力度,弥补短收缺口。全力做好企业债发行工作,确保还本付息资金来源。坚决落实"过紧日子"要求。创新实施会计委派、收支备案审核管理改革。强化资金统筹调度。持续高度重视、全力防范财政运行风险。

[城口县发展和改革委员会　周　慧]

之六:2020年丰都县经济运行分析及2021年展望

2020年以来,面对突如其来的新冠肺炎疫情和复杂严峻形势,丰都县在习近平新时代中国特色社会主义思想指引下,紧紧围绕习近平总书记对重庆提出的营造良好政治生态,坚持"两点"定位、"两地""两高"目标,发挥"三个作用"和推动成渝地区双城经济圈建设等重要指示要求,紧扣成渝地区双城经济圈建设和全市"一区两群"协调发展给予丰都的定位,深入落实陈敏尔书记对丰都提出的"山水丰茂、物产丰盛、人文丰厚"指示要求,主动作为、奋力攻坚,疫情防控阻击战取得重大成果,社会秩序得到快速恢复,经济运行呈现恢复性增长态势。

一、2020年丰都县经济运行情况

(一)经济运行主要特征

1. 主要指标恢复增长

1—9月,全县实现地区生产总值227.55亿元,同比增长1.6%,居渝东北城镇群第5位。其中,第一产业32.21亿元,同比增长4.2%;第二产业91.79亿元,同比增长1.4%;第三产业103.55亿元,同比增长1%;三次产业结构占比优化调整为14.2∶40.3∶45.5,第三产业较2019年同期提高了6.4个百分点。规模以上工业总产值92.49亿元,同比增长4.5%;建筑业总产值155.72亿元,同比增长4.6%;固定资产投资80.09亿元,同比增长6.6%;零售业销售总额、餐饮业营业收入分别为46.36亿元、15.98亿元,同比分别增长8%、8.2%;一般公共预算收入11.5亿元;金融机构人民币存贷款余额589.76亿元,同比增长11.9%;城镇常住居民人均可支配收入27901元、同比增长6.1%,农村常住居民人均可支配收入11606元、同比增长8.8%。

2. 三次产业持续回升

一是农业生产形势较好。打造全市畜禽养殖基地,着力构建以畜禽养殖为重点的"1+4+X"产业体系("1"即以牛、鸡、猪等为重点打造绿色畜禽养殖基地,"4"即高品质发展红心柚、榨菜、花椒、生态渔业等4大特色产业,"X"即因地制宜发展龙眼、柑橘、烤烟、笋竹等现代山地特色高效农业),百亿级龙头企业恒都公司1月31日率先复工,利用网上生鲜类市场份额占有率超过50%的独特优势,疫情期间销售牛肉4万吨。华裕农科5000万羽雏鸡生产项目成为西南地区最大的智能化蛋鸡良种繁育中心,德青源蛋鸡养殖场建成投产,重庆农投集团智慧生态养殖、温氏集团高效生态养殖等重点项目加速建设、部分投产。开展"千人返乡"创业计划,粮油、蔬菜、畜禽等产业稳中快升。

二是工业新动能加快成长。打造全市绿色工业基地,推动全市唯一具有防护服生产资质的上坤公司7天内转产达能、惠全、旭天等企业满负荷生产口罩等医疗用品,圆满完成市委、市政府交办丰都"日产18万只以上医用口罩、日产1000件以上医用防护服"任务。东方希望集团改变经营策略、创新储存方式,疫情期间不停工、不停产,以存量优势抢抓项目复工"窗口期",疫情期间销售水泥304.7万吨,产值同比不降反增。牛肉深加工厂房及冻库建设项目基本建成，温氏肉鸡屠宰加工厂开展项目选址、饲料加工厂完成土地挂牌，华裕农科饲料加工厂实现开工建设，东方希望现代化生猪养殖循环产业基地项目推进顺利。1—9月，工业投资同比增长39.8%，增速居渝东北城镇群第2位，工业经济稳中向好。

三是服务业发展势头良好。打造全市商贸物流基地，充分发挥沿江通道作用，建成境内高速铁路48.7公里、高速公路64公里、普通公路总里程达7032公里，公路密度每百平方公里达242公里，通乡通畅率、行政村通畅率、撤并村通畅率、行政村通客车率均达100%；提速推进渝宜渝万高铁、沿江货运铁路、垫丰武高速公路、丰都游轮港等重大在建项目，加快形成内联外畅、快捷高效的综合交通体系，建设重庆重要的交通枢纽。发挥水天坪口岸开放运营优势，建成港口作业区4个、码头18个、泊位36个，大力建设渝东北城镇群供应链物流、冷链物流、仓储物流、大宗商品物流基地，引进顺丰速运在丰设立"渝东"片区区域快递和物流分拨中心，全国首个肉牛产业电子商务平台"有牛网"营业额突破1亿元。

3. 三大需求总体稳定

一是投资保持稳定增长。五洞岩风电、横梁风电、回山坪风电、碧桂园、景典龙都、金科集美东方、绿岛源矿山发展示范项目、南天湖旅游度假区开发等62个重点项目加快推进，实现投资56.2亿元，完成年度任务的75.5%。11个市级重点项目实现投资14.5亿元，完成年度任务的80.1%。1—9月，完成固定资产投资80.1亿元，完成年度目标的69.3%，同比增长6.6%，居渝东北城镇群第6位，比第二季度上升两位。其中，房地产投资33.15亿元，同比增长4.8%，增速居渝东北城镇群第7位；工业投资18.98亿元，同比增长39.8%，增速居渝东北城镇群第2位。从房地产、工业、旅游、农业、城市基础设施、交通、水利等几大板块看，工业和交通投资增速继续领跑；占主导地位的依然是房地产和工业投资，占全县固定资产投资的2/3。

二是消费市场持续恢复。打造全市度假康养基地，南天湖景区轰动效应凸显，成为市内外游客避暑纳凉首选之地，国家级旅游度假区创建正迎接国家文旅部验收；名山5A创建扎实推进，"飞行影院""黑暗骑士"等文旅体验项目和丰都古城打造"夜游鬼街"项目加快建设。1—9月，接待游客1417.29万人次，实现旅游综合收入66.3亿元，基本恢复至2019年同期水平。"晒旅游精品、晒文创产品"大型文化旅游宣传推介活动圆满举行，县长"直播带货"90分钟销售景区景点门票1万多张、康养度假套餐400多份、精品文创产品近40份、恒都牛排8546件、麻辣鸡5913件、扶贫农产品1600份，15天累计销售金额达695万元，创下首批6个区县最高销售额。1—9月，零售业销售总额、餐饮业营业收入同比分别增长8%、8.2%，均居渝东北城镇群第2位。

三是对外开放速度加快。有序推进渝东北城镇群开放高地建设，持续完善5个产业招商组招商机制，签订投资83.5亿元的栗子湾抽水蓄能电站、投资20亿元的东方希望生猪产业一体化、投资12亿元的高性能擦拭纸研发及智能制造等招商项目24个，合同引资150.7亿元。进出口逆势增长，水天坪港作业区集疏运通道进入招投标程序，海关监管作业场所完成初步设计方案。榨菜、藠头等产品出口日韩和东南亚市场基本稳定，农副产品出口额完成300万余美元。新备案登记医疗防护用品出口企业5家，圆梦科技、上坤医疗器械等企业生产的口罩、防护服等医疗防护用品的出口额近800万美元。1—8月外贸进出口总额完成4895.83万美元，同比增长315.9%，增幅位居全市第二。

4. 质量效益逐步改善

一是新经济发展势头强劲。全力推进以大数据智能化为引领的创新驱动发展战略行动计划，完成5G基站配套设施建设563个，新建恒都公司12条智能化精深加工线，建成东方希望5条智能化生产线，累计培育科技型企业128家，企业技术创新力度有效提升。麦克福制药、金籁科技等10余家工业企业通过智能化改造、智能制造等方式，提高劳动生产效率30%，降低运营成本5%。实现战略性新兴产业产值5.9亿元，同比增长4.04%，创新驱动发展加快。

二是惠企政策落实到位。疫情暴发以来，深入落实进一步助力市场主体健康发展政策措施，召开全县企业家座谈会，集中收集、清单交办，妥善处置商贸城债务风险等一批实际问题。推动助企纾困政策全面落地落实，发放专项再贷款2.2亿元，落实稳岗补贴679.27万元，累计新增减税降费6679万元，带动新发展市场主体4371户，同比增长15.3%，助推经济运行步入加快复苏轨道。

三是要素保障不断增强。落实常态化疫情防控措施，储备外科医用口罩21.8万个、其他防护用品6万件，满足至少一个月满负荷运转物资需求。"三甲"医院项目提前投入运营，传染病控制中心等补短板项目加快建设。得益于东方希望、绿岛源建材、华裕农业等重点企业生产能力提升，推动工业用电量（含自备厂电量）大幅增长，1—9月达到5.4亿千瓦时，同比增长14.8%。公路运输总周转量、水路运输总周转量增速同比分别增长5.4%、2.4%，比上半年分别提高5.2个百分点、1.4个百分点，货物运输能力持续提升。

（二）当前经济运行中存在的主要问题

1. 部分企业生存困难

受疫情和中美贸易摩擦影响，宏观经济环境存在很大的不确定性，给丰都县部分企业经营带来较大影响。比如交通物流等行业虽然恢复较快，但较2019年同期仍然差距较大；汇丰国旅、名山旅游集团等服务业企业因业务单一、抗风险能力不强等原因，仍处于缓慢恢复中。

2. 固定资产投资后劲不足

一方面，房地产投资拉动减弱。近年来全县房地产占投资比重较大（41.4%），但目前行业发展较为缓慢，1—9月增速低于全县投资1.8个百分点，对投资拉动不增反降。另一方面，在库项目存量严重不足。虽然目前在库项目剩余投资很多，但近期开工项目少，且社会投资备案项目总投资存在"虚高"现象，与实际投资差距较大。

3. 财力保障难度加大

由于受经济下行压力、减税降费政策特别是新冠肺炎疫情的影响，财政收入增长乏力，增速明显减缓，而一些民生事项刚性支出又在不断增加，超出全县财政承受能力，财政收支矛盾愈加突出。

二、2021年经济运行环境分析

从国际看，疫情带来的衰退对全球经济造成严重伤害。国际货币基金组织（IMF）10月发布《世界经济展望》报告预计2020年全球经济将萎缩5.2%，新兴市场和发展中经济体经济将萎缩3.3%。2021年全球经济虽有望增长5.2%，但部分地区疫情蔓延加速，很多经济体放慢经济重启步伐，全球经济复苏前景漫长且不均衡，国际环境更加不稳定、不确定。从全国看，我国进入充满挑战的重要战略机遇期，正逐步形成以国内大循环为主体、国内国际双循环相互促进的发展新格局，消费结构、需求结构、产业结构将全面升级，内需和消费将成为经济增长的主要动力。在《全球疫情应对和经济复苏108国综合评估》中，中国名列榜首；《世界经济展望》表明中国是唯一实现正增长的主要经济体，预计中国经济将在2020年增长1.9%，有望在2021年持续增长，增幅达8.2%。从全市看，重庆加快融入国家"一带一路"建设，推进成渝地区双城经济圈建设，推动"一区两群"协调发展，随着全市"两新一重"基建的持续发力，中国西部（重庆）科学城的高标准、高起点建设，各类支持政策实施显效，全市经济发展活力逐步回升，预计 2021 年全市 GDP 增长速度将大幅提高。从全县看，伴随"一带一路"建设、长江经济带发展、新时代西部大开发等一系列国家和区域重大战略的纵深推进，丰都历史性地被纳入成渝地区双城经济圈建设这一重大国家战略。同时，"一心两极三带"生产力布局逐步完善，"1+4+X"现代特色效益农业实现提档升级，国家级现代农业产业园创建工作积极推进；食品加工产业、现代建筑产业、医药及医疗器械产业、智能制造产业及临港产业"2+2+1"产业集群初步构建；大名山 5A 级旅游景区建设稳步推进，南天湖国家级旅游度假区大力建设，文旅产业逐步成为第三产业发展核心引擎，丰都高质量发展将得到有力支撑。

三、政策调控措施建议

（一）统筹推进疫情防控和经济社会发展

一是毫不松懈抓防控。根据疫情防控形势变化，及时调整部署，优化防控策略，强化重点地区来丰人员管理、社区社会管理，继续落实好外来人员排查、健康筛查、发热门诊等制度，稳妥有序解除与正常生活秩序不适应的管控措施，持续巩固疫情防控成果。二是千方百计落实政策。系统梳理各行业各领域出台的助企纾困政策，及时汇编给各企业学习研究、弄准吃透，并密切跟进后续出台的新政策，早对接、多争取、快落地。三是千方百计助企纾困。严格按照属地管理、行业管理的原则，深入企业特别是出现负增长的企业，加大摸排存在困难和问题的力度，及时研究解决，帮助企业顺利渡过难关。

（二）进一步发挥投资和消费关键性作用

一是推动存量项目序时建设。根据政府性投资项目和社会性投资项目清单，做深、做实、做细项目前期工作，推动新建项目早开工、在建项目提速度、投产项目早达效、签约项目早落地。严格落实项目领导包干、定点攻坚、平时奖励考核挂钩机制，加快项目建设。对进度滞后的项目，加大督查督办力度，确保按期推进。二是扩大有效投资。聚焦市政设施、成渝地区双城经济圈和"一区两群""铁公水"连接大通道、生活污水垃圾处理、公共卫生设施、应急物资储备等策划项目，争取中央投资项目资金。聚焦新基建、交通基础设施、能源、农林水利、生态环保、社会事业、城乡冷链物流、市政和产业园区基础设施、长江经济带发展和"一带一路"建设、城镇老旧小区 10 个方面，策划有政府性投资且具有一定收益的项目，争取专项债券。同时，全力以赴招商引资，争取海底电缆、高性能擦拭纸、建筑产业现代化等产业项目尽早落地。三是提振消费信心。持续抓好城市商圈、专业市场等城市商业补短板行动，开展消费促进活动，拉动消费回补和潜力释放。同时，加大电商扶贫、消费扶贫力度，继续推动农特产品进机关、学校、医院、企业、商场等活动，探索实施社交电商、直播电商与消费扶贫融合发展，发展壮大有牛网等一批电商企业。积极策划一批旅游文化活动，积极向外推介南天湖、名山、雪玉洞、九重天等景区，引导景区景点、酒店抱团营销，不断刺激消费信心。

（三）促进产业实现高质量发展

一是加快推进畜禽养殖业发展升级。促进华裕农科、温氏集团、重庆农投、德青源等畜禽养殖重点龙头企业的产能升级，提速推进重庆农投智慧生猪项目和东方希望生猪养殖项目及有机肥厂、饲料加工厂、屠宰厂等配套设施建设落地投产，加快建设全市畜禽养殖。二是加快推进食品加工产业建设。全力打造牛肉精深加工产业，推动牛肉精深加工工厂在工业园区早日投产。加快推进畜禽屠宰场建设及蛋肉加工中心建设，以匹配全县快速增长的畜禽养殖业销售端需求。发展红心柚、花椒、藠头等农产品精深加工技术，实现产品多样化、高端化，提升农产品品质。三是发展壮大现代山地特色高效农业。坚持以

"一心两极三带"生产力空间布局为指引,着力产业结构深化调整。对农产品进行提质扩面,推动榨菜、红心柚、花椒、生态渔业4大特色产业加快发展。持续强化品牌战略,打造"高山滕州脱毒马铃薯"种植基地,提高"长坡风萝卜"和"三元红心柚"的品牌知名度。

(四)全力破解财政运行难题

一是坚定不移抓收入。持续加大各行业、个税等领域欠税漏税清查力度,做到应收尽收、应缴尽缴。完善非税收入渠道,加强收费监管,清查缴费漏洞,加大整违力度。加强基金收入,按照制订的年度土地供应计划,加快推动现有土地出让。二是推动县属国有企业融资贷款。强化与金融机构协调对接,抢抓当前资本市场机遇,科学合理策划融资贷款项目,并通过上缴国有资本经营收益等方式增加财政收入,为全县正常运行提供有力保障。三是严格控制财政支出。坚决贯彻市政府印发"过紧日子"的十条措施,严格遵守全县实施政府"过紧日子"十条措施落实措施的相关要求,严控一般性支出和三公经费。落实建立新增专项集中审批制度、规范单位账户管理以堵住"小金库"、及时清理消化占用上级专款指标、科学制定绩效评价指标及奖惩办法、精准调度专项资金等方面要求。坚持以收定支原则,严控年中增支方面,对无概算或概算未经审核的项目一律不安排预算资金,对超概算且未按规定履行报批程序的政府性投资项目不追加预算资金。

(五)全面推进生态优先绿色发展

一是加快推进生态文明建设。以创建国家生态文明先行示范区和市级生态文明示范县为目标,严守生态保护红线,加强重点生态功能区、生态退化区、自然保护区、城市生态系统保护。二是积极做好污染防治。严格环境质量安全底线,持续提升环境质量,坚持整体推进、重点突破,精心设计好大气、水、土壤污染防治的路线图,倒逼推进环境质量持续改善。三是加大环境监管执法力度。落实"双随机一公开"制度,加大司法联动执法力度,大力开展环保利剑行动。健全环境信息公开制度,依法强制推动重点排污单位履行公开义务,着力打造"阳光"环保。充分发挥排污许可证"环保执照"作用,提升污染防治水平,强化行政处罚、企业环境行为评价等信息公开。加强环境监测监管能力建设,建成权威高效的监测体系,提升环境监测分析研判能力。

(六)着力保障和改善民生

一是着力保障就业。加强就业监测,加大县内就业岗位开发力度,多管齐下解决好群众特别是因疫情返丰人员就业问题。积极开发公益性岗位,全力保障贫困人口、弱势群体务工就业。适当增加机关事业单位、县属国有企业对高校毕业生特别是贫困户大学生的招聘力度,引导高校毕业生到农村基层支农、支教、支医、扶贫,不断拓宽高校毕业生就业渠道。二是着力保障教育。严格落实全市高中阶段教育招生执行计划,以更严格的要求细化招生方案、透明化招生环节,确保全县普通高中招生公平、公正、公开。加强政策宣传和做好学生入学引导,防止出现因政策原因无法入学或辍学情况。三是着力保障民生。严格按照习近平总书记"两不愁、三保障"及饮水安全方面的要求,为群众排忧解难,做好困难群众的帮扶工作。

[丰都县发展和改革委员会 邓清华 陈 玲 皮雪峰]

之七：2020年垫江县经济运行分析及2021年展望

2020年1—9月，在垫江县委、县政府的坚强领导下，全县上下抓住用好成渝地区双城经济圈、全市"一区两群"和"新型城镇化示范"等重大机遇，坚持筑牢"防控"前提、守住"六保"底线、夯实"六稳"基础、拓展"进取"态势，积极对冲经济下行，全县经济加快恢复，供需关系逐步改善，稳中向好、长期向好势头明显。

一、2020年垫江县经济运行情况分析

（一）经济运行总体呈现四大态势

1. 呈现加快恢复性增长态势，主要经济指标位势走势良好

1—9月，实现地区生产总值317.2亿元，同比（下同）增长3.3%，增速高于全市0.7个百分点，分别排全市和渝东北城镇群第9位、第2位，继续位列全市第一方阵（见图1）。工业增长3.5%，较上半年回升2.7个百分点，连续两季度排渝东北城镇群前2位；建筑业增长7.7%，较上半年回升1.5个百分点，连续两季度排全市第6位。批发销售额增长29%，排全市第2位；住宿营业额增长4.2%，较上半年回升5.5个百分点，排全市第1位。

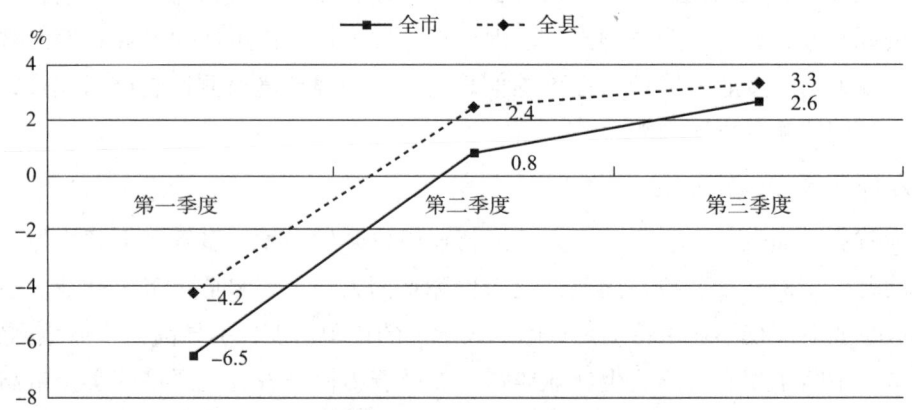

图1 1—9月全市和全县GDP增速走势

2. 呈现数字经济深度融合态势，全面赋能产业发展

顺应疫情催生的新需求，以数字经济为代表的新业态新模式快速发展，加快起势。数字产业化加快。新建5G基站565个、完成年度计划162%。智慧城市运营中心建成投用，垫江软件园挂牌运行。产业数字化提速。规模以上数字企业达16家，产值突破5亿元，软件与信息技术企业从年初的2家增至28家，数字产业加快赋能传统产业转型升级。电商产业蓬勃发展，电子交易额、网络零售额分别达15.6亿元、2.8亿元，分别增长42%、30.3%；全域普惠工业互联网辖区内609家企业、29820台设备共上一张网，其中，工业316家、农业72家、服务业221家。打造"垫小二"企业服务云平台，47家中小企业贷款4379万元，户均获贷高出业内平均50%。数字应用场景多点推广。智慧工厂、智慧旅游、智慧城市等数字应用产业加速

发展，国瑞绿色智能装配式建筑产业园建成投用，恺之峰、牡丹樱花世界智慧旅游系统升级完成，2600个智慧停车位建成试用，智慧停车率达75%以上。

3. 呈现经济结构持续优化势，质量效益稳步提升

加快推动政策落地见效，经济循环加快恢复，经济增长与结构优化实现良性互动。产业结构持续优化，第一、第二、第三产业分别实现增加值41.9亿元、147亿元、128.3亿元，分别增长4.5%、增长5.2%、增长0.9%。三次产业结构优化为13.2∶46.3∶40.5，呈农业基础稳固，工业、服务业"双轮"驱动、竞相发展的良好态势。投资结构持续优化，完成固定资产投资118.1亿元，增长9.7%，增速排全市第6位，其中，工业投资、基础设施投资、房地产投资分别增长1.6%、7.6%、1.3%，以基础设施补短板、强弱项为主的生产性投资对经济社会发展发挥的关键作用持续增强。效益结构持续优化，工业效益持续回升，规模以上工业利润增长4.6%，较上半年回升14.3个百分点，汽摩产业、消费品加工等主导产业利润分别达149.6%、30%。全体居民人均可支配收入21455元，增长8.3%，增速排重庆全市第2位，农村高于城镇3.2个百分点，城乡二元结构进一步优化。实现一般公共预算收入10.7亿元，增长8.8%，实现税收7.1亿元，增长6.5%，增速分别排全市第5位、第4位，产出效益明显增强，发展质量稳步提升。

4. 呈现发展动能不断积蓄态势，发展后劲持续增强

工业用电增长5.5%，较上半年回升3.6个百分点，工业用气增长-4.7%，较上半年回升5.4个百分点；新登记市场主体6739户，累计达56798户，分别增长17%、16%，增速位居渝东北城镇群前列。新立项备案投资项目360个、总投资285.5亿元，分别增长60.7%、30.2%。争取中央预算内资金3.74亿元，位列全市第四。储备"十四五"规划项目近400个，总投资1300亿元。成功争取到全国"数字乡村试点县"、新型城镇化示范县、数字经济创新发展试点县等金字招牌，全县发展定位不断升级，发展态势积极向上。

（二）行业领域主要呈现六大特点

1. 农业农村稳步发展，农民收入持续增长

大力实施乡村振兴，加快农业"接二连三"，千方百计保障粮食安全。实现农业总产值65.2亿元，增长4.8%。粮食蔬菜产量双升，分别实现41万吨、63万吨，分别增长0.6%、3.2%；生猪存栏、出栏分别增长3.3%、9.4%。垫江晚柚"双十"工程、50万头生猪产业链项目加快推进，5个优质粮食工程实施完成，成功获批市级农业科技园区。粮食安全稳定可控，完成轮换储粮2.9万吨，累计储粮14万吨。农村改革走深走实，"三变"改革惠及21个村，新型农业经营主体持续壮大，新培育农民专业合作社58户，累计达到977户，农村机械化率超50%，居全市前列。农民人均可支配收入达13521元，增长9%（见图2），跑赢GDP增速5.7个百分点。

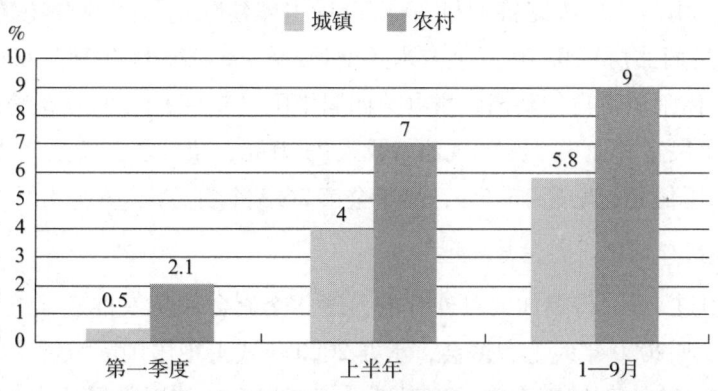

图2 2020年1—9月城镇、农村常住居民人均可支配收入增速对比

2. 工业经济加速回暖，主导产业持续向好

树立企业为基的理念，开展"千人联千企"活动，助力企业恢复元气、增添活力。规模以上工业增加值增速2.4%，较上半年提高2.8个百分点；战略性新兴工业总产值6.5亿元，增长1.9%。汽摩产业、天然气综合利用、生物医药、新材料、食品加工等主导产业产值分别增长-1.9%、7.6%、-2.9%、9.3%、0.7%，分别较上半年回升5.9个、4.7个、2.9个、6个、5.9个百分点。其中汽摩产业、天然气综合利用、新材料行业9月产值增速分别达21.5%、16.8%、19.1%。捷力轮毂国内外生产订单排到2021年。24个工业智能化改造项目加快推进，辉虎科技、捷力轮毂、博杰能源等4家企业数字车间创建完成。垫江工业园区入围"全国县城产业转型升级示范园区"申报，承载能力进一步提升。

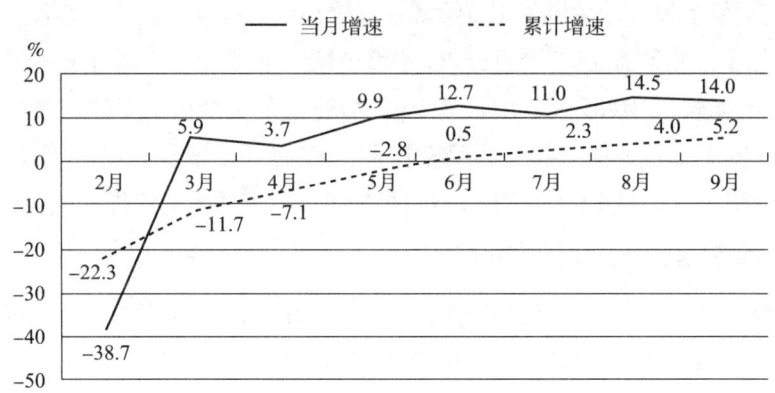

图3 2020年1—9月规模以上工业企业产值增速走势

3. 建筑强县有力推进，新区建设如火如荼

大力实施"建筑强县"战略，加快打造东部新区城市新高地、市民新家园。全县注册施工企业达到429家，较上半年增加85家，其中，建筑施工总承包企业123家、专业承包企业64家，建筑企业主体持续壮大。全县建筑企业实现税收2.1亿元，占一般公共预算收入的15%。东部新区建设加快，优质教育基地、城市博览中心启动建设，旅游集散中心开工在即，三合湖公园场平完成工程量的98%，14个建设项目累计完成PPP投资20.5亿元。

4. 内需动能不断激活，投资消费同向发力

加大有效投资，挖掘消费潜力，实现消费投资快速放量。重点领域投资支撑明显。15个市级重点建设项目完成投资58.8亿元，占年度计划的67.5%。85个县级重点建设项目累计完成投资78.1亿元，占年度计划的69.6%。新兴消费拓展升级。完成社会消费品零售总额72.1亿元，下降4.1%，增速较上半年回升5.5个百分点。信用消费加快完善，与20家市场主体建立预付式消费场景。线上消费拉动有力，举办线上"房交会"促进商品房销售70万平方米，增长29.9%。2020重庆"双晒"第二季垫江专场实现线上销售46万余元。休闲消费再创新高，举办第四届中国（垫江）石磨豆花美食文化旅游节，带动销售480万元；巴谷·宿集民宿开业一个月实现消费收入24万元，垫江李花源景区成功创建3A级景区，全县实现旅游综合收入22.1亿元，增速16.5%，高于全市26.5个百分点。

5. 开放合作深入推进，"双城"融合坚实起步

坚持"走出去""引进来"，持续加大对外开放力度。交流合作高效推进，组织誉成科技、允成科技等17家单位（企业）参展2020年线上智博会，承办2020年线上中国国际智博会之"智能装配式建筑产业发展论坛"、阿里云栖大会·百城汇重庆站等活动，不断提升垫江对外影响力。累计完成招商项目124

个，协议资金 236.4 亿元，到位资金 45.4 亿元，其中，工业项目 51 个，大数据产业项目 18 个，新增科技类企业 165 家，增长 68%。外贸进出口企稳回升，实现进出口总额 2.6 亿元，增速较上半年回升 5 个百分点。加快融入成渝地区双城经济圈建设，明月山绿色发展示范带六区县党政联席会第二次会议召开，共建明月山绿色发展示范带"规划纲要""实施方案"即将联合报批。毗邻区县签订的 30 余份合作协议、230 余项合作意向有序落地，明月山内槽旅游路、巴蜀非遗文化产业园封门铺古驿道项目快速推进，明月山绿色发展示范带核心区、联结点区位日益凸显。

6. 社会民生持续改善，创业就业充分实现

坚持守住民生保障底线，着力实现更高质量和更加充分就业。实施"智慧丹乡·逐梦垫江"人才创业工程，发放创业担保贷款 1.9 亿元，靶向引育数字孵化企业 26 家，新引进数字人才 200 余人。实施"垫商回归"计划，成功回引"垫商"投资 30.3 亿元，带动创业就业 300 余人。促进重点群体就业，打造"丹乡人才周"现场招聘活动，举办线上线下招聘会 43 场，促进县内企业招工就业 3973 人。开发常态性公益性岗位 991 个，安置建卡贫困劳动力 720 人、离校 2 年内未就业高校毕业生 107 人。全县城镇新增就业 3953 人，离校未就业高校毕业生就业率达 62.3%。

同时，全县经济社会发展不可确定不可预料的因素依然较多。一是经济下行压力依然较大。受疫情常态防控和经济回升周期的客观影响，经济增速持续稳定的高排位压力较大，全年计划目标完成需付出较大努力。二是工业产能恢复仍有差距。主导产业产值仍未全面恢复，部分企业订单回升，但受时间限制，因疫情失去的产值仍难挽回。进出口总额负增长 47.4%。三是工业企业"升规"进展缓慢。15 家计划升规企业目前仅完成 2 家申报，全年目标完成任务艰巨。四是市场活力仍显不足。市场信心和居民消费心理仍在恢复之中，社会消费品零售总额连续三个季度负增长，全面扭负为正还需努力。五是年度重点项目建设仍需加力。年度计划开工未开工项目 11 个，开工在建进展缓慢项目 8 个。

二、2021 年经济运行环境分析及展望

从宏观形势看，2021 年是"十四五"规划开局之年，经济进入高质量发展阶段，以国内大循环为主体、国内国际双循环相互促进的新发展格局加快构建，有效投资、市场需求不断放量，创新、改革、开放等新兴动能持续优化，新的增长方式和增长动力加速形成。

从区域和全市发展格局看，成渝地区双城经济圈、全市"一区两群"协同发展新格局加速形成，《成渝地区双城经济圈规划纲要》印发实施，《明月山绿色发展示范带规划纲要》编制完成，一揽子重大政策、重点项目加快发力，给垫江、梁平等区县发展带来政策机遇和项目建设机遇。

从全县发展看，国家新型城镇化示范县建设、数字经济创新发展试验县等政策深入落地，东部新区基础设施建设即将完成，工业园区"全国县城产业转型升级示范园区"和工业高质量发展 PPP 项目有序开展，垫江将迎来项目投资、产业转型和数字经济创新发展新机遇。

三、下一步重点工作建议

（一）抓规划编制开"十四五"新局

一是编制好规划。深入学习中央五中全会和即将召开的市委五届九次全会精神，统筹推进规划建议、规划纲要的研究起草，积极向上对接争取项目、统筹推进专项规划编制等相关工作，高质量编制好全县"十四五"规划。二是谋划好开局。适时召开全县经济工作务虚会，系统研究 2021 年经济社会发展的指

标体系、重点项目和重大事项,进一步巩固和拓展良好发展势头,将发展势能转化为发展实绩。

（二）抓有效投资增发展供给

一是做好项目争取。当前是争取投资最紧要的时间窗口,2021 年度的专项债券有可能在第四季度提前下达,中央预算内投资将在 2021 年初陆续安排,需抓紧做好项目梳理和策划包装,积极主动争取更多投资份额。二是做好项目调度。找准项目建设问题,加大"三级调度"工作力度,全力完成市县级重点项目和全县固定资产投资任务,促进各类项目顺利实施。三是做好项目策划。围绕"十四五"时期的规划目标和 2021 年的发展任务,进一步加强项目策划论证,围绕发展短板,梳理项目实施条件,着力提高项目的可行性,为"十四五"发展提供支撑,为 2021 年顺利开局打好基础。四是做好重点领域突破。梳理提出新型城镇化"十大项目",加快两铁两高、永安水库等重大项目前期工作,积极推进新基建项目,着力在"两新一重"领域尽快突破;对接企业债发行、基础设施 REITs、"国开行"新基建专项贷款、银行新型城镇化支持以及社会资本投资等渠道,力争在多元筹资上尽快突破;研究制定项目前期工作实施意见,加强项目督查督办,细化实化"三级调度"机制,在提速项目建设进度上尽快突破。

（三）抓数字赋能育发展新机

一是夯实基建。加快建设 5G、物联网、大数据中心等新型基础设施,加快打造重庆市垫江软件园新型产业载体,补齐数字经济的发展设施短板。二是做大平台。做大建强全域性普惠型工业互联网、"垫小二"企服云平台等（准）公共性、综合性服务场景平台,为中小微企业政策供给、产业合作、融资对接等提供一站式服务。三是全业覆盖。依托"垫小二"平台,逐步打通产业链上下游数据通道,促进全渠道、全链路供需精准对接和高效协同;分批推进数字工厂、智能车间、数字乡村、互联网医疗建设,探索以数字化场景推进产学研融合,发展多元化数字产业生态。四是赋能智治。建立全要素、全科式治理云服务体系,推动社会治理服务重心向基层下移、向末梢端延伸;全面落实"云长制",推进公共服务领域和政府部门数据有序开放,分批分域实施智能电力、智能交通、智慧物流等重点领域"智治"。五是引育人才。加大"数字英才"招引力度,联合培养数字经济技能人才,加快形成多层次的数字化转型发展人才体系。六是优化环境。找准企业数字化转型发展的症结问题,持续完善扶持本地数字经济创新发展相关配套政策,打造数字经济发展政策的区域洼地。

（四）抓工业经济强发展支撑

一是夯实园区平台。以产业转型升级示范园区建设为抓手,推进工业园区高质量发展 PPP 项目建设,创新工业园区污染第三方治理,持续强化园区道路体系、标准化厂房、污水管网、土地整治等项目建设,着力增强园区平台承载能力。二是增进企业活力。扎实开展"千人联千企",建好用好"垫小二"企业服务平台,打通企业生产堵点、断点,从根本上解决企业融资难、融资贵等问题。三是助力企业升规。对拟升规企业逐一剖析,精准解决企业不愿升规、受手续资料影响不能升规等困难问题,力争完成全年 15 家升规目标,为工业的持续增长奠定基础。四是加强运行调度。力促富源化工、博邦汽车等企业加快恢复产能,推动晶芯频控、汇维仕等重点项目全产放量,加快工业经济的恢复性增长,提升对全县经济增长的支撑能力。

（五）抓消费提振聚发展动能

一是打造一流消费平台。加快中农联·渝东国际农贸城、红星美凯龙·爱琴海购物公园、汽车仓储物流园等项目建设,指导中华仙草园创建国家 3A 级景区,规划打造天宝寨美食文化一条街,促进各类消费市场提档升级。二是调整一元消费结构。积极顺应数字消费、网络消费潮流,大力发展网络销售、直播带货等线上新业态；不断巩固旅游、汽车、家电、房产、餐饮主题消费，大力提升养老、家政、健康等现代服务业的消费占比。持续发展乡村休闲旅游，不断活跃线上线下消费业态。三是提振一线消费信心。做好"六稳"工作，落实"六保"要求，兜牢兜稳一线群体社会保障，加大技能培训力度，引导全民创业就业，确保全年新增城镇就业6500人以上，着力提升社会消费能力。

（六）抓双城建设促区域协同

一是完善工作机制。加大成渝地区双城经济圈建设工作考核力度，保证"双城"工作年度目标任务完成。争取成立双城经济服务中心，实现"双城"工作专班专人干专事。二是联合编制规划。对接成渝地区双城经济圈规划纲要，加快完善明月山绿色发展示范带规划纲要、总体方案，争取更多垫江诉求进入规划，联合向两省市报批执行。三是策划重点项目。联合推动遂广垫忠黔、长垫梁万铁路、大垫丰武高速等跨区项目建设，推动教育、卫生、民政等政策协同，促进公共服务共建共享，实作化、可视化呈现成渝地区双城经济圈建设成效。四是筹备联席会议。提前谋划明月山绿色发展示范带六区县党政联席会第三次会议方案，根据示范带规划纲要和总体方案要求，联合制定2021年工作要点、"示范带"建设重大项目库和重大政策"帽子"争取清单，提请联席会审定后印发实施。

[垫江县发展和改革委员会　傅　强　谭　立]

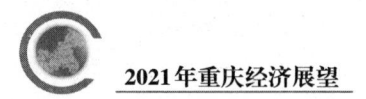

之八：2020年忠县经济运行分析及2021年展望

2020年，面对突如其来的新冠肺炎疫情，忠县坚决贯彻中央、市委及县委"一手抓疫情防控、一手抓经济发展"各项工作部署，坚定特色产业发展、特色中等城市建设发展思路，全力攻坚"三大攻坚战""十项行动方案"，较好完成稳增长、促改革、调结构、惠民生、防风险、保稳定等各项任务，经济保持稳健运行，社会事业长足发展。

一、2020年忠县经济运行分析

（一）经济运行特点

1—9月，全县GDP实现302.77亿元，同比增长3.4%，实现"扭负为正"，增速排渝东北城镇群第1位，呈现理性回归的可喜态势。

1. 产业供给逐步回暖

工业回升势头良好，天地药业、特瑞锂电等骨干企业市场产销两旺，新润星一期、天辉能源搬迁扩能等12个项目建成投产，全县战略性新兴制造业产值完成50.7亿元、增长9.8%，新增3家规模以上工业企业，全县规模以上工业企业产值103.06亿元，带动全县工业增加值增长3.4%，较上半年回升5.9个百分点，增速居同考核组第2位。农业保持平稳，新增现代山地特色高效农业基地面积4.8万亩，"米袋子、菜篮子、肉盘子"供需平衡，夏粮实现丰收、提前完成全年任务，50万头生猪产业一体化项目建成投产27个单元，新引入祖代及父母代种猪1.08万头，生猪出栏39.2万头，全县农业增加值增长4.4%。服务业加快复苏，石宝寨、"烽烟三国"等主要景点逐步繁荣，白公祠文博景区新创4A级景区，"双晒"活动如火如荼，全县接待游客722.79万人次、旅游综合收入37.58亿元。总部结算创税5.92亿元，电商交易22.95亿元，全县数字经济增加值增长14.6%。举办秋季房交会，全县商品房销售51.1万平方米，增长1.2%。新增水陆运力2.7万载重吨，全县客货运总周转量增长8.1%。金融存贷款分别增长11%、7.4%，存贷比59%。产业良好发展势头带动全县财政一般公共预算收入14.97亿元，同比增长2.6%。

2. 需求动力显著提升

投资基础作用增强，开展两个重点项目"百日攻坚"行动，累计化解各类项目拆迁、土地、审批等问题93个，新到位上级项目资金19.7亿元、政府债券16.5亿元、土地1920亩，18个市级重大项目完成投资36.69亿元，助推全县255个重点项目投资完成97.76亿元，为全县历年同期完成投资最多、实现进度最快、化解问题最好的一年，带动全县固定资产投资完成164.31亿元。消费市场逐步活跃，忠州购物公园开业营运，爱琴海购物公园、农批安全食品智慧城等项目加快建设，新增屈臣氏等知名品牌122个，举办"网友e家亲"、乡镇（街道）书记直播带货等促销活动68期，建材装潢等主要市场提速回升，全县社会消费品零售总额130.42亿元。积极推进新型城镇化，新增城市人口5420人。外贸市场有序拓展，成立万州海关忠县办事点，新增自营进出口权备案企业12家，34家企业参加欧亚区农产品洽谈会、广交会、国际服务贸易交易会等展会,全县实现进出口贸易1250万美元。

3. 改革开放持续深化

改革步伐扎实推进,去除房地产商业门面及车库库存3.8万平方米,出台项目调概增概管理办法,政府及金融风险总体可控,重点项目审批较法定时限缩短2/5,"支持企业45条"及市级专项政策等为企业减税降负降成本3.94亿元,新增实体经济贷款33.5亿元,增长11.2%,农村土地承包合同率96.6%,全面消除集体经济"空壳村"。开放水平大幅提升,"三峡库心""长江盆景"提速推进,包装策划项目87个,总投资253亿元。沿江渝万高铁进入初步设计勘察阶段,广忠黔高铁、梁忠石高速等项目前期工作稳步推进,新生港1~5泊位即将全面完工。招商引资砥砺前行,全县新引进项目97个,协议引资173.65亿元,到位资金58.73亿元,完成全年目标的88.9%,招商"四个一"服务机制助推35个项目投产。

4. "六保"任务稳步推进

保居民就业稳,返乡农民工、高校毕业生等重点群体就业形势良好,全县新增城镇就业6932人,城镇登记失业率控制在3.5%以内。保基本民生稳,财政民生支出65.8%,居民收入高于经济增长4.7个百分点,完成脱贫攻坚国家普查及"百日大会战",改扩建教育设施及场地9.8万平方米,常态化疫情防控取得阶段性胜利,发放低保及各类救助支出1.49亿元,城区环境空气质量优良天数达到271天,优良率为98.9%。保市场主体稳,实施"四上"企业培育三年行动,"四上"企业直通车等制度化解企业经营急难险阻问题近300个,全县新发展市场主体7100户。保粮食稳安全,"米袋子""菜篮子"责任制全面落实,食药品生产及流通监管调控率100%,物价保持3.2%的低涨幅态势。保产业链、供应链稳定,企业煤电油运气及原料供应充分,统筹37家重点企业开展县内供应链循环,市场产业链、供应链保持畅通。保基层运转稳,强化税收征管及税源培植,新争取上级补助资金50.04亿元,增长10.2%;全县一般公共预算支出62.45亿元,增长2.2%,提前完成年初预算。

(二)存在的问题

1. 工业经济的问题

一是市场的问题。沿海市场出口转内销对全县"两头在外"企业带来不同程度的影响,天地药业部分车间停产,特瑞产品价格下滑近30%,彤典工艺、顺生金属等企业订单缩减60%以上,全县产值靠前30家企业产值均处于下滑态势。二是数量的问题。当前,全县规模以上工业企业总数低于梁平、垫江等同类区县,呈现上下起伏的尴尬态势。三是融资的问题。金融机构审慎态度越发增强,不愿意与小微企业合作,即使放贷也是手续多、金额小、时限短。目前,全县实体经济贷款余额近160亿元,工业中长期贷款余额仅7.24亿元,占比不足5%,全县企业资金需求缺口大。四是用工的问题。受交通不便、薪酬期望不对等以及不愿上夜班等因素制约,天辉锂电、南泰电子等一批企业用工缺口达500人以上,尤其熟练技工较为缺乏。

2. 项目建设的问题

一是工业投资的问题。目前,全县基础设施、房地产及其他项目投资完成发力,但重点工业项目投资完成欠序时进度5个百分点以上,新型智能制造、高端装备制造产业园等项目欠进度更多。二是要素保障的问题。渗井河二桥、忠州三小等政府投资项目资金压力大,苏家小区沿江综合整治、忠信大道等项目存在码头、企业搬迁等难题,黄钦水库扩建、金鸡水库移民安置点等项目存在市级审批、维稳等问题,全县项目"硬骨头"问题仍达22个。三是前期工作的问题。项目资金调度不足、前期工作经费争取难等因素导致部门积极性不高,策划项目深度不够,政府三年滚动投资项目库可开工程度不高。

3. 消费市场的问题

一是消费态势的问题。疫情下市民消费更多趋向于必需及高品质消费，全县汽车、家电等市场持续低迷，餐饮行业下滑20%以上，住宿行业下滑16.9%。二是增长极的问题。由于受周边楼盘未交付、香山至忠州购物公园道路未打通、公交车班次少且拥堵等因素影响，忠州商圈总体体验人数较少，北山、巴王、中博等主要商业街区市场由于停车极其困难而运营困难。三是市场转型的问题。全县消费供给仍以传统为主，精品、连锁等新兴服务业发展滞后，市民消费体验感不强。特别是零售行业线上线下融合发展欠考虑，消费者入店体验拍照后到网上消费现象突出。四是文旅经济的问题。疫情下文旅行业仍受持续管控，如企业游轮只开放一半且人数控制在70%等，对全县以外来游客为主的景点产生较大制约。另外，游轮停靠石宝码头后就不再停靠红星码头，导致"烽烟三国"与石宝寨未能无缝衔接。

4. 招商引资的问题

一是态势的问题。目前，市场投资较为谨慎，加之全县招商事前扶持政策的进一步弱化，以及全市招商考核力度加大导致的各地招商引资比拼，全县外出招商、拜访企业、接待企业数量较2019年分别减少61%、51%、36%。二是信息的问题。随着专业招商组、招商单位广泛挖掘身边亲戚、朋友战友、同学同事等招商线索力度的加大，全县有效投资信息来源不断减少。同时，全县新引入的部分投产重点企业仍未大幅达效，其产业链招商吸引力不足，导致可靠信息源不足。初步测算，全县意向性信息源同比减少近60%。三是要素的问题。目前，园区已无闲置标准厂房，10万平方米标准厂房预计2021年初才能交付，新招商项目难以落地。同时，部分项目需预留地以及自建项目手续较为烦琐，致使园区存在"用地等项目""项目等用地"的情形。另外，无铁路以及县城多数物流不直达园区导致部分招商项目迟迟未签约。

（三）2020年主要指标预测

从当前全县经济运行态势分析，全县全年GDP预计增长6%左右，固定资产投资增长4%，工业增加值增长9%，社会消费品零售总额增长8%，城乡居民收入增长7%，物价涨幅控制在3.5%以内。

二、2021年忠县经济运行环境因素分析

从国际看，世界正经历百年未有之大变局，新冠肺炎疫情全球大流行使这个大变局加速变化，保护主义、单边主义、霸权主义上升，全球产业链、供应链面临冲击，国际经济、科技、文化、安全、政治等格局都在发生深刻调整，世界经济低迷且进入动荡变革期。从国内看，尽管我国发展不平衡不充分问题仍然突出，创新能力还不适应高质量发展要求，农业基础还不稳固，但我国制度优势显著，特别是在极短时间内控制住疫情并加快恢复生产生活秩序是其他任何一个经济体和国家都无法办到的，以国内大循环为主体、国内国际双循环相互促进的新发展格局正在形成，14亿人口的强劲消费动力正加速释放，经济长期向好的趋势没有改变。从全市看，大农村、大山区、大库区导致的发展不平衡不充分问题依然突出，科技、基础设施和公共服务还存在不少短板，经济社会发展与人民对美好生活的向往还有一定差距，但全市大数据智能化创新深入推进，数字经济与实体经济深度融合，全市产业迈向高端的步伐更加坚实。从自身看，全县经济量小质弱，人均GDP低于全市平均水平3000多元，人均一般公共预算收入低于全市4000多元；经济结构不优，农业占比高于全国、全市，规模以上工业增加值占工业比重低于全市30多个百分点，"四上企业"数量也大幅低于渝东北城镇群同类区县；城镇化率低于全市平均水平近20个百分点；对外通道不畅，至今无铁路过境，水利、能源等基础设施建设短板仍然突出；创新驱动水平

低，R&D 经费投入占 GDP 比重不足全国、全市的 1/4；绿色发展制约较大，资源约束趋紧；民生保障仍需加强，城乡居民收入低于全市平均水平 3000 多元，公共服务领域均等化水平不高，脱贫攻坚成果还需巩固。

三、2021 年趋势展望及主要指标预测

面对错综复杂的发展环境，忠县仍面临较好的发展机遇。一是以数字化、机器人、基因工程为主要特征的第四次工业革命正全球兴起，大数据、物联网、5G、云计算、区块链等领域迅速崛起，为全县大力实施创新驱动发展战略，加快培育新产业、新业态、新模式带来科技革命、产业革命的市场机遇。二是以国内大循环为主体、国内国际双循环相互促进的新发展格局正在形成，积极的财政政策更加有作为、稳健的货币政策更加注重灵活适度，为全县带来宏观调控的政策机遇。三是"一带一路"和长江经济带、新时代西部大开发、西部陆海新通道、成渝地区双城经济圈等重大战略的加快实施，以及"一区两群"协调发展为全县带来战略机遇。四是全面深化改革步入深水区，一批利益固化藩篱即将被打破，将更加有利于发挥市场在资源配置中的决定性作用，更大力度激发市场主体活力，为全县带来深化制度供给的改革机遇。五是渝万高铁、广忠黔铁路、梁忠石高速等重大交通项目的兴建，"三峡库心·长江盆景"的提速打造，以及乌杨新区、临港新城、电竞小镇、田园综合体等开放平台的加快壮大，为全县带来提升开放水平的发展机遇。

基于预测形势，预计 2021 年全县经济回升到理性发展水平，预计增长 8% 左右；固定资产投资增长 6%；工业增加值增长 9%；社会消费品零售总额增长 10%；居民收入增长 8%；物价总水平维持在 3.5% 以内。

四、2021 年主要工作措施

（一）狠抓产业发展

一是抓工业经济。强化重点企业精准服务，切实激发海螺、天地、特瑞等产值靠前 30 位企业市场活力。加快忠润能源、海螺水泥粉磨站等 21 个重点工业项目建设，确保医药产业基地一期、渝教科贸一期等项目产能大幅释放。强化企业沟通指导，力争新入统规模以上工业企业 10 家以上，确保全年规模以上工业企业产值增长 10% 以上。二是抓农业经济。大力实施"103050"工程，加快推进 50 万头生猪一体化项目，加大农业产业链条延伸，推动农村产业融合发展，确保全年农业增加值增长 5% 左右。三是抓现代服务业。落实好服务业高质量发展实施意见，激发新兴服务业动力，确保数字经济增加值占 GDP 比重提升至 17%。强化重点商贸企业特别是餐饮及住宿企业"一对一"服务，积极办好各类展销及促销，引导企业适当延长经营时间、开展优惠活动，确保社会消费品零售总额达到 220 亿元以上。加大乡村旅游点营销，精心开展好"双晒"营销及各类节会，力争全年文旅收入增长 30% 以上。

（二）狠抓项目建设

一是抓总体进度。持续深化重点项目"百日攻坚"行动，建立常态化推进机制，坚持问题导向攻坚"硬骨头"问题，大力推进市级重大项目和投资 5000 万元以上重点项目建设，确保全年完成项目投资 120 亿元以上。二是抓未开工项目。建立序时清单，打卡推进项目前期工作，重点针对处于初步设计、财政评审、招标、施工图设计等即将动工阶段项目，进一步落实牵头单位责任，确保未开工项目及早动工形成实物量。三是抓在建项目。进一步强化县领导统筹、业主单位法人主体及行业主管部门牵头、规建管

审批部门配合、乡镇（街道）属地负责的项目建设机制，全力推进续建项目建设，确保忠信大道、乌杨新区中学、重庆数字产业职业技术学院等一批骨干项目超额完成年度任务。四是抓项目策划。加大国家"两新一重"、巩固脱贫攻坚等投资方向对接，强化重点项目前期经费保障，做实项目前期工作，确保策划项目达到可开工程度。五是抓要素保障。加大项目资金筹措力度，抓好土地报件及征地资金拨付工作，落实好"一个部门一个科室一个人员"全程办结制度，力争全年新到位各类资金80亿元以上、土地指标1500亩以上。

（三）狠抓招商引资

一是加大"走出去"力度。发挥"部门+专业招商组"优势，立足全县重点产业发展方向，拓宽招商区域，多渠道获取投资信息新途径，加快承接东部及沿海产业转移。二是强化以商招商。以"企业、产业"为突破点，发挥三一绿建、海螺水泥、新润星、忠润能源等重点企业人脉及合作优势，延伸"高精尖缺"价值链，积极引进一批新能源、生物医药、智能装备及资源加工等产业链延伸项目。三是完善落地配套。加快推进忠信大道建设，及早完工10万平方米标准厂房，完善园区生产性及生活性基础设施，健全园区企业进退机制，及时清理闲置厂房，科学合理研判预留土地，及时发挥园区土地效益。四是提升服务质量。落实好招商"四个一"、项目环评预审及会审、审批代办等机制，确保2020年引入项目全部开工、2021年新引入项目开工率达85%以上，力争全年实际到位资金100亿元以上。五是探索招商模式。积极借鉴沿海地区招商引资经验，大力探索驻外招商、市场化合作招商，助推招商引资取得更好实效。

（四）狠抓改革开放

一是深化重点领域改革。狠抓供给侧结构性改革，积极盘活云河水电、佳德刃具、好康器材等企业闲置土地，支持博漩水电、华迈半导体通过竞买、租赁等方式盘活东方农药、中美药业闲置资产。稳控房地产用地出让，持续防范经济领域风险，稳步推进财税、金融、国企及农业农村等领域改革。二是持续优化营商环境。加大世界银行市级分解任务落实，深化"放管服"改革、商事制度改革，强化"一网一窗一次"审批力度，力争全年新发展市场主体8000户以上。建立常态化督查机制，加大涉企政策落实督导力度，力争全年为企业减负2亿元以上。三是提升开放水平。积极融入成渝地区双城经济圈建设、"一区两群"协调发展，扎实推进铁路、高速、港口、通用机场等项目前期工作。积极争取市属平台公司及国有企业领建"三峡库心""长江盆景"，推动石宝沿江旅游公路、"三峡库心"门户盆景等9个第一批项目及早开工。

（五）狠抓民生保障

一是巩固脱贫攻坚。全面完成中央、市委脱贫攻坚各类督查巡视反馈问题整改，持续深化"3+1"扶贫机制，抓好产业及兜底扶贫，持续巩固脱贫攻坚成果。二是抓好民生工程。大力实施老旧小区改造、农村公路等民生实事，统筹推进教育、卫生、文化、体育、民政等公共服务均等化，落实好"米袋子""菜篮子"责任制，加强市场监测调控，保持物价稳定。三是抓居民就业。加强企业稳岗、职业技能培训，重点解决农民工、返贫家庭、高校毕业生等重点群体灵活就业，确保全年新增就业创业1万人以上。四是抓生态建设。稳步推进第二轮中央环保督察反馈问题整改，打好蓝天、碧水、净土保卫战，抓好生态修复，确保"一江碧水、两岸青山"。

（六）狠抓经济调度

一是抓目标落实。立足全年GDP增长8%总目标，抓好工业、投资、社会消费品零售总额等重要指标

"季前调度、季中整改、季末评估",用好考核"指挥棒",坚持"起步就是冲刺",项目化、事项化、清单化推进工作,确保各项指标全面完成任务。二是抓规划编制。加强向上对接,扎实推进"十四五"规划编制,完成"十四五"国民经济和社会发展总体规划纲要和28个重点专项规划编制,加强规划要素保障,稳步推进规划顺利实施。三是抓人口普查。用好国家第七次人口普查成果,抓好数据核对分析,切实为经济社会稳健发展提供重要依据。四是抓统计工作。抓好统计引导及宣传,积极引导企业如实上报数据,确保经济指标真实反映县域经济发展成效。五是抓目标考核。提前开展2021年市对县考核指标分析、研判和调度,提前与市级部门沟通并进行汇报,力争年底取得良好成绩。

[忠县发展和改革委员会　张　骞　石　榴]

之九：2020年云阳县经济运行分析及2021年展望

2020年以来，面对新冠肺炎疫情冲击和复杂严峻的国内外形势，云阳县坚决贯彻习近平总书记系列重要讲话、重要指示精神和中央决策部署，坚持稳中求进工作总基调，统筹推进疫情防控和经济社会发展，全力以赴做好"六稳"工作，全面落实"六保"任务，全县疫情防控工作取得重大战略成果，经济呈现全面恢复、稳步回升、逐渐向好的态势。

一、2020年云阳县经济运行分析

（一）经济运行情况

1—9月实现地区生产总值320.1亿元，同比增长0.8%。

1. 经济保持稳步回升态势

一是工业经济降幅收窄。召开全县千亿工业高质量发展大会，出台《云阳县支持千亿工业高质量发展若干政策措施》，围绕"绿色消费品、装备制造、能源电子"三大百亿级产业集群新培育锦艺新材料、宝彤服饰等10家规模以上工业企业。推进"机器换人"行动，累计实施技改扩能项目12个。新增国家高新技术企业2家、市级科技型企业22家。全口径工业增加值下降6.2%，降幅比上半年收窄3.5个百分点。

二是现代服务业加快发展。大旅游产业持续回升。三峡民俗文化研学中心基地、云端彩虹秋千等一批融合体验项目投用，成功打造"江上风清"系列文创产品，举办首届七夕音乐会活动。1—9月全县接待游客974.3万人，旅游综合收入41亿元，恢复至2019年同期的54.8%和56.2%。其中第三季度全县接待游客443.8万人，旅游综合收入21.27亿元，环比增长25.2%和31.8%。大健康产业有序推进。云阳县妇女儿童医院、盘龙休闲健康产业示范区等大健康重点项目完成投资9.65亿元。大数据发展势头良好。建成投用1500平方米的大数据产业孵化园，入驻大数据企业15家，其中数据处理加工6家、人工智能3家、应用服务型5家、运营中心1家。

三是农业生产总体向好。突出"产业融合化、园区景区化、乡村旅游化"，深入推进农业产业振兴三年攻坚行动，农业绿色化、优质化、特色化、品牌化加快推动，农业生产呈现量稳、质高的发展态势。下达柑橘、中药材、花椒等农业标准化产业示范园项目275个，新建产业园区4.75万亩。1—9月，全县农业实现增加值43.7亿元，增长4.6%。

四是建筑房地产业健康发展。全县84家建筑企业完成注册地总产值202.8亿元，增长11.0%。实现建筑业增加值58.7亿元，增长5.4%。全县房地产业完成商品房销售面积67.5万平方米，增长13.4%，实现增加值22.5亿元，增长5.7%。

2. 三大动力持续发力

一是投资增速持续回升。抢抓政策性机遇，围绕"两新一重"、成渝地区双城经济圈建设、基础设施补短板、城市提升行动等方面策划包装项目317个，总投资超过1000亿元。争取政府债券资金21.5亿元，为投资持续回升注入强劲动力。全县固定资产投资总额实现161.7亿元，增长9.7%，比上半年增加3.5个百分点。二是消费需求逐步回暖。全县完成社会消费品零售总额216.1亿元，增长0.6%。线上消费较为旺盛。在直播带货、县长晒文旅等带动下，"网上菜市""线上餐饮""社区团购"等新消费模式势头明显。1—9月，全县限额以上单位网络零售额实现19.89亿元，增长34.1%。线下消费持续恢复。出台提振消费稳经济增长系列措施，开展消费扶贫系列活动。1—9月全县完成批发业商品销售额120.5亿元，增长13.3%；零售业商品销售额161.1亿元，增长9.7%；住宿业营业额16.9亿元，增长5.6%；餐饮业营业额30.5亿元，增长7.6%。三是外贸出口逆势增长。积极推动云阳县农特产品出口，全县13家农特产品企业与7家中新合作平台企业达成合作意向，芸山农业、晚艳农业产品出口新加坡、印度尼西亚、中国香港7批次。1—9月全县出口9900万元，同比增长11.24%。

3. 经济效益持续向好

一是财政收入平稳增长。全县一般公共预算收入完成11.1亿元，增长6.2%，比上半年增长0.9个百分点。其中，税收收入完成7.4亿元，增长1.5%，比上半年增长1.2个百分点。二是居民收入稳步提升。全体居民人均可支配收入、城镇居民人均可支配收入、农村居民人均可支配收入绝对额分别为16844元、24472元、10488元，增速分别为8%、5.6%、8.5%，分别高于全市1.5个、0.2个、0.6个百分点。三是金融业稳定增长。存款余额559.85亿元，增速14.47%；贷款余额266.68亿元，增速14.73%；存贷比47.63%，同比增加0.1个百分点。

4. 基本民生保障有力

一是就业形势总体稳定。疫情催生新产业、新业态、新模式，带来多样化就业机会，拓宽就业渠道。全县新发展市场主体8386户，增长6.29%。城镇新增就业11252人，同比增长8.3%。二是民生实事加快推进。有序推进67件民生实事，其中发展普惠性学前教育、建立医改便民长效机制、完善公共就业服务体系等17件实事已提前完成年度目标。三是脱贫攻坚有力推进。围绕脱贫攻坚"百日大会战""收官大决战"，聚焦剩余贫困人口，1109户2911人未脱贫人口总体达到脱贫标准，圆满实现国家脱贫攻坚普查、抽查"双零一百"目标。

（二）存在的问题

在看到经济形势正在逐步好转的同时，也要看到经济持续回升的基础尚不稳固，完成全年经济社会各项目标还需努力。

1. 经济增长动能不足，缺少有效增长点

一是工业转正压力较大。受疫情对产业链、供应链的影响和化解存量问题等因素影响，全县存量企业经济效益增幅恢复缓慢，加之企业投资意愿降低、增量企业规模较小，工业经济运行压力较大。二是服务业发展隐患较多。受疫情防控常态化、居民消费观念和方式转变等因素影响，商贸、文旅等产业尚未完全恢复。

2. 固定投资结构不优，招商项目投产有待加速

从投资的产业结构来看，1—9月第一产业完成投资27.5亿元；第二产业完成投资15.5亿元；第三产业完成投资118.8亿元。虽总体完成较好，但投资结构不优，第二产业特别是工业投资偏小。从招商引资来看，1—9月全县累计新签约项目278个，协议总投资128.1亿元，已建成投产项目仅49个，投产比率不高。

3. 财政收入压力较大，"保基层运转"形势严峻

在新冠肺炎疫情、经济形势以及国际局势影响下，云阳县产业投资、消费预期持续下滑，多数企业效益持续降低，加之受企业减税降费影响，财政减收幅度较大。同时"三保"、新冠肺炎疫情等新增刚性支出增加较快，财政收支平衡压力进一步加大。

（三）全年预测

从当前全县经济运行态势分析，全县全年GDP预计增长4%，固定资产投资增长8%，社会消费品零售总额增长5%，城乡居民收入增长8%。

二、2021年经济运行的环境分析及主要经济指标预测

当前，世界正经历百年未有之大变局，新冠肺炎疫情对全球经济深层次影响正在加深，新一轮科技革命和产业变革深入发展，国际力量对比深刻调整，国际环境日趋复杂，不稳定性和不确定性明显增加。我国已转入高质量发展阶段，发展韧性强，仍将坚持稳中求进工作总基调，深化供给侧结构性改革，实施积极的财税政策和稳健的货币政策，推动产业政策、开放政策、区域政策共同发力，经济运行将继续保持稳中有进的态势。全市经济聚焦高质量、供给侧、智能化，经济结构调整和新旧动能加快转换，增长内生动力得到加强，区域发展格局加速调整，经济高质量发展的势头进一步增强。云阳经济发展虽仍然面临发展质量不高、内生动力不足、城乡居民收入有待提高等问题和挑战，但伴随成渝地区双城经济圈、长江经济带、"一区两群"、三峡城市核心区等各类政策机遇，加之云阳县产业转型升级步伐加快，千亿级工业产业集群加快构建，大旅游、大健康、大数据等新兴产业快速发展，郑万高铁、江龙高速、巫云开高速等对外大通道的加速推进，将带来区位优势的嬗变，全面提升云阳开放度，全县经济社会发展将保持良好增长态势。预计2021年GDP同比增长8%左右，固定资产投资、社会消费品零售总额分别同比增长6%、6%，城乡常住居民人均可支配收入增长8%。

三、政策调控措施建议

（一）集中精力稳增长稳预期

加强对主要经济指标的预警预测，落实好经济运行调度机制，加大调度频次、提高调度效率，做好"六稳"工作，落实好"六保"任务，精准发力挖掘增长潜力，推动重点企业稳产达产、提质增效，促进经济健康持续发展。全面推动"十四五"规划任务落地，为社会主义现代化建设起好步。

（二）全力稳定产业链和供应链

精准落实系列优惠政策，全面畅通产业链、供应链循环，推动产业转型升级，释放产业发展潜能。一是全力稳住工业经济。大力推进千亿工业高质量发展，围绕"绿色消费品、装备制造、能源电子"三大百亿级产业集群上下游产业链招商；加快推进"机器换人"行动，积极实施智能化改造。重点实施好"百户规下工业成长计划"，提升增后劲。实施"规模工业企业研发机构倍增计划"，培育市级科技型企业和国家高新技术企业。二是推动重点行业发展。深入推进农业产业振兴三年攻坚行动，大力发展柑橘等五大山地特色农业产业集群，全力保障粮食安全和"菜篮子"产品稳产保供。大力发展大数据、大旅游、大健康等新兴产业。三是抓好纾困惠企政策落地。持续开展县级领导带队帮扶"四上"企业活动，抓好助力市场主体健康发展政策措施等系列政策落地，用好用足减税降费、降本增效政策措施，着力解决企业融资难、用工难、供应链紧张等问题。

（三）全力以赴抓项目扩投资

一是提速重大项目建设。持续抓好项目投资调度，加快推进重点项目建设。按照"5年规划、3年滚动、当年实施"原则，以成渝地区双城经济圈建设为契机，加快推动"两新一重"和公共服务补短板等项目策划包装。二是多渠道保障投资资金。积极争取国家债券和中央预算内资金支持，用好用活社会资本。三是增强招商精准性和有效性。以千亿工业高质量发展为契机，以工业园区为依托，发挥驻点招商长效机制，加强对接和洽谈力度，加快打造重点项目、优质产品推广展示常设平台，常态化实施线上招商、云上签约。

（四）多管齐下释放消费潜力

围绕构建以国内大循环为主体、国际国内双循环相互促进的发展新格局，有力推动消费提质扩容，不断增强居民消费信心和能力。一是加大消费政策支持。大力开展农产品消费扶贫等活动，持续推动提振消费稳经济增长系列措施落实，针对文旅、餐饮、娱乐等领域加大支持力度，促进消费市场稳步增长。二是持续提升消费品质。加快商圈、步行街提档升级，围绕品质生活十大潜力行业、十大服务业、十大潜力消费品，不断培育新的消费热点。支持商贸流通企业适当延长营业时间，开设24小时便利店和"深夜食堂"等，丰富提升夜间消费场景。三是加快培育消费新增长点。大力发展无接触消费、直播电商、农村电商、"云逛街"等新模式，鼓励企业通过网络促销扩大销售市场。顺应消费绿色化、智能化发展趋势，推进新能源汽车、可穿戴设备等新型信息产品消费。

（五）着力稳定重点群体就业

以推动重点人群就业为重点，持续实施创业就业五年行动计划，深入落实"稳岗位、兜底线、促匹配、提技能、扩渠道"等"稳就业"举措。一是继续扩大市场岗位供给。加大对劳动力吸纳能力强的企业的支持力度，在政策上给予更多倾斜，保企业、稳就业。二是鼓励创业和灵活就业。在创业孵化基地等平台安排一定比例场地，免费提供给高校毕业生、失业人员、退役军人、农民工等群体，并在贷款、创业补贴等方面给予支持。三是有针对性地强化人才引进和培养。以市场用人需求为导向，推动建立完善多层次人才引进和培养机制，提升人才吸引力。有针对性地开展农民工岗位技能培训，提高农民工就业技能保障。

（六）多向发力优化营商环境

围绕"放管服"改革，对标国际先进标准，持续优化营商环境，增强经济发展吸引力和竞争力。一是持续深化"放管服"改革。加快政府职能的转变，持续深化商事制度改革、工程建设项目审批等行政审批制度改革，进一步压缩项目审批时限，在市场主体落户、办理手续等方面提高服务意识，提升市场主体的获得感和满意度。二是营造市场化、法治化营商环境。积极对接先进理念和通行规则，建立与国际接轨的营商规则体系，创造适应市场经济要求的法治环境，保障公民和市场主体的合法权益，进一步促进规则公平、机会公平、权利公平，让企业真正有办事便捷感、政策获得感和财产安全感。

[云阳县发展和改革委员会　彭　武　田秋香]

之十：2020年奉节县经济运行分析及2021年展望

2020年1—9月，奉节县地区生产总值增长1.3%，排在全市第31位。虽然排名处于全市中下游，但在当前严峻的经济大环境下，主要经济指标实现由负转正，这一成绩得来不易，展现出"经济恢复性态势进一步稳固，经济高质量发展势头更加明显"的良好局面。

一、2020年奉节县经济运行情况分析

（一）经济运行基本特征

发展内核凸显"三优"。一是脱贫攻坚成效优。扎实开展"百日大会战"和"收官大决战"，动态清零各类问题。坚持"四个不摘"，统筹资金8.3亿元，668个扶贫项目全部开工，其中480个项目完工。全县2318个扶贫项目自审问题已整改到位2314个。高质量完成国家脱贫攻坚普查试点和市级普查，"四访工作规范"成为重庆市地方标准，荣获全国脱贫攻坚组织创新奖（全市唯一）。二是生态优先成效优。完成29.5万亩国土绿化营造林，收储20万亩储备林。空气质量优良天数达到265天，较2019年同期增加10天。"一江四河"水质达Ⅱ类标准，次级河流水环境、城乡集中饮用水源地水质达标率100%。严格落实长江流域"禁渔令"，270艘渔船全部退捕上岸。三是营商环境成效优。推行帮办代办、快递寄送等服务，服务方式更利民。办理施工许可、开办企业网上办理率达100%，纳税全程网上办理达90%，网上办理更高频。实行备案项目办理零前置，当日申报当日办结；企业开办最快2小时拿证，不动产登记40分钟内拿证，实现即办即取，环节时间更精简。为新开办企业免费提供印章，对社会投资小型低风险建设项目市政公用设施和小微企业办电实行零收费服务，办事成本更低廉。1—9月小微企业贷款77.2亿元，增长1.38%，融资服务更便捷。减免税收3.34亿元，降费减负3.32亿元，发放创业担保贷款2.88亿元，税费政策更优惠。新增市场主体6206个，增长52%，其中开办企业1101户。科技型企业入库累计达395家，居渝东北城镇群第2位。

发展基石凸显"三稳"。一是投资加快回稳。固定资产投资增速由负转正，其中房地产投资同比增长53.9%，成为投资增长主动力；基础设施投资和工业投资降幅收窄，分别增长-5%、-19.6%。民间投资活力显现，投资额43.3亿元，增长17.8%。招商引资新签约项目48个，协议投资111亿元，到位资金8亿元。重点项目完成投资52亿元，69个续建项目67个顺利复工，复工率97%；计划新开工项目138个，顺利开工79个。郑万高铁土建、寂静互通即将完工，奉建高速、郑万高铁站场全面开工，巫奉利高速完成预可研，抽水蓄能电站开展预可研，3座中型水库前期工作推进顺利。二是消费加快回稳。传统消费逐步回暖，假期旅游、夜间消费持续活跃，餐饮行业加快复苏，公务和商务活动持续恢复。餐饮营业额增长9.8%，居全市第1位。5月以来，商业用气达到91.2万立方米，增长12%。住宿营业额增长-5.6%，较上半年收窄5.3个百分点。改善性消费加快回补，新增车辆上户11025辆，增长11%，家政、教育培训等服务消费持续复苏。新型消费快速提升，本土主播直播带货农特产品及加工品7418万元，电商交易额25.3亿元，增长42.8%；网络零售额11亿元，增长21.3%。三是财税金融平稳。财政收支平衡，强化开

源节流,县本级财政收入19.7亿元,增长-1%;上级转移支付收入64.9亿元,增长19%;债券转贷收入23.8亿元,增长20%;财政支出78.3亿元,增长-2.2%。在减税基础上,税收收入实现12.78亿元,增长1.25%。金融机构存贷余额675.8亿元,较年初增长12.5%,存贷比达到80%;不良贷款余额1.3亿元,不良率为0.42%,保持在绿色区间。

结构调整凸显"三进"。一是农业结构进一步调整。农产品保供给能力增强,粮食种植面积稳定在100万亩,蔬菜种植面积20.82万亩,增长5.3%。农业"接二连三"融合发展加快,3个特色农产品加工项目投产,8家中药材初加工厂加快建设,20个特色小镇示范成效初显,完成40个亿元产值村、150个千万元产值村产业布局。种植业与养殖业协同发展提速,脐橙销量增长1.5万吨,总产值达到25.67亿元;销售中药材6.5万吨、9.2亿元,药材价格平均涨幅20%;新建28个父母代种猪场,正邦30亿元生态循环农业全产业链项目开工。农业标准化、规模化、品牌化进一步提升,小水果规模主体种植面积达到60%,37家企业入驻国家农产品追溯管理平台,成功纳入创建2020年国家现代农业产业园(全国仅31家),市级以上农业品牌322个,其中地理标志商标4个、重庆名牌33个。二是工业链条进一步拉长。57家规模企业实现产值37.71亿元,同比下降4%,其中9月单月恢复至2019年同期水平。眼镜产业由低端向高端延伸、产品由传统眼镜向眼健康延伸、链条由生产向销售及结算延伸,实现产值4.9亿元,增长32%。生物制药向多种中药材加工延伸,提取紫杉醇120公斤,加工中药材150吨,实现产值4500万元。新增新材料企业5家,投产3家,年产30万立方米ALC轻质板材项目开工建设。能源产业实现总产值16.06亿元,其中大火电发电22.1亿千瓦时,金凤山风电发电1.98亿千瓦时,6万千瓦装机尖子山风电即将开工。三是旅游业态进一步丰富。三峡之巅、三峡原乡景区开园,日接待游客均超1000人。新增三峡之巅国家4A级景区,白帝城·瞿塘峡5A级旅游景区加速创建。旅游市场触底上扬,恢复率达90%以上,接待海内外游客1329.6万人次,增长-7.10%;旅游总收入75.9亿元,增长-2.0%;乡村旅游接待游客636.4万人次、收入27.1亿元,分别增长30.1%、30.6%。

社会民生凸显"三好"。一是就业稳岗推进好。城镇新增就业7782人,完成年度目标的114%。开发公益性岗位3211个。33个就业扶贫车间全部复工复产,新建成就业扶贫车间9个,吸纳966人就近就业。25万返乡农民工全部返岗就业,城乡劳动者累计转移就业34.8万人。全面落实援企稳岗系列政策,18家企业享受"中小企业援企稳岗返还"159万元,稳岗1000人;78家企业享受"失业保险稳岗返还"284万元,稳岗人数12478人。落实就业困难对象补贴7877人,发放失业保险待遇5400人次。发放5372名贫困劳动力一次性求职创业补贴270.68万元,发放2005名贫困劳动力往返城市间交通补贴83.94万元。二是民生保障推进好。财政民生支出占88%。出台矽肺患者救助办法,对3500名离岗脱保尘肺患者实施特殊救助。城乡低保应保尽保,共保障4.3万人,其中兜底保障建卡贫困户1.6万人。集中供养贫困家庭失能人员703人,释放劳动力1081人。持续推进分级诊疗制度建设,县域内就诊率90%,基层医疗机构就诊率达到65%以上。普惠性幼儿园覆盖率达到98.6%,义务教育标准班额比例为96.37%。三是民生实事推进好。13件民生实事完成投资2亿元,资金拨付率达89%。竹园、吐祥、兴隆等3所养老院完成改造提升,草堂失能供养中心二期工程竣工验收。白帝城景区悬棺厅等15座旅游公厕投用。冒峰、永安等幼儿园开工建设。10处乡镇水质提升工程完工投用。邵家包小区、清河水岸等城市停车场建设方案通过规委会审定。

(二)存在的主要问题

当前正遭遇外部环境恶化、疫情防控趋严、产业链和供应链紧张等外在影响传导;正经受国内有效需求不足、企业成本高、各类投资收窄等内部困难;正面临县内发展动力不足、产业结构失衡、产城融

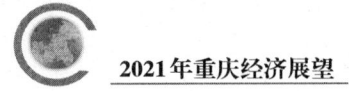

合度低等长期性问题。

一是居民就业稳定性不够，收入增长压力增大。当前环境下，沿海地区就业压力大，外出务工人员存在返流待业现象。产城融合发展程度不够，城市就业岗位有限，稳就业仍存隐忧。

二是物流成本高。缺乏标准化的大型仓储场所，导致仓储费用高。缺乏统一集中的物流配送中心，集聚度不够、空载率高，导致货物周转次数多，物流费用增加。因场地受限，无法用现代化设备操作，导致企业运营成本增加20%~30%。

三是产业结构失衡。工业增加值仅占全县GDP的7.8%，对全县经济的贡献率和支撑作用不足，依赖大火电带动。建筑业增加值占全县GDP的31%，在第二产业中占到80%，依靠建筑业拉动将不可持续。旅游尚未成为主导产业，带动力不够，同时面临高铁时代旅游高质量发展刚起步等诸多问题。

（三）2020年全年主要经济指标预测

从当前全县经济运行态势分析，全县全年GDP预计增长5%，固定资产投资增长8%，工业增加值增长3%，社会消费品零售总额增长8%，城乡居民收入增长7%。

二、2021年经济运行的环境及因素分析

当前，面对疫情反复的严峻形势，全球经济复苏缓慢，仍充满较大不确定性和风险。我国经济稳步复苏，在"十四五"开局之年将深化结构性改革，在坚持稳中求进工作总基调下，财税政策将更加积极，货币政策将稳中偏松，预计2021年将继续保持稳中有进的态势。重庆转型调整成效显著，通过聚焦高质量、供给侧、智能化，着力结构调整和新旧动能转换，增长内生动力得到加强，制造业回暖，预计全市经济增速保持在全国前列。奉节县经济长期高位运行，但"双欠"格局依然存在，持续高增长压力增大，同时高质量发展需求迫切，预计全年增速保持在7%左右。

三、2021年趋势展望及主要经济指标预测

展望2021年，伴随新时代西部大开发、长江经济带、"两新一重"、"一区两群"等各类政策机遇，高铁时代正式到来，奉节县文化旅游等消费带动能力显著提升，经济社会发展将保持良好增长态势。预计2021年GDP同比增长8%，规模以上工业增加值、固定资产投资、社会消费品零售总额分别同比增长7%、8%、10%，一般公共预算收入增长2%，城乡常住居民人均可支配收入增长9%。

四、政策调控措施建议

当前，我们正处于脱贫攻坚与乡村振兴的关键衔接时期，在聚力抓好脱贫攻坚的同时，应将工作目标、工作重心、工作精力转移到大抓经济、大抓发展、大抓项目上来。建议各乡镇和部门创新手段、办法和举措，把握经济发展规律，探索经济发展新路，发展理念由"追求速度"向"追求速度与质量"并重转变，发展效益由追求"经济效益"向"经济效益与环境效益"并重转变，发展方式由"同质化竞争"向"差异化发展"转变。努力确保"十三五"圆满收官、"十四五"良好开局。

（一）突破"债务""生态"两个管控，抓投资稳基本盘

在抓好政府投资项目建设的同时，着力抓好社会投资项目建设；在抓好公益性项目建设的同时，着力抓好经营性项目建设；在抓好基础设施项目建设的同时，着力抓好产业投资项目建设；在抓好向上争取的同时，着力抓好招商引资。加快"十四五"期间的项目策划储备，尽快形成储备库；加快新开工项

目建设，尽快形成投资增量；加快在建项目协调调度，尽快实现投资放量；加快竣工项目手续办理，尽快早日投产达效。

（二）顺应"高铁新时代""大数据智能化"两个变化，抓消费谋增量

妥善应对高铁、大数据时代带来的人流、物流、信息流机遇和虹吸效应、过道效应的冲击；既提档升级传统服务业，又创新现代服务业发展；既注重营利性服务业，也要推进非营利性服务业发展；既推动生活性服务业向高品质和多样化升级，也要推动生产性服务业向专业化和价值链高端延伸。让所有的服务业企业都有部门去帮助，所有的部门都有服务业发展任务，促进消费提质扩容，释放消费增长潜力。

（三）走深"生态产业化""产业生态化""两化路"，抓产业提质量

加快推动农业"接二连三"，推动"种养加""产供销"两个一体化纵深发展，不断加快农业组织化、市场化、标准化、品牌化进程。加快推动工业"补链成群"，围绕制造加工业的链条短板做大增量，重点在能源项目上发力。加快推动服务业"多旅融合"，加快消费提档升级，强化接待服务设施建设，丰富服务业态，让旅游成为现代人的一般生活方式和消费方式，由单纯追求旅游游客人次向追求旅游消费转变。

（四）立足"内循环""内外双循环"两个循环，抓市场主体增活力

加大市场主体培育力度，推动"个转企、小升规"，激发内生动力，做大体量；及时兑现优企惠企政策承诺，降低各类要素成本，盘活存量；优化政务服务，创造良好营商环境，推进招商引资落地，提高增量。严格按照《奉节县优化投资环境"六个一"工作实施办法》要求，持续推进"四减""四办"，促进营商环境实现"四提升"（提升硬件设施、提升网办频率、提升审批时效、提升服务质量），努力打造审批事项最少、办事效率最高、投资环境最优、企业获得感最强的创业高地，真正做到工作到位、政策到位、服务到位、关爱到位。

[奉节县发展和改革委员会　余兆永　汪　丁]

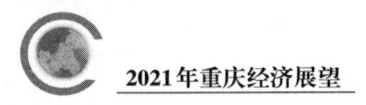

之十一：2020年巫山县经济运行分析及2021年展望

2020年以来，面对新冠肺炎疫情巨大冲击和复杂严峻的国内外环境，在县委、县政府的坚强领导下，巫山县统筹做好疫情防控和经济社会发展工作，认真落实常态化疫情防控举措，着力恢复生产生活秩序，有力有效推动生产生活秩序恢复，国民经济延续稳定恢复态势，社会大局保持稳定。1—9月全县实现地区生产总值132.66亿元，同比增长2.1%，增速比上半年扩大1.2个百分点，预计全年实现增长4.5%左右。

一、2020年巫山县经济运行分析

（一）运行主要特征

一是三次产业逐渐恢复。1—9月第一、第二、第三产业增加值分别实现增长4.4%、4.7%、0.2%，增速分别比上半年扩大1.6个、1.8个、0.7个百分点，第三产业增加值增速实现止负转正。

农业生产形势较好。全县粮食油料生产保持稳定，粮食种植面积83万亩，预计全年产量21万吨。蔬菜、水果及其他经济作物生产快速增加，脆李、柑橘规模分别达23万亩、18万亩，中药材、烤烟、核桃种植面积分别达20万亩、4.33万亩、15万亩。生猪产能快速恢复，1—9月全县生猪存栏31.95万头，同比增长12.69%，累计出栏25万头，同比增长19.36%；家禽存栏160万只，同比减少3.28%，累计出栏125万只，同比增长9.84%。农业生产形势有序恢复。

工业生产有增有减。1—9月全县工业实现增加值10.15亿元，同比负增长0.8%，降幅较上半年缩小4.5个百分点；规模以上工业实现总产值11.29亿元，同比减少0.9%，降幅较上半年缩小7.9个百分点；规模以下工业总产值同比增长5.6%，较上半年实现止负转正，增幅扩大6.1个百分点。主要产品实现原煤产量21.75万吨，同比减少8.19%；实现供电量54975万千瓦时，同比增长0.33%；实现发电量26713万千瓦时，同比增长44.86%；实现用水量475万吨，同比减少0.21%；实现天然气用量1025万立方米，同比增长12.02%。建筑业实现总产值40.11亿元，同比增长13%；实现增加值27.1亿元，同比增长7.3%。

旅游服务扭负转正。文旅宣传营销活动扎实开展，启动"文化旅游惠民消费季"活动，举办"重庆人游三峡""渝东北人游巫山""巫山人游巫山"等系列活动，投放"两峡一峰""两江四岸夜游"等旅游新产品，《巫山神女》剧10月1日实现对外公演，社会各界评价良好。1—9月全县共接待游客1375.64万人次，同比增长2.15%，实现旅游综合收入65亿元，同比增长14.99%，增速较上半年分别提高37.1个和64.4个百分点，实现止负转正。成功举办第四届春季房交会和夏季网上房交会，房地产开发销售面积34.62万平方米，同比增长3.3%，增速较上半年扩大2个百分点。

二是投资消费拉动放缓。1—9月全县固定资产投资同比增长3.1%，增速较2019年同期放缓9个百分点，较2020年上半年回落11.2个百分点，预计全年增长6%左右。新增巫山县侏罗纪世界之家、郑万铁路巫山牵引站220千伏外部供电工程和巫山县年出栏100万头生猪全产业链建设项目，调整后全县67

个县级重点项目1—9月累计开复工57个，开复工率85%，项目建设稳步推进。组织开展"春暖花开·美好生活""爱尚巫山·约惠夏天"等消费活动，重点开展汽车、家电、商超、餐饮（住宿）、电商、工会会费、移动信息推送促销，但由于疫情损失短期内难以弥补，1—9月全县社会消费品零售总额负增长9.8%，降幅与上半年持平，消费市场回升仍然乏力。1—9月累计签约招商项目23个，签约资金311.28亿元，同比增长200.57%，其中12个项目已开工建设，开工率52%，在建招商项目完成投资40.78亿元，招商引资有序推进。

三是财政金融持续稳健。财政收支方面，1—9月全县一般公共预算收入完成7.58亿元，同比增长5.5%。其中，税收完成4.64亿元，同比减少9.2%；非税收入完成2.94亿元，同比增长41.7%。一般公共预算支出完成43.88亿元，同比减少16.9%。金融方面，1—9月全县银行业金融机构存贷款余额472.36亿元，同比增长13.83%，存贷比97.66%。其中，存款余额238.98亿元，同比增长12.99%，贷款余额233.38亿元，同比增长14.71%。

四是民生保障有序推进。全年17件重点民生实事加速推进，农村普惠性幼儿园学生营养改善计划已实现全覆盖，1800名重庆籍建档立卡贫困家庭大学生已完成资助系统填报并通过审核，"四好农村路"建设通组公路540公里，防护栏安装230公里。社会保障更加坚实，1—9月累计支付社保待遇86651万元，发放3557名民办教师、农机农技员、放映员、乡镇企办事人员、林业员等10类特定群体养老补贴和医疗补贴430万元。全体居民人均可支配收入实现16104元，同比增长8.1%；农村常住居民人均可支配收入实现8843元，同比增长8.3%。就业工作更加到位，累计开展就业培训7273人次，举办招聘会39场次，新开发公益性岗位1292个，城镇新增就业3734人。

（二）存在的问题

一是投资稳增长的压力较大。1—9月固定资产投资同比增长3.1%，分别较2019年同期和2020年上半年回落9个、11.2个百分点，工业和房地产投资双下降（增速分别较上半年回落14.6个、9.9个百分点），投资增速放缓，巫山至官渡高速、江东新城旅游综合体、预拌干混砂浆等10个项目仍未开工，预计部分项目年内难以实现开工，投资增长回落明显，后续增长仍需发力。

二是消费服务增速较低，企业经营依然困难。由于国际疫情影响仍在继续，国内防控形势仍然严峻，企业经营面临诸多困难，特别是餐饮住宿行业企业经营步履维艰，跨省区间旅游开放后，消费者仍处于"防控惯性期"，存在恐慌心理，人员流动有限，消费频率和消费能力下降，需求不足导致服务业企业效益增长困难。

三是工业恢复仍存在不确定性。巫山县工业规模整体较小，近年来传统工业增速放缓，缺乏龙头企业和新兴产业引领，2020年以来受疫情影响减少或取消的订单较多，加之关闭停产企业数据倒拉和原材料价格上涨导致产品滞销等因素，1—9月规模以上工业总产值实现11.29亿元，同比下降0.9%，降幅虽分别较1—8月和1—7月收窄3.5个和7.9个百分点，但恢复仍存压力。

二、2021年巫山县经济运行环境及因素分析

2021年是我国全面建设社会主义现代化国家新征程的开启之年，综观国际环境，世界处于百年未有之大变局，全县经济社会发展既面临难得机遇，也面临诸多挑战。

从发展机遇方面看：随着我国全面建成小康社会，由中等收入向高收入迈进，市场消费能力和消费结构将进一步提升，人们对生态、旅游、健康等产品的需求将进一步增加，同时我国正着力构建以国内大循环为主体、国内国际双循环相互促进的新发展格局，将更加注重扩大内需和消费，为巫山县大力发

展生态旅游、生态康养及高端特色农副产品等消费型产业提供了良好的市场机遇；随着"一带一路"、长江经济带、成渝地区双城经济圈及新时代西部大开发等国家战略的深入实施，巫山县作为以上战略叠加区，在经济发展、基础设施建设、民生保障与公共服务等方面有望得到国家相关区域政策支持，面临良好区域发展机遇。

从面临的挑战方面看：随着国内产业升级和发展动能转换，劳动力、土地、资源等要素成本在区域竞争中的作用下降，技术、人才、资金等要素作用变得更为重要，而这恰恰是巫山县短板，对巫山县承接、发展高端产业产生一定制约；巫山县作为长江上游重要生态屏障，肩负着保护长江生态的重要使命，同时面临着巩固脱贫成果、提高居民收入和促进区域发展的要务，对巫山县未来如何在切实保护好长江生态的前提下加快推动经济社会发展提出了更高要求；新冠肺炎疫情暴发及其未来走势尚不完全明确，不排除出现多次反复和防疫长期化、常态化的可能，对以旅游业为主导产业的巫山县经济产生较大影响、形成较大挑战。

三、2021年重点工作

（一）着力优化有效投资

实现重大项目精准调度，建立2021年全县重点项目库，强化项目统筹力度。坚持举办季度集中开工仪式，加强开工前期准备工作，确保未开工项目加快开工落地建设。已开工项目抢抓当前建设有效期，强化施工组织，上足人力物力，以进度促投资放量，争取增速快速回升，为全县经济后续保持稳定增长奠定基础。加强后续项目储备力度，强化项目前期策划力度，加快开展可研、初设、概算、施工设计等相关工作，切实提高项目申报获批率，积极对接跟踪，全力申报各项国家资金，夯实项目资金保障，确保建设有序推进。

（二）着力提升旅游业态

加大宣传营销力度，开展"品烤鱼·赏红叶"活动，深化"重庆人游巫山"宣传营销，推动三峡旅游一体化，高水平举办红叶节、国际越野赛等节庆赛事活动，努力提高组团游和陆路游占比，促进旅游购票人数大幅度提升。优化文旅重点项目布局，完成神女景区提升工程、青石渔村、滨江路文化创意街等一批项目规划设计，加快大昌古镇、神女文化园、博物馆二期文化旅游业态打造，确保2021年投入营运；加快小三峡提升工程建设，为2021年形成旅游环线创造条件。

（三）着力恢复商业信心

持续开展形式多样的促消费活动，不断提振市场活力，继续开展一系列消费节活动，支持举办线上线下促销活动，大力发展农村电商，规范直播带货，激发消费者消费意愿，加速商贸经济恢复性增长。不折不扣落实减费降税政策，避免在市场环境仍尚未完全恢复时，有市场主体因税费负担导致运营更加困难的现象发生，让市场主体更快更直接享受到政策红利，增强商业运营主体信心。

（四）着力促进工业提质

重点加强对规模以上工业企业的运行监测，大力发挥规模以上工业企业的龙头作用，充分挖掘企业潜能，推动工业经济高质量发展。加强对潜力企业的培育和扶持力度，重点对拟新升规企业中胜矿业、中润德胜、仟瑞再生资源和拟小升规企业帝兴建材、中易采工贸、神女药业等企业进行培育，力争早日升规入统。加快青山头、红椿、福田风电场建设进度，力争早日并网发电，策划包装平价光伏项目，促进风电光伏产业健康发展，全面提升工业经济质量和效益。

（五）着力深化改革主线

深化"放管服"改革，持续优化营商环境，深入推进"互联网+政务服务"，继续推动一体化在线政务服务平台建设，持续深入开展"双随机、一公开"工作，从根本上激发企业投资活力和动力。坚持稳中求进的工作总基调，做好"六稳""六保"工作，在疫情防控常态化下妥善应对经济领域可能出现的重大风险，实事求是平衡好防风险和稳增长的关系，进一步加强对地方政府债务风险防范，科学合理举债，确保经济可持续发展，坚决打赢打好防范化解风险攻坚战和持久战。

（六）着力增强人民福祉

坚持民生为本，加大《重庆市保障和改善民生行动计划》和2020年全县17件重点民生实事推进力度，认真谋划2021年度重点民生实事，强化以人民为中心的服务理念，切实提升人民群众获得感、幸福感、安全感。加强社会保障力度，实施就业优先政策，继续加大各项就业政策落实力度，鼓励创业带动就业，实现更高质量就业，持续推进城镇新增就业、困难群体就业、职业技能培训等重点目标任务落实，积极开展培训监管、鲁渝劳务扶贫等重点工作，促进巫山县就业局势稳中向好发展。

（七）着力加大招商引资力度

加强与四川及周边地区和广东、山东等对口支援及东西协作省市的合作交流力度，紧紧围绕生态旅游、生态康养、生态农业等产业，上门招商、精准招商，同时，重点围绕项目签约和已签约项目落地下功夫，加大招商签约项目推进力度，及时协调解决企业用地、融资、用工等方面的难题，提高资金到位率，加快招商引资项目开工、投产，助推项目尽快落地见效，切实提高项目落地转化率。

[巫山县发展和改革委员会　袁宏勋　黄潍怡]

之十二：2020年巫溪县经济运行分析及2021年展望

2020年以来，面对突如其来的新冠肺炎疫情、突如其来的经济下行冲击、突如其来的洪涝灾害，巫溪县委、县政府全面贯彻落实习近平总书记系列重要讲话、重要指示批示精神和中央、市委、市政府决策部署，坚持问题导向、目标导向、结果导向，保持战略定力，超前谋划、提前布局，聚焦高质量、供给侧、智能化持续发力，坚定不移稳住经济基本盘，全力以赴做好"六稳"工作、落实"六保"任务；坚定不移推动脱贫攻坚，千方百计巩固脱贫攻坚成果、完成剩余脱贫任务；坚定不移谋划长远发展，全面融入成渝地区双城经济圈建设和"一区两群"协调发展，高质量编制"十四五"规划。全县经济呈现稳定转好态势，主要指标恢复性增长，基本民生保障有力，市场预期总体向好。

一、2020年巫溪县经济运行分析

（一）全县经济运行情况

1—9月，全县实现地区生产总值79.4亿元，同比增长1.5%，分别较第一季度、上半年提升8.1个、1.1个百分点，高于全国0.8个百分点，低于全市1.1个百分点，增速排全市第29位、渝东北城镇群第6位。其中，第一产业实现增加值16.4亿元，同比增长2.0%；第二产业实现增加值19.1亿元，同比增长2.6%；第三产业实现增加值43.9亿元，同比增长0.9%；三次产业结构比调整为20.7∶24∶55.3。三次产业对经济增长的贡献率分别为24.8%、41.2%、34.0%，分别拉动经济增长0.4个、0.6个、0.5个百分点。经济运行特点表现如下：

1. 农业生产平稳增长，高效农业品质提升

1—9月，第一产业实现增加值16.4亿元，同比增长2.0%；特色经济作物新增4万亩，"三品一标"认证新增10个，其中绿色食品9个、农产品地理标志1个。"1112"重点产业稳步提升，收获马铃薯51万吨，同比增长15.3%；出栏山羊18.9万只，同比增长22%；种植中药材20万亩，完成示范基地建设1万亩；种植烟叶2500亩，完成收购4万担。五大特色产业提质增效，完成栽植高山蔬菜核心示范基地1.8万亩，初步形成以红池坝、葱子坝、黑草坝、胜利乡、朝阳镇为核心的高山蔬菜产业带；新栽植青脆李10000亩以上，青脆李等特色水果面积达到21万亩，同比增长7.1%，万亩以上的基地乡镇达到3个，千亩以上的村达到30个；生态畜牧态势良好，出栏肉牛0.9万头、生猪50.5万头、家禽512万只、肉兔14万只，养殖蜜蜂4.5万群；生态渔业发展有序推进，建立示范基地2个，水产品产量约543吨；乡村旅游纵深推进，先后举办城厢李花节、蒲莲蜜柚节等特色旅游节会，推动农旅融合迈向深入。

2. 工业经济持续回暖，水电行业支撑强劲

1—9月，全县工业实现增加值6亿元，同比增长3.8%，实现扭负为正，较第一季度、上半年分别提高10.6个、6.6个百分点，排全市第19位、渝东北城镇群第1位，拉动全县经济增长0.3个百分点。其中，规模以上工业增加值同比增长4%，较上半年提升7.7个百分点，排全市第19位、渝东北城镇群第1

位。分产业看，采矿业同比增长3.8%；制造业同比下降14.0%；电力、热力、燃气及水生产和供应业同比增长16.8%，特别是水电同比增长70.2%。从规模以上企业看，远大电力同比增长48.4%，后溪河水电同比增长122.5%，启翔塑胶同比增长15.9%，寨雅石材成功升规，实现产值3905万元，智能洗沙生产线技改项目即将投产。

3. 建筑业扭负为正，企业活力持续增强

1—9月，全县建筑业实现增加值13.04亿元，同比增长2%，实现扭负为正，较第一季度、上半年分别提升47.4个、6.7个百分点，在全市排第28位，在渝东北城镇群排第7位，拉动全县经济增长0.3个百分点。全县注册建筑业总产值21.3亿元，同比增长7.4%，较上半年提高7.8个百分点。同时，在14家建筑企业成功申报入库基础上，再次申报入库11家建筑企业，全县建筑企业活力动力持续增强。

4. 服务业总体平稳，消费市场总体向好

1—9月，第三产业实现增加值43.9亿元，同比增长0.9%，在全市排第17位，在渝东北城镇群排第5位。其中，消费市场总体向好，全县实现社会消费品零售额同比下降5.2%，降幅较上半年收窄7.7个百分点，延续了自3月以来持续回升的良好态势；批发业同比增长13.2%，较上半年提高2个百分点；零售业同比增长4.5%，较上半年提高1.6个百分点；住宿业同比下降0.1%，降幅较上半年收窄3.2个百分点；餐饮业同比增长4.3%，较上半年回落0.4个百分点；电商交易额达到17.3亿元，线上消费持续发力。房地产业同比增长10.1%，其中商品房销售面积同比增长63.1%。交通运输、仓储和邮政业同比增长2.1%，较上半年提高1.4个百分点。生态旅游发展良好，第三季度全县接待游客约339.2万人，同比增长13.3%；旅游综合收入约21.4亿元，同比增长24.1%。

5. 固定资产投资持续下降，项目建设推进乏力

1—9月，全县完成固定资产投资46.8亿元，同比下降10.4%，降幅较第一季度、上半年分别扩大3个、5个百分点。其中，500万元以上项目投资完成38.7亿元，同比下降12.3%；房地产开发投资完成8.1亿元，同比增长0.2%。从项目开复工看，全县147个重点项目共开复工98个，开复工率66.7%。从实物量投资看，交通项目实物量投资完成年度计划的49.5%，水利项目完成41.5%；城镇建设及基础设施项目完成40.1%；农业项目完成22%；工业项目完成43.8%；旅游项目完成22.3%；教育项目完成48.9%；卫生项目完成34.2%；其他社会事业项目完成28.8%，各板块实物量投资较序时进度差距较大。

6. 财政收支矛盾放缓，金融市场增长较快

1—9月，全县一般公共预算收入完成5.1亿元，同比下降7.8%，降幅较上半年收窄15.3个百分点。其中，税收收入完成3亿元，同比增长3%，增幅排全市第6位；非税收入完成2.1亿元，同比下降19.6%，降幅较上半年收窄27.5个百分点。一般公共预算支出完成40.5亿元，同比增长5.9%，较上半年下降2.5个百分点，增幅排全市第4位。金融市场增长较快，1—9月各项存贷款余额实现344.1亿元，同比增长8.3%。其中，各项存款余额221.8亿元，同比增长7%；各项贷款余额122.4亿元，同比增长10.8%。

7. 经济发展潜力增强，市场主体高速增长

全面融入成渝地区双城经济圈建设，逐步深化与四川宣汉对接合作。高质量高标准编制"十四五"规划，形成"1+1+1+15"①规划基本思路，初步完成项目储备397个，总投资约1000亿元。加大招商引

---

① "1+1+1+15"，即1个总体规划、1个重大项目、1个国土空间规划、15个专项规划。

资力度，签约招商项目3个，总额35.21亿元；在谈项目6个，意向投资企业10家。加大市场主体培育，1—9月全县市场主体总量达35095户，新发展各类市场主体3540户，同比增长44.25%。其中，新发展企业752家，同比增长50.7%；新发展个体工商户2671户，同比增长42.38%。

8. 社会民生保障有力，居民收入增长加快

坚决打赢脱贫攻坚战，整合资金8.1亿元，实施扶贫项目969个，制定十项"加码"帮扶措施，开展"10+4"专项行动，扎实整改各类问题，918户未脱贫户总体上达到脱贫标准，高质量通过脱贫攻坚普查验收。居民收入增长加快，全县居民人均可支配收入达到13219元，同比增长7.9%，较上半年提高1.7个百分点。其中，城镇常住居民人均可支配收入达到21695万元，同比增长5.0%，较上半年提高1.5个百分点；农村常住居民人均可支配收入达到7982万元，同比增长8.3%，较上半年提高1.9个百分点。就业形势持续向好，实施就业政策落实、服务落地专项行动，全县城镇新增就业2711人、登记失业人员就业1813人、困难人员就业1637人，分别完成年度目标任务的113%、181.3%、192.6%。教育、卫生、民政等社会事业稳步推进。

综合来看，在国际国内复杂形势、新冠肺炎疫情、洪涝灾害等不利影响下，全县经济恢复性增长态势持续巩固，大部分主要经济指标持续向好，工业、建筑业支撑强劲，市场主体高速增长，就业民生保障有力。但同时也应看到，当前第一产业增加值、第三产业增加值、商品房销售面积、餐饮业销售总额、金融存贷款余额等经济指标增长放缓，固定资产投资持续下降等情况不容忽视。

（二）存在的问题

1. 经济复苏存在"三个不足"

固定资产投资不足。一是重点项目推进缓慢。1—9月各板块项目建设推进缓慢，特别是重大项目开工率仅为50%，一般重点项目开工率仅为43.6%，导致全县有效投资不足。二是入库项目偏少。全县固定资产投资入库项目共134个，其中交通项目36个，城市（镇）建设项目17个，水利建设项目8个，教育项目8个，卫生项目3个，农业项目3个，林业项目2个，地灾治理项目4个，土地储备整理项目4个，而商贸、民政、环保项目为0；全县32个乡镇（街道）也只有9个乡镇有入库项目，其余23个乡镇项目为0。同时，1—10月全县共新增入库项目37个，总投资20.8亿元，较2019年同期减少23个，同比下降38.3%。三是统计入库存在差距。2019年至2020年10月完成招投标而没有及时入库或没有入库项目共21个，涉及项目总投资6.3亿元。

消费活力不足。一是消费市场还未恢复到正常水平。1—9月，全县实现社会消费品零售额同比下降5.2%，低于全市平均水平3个百分点；批发零售贸易业增加值增速由正转负，同比下降0.1%，较上半年回落0.6个百分点；住宿和餐饮业增加值同比下降2.3%，较第一季度回落0.2个百分点。二是居民消费意愿不足。在常态化疫情防控下，居民储蓄倾向明显，消费意愿趋于谨慎，1—9月全县居民存款余额同比增长14.9%，甚至高于全市1.6个百分点。

要素保障不足。一是市级重大项目受征地拆迁影响推进缓慢，完成年度投资不足60%。天子山滑雪场、杨家寨陵园等县级重大项目因要件办理审批级别较高、流程复杂、办理时限长等原因，致使项目推进受阻。二是全县用地指标少、环境保护压力大、无标准厂房等要素保障不足，导致招商引资水平低，项目投产达效慢。

2. 经济提振仍有"三个隐忧"

农业生产存在隐忧。近年以来，第一产业增加值均是同比增长5%左右，位居全市前列。虽然农业生

产受新冠肺炎影响最小，但是1—9月受降雨影响，青脆李减产1.5万余吨，受非洲猪瘟以及仔猪、母猪培育不足导致畜牧出栏下降等因素制约，全县第一产业增加值同比仅增长2.0%，分别较上半年、2019年同期下降0.8个、2.6个百分点，农业生产形势不容乐观。

服务业存在隐忧。从当前经济加速复苏大环境来看，服务业市场活力越来越强，但是全县第三产业实现增加值同比增长0.9%，较上半年回落0.7个百分点，服务业对全县经济发展贡献仅为34%，低于2019年同期水平21个百分点，还需进一步推动服务业加速发展。

第二产业存在隐忧。第二产业支撑强劲，工业、建筑业增加值均扭负为正，但是工业主要依托2020年第三季度水电行业大幅增长，而进入第四季度枯水期，水电行业大幅增长不可持续，同时当前制造业增加值同比下降14%，在低位徘徊，工业经济增长压力加大。另外，本地建筑业本身体量相对较小，难以形成固定产值和实物量，因此需高度重视第二产业。

（三）2020年全年主要经济指标预测

综合考虑新冠肺炎疫情、经济下行冲击、洪涝灾害等影响，以及"十三五"收官和决胜脱贫攻坚等要求，综合分析2020年1—9月经济形势、宏观政策取向和经济增长支撑因素，预计全年地区生产总值同比增长3.5%左右，固定资产投资同比增长4%左右，规模以上工业增加值同比增长6%左右，社会消费品零售总额同比增长1%左右，一般公共预算收入同比增长3%左右。

二、2021年经济运行的环境及因素分析

2021年，巫溪处于交通区位加速提升期、发展动能深度转换期、开放协作纵深推进期、城乡融合建设提质期、绿色发展突破关键期，经济社会发展呈现新的趋势性特征，机遇大于挑战，发展前景可期。

（一）优势机遇

国家系列重大战略实施带来的机遇。国家正在着力提升产业链、供应链现代化水平，大力推动科技创新、布局新型基础设施，加快构建形成以国内大循环为主体、国内国际双循环相互促进的新发展格局，这有利于巫溪进一步推进供给侧结构性改革，在融入"双循环"新格局中扩大国内市场需求，加大传统和新型基础设施建设，运用大数据智能化对传统产业进行升级改造，提升经济发展质量和效率。

成渝地区双城经济圈建设带来的机遇。成渝地区双城经济圈建设是优化区域布局的战略决策、拓展对外开放空间的重大部署、维护国家生态安全的必然要求。巫溪处于川渝陕鄂交界地区，是渝东北与川东北一体化发展的重要组成部分，推动成渝地区双城经济圈建设，有利于巫溪在推进国土空间优化布局、基础设施互联互通、产业协作补链成群、生态环境联防联治、公共服务共建共享方面拓展协作新空间，打造发展新优势。

"一区两群"协调发展带来的机遇。推进"一区两群"协调发展，是贯彻习近平总书记重要讲话精神、推动成渝地区双城经济圈建设的重要部署。巫溪作为重庆实施生态优先、绿色发展战略的重要空间载体，坚持学好用好"两山论"，走深走实"两化路"，特别是三峡新区、奉节—巫溪—巫山"黄金三角"文旅协同发展示范区创建等重大机遇，有利于开创巫溪生态资源高标准保护、绿色经济高质量发展、宜居环境高品质建设的新局面。

（二）问题挑战

从外部发展环境看，当今世界正经历百年未有之大变局，新冠肺炎疫情全球大流行使这个大变局加速变化，国际经济、科技、文化、安全、政治等格局都在发生深刻调整。世界经济增长动能持续减弱，

中美博弈成为常态。国内发展环境也经历着深刻变化，经济下行压力有所加大，对巫溪经济结构调整和承接外部产业转移带来严峻挑战。

从技术发展趋势看，全球科技革命加速推进生产方式、产品形态、商业模式、产业组织变革，扩大了区域之间发展的数字鸿沟。巫溪数字化基础设施和数字经济发展基础薄弱，在推进智能制造产业体系和新型智慧城市建设中，面临着技术、人才和资金的多重约束。

从自身发展基础看，巫溪地处三峡库区腹心，生态敏感脆弱，区位条件处于劣势，产业发展基础差、底子薄，经济总量不大，产业结构不优，技术创新基础薄弱，城乡发展不均衡，基础设施和基本公共服务供给不足等问题仍较为突出。这些都对巫溪的高质量发展形成阻碍、带来挑战，需要切实加以克服和解决。

2021年，面对更加错综复杂的内外部环境和挑战，巫溪必将前瞻全球发展大势、着眼全国发展大局，紧紧结合全市成渝地区双城经济圈建设和渝东北三峡库区城镇群发展大计进行统筹谋划，努力发挥比较优势，找准定位方向，在复杂多变环境中育新机、开新局，抢占发展先机，稳步推进经济社会高质量发展。

三、2021年趋势展望及主要指标预测

2021年是我国全面建设社会主义现代化国家新征程的开启之年，是"十四五"规划开局之年，是乡村振兴与脱贫攻坚有效衔接关键之年，全县上下将以习近平新时代中国特色社会主义思想为指导，深化落实习近平总书记对重庆提出的营造良好政治生态，坚持"两点"定位、"两地""两高"目标，发挥"三个作用"和推动成渝地区双城经济圈建设等重要指示要求，坚定贯彻新发展理念，坚持以人民为中心的发展思想，积极融入新发展格局，以供给侧结构性改革为主线，以深化改革、扩大开放为动力，以增进人民福祉和促进人的全面发展为根本目的，打好"三峡牌"、走好"两化路"、抓好"融合化"、唱好"旅游戏"、建好"宜居地"，深度融入成渝地区双城经济圈建设和"一区两群"协调发展，强化"奉—巫—巫"区域协作，有效对接万开云板块建设，筑牢长江上游重要生态屏障，努力把巫溪建设成为长江经济带生态优先绿色发展先行示范区、长江三峡生态人文旅游新高地、渝陕鄂毗邻地区纵深开放门户、全国知名高品质生活宜居之地，全面开启巫溪社会主义现代化建设新征程。2021年，预计地区生产总值同比增长7%左右，全社会固定资产投资同比增长8%，规模以上工业总产值同比增长8%，社会消费品零售总额同比增长8%，一般公共预算收入同比增长3%，城乡居民收入增长与经济社会发展同步，生态环境质量持续改善，单位生产总值能耗、主要污染物排放等约束性指标完成市级下达目标任务。

四、政策调整措施建议

（一）着力打基础增后劲，夯实未来发展新支撑

聚焦交通、水利等重大基础设施补短板建设，构建外联、内畅、互通、功能较为完善的基础设施体系。强化对外大通道建设，加快建设巫镇、巫云开和两巫高速，形成"十"字形高速公路骨架；积极谋划推动巫溪至城口、巫溪至利川、巫（尖山）开宜、巫十等高速建设，着力构建"八射"高速网络；积极推进郑万高铁巫溪支线建设，全力争取建设安常张铁路巫奉段、巫十铁路、达州—开州—巫溪—兴山高铁、巫神旅游铁路，推动形成"米"字形铁路网。加快构建多层次水利保障体系，全力争取南水北调中线引江补汉工程大宁河"一库一站"补水工程早日落地，力争大型水库峡郡水库被纳入国家部委建设项目库，开工建设东溪河大型水库和凤凰、咸水等中型水库，加快建设金鱼、三匹剑、马坪、蚂蟥湾、

石鼓洞、西流溪等小型水库，稳步推进山坪塘整治、灌区建设和引提连通工程。

（二）着力扬优势促融合，打造三峡旅游新高地

以创建国家全域旅游示范区为统揽，打造精品旅游景区，培育特色旅游产品，积极融入"奉—巫—巫"长江三峡黄金旅游核心带和巴蜀文化旅游走廊建设，全力打造生态旅游第一支柱产业。全力争创红池坝国家级旅游度假区、国家5A级景区，逐步推进宁厂古镇、兰英大峡谷等创建4A级以上景区，积极推进灵巫洞景区等创建3A级以上景区，形成15个3A级以上旅游景区矩阵。加快建设红池小镇综合接待区和国际滑雪度假村，推动华侨城综合开发提档升级，努力将红池坝打造为中国南方康养基地、中国南方最大冰雪产业基地和中国南方高山体育训练基地。

（三）着力扩能级提品质，构建协调发展新空间

拓展城市增长新空间，强化中心与节点的有机联系，提升城市规模能级和品质，着力打造"一中心、两拓展、两走廊、多节点"的城镇格局。以老城、赵家坝、马镇坝和凤凰四个组团为依托，按照"打造老城、开发南岸、向西进军、环绕东西"的思路，高质量建设县域城市中心区。推进古路—上磺、文峰—塘坊"两个城市拓展区"一体化建设，积极承接人口和产业转移，建设绿色产品生产基地和红池坝旅游黄金带的重要服务节点。以奉溪高速、巫镇高速为纽带，建设徐家、白鹿、宁厂、大河、城厢等为重要支撑节点的城镇发展走廊；以两巫高速、巫云开高速为纽带，建设朝阳、尖山、田坝等为重要支撑节点的城镇发展走廊。提升红池坝镇、花台等建制镇乡基础设施和公共服务配套水平，强化其在城乡协调发展中的网络节点作用。

（四）着力显特色优结构，壮大产业发展新动能

以绿色发展、智能发展为导向，推动第一、第二、第三产业融合发展，优化产业空间布局，加快形成绿色低碳、特色鲜明的现代产业体系。培育发展现代山地特色高效农业，着力培育发展马铃薯、生态畜牧、中药材、特色水果、乡村旅游等5个十亿级特色产业集群，因地制宜发展高山蔬菜等特色产业，构建多品种、小规模、精品化的特色产业发展格局。加快壮大绿色工业，推动大理石矿山开采、大理石精细加工及产品销售、大理石尾料综合利用的全产业链发展，打造以大理石、页岩陶粒、碳酸钙粉、碎石加工等"四石"为重点的中国西南地区重要绿色石材加工基地。创新发展现代服务业，推动老城、赵家坝、马镇坝商圈改造提升，推进北井大道、亿联商贸城提档建设，支持发展网络零售、无人商店等新零售，积极发展直播带货等新营销模式。

（五）着力护生态建屏障，筑牢绿色发展新基底

突出生态建设和环境保护的精准性，把"绿色+"融入经济社会发展各方面，全面统筹左右岸、陆上水上、地表地下、水生态水资源，深入实施山水林田湖草一体化生态保护和修复，扎实推进水污染治理、水生态修复、水资源保护"三水共治"，持续加强以红池坝、阴条岭为重点的生态功能区建设，大力实施新一轮退耕还林还草、长江防护林三期、天然林保护、森林质量精准提升等重点工程，努力实现生态美、产业兴、百姓富的有机统一，加快建设山清水秀美丽之地。

（六）着力惠民生增福祉，创造和美幸福新生活

深入实施乡村振兴战略，推动乡村振兴与脱贫攻坚规划、政策、工作和保障衔接，以乡村振兴巩固拓展脱贫攻坚成果，推进农业农村现代化，建设宜居宜业宜游美丽乡村。加大高质量公共服务供给，统筹教育、文化、卫生、民政等事业发展，完善社会保障体系，更好实现幼有所育、学有所教、劳有所得、病有所医、老有所养、住有所居、弱有所扶，努力让改革发展成果更多、更公平地惠及全体人民。

（七）着力抓改革促开放，开创协同发展新境界

贯彻落实好成渝地区双城经济圈建设规划纲要，抢抓生态优先绿色发展机遇，加快生态产业化、产业生态化发展，深化与宣汉等区县合作对接，增添经济发展新动力。加快推进重点领域和关键环节改革，持续深化"放管服"改革，加快推进建设项目审批制度改革，持续优化营商环境。加大招商引资力度，着重加大在生态资源开发、旅游文化产业、特色效益农业、现代服务业等方面的招商指导和扶持，大力引进产业关联度大、技术含量高、辐射带动能力强的高端项目、龙头项目、配套项目，不断促进产业转型升级。

[巫溪县发展和改革委员会　廖亚鑫]

区域卷
渝东南武陵山区城镇群篇

之一：2020年渝东南武陵山区城镇群经济运行分析及2021年展望

2020年以来，新冠肺炎疫情在全球暴发和反复，世界经济复苏缓慢。我国稳增长政策持续发力，经济延续稳步复苏态势，但风险挑战仍然较多。渝东南武陵山区城镇群（以下简称"渝东南城镇群"）统筹推进疫情防控和经济社会发展，着力做好"六稳""六保"工作，经济呈现恢复性增长态势。预计2020年渝东南城镇群全年GDP增速约为3.8%。

一、2020年渝东南武陵山区城镇群经济运行情况

（一）总体情况

2020年以来，新冠肺炎疫情对渝东南城镇群正常生产生活秩序造成了前所未有的影响，第一季度经济低位开局。第二季度之后，随着疫情防控形势不断向好，复工复产、复商复市有序推进，经济稳步复苏态势明显。1—9月，渝东南城镇群6个区县共实现地区生产总值959.61亿元，占全市地区生产总值的5.42%，比2019年同期提高0.34个百分点。分区县来看，彭水县、武隆区分别以2.8%、2.7%的地区生产总值增速居渝东南城镇群前两位。

（二）经济运行特点

1. 山地特色效益农业稳步发展

在农业"抓防疫、稳生产、保供给"深入推进下，渝东南城镇群的农业生产保持稳定发展，农业经济运行稳中向好，1—9月实现农业增加值130.36亿元，较上年同期名义增长20.46%。一是特色农业发展提质增效。黔江区巩固发展"3+X"山地生态特色效益农业产业体系①，建成"桑+菌+鸡""稻+鱼+泥鳅"等高标准立体农业基地5.08万亩，粮经比由70∶30调整至40∶60，蚕茧产量居全市第一。秀山县2020年水稻种植面积27.66万亩，预计总产量达13.3万吨，较2019年增长0.52%。石柱县中药材种植业已走向规范化、规模化和产业化发展阶段，中药材种植在地面积31.3万亩，农户种植收入达6.2亿元。二是农业品牌创建持续强化。武隆区"三品一标"农产品168个，猪腰枣和脆桃上榜2020年第一批全国名特优新农产品名录。石柱县"三品一标"农产品达234个，莼菜、辣椒等已获得农业农村部"地理标志农产品认证"，成功打造"原味石柱"农业区域公共品牌。酉阳县"花田贡米""酉鸡酉鸭""酉阳苦荞"等系列优质农产品品牌知名度不断提升。三是农业"接二连三"稳步推进。石柱县培育辣椒本土加工企业26家，引进火锅品牌企业6家，建成自动热风循环辣椒干制生产线48条，研发泡椒、复合调味品200余种，初步形成了集种植、销售、加工于一体的辣椒全产业链条。秀山县中医药产业园已入驻海王、步长、红日三大上市药企和万物春生、富兴通等本土药企，2020年中医药产业园产值有望超10亿元。

---

① "3+X"山地生态特色效益农业产业体系，即畜牧、蚕桑、烤烟"三大骨干产业"，优质水果、高山蔬菜、优质中药材、乡村旅游"四大特色产业"。

2. 生态工业企稳回升

随着复工复产有序推进、各项惠企政策深入落实和招商引资不断加强，渝东南城镇群工业经济企稳回升，1—9月累计实现工业增加值205.99亿元，较上年同期名义增长16.24%。一是工业经济回升态势良好。武隆区统筹推进传统优势产业存量调整和战略性新兴产业增量优化，工业经济保持稳定增长，1—9月工业增加值逆势增长5.7%，增速居渝东南城镇群第一位、全市前列。黔江区卷烟食品、生物医药、新型材料、轻纺服装、节能环保和智能产业六大支柱产业齐头并进，1—9月带动实现工业增加值46.69亿元，同比增长5.6%。1—9月酉阳县、彭水县工业增加值扭负为正，同比分别增长2.8个、2.2个百分点，石柱县工业增加值降幅较第二季度收窄3.2个百分点，工业经济保持稳步恢复态势。秀山县工业园区新投产企业7家，带动园区工业总产值增长超20%。二是工业转型升级稳步推进。工业转型升级从制造迈入智造的步伐越来越快，秀山县新增智能工厂1家、数字化车间2个，石柱县、黔江区分别新增数字化车间2个、1个。武隆区奥讯机器人项目开工建设，该项目对加快武隆工业园区传统产业转型升级和培育壮大新兴产业意义重大。彭水县积极打造百亿级大健康产业园，初步形成以健康食品、生态康养、休闲运动、中医药原材料等为重点的大健康产业体系。三是招商引资成效显著。在中国·重庆（石柱）第四届康养大会上，石柱县签约康养制造项目7个，计划投资68.4亿元。秀山县与浙江省玉环市10家汽配件企业签约，将打造年产值超10亿元的汽配产业基地。

3. 服务业恢复态势良好

随着新冠肺炎疫情被控制，渝东南城镇群旅游业、商贸物流、电商产业加快恢复，服务业逐步回暖，1—9月累计实现第三产业增加值512.01亿元，较上年同期名义增长21.16%。一是旅游业恢复势头良好。武隆区科学有序开放景区，旅游业加快恢复，1—9月全区累计接待游客2707万人次，实现旅游综合收入117亿元。黔江区构建"2个5A+10个4A"全景格局并加快推进，成功创建国家4A级旅游景区8个，正在创建国家5A级旅游景区2个，总投资200亿元的三塘盖国际康养度假区建设稳步推进。酉阳县推动景城融合、文旅融合、农旅融合，集旅游县城、旅游集镇、旅游乡村于一体的全域桃源旅游体系加快构建，成功入围"2020年全国县域旅游发展潜力百佳县"。二是电子商务蓬勃发展。秀山（武陵）现代物流园区获评国家电子商务示范基地，园区内电商孵化园已吸引集聚电商企业336家，孵化网企、网店3200余家，培养全民电商推客12366名，直接带动就业2000余人。武隆区首个电子商务农产品集配中心建成投用，打通了电子商务农产品集配服务的"最后一公里"。酉阳县已建成电商产业园1个、乡镇电商服务中心39个、村级电商服务站225个，乡镇覆盖率达100%，行政村覆盖率达到85%，同时累计培育各类电子商务经营主体2910户、网络店铺14325家。

4. 投资和消费逐步回暖向好

随着各项"稳投资"政策的实施和重大项目加快推进，在复商复市和各类消费政策促进下，渝东南城镇群固定资产投资和消费市场逐步改善。一是固定资产投资增长总体平稳。酉阳县在油茶基地建设西东片区项目（一期）、板溪综合物流市场项目（二期）等重点项目带动下，1—9月固定资产投资同比增长11.3%，增速居渝东南城镇群第一位。秀山县中药饮片及颗粒剂生产加工项目、特色产业（中医药）建设基地、马西水库等重点项目建设稳步推进，1—9月固定资产投资同比增长6%，高于全市3.5个百分点。石柱县在威斯壮智能装备制造产业园项目等工业项目带动下，1—8月工业投资同比增长45.5%，增速居全市前列。同时，在渝湘高、渝怀铁路二线、黔石高速、渝湘复线高速公路重点交通项目建设带动下，渝东南城镇群基础设施投资增长总体平稳。二是消费市场逐步改善。随着消费补贴政策的出台、各类惠民活动的开展、旅游市场和会展市场的恢复以及"线上+线下"联动营销模式的发展，渝东南城镇群的消费活力得到有效激发，消费市场逐步回暖。第三季度，黔江区、武隆区、石柱县、秀山县、酉阳县、彭水县社会消费品零售总额同比分别下降19.1%、8.2%、4.3%、8.6%、14.7%和0.4%，降幅较第二季度收窄5.5个、16.2个、11.3个、7.7个、12.4个和6.2个百分点。

5. 城乡建设纵深推进

渝东南城镇群统筹推进新型城镇化建设和乡村振兴，城乡融合发展水平不断提升，提升巩固脱贫攻坚成果成效明显。一是城市功能品质不断提升。武隆区加快"产城景"融合发展，全力推动以凤来新城为核心的"武隆南川"一体化发展步伐。彭水县加快推进九曲河、上塘乌江大桥等重要节点的水管网改造、停车场改造、坡坎崖绿化美化等工程，城市品质不断提升，成功入选全国县城新型城镇化建设示范名单。秀山县深入实施城市综合管理"七大工程"，升级改造城区道路、铺设沥青路面6400余平方米，基本消除城市照明盲区、无灯区，城市建成区绿地率为38.78%，人均公园绿地面积16.19平方米，城市品质进一步提升。二是乡村人居环境不断改善。黔江区聚焦沿高速公路两旁、沿景区周边、沿江两岸、沿城郊环线区域，重点开展村容村貌提升、农村生活垃圾治理、农村生活污水治理、农村"厕所革命"、农业废弃物资源化利用等五个方面工作，农村人居环境得到进一步改善。三是巩固脱贫攻坚成果成效明显。2020年2月，彭水县、酉阳县脱贫摘帽。截至9月，武隆区贫困发生率降至0.03%，已脱贫人口人均收入达到10027元，102名剩余贫困人口全部达到脱贫标准，将于2020年全部退出。黔江区新脱贫728户2563人，贫困人口减少到47户161人，贫困发生率下降到0.05%。秀山县16800户70530名建卡贫困人口现行标准下均已达到脱贫标准。

（三）存在的主要问题

1. 企业生产经营仍然面临许多困难

新冠肺炎疫情暴发对渝东南城镇群的制造业、商贸服务业、旅游业等产业造成严重冲击，市场主体面临前所未有的压力，复工复产达产困难重重。一是部分企业面临供应链不畅、需求不振、复工缺订单、资金周转困难、成本上升、人才保障不足等问题，生产经营难以正常有序开展。二是受长途游客和境外游客减少、居民出游偏好改变等因素影响，旅游景区、文旅企业经营较往年尤为困难。武隆区重点景区游客接待量仅恢复到2019年同期的80%左右。

2. 投资持续增长后劲不足

受工业项目储备不足、企业投资信心和意愿减弱、政府投资能力降低等因素影响，渝东南城镇群投资保持持续增长压力较大。一是企业投资信心和投资意愿偏弱，政府投资能力降低。市场需求不足、资金周转困难等因素导致企业投资意愿减弱，项目落地和投资推进存在一定难度。区县经济下滑、税收收入降低，也导致政府投资能力下降。二是项目储备不足，投资增长乏力。黔江区1—9月固定资产投资同比下降53.3%，第四季度扭负为正难度较大。彭水县第一季度工业投资放量较快，而后续工业项目接续不足，导致1—8月工业投资同比下降39.4%。

3. 提升消费市场活力压力较大

渝东南城镇群消费市场尚未走出下行轨道，复苏速度滞后于工业生产及整体经济复苏，提振消费市场活力仍面临较大压力。一是服务消费复苏乏力。受疫情影响，演艺影视、餐饮娱乐等部分生活消费服务业尚未完全回暖。跨省、长途出行受到限制，旅游业复苏缓慢，餐饮、住宿等消费恢复有待时日。二是消费能力和意愿趋于下降。受疫情影响，许多企业出现经营困难、停产歇业甚至倒闭等问题，居民就业和收入预期普遍下降，储蓄意愿明显增强，导致消费预期和消费意愿下滑，消费市场全面恢复仍需较长时间。三是消费环境还不优,优质商品和服务供给不足。体验消费、智能消费、时尚消费等消费新热点培育有待进一步加强。

二、2021年渝东南武陵山区城镇群经济运行环境分析和展望

(一)国际和国内环境分析

从国际来看,新冠肺炎疫情对全球贸易格局、投资格局、社会治理等方面的影响仍将深化,贸易摩擦和投资保护日渐增强,大国战略博弈、地缘政治冲突等风险加剧,使得全球经济复苏缓慢,充满了较大的不确定性和风险。全球供应和需求的减弱,在一定程度上会制约渝东南城镇群外向型经济的发展。与此同时,新一轮科技革命和产业变革正处在实现重大突破的历史关口,以人工智能、大数据等为代表的新一代信息技术正在广泛渗透,为渝东南城镇群推动产业转型升级、实现高质量发展带来新的机遇。

从国内来看,全球分工格局和经济治理体系重塑为我国争取更加有利的国际地位创造了条件。我国将充分发挥超大规模市场优势和内需潜力,着重构建以国内大循环为主体、国内国际双循环相互促进的新发展格局,经济将延续稳步复苏、韧性增强的良好态势。在双循环格局背景下,我国将继续大力实施乡村振兴战略,持续提升巩固脱贫攻坚成效,加快"两新一重"建设,将为渝东南城镇群带来更多投资和发展的机会。

(二)市内及渝东南城镇群环境分析

随着"一带一路"建设、长江经济带、新时代西部大开发、西部陆海新通道、成渝地区双城经济圈、自贸试验区等开放平台及国家战略聚焦重庆,中新(重庆)战略性互联互通示范项目、国际消费中心城市、长江上游航运中心、内陆国际金融中心等建设加快推进,重庆的区域引领力、集聚力和辐射力不断增强,经济发展活力依然强劲。随着全市"一区两群"区域协调发展战略的实施,交通、城镇、水利、生态、民生补短板以及新基建等重大基础设施建设的推进,渝东南城镇群的交通区位条件和发展环境将不断改善,与主城都市区、渝东北三峡库区城镇群的联系更加紧密,以旅游度假为主的人口、资金、信息等要素将不断集聚,进而促进区域经济社会加快发展。同时,全市以大数据智能化创新为牵引,加快构建现代产业体系,渝东南城镇群的山地特色高效农业、生态工业将向规模化、集群化方向发展,旅游业向多产业融合方向发展,经济发展的内生动力不断增强。然而,渝东南城镇群地处国家重点生态功能区,产业布局、城镇建设受生态红线约束依然较大。

(三)2021年渝东南武陵山区城镇群经济运行趋势展望

2021年,渝东南城镇群经济总体上仍处于转型发展阶段,应继续深入践行"两山论"理念,走深走实"两化路",围绕成渝地区双城经济圈建设,紧扣全市"一区两群"区域协调发展战略,积极融入国际国内双循环大格局,加快构建现代化生态经济体系,夯实经济高质量发展的基石。预计2021年渝东南城镇群GDP增长6.3%左右。

三、对策建议

(一)紧推产业转型升级,增强经济发展动力

坚持"生态产业化,产业生态化",加快产业绿色化、智能化转型,推动经济高质量发展。一是做大做强山地特色高效农业。按照生产集约化、产业规模化、产品商品化的发展模式,大力发展中药材、生态畜牧、高山蔬菜等现代山地特色高效农业,推动农业"接二连三"。创建一批国家农村产业融合发展示

范园和田园综合体，运用加工、电商等手段让农产品从"大山"走向"市场"。二是提质增效生态工业。坚持做大规模与提升质量并重、优化传统产业与培育新兴产业并举，瞄准健康、绿色、生态消费需求，各区县依托自身资源优势，加快打造一批特色工业产业集群。大力培育工业经济新的增长点，积极引进一批符合产业发展方向、带动作用明显的企业和项目。三是提档升级旅游业。以武隆喀斯特旅游区（天生三桥·仙女山·芙蓉洞）、酉阳桃花源景区为核心，强化旅游线路整合，加快构建渝东南城镇群全域旅游大格局。打好生态牌、乡村牌、人文牌，推动旅游与康养、农业、文化等产业融合发展，形成旅游新亮点，增强吸引力。

（二）加快重大项目实施，着力稳投资强支撑

抓住推进成渝地区双城经济圈建设的战略时机，抓存量、挖增量、重谋划，狠抓重大项目建设，着力强化投资对经济增长的支撑作用。一是做好投资项目调度。梳理项目前期工作节点任务和进度情况，加快项目由储备向在建转换，强化投资项目审批服务，确保项目有序开复工。二是加强项目谋划储备。聚焦"两重一新"和公共卫生服务、应急物资保障等领域前瞻性策划、储备并开工一批项目。三是多举措强化政府投资资金保障。积极争取国家、市级转移支付，扩大地方债发行额度，加强重大项目开复工及新型基础设施等重大项目建设资金保障。策划一批重大产业、公共卫生等领域PPP项目，推动民间资本切实参与重大项目建设。

（三）激发消费市场活力，强化经济增长动能

加快以强有力的政策举措积极扩大有效需求，提振消费信心，释放消费潜力，助力渝东南城镇群消费市场恢复活力。一是培育壮大新型消费、升级消费。加快推进实体商业线上线下融合，持续壮大远程诊疗、网络教育、微信商城等线上消费，大力发展线上线下互动消费。围绕国际消费中心城市建设，加快各区县智慧商圈、特色商业街、步行街区建设。大力发展夜间经济，丰富文化艺术等夜间消费业态，构建商旅文体深度融合的夜间经济发展格局。二是实施"政策+活动"双轮驱动撬动消费。以推动成渝地区双城经济圈建设和"一区两群"协调发展为契机，鼓励开展区域联动惠民消费促进活动。结合四季特征，创新举办各类美食、文化、旅游、体育消费促进活动，激发消费市场活力。

（四）持续优化营商环境，激发企业发展活力

针对企业生产经营中的痛点难点，切实改善企业发展环境，强化企业发展的要素保障，激发企业发展活力。一是提升政府服务效能。持续深化"放管服"改革，快速推进"一网通办"，全面推行网上办理，优化办事流程，推动实现"一网办、一窗办、一次办"，为企业提供一站式精准化服务，降低制度性交易成本。二是多方协调解决企业资金周转困难。因地施策，减税降费，降低企业经营成本。引导金融机构提高对中小企业融资信贷风险的容忍度，加大政府财政资金对企业贷款贴息、担保补助等的支持力度。三是强化人力资源保障。针对渝东南城镇群用工难与就业难的双重问题，加大阶段性减免、缓缴社会保险费等援企稳岗政策支持力度，减轻企业用人负担。同时，积极拓宽高校毕业生就业渠道，开发临时性公益岗位帮助农民工就近就地就业。

[重庆市综合经济研究院（重庆市经济信息中心）城市与区域经济研究课题组
　　主研：易小光　丁　瑶　邓兰燕　李　林　郑秋霞
　　执笔：邓兰燕　郑秋霞]

之二：2020年黔江区经济运行分析及2021年展望

2020年是全面建成小康社会和"十三五"规划收官之年，也是黔江建区20周年。2020年以来，面对突如其来的新冠肺炎疫情，全区上下坚持以习近平新时代中国特色社会主义思想为指导，全面贯彻党中央、国务院各项决策部署和市委、市政府要求，紧扣全面建成小康社会目标任务，统筹抓好疫情防控和经济社会发展工作，坚持一手抓新冠肺炎疫情防控，一手抓生产生活秩序恢复，努力把疫情对经济社会影响降到最低；一手抓"六稳""六保"，一手抓风险防控，努力稳住经济基本盘；一手抓重大机遇转化，一手抓重大政策争取，努力集聚发展新动能。总体看，全区经济继续保持稳定恢复态势，产业发展稳中向好，发展动力逐渐恢复，市场活力不断增强。

一、2020年黔江区经济社会发展总体情况

1—9月地区生产总值170.3亿元，增长2.6%，较上半年提升2.5个百分点，与全市增速持平，列全市第16位，较上半年上升了12位。

（一）农业发展稳中有升，畜牧产业贡献较大

1—9月，农业增加值增长4.6%，较上半年提升2.6个百分点，高于全市0.6个百分点。一是传统产业增势良好。出栏生猪41.9万头，增长5%，带动畜牧业实现产值13亿元，增长2.8%，列全市第8位、渝东南城镇群第1位。建成立体农业示范基地15.3万亩。粮食、蔬菜、油料作物、烟叶实现产量22.9万吨、26万吨、1.7万吨、0.4万吨，均高于2019年全年水平。猕猴桃、脆红李等特色水果实现产量1.2万吨，增长5.1%。水产品实现产量0.2万吨，增长18.1%。二是农业企业发展向好。48家农业产业化龙头企业全面复工复产，1—8月，规模以上农产品加工营业收入53.8亿元，增长22.4%，高于全市平均水平19个百分点。发展生猪规模养殖场335家，规模化率达55.6%。新希望集团30万头生猪农业产业园、深水鲟鱼绿色养殖项目成功签约。三是品牌建设推进有力。新获证各类农业品牌37个，认证面积2.9万亩，认证产量3.5万吨，"三品一标"认证128个，市级以上农产品品牌149个。"巴味渝珍"授权农产品22种。地级检测中心"双认证"加快推进，155家企业实现农产品生产环节全程上线追溯。

（二）工业经济继续回升，卷烟产业支撑有力

1—9月，规模以上工业增加值增长5.6%，较上半年提高2.1个百分点，列全市第4位、渝东南城镇群第2位。一是重点企业持续发力。烟厂生产卷烟26.8万标准箱，增长5.4%；实现产值48.1亿元，增长21.2%；实现税金35.4亿元，增长30.9%。三磊玻纤满负荷运行，实现产值2.8亿元。双河丝绸年产4800绪自动缫丝生产线全面建成，产能增长64%。科瑞南海制药提前开通青蒿素生产线，产值突破1亿元，增长32.7%。二是新动能加快发展。三磊玻纤年产1万吨智能制造原丝项目一期顺利投产，百通复合材料第二条生产线全面建成，玻纤产业链条逐步向下游延伸。固废填埋场项目工程建设全部完工，蓬江食品特色食品自动化生产技改项目加快推进。烟厂易地技改、海通茧丝绸全产业链等15个项目实现开工建设。三是创新驱动加快发展。稳步推进市级高新区创建，培育科技型企业71家，总量达331家，居渝

东南城镇群首位。积极推动与西南大学合作成立黔江鸡杂产业技术研究院。繁星众创空间成功在科技部备案，国家级"双创"平台总量达 5 家。组织神斧锦泰化工、科瑞南海制药等 31 家企业申报高新技术企业。

（三）现代服务业扭负转正，建筑业降幅大幅收窄

1—9月，第三产业增加值增长 1.1%，年内首次由负转正，较上半年提升 1.2 个百分点，与全市基本持平。一是金融业运行持续向好。8月末，银行机构存贷款余额 625 亿元，增长 13.4%，较 6 月末提升 4.6 个百分点，高于全市平均水平 2.4 个百分点，其中，存款余额 297.6 亿元，增长 13%，贷款余额 327.4 亿元，增长 13.8%。新增重庆 OTC 挂牌 20 家，累计达 39 家，列渝东南城镇群首位。二是建筑地产业逐渐恢复。1—9月，建筑业增加值下降 1.1%，较上半年收窄 19 个百分点，恢复较快。恒大、碧桂园等品质楼盘投资持续放量，实现房地产开发投资 11.1 亿元、销售商品房 32.6 万平方米，分别增长 21.8%、7.7%。三是旅游业持续升温。1—9月，接待游客达 2011.4 万人次、旅游综合总收入达 107.8 亿元，增速分别较上半年回升 17.6 个、19.7 个百分点，分别恢复至 2019 年同期水平的 80%、87%。全力推进濯水景区创 5A 级，全面加强"中国峡谷城·武陵会客厅"品牌形象宣传。濯水古镇非遗美食城正式开街，神龟峡景区主游客接待中心、爱莉丝景区提档升级项目完工投用，三塘盖国际旅游康养度假区开工建设。

（四）"三驾马车"加速回暖，进出口总额持续上扬

1—9月，投资增速持续回升，社会消费品零售总额止滑企稳，进出口增长继续加快，经济拉动作用逐渐恢复。一是固定资产投资持续恢复。1—9月，固定资产投资下降 53.3%，较上半年回升 10.7 个百分点。第三季度完成投资 15.2 亿元，与 2019 年同期基本持平。9月单月完成投资 8.3 亿元，较 2019 年同期增长 61%。强化争资立项，获得国市项目补助资金 5.2 亿元、政府债券 9 亿元和抗疫特别国债 3.4 亿元，有力保障了一批重点项目和民生工程实施。二是市场消费逐步改善。1—9月，社会零售品销售总额下降 19.1%，较上半年回升 5.5 个百分点。举办联动惠民促销活动 50 余场，惠及企业 200 余家，实现会展促销直接收入 6.3 亿元，拉动消费 24 亿元。黔江鸡杂持续扩张，阿蓬记鸡杂已在全国 40 余个城市发展加盟店 53 家。三是外贸进出口加快发展。1—8月，实现外贸进出口总额 7807.7 万元，为 2019 年同期的 3.1 倍，增速列全市第 3 位、渝东南首位。1—9月，新增进出口备案企业 7 家，累计达 81 家。新培育自营出口企业 2 家，衡生药用胶囊 3000 万粒空心胶囊首次出口美国，顺时来现代农业的香芋、南瓜等农产品登陆中国香港、中国台湾等市场。

（五）"放管服"改革持续深化，市场主体活力增强

1—9月，新发展市场主体 5586 户，增长 48.3%，列渝东南城镇群首位。一是营商环境持续优化。设立开办企业、登记财产、纳税、办理施工许可等 8 个服务专区，水电气讯等政务服务事项进驻率达 79.5%。"一网通办、一窗综办"全面推行，网上办理深度跃居全市第 2 位，综合窗口覆盖率列全市第 3 位。严格执行新修订的《市场准入负面清单》，制定市场监管领域部门联合"双随机、一公开"监管联席会议制度。二是惠企政策落实落地。全面落实减税降费政策，截至9月底，累计减税 2.9 亿元，延期缴税 1.2 亿元，减免社保费 1.1 亿元，返还稳岗补贴 579 万元，为 1228 户中小微企业减免房租 1062 万元，为 46 家企业办理知识价值信用贷款 7315 万元，为 13 家企业办理应急转贷资金 3584 万元。三是"四上企业"培育有序推进。建立"行业覆盖、地域联动"的工作机制，分解下达了 2020 年"四上"企业和限额以上个体培育指导性目标计划，并将"四上"企业培育结果纳入年度综合目标考核范围。

（六）社会民生持续改善，就业创业保障有力

1—9月，全体、农村居民人均可支配收入19440元、10344元，分别增长7.3%、8.2%，分别较上半年提升1.6个、2个百分点。城镇新增就业8615人，完成市级年度计划的95.7%。一是坚决打赢脱贫攻坚战。"线上+线下"联动扶贫，销售扶贫产品2500余万元。出台产业到户扶贫资金奖补政策，兑现扶持资金1307.4万元。新创办扶贫车间7个，在岗总人数2428人，其中贫困人口475人，带贫益贫成效明显。二是就业创业稳步推进。组织引导农民工外出务工11.7万人，较2019年同期增加近2000人。开展中式烹饪、乡村旅游、美容美发等职业技能培训6804人次，超额完成年度目标任务。聚力回引农民工、高校毕业生等群体返乡创业，发放创业担保贷款1.4亿元，增长26.8%，带动就业2288人。三是社会服务不断改善。教学质量稳步提升，高考一本上线1446人，较2019年增加164人，列渝东南城镇群首位；职教中心对口高考上线398人，列全市同类学校第1位。推进区医疗服务共同体建设，挂牌成立黔江中心医院金溪分院。完成农村卫生改厕4627户，建设公厕22座，超额完成年度目标任务。

二、存在的主要问题

当前全区经济仍在消化疫情带来的不利影响，经济运行不确定性和不稳定性依然明显，完成全年经济社会各项目标任务还需倍加努力。一是经济恢复基础不牢。社会投资主体信心不足，1—9月民间投资完成17.8亿元，下降36.1%，较2019年同期减少10亿元。受项目资金短缺等因素影响，政府投资24.2亿元，下降61%。同时，消费回补态势相对缓慢，1—9月，批发和零售业、住宿和餐饮业分别下降10.8%、16.4%，共拉低GDP 1.2个百分点。二是经济运行动力不强。由于全国生猪种源紧张，仔猪价格持续走高，区内种猪生产基地较少，生猪补栏压力大，影响农业继续快速增长。工业企业运行不畅，1—9月工业投资5.7亿元，下降61%，剔除烟厂后其余规模以上工业企业产值下降22.3%。商贸企业体量偏小，目前黔江区现有限额以上批发和零售业、住宿和餐饮业企业64家，服务业企业35家，与周边区县相比仍有差距。三是经济提振潜能不足。1—9月，签订正式合同项目25个、合同额32.86亿元，分别下降24.2%、83.4%，与年度计划目标差距较大。签约项目开工17个，到位资金6.7亿元，为年度目标任务的33.8%，招商成果转化率较低。

三、2020年经济社会发展形势预测

初步预计，2020年全年地区生产总值增长3%左右，其中农业增加值增长5%左右，规模以上工业增加值增长6%左右，第三产业增加值增长2.5%左右，固定资产投资下降30%左右，社会消费品零售总额下降10%左右，城乡常住居民人均可支配收入分别增长8.5%、9.5%左右。

四、2021年经济社会发展措施建议

（一）紧牵项目建设"牛鼻子"，全面扩大有效投资

一是聚焦重大项目建设。坚持把项目建设作为扎实做好"六稳"工作，全面落实"六保"任务、推动产业发展的关键抓手，围绕基础设施补短板、特色产业锻长板、基本民生筑底板，全力推动资源向项目聚焦、要素向项目聚拢、力量向项目聚合，扎实推动重大项目建设提速、提质、提效。二是聚焦"两新一重"建设。加强以5G基站、新能源服务设施为代表的新型基础设施建设，激发新消费需求，助力产业升级。加强县城城镇化补短板强弱项项目实施，大力完善城市公共设施并提升服务能力，吸引外来人

口落户安家。加快实施以渝湘高铁重庆至黔江段、茶园水库为代表的重大交通、水利工程建设，提升黔江区基础设施对外辐射能力。三是聚焦投资效益提升。持续优化营商环境，强化服务保障，充分激发社会投资活力，着力破解要素制约，提高项目履约率、落地率、投产率，谋划实施低氘水生产、日产100吨特种锂铝硅玻璃等一批招商引资项目，在构建新发展格局中实现更大作为，在加快建设渝东南中心城市上取得新的更大的进展。

（二）精准把握"十四五"规划，力促经济稳步恢复

一是加强规划编制实施。印发实施全区"十四五"规划纲要和服务业高质量发展、能源保障等专项规划，认真做好"十四五"规划纲要与其他专项规划的衔接工作，保证规划编制的整体性和协调性。密切跟踪国家、市级"十四五"专项规划编制工作动态，建立动态更新机制，力争黔江区重大定位、重点项目、重大政策、重大改革被纳入国、市相关规划。二是加强经济运行监测。提前谋划好2021年高质量开局，做好2021年国民经济和社会发展计划，强化经济运行监测，对经济运行中出现的突出问题和困难，及时预警并提出对策建议，确保主要经济指标按照时间节点稳步持续推进，确保实现首季"开门红"。三是加强市场主体培育。构建产业扶持政策体系，动态集成各级政策资源，突出"扶优扶强"导向，支持市场主体"个转企""微升小""小升规""规改股""股上市"，制定印发2021年"四上企业"培育计划目标。

（三）统筹推进区域协作，打造开放发展新格局

一是融入区域协调发展。全面融入成渝地区双城经济圈和全市"一区两群"协调发展，紧扣"一中心一枢纽三区三地"目标，全面提升旅游、教育和医疗卫生集散功能，增强产业人口集聚能力，擦亮"中国峡谷城·武陵会客厅"城市名片，建设独具魅力的渝东南中心城市。二是强化对外通道建设。加快渝湘高铁、渝怀复线铁路、黔石高速公路建设，谋划推动万州至黔江高铁、广忠黔铁路、黔恩铁路、黔江至涪陵货运铁路，联动武陵山融入长江经济带和西部陆海新通道发展。推进黔江机场改扩建工程，加密主要城市航线，争取开通1~2条国际航线，打造武陵山区重要航空门户和旅游中转港。三是促进城乡融合发展。坚持"产城融合"发展路径，重点优化新城空间布局，把正阳工业园区建设成为具有产城融合特征的产业社区、产业公园、产业综合体等创新经济平台。加快推动乡村振兴、新型城镇化有机衔接，探索完善激活"人、地、钱"要素的政策举措，增强城镇综合承载能力，构建现代城镇与田园乡村的城乡发展新形态。

（四）着力优化营商环境，持续深化效能提升

一是推进"放管服"改革。着力提升政务服务效能，全力推进"一网通办"，从窗口端办理逐渐向PC端、自助端、移动端办理过渡，做好引导服务和宣传指导，提高网上办件率。全力推进"一窗综办"，开办企业、登记财产、"一件事一次办"3个无差别综合窗口要平稳运行。二是加快信用体系建设。全面提升城市信用监测指数，对照区级公共信用信息目录（2020年版）强化信用信息归集，严格红黑名单认定，加大守信激励和失信联合惩戒力度。开展信用创新，抓好"信用易融"，推广信用承诺制度，着力构建以信用为基础的新型监管体制。三是持续落实惠企政策。全面落实国市系列惠企政策，确保稳企金融支持、稳岗就业创业、提振消费内需、降低生产经营成本等各项政策红利直达市场主体，提升企业获得感。

（五）坚持民生目标导向，全力保障社会民生

一是提升粮食保障能力。认真落实粮食安全首长责任制，抓好粮食安全工作。加大渝东南粮食储备

中心和渝东南军粮供应中心项目建设力度，力争完成地方政策性粮食储备4万吨，区级成品级粮食储备600吨。加快推进日产100吨大米加工项目，提升粮食应急保供能力，确保粮食市场保持稳定。二是强化价格监测水平。强化价格监测预警，抓好各项价格监测报告制度的实施工作，加强对市场价格趋势性影响分析预测，确保居民消费价格保持基本稳定。落实好社会救助和保障标准与物价上涨挂钩联动机制，保障低收入群体生活。三是统筹民生事业发展。做好做优服务业高质量发展，积极对接谋划好2021年市、区民生实事项目，顺应居民消费升级趋势，大力发展商贸服务业。坚持保障和改善基本民生，加快提升公共服务水平，切实加大民生兜底保障力度。

[黔江区发展和改革委员会　仝中开]

之三：2020年武隆区经济运行分析及2021年展望

2020年以来，面对突如其来的新冠肺炎疫情、突如其来的经济下行冲击、突如其来的特大洪涝灾害，全区上下始终坚持贯彻习近平总书记系列重要讲话、重要指示要求，科学统筹新冠肺炎疫情防控和经济社会发展，全面以"六稳"促"六保"，经济运行稳定复苏，恢复性增长势头持续巩固，高质量发展态势更加明显。

一、2020年武隆区经济运行基本情况

1—9月，全区经济呈现"由负转正、增速加快、稳定向好"的态势，实现GDP 2.7%的增速，较第一季度、上半年分别提高7.5个、1.2个百分点，排全市第14位、渝东南城镇群第2位。其中，第一、第二、第三产业分别增长2.9%、6.5%、-0.1%，分别较上半年回升0.3个、1.2个、1.2个百分点。力争2020年实现地区生产总值增长6.5%左右。

主要呈现以下特点：

一是主要行业指标走势良好。随着各项政策落地见效，全区经济循环加快恢复，经济运行稳定复苏。主要体现在：工业增加值、规模以上工业增加值分别增长5.7%、6%，2020年以来均保持增长态势；建筑业增加值增速从第一季度的-22.2%上升到7.5%；批发业销售额增长25.3%；商品房销售面积从第一季度的-48.3%上升到51%；税收收入增长16.1%；金融存贷款总量首次突破500亿元大关，创历史新高，增长13.6%，金融业增加值增长4.7%，拉动GDP增长0.3个百分点。

二是产业发展持续向好。旅游业加速回暖。星际未来城项目体验馆、白马山飞天之吻等文旅项目建成投运，芙蓉江开游，沧沟大田湿地人家、火炉纳溪原乡如期开园迎客。1—9月接待游客2707万人次、旅游综合收入117亿元，分别同比增长2.88%、2.02%，降幅逐月收窄。工业延续增长态势，清洁能源、新型材料、页岩气等生态工业产业持续发力，3户页岩气企业产值增长83.6%，9户新型材料企业产值增长8.9%。完成工业投资13.57亿元，增长21.6%。商贸市场逐步回暖，成功举办武隆绿色发展实践国际论坛、仙女山草原露营音乐节、仙女山马拉松等系列赛事活动，加速恢复市场消费活力。1—9月社会消费品零售总额下降8.2%，较第一季度和上半年分别收窄41.3个、16.2个百分点。农村经济稳步发展，实现秋粮产量15.1万吨，高山蔬菜产量54.8万吨，生猪出栏30.2万头；新增绿色食品认证18个，新发展25家家庭农场，示范家庭农场4家。1—9月农业总产值31.9亿元，同比增长3.3%。

三是项目建设稳步推进。1—9月全区实现固定资产投资59.77亿元，同比下降0.9%，较第一季度回升7.5个百分点。100个重点项目完成投资42.91亿元。其中，30个续建项目完成投资30.89亿元，占续建项目1—9月计划投资的97.7%。55个新开工项目，已开工34个，完成投资12.02亿元。15个前期项目，武道高速已开工、武两高速（平桥至涪陵龙潭高速公路）正在进行工可审查，其余项目处于方案论证或规划设计阶段。

四是经济发展活力有效增强。严格落实市委、市政府出台的扶企政策"40条""45条"、服务民营经

济发展政策"30条"等政策措施，目前已累计减税9500万元、发放贷款20.24亿元、优惠水电气费752万元。1—9月，招商引资正式签约项目29个，签约额156.89亿元；新增市场主体3567户，增长13.8%；新培育"四上"企业12家；新培育科技型企业15家，累计107家。

五是重大战略扎实推进。抢抓战略机遇，深入推进成渝地区双城经济圈建设，与乐山市缔结友好城市，与大邑县、九寨沟县建立合作关系，组建"成渝地区世界遗产旅游联盟"，协作开展巴蜀地区旅游惠民产品云推介、"川渝企业武隆行"系列活动。深度融入"一区两群"协调发展，推动"武隆南川"一体化发展上升为市级战略，大力推进凤来新区建设前期工作，完成《加快凤来新区开发建设意见》《凤来新区概念性规划初步方案》。加快推进渝黔合作，与遵义市建立合作关系并签订文旅合作协议，起草《武隆道真协同发展实施方案》。

六是"六稳""六保"全面落实。全面落实就业优先政策，实现城镇新增就业3302人，应届高校毕业生就业率达到81%，城镇登记失业率为2.8%，均好于预期。持续巩固脱贫成果，后坪乡81个深度脱贫攻坚项目全面完工并投入使用，全区39户未脱贫户全部达到脱贫标准，农户"两不愁三保障"实现动态清零；制定支持易地扶贫搬迁后续扶持发展24条措施5个方面配套政策，落实后续产业扶持资金901万元，全区易地扶贫搬迁事迹成功入选全国"十三五"易地扶贫搬迁典型案例。不断提升社会保障水平，累计发放各类救助金1.06亿元，惠及困难群众2万余人，其中发放价格临时补贴959.6万元；全区CPI上涨4.9%。32项市、区级民生项目完成投资2.87亿元，其中城区人行步道建设等10件民生实事提前完成年度目标任务。

二、需要关注的重点问题

国外新冠肺炎疫情后续走势的不确定性加剧了世界经济进一步下行的风险，经济运行中有利条件与不利因素交织并存，内外需同步走弱导致经济循环不畅，经济持续回升的基础尚不稳固。主要体现在：一是工业企业达产效果不佳。目前，全区38户规模工业企业中仍有17户企业累计产值出现下滑，其中降幅在10%以上的企业8户。9月当月产值环比下降的企业有21户，且降幅在10%以上的企业多达18户，工业达产率仍不高。二是投资增长后劲乏力。受规划、资金、用地、审批、征拆等因素影响，新开工项目开工严重不足，全区固定资产投资缺乏后续支撑。部分开工项目因入统资料准备耗时较长、主体工程未动工等达不到入统条件，无法统计入库，影响应统尽统。此外，要素保障压力持续存在，冬季施工条件有限，部分项目存在年内无法开工的风险。三是市场主体活力释放不够。一方面，商贸主体复市成效不佳。当前，35户限额以上批发和零售企业中22户累计销售额降幅在两位数以上，1—9月零售业销售额仍下降12.5%；25户限额以上住宿和餐饮企业中20户累计营业收入呈负增长，1—9月住宿业、餐饮业营业收入分别下降38.6%、23%。另一方面，企业退库率高，1—9月11家"四上"企业因停业、破产等原因退库。四是现代服务业发展缓慢。武隆区规模以上服务业企业量少质弱、结构单一，支撑性、支柱性大企业少且新兴领域企业缺失，整体发展水平不高。

三、2021年主要经济指标展望

综合分析2020年经济运行情况及2021年发展条件和机遇，预计2021年全区地区生产总值增长率高于全市平均水平，固定资产投资增长6%左右，社会消费品零售总额增长7%左右，税收收入增长1%左右，居民人均可支配收入增长8.5%左右，城镇登记失业率控制在3%以内。

四、调控措施建议

2021年是"十四五"规划开局之年,做好经济工作意义重大。要始终坚持深入贯彻习近平总书记系列重要讲话精神和党中央决策部署,坚持稳中求进工作总基调,全面落实"六稳""六保"任务,及时抓住用好国家的政策支持机遇、产业转型升级的机遇、疫情催生的市场机遇和成渝地区双城经济圈建设与"一区两群"协调发展的战略机遇,加快推动构建以国内大循环为主体、国内国际双循环相互促进的新发展格局,全力为全面建设社会主义现代化国家新征程奠定坚实基础。

(一)狠抓重大战略落实推进

一是深度融入成渝地区双城经济圈建设和"一区两群"发展战略,扎实推进与四川乐山、成都大邑县的合作事项;加快建设凤来新城,推进武隆南川一体化发展;加快推进武隆南川协同发展、武隆道真联动发展合作项目落实落地。二是加快推进城市品质提升。围绕打造"滨江休闲城市",加快推进南北滨路建设、棚户区改造、南滨路老旧小区立面改造和立体停车场等项目建设;持续深化"马路办公",常态化实施"街净巷洁、路平桥安、灯明景亮"工程。三是加速推动乡村振兴。加快发展现代山地特色高效农业,深入研究推进数字农业、智慧农业,加快推进"一环两园"产业园建设和产业强镇。稳步推进农村集体产权制度改革、"三变"改革、农村宅基地改革等各项改革。扎实抓好以五条精品线路为重点的沿线乡镇"大美乡村"建设。

(二)狠抓项目提速建设

一是加快推进应开工项目开工建设。各项目责任单位倒排工期、每周调度、每周跟踪、每周督促。各要素保障单位要瞄准急难卡点问题,多方协调,强化向上汇报衔接,积极争取市级支持。各审批部门要集中突击,主动服务,推动有关事项尽快进入审查、办理程序,以超常规的举措全力推进项目开工建设。二是扎实推进在建项目提速放量。进一步加大人员和机具的投入力度,全力扩大施工作业面,有条件的项目,可以启动倒班工作制,必要时启动24小时冲刺模式,全面提速项目建设,确保尽快形成新的实物工作量和投资增量。三是抓好市级重点项目实施。加快推进阳光童年、星际未来城、懒坝LAB、仙女山标准化智慧康养社区、垃圾焚烧发电厂、中堆坝西侧片区城市综合体及文化旅游开发(中铭)等项目投资放量。四是高标准高质量推进项目储备。进一步强化行业统筹和部门协同,提前做好与国土空间规划、林地、自然保护区等红线要素的衔接。加快推进一批重点项目进入审批程序,同步推进征地拆迁、市政配套、水电接入等工作,为争取中央和市级资金、吸引社会投资和项目开工建设创造条件。五是高频次高要求推进项目督查。充分发挥重点项目督查组的督查督办和协调调度作用,严格落实"周碰头、旬督查、月回访、季通报、半年排名、全年考核"的工作机制,充分利用"任务交办清单"和"下沉项目现场"等手段,加强督查回访和定期销号,确保项目监管不缺位,以监管促建设,以督查促提升。

(三)狠抓市场消费活力

一是持续抓好纾困惠企政策兑现落实。用好用足减税降费、降本增效政策措施,着力解决企业融资难、用工难、供应链紧张等问题。二是大力孵化本土特色企业。支持投资项目发包向本地建筑企业倾斜,壮大本地建筑企业实力,加强注册在武企业施工项目清理,做到应统尽统,增加建筑业贡献。三是着力提振消费市场。继续加强与周边省市和重庆中心城区宣传营销推广,加大当季旅游优势产品宣传。围绕各个传统节日,及早谋划、精心筹备开展一批旅游活动。充分挖掘新型消费潜力,创新推进线上线下融合发展,积极发展无接触消费、直播电商、跨境电商等新模式,切实做好农村电子商务商业模式创新和技术应用创新,激发农村商贸活力。

(四) 狠抓内生动力培育

一是优化营商环境。全面落实《优化营商环境条例》,持续深化"放管服"改革,加强主动服务,进一步压缩审批流程,重点解决企业反映的审批慢、服务效率不高等突出问题,加快形成一体化服务机制。二是加大招商引资力度。积极开展精准招商、专业招商,力争更多优质项目落地武隆。同时,对招商项目倒排时间计划表,落实责任、明确任务,加大督查通报力度,促进签约项目尽快实现开工建设。三是强化"四上"企业跟进培育。用好用活《"四上"企业培育扶持办法》,从政策、项目、资金等方面全方位扶持企业发展壮大。

(五) 狠抓社会民生改善

一是抓好"六稳""六保"工作任务。做好疫情防控常态化,全力做好保居民就业、保基本民生、保市场主体、保粮食能源安全、保产业链供应链稳定、保基层运转等重点工作。二是加快民生项目建设。持续推进市、区级民生实事项目,完善协同联动、专项督查和绩效评价工作机制,确保"件件有落实、事事有回音"。三是统筹抓好脱贫攻坚与乡村振兴有效衔接。加大就业扶贫、消费扶贫、产业扶贫力度,持续推动"两不愁三保障"问题动态清零。加快推进全市脱贫攻坚与乡村振兴有机衔接试点等重点工作。

[武隆区发展和改革委员会　应正书　白　雲]

之四：2020年石柱土家族自治县经济运行分析及2021年展望

2020年以来，石柱土家族自治县（以下简称"石柱县"）经济受新冠肺炎疫情影响，面临较大下行压力。全县以习近平新时代中国特色社会主义思想为指引，牢牢把握稳中求进总基调，统筹推进常态化疫情防控和经济社会发展，不断强化经济形势研判和经济运行调度，采取了一系列挖潜促增措施推动经济高质量发展。1—9月全县经济实现正增长，总体呈现稳步复苏的良好态势。

一、2020年石柱县经济运行分析

1—9月，全县实现地区生产总值122.67亿元，同比增长1.4%，增速较上半年上升1.4个百分点。其中，第一产业实现增加值23.63亿元，同比增长3.4%，较上半年提升1.3个百分点；第二产业实现增加值31.90亿元，增长0.9%，较上半年提升2.4个百分点；第三产业实现增加值67.14亿元，增长0.9%，较上半年提升0.6个百分点。三次产业分别拉动GDP增长0.6个、0.3个和0.5个百分点。

其他主要经济指标完成情况：1—9月规模以上工业产值68.29亿元，同比增长0.7%，增速较上半年提升10.3个百分点；全社会固定资产投资97.27亿元，同比增长8.3%，增速较上半年提升6.3个百分点，增速排渝东南城镇群第2位；一般公共财政预算收入7.85亿元，同比下降4.5%，增速较上半年回升7.6个百分点；社会消费品零售总额59.25亿元，同比下降4.3%，降幅较上半年收窄11.3个百分点，增速排渝东南城镇群第2位；预计城乡居民人均可支配收入达到18980元，同比增长7.3%，增速较上半年提高1.7个百分点。

（一）各重点行业和领域经济运行主要特点

1. 农业稳步发展

1—9月，农业总产值可比价同比增长3.4%，较上半年提升1.3个百分点。粮食生产态势稳定，实现小春粮食作物播种面积22.4万亩，产量5.9万吨，大春粮食作物播种面积44.1万亩，预计产量16.3万吨。现代山地特色高效农业"四个30万"工程有序推进，农业产业结构持续优化。全国有机农业示范县加快创建，新建续建莼菜、水稻、黄连等有机农业示范基地近3万亩。新获绿色食品认证11个，有机食品认证18个，全县累计认证"三品一标"农产品255个。成功研发莼菜面膜、黄连抑菌液、黄连祛痘膏等新产品，农产品精深加工能力全面提升。

2. 工业发展后劲增强

1—9月，实现规模以上工业产值68.29亿元，同比增长0.7%，增速较上半年回升10.3个百分点；规模以上工业增加值同比下降2.6%，较上半年回升4.2个百分点。重点项目稳步推进，量劲科技二期、超米电子、斯波特电子、升升药业等项目建成投产，生活垃圾焚烧发电项目并网发电，工业发展后劲不断增强。涉企政策兑现及时，全面落实知识价值信用贷款、降低企业用电用气费用、减免标准厂房租金等涉企政策，企业获得感明显提高。强化企业纾困解难力度，及时协调解决谭妹子融资、大唐火电电煤运输、泰尔森制药厂房手续办理等问题30余件，进一步坚定了企业发展信心。传统产业支撑有力，规模以上电力、燃气及水生产和供应业增加值同比增长27%，采石场正在优化布局、扩大产能，工业发展后劲进一步增强。

3. 现代服务业逐步回暖

消费市场加快复苏，1—9月实现社会消费品零售总额59.25亿元，同比下降4.3%，降幅较上半年收窄11.3个百分点，增速居全市第25位、渝东南城镇群第2位。批发业支撑有力，1—9月批发业商品销售额55.95亿元，增长59.7%，较上半年提高9.5个百分点，增速居全市第1位。电子商务加快发展，实现交易额20.4亿元，同比增长21.7%。房地产开发有序推进，财信城二期、山水别苑一期等房地产项目完成建设，商品房屋销售面积39.2万平方米，同比增长11.1%。旅游业加快回暖，黄水森林乐园、冷水特色康养小镇开工建设，石龙文旅一期竣工营业，成功举办中国重庆（石柱）第四届康养大会，全县接待游客1513.7万人次，同比增长6.8%，创旅游收入111.5亿元，同比增长28.9%。

4. 投资建设势头强劲

1—9月完成全社会固定资产投资97.27亿元，同比增长8.3%，增速较上半年提升6.3个百分点，增速排渝东南城镇群第2位。基础设施、房地产、产业发展、社会民生事业、生态环保五大领域分别完成投资24.8亿元、18.2亿元、45.2亿元、1.8亿元、7.3亿元，投资占比调整为目前的25.5%、18.7%、46.4%、1.9%、7.5%，其中，房地产投资较年初提高50.5个百分点。县级重点项目有序推进，100个县级重点项目实现开复工73个，预计完成投资57.9亿元，占已完成固定资产投资的59.5%，残疾人康复中心等一批重大项目落地开建。从资金来源渠道看，预计1—9月政府投资和社会投资分别完成38.3亿元、59亿元，分别占总投资的39.3%和60.7%，社会投资占比较上半年提高1个百分点，民间投资活力加快释放。通过出台扶持政策等多措并举深挖建筑业发展潜力，预计实现注册地建筑业产值9.0亿元，同比增长15.1%。

5. 开放经济态势良好

外贸经济逆势增长，1—8月外贸进出口总额突破17.76亿元，同比增长202.8%。招商引资成效显著，新签约中益黄精饮品贸易基地项目、汽车供应链综合管理服务项目等项目19个，合同引资152.47亿元，到位资金29.94亿元。立项争资取得新进展，全县累计向上争资48.6亿元，完成年度目标任务的93.4%，超时序进度18.4个百分点。加强与川渝地区、周边区县和对口帮扶地区交流合作，与四川内江、湖北利川、重庆忠县签订了战略合作框架协议，争取对口帮扶资金5034.4万元，其中，财政援助资金4424.4万元，社会捐款和捐物折款610万元。

6. 财政金融运行趋稳

财政收入降幅进一步收窄，完成一般公共财政预算收入7.85亿元，同比下降4.5%，增速较上半年回升7.6个百分点。其中，税收收入5.2亿元，同比增长2.5%；非税收入2.6亿元，同比下降16%。完成一般公共预算支出40.3亿元，同比减少7.9%；政府性基金预算支出6.7亿元，同比增长48.2%。金融存贷款余额持续增长，截至9月末，金融机构存款余额281.56亿元，同比增长8.8%；金融机构贷款余额211.4亿元，同比增长7.5%。

7. 社会民生不断改善

脱贫攻坚"大决战"取得阶段性成效。居民收入稳步提高，预计城乡居民人均可支配收入达到18980元，同比增长7.3%。其中，城镇居民人均可支配收入28365元，同比增长4.9%；农村居民人均可支配收入 11182 元，同比增长 8.1%。21 件重点民生实事整体推进较好，截至目前，4 件已完成目标任务，15 件推进较好。就业形势总体稳定，分别完成城镇新增就业、城镇登记失业人员就业、城镇就业困难人员就业 3073 人、1158 人、762 人，发放创业担保贷款 11262.3 万元。

（二）经济社会发展中存在的问题

综合分析，1—9 月石柱县经济运行主要存在以下突出困难和问题，需引起高度重视：

1. 规模以上工业支撑不足

一是存量企业产值下滑。受疫情和市场疲软影响，不少企业面临订单减少、产业链断裂、资金压力凸显等困境，部分存量企业生产经营效益较上年明显下滑，尤其是黎晖纺织、顶力鞋服等出口型企业受到严重影响。二是新增产值不足。1—9 月新增规模以上工业企业仅有粤盛科技 1 家，其拉动作用十分有限，难以弥补存量企业生产经营下滑带来的缺口。

2. 财政预算执行困难

一是完成预算收支难度较大。收入方面，受疫情、计划出让土地未能按期出让、国有企业不景气等因素影响，预计税收收入、土地出让收入、国有资本经营收入均会短收。支出方面，因短收、未能统筹和历年赤字等多种因素影响，部分年初纳入预算的项目无资金执行。二是统筹资金十分困难。为保障"三保"、重点项目的落实，年初在收入测算中存在乐观估计现象，需要统筹资金约 21.92 亿元，预计存在缺口 10.72 亿元。三是中途增支较多。"过紧日子"氛围不浓，加上防疫、应急救灾、政策性增支等因素，没有平衡措施的新增支出仍不断增加。

3. 注册地建筑业量小质弱

一是体量较小。1—9 月石柱县注册地建筑业产值 9.01 亿元，而其他地区该产值分别为：秀山 59.76 亿元、酉阳 20.91 亿元、黔江 20.9 亿元、彭水 16.48 亿元、武隆 10.74 亿元。二是在建项目剩余建筑业产值不足。黄水山林间、黄水印象、冷水兴茂等对建筑业产值贡献较大的大型房地产开发项目已于上半年完成主体建设，剩余产值较少。三是本地建筑企业资质偏低，难以承接到重大项目。由于石柱县注册地建筑业企业资质普遍较低，硬件实力达不到承接财信城三期二标、华城雅苑、碧桂园二期等新开工社会投资项目要求，难以形成新的较大建筑业产值增量。

（三）2020 年全年主要经济指标预测

根据部门支撑指标全年预计完成情况进行初步预测，预计全年地区生产总值增速 2% 左右，规模以上工业产值负增长 13% 以内，全社会固定资产投资增长 10% 左右，社会消费品零售总额增长 11.5% 左右，公共财政预算收入同口径增长 3% 左右，城乡居民人均可支配收入增长 9.5% 左右。

二、2021 年石柱县经济运行环境分析及主要指标预测

从国际看，国际金融危机仍在持续，全球经济一体化面临崩塌，世界经济形势严峻复杂，再加上受疫情影响较大，全球经济稳定发展仍面临困难和挑战。从中国宏观环境来看，2021 年是我国全面建设社会主义现代化国家新征程的开启之年，在海外疫情持续涨潮的大背景之下，由于我国的疫情防控做得较好，中国经济将逐步复苏反转，并对世界经济复苏产生一定积极影响。从重庆市看，将继续落实"两点"定位、"两地""两高"目标，发挥"三个作用"，努力在推动成渝地区双城经济圈建设中勇于担当、积极作为，各方面发展都将进一步加快。从发展情况来看，面对疫情，石柱县经济面临较大下行压力，但石柱县迎来了唱好"双城计"、建好"经济圈"，构建"一区两群"的新格局战略指引，又赶在谋划"十

四五"规划的时间点上,石柱县经济将出现一定的拉升机会。初步预计2021年全县地区生产总值增长4%左右。

三、下一步措施建议

(一)全力推进工业提质增效

一是狠抓重点企业发展。继续实施重点企业监测周报机制,落实专人对量劲科技、威斯壮机械、新启派电子、大唐火电、西南水泥等重点企业开展实时监测,确保重点企业稳定发展。二是加快重点工业项目建设。全力推动超米电子、斯波特电子、京朋管业等重点项目按时序进度投产达产满产,尽快形成新的增量。三是结合本地实际,积极谋划和大力推进本地资源化加工业发展。四是强化规模以上工业培育。建立升规企业后备库,指导企业完善财务管理,及时组织企业升规入统,力争第四季度新入库企业4家。五是加大服务企业力度。精准协调企业融资信贷、市场拓展、产业链恢复等,尽量降低疫情带来的损失,全力帮助企业渡过难关。

(二)抓实抓好项目投资

一是进一步加大项目调度力度。加强未开工重点项目调度,逐个梳理堵点、难点,尽快完善各项目开工要件,确保如期开工;加快在建重点项目建设进度,确保达到目标时序进度。二是全力做好康养大会招商引资落地服务。加快淀粉精深加工、木瓜三产融合、万寿山国际康养度假等5个已正式签约项目前期工作推进进度,力争在年底前实现开工建设;加大对饰面石材加工基地、绿色建材产业、渝东电商物流智谷等项目的跟踪对接力度,力争年底签约。三是积极向上争取用地指标,确保全年新增建设用地2000亩以上。

(三)全面提振消费活力

一是持续开展消费活动。积极参与"2020年成渝双城消费节"各项消费活动,持续开展直播带货、数字消费活动、农特产品云展、节气促销、扶贫产品"五进"行动等,不断挖掘新兴消费。二是加大限额以上企业培育。加强对重点服务业企业的蹲点指导服务,引导其转向新型经营方式,提高企业发展速度,力争新升限入统单位15家以上。三是积极扩大对外贸易。鼓励外贸企业向产业链两端延伸,优化进出口贸易结构,提升农产品出口额。四是大力发展冬季旅游。推进大风堡—太阳湖5A级景区创建,全面推进全域旅游示范区及黄水国家级旅游度假区创建,加快推进旅游重大项目建设,筹备举办好冬季旅游活动。

(四)大力抓好财源培植

一是狠抓重点税源培育。加快非煤矿山、房地产、建筑业等专题研究,充分挖掘潜力,进一步扩大市场,拓展规模。二是加强非税收入征管。分部门分项目查找差距和增长点,积极推进碎石探采矿权和其他特许经营权公开拍卖,坚决执行收入与支出同步制度,全面清理闲置资产,分类分项目提出处置方案,加速变现。三是加快土地出让。围绕年初计划出让土地,对碧桂园、黄金水岸、冷水、黄水等地块进行专项推介,及时出让,争取实现年初11亿元收入目标,同时减少以地补工、以地招商,切实增加对财政的贡献。四是持续优化国有资产经营。积极推进国有企业市场化改革,提高国有资本经营收益。

(五)积极向上争资立项

一是加大政策研判力度。切实加大重大政策、重大项目研究,积极精准对接国市各项部署,全力争取中央预算内投资、中央财政资金、地方政府专项债券资金的支持。二是进一步加大项目策划储备力度。

紧紧围绕成渝地区双城经济圈、新时代推进西部大开发、"十四五"规划等重大机遇，分阶段、有步骤地策划储备一批示范带动作用强、环境污染小、契合群众迫切需要的重大项目。三是建立健全"每月至少10天向上跑"机制，积极主动对接国市有关部门和国开行、农发行等政策性金融机构，力争取得更大的资金支持。

（六）积极抓好经济运行调度

一是加强监测预警。围绕重点领域、重点行业、重大项目，强化经济指标动态监测分析和预警，针对困难问题研究提出解决方案。二是加快房地产开发建设。进一步优化甄子坪、火车站、乌秧坝等片区地产项目的包装和策划，督促重点房地产项目和已列入计划的棚改项目加快建设，及时协调解决施工过程中出现的困难，尽快建成投放市场。三是培育壮大本地建筑企业。以建筑业资质改革为契机，大力助推本地建筑企业转型升级，推动更多本地企业承接本地项目。四是抓好下一步工作谋划。加快"十四五"规划编制工作，确保按照时序要求推进；积极谋划2021年全县经济社会发展思路，加大调研力度，科学提出发展目标及重点任务。

[石柱土家族自治县发展和改革委员会　温红敏　夏　杰]

之五：2020年秀山土家族苗族自治县经济运行分析及2021年展望

2020年是"十三五"收官之年，面对新冠肺炎疫情巨大冲击和复杂严峻的国内外环境，秀山土家族苗族自治县（以下简称"秀山县"）县委、县政府深入贯彻落实习近平总书记对重庆提出的重要指示要求，科学统筹疫情防控和经济社会发展，扎实做好"六稳"工作，落实"六保"任务，积极融入成渝地区双城经济圈建设和全市"一区两群"协调发展，围绕"发挥渝东南桥头堡城市作用，提升在武陵山区的城市服务功能和产业带动能力，打造武陵山区践行'两山论'样板"发展定位，经济恢复性增长势头明显。1—9月，全县地区生产总值207.4亿元，增长2.6%，较上半年提高2.6个百分点，高于全国1.9个百分点，与全市持平，排在区县第16位、渝东南城镇群第3位。1—9月增速快于城镇群其他区县，经济恢复态势更加明显。金融存贷款余额超过560亿元，一般公共预算收入7.5亿元，增长2.7%，城镇、农村居民人均可支配收入分别增长5.4%、8.4%。

一、2020年秀山县经济运行总体情况

（一）狠抓重点项目，投资保持较快增长

固定资产投资完成109.7亿元，增长6.0%。其中，工业投资完成26.8亿元，增长4.7%。举行重点项目集中开工活动3次，三省风情街等一批重点项目启动建设，城市外环线竣工通车。重点项目投资97.3亿元，完成计划的104.3%。国有企业融资到位50.3亿元，争取到位各类债券23.1亿元，金融存贷款余额570亿元。新增建设用地1864亩，拆除房屋10.2万平方米，供应土地2492亩。签约落地玉环汽配产业园等项目22个，协议引资35.65亿元。在谈项目40个，计180余亿元。

（二）狠抓产业升级，发展动力不断增强

规模以上工业增加值增长3.1%。唐人神饲料项目启动建设，迈思科厂房、工业地产即将投用，红日药业进入试生产，海王药业投产达效。中医药、食品加工、电子产品制造企业分别增长51.1%、56.4%、103.4%。工业园区新投产企业9家。服务业增加值增长2.4%，在渝东南城镇群排名第一。物流园区获批国家电子商务示范基地。电商大厦建成投用，爱琴海城市广场启动建设，华南生鲜农产品交易市场即将开业。园区实现货物周转量、市场交易额分别增长10.3%、16.5%。兴隆坳农业园区获批国家农村产业融合发展示范园。

（三）狠抓消费需求，市场活力不断释放

社会消费品零售总额下降8.6%，降幅比上半年收窄7.7个百分点。举办武陵山直播带货周、"汽车惠民消费节"等活动，县内消费持续回补。投用直播电商孵化园，引进快手科技打造"武陵山食品电商产业带"，新模式触网经营不断拓展。商圈建设稳步提升，奥特莱斯即将开业运营。电商消费持续给力，县域快递包裹上行1669万件，增长14.5%。电商交易额、网络零售额、农特产品电商销售额分别增长13.8%、13.1%、16.7%。电商产业园入驻企业365家，发展电商产品加工线44条、电商自主品牌96个。

引进冷链区域仓配和进出口贸易企业2家,筹备开通"广州—秀山—重庆—成都"冷链物流专线。

(四)狠抓脱贫攻坚,脱贫成果持续巩固

深入开展挂牌督战,逐步攻克深度贫困问题。坚决打好"百日大会战",问题整改基本清零。有效化解疫情影响,帮助3.3万贫困劳动力稳定就业。全面推进"十大专项行动",社会扶贫网注册爱心人士达12.5万人,电商产业扶贫基地超过2000个,入选贫困县农产品电商销售10强县。"收官大决战"扎实开展,"两不愁三保障"全面落实,整合6.39亿元推动脱贫攻坚,333户未脱贫户"两不愁三保障"全面达标。持续发展产业助推脱贫,新发展中药材3.9万亩、茶叶基地1.7万亩、水果基地0.5万亩,新增各类经营主体211家,新认证"三品一标"25个。

(五)狠抓企业减负,助企纾困有效落实

多渠道精准推送减税降费扶持政策,助力市场主体渡过难关,累计减免税费1.4亿元。发放中小企业援企和失业保险稳岗返还资金700万元,减免水电气费520万元,减免租金841万元。走访民营企业1000余家,支持民营企业贷款22.4亿元,为466户企业提供转贷支持35.4亿元。持续强化营商环境建设,"一窗受理、集成服务"模式全面应用,建立政务服务帮办导办服务机制,持续降低企业办事成本。新增市场主体4009户、注册商标402件。出台培育"四上"企业扶持措施,新发展"四上"企业15家。

(六)狠抓民生保障,基本民生保障有力

全县空气优良天数269天,优良率为98.5%。投入资金1.1亿元,分类推进锰行业整治。城镇新增就业3747人,职业培训8316人,新增青年就业见习基地25家,发放创业担保贷款4512万元。15件民生实事序时推进。高考成绩再上台阶,重本上线1345人,清华北大录取6人。县人民医院分院启动建设,医疗共同体"三通"建设有序推进,新建农村卫生户厕1318户。发放各类民生补助1.8亿元。

二、存在的主要问题

一是经济增长压力大。企业培育发展不够,"四上"企业支撑不足,企业规模总体偏小,新的经济增长点拉动作用不明显。规模以上工业企业中12户处于停产状态,10户年底将退库。园区动力有待发力,工业经济主战场作用发挥不够。消费经济难以全面恢复,批发和零售业、住宿和餐饮业低于全市平均水平。本地建筑业培育不足,建筑业增加值尚未转正。外贸出口乏力,同比下降37.7%。二是投资压力不断增大。投资增速较第二季度回落2.4个百分点。民间投资持续下滑,同比下降17.2%,招商引资项目落地转化率有待加大。26个重点项目未开工,财政专项债券项目资金使用率低。三是财政收支压力大。受减税降费政策影响,税收增长十分艰难。企业运转压力大,规模以上企业利润下降9.5%,欠税情况有所增加。刚性支出增多,财政保障难度较大。

三、2020年全年指标预测

当前,面对新冠肺炎疫情的常态化防控,面对国外经济复杂多变的形势,面对国内经济大循环的逐步推动,随着统筹疫情防控和经济社会发展各项工作有力有效推进,全国、全市经济正加快恢复,1—9月经济运行延续了稳步恢复的良好态势。接下来,随着国家稳定经济增长的措施稳步落实、成渝地区双城经济圈规划纲要落地、全市"一区两群"协调发展全面推开,形势将对秀山县更加有利。全县三次产业将持续保持恢复性增长。一是随着德康生猪养殖项目加快实施,柑橘等水果即将丰收,农业将持续保持稳定增长;二是工业园区内红日药业即将投产,工业地产即将交付,迈思科等新兴产业发展势头强劲;

三是由于各类消费模式的有效刺激,将持续挖掘消费潜力,消费实现正增长将变成大趋势。这些都将为全县经济保持增长提供动力,预计全年地区生产总值增长5%,规模以上工业增加值增长8%,全社会固定资产投资增长8%,社会消费品零售总额增长3%,一般公共预算收入增长5%。

四、2021年经济形势判断及指标预测

2021年是建党100周年,是开启全面建设社会主义现代化国家新征程、向第二个百年奋斗目标进军和"十四五"规划的开局之年。要坚持以习近平新时代中国特色社会主义思想为指导,全面贯彻党的十九大和十九届二中、三中、四中、五中全会精神,深入落实总书记对重庆提出的"两点"定位、"两地""两高"目标,发挥"三个作用"和营造良好政治生态的重要指示要求,发挥渝东南桥头堡城市作用,提升在武陵山区的城市服务功能和产业带动能力,打造武陵山区践行"两山论"样板,推动经济高质量发展。从全国情况看,尽管当前国内外环境依然错综复杂,推动经济可持续恢复、高质量发展仍面临不少挑战,但中国经济具有强大韧性和巨大潜力,以国内大循环为主体、国内国际双循环相互促进的新发展格局正加快形成,我国经济将继续保持高水平增长。从全市情况看,成渝地区双城经济圈国家战略深入推动,重点项目、重大政策、重大平台陆续落地,全市"一区两群"协调发展有力实施,将全面推动全市发展迈上新台阶,产业转型升级将加紧推进,一些新动能将加快聚集成形,全市经济高质量发展态势将更加明显。从秀山看,随着国家、全市一系列政策陆续出台,秀山县要抓住宏观政策机遇,抓住新型城镇化补短板强弱项、推动城乡融合发展、实施乡村振兴等,策划储备包装一批重大项目。初步考虑,2021年全县经济指标预期目标为:地区生产总值增长7%左右,固定资产投资增长9%左右,规模以上工业增加值增长10%左右,社会消费品零售总额增长8%左右,一般公共预算收入增长7%左右,城乡居民人均可支配收入与经济保持同步增长。

五、2021年主要措施

2021年,我们要认真按照全国、全市经济工作部署,突出发展重点、狠抓工作短板,全力以赴为"十四五"规划开好局、起好步,推动县域经济更高质量发展。

(一)在争取国家政策上下功夫,推动高质量发展

一是全力抓好"十四五"规划对接。组织县级部门认真研究全国、全市"十四五"规划以及相关专项规划,提出涉及秀山重要内容,事项化、清单化、时间化制定任务清单,全力抓好工作对接,推动重大规划事项落地落细。二是全力抓好国家政策释放对接。立足"十四五"国家重大任务布局,围绕国内大循环发展新格局,积极融入成渝地区双城经济圈建设、新时代西部大开发、西部陆海新通道等国家战略,坚持立足县域、着眼武陵、服务周边,积极争取国家布局落地秀山,为全县"十四五"规划开好局、起好步。

(二)在谋划重点项目上下功夫,全力加强投资

一是加强项目策划。认真聚焦扩内需、强弱项、补短板,全面抓好2021年重点项目谋划,聚焦"两新一重"投资方向,分领域分板块开展分析研判,强化项目前期分析,加快推动项目前期工作,全力争取实施2021年重点项目90个以上,其中新开工项目60个以上,计划投资150亿元。二是推动项目建设。扎实做好项目调度,狠抓基础设施、工业、旅游等重点行业项目建设,全力推动"二环五射"路网规划建设,加快推动"四街一镇"联网工程。做实两大园区产业类项目,实现签约项目动工建设,为经济发

展提供有力支撑。推动洪安边城、川河盖景区旅游项目建设，全力建成一批旅游设施。制定项目按月推进计划，强化项目督查，实现开工一批、在建一批、投产一批的循环经济。三是做好项目保障。聚焦项目资金，全力做好2021年专项债券策划申报，力争2021年获批专项债券资金20亿元以上。全力对接上级资金安排方向，强化项目资金争取，力争实现立项争资40亿元。强化金融机构融资对接，县属国有企业融资实现50亿元。协调解决重点项目在行政审批、征地拆迁、土地红线等方面的突出问题，强化内部协调，全力保障项目有序推进。

（三）在促进产业转型上下功夫，提升发展水平

一是推动发展山地特色高效农业。坚持中药材、茶叶、油茶、畜禽、水果五大特色农业不动摇，强化产业化、规模化、品牌化相互促进，不断增强秀山农业产业链条和产业价值，力争新增基地3万亩以上，改造基地5万亩以上，建成投用茶叶加工中心。二是推动发展绿色加工业。坚持工业园区发展主战场，加快唐人神饲料项目、汽摩配件等项目建设，实现工业地产、迈思科新厂房入驻，海王药业、红日药业、华涛药业全面投产增效。抓好园区标准厂房建设，不断完善园区配套设施，积极拓展园区范围，提高园区承载能力，力争新投产企业10家以上。全力抓好招商引资，推动产业链、供应链不断拓展。三是推动发展商贸物流业。坚持发展物流产业不动摇，启动保税物流中心，加快推进物流枢纽、静脉产业园等项目建设，投用物流加工中心、冷链物流中心、福广批发市场三期等。强化电商运营管理，持续培育电商产品，实现"电商+"新突破。积极争取园区市场拓展，不断培育会展经济，推动物流园区消费聚集区建设，促进消费提档升级。四是推动文旅融合发展。坚持"文旅+"发展思路，立足推动渝东南文旅融合发展示范区建设，加快推进川河盖、洪安边城景区重点项目建设，启动温泉小镇等项目建设，竣工三省风情街等一批旅游新业态。加强旅游营销推广，提升全县旅游氛围。

（四）在推动城乡建设上下功夫，夯实发展基础

一是抓好城市建设。全面完成国土空间规划编制，实现城市建设用地规模达到50平方公里。扎实做好规划布局，高起点编制高铁新区发展规划，谋划西部片区和南部片区发展定位，全力拓展工业园区、物流园区规划用地范围，为促进产城景融合发展奠定基础。围绕县域城镇化补短板强弱项，提升县城城市功能水平。启动红星美凯龙城市综合体建设，加快推进逸江苑、凤凰外滩、凤鸣江湾等商品房建设，新开工商品房50万平方米以上，加快推动老旧小区改造。启动凤凰新城公园三期建设，完工凤凰大道下穿隧道、黄杨大道南段等项目。持续抓好城市管理，强化城区坡坎绿化，推进智慧城市管理。二是推动乡村振兴。按照乡村振兴规划布局，加快推进"五大振兴"建设。持续强化农村人居环境整治，全力推进农村污水治理，扎实抓好垃圾分类管理。加强农村人才引进和城市资本下乡，推动资源要素向农业园区等平台聚集，打造示范片、示范点，特别是做好隘口示范镇打造。三是推动城乡重大项目建设。全力配合渝湘高铁黔江至吉首段项目，扎实做好前期征地拆迁工作，启动控制性工程建设。全面开工秀印高速，推动"二环五射"公路网，竣工秀山至清溪快速通道，力争官庄至龙池、秀山至石耶快速通道完成70%。

（五）在做好社会民生上下功夫，全力保障民生

一是常态化抓好疫情防控。认真按照全市防疫有关工作部署，强化人员、物资、设备等组织调配，全力做好各项应急预案准备。二是坚持生态发展优先。全力做好第二轮中央生态环保督察问题整改，做到电解锰规划产能只减不增，全力争取国家、市级支持，推动锰渣遗留环境问题整治。持续做好国土绿化，巩固提升生态效益。扎实推动"河长制"，全面贯彻《梅江河流域水生态环境保护条例》，持续改善水生态，保障人饮安全，确保河流断面稳定达标。三是全力做好脱贫攻坚成果巩固。持续做好"两不愁

三保障"动态监测,推动脱贫攻坚与乡村振兴衔接,全力保障贫困人口实现稳定脱贫。四是全力抓好社会事业。巩固提升义务教育水平,高中教育辐射武陵,职业教育稳步推进,力争教育事业有成效。谋划新建小学1所。加强医疗卫生事业建设,建成县医院清溪分院,推动县人民医院、县中医院扩建,提升医疗服务水平。坚持以人民为中心,推进民生实事建设,持续提升人民生活保障水平。五是全力抓好平安建设。持续强化安全生产监管,严防发生重大安全事故,全力保障人民群众生命财产安全。

[秀山土家族苗族自治县发展和改革委员会　蒋晓军]

之六：2020年酉阳土家族苗族自治县经济运行分析及2021年展望

2020年以来，酉阳土家族苗族自治县（以下简称"酉阳县"）坚持以习近平新时代中国特色社会主义思想为指导，认真贯彻落实党中央国务院决策部署和市委市政府各项工作要求，全力以赴做好"六稳"工作，落实"六保"任务，科学施策"战役"和"战贫""防汛""抗灾"，统筹推进新冠肺炎疫情防控和经济社会发展，经济运行总体呈现企稳回升、稳中有进的特点。

一、2020年酉阳县经济运行情况

1—9月，地区生产总值完成138.1亿元，增长0.5%，在第一季度增速大幅下滑、第二季度企稳回升的基础上，成功实现止滑促增，增速较上半年提高1.7个百分点。财政收入降幅持续收窄，一般公共预算收入完成6.08亿元、同比下降4.7%，税收收入完成4.5亿元，同比下降6.2%，财政和税收收入降幅分别较上半年收窄3.7个、3.4个百分点；金融运行基本平稳，各项存款余额276.55亿元、同比增长7.4%，各项贷款余额200.95亿元、同比增长11.37%；城乡居民收入稳步增长，实现全体居民人均可支配收入13810元、同比增长7.9%，其中城镇常住居民人均可支配收入22908元、同比增长4.8%，农村常住居民人均可支配收入8579元、同比增长8.4%；居民消费价格涨幅持续回落，居民消费价格指数累计同比上涨3.9%，较上半年回落0.2个百分点。经济社会发展主要成效如下：

一是投资关键作用发挥明显。出台实施扩大有效投资"25条"工作措施，强化项目调度，建立重点项目点对点、一对一项目联系制度，1—9月全县95个县级重点项目完成投资30.8亿元，完成年度计划投资的60%，示范带动全县固定资产投资52.04亿元，同比增长11.3%，增速列渝东南城镇群第1位、全市第3位，工业、房地产、水利、农业、交通等全部实现正增长，其中：在新型城镇化及脱贫攻坚带动下，交通、水利、房地产、农业投资增长快速，分别同比增长20.5%、8.2%、42.5%、84.2%。加强项目统计入库，1—9月固定资产投资统计系统新增入库项目88个、新增投资63.31亿元，目前在库项目182个、在库投资余额104.95亿元。

二是工业发展步入良性轨道。现有规模以上企业面对疫情冲击，通过技改扩能、市场营销、节能降耗等措施，助推腾泰矿业、路宝沥青等24家规模以上工业企业和126家重点规模以下工业企业持续放量生产，昆药武陵山、永盛金属等15户企业产值保持正增长，其中13户规模以上企业产值保持双位数增长，路宝沥青和大佳材料增幅分别高达222%和268%。1—9月，全县实现工业总产值23.4亿元，同比增长8.3%，其中规模以上工业产值13.6亿元，同比增长8.5%，增速延续第二季度正增长态势。工业重点项目建设顺利，悦鹏伞业、北纬28度大米加工、泰邦血浆站等项目建成投产，固恒建材年产30万立方米泡沫砖项目即将建成。加大企业培育力度，将20余户企业纳入"升规培育库"，锦宏锰合金、首创农业、大千农业、创园生物科技、青弘祥农业等企业已达到升规条件。

三是山地特色高效农业加快培育。1—9月，实现农林牧渔业总产值42.9亿元、同比增长5.1%。粮油安全得到有效保障，收获小春粮油作物47.1万亩，播种大春粮油作物118.4万亩；加强6500吨县级储

备粮食管理，县级成品粮储备规模扩大到 350 吨；特经作物稳定增长，新栽植油茶 5.7 万亩、茶叶 2.2 万亩、青花椒 0.15 万亩，基地总量达到 68 万亩；发展蔬菜 26.3 万亩、水果 13.8 万亩、中药材 18.2 万亩；生猪产能逐渐恢复，1—9 月存栏生猪 42.09 万头、肉牛 13.48 万头、山羊 32.18 万只。农产品品牌加快打造，新增"三品一标"7 个。

四是文旅消费和服务业逐步恢复。大桃源、大龚滩、大菖蒲等全域旅游重点项目加快建设，成功举办"晒旅游精品·晒文创产品"大型文旅推介活动，桃花源、龚滩古镇、板溪叠石花谷等重点旅游景区逐步恢复正常水平。1—9 月，全县接待游客 991.74 万人次，实现旅游综合收入 41.3 亿元。举办"鲁渝消费扶贫协作产销对接会""美食文化节""全国消费促进月""金秋消费节"等系列促销费活动，有力促进了消费回补和潜力释放。1—9 月，社会消费品零售总额同比下降 14.7%，虽处于负增长运行区间，但呈稳步复苏态势，较第二季度收窄 9.4 个百分点。新兴业态不断产生，直播带货、网络零售、网络生鲜等在线零售快速增长，全县电子商务交易额实现 45 亿元，同比增长 15.5%；农产品上行交易额实现 7.4 亿元，同比增长 30.6%。加快土地出让，积极引导市民改善住房品质，商品房销售面积 3.67 万平方米，同比增长 127%。

五是改革开放创新集聚深化。贯彻落实降本增效政策，持续推进纾困惠企政策落地，金融服务实体经济力度不断加大，1—9 月减免实体经济税收 1.9 亿元。成立"1+20"优化营商环境领导小组，对标世界银行评价指标体系和国际国内先进标准，统筹协调推进优化营商环境工作，1—9 月新增内资企业 1287 户，同比增长 101.4%；新增个体工商户 3532 户，同比增长 26.05%，市场主体总量累计达 43901 户。大力培育对外贸易市场主体，新增海关注册对外贸易企业 6 家。积极鼓励企业"走出去"，支持重庆翊玥进出口公司、万源佳药业、土司府酒业企业参加广交会、广西—东盟食品交易博览会等区域性展会。1—8 月，实现进出口额 16.67 亿元人民币，同比增长 12.55%。鼓励企业创新发展，12 户规模以上民营企业建立研发机构，现有规模以上企业累计研发新产品达 20 余种（类）。

六是脱贫攻坚和社会民生获得感不断增强。脱贫攻坚夺得关键性胜利，综合贫困发生率降至 0.5%，正式退出国家扶贫开发工作重点县，剩余 881 户未脱贫户均有稳定收入来源，能够顺利实现脱贫，贫困群众内生动力持续增强，获得感、认可度、满意度大幅提升。社会民生不断改善。1—9 月 12 件县级重点民生实事完成投资 4.32 亿元，完成年度目标任务的 75%；实施就业优先政策，实现城镇新增就业 2626 人，登记失业人员就业 907 人，就业困难人员就业 736 人；新安置公益性岗位 1831 人，公益性岗位安置结存 15641 人，发放创业扶持担保贷款 2.71 亿元，实施职业技能培训 6100 人。

二、存在的主要问题

一是企业生产经营压力尚未缓解。新冠肺炎疫情对酉阳县外向型工业企业冲击较大，产品出口量和价格均大幅下滑，企业运行较为艰难。如：华武制药橙皮苷大量积压，导致流动资金缺乏；东奥制衣因主要承接美国订单，目前已停产。二是产业发展后劲不足。受宏观经济环境和市场预期影响，加之区位受限，招商引资较为艰难，产业项目落地困难。缺乏龙头企业和产业链核心项目支撑，企业产品缺乏科技含量，产品附加值不高，产业持续发展难度较大。三是财政运行十分艰难。受政策性减收、减税降费及产业发展困难等多种因素影响，财政收入下滑严重，财政收支缺口持续增大。

三、2021 年经济社会发展的重点工作

综合分析 2020 年经济运行情况及 2021 年发展条件和机遇，初步提出 2021 年经济发展预期目标：预

计2021年全县地区生产总值增长6.5%，社会固定资产投资增长7%。

（一）聚焦重大项目建设，增强发展后劲潜力

充分发挥政府投资带动作用，抢抓成渝地区双城经济圈、渝东南武陵山区城镇群战略及"十四五"规划编制机遇，谋划储备"十四五"时期重点项目3000亿元左右。围绕重点项目建设任务，加强重点项目现场调度，着力破解影响项目建设进度的建设用地、征地拆迁等投资瓶颈，力促项目早落地、早开工、早见效。切实做好项目申报，积极申报中央预算内投资计划、专项债券、融资资金等政策性资金，全力缓解基础设施、产业发展、新型城镇化、生态环保、社会民生等重点项目投资保障压力。着力拓宽资金渠道，广泛争取社会资本投入，放宽民间资本准入条件，吸引民间资本参与建设。

（二）聚焦产业升级，培育发展新动能

推动全域文旅融合发展，高品质提升桃花源景区业态；实施乌江画廊优质景区提升工程，加强龚滩古镇水上观光等精品景点打造，做亮"一镇（龚滩镇），两江（乌江、阿蓬江），两村（内口村、红花村）"品牌；加强南腰界景区保护，着力打造长征路线文化主题公园；推进菖蒲—花田农旅融合示范、龙潭特色小镇建设。推动"文旅+"赋能效益农业，加快建设茶叶、油茶、青花椒、中药材、蔬菜等生产示范基地，促进农业产业链向精深加工端延伸，提升特色农产品精深加工水平；把休闲农业和乡村旅游、农产品电商作为农业"接二连三"的联结点，积极打造乡村旅游精品线路和农产品电商平台。推动"文旅+"赋能绿色加工业，大力实施民族特色消费品工程，培育民族服饰、特色织物等产业发展。承接东部沿海产业转移，大力招引农副产品加工、新型材料、食品、医药等项目；完善园区配套，完工板溪综合物流市场二期主体工程。推动"文旅+"赋能商贸服务产业，积极发展智慧商圈、夜市消费、会展经济，打造民俗特色商业集聚区、特色美食街区，加快小坝新城商业综合配套建设；大力发展电子商务，完善农村流通设施建设，提升农村电商站点的服务水平，打造电子商务进农村综合示范"升级版"。加大对外贸易政策支持力度，鼓励对外贸易企业扩大生产规模、拓展国际市场、扩大出口实绩，培育新的出口增长点。

（三）聚焦改革开放创新，释放经济发展活力

全面落实供给侧结构性改革，结合实际在固本开新求变上下功夫，稳住经济基本面、培育新的增长点，不断提高发展质量和效益。深化国资国企改革，提高国有资本配置效率，促进国有企业健康发展。推进财税体制改革，调整优化财政支出结构，做好保民生、保运转、保重点项目工作。持续推进"放管服"改革，全面落实好减税降费等各项政策，以良好的营商环境促进民营经济高质量发展。深入推进对外开放，大力发展开放型经济，围绕全域旅游、城乡发展、特色农产品、特色文化等领域，充分发挥东西扶贫协作、对口帮扶等的作用，加强对外招商引资，努力把生态、环境、资源优势转化为产业优势。强力实施研发机构倍增计划，鼓励规模以上企业创建市级重点实验室、研发中心、创新中心等研发机构，增强企业研发能力，提升发展质量。

（四）聚焦基础设施建设，推进城乡协调发展

着力补齐基础设施短板，力推渝湘高铁（酉阳段）开工建设，加快推进酉彭高速、大河口至苍岭等骨干交通建设项目，统筹密织好"水利网""通信网""能源网"等提升专项，构建高效、便捷的现代化基础设施支撑体系。大力实施城市提升行动，加快推进小坝旅游新城建设项目，统筹实施好社区服务、就学就医、购物健身、休闲旅游等设施建设；持续改善老旧城区人居环境，稳步推进棚户区改造；深化推进城市细管、众管、智管，着力推进环境治理，健全完善城市管理常态机制，全面改善城乡环境。落

实好脱贫攻坚与乡村振兴衔接试点工作，按照"五个振兴"要求，持续打造乡村试点示范。加快完善农村水电路气房和基础公共服务设施，改善农村人居环境。

（五）聚焦环境整治，提升绿色发展水平

严守生态保护红线，严格管控生态保护红线内的开发建设活动，全面排查整治自然保护区内环境违法违规行为。严格执行规划、建设项目环评和"三线一单"，围绕水、大气、土壤等环保监管领域，建设生态环保大数据平台。深度治理工业污染源，完成县城污水处理厂污泥无害化处理场建设。加大商业街区噪声、城区扬尘、餐饮油烟、燃煤整治力度，继续开展第二阶段排污许可清理整顿工作，确保乌江、阿蓬江、酉城河等重点流域水质稳定达到水域功能要求，城镇集中式饮用水源地水质100%达标，县城区空气质量优良天数保持全市前列。持续推进退耕还林、植树造林，加快建设林灌草有机结合的复合生态体系，巩固造林绿化成果。加快形成绿色生产生活方式。培育壮大以生态旅游、生态康养等为重点的生态产业体系，发展绿色经济，践行绿色消费方式，建设绿色家园。

（六）聚焦社会民生，提升公共服务水平

加快推进社会民生事业。推动教育惠民，加快普惠性幼儿园建设，统筹办好高中教育、特殊教育，推动义务教育优质均衡发展；推动医疗惠民，提升基层医疗卫生服务能力。推动文体惠民，建设基层综合性文化服务中心，实施流动文化进基层和全民健身活动；加强社会保障，加快完善社会福利、社会救助体系建设，全面落实退役军人优抚政策，提高群众生活水平；推动就业创业，提升就业创业水平；加强应急管理体系和能力建设，加大自然灾害防治力度。

[酉阳土家族苗族自治县发展和改革委员会　田　波　蓝远波]

之七：2020年彭水苗族土家族自治县经济运行分析及2021年展望

2020年，彭水苗族土家族自治县（以下简称"彭水县"）坚持以习近平新时代中国特色社会主义思想为指导，深入贯彻党的十九大精神，紧紧围绕习近平总书记对重庆提出的"两点"定位、"两地""两高"目标和"四个扎实"要求，坚持稳中求进工作总基调，坚定贯彻新发展理念，紧扣社会主要矛盾变化，按照高质量发展要求，扎实做好稳增长、促改革、调结构、惠民生、防风险各项工作，统筹新冠肺炎疫情防控和经济社会发展取得重大成果。

一、2020年彭水县经济运行分析

（一）经济运行基本特点

1—9月，全县实现地区生产总值164.6亿元，增长2.8%。分产业看，第一产业实现增加值21亿元，同比增长4.7%；第二产业实现增加值58.7亿元，同比增长4.9%；第三产业实现增加值86.2亿元，同比增长0.9%。经济运行表现出以下主要特点：

1. 生态农业稳定增长

1—9月全县实现农业增加值21亿元，同比增长4.7%。积极培育特色产业，稳定发展烤烟6.58万亩，红薯订单种植5.6万亩，中药材5.78万亩，蔬菜18万亩，栽培食用菌500万袋。出栏生猪32.98万只、肉牛2.77万头、羊7.33万头、家禽187万羽。建设成渝地区山地特色高效农业产业带，推动5条示范带、30个示范片、39个示范基地建设。成功创建全国"一村一品"示范村镇5个、市级13个。

2. 生态工业持续发展

1—9月，全县规模以上企业实现工业总产值32.17亿元，同比增长6.86%。其中，能源板块实现总产值18.56亿元，同比增长2.88%；建材板块实现总产值5.93亿元，同比增长20.40%；食品饮料板块实现总产值2.62亿元，同比下降1.91%；矿产品加工板块实现总产值0.35亿元，同比下降51.76%；轻工制鞋板块实现总产值2.24亿元，同比增长302.12%。

3. 旅游市场日渐活跃

蚩尤九黎城景区作为电子电竞大赛全国总决赛的决战地风靡各大直播平台。通过积极谋划"双晒"活动提升景区知名度和影响力，利用融媒体平台推介旅游项目，游客接待量不断回升，1—9月接待游客2365.1万人次、同比下降8.9%，旅游收入119.75亿元、同比下降7.7%，降幅较1—6月分别收窄1.2个和1.5个百分点，降幅不断收窄。

4. 消费市场稳步回升

1—9月全县限额以上社会消费品零售总额28.48亿元，同比下降0.1%，降幅较1—8月收窄1.5个百分点；限额以上批发零售总额58.09亿元，同比下降0.7%，降幅较1—8月收窄0.9个百分点。通过实施商贸流通企业让利促销、刷卡优惠、打折让利等系列活动，实现了消费促进活动不断，促进了消费指标快速回补。1—9月,实现消费活动直接消费5.6亿元,带动消费15亿元。房地产市场活跃,销售房屋30.85万平方米,同比增长25.1%。

5. 投资保持较快增长

1—9月完成固定资产投资76.1亿元,同比增长7.1%。县级重点推进有序,全县应开复工重点项目157个,实际开复工145个,开复工率92%。县城新型城镇化项目储备有力,围绕新型城镇化补短板强弱项17个领域,建立了专项储备库,共储备171个项目,涉及总投资604亿元,筛选了示范项目49个,总投资253.7亿元。建立信贷支持县城城镇化补短板强弱项项目名单,首批22个项目需要融资支持,资金额度108亿元,通过定期召开贷款项目协调会,向农业发展银行、国家开发银行、农业银行等发布信贷需求,争取更加灵活的信贷支持方式、扩大信贷支持范围、适度下放信贷审批权限。

6. 财政金融总体平稳

1—9月,完成辖区财政收入26.5亿元,同比增长8.4%;完成本级财政收入19.2亿元,同比增长10.2%;完成一般公共预算收入10.7亿元,同比增长13.3%;完成税收收入6.7亿元,同比增长8.4%。截至9月底,全县各项存款余额253.9亿元,比年初增加38.3亿元,增幅17.8%;贷款余额为238.3亿元,比年初增加22.5亿元,增幅9.6%;担保行业在保余额29.7亿元;非法集资零新增,确保了不发生系统性、区域性金融风险。

7. 居民收入稳步提升

1—9月全县常住居民人均可支配收入达到15938元,同比增长8.8%。其中城镇常住居民人均可支配收入达到25815元,同比增长6.2%;农村常住居民人均可支配收入达到9778元,同比增长8.5%。工资性收入仍是居民收入增长的主要来源,分别占城乡常住居民可支配收入的46.4%、49.6%。城镇常住居民工资性收入达到11986元,同比增长7.5%;农村常住居民工资性收入达到4851元,同比增长8.9%。

8. 居民消费价格温和上涨

2020年9月全国CPI环比上涨0.2%,同比上涨1.7%;PPI环比上涨0.1%,同比下降2.1%。商品价格监测数据显示,2020年9月彭水县市场商品总体价格环比上涨1.2%,同比上涨7.5%。监测的九大类商品中,农资、水果、粮食等价格稳定;禽蛋、畜产品、水产品、蔬菜、食用油等价格上涨;成品油价格下降。液化气价格稳定。

(二)经济运行中存在的问题

当前国际形势依然复杂严峻,全球疫情还在持续蔓延,经济仍在消化疫情带来的不利影响,经济运行不确定性和不稳定性凸显,完成全年经济社会各项目标压力较大。

1. 商贸旅游行业未能全面恢复常态

常态化的疫情防控限制了居民活动空间,消费意愿趋于谨慎。1—9月全县限额以上社会消费品零售总额同比下降0.1%,限额以上批发零售总额同比下降0.7%,限额以上住宿和餐饮业营业额同比下降10.5%;1—9月接待游客人数同比下降8.9%,旅游收入同比下降7.7%。

2. 市场主体生产经营困难较多

疫情对企业生产经营的不利影响仍在延续,蓝宝矿业、常福矿业因原材料短缺停产;山润矿业、双华玻璃、那之味食品和太极泉水等企业受下游订单减少、销售量下滑、价格下降等因素影响,产值同比分别下降32.5%、43.3%、55.4%、31.6%。由于工资低、招工信息不对称等,工业园区内用工量较大的服装、鞋类生产企业招工困难。

3. 完成全年目标任务压力较大

进入第三季度后，虽然商贸旅游降幅逐步收窄，但和预期目标差距仍较大。完成全年 GDP 增长 8% 的预期目标难度较大。

（三）2020 年经济预测

根据 1—9 月经济运行情况，综合考虑各方面因素，预计 2020 年地区生产总值可望达到 238 亿元，同比增长 5% 左右；规模以上工业总产值 50 亿元，同比增长 7% 左右；固定资产投资 93 亿元，同比增长 8% 左右；社会消费品零售总额 77 亿元，同比增长 3% 左右；一般公共财政预算收入 15 亿元，同比增长 12%；常住居民人均可支配收入 21500 元，同比增长 10% 左右。

二、2021 年经济运行环境及因素分析

（一）国内环境分析

国内疫情继续得到有效控制，经济活动将进一步恢复常态。在"双循环"战略的推动下，2021 年全国经济有望实现快速增长。一方面，随着全球经济从 2020 年的衰退中复苏，2021 年出口有望反弹。另一方面，未来随着经济活动进一步反弹、劳动力市场和居民收入继续改善，消费增长也有望继续提速。

（二）市内环境分析

重庆正处于新旧动能转换的关键时期，正深入落实习近平总书记对重庆提出的"两点"定位、"两地""两高"目标和发挥"三个作用"要求，深入推进成渝地区双城经济圈建设和全市"一区两群"协调发展，着力推动高质量发展、创造高品质生活，将进一步为 2021 年全市经济发展增强动力。

（三）县域环境分析

2021 年是全县完成脱贫摘帽向乡村振兴迈进的起步之年，"生态特色宜居城、生态旅游目的地、生态产业发展区、生态文明示范县"建设取得了显著成效。为了推动产城景融合发展和县城新型城镇化示范建设，策划了一批重大项目，列出了实施清单，为开启"十四五"全县经济社会发展和生态文明建设提供了保障支撑。

三、2021 年经济运行趋势及主要指标预测

综合分析宏观经济因素和全县经济发展态势，预计 2021 年全县地区生产总值增幅在 7% 左右，地方财政收入同比增长 6% 左右，固定资产投资同比增长 8% 左右，社会消费品零售总额同比增长 10% 左右，常住居民人均可支配收入增长 10% 左右。

四、政策调控措施建议

全面融入成渝地区双城经济圈建设和市域内"一区两群"协调发展，认真贯彻新发展理念，着力抓好一批重大项目实施，加强经济运行调度和风险防控，确保国民经济和社会发展达到预期目标。

（一）着力完善生态产业体系

一是推进生态工业高质量发展。大力发展健康食品、清洁能源、特色轻工等产业，加快发展大健康产业，积极培育中药材加工、苗医苗药等工业经济新的增长点，更好发挥工业园区的规模效应、产业集

聚效应和辐射效应，促进生态工业提质增效。二是推进生态旅游业高质量发展。围绕"加快打造文旅融合发展新标杆，努力建设绿色创新发展新高地、人与自然和谐宜居典范"目标，立足"民族、生态、文化"三大特色，突出"品牌引领、活动助推、全域建设、彭水特色"，大力实施全域旅游和"旅游+"发展战略，强化阿依河、蚩尤九黎城、摩围山、乌江画廊等精品景区的辐射引领，统筹推进景区配套设施建设、旅游市场秩序整治、智慧文旅平台建设，加快创建一批3A级景区和特色小镇、美丽乡村等乡村旅游景点，持续举办中国乌江苗族踩花山节暨中国·彭水水上运动大赛和渝东南生态民族旅游文化节，促进理念融合、业态融合、品牌融合、市场融合、服务融合，高质量建设具有民族特色的生态旅游目的地。三是推进生态农业高质量发展。大力发展红薯、烤烟、畜禽养殖及中药材等现代山地特色高效农业，深化"一乡一特""一村一品"，积极打造一批具有地方特色、市场竞争力强、知名度高的农产品品牌，大力培育龙头企业、农村合作经济组织、家庭农场等新型经营主体，推进农村电子商务发展，推动农业转型升级。四是推动以旅游为重点的商贸服务业高质量发展。以旅游业为纽带，以大健康产业为重点，积极发展连锁经济、夜间经济，建设智慧商圈，推出一批到彭水非看不可、非吃不可、非买不可的项目和商品，推进商贸物流、现代金融和会展、健康、社区等服务业高质量发展。

（二）统筹推进城乡协调发展

一是扎实推进城市提升。以推进新型城镇化示范建设为契机，统筹推进老城、新城、蚩尤九黎城一体化融合发展，完善"地上"与"地下"、软件与硬件设施，加快道路、桥隧等重要节点改造，打造便民休闲的广场公园、清水绿岸的江边风貌、郁郁葱葱的山边美景、绿化靓化的景观工程，推广海绵城市、绿色建筑、地下综合管廊建设，强化城市智管、细管、众管，实现城市让生活更美好的目标。二是扎实推进乡村振兴。精准落实"五个振兴"要求，稳步推进农村"三变"改革试点，扎实推进"三社"融合发展，全面加强农村人居环境和综合服务设施建设，推动基本公共服务均等化、基础设施联通化、居民收入均衡化、要素配置合理化、产业发展融合化，实现乡村让人们更向往的目标。着力巩固脱贫攻坚成果，健全完善"两不愁三保障"突出问题动态清零机制，探索建立解决相对贫困的长效机制，接续推进全面脱贫与实施乡村振兴战略有机衔接。推动城乡融合发展，加强少数民族特色村镇、传统村落保护建设，大力培育和发展一批特色小城镇，带动建设好美丽乡村，加快补齐基础设施短板，有序推进人口转移，推动城市和乡村各美其美、美美与共。三是推动产城景融合发展。立足苗乡、山水、人文特点，坚持把好山好水好风光好文化融入城镇建设之中，营造显山露水、疏密有度、错落有致的精致城镇风貌，强化产业支撑和教育、医疗、养老等公共服务配套，建设"干净整洁有序、山清水秀城美、宜居宜业宜游"的高品质生活宜居地。

（三）着力补齐基础设施短板

加快补齐基础设施建设短板，不断提高交通互联互通水平，实施好水利、信息、环保、能源等基础设施工程，不断改善群众生产生活条件。一是推进交通物流基础设施建设。推动实施"四铁八高速一江一机场"大交通建设，构建东西南北"四向"联通、铁公水空"四式"联运的交通网络。加快"四好农村路"建设，提升乡镇干线公路等级，改善城市路网结构。推进建设新城现代综合物流产业园、工业园区物流仓储中心、下塘乌江港航物流中心，构建城乡互通、层级合理、规模适当、需求匹配的城乡物流网络体系。二是推进水利基础设施建设。实施农村饮水安全巩固提升工程，切实保障老百姓饮水安全、用水方便。三是推进信息能源基础设施建设。加快完善城乡信息基础设施网络，着力构建可持续发展的绿色能源体系，扎实抓好天然气、页岩气、水电、风电等能源基础设施配套建设，为高质量发展提供更大支撑。四是扎实抓好新型基础设施建设。加大5G网络、工业互联网、"数字乡村"等领域建设力度，为未来发展做好铺垫、创造条件。五是推进城市基础设施建设。加快推动城市道路升级改造，健全完善人行道、过街天桥、地下通道等行人交通设施，完善区域内路灯、标识标牌、人行护栏等市政设施，助力提升城市形象；加快完善城市环卫设施，增加生活垃圾转运站及环卫基地，积极推动城乡垃圾分类，深入开展"厕所革命"，不断提高群众生活水平和生活质量。

（四）切实加强生态环境保护

一是全力构筑生态安全屏障。认真落实"共抓大保护、不搞大开发"方针，突出生态环境保护首要任务，科学划定生态保护红线、永久基本农田和城镇开发边界三条控制线，实现生产高效、生态良好、生活宜居。深入推进生态文明示范县建设，合理优化生态空间布局，加强生态保护与修复，统筹推进山水林田湖草系统治理，实施好国土绿化行动，扎实推进"三水共治"，全面落实河长制，建设好管理好自然保护区，保护好自然生态和历史文脉，让彭水山水颜值更高、人文气质更佳。二是推进污染防治。坚决打好污染防治攻坚战，持续打好蓝天、碧水、净土保卫战，深入推进"五大环保行动"，实施环境保护重大工程，集中整治污水偷排、直排、乱排等生态环境突出问题，强化农村环境综合整治，切实抓好环保督察反馈问题整改工作，让彭水天更蓝、地更绿、水更清、空气更清新。三是积极培育绿色生产生活习惯。大力提倡简约适度、绿色低碳的生活方式，开展生态文明创建活动，让生态文明理念深入人心、融入日常生活。深化生态文明体制机制建设，落实领导干部生态文明建设责任制和领导干部环境保护终身问责追责机制，完善生态环境监管大数据平台和智能环保服务支撑体系，为生态文明建设提供可靠保障。

（五）持续深化改革开放创新

坚持改革推动、开放带动、创新驱动，持续增强发展动力活力。一是持续推进全面深化改革。扎实抓好中央及市委关于全面深化改革的系列部署要求落地落实，强化战略导向、问题导向和需求导向，深入推进重要领域和关键环节改革，蹄疾步稳将全面深化改革向纵深推进。二是全面提升对外开放水平。认真落实推进新一轮高水平对外开放重大举措，积极对接共建"一带一路"和长江经济带发展，抓住和用好重庆建设内陆开放高地的重大机遇，深化与周边地区的交流合作，加快拓展开放通道，积极搭建开放平台，不断扩大发展外向度。进一步优化政务、市场、法治、社会和城市等发展环境，深化"放管服"和"最多跑一次"改革，确保营商环境走在全市前列。要加大借资、借智、借力和人才引进、资金引进、技术引进力度，更好带动全县经济高质量发展。三是坚定不移推进创新。大力实施以大数据智能化为引领的创新驱动发展战略行动计划，推进产业模式和企业形态创新，促进传统产业加快转型升级。加快智慧园区建设，推动大数据、云计算、区块链、人工智能、物联网等信息技术与工业园区深度融合。充分挖掘大数据商用、民用、政用价值，聚焦民生服务、城市管理、生态保护、社会治理等领域，推进大数据智能化应用建设，更好地用大数据智能化为经济赋能、为生活添彩。

（六）推进社会事业全面发展

一是推动教育优质均衡发展。巩固发展好全国义务教育发展基本均衡县创建成果。进一步深化教育领域综合改革，优化资源配置，加快县城学校扩容、农村学校改薄等项目建设，不断提高教育发展水平。二是健全完善公共卫生服务体系。加强医疗机构补短板建设，积极推进医共体"三通"改革试点，加快推进县城医院及乡镇卫生院项目建设，围绕突发公共卫生事件应急处理和突发公共事件医疗救援，进一步完善重大疫情防控救治体系。三是提高公共服务能力和水平。开展公共就业服务活动，统筹做好返乡农民工、农村转移劳动力、就业困难人员和退役军人的创业支持，多措并举保障群众就业创业。加快完善社会保障体系，扩大"五大保险"覆盖面，完善养老保障体系，健全医疗救助和重特大疾病救助、临时救助、普惠性救助制度。加快完善住房保障体系，扎实做好公租房、廉租房保障工作，加强房地产市场调控，确保群众住有宜居。四是推动体育文化事业加快发展。推进公共文化服务创新发展，加快形成城镇"15分钟文化服务圈"、农村"半小时文化服务圈"。加强全民健身场地设施建设，推动图书馆、文化馆、体育馆、博物馆等公益性文体设施向社会免费开放。

[彭水苗族土家族自治县发展和改革委员会　王美瑜]